Christian Immler

Smartphone mit Android 12

Einfach alles können

Markt+Technik

ISBN 978-3-95982-286-2

Espenpark 1a
90559 Burgthann

Produktmanagement Christian Braun, Burkhardt Lühr
Herstellung Jutta Brunemann
Covergestaltung David Haberkamp
Coverfotos © Alina Sofia – Unsplash, kirill_makarov – Adobe Stock
Satz inpunkt[w]o, Haiger (www.inpunktwo.de)
Druck Himmer GmbH Druckerei & Verlag
Printed in Germany

Inhaltsverzeichnis

Kapitel 1

Das Smartphone mit Android 12

Willkommen in der Welt der Smartphones, der Handys mit eingebautem Computer oder der Computer, die man wirklich immer bei sich haben kann, die aus dem Alltag vieler Menschen kaum noch wegzudenken sind und schon lange nicht mehr im Wesentlichen zum Telefonieren verwendet werden. Etwa 1,5 Milliarden Smartphones werden jedes Jahr hergestellt. Die Anzahl klassischer Handys geht dagegen immer schneller zurück.

In den letzten Jahren verbrachten die Menschen auf der Welt durchschnittlich 800 Stunden pro Jahr im mobilen Internet, was mehr als zwei Stunden pro Tag entspricht. Im Jahr 2015 waren es durchschnittlich nur 80 Minuten. Im gleichen Zeitraum verringerte sich die private Internetnutzung am PC von durchschnittlich 47 Minuten am Tag auf 40 Minuten. Im Jahr 2021 gaben 80 % der deutschen Internetnutzer an, das Internet und vor allem Medien über mobile Internetgeräte – in erster Linie über Smartphones – zu nutzen. Im Jahr 2015 lag dieser Anteil nur bei 54 %. Die Bedeutung des PCs als privater Zugang zum Internet geht zugunsten von Smartphones und Tablets deutlich zurück.

In großen Teilen Afrikas und Asiens findet private Internetnutzung ausschließlich auf Smartphones statt. Allerdings nutzen viele der Menschen dort nur WhatsApp oder andere Messenger und kein WWW.

Dieses Buch erklärt Android 12 für Smartphones unabhängig vom Gerätehersteller. Allerdings sieht die Benutzeroberfläche bei manchen Herstellern – etwa bei Samsung – deutlich verändert aus. Wer schon Smartphones früherer Android-Versionen genutzt hat, wird so einiges schon kennen. Aber auch für diesen immer größer werdenden Nutzerkreis finden sich zahlreiche Tipps und Tricks, die auf den ersten Blick verborgen bleiben. Wie sagt eine alte Administratorenweisheit: Weniger als 10 % der Anwender kennen mehr als 10 % der Funktionen eines Programms. Das gilt auch für Smartphones und ihr Betriebssystem.

Smartphone oder Handy – und was ist Android?

Am 5. November 2007 präsentierte Google erstmals eines seiner für die Zukunft wichtigsten Produkte: Android, das im Laufe der Jahre zum bekanntesten Betriebssystem für Smartphones und andere mobile Geräte wurde. Android läuft nicht nur auf Smartphones und Tablets, sondern auch auf Armbanduhren, Fernsehern und Bordcomputern in Autos.

Statistik und Marktanteile

Jeden Tag werden rund vier Millionen neue Android-Smartphones auf der Welt neu aktiviert– etwa zehnmal so viel, wie an einem Tag Menschen auf der Welt geboren werden. 2014 wurden erstmals weltweit über eine Milliarde Android-Geräte verkauft, 2019 waren es bereits 1,4 Milliarden. Die Statistiken über die Marktanteile der mobilen Betriebssysteme schwanken stark zwischen den Statistikanbietern. Android dominiert den Markt mit 70 % bis über 90 % je nach Statistik. Apple hält mit iOS den Rest. Damit verfügen diese beiden Hersteller über eine Marktpräsenz von nahezu 100 %. Windows Mobile, Tizen, BlackBerry sowie Nokias Symbian-Plattform, ehemaliger Marktführer, sind mittlerweile völlig bedeutungslos und werden in den meisten Statistiken inzwischen mit 0 % gelistet oder gar nicht mehr erwähnt. Alle großen Smartphone-Hersteller, außer Apple, verwenden Android als Betriebssystem für die meisten ihrer Geräte. Nach der aktuellen Statistik von StatCounter liegt Android weltweit unter allen internetfähigen Betriebssystemen – nicht nur den mobilen – ganz vorn, sogar knapp vor Windows auf PCs.

Huawei wie auch einige kleinere chinesische Smartphone-Hersteller verwenden wegen des Handelsstreits der USA mit China auf neuen Geräten Android ohne Google-Dienste. Huawei hat die Google-Dienste mittlerweile fast vollständig durch eigene Angebote ersetzt. Smartphones für den chinesischen Inlandsmarkt verwenden eigene Dienste und Apps, die in Europa ohne chinesische Sprachkenntnisse nicht nutzbar sind.

Zwölf Neuheiten in Android 12 im Überblick

Im Herbst 2021 veröffentlichte Google wie jedes Jahr eine neue Version des Android-Betriebssystems. Android 12 hat lediglich eine Nummer und wie schon die beiden Vorgänger keinen Süßigkeitennamen mehr. Intern wird Android 12 noch als **Snow Cone** bezeichnet, eine Nachspeise aus zermahlenem Eis, im Deutschen mit »Schneekegel« übersetzt.

Das Logo stellt diesmal nur eine Zahl dar, wobei der obere Bogen der 2 an den Kopf des Android-Logos angenähert sein soll. Die neue Android-Version bringt wieder interessante Neuerungen mit, allen voran eine gründlich überarbeitete Benutzeroberfläche.

Hier die zwölf wichtigsten Neuheiten der Version 12 in Kurzform. Weiterhin sind viele der vorinstallierten Google-Apps im Rahmen des Updates verbessert worden. Diese Verbesserungen kommen in den meisten Fällen auch Nutzern älterer Android-Versionen zugute.

Neue Benutzeroberfläche

Nahezu alle Elemente der Benutzeroberfläche wurden umgestaltet und sind teilweise deutlich größer geworden, um sich auch bei hohen Bildschirmauflösungen leichter bedienen zu lassen.

Material You – Farben für die Benutzeroberfläche

Die neue Designsprache **Material You**, eine Weiterentwicklung des Material Designs, ermöglicht grafische Themen für die Benutzeroberfläche. Elemente der Benutzeroberfläche können zudem automatisch Farben entsprechend dem aktuellen Hintergrundbild annehmen.

Wieder einmal veränderte Benachrichtigungen

Das Benachrichtigungssystem in Android, die Benachrichtigungen, die am oberen Bildschirmrand auftauchen und sich dann mit einer Wischgeste nach unten anzeigen lassen, ist die Systemkomponente, die konsequent mit jeder neuen Android-Version verändert wird. Android 12 gruppiert Benachrichtigungen nach Apps und bietet eine neue Schlummersteuerung, um Benachrichtigungen für eine bestimmte Zeit stummzuschalten.

Datenschutz-Dashboard

Das Datenschutz-Dashboard zeigt auf einen Blick, welche Apps auf welche Berechtigungen und Geräte wie Kamera, Mikrofon oder Standort zugreifen. Neue Schalter in den Schnelleinstellungen schalten diese Geräte einfach ein oder aus.

Neue Mediensteuerung

Ein neues Widget in den Benachrichtigungen und auf dem Sperrbildschirm erleichtert die Medienwiedergabe. Hier lässt sich auch die Lautstärke regeln oder ein Bluetooth-Lautsprecher koppeln, ohne in den Medienplayer wechseln zu müssen.

Bilder vor dem Teilen bearbeiten

Der Teilen-Bildschirm für Fotos enthält jetzt Werkzeuge zum Bearbeiten des Bildes vor dem Teilen, ohne erst eine App dafür aufrufen zu müssen.

WLAN-Zugang in der Nähe teilen

Zusätzlich zum QR-Code lassen sich Zugangsdaten zu einem WLAN jetzt auch drahtlos über **Nearby Share** mit Geräten in der Nähe teilen.

Neue Widgets

Die mit dem System mitgelieferten Widgets wurden optimiert und sind jetzt besser anpassbar. Neue Kontakte-Widgets vereinfachen die Kommunikation mit den Lieblingskontakten.

Verbesserter Einhandmodus

Der neue Einhandmodus erleichtert die Bedienung sehr großer Smartphones mit einer Hand.

Verbesserte Bild-im-Bild-Steuerung

Videos lassen sich in schwebenden Fenstern über anderen Apps abspielen. Diese Videofenster enthalten neuerdings auch Steuerelemente für das Video.

Optimierte Screenshot-Funktion

Die Screenshot-Funktion enthält jetzt die von vielen lange erwartete Möglichkeit, Scroll-Screenshots aufzunehmen, die mehr als nur den angezeigten Bildschirmausschnitt enthalten. Nach dem Screenshot lassen sich Texte und Emojis ins Bild einfügen.

Neue Emojis

Android 12 bringt wie jede neue Android-Version wieder zahlreiche neue Emojis mit. Neben einigen neuen Gegenständen und Tieren wurden viele der Emojis im Sinne einer geschlechterneutralen Darstellung ergänzt.

Android 12L – die Zukunft von Android

Google veröffentlichte im Dezember 2021 eine erste Vorabversion von Android 12L. Das **L** steht für **Large Screen** (»großer Bildschirm«). Diese neue Version soll auf Tablets und anderen Geräten mit besonders großen Bildschirmen laufen. Hier wird es leichter, zwei Apps nebeneinander darzustellen. Auch die Benachrichtigungen werden umgestaltet, um die großen Bildschirme besser zu nutzen. Android 12L soll sich automatisch an die verwendete Bildschirmgröße anpassen können. Inwieweit bestimmte Funktionen auch in die Smartphone-Version einfließen, ist bis jetzt nicht bekannt.

> **Android 12 Go für leistungsschwache Smartphones**
>
> Neuere Android-Versionen ließen sich auf älteren Smartphones oft schon deshalb nicht installieren, weil sie zu leistungshungrig waren. **Android Go** ist die schlankere Variante des Betriebssystems, eigens für leistungsschwächere Smartphones entwickelt. Auch Android 12 wird in einer Go-Version erscheinen, die die wichtigsten Funktionen des Android-12-Updates enthält.

Android 12 als Update installieren

Ob man auf einem vorhandenen Smartphone Android 12 installieren kann, hängt davon ab, ob der jeweilige Gerätehersteller ein Update anbietet. Google selbst liefert nur Updates für die Smartphones der hauseigenen Pixel-Serie sowie der Smartphones mit Android One, die von verschiedenen Herstellern, unter anderem Nokia, mit unverändertem Android geliefert werden.

So wird das Update installiert

Welche Android-Version auf einem Smartphone installiert ist, finden Sie ganz einfach heraus. Wischen Sie in den *Einstellungen* nach ganz unten und tippen Sie auf *System*. Auf dem folgenden Bildschirm sehen Sie die installierte Android-Version.

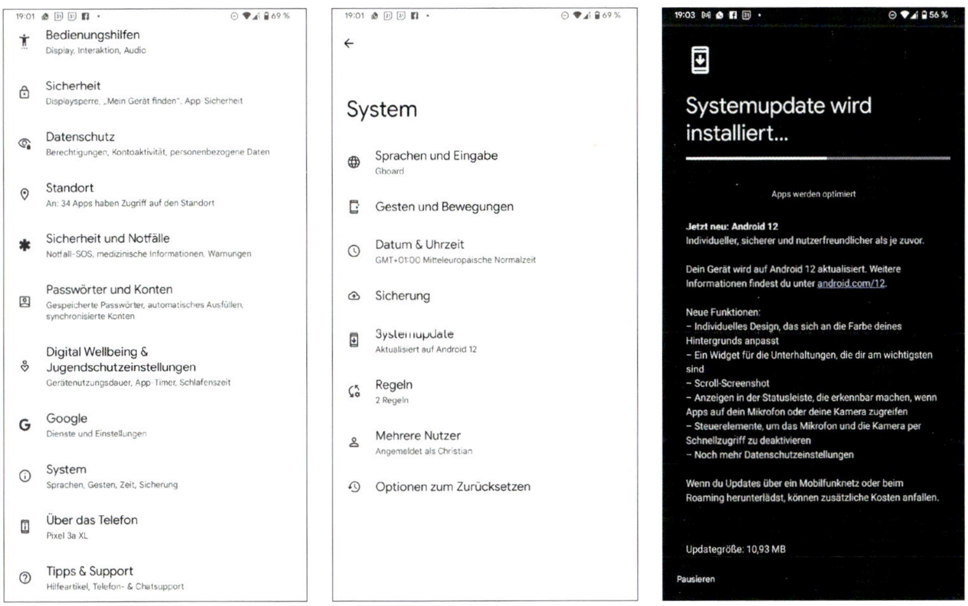

Update auf Android 12 suchen und herunterladen

Üblicherweise benachrichtigen die Gerätehersteller jedes Smartphone, wenn das Update auf Android 12 oder auch ein kleineres Update zur Verfügung steht. In diesem Fall erscheint eine auffällige Meldung auf dem Bildschirm. Sie können aber auch über den Menüpunkt *Über das Telefon/Systemupdate* in den *Einstellungen* (bis Android 7) bzw. *System/Systemupdate* (ab Android 8) gezielt nach einem Update suchen.

Bei einem Betriebssystem-Update bleiben alle persönlichen Daten sowie aus dem Google Play Store installierte Apps erhalten. Daten auf der Speicherkarte bleiben ebenfalls erhalten. Apps, die bei manchen Smartphones vom Gerätehersteller vorinstalliert sind, z. B. Werbe-Apps, sind je nach Gerätehersteller teilweise im Update nicht mehr enthalten. Wegen der großen Datenmenge können Betriebssystem-Updates nur per WLAN heruntergeladen werden.

Achtung: Genug Strom für das Update

Beim Betriebssystem-Update muss unbedingt sichergestellt sein, dass der Akku nicht während des Update-Vorgangs leer wird. Lassen Sie das Smartphone am besten während des Update-Vorgangs am Ladegerät hängen. Sorgen Sie auch für ein Backup wichtiger Daten und Dateien, denn man weiß ja nie.

Die Update-Installation dauert üblicherweise einige Minuten bis eine halbe Stunde. Während dieser Zeit kann man keine Telefongespräche führen. Die deutsche Notrufverordnung schreibt vor, dass Benutzer ausdrücklich darauf hingewiesen werden, dass ihr Smartphone während des Update-Vorgangs nicht für Notrufe genutzt werden kann.

Nach dem Update bootet das Smartphone neu. Danach müssen Sie wieder die PIN der SIM-Karte sowie in einigen Fällen auch das Passwort des Google-Kontos eingeben. Sorgen Sie dafür, dass Sie diese Daten im Zugriff haben.

Tipps zur Geräteauswahl

Seit dem ersten Android-Handy mit dem schlichten Namen G1, das im Sommer 2018 zehn Jahre alt wurde, werden fast jede Woche neue Smartphones mit Android-Betriebssystem angekündigt. Bekannte Hersteller wie Samsung, Huawei, Motorola, HTC, Sony (früher Sony Ericsson), Asus, LG, ZTE setzen auf Android als Plattform. Zusätzlich bauen unzählige chinesische Hersteller Android-Smartphones, die in Europa unter verschiedenen Markennamen in Elektronikmärkten und online verkauft werden.

Vor einigen Jahren hat sich auch Nokia von Microsoft abgewendet und nutzt jetzt Android auf seinen aktuellen Smartphones. Außer den iPhones von Apple läuft mittlerweile fast jedes Smartphone mit Android.

Pixel – Smartphones made by Google

Seit Android 7 Nougat veröffentlicht Google zum Start jeder neuen Android-Version ein oder zwei neue Smartphones der Geräteserie Pixel, die im Gegensatz zu den früheren Nexus-Modellen am oberen Ende der Preisskala liegt. Die Smartphones der Pixel-Serie verwenden das originale Android mit einigen zusätzlichen Funktionen. So wurden die Benutzeroberfläche Pixel Launcher, der Google Assistant, Wischgesten für den Fingerabdrucksensor sowie zahlreiche neue Kamerafunktionen auf Pixel-Smartphones erstmals gezeigt und erst später auch für andere Geräte zum Download angeboten.

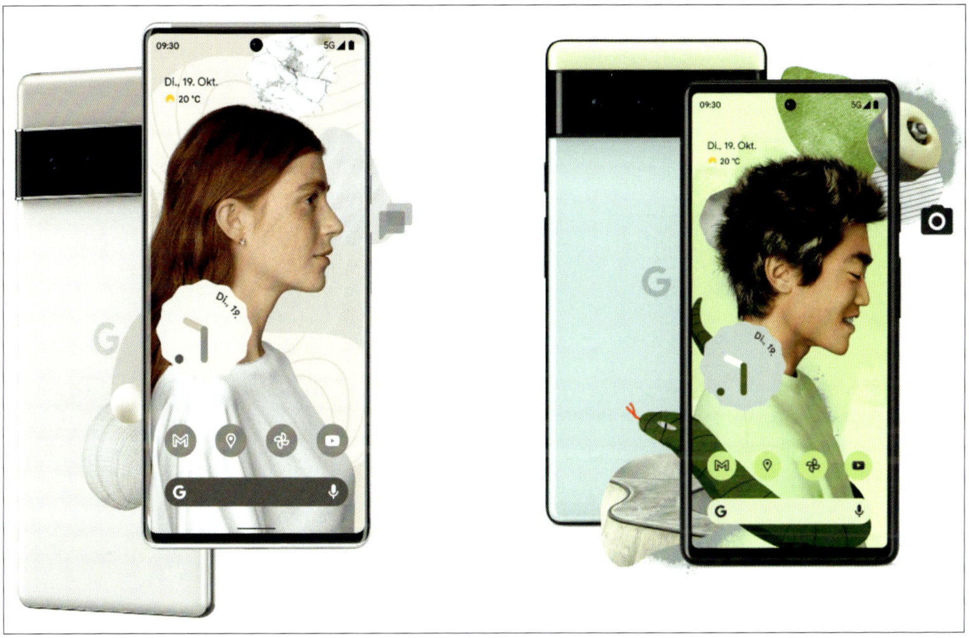

Die neuen Smartphones Google Pixel 6 Pro und Google Pixel 6 (kein Größenvergleich, Bilder: Google)

Das zu Android 12 eingeführte neue Modell Google Pixel 6 Pro besticht durch seine 50-Megapixel-Kamera, die besonders bei schwachem Licht hervorragende Ergebnisse liefert, sowie den neuen Prozessor Google Tensor, der speziell für dieses Smartphone entwickelt wurde. Das etwas einfacher ausgestattete Pixel 6 hat einen kleineren Bildschirm, etwas weniger Speicher, aber den gleichen Prozessor und die gleiche Kamera.

Die Smartphones der Google-Pixel-Serie werden über Googles eigenen Store *store.google.com* sowie über Mobilfunk-Netzbetreiber und Elektronikmarktketten angeboten und direkt mit Android 12 ausgeliefert. Die älteren Modelle Pixel 3, Pixel 3 XL, Pixel 3a, Pixel 3a XL, Pixel 4, Pixel 4 XL, Pixel 4a und Pixel 5 haben das Update auf Android 12 direkt nach der Veröffentlichung erhalten. Die noch älteren Modelle der Pixel-Serie erhalten kein Update auf Android 12.

Die Benutzertypen

Bevor Sie sich für ein Smartphone entscheiden, überlegen Sie sich, wofür Sie es hauptsächlich nutzen werden und wie viel Sie dafür ausgeben möchten. Jeder Nutzer verfolgt andere Interessen und Ziele, und genauso vielfältig ist mittlerweile die Auswahl an Android-Smartphones. Für unterschiedliche Anwenderszenarien sind auch unterschiedliche Hardwarekriterien von Bedeutung.

Der echte »Poweruser«, der viel im Internet surft und Multimedia-Anwendungen nutzt, braucht einen leistungsfähigen Prozessor und mindestens einen 6,5 Zoll (16,25 cm) großen Bildschirm, auf dem alle Apps und Videos laufen und der auch bei der Orientierung auf Landkarten hilfreich ist. Die Bildschirmauflösung sollte idealerweise mindestens 1.440 x 3.040 Pixel oder mehr betragen, dazu eine Kamera von mindestens 16 Megapixeln, wobei aktuelle Oberklasse-Smartphones sogar mehrere Kameras haben, und ein Quad-Core-Prozessor machen das Profi-Smartphone perfekt.

Top-Smartphones der bekannten Hersteller: Google Pixel 6 Pro, Samsung Galaxy S21 Ultra, Xiaomi Mi 11 (kein Größenvergleich, Fotos: Hersteller)

Der typische Smartphone-Nutzer, der sich neben dem Telefonieren Informationen aus dem Internet holt, Apps nutzt, E-Mails schreibt und ab und an ein Spielchen spielt, möchte nicht so viel Geld ausgeben. Seit es kaum noch Smartphones der Bildschirmklasse 4–5 Zoll (10–12,5 cm) gibt, bauen immer mehr Hersteller auch preisgünstige Modelle mit 6-Zoll-Bildschirmen und etwas weniger Prozessorleistung und Speicher, aber immer noch ausreichend für alle Alltags-Apps.

Würde man den diversen Kaufberatungsvideos im Internet oder auch im Fernsehen glauben, könnte man denken, die Funktionen der verschiedenen Android-Smartphones seien völlig unterschiedlich. Dort werden Werbeaussagen von Geräteherstellern ungefiltert übernommen und als das einzig Wahre verkauft. Ein Hersteller wirbt mit E-Mail-Funktionen, ein anderer mit den Google-Apps, ein dritter mit Facebook. Dass jedes Android-Smartphone dieser Welt all das kann, gerät dann ganz schnell in den Hintergrund. Tatsächlich unterscheiden sich die Geräte eher in der Hardwareausstattung und im Design, aber nicht in der Software.

Akkulaufzeit in der Smartphone-Werbung

Natürlich hat die Leistung ihren Preis, besonders was den Stromverbrauch angeht. Bei keiner anderen Zahl in den Datenblättern beweisen Hersteller so viel Fantasie wie bei Standby- und Gesprächszeiten. Angaben von mehreren Hundert Stunden können nur unter extremen Laborbedingungen gelten, wenn optimaler Netzempfang besteht und keine einzige App sich im Hintergrund Daten holt. Klingeln sollte das Telefon dann auch nicht. Um die mit einer Akkuladung erzielbare Gesprächszeit auf die Minute genau anzugeben, ist einiges an Kreativität nötig. Im realen Nutzeralltag hält keines der modernen Android-Smartphones wesentlich länger als einen Tag ohne Steckdose durch, besonders wenn man sich zeitweise in Gebieten mit schlechter Netzversorgung aufhält. Die auf den Datenblättern der Smartphone-Hersteller angegebenen Zeiten können Sie einfach aus Ihrem Gedächtnis streichen. Sie haben mit der Realität nichts zu tun.

Wiederaufbereitetes Smartphone als kostengünstige Alternative zum Neukauf

Aktuelle Smartphones haben ihren Preis – und das gilt bei den großen bekannten Marken auch noch für die Topmodelle der vergangenen Jahre. Es muss aber nicht unbedingt ein fabrikneues Smartphone sein. Professionell aufbereitete gebrauchte Markengeräte bieten eine kostengünstige Alternative zu Neugeräten, ohne dass man dabei die vom klassischen Gebrauchtmarkt bekannten Qualitätseinbußen hinnehmen muss.

asgoodasnew.com (»So gut wie neu«), eine der bekanntesten deutschen Spezialfirmen für professionelle Geräteaufbereitung, bietet hochwertig wiederaufbereitete Smartphones und Tablets bis zu 30 % unter dem Neupreis an. Dabei sind selbst aktuelle Modelle oft bereits wenige Tage bis Wochen nach Verkaufsstart verfügbar.

Die Geräte werden nicht nur professionell gereinigt, sondern auch technisch bis ins letzte Detail geprüft und generalüberholt. Die Technik entspricht der eines Neugerätes, dabei gibt asgoodasnew sogar 30 Monate Garantie. Mithilfe der zertifizierten Löschsoftware von Blanko wird die jeweils aktuelle Firmware vorinstalliert und dabei sichergestellt, dass das Gerät frei von Datenspuren oder eventueller Malware des Vorbesitzers ist.

Professionell wiederaufbereitete Elektronik stellt eine dritte Geräteklasse zwischen fabrikneuer Ware und klassischem Gebrauchtmarkt dar, wobei technische Qualität und auch Garantieleistungen denen von Neuware entsprechen oder dank vielfältiger Tests sogar überlegen sind. Hier kann es kein »Montagsgerät« geben.

Gute Qualität zum halben Preis – Import aus China

Fast alle Smartphones werden zumindest in Teilen in China produziert, die meisten davon in Shenzhen, einer 17-Millionen-Stadt in Südchina, die sich in den letzten Jahren zum zweiten Silicon Valley entwickelt hat, die hierzulande aber kaum jemand kennt. Die chinesischen Marken Huawei, OnePlus und ZTE haben mittlerweile weite Verbreitung in Deutschland, allerdings erreichen deren Gerätepreise langsam auch deutsches Niveau. Weniger bekannte chinesische Marken liefern Smartphones in einer mit Markenherstellern vergleichbaren Qualität, aber zum halben Preis.

Samsung, mit Firmensitz in Südkorea, stand im Jahr 2021 wieder einmal weltweit auf Platz 1 und erreichte 20,8 % des weltweiten Marktanteils von Android-Smartphones. Auf den Plätzen 2 und 3 folgten die chinesischen Hersteller Xiaomi und Vivo, die deutlich aufholen, wodurch Samsung – vor einigen Jahren noch mit über 30 % Marktanteil – Vorsprung einbüßen musste.

Xiaomi (gesprochen »schomi«, *www.mi.com*) gilt als Senkrechtstarter auf dem chinesischen Smartphone-Markt und ist in seinem Heimatland seit einigen Jahren für High-End-Smartphones zu günstigen Preisen bekannt.

Während Xiaomi-Geräte und auch einige andere große chinesische Hersteller inzwischen in Deutschland bei Elektronikmärkten und Onlineshops verfügbar sind, sind Smartphones weniger bekannter chinesischer Hersteller bis jetzt nur über Importhändler erhältlich. Und diese sind auch das einzige wirkliche Problem beim Kauf chinesischer Hardware. Während die großen China-Importeure GearBest, Honorbuy, Banggood, TradingShenzhen oder Efox absolut seriös nach europäischen Standards arbeiten, tummeln sich auch schwarze Schafe auf dem Markt, deren Webauftritt auf den ersten Blick von zuverlässigen Händlern kaum zu unterscheiden ist. Bezahlen sollte man immer mit PayPal, da hier im Notfall der Käuferschutz weiterhilft.

Ein weiteres Kriterium ist ein europäisches Auslieferungslager bei großen Händlern. Dies verringert nicht nur die Lieferzeit auf wenige Tage gegenüber dem chinesischen Standardversand von etwa 20–40 Tagen, sondern bietet auch in den meisten Fällen einen europäischen Ansprechpartner bei Versandfragen und eventuellen Rücksendungen, die von Deutschland nach China sehr teuer sind, wogegen der umgekehrte Weg den Händler nur ein paar Cent kostet. Bei Shops ohne EU-Lager empfiehlt sich eine Bestellung per DHL Express, die für ein paar Euro mehr auch ein Paket direkt aus Shenzhen in etwa einer Woche nach Deutschland bringen und dazu im Gegensatz zu chinesischen Billigspeditionen eine zuverlässige Sendungsverfolgung online anbieten.

Die größte Verkaufsplattform weltweit ist AliExpress aus China, die inzwischen auch die deutschsprachige Webseite *de.aliexpress.com* betreibt. Ähnlich wie bei eBay oder Amazon kann hier jeder beliebige Produkte zum Verkauf anbieten. Durch ein eigenes Bezahlsystem und verschiedene Überprüfungsmechanismen versucht die Alibaba Group Holding

Limited, der Betreiber der Plattform, Betrüger fernzuhalten. Ähnlich wie bei eBay sollte man auch hier darauf achten, dass der jeweilige Händler auf Elektronik spezialisiert ist. Bei Shops, die neben Smartphones auch Kleidung oder Schmuck anbieten, ist an der Seriosität eher zu zweifeln. Da das Angebot an China-Handys nicht gerade übersichtlich ist, sollte man vor dem Kauf kurz googeln, ob ein günstig angebotenes Gerätemodell tatsächlich existiert. Auch erhebliche Preisunterschiede gegenüber dem durchschnittlichen Verkaufspreis des gleichen Gerätes in anderen Shops lassen Zweifel aufkommen. Fordert ein Händler dazu auf, den Kaufpreis am AliPay-Bezahlsystem vorbei direkt zu überweisen, wählen Sie besser einen anderen Händler.

Die Handelsplattform **Wish** (*www.wish.com*) funktioniert nach dem gleichen Prinzip. Auch hier bieten Tausende unabhängige Händler, vorwiegend aus China, Waren auf einer gemeinsamen Plattform an, die im Wesentlichen mobil über eine App genutzt wird. Der große Erfolg von Wish basiert auf einer guten Erkennung der Interessen eines Nutzers anhand seines Surfverhaltens auf der Plattform.

Chinesische Technik – worauf sollte man achten?

Die Vielzahl chinesischer Smartphones und deren technische Ausstattung ist verglichen mit der schmalen Auswahl in deutschen Elektronikmärkten nicht gerade übersichtlich. Xiaomi, deren Smartphones inzwischen auch in europäischen Läden erhältlich sind, orientiert sich in Sachen Ausstattung und Namensgebung am großen Vorbild Samsung. Die Flaggschiffe der Mi-Serie, die meist im Sommer erscheinen, sind mittlerweile technisch mit dem Samsung-Flaggschiff vom Anfang desselben Jahres vergleichbar. In der Mi-Note-Serie bietet Xiaomi analog zu den Galaxy-Note-Modellen Phablets mit besonders großen Bildschirmen an. Die Redmi-Reihe stellte zuerst die kostengünstige Mittelklasse dar, liefert inzwischen aber auch sehr hochwertige Geräte.

Bekannte chinesische Oberklasse-Smartphones: Xiaomi Mi 11T Pro, OnePlus 9 Pro, Vivo X70 Pro (kein Größenvergleich, Fotos: Hersteller)

Wie bei den bekannten Geräten sind auch bei China-Handys Bildschirm und Kamera, Prozessorleistung, RAM und interner Speicher die wichtigsten technischen Merkmale, auf die man beim Kauf achten sollte. Die meisten Smartphones der chinesischen Oberklasse verwenden aktuelle Snapdragon-Prozessoren, die auch die großen Markenhersteller nutzen. Mit 8 bis 16 GB RAM ist der Arbeitsspeicher überall ausreichend bemessen. Zum Vergleich: Selbst das aktuelle Samsung Galaxy S21 hat nur 8 GB RAM. Da Speicherbausteine in China billig sind, liegen die meisten Topmodelle mit 64 oder gar 128 GB internem Speicher über dem in Europa üblichen Durchschnitt. Bei diesen Speichergrößen kann man gut auf eine MicroSD-Karte verzichten. Die Bildschirmauflösung entspricht ebenfalls der von bekannten Oberklasse-Smartphones.

Die Akkus der meisten China-Smartphones sind mit über 4.000 mAh überdurchschnittlich groß, aber oft fest verbaut – ein Trend, dem auch immer mehr klassische Hersteller folgen. Fast alle aktuellen Modelle unterstützen die Schnellladetechnik über USB Typ-C. Oukitel, Blackview und Ulefone liefern bereits Smartphones mit Akkus über 10.000 mAh.

Verschiedene ROM-Versionen für das gleiche Gerät

In China werden die meisten Smartphones mit einer rein chinesischen Android-Version ausgeliefert, die oft viele vorinstallierte Apps enthält. Über eigene App Stores machen die Hersteller ein zusätzliches Geschäft mit Apps und den in China sehr beliebten kostenpflichtigen Bildschirmthemen und Iconsets. Für den Wachstumsmarkt in anderen ostasiatischen Ländern und Indien werden sogenannte Global oder International ROMs angeboten. Ist ein solches ROM vorinstalliert, profitieren auch europäische Nutzer von der Vielfalt der in Android standardmäßig enthaltenen Sprachen und den Google-Play-Diensten, einschließlich des Google Play Store.

Achten Sie beim Kauf immer auf die Global-Versionen, auch wenn diese teilweise ein paar Euro teurer sind. Xiaomi und einige andere Hersteller bieten auch Global ROMs zum Download an, wobei der Installationsaufwand von Hersteller zu Hersteller unterschiedlich ist.

Benutzeroberflächen der China-Smartphones

Nur wenige Hersteller installieren ein unverändertes Android, die meisten verändern zumindest die Symbole der wichtigsten Apps und ein paar Kleinigkeiten beim Startbildschirm und den *Einstellungen*, was sich aber oft durch die Installation des **Google Launchers** aus dem Google Play Store zurücksetzen lässt.

Andere wie Huawei, ZUK oder LeEco liefern mit EMUI, ZUI und EUI stark angepasste Android-Oberflächen und vielfach auch einiges an vorinstallierter Bloatware mit, die sich nicht immer entfernen lässt. Bei vielen chinesischen Android-Launchern fehlt der typische Button für die Liste aller Apps. Die Apps werden auf mehreren Startbildschirmseiten angezeigt, können dafür frei angeordnet und in vielen Fällen auch in Ordner einsortiert werden.

Die große Unbekannte – der Zoll

Nur falls Sie selbst bei einem chinesischen Händler ohne EU-Lager bestellen, müssen Sie sich mit Zollformalitäten auseinandersetzen. Offiziell muss für aus einem Nicht-EU-Land eingeführte Produkte eine Einfuhrumsatzsteuer von 19 % bezahlt werden, wenn der Zollwert, der sich aus Warenwert plus Porto zusammensetzt, über 22 Euro liegt. Dazu kommt bei zahlreichen Produkten im Wert von über 150 Euro noch ein kompliziert zu errechnender Zollbetrag, der allerdings bei Smartphones generell nicht erhoben wird. Die großen Importshops versenden zollfrei, was bedeutet, dass alle Formalitäten bereits vorab erledigt sind, und der Käufer es nicht mit dem Zoll zu tun bekommt. Auf Sendungen aus einem EU-Versandlager hat der Zoll ohnehin keinen Zugriff. Aber auch bei Bestellungen von kleineren chinesischen Händlern oder über AliExpress hält sich die Wahrscheinlichkeit in Grenzen, dass der Zoll gerade das eigene Päckchen aus den Tausenden Sendungen, die täglich an deutschen Flughäfen und Seehäfen ankommen, herausfischt. Sollte eine Sendung tatsächlich einbehalten werden, bekommt man nach Tagen bis Wochen eine Aufforderung, sein Päckchen beim nächsten Zollamt abzuholen und 28,50 Euro, 19 % von 150 Euro, zu bezahlen. Da kein Zollbeamter chinesische Versandpapiere lesen kann, wird gern diese Obergrenze der Zollfreiheit zur Bemessung angesetzt. Bei höheren Beträgen müsste der Zoll sich die Mühe machen, einen tatsächlichen Wert zu ermitteln, um dann einige Cent Zollsatz zu kassieren. Natürlich hat man als Kunde theoretisch das Recht, beim Zollamt einen geringeren Warenwert zu beweisen und damit die Steuer zu senken. Bei Bestellungen per DHL überträgt der Zoll die Verzollung einer überprüften Sendung an DHL, und der Käufer zahlt die Einfuhrumsatzsteuer an den Paketboten, ohne selbst zum Zollamt fahren zu müssen. Allerdings gibt es hier keine Möglichkeit, den Warenwert zu verhandeln.

Erfahrungsberichten aus Foren zufolge zeigt der Zoll in letzter Zeit verstärkt Interesse, bestimmte Produkte komplett zu beschlagnahmen und trotz Zahlung der Einfuhrumsatzsteuer dem Käufer nicht auszuhändigen. Diese Gefahr besteht vor allem bei Geräten ohne CE- und ähnliche Prüfzeichen sowie bei Smartphones, die fremde Markenlogos zeigen oder sich eindeutig als chinesische Kopien bekannter Markengeräte erweisen, was auf die in diesem Buch erwähnten Smartphones aber nicht zutrifft. In solchen Fällen ist das Risiko hoch, die bestellte Ware nie zu erhalten. Oft wird man nicht einmal benachrichtigt und kann nur noch versuchen, sein Geld über den Käuferschutz von AliPay oder PayPal zurückzubekommen.

Xiaomi nimmt mit seiner Android-Variante MIUI die größten Veränderungen gegenüber dem von Google vorgegebenen Standard vor. Über Themen ist die Oberfläche vielfältig personalisierbar. Einige nützliche Funktionen, die im Standard-Android fehlen, sind bereits vorinstalliert, u. a. ein Dateimanager, eine einfache Textverarbeitung, Kompass, QR-Code-Scanner, Notizblock und eine System-App, die grundlegende Systemchecks, Speicherbereinigung und einen Virenscanner bietet. Über Touch- und Tastengesten lässt sich die Oberfläche an persönliche Gewohnheiten anpassen. Wie auch OxygenOS von OnePlus verwendet

MIUI die SwiftKey-Tastatur mit lernfähiger Autokorrektur, intelligenter Textvorhersage und Spezialtasten zur Positionierung des Cursors im Text. Der neuartige Second Space verhält sich wie ein zweites Handy. So kann man private von geschäftlichen Daten trennen oder das Smartphone zeitweise einem anderen Benutzer zur Verfügung stellen, ohne dass Einstellungen oder private Daten in den jeweils anderen Bereich kommen. MIUI hat wegen seiner Funktionsvielfalt und Anpassbarkeit besonders in Asien so große Beliebtheit erlangt, dass Xiaomi dieses System bei *en.miui.com* auch für Smartphones anderer Hersteller zum Download anbietet. Für nicht unterstützte Geräte gibt es zumindest den *MiHome Launcher* als App.

Was macht Android so besonders?

Android ist nicht nur eine elegante Oberfläche für Touchscreen-Smartphones, sondern ein echtes Betriebssystem wie auf einem PC, mit dem man das Handy für noch viel mehr als nur zum Telefonieren nutzen kann. Natürlich hat Android diese Art von Mobilität nicht erfunden, es gibt parallel noch andere Systeme, allen voran Apples iOS mit dem iPhone, das erstmals Smartphones alltagstauglich machte.

Google als wichtigster Entwickler der Android-Plattform gibt Softwareentwicklern viele Freiheiten – deutlich mehr als die Hersteller der anderen Plattformen, sodass in kurzer Zeit jede Menge Apps entstanden sind, der größte Teil davon ist für den Nutzer kostenlos.

Auch Gerätehersteller sind weitgehend frei, wenn es darum geht, Android-Smartphones zu produzieren. Hardwaredaten wie Bildschirmauflösung und -größe, Zahl und Anordnung der Tasten, Kameraauflösung, Unterstützung verschiedener Funktechnologien (EDGE, LTE, 5G), Tastatur oder nicht sind für die Hersteller nicht konkret vorgeschrieben. Dies führte dazu, dass sich eine breite Vielfalt verschiedener Smartphones für jeden Nutzergeschmack entwickelt hat.

Verschiedene Benutzeroberflächen auf Android-Smartphones

Im Gegensatz zu den proprietären Plattformen von Apple oder BlackBerry kann sich ein Smartphone-Nutzer bei Android ein Handy aussuchen, das ihm gefällt, und findet dann immer weitgehend das gleiche vertraute System vor und kann dieselben Apps nutzen. Allerdings gibt es bei Android, ähnlich wie bei Linux – die beide auf UNIX basieren – diverse verschiedene Benutzeroberflächen, die über das eigentliche Betriebssystem gelegt werden.

Besonders Samsung, Xiaomi und einige andere chinesische Hersteller zeigen Benutzeroberflächen, die sich vom Android-Standard stark unterscheiden. Google versucht zwar, einen Standard für Bedienung und Optik zu setzen und Hersteller dazu zu bringen, auf eigene Oberflächen zu verzichten, was aber bei einigen Herstellern auf taube Ohren stößt.

Nicht nur auf dem Startbildschirm, sondern auch bei den vorinstallierten Apps und besonders bei den *Einstellungen* gibt es große Unterschiede zwischen dem originalen Android und herstellerspezifischen Anpassungen.

Startbildschirm auf einem Google Pixel, Samsung und Huawei

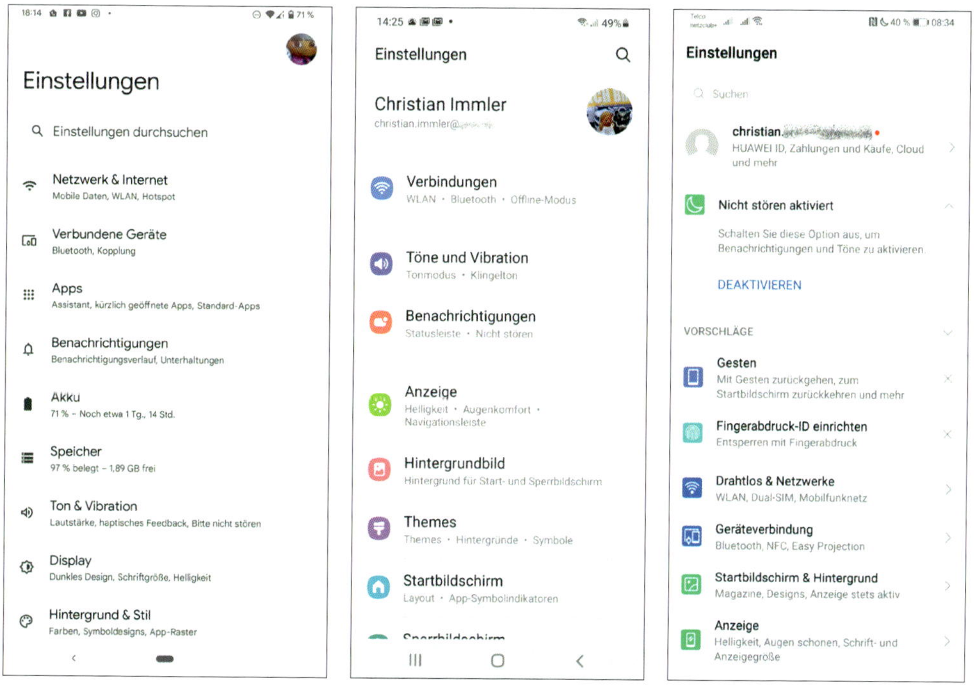

Einstellungen auf einem Google Pixel, Samsung und Huawei

> **Abbildungen im Buch**
>
> Die Abbildungen in diesem Buch wurden auf Smartphones der Google-Pixel-Serie erstellt, um die Originaloberfläche von Android 12 zu zeigen.

Die Vielfalt der Android-Versionen

Neben dem neusten Android 12 sind auch noch diverse ältere Versionen im Umlauf. App-Entwickler müssen darauf achten, zumindest noch weitverbreitete Versionen mit ihren Apps zu unterstützen, da viele Geräte erst sehr spät oder gar nicht das Update auf die aktuelle Betriebssystemversion erhalten. Google veröffentlichte lange Zeit monatlich Zahlen zur Verbreitung der einzelnen Android-Versionen – in letzter Zeit sind diese nur noch Entwicklern zugänglich.

Verteilung der Android-Versionen in Deutschland von Oktober 2020 bis Oktober 2021 (Quelle: StatCounter)

Die Statistikseite StatCounter ermittelt unter anderem auch die Verteilung der Android-Versionen in verschiedenen Regionen der Welt. In Deutschland zeigt die Verteilung jedes Jahr einen ähnlichen Verlauf. Kurz vor Jahresende taucht die im Herbst veröffentlichte neue Android-Version auf den ersten Smartphones auf und verbreitet sich zunehmend im

Laufe des folgenden Jahres. Gleichzeitig verliert die Vorjahresversion Marktanteile. Jede Android-Version hat über einen Zeitraum von zwei Jahren relevante Verbreitung, ein Jahr zunehmend und das nächste Jahr mit abnehmender Tendenz. Das aktuelle Android 12 wird im Laufe des Jahres 2022 die Vorgängerversion Android 11 langsam verdrängen, genau so wie es im Jahr 2021 mit den Versionen 10 und 11 geschehen ist. Diese beiden letzten Versionen hatten Ende des Jahres 2021 zusammen einen Anteil von rund 70 %. Android 6 und älter spielen kaum noch eine Rolle. Alle Versionen vor Android 5.1 Lollipop tauchen in der Statistik Ende des Jahres 2021 nur noch unter *Sonstige* mit einem Gesamtanteil von etwa 1 % auf.

Die im Herbst 2021 erschienene Version Android 12 tauchte in der Statistik vom Oktober 2021 noch nicht eigens auf, sondern wurde wegen der bis dahin noch geringen Verbreitung unter *Sonstige* erfasst.

Android One

android one

Mit Android One steuert Google dem Durcheinander verschiedener Android-Benutzeroberflächen entgegen. Alle Smartphones mit dem Android-One-Logo verwenden ein unverändertes Android und können so auch direkt von Google sehr schnell und regelmäßig mit Systemupdates versorgt werden.

Zurzeit verwenden Nokia, die Mi-A-Serie von Xiaomi, das General Mobile GM8 und GM6, die Motorola-One-Serie sowie einige Geräte von BQ und Sharp Android One.

Android-One-Smartphones: Nokia 8.3, Nokia 5.3, Nokia 7.2, Nokia 6.2, Motorola One Action, Motorola One Vision (Fotos: Hersteller)

Kapitel 2

Die Ersteinrichtung eines neuen Android-Smartphones

Bevor Sie das Smartphone erstmals in Betrieb nehmen, bauen Sie die SIM-Karte und bei Bedarf auch noch eine MicroSD-Karte ein. Aufgrund internationaler Sicherheitsvorschriften dürfen Akkus im Gerät nicht in vollgeladenem Zustand verschickt werden. Der Akku fabrikneuer Smartphones ist bei Auslieferung nur zu etwa 50 % aufgeladen, was aber ausreicht, um das Gerät sofort in Betrieb nehmen und einrichten zu können.

SIM-Karte einstecken

Fast alle modernen Android-Smartphones verwenden inzwischen Nano-SIM-Karten. Das klassische Mini-SIM-Format wird ebenso wie Micro-SIM in aktuellen Geräten kaum noch genutzt. Wer sein Smartphone nicht direkt mit einem Mobilfunkvertrag kauft, muss also darauf achten, von seinem Mobilfunkanbieter eine passende SIM-Karte zu bekommen. Viele Netzbetreiber und Mobilfunk-Discounter bieten sogenannte Kombi-SIM-Karten: Mehrere Stanzlinien ermöglichen es, den SIM-Chip in unterschiedlichen SIM-Kartenformen aus dem Kartenträger herauszudrücken. Die Nano-SIM-Karten sind einfach nur kleiner, die Kontakte aber gleich angeordnet und elektronisch voll kompatibel zu Mini-SIM- und Micro-SIM-Karten.

Kombi-SIM-Karte mit Bedienungsanleitung (Bilder: ALDI TALK SIM-Karte)

Nano-SIM-Karten werden meistens in einer kleinen Schublade ins Gehäuse geschoben. Diese Schublade lässt sich mit einem mitgelieferten Werkzeug öffnen. Drücken Sie dieses kurz in das dafür vorgesehene Loch der SIM-Kartenschublade.

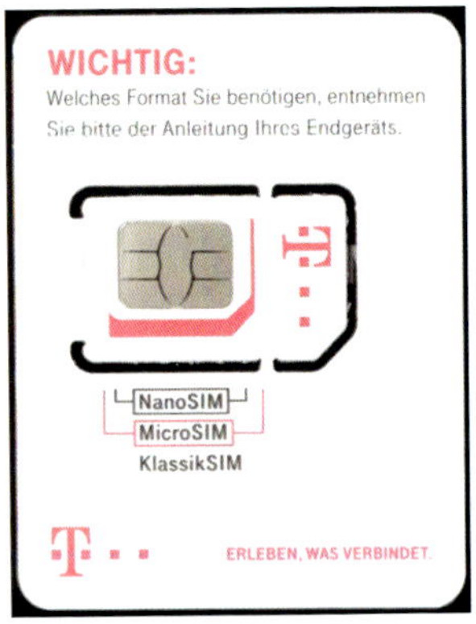

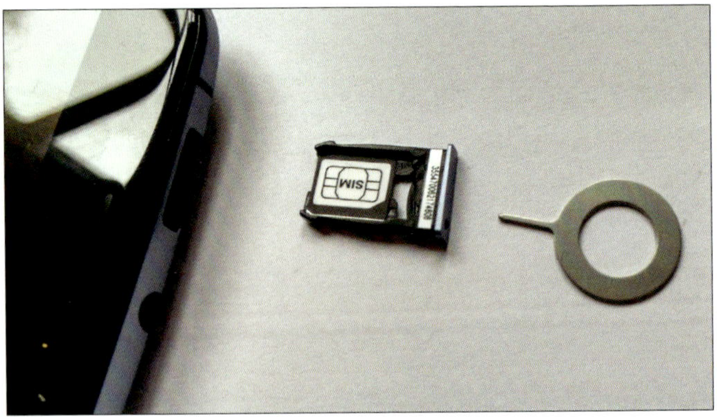

Manche Anbieter, etwa die Telekom, liefern das kreditkartengroße, ganz alte SIM-Kartenformat gar nicht mehr. Rechts: Schublade für eine Nano-SIM-Karte mit Werkzeug zum Öffnen

Micro-SIM und Nano-SIM selbst basteln

Obwohl dies offiziell nicht empfohlen wird, findet man im Internet Anleitungen und Schneidevorlagen, um normale Mini-SIM-Karten auf die Größe einer Micro-SIM oder Nano-SIM zurechtzustutzen. Der eigentliche Chip in den SIM-Karten liegt genau unter der Kontaktfläche und kann, sofern man mit einem scharfen Messer sauber schneidet und die SIM-Karte dabei nicht zerspringt, nicht beschädigt werden. Also am besten einmal mit einer abgelaufenen oder einer kostenlosen Promo-SIM-Karte üben, bevor man das Messer an der echten SIM-Karte ansetzt. Für weniger Mutige gibt es im Zubehörhandel einfache Stanzmaschinen für unter 10 Euro, mit denen man kaum etwas falsch machen kann.

Dual-SIM-Technik

Viele vermeintlich günstige Telefontarife sind in der Internetnutzung so teuer, dass sie für Smartphones uninteressant werden. Umgekehrt haben die preiswerten Surf-Flatrates häufig hohe Minutenpreise beim Telefonieren. In ländlichen Regionen ist oft nur ein Netzbetreiber verfügbar, woanders dann ein anderer. Es gibt viele Gründe, zwei SIM-Karten zu verwenden. Dafür aber immer zwei Smartphones mit sich herumzutragen, kann schnell lästig werden.

Dual-SIM-Smartphones bieten eine Lösung, die Tarifvorteile von zwei SIM-Karten zu nutzen und so z. B. eine Telefon-Flatrate bei einem billigen E-Netz-Anbieter mit einem Internettarif im LTE-Netz zu kombinieren. Außerdem braucht man statt eines beruflichen und eines privaten Smartphones nur noch ein Gerät. Im Urlaub oder nachts schaltet man die berufliche SIM-Karte einfach aus. In grenznahen Gebieten lassen sich mit Dual-SIM-Smartphones Roamingkosten vermeiden, wenn das Mobilfunknetz des Nachbarlandes einmal stärker ist. Stecken Sie einfach SIM-Karten beider Länder ins Smartphone.

Die Dual-SIM-Technik, um Tarifvorteile von zwei SIM-Karten zu kombinieren, ist bei chinesischen Smartphones weitgehend Standard. Samsung, Huawei und Xiaomi bieten auch in Europa zunehmend Dual-SIM-Smartphones an. Allerdings wird bei vielen Geräten einer der Steckplätze alternativ für die MicroSD-Karte benutzt. Bei Verwendung von zwei SIM-Karten kann also oftmals keine Speicherkarte eingesteckt werden.

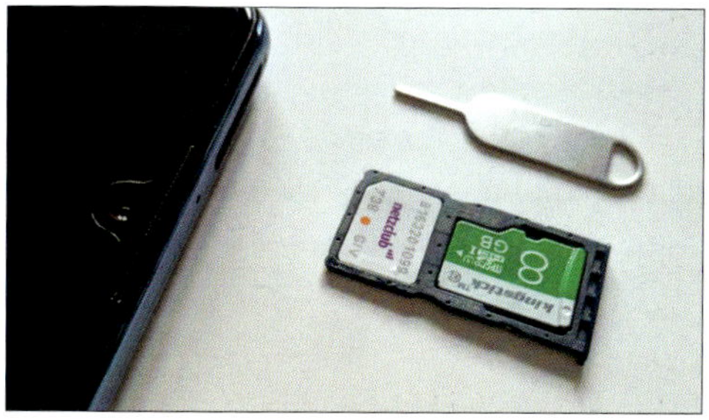

Kartenträger für SIM-Karten und Speicherkarte mit Öffnungswerkzeug; links: Dual-SIM, rechts: Dual-SIM oder SIM und MicroSD

eSIM statt SIM-Karte

Einige aktuelle Smartphones unterstützen bereits die eSIM-Technologie. eSIM steht für »embedded SIM« (auf Deutsch »eingebaute SIM«). Der SIM-Chip ist im Smartphone eingebaut und kann vom Mobilfunkanbieter neu mit Daten beschrieben werden. Statt einer physischen SIM-Karte brauchen Sie also nur ein eSIM-Profil von Ihrem Mobilfunkanbieter zu kaufen, das dann drahtlos auf das Smartphone übertragen wird. Bis jetzt unterstützen noch nicht alle Mobilfunkanbieter und auch nicht alle Tarife die eSIM.

Akku laden

Das alte Gerücht, ein Akku sollte vor jedem Aufladen erst komplett leer sein, gilt bei modernen Akkus schon lange nicht mehr. Sorgen Sie im Gegenteil lieber dafür, dass der Akku nie ganz leer ist, sondern laden Sie ihn besser schon bei 30 % Restkapazität wieder auf. Kurze Ladevorgänge über den Tag verteilt verlängern die Lebensdauer des Akkus. Im Gegensatz dazu schadet es dem Akku, wenn er regelmäßig komplett entladen wird. Das Smartphone sollte auch nicht längere Zeit mit vollgeladenem Akku am Ladegerät hängen. Bei modernen Smartphones schaltet die Ladeelektronik automatisch ab, wenn der Akku voll ist, sodass auch dieses Problem kaum noch besteht.

USB Typ-C

Mit USB Typ-C etabliert sich ein neuer Standard, der höhere Datenübertragungsraten ermöglicht und wegen der höheren Ladegeschwindigkeiten bei fast allen aktuellen Smartphones den bisher üblichen Micro-USB-Anschluss ablöst. Seit der Vereinheitlichung der Ladegeräte für alle Smartphones außer dem iPhone kann man bequem ein Ladegerät fest am Schreibtisch oder in der Küche deponieren, ein weiteres am Arbeitsplatz oder ähnlich. Nur bei Schnellladetechniken, wie sie besonders von Huawei und Samsung genutzt werden, sollte man das mit dem Smartphone gelieferte Ladegerät verwenden, um die volle Ladeleistung zu erreichen.

USB-Typ-C-Stecker sind symmetrisch, lassen sich also in beiden Richtungen einstecken. Bei Smartphones mit USB-Typ-C-Anschluss wird meistens noch ein Adapter für den klassischen Micro-USB-Stecker mitgeliefert, um das Gerät an einem vorhandenen Ladegerät oder einer Powerbank aufzuladen. Dieser Adapter wird auch für Kabelverbindungen mit dem PC benötigt, da einige USB-Typ-C-Kabel auf beiden Seiten den neuen Stecker haben. Bei Weitem nicht alle PCs verfügen bereits über USB-Typ-C-Anschlüsse. Mit dem Adapter kann ein klassisches Micro-USB-Kabel verwendet werden.

USB Typ-C (oben) und Micro-USB (unten) im Vergleich, links ein Adapter von Micro-USB auf USB Typ-C

Kabelloses Aufladen

Einige aktuelle Smartphones lassen sich mit induktiven Ladegeräten auch kabellos aufladen, was allerdings länger dauert als über ein USB-Ladegerät. Außerdem ist zu bedenken: Das kabellose Ladegerät erzeugt ein induktives Feld, das magnetische Datenträger wie z. B. Kreditkarten beschädigen kann. Legen Sie diese also nicht auf oder direkt neben das Ladegerät. Weiterhin beeinträchtigt dieses Feld den Mobilfunkempfang. Wenn Sie sich an einem Ort aufhalten, an dem die Mobilfunknetzqualität ohnehin schwach ist, kann der Empfang während des kabellosen Aufladens ganz ausfallen.

Die wichtigsten Fingergesten zur Touchscreen-Steuerung

Um den Touchscreen fehlerfrei zu bedienen, noch ein wenig technischer Hintergrund: Alle Android-Smartphones verwenden kapazitive Touchscreens, die auf das Energiefeld der Hand reagieren und nicht auf mechanischen Druck wie ältere Handys. Ein moderner Touchscreen lässt sich ausschließlich mit dem Finger bedienen, einfache Stifte oder andere mechanische Hilfsmittel sowie Handschuhe sind wirkungslos. Wassertropfen auf dem Bildschirm beeinträchtigen ebenfalls die Funktion. Spezialstifte zur Bedienung von Touchscreens haben eine elektrisch leitende Hülle und eine weiche Gummispitze.

Berühren Sie den Touchscreen am besten nur mit einem Finger. Die anderen Finger der Hand können, selbst wenn sie das Glas nicht direkt berühren, schon eine ungewollte Reaktion auslösen. Nur ganz wenige Gesten, etwa das Zoomen sowie Spezialgesten bei Google Earth, benötigen zwei Finger.

Die grundlegenden Fingergesten auf dem Bildschirm werden im Buch mit Handsymbolen in den jeweiligen Abbildungen erklärt, sodass Sie sofort sehen, wohin Sie tippen oder von wo nach wo Sie mit dem Finger über den Bildschirm streichen, um eine bestimmte Aktion auszulösen.

Einfaches Antippen – Tippen Sie mit einem Finger kurz auf die angegebene Stelle auf dem Bildschirm.

Halten/Langes Antippen – Halten Sie einen Finger länger auf die angegebene Stelle auf dem Bildschirm. Das angetippte Bildschirmelement zeigt eine Reaktion, leuchtet z. B. auf oder lässt sich auf dem Bildschirm verschieben. Beim Loslassen erscheint oft ein Auswahlmenü.

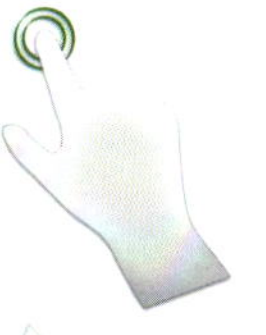

Fingerstrich – Streichen Sie mit dem Finger über den Bildschirm, wie der Pfeil angibt. Das bedeutet, Sie berühren den Bildschirm am Fußpunkt des Pfeils und streichen mit dem Finger, ohne loszulassen, zur Spitze des Pfeils, erst dort lassen Sie los. Damit ziehen Sie ein Bildschirmobjekt an eine andere Position.

Wischen – Beim Wischen oder Scrollen streichen Sie mit dem Finger vertikal oder horizontal über den Bildschirm, ohne eine genaue Position beachten zu müssen. Damit verschieben Sie den gesamten Bildschirminhalt nach oben oder unten bzw. nach links oder rechts. Fotos, Landkarten und auch einige Webseiten lassen sich auch in andere Richtungen über den Bildschirm verschieben.

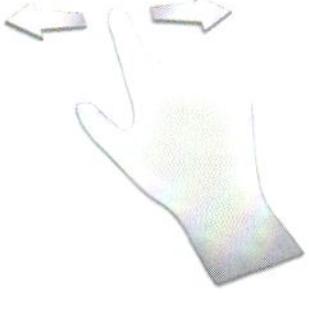

Benachrichtigungsleiste nach unten ziehen – Erscheinen Benachrichtigungen über neue E-Mails, entgangene Anrufe oder heruntergeladene Apps in der Benachrichtigungsleiste am oberen Bildschirmrand, können Sie diese anzeigen lassen, indem Sie die Benachrichtigungsleiste nach unten ziehen. Tippen Sie dazu an den oberen Bildschirmrand und streichen Sie mit dem Finger, ohne loszulassen, bis zum unteren Rand.

Zoom – Berühren Sie den Bildschirm mit zwei Fingern dicht nebeneinander und spreizen Sie dann die Finger, ohne den Bildschirm loszulassen, auseinander. Damit zoomen Sie in ein Foto, eine Landkarte oder eine Webseite hinein. Die umgekehrte Bewegung zoomt wieder zurück. Die genaue Position, an der Sie dazu den Bildschirm berühren, spielt keine Rolle.

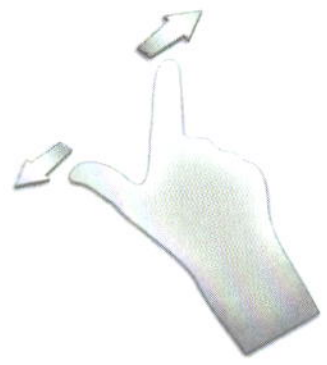

Drehen – Berühren Sie den Bildschirm mit zwei Fingern und führen Sie dann, ohne den Bildschirm loszulassen, eine bogenförmige Bewegung aus. Damit drehen Sie in ein Foto oder eine Landkarte. Die genaue Position, an der Sie dazu den Bildschirm berühren, spielt keine Rolle.

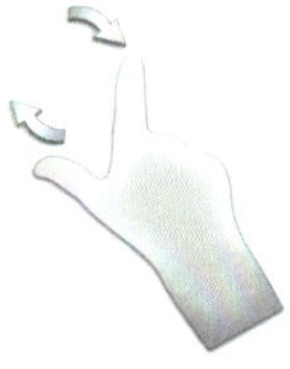

Der erste Start des Smartphones

Alle Android-Smartphones zeigen beim ersten Start einen Einrichtungsassistenten, der die Ersteinrichtung des Gerätes in wenigen Schritten erledigt.

1. Drücken Sie zum Erststart länger (etwa eine Sekunde) auf den Einschalter. Der Bildschirm wird leicht heller, und nach kurzer Zeit erscheinen ein Logo des Smartphone-Herstellers sowie ein Google- oder Android-Logo.
2. Nach dem Einschalten müssen Sie als Erstes wie auf jedem Handy die PIN Ihrer SIM-Karte eingeben. Ist die PIN-Abfrage auf der SIM-Karte deaktiviert, entfällt dieser Schritt natürlich auch hier.
3. Die meisten Funktionen von Android-Smartphones lassen sich im WLAN auch ohne SIM-Karte nutzen. Ist keine SIM-Karte eingelegt, wird die PIN-Eingabe automatisch übersprungen. Anhand der SIM-Karte wird bei der Ersteinrichtung automatisch auch ein Internetzugang über diese SIM-Karte eingerichtet, der allein durch Hintergrunddienste schon Kosten verursachen kann (siehe dazu in Kapitel 3 den Abschnitt »Tipps zur Wahl eines Tarifs für Android-Smartphones«).
4. Auf dem Begrüßungsbildschirm wird die Sprache *Deutsch (Deutschland)* angezeigt. Sollte diese nicht automatisch anhand der eingelegten SIM-Karte erkannt worden sein, tippen Sie auf die Sprache und wählen *Deutsch* aus. So bekommen Sie sämtliche Menüs und Systemdialoge in deutscher Sprache angezeigt. Tippen Sie anschließend auf *Starten*.

5. Vor dem ersten Internetzugriff während der Erstinstallation wird das WLAN eingerichtet. Nutzen Sie dieses zur Installation, auch wenn Sie bereits einen Internettarif auf Ihrer SIM-Karte haben, da durch Updates und synchronisierte Daten des alten Smartphones schnell einige Gigabyte an Datenvolumen anfallen.

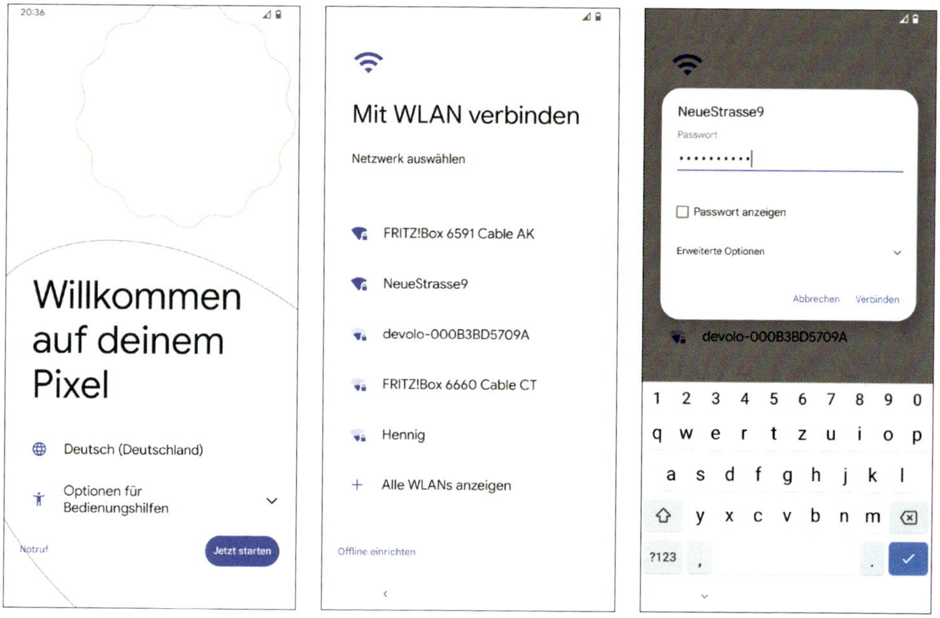

Sprache und WLAN bei der Ersteinrichtung auswählen

Android auf Deutsch

Immer wieder behaupten besonders schlaue Nutzer in Internetforen, moderne Elektronik ließe sich nur auf Englisch richtig bedienen und manche Funktionen blieben in der deutschen Oberfläche verborgen. Das ist natürlich völliger Quatsch und galt vielleicht vor 20 Jahren. Heute ist der deutsche Markt einer der wichtigsten Märkte für Elektronikhersteller weltweit. Android ist in allen verfügbaren Sprachen gleichermaßen nutzbar.

WLAN als schneller Internetzugang zu Hause

Zu Hause bietet das eigene WLAN eine schnelle, zuverlässige Internetverbindung auch für Smartphones. Hinzu kommt, dass dieser Internetzugang kostenlos ist, das übertragene Datenvolumen also nicht auf das wertvolle Datenvolumen der Mobilfunk-Flatrate angerechnet wird. Bei der Ersteinrichtung fallen je nachdem, wie viele Daten von früheren Smartphones übernommen werden, mehrere Hundert Megabyte Datenvolumen an.

Aus diesen Gründen bieten Android-Smartphones gleich bei der Ersteinrichtung – noch vor der datenintensiven Synchronisation mit dem Google-Konto – an, eine WLAN-Verbindung einzurichten.

WLAN oder Wi-Fi?

Wi-Fi ist die englische Bezeichnung für WLAN. Der in Deutschland gebräuchliche Begriff WLAN (**W**ireless **L**ocal **A**rea **N**etwork) für drahtloses Netzwerk ist ein deutscher Anglizismus und wird weder von englischen noch amerikanischen Muttersprachlern verstanden. Diese sprechen immer von Wi-Fi.

1. Bei der Ersteinrichtung erscheint automatisch ein Bildschirm für die WLAN-Einstellungen. Wählen Sie in der Liste das Netzwerk aus, mit dem Sie sich verbinden möchten. Diese Symbole zeigen auch die ungefähre Signalstärke der WLANs. Ist das gewünschte WLAN verschlüsselt, wird es in der Liste mit einem Schloss-Symbol dargestellt und Sie müssen bei der ersten Verbindung den Schlüssel eingeben. Dazu wird auf dem Bildschirm automatisch eine Tastatur eingeblendet.

2. Aktivieren Sie die Option *Passwort anzeigen*, um das Passwort während der Eingabe anzuzeigen. Damit verhindern Sie, dass Sie sich auf der zunächst ungewohnten Tastatur des neuen Smartphones vertippen. Die Verbindung wird automatisch gespeichert, es ist keine weitere Schlüsseleingabe mehr nötig.

3. Die Option *Mobilfunknetz für die Einrichtung verwenden* sollten Sie nur nutzen, wenn kein WLAN zur Verfügung steht.

4. Eine aktive WLAN-Verbindung wird mit einem Symbol in der Benachrichtigungsleiste am oberen Bildschirmrand angezeigt. Dieses zeigt auch die ungefähre Signalstärke.

Daten kopieren oder als neues Gerät einrichten

Jeder hat auf seinem Smartphone eine Vielzahl persönlicher Daten, Telefonnummern, Adressen, Fotos und Musik. Früher war es mühsam, diese Daten vom alten Smartphone auf ein neues zu übernehmen. Heute bietet Android bequeme Lösungen zur Datenübertragung an. Daten, die im Google-Konto gespeichert sind – z. B. von einem früheren Android-Smartphone –, stehen automatisch nach der Anmeldung mit dem Google-Konto auch auf dem neuen Smartphone zur Verfügung.

Da fast jeder, der ein neues Smartphone mit Android 12 anmeldet, bereits vorher mindestens ein Smartphone hatte, bietet die Ersteinrichtung von Android 12 einfache Werkzeuge an, um frühere Daten direkt zu übernehmen.

Tippen Sie auf *Weiter*, wenn Sie ältere Daten übernehmen möchten. Dabei brauchen Sie sich jetzt noch nicht festzulegen, auf welchem Weg diese Daten übertragen werden. Die

Option *Nicht kopieren* übernimmt keine Apps und keine aus Apps gespeicherten Daten. Daten, die im Google-Konto gespeichert sind, wie Fotos oder E-Mails, können trotzdem übernommen werden.

Auswahl, ob Daten eines alten Smartphones übernommen werden sollen

Daten eines früheren Smartphones übernehmen

Wenn Sie sich dafür entschieden haben, Daten eines früher verwendeten Smartphones zu übernehmen, erscheint der Bildschirm *Altes Smartphone verwenden*, um mit der Ersteinrichtung des Smartphones fortzufahren. Hier müssen Sie sich entscheiden, ob Sie die Daten vom alten Smartphone über ein Kabel kopieren möchten oder – einfacher – aus einer Cloud-Sicherung zurückspielen.

Daten aus einer Cloud-Sicherung übernehmen

Die einfachste Methode ist, Daten aus einer Cloud-Sicherung bei Google Drive zurückzuspielen, wenn das vorher benutzte Smartphone so eingestellt ist, dass es regelmäßig eine Sicherung anlegt. Diese Sicherung enthält neben den ohnehin im Google-Konto gespeicherten Kontakten, Terminen, Fotos und Browserlesezeichen auch installierte Apps, App-Daten, WLAN-Passwörter, Anruflisten, SMS, Hintergrundbild und Anordnung der Apps auf dem Startbildschirm. Sie können das neue Smartphone also bis auf Kleinigkeiten nahtlos weiterverwenden.

1. Tippen Sie auf dem ersten Bildschirm auf *Altes Smartphone nicht verfügbar?*. Tippen Sie auf dem nächsten Bildschirm auf *OK*.

2. Danach müssen Sie sich mit Ihrem Google-Konto anmelden, damit das neue Smartphone auf Google Drive vorhandene Sicherungen anderer Geräte finden kann. Zusätzlich zur Anmeldung mit E-Mail-Adresse und Passwort fordert Android noch eine zusätzliche Zustimmung zur Verwendung des Google-Kontos auf dem Smartphone.

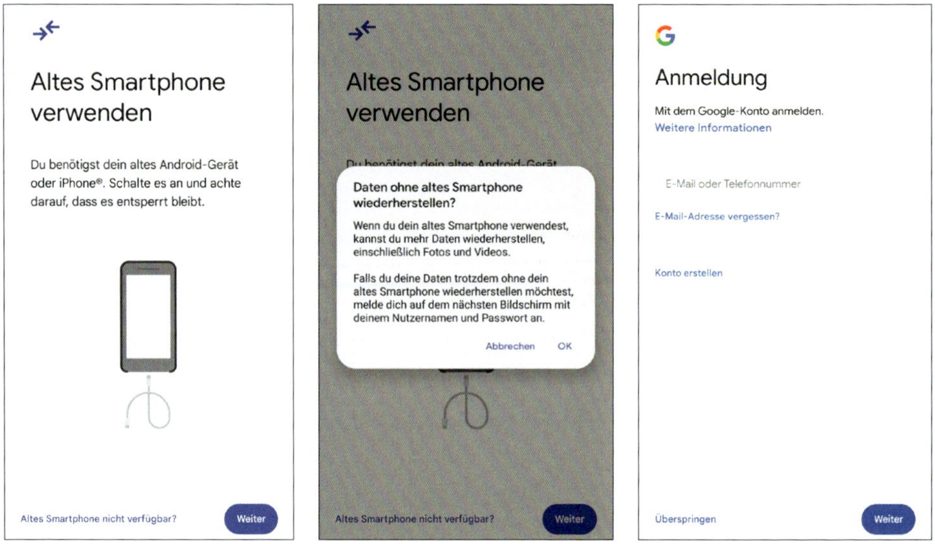

Vorbereitung zum Wiederherstellen von Daten aus einer Sicherung auf Google Drive

3. Wählen Sie jetzt unter Ihren Geräten das aus, dessen Sicherung auf dem neuen Smartphone wiederhergestellt werden soll.

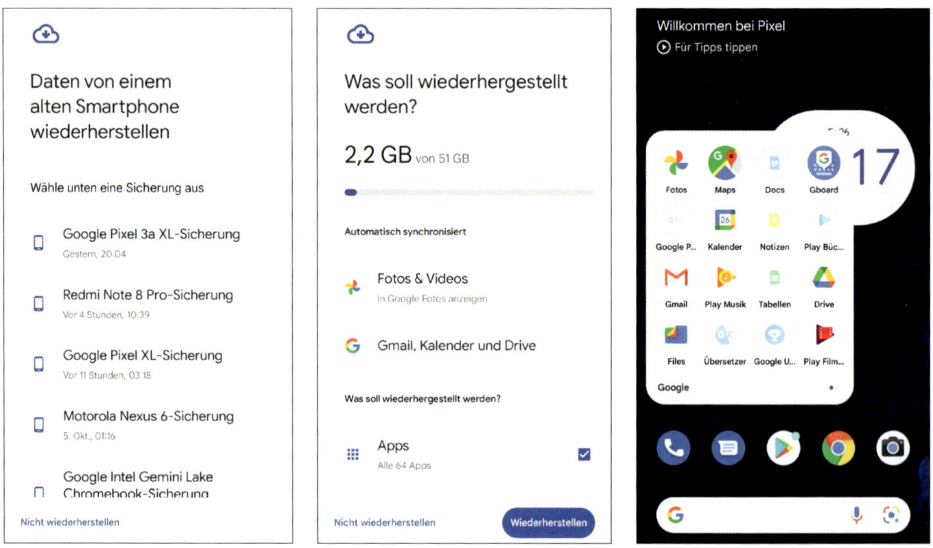

Wiederherzustellende Gerätesicherung und Daten auswählen, rechts: Platzhalter für automatisch zu installierende Apps

4. In der Liste der in der Sicherung enthaltenen Apps wählen Sie aus, welche davon auf dem neuen Smartphone wieder installiert werden sollen. Hier bietet sich die Gelegenheit, schon länger nicht mehr verwendete Apps abzuschalten, um das neue Smartphone übersichtlich zu halten.

5. Nachdem Sie auf *Wiederherstellen* getippt haben, werden Einstellungen und Daten aus der Sicherung auf das neue Smartphone überspielt.

Gesicherte Apps wiederherstellen

Die auf dem anderen Smartphone installierten Apps sind in der Sicherung selbst nicht enthalten, sie werden automatisch in der aktuellen Version aus dem Google Play Store installiert, was je nach Anzahl und Größe der Apps einige Minuten dauert. Wundern Sie sich also nicht, wenn einige Apps anders aussehen als gewohnt. In diesen Fällen waren auf dem anderen Smartphone nicht die letzten App-Updates installiert oder das alte Smartphone unterstützte noch nicht die neuste Version einer App. Die Apps des alten Smartphones werden zunächst nur als Platzhalter angezeigt. Sie können das Smartphone bereits nutzen, während die Apps im Hintergrund aus dem Google Play Store neu installiert werden.

Daten von einem anderen Smartphone per Kabel übernehmen

Alternativ können Sie die Daten von einem anderen Smartphone auch direkt per USB-Kabel übertragen, was zwar nicht ganz so komfortabel ist, aber auch ohne WLAN funktioniert und immer noch einfacher ist, als alles komplett neu zu installieren. Auf diesem Weg lassen sich zusätzlich auch Daten übertragen, die nicht in Google Drive gesichert werden, z. B. SMS. Auch die Übertragung von Daten eines iPhones auf ein Android-Smartphone ist mit Einschränkungen möglich. Apps und Musik von iPhones können nicht übertragen werden.

1. Tippen Sie in diesem Fall auf dem ersten Bildschirm *Altes Smartphone verwenden* einfach unten rechts auf *Weiter*.

2. Als Nächstes muss ein passendes Kabel gefunden werden, um beide Smartphones zu verbinden. Haben beide einen USB-Typ-C-Anschluss, ist dies meistens kein Problem, da viele USB-Typ-C-Kabel an beiden Seiten den gleichen Stecker haben. Für die anderen Fälle liefern die meisten Hersteller bei modernen Smartphones Adapter mit. Schließen Sie das Ladekabel des alten Smartphones an diesem an und verbinden Sie dann das andere Kabelende über den Adapter mit dem neuen Smartphone.

3. Auf dem neuen Smartphone erscheint ein Hinweis, dass Sie zunächst das alte Smartphone prüfen sollen. Falls dort eine Displaysperre eingerichtet ist, muss diese aus Sicherheitsgründen bestätigt werden.

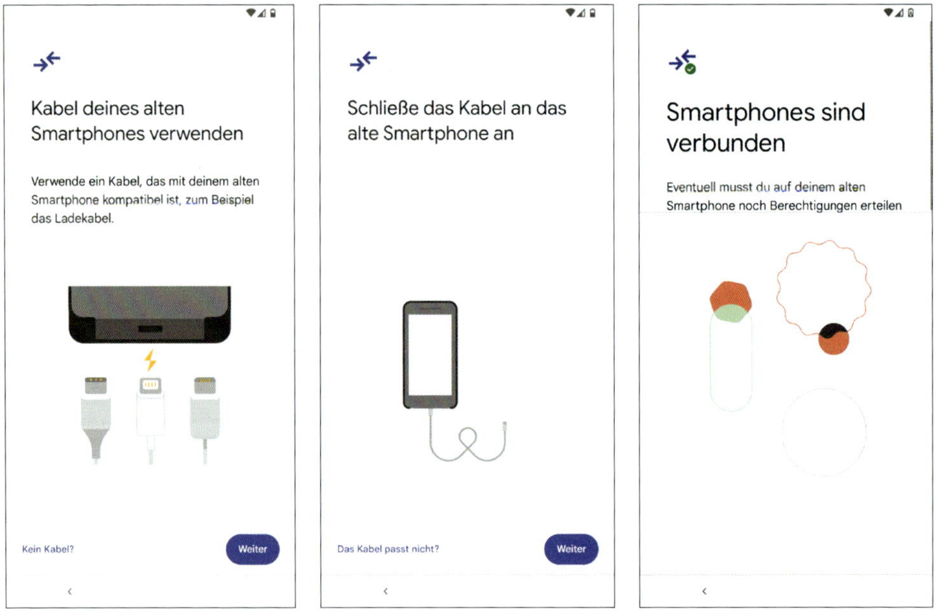

Kabel zur Datenübertragung von einem anderen Smartphone anschließen

4. Geben Sie jetzt auf dem neuen Smartphone zur Sicherheit das Passwort des Google-Kontos ein. Danach können Sie vom alten Smartphone aus den Kopiervorgang starten.

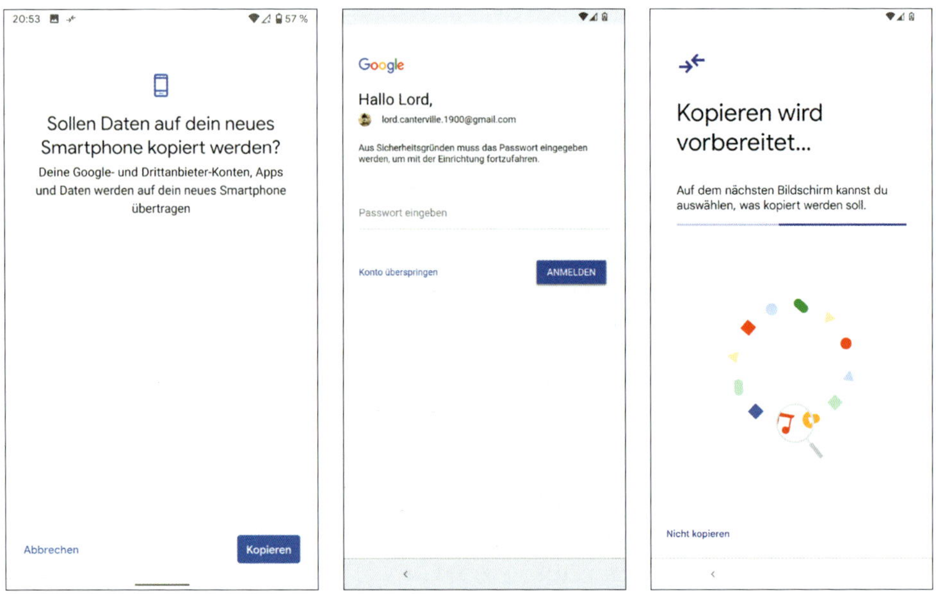

Kopiervorgang einrichten; links: altes Smartphone, Mitte, rechts: neues Smartphone mit Android 12

5. Wählen Sie jetzt auf dem neuen Smartphone aus, welche Daten Sie vom alten übertragen möchten. Ein Hinweis zeigt, welche Arten von Daten nicht übertragen werden. Fotos und Musik brauchen nicht kopiert zu werden, solange diese im Google-Konto gespeichert sind. Sie werden dann automatisch auf dem neuen Smartphone zur Verfügung gestellt.
6. Wählen Sie bei den Apps des alten Smartphones aus, welche Sie auf dem neuen Gerät wirklich brauchen. Am unteren Ende der Liste werden automatisch installierte Apps angezeigt. Diese werden nicht vom alten Smartphone übertragen.

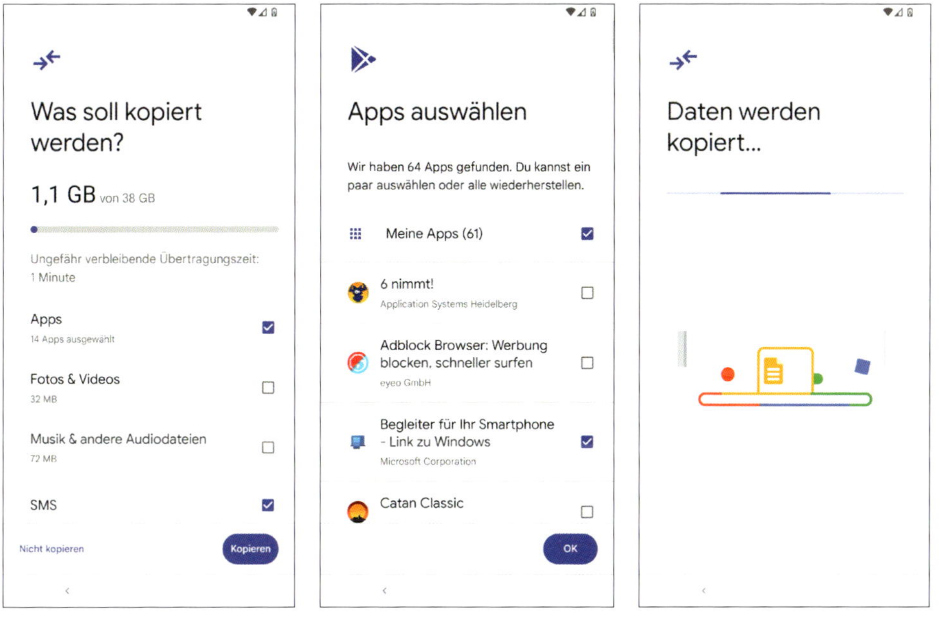

Die nächsten Schritte bei der Datenübertragung von einem vorhandenen Smartphone auf das neue

7. Beim Tippen auf *Weiter* wird der Kopiervorgang gestartet. Warten Sie, bis er komplett abgeschlossen ist. Trennen Sie die Kabelverbindung erst wieder, wenn der entsprechende Hinweis auf dem Bildschirm erscheint.
8. Nach dem Übertragen der Daten müssen Sie zunächst die Google-Dienste einrichten, da diese zur anschließenden Installation der Apps aus dem Google Play Store benötigt werden.
9. Zusätzlich zeigt der Google Play Store zahlreiche zu installierende Updates an. Dabei handelt es sich um Updates von in Android 12 vorinstallierten Apps, die seit Veröffentlichung des Betriebssystems aktualisiert wurden.

Google-Dienste einrichten

Nach dem Übertragen der Daten, egal, auf welchem Weg dies durchgeführt wurde, erfolgt im nächsten Schritt die Einrichtung der Google-Dienste. Dabei können verschiedene Dienste aktiviert werden. Um alle Möglichkeiten des Android-Betriebssystems voll zu nutzen, lassen Sie alle Schalter aktiviert. Die Option *In Google Drive sichern* sollten Sie auf jeden Fall eingeschaltet lassen. So werden Ihre Apps und Einstellungen im Google-Konto gesichert und lassen sich im Notfall oder bei einem Hard-Reset leicht wiederherstellen. Mit dieser Einstellung können Sie auch Daten von früheren Android-Smartphones, die im Google-Konto gesichert wurden, auf dem neuen Smartphone wiederherstellen.

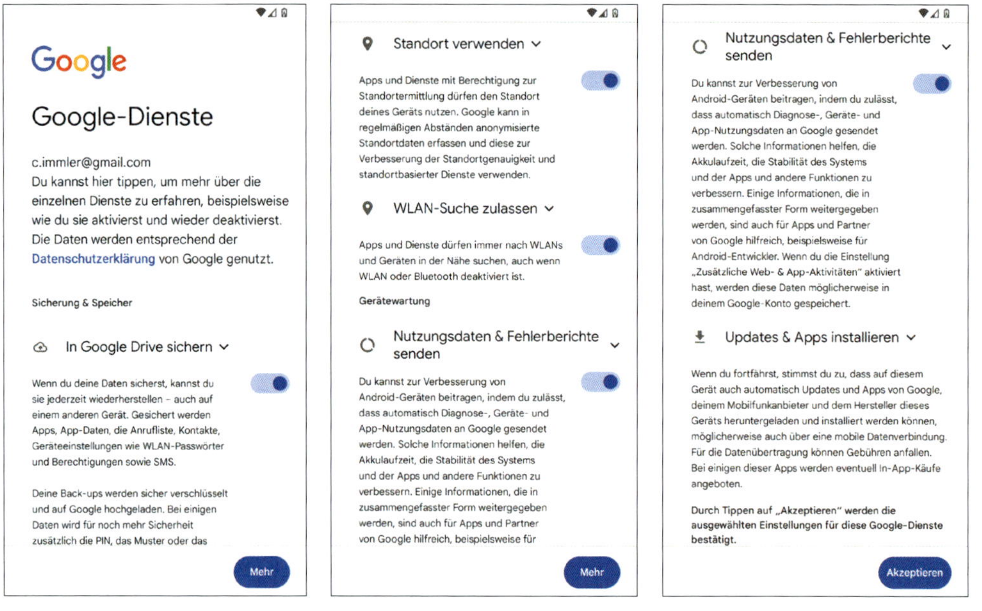

Google-Dienste einrichten

Weiter unten sollten Sie noch zustimmen, dass Google Standortdaten Ihres Gerätes nutzen darf. Viele Apps werden dadurch erst sinnvoll, dass Informationen aus der näheren Umgebung angezeigt werden können. So funktioniert unter anderem weder die Routenplanung auf Google Maps noch die Ortung eines gestohlenen Smartphones ohne Standortinformationen. Wer sich unbedingt verstecken möchte und dafür bereit ist, diverse Einschränkungen bei Apps in Kauf zu nehmen, kann die Standorterfassung hier abschalten. Die Einstellung kann später jederzeit wieder geändert werden.

Sicherheitssperre einrichten

Android-Smartphones haben eine Bildschirmsperre, die verhindert, dass man versehentlich auf den Bildschirm tippt und damit irgendwelche Funktionen auf dem Smartphone auslöst. Diese Sperre lässt sich in der Standardeinstellung durch eine kleine Bewegung mit dem Finger lösen. Man braucht nur auf dem Sperrbildschirm nach oben zu wischen.

Der Sperrbildschirm dient nicht nur als Schutz vor versehentlichem Berühren, er kann auch als Zugangssperre eingesetzt werden, um Fremden die Nutzung des Smartphones zu verweigern. Der Einrichtungsassistent fragt nach der Einrichtung der Google-Dienste, ob Sie eine Sicherheitssperre einrichten möchten. Dieser Schritt kann natürlich auch übersprungen werden.

Fingerabdruck als Sicherheitsmerkmal

Einige Smartphones enthalten eingebaute Fingerabdrucksensoren zum besonders einfachen, aber sicheren Entsperren. Wenn das Smartphone über einen Fingerabdrucksensor verfügt, erscheint automatisch bei der Ersteinrichtung die Frage, ob Sie einen Fingerabdruck zum Entsperren verwenden möchten. Die Abbildungen zeigen das von den Google-Smartphones der Pixel-Serie verwendete System *Pixel Imprint*. Smartphones von Samsung, Huawei und einigen anderen Herstellern verwenden eigene Systeme, die aber ähnlich eingerichtet werden.

Bevor Sie den Fingerabdruck scannen, müssen Sie noch eine alternative Displaysperre einrichten, falls das Scannen des Fingerabdrucks z. B. durch Feuchtigkeit auf dem Sensor oder eine Verletzung der Hand fehlschlägt. Auf Geräten ohne Fingerabdrucksensor werden nur diese alternativen Displaysperren zur Auswahl angeboten:

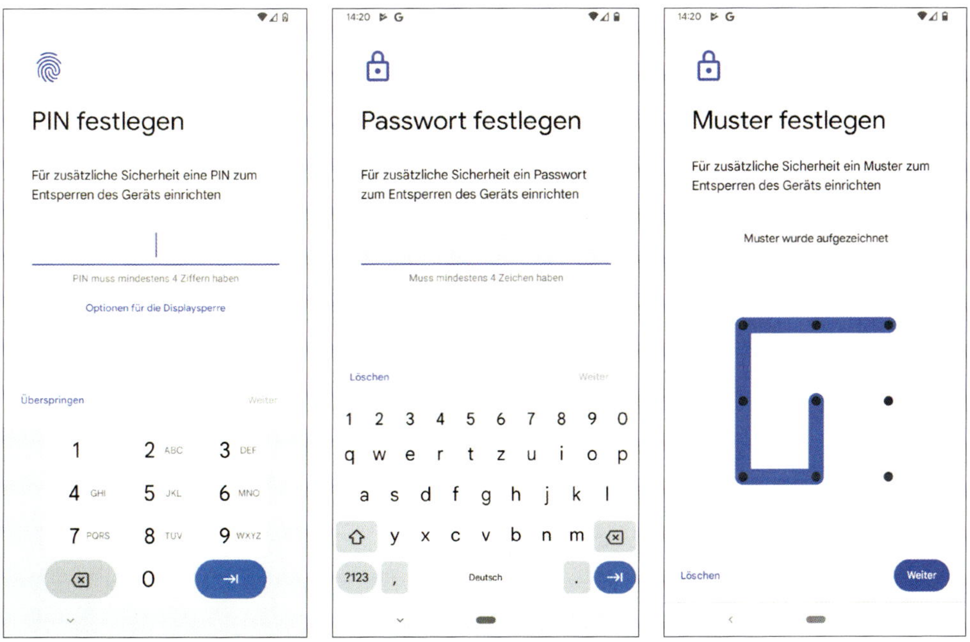

Verschiedene Methoden der Bildschirmsperre: PIN, Passwort und Muster

Danach können Sie mehrere Fingerabdrücke hinzufügen, mit denen sich das Smartphone sofort entsperren und einschalten lässt, wenn Sie im ausgeschalteten Zustand den Fingerabdrucksensor berühren. Wenn Sie einen Fingerabdruck hinzufügen, werden Sie ein paar Mal aufgefordert, den Finger vom Sensor abzuheben und wieder aufzulegen. So werden unterschiedliche Griffpositionen und Details erfasst. Verwenden Sie aber immer denselben Finger innerhalb eines gespeicherten Fingerabdrucks. Einen anderen Finger können Sie in einem weiteren Fingerabdruck speichern.

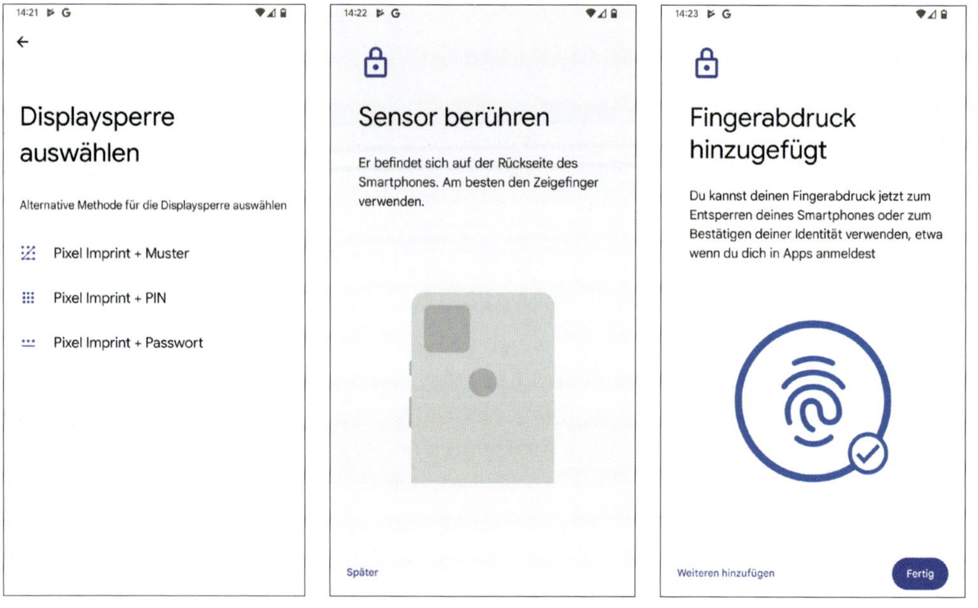

Fingerabdrücke erkennen und speichern

Sie können später in den *Einstellungen* unter *Sicherheit/Pixel Imprint* weitere Fingerabdrücke hinzufügen.

PIN oder Passwort

Wer es vom PC gewohnt ist, bei jedem Einschalten ein Passwort oder eine PIN einzugeben, kann dies auch auf dem Smartphone tun. Beim Festlegen der PIN oder des Passworts muss diese/dieses zweimal eingegeben werden, um Tippfehler zu vermeiden.

Der Unterschied zwischen PIN und Passwort

Eine **PIN** (**P**ersönliche **I**dentifikations**n**ummer) ist eine Zahlenkombination, ein **Passwort** kann aus beliebigen Zeichen bestehen. Android unterscheidet diese beiden Verfahren, um bei einer PIN-Eingabe eine Zifferntastatur mit deutlich größeren Tasten einzublenden, als sie die Buchstabentastatur für die Passworteingabe hat.

Sperrmuster

Viel eleganter und einfacher als die Eingabe eines Passworts ist ein grafisches Sperrmuster. Hier muss man Rasterpunkte auf dem Bildschirm mit einer Linie verbinden. Um Fehler zu vermeiden, muss auch dieses Muster beim Einrichten zweimal gezeichnet werden. Auf dem Sperrbildschirm erscheint dann ein Punktraster, auf dem man das zuvor definierte Muster zeichnen muss, um die Bildschirmsperre zu lösen.

Google Assistant einrichten

Der Google Assistant kann auf dem Smartphone per Spracheingabe Fragen beantworten und Aufgaben erledigen. Abhängig vom jeweiligen Bildschirminhalt versucht der Google Assistant, den aktuellen Sinn einer Frage zu erkennen und möglichst relevante Antworten zu liefern.

1. Der Google Assistant wird automatisch konfiguriert. Dazu muss in der Grundeinstellung der Standortverlauf aktiviert sein.
2. Hier können Sie optional die Stimmerkennung einschalten. Damit kann der Google Assistant auch bei gesperrtem Bildschirm aktiviert werden – allerdings aus Sicherheitsgründen nur durch Ihre eigene Stimme und nicht durch die Stimme irgendeiner fremden Person.
3. Im nächsten Schritt müssen Sie je zweimal hintereinander *Ok Google* und *Hey Google* sagen. Das sind die Sprachkommandos, um den Google Assistant zu aktivieren.

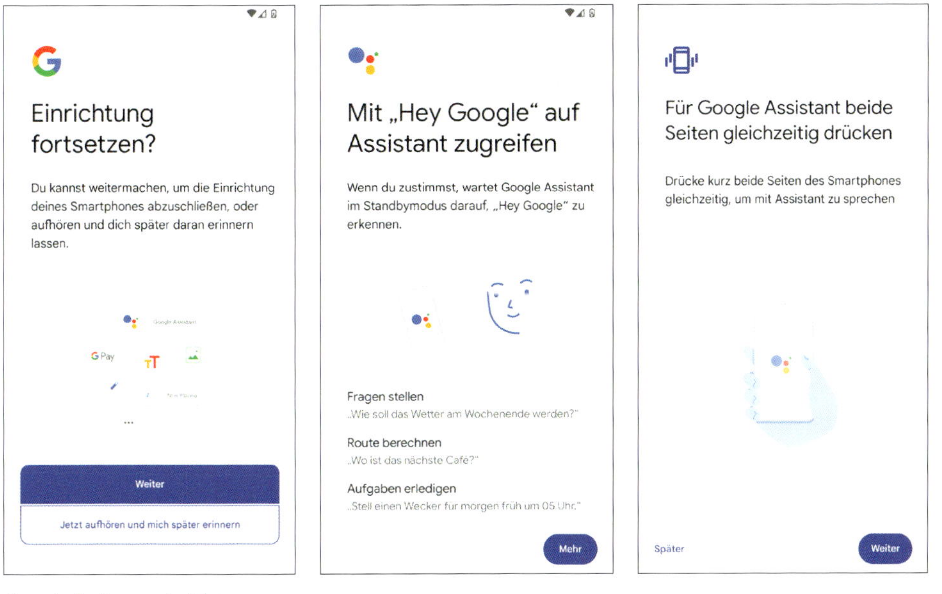

Google Assistant einrichten

4. Zusätzlich können Sie den Google Assistant durch kurzes Drücken beider Seiten des Smartphones aufrufen, wenn das Smartphone diese Methode hardwareseitig unterstützt. Drücken Sie einmal auf beide Seiten, um es zu prüfen. Danach stellen Sie mit einem Schieberegler die Empfindlichkeit beim Drücken ein.

Einrichtung fortsetzen

Zum Schluss können Sie gleich noch weitere nützliche Google-Dienste einrichten. Möchten Sie das Smartphone sofort verwenden, können Sie hier auch aufhören und sich später erinnern lassen, was aber nicht zu empfehlen ist.

Anderes E-Mail-Konto hinzufügen

Möchten Sie neben dem zur Anmeldung verwendeten E-Mail-Konto noch ein weiteres E-Mail-Konto auf dem Smartphone nutzen, können Sie in der Gmail-App noch weitere Konten anlegen. Es ist keine eigene E-Mail-App mehr nötig. Weitere Informationen dazu finden Sie in Kapitel 6 unter der Überschrift »Andere E-Mail-Konten einrichten und nutzen«.

Schriftgröße ändern

Moderne Smartphones mit ihren extrem hohen Bildschirmauflösungen stellen die Schrift der Android Benutzeroberfläche oft so klein dar, dass sie unter bestimmten Umständen nur noch schwer zu lesen ist. Deshalb können Sie bei der Einrichtung – oder auch später – die Standardschriftgröße ändern. Einige Apps, z. B. Browser und E-Book-Reader, haben eigene Einstellungen für die Schriftgröße.

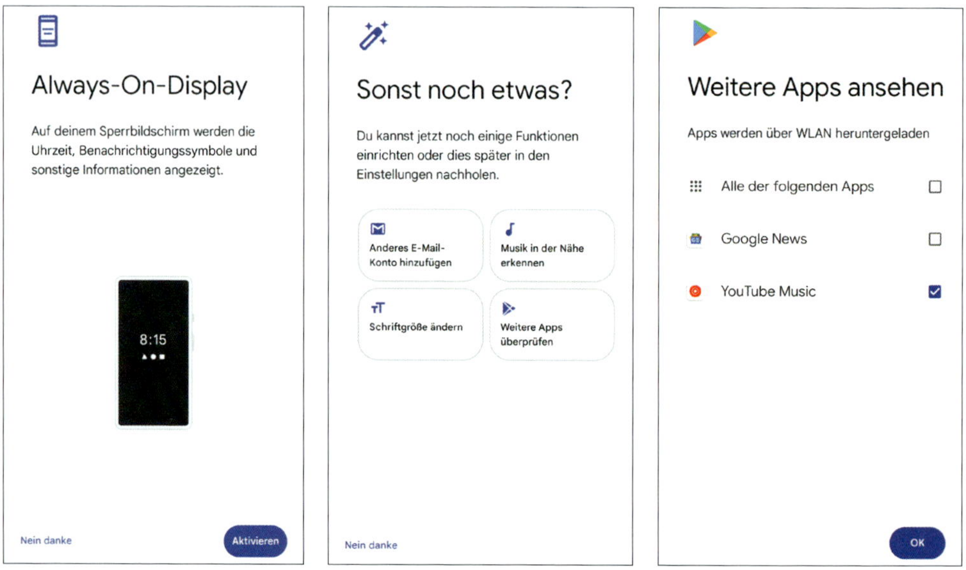

Weitere Funktionen: Always-On-Display und Google-Apps einrichten

Weitere Apps überprüfen

Google schlägt für Android 12 verschiedene eigene Apps vor, die nicht auf allen Smartphones vorinstalliert sind. Diese Apps können Sie bei der Ersteinrichtung direkt mit installieren, ohne sie später im Google Play Store suchen zu müssen.

Infos auf Sperrbildschirm festlegen

Apps können neue Benachrichtigungen auf dem Sperrbildschirm anzeigen. Hier können Sie festlegen, ob die Inhalte der Nachrichten, z. B. Betreffzeilen von E-Mails oder Chat-Nachrichten, auf dem Sperrbildschirm mit angezeigt werden sollen oder nicht.

Smartphone als neues Gerät einrichten

Möchten Sie keine Daten übernehmen, sondern das Gerät neu einrichten, überspringen Sie die Übernahme der Daten von einem anderen Smartphone. Daten aus dem Google-Konto können auch ohne diesen Schritt wie bei anderen Android-Smartphones automatisch übernommen werden.

Google-Konto anmelden

Während der Einrichtung fordern alle Android-Smartphones dazu auf, sich mit einem Google-Konto anzumelden. Aus diesem werden Daten wie Kontakte, Kalender, Fotos automatisch auf das neue Smartphone synchronisiert.

Google-Konto

Wer seine Adressen, E-Mails und andere Daten online speichert, kann sie mit jedem neuen Computer, Smartphone oder Tablet synchronisieren, ohne Adressbücher zu importieren oder gar Daten abzutippen.

Google bietet dazu jedem Anwender kostenlos ein persönliches Google-Konto an, in dem man seine Daten speichern kann. Diese Daten stehen dann auf jedem internetfähigen Gerät, das mit Google-Diensten synchronisiert werden kann, zur Verfügung. Welche Daten man bei Google ablegt, bleibt jedem selbst überlassen. Besonders beliebt ist es, Kalender, Adressbuch, Fotos sowie die persönliche Lesezeichensammlung bei Google abzulegen, um sie automatisch auf jedem PC, Smartphone oder Tablet zur Verfügung zu haben.

Android-Smartphones sind sehr eng mit Google-Konten verbunden, viele Funktionen können ohne Google-Konto nur mit Einschränkungen verwendet werden. Zur Installation von Apps über den **Google Play Store** ist ein Google-Konto zwingend nötig.

Wer bereits ein Google-Konto hat, wird dieses natürlich auch auf dem Smartphone weiternutzen. Wer noch kein Google-Konto besitzt, kann jetzt eines anlegen. Es ist auch möglich, ein Android-Smartphone mit mehreren Google-Konten zu synchronisieren oder den Schritt ganz zu überspringen und das Smartphone zunächst ohne Google-Konto zu betreiben, wobei allerdings zahlreiche Funktionen nicht genutzt werden können.

1. Wenn Sie bereits über ein Google-Konto verfügen, geben Sie jetzt Ihre E-Mail-Adresse und das Passwort ein.

2. Nach der Anmeldung mit dem Google-Konto folgen die weiteren weiter oben beschriebenen Schritte, um die Bildschirmsperre, Fingerabdruck und Google-Dienste einzurichten. Die zusätzliche Anmeldung bei Google+ aus früheren Android-Versionen gibt es nicht mehr.

Neues Google-Konto anlegen

Haben Sie noch kein Google-Konto, können Sie es direkt auf dem Smartphone auch ohne PC einrichten, wie es im Folgenden beschrieben wird.

Alternativ können Sie das Google-Konto auf dem PC anlegen. Klicken Sie dazu auf einer beliebigen Google-Seite oben rechts auf *Anmelden*. Auf der Anmeldeseite finden Sie den Link *Konto erstellen*. Dieses Verfahren ist komfortabler, da Sie eine »echte« Tastatur zur Eingabe der diversen Daten nutzen können. Das Konto können Sie anschließend sofort auf dem Smartphone nutzen.

1. Wenn Sie im ersten Schritt bei der Anmeldung des Google-Kontos auf dem Smartphone auf *Konto erstellen* tippen, haben Sie die Möglichkeit, ein neues Google-Konto zu erstellen. Wählen Sie hier die Option *Für mich selbst*.

2. Es erscheinen Formulare, auf denen Sie Name und Geburtsdatum angeben müssen.

3. Wählen Sie danach die gewünschte E-Mail-Adresse für das neue Google-Konto aus.

E-Mail-Adressen bei Gmail

Bei gängigen Namen wird die E-Mail-Adresse *vorname.nachname@gmail.com* möglicherweise nicht mehr verfügbar sein. Bei Google sind weltweit über 1,5 Milliarden Nutzer regelmäßig aktiv, registriert sind noch mehr. Googles E-Mail-Dienst **Gmail** ist damit der E-Mail-Anbieter mit den meisten Nutzern weltweit. Sollte die Adresse bereits vergeben sein, werden automatisch Alternativvorschläge angezeigt. Hier können Sie einen auswählen oder sich auch eine ganz andere E-Mail-Adresse ausdenken. Sie brauchen diese E-Mail-Adresse zur E-Mail-Kommunikation nicht zu verwenden. Sie werden allerdings dort sicherheitsrelevante E-Mails erhalten, wenn Ihr Google-Konto zum Beispiel missbräuchlich verwendet wurde.

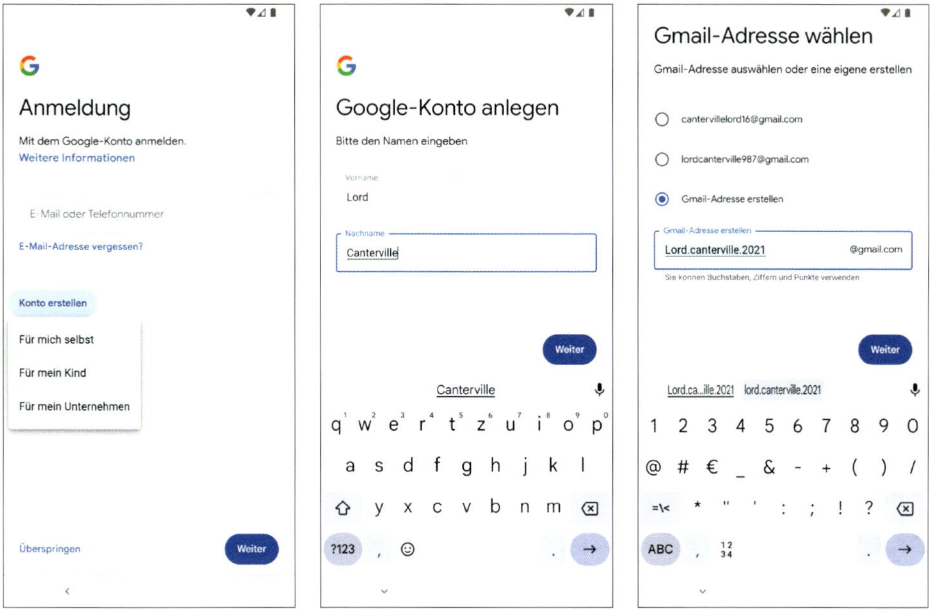

Google-Konto mit E-Mail-Adresse und Passwort auf dem neuen Smartphone einrichten

4. Legen Sie im nächsten Schritt ein Passwort fest. Sollten Sie Ihr Passwort vergessen, können Sie es wiedererlangen, indem Sie sich an eine Mobilfunknummer einen Wiederherstellungscode schicken lassen. Geben Sie dazu die entsprechenden Daten an. Die Telefonnummer der SIM-Karte im Smartphone wird automatisch vorgeschlagen und die eingehende SMS auch automatisch bestätigt.

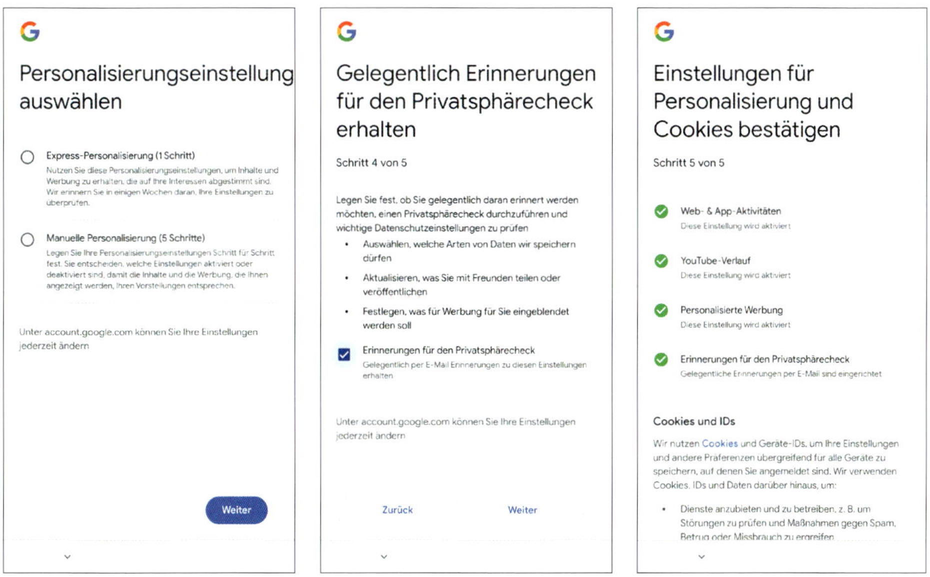

E-Mail-Adresse und Passwort des neuen Google-Kontos auf dem Smartphone festlegen

5. Jetzt müssen Sie noch ein paar Datenschutzoptionen auswählen. Dies können Sie nach Standardvorgaben in einem Schritt bestätigen. Bei der ausführlichen Personalisierung besteht die Möglichkeit, den Aktivitäten- und YouTube-Verlauf im Google-Konto nach einer bestimmten vorgegebenen Zeit automatisch zu löschen oder dauerhaft zu behalten. Hier können Sie auch personalisierte Werbung ablehnen.
6. Zur endgültigen Einrichtung des Google-Kontos müssen Sie noch die Nutzungsbedingungen und die Datenschutzerklärung bestätigen.
7. Zum Abschluss meldet sich das neue Google-Konto auf dem Smartphone an. Danach folgen die bereits beschriebenen Schritte zur Einrichtung von Google-Diensten, Fingerabdrücken sowie Google Assistant. Jetzt dauert es nur noch wenige Sekunden, dann ist Ihr Smartphone mit dem neuen Google-Konto einsatzbereit.

Google-Konto auf dem PC nutzen

Mit denselben Kontodaten können Sie sich auch auf dem PC bei Google anmelden, um *Gmail*, *Google Kalender*, *Google Fotos*, Webalben, persönliche Webeinstellungen oder ein eigenes YouTube-Profil zu nutzen. Klicken Sie dazu auf einer beliebigen Google-Seite oben rechts auf *Anmelden*.

Anmelden auf einer Google-Seite

Hier erscheint ein Anmeldeformular, in dem Sie Ihre Gmail-Adresse und das Passwort eingeben müssen.

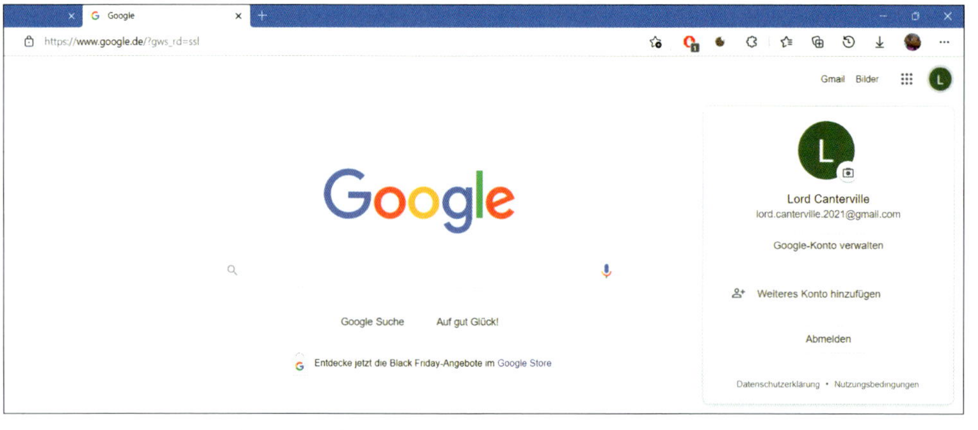

Anmeldung mit dem Google-Konto auf dem PC

Unter *Google-Konto verwalten* auf dem PC können Sie jederzeit das Passwort und die Wiederherstellungsoptionen ändern. Hier lassen sich auch weitere mit dem Konto verknüpfte E-Mail- sowie Datenschutzeinstellungen festlegen.

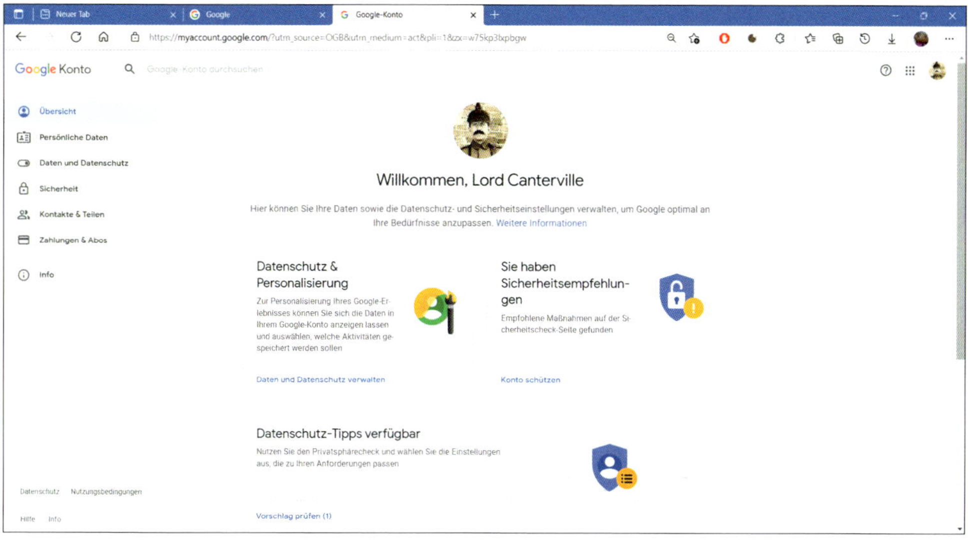

Kontoeinstellungen des eigenen Google-Kontos

Geänderte Einstellungen werden automatisch auch auf dem Smartphone übernommen. Wenn Sie das Passwort des Google-Kontos am PC ändern, müssen Sie dieses natürlich auch auf dem Smartphone neu eingeben.

Anmeldung auf dem Smartphone autorisieren

Google führt nach und nach auf dem PC eine Anmeldung über das Smartphone als zusätzliche Sicherheitsautorisierung ein. Dazu muss auf dem Smartphone eine Displaysperre – z. B. mit einem Fingerabdruck – aktiviert sein. Weiterhin muss im Google-Konto eine Telefonnummer zur Kontowiederherstellung eingetragen sein.

1. Nach der Eingabe des Google-Kontonamens im Browser auf dem PC braucht kein Passwort eingegeben zu werden. Stattdessen erscheint eine Aufforderung, auf das Smartphone zu sehen.
2. Auf dem Smartphone erscheint, wenn es ausgeschaltet ist, eine Benachrichtigung auf dem Sperrbildschirm. Ist es eingeschaltet, wird direkt ein Hinweis auf einen Anmeldeversuch von einem PC angezeigt. Bestätigen Sie die Anmeldung auf dem Smartphone mit der Schaltfläche *Ja*.
3. Wählen Sie dann unter den drei auf dem nächsten Bildschirm angezeigten Zahlen diejenige aus, die auf dem PC gezeigt wird. Damit melden Sie sich automatisch, ohne ein Passwort einzugeben, auf dem PC mit Ihrem Google-Konto an.

Benachrichtigung auf dem Smartphone zur Anmeldung im Google-Konto

Wenn diese Funktion in Ihrem Google-Konto nicht automatisch aktiviert ist, können Sie sie selbst nach der Anmeldung im Google-Konto auf dem PC einschalten:

1. Klicken Sie nach der Anmeldung auf einer Google-Seite oben rechts auf Ihr Profilbild und dann auf *Google-Konto verwalten*.
2. Wählen Sie im Seitenbalken links den Bereich *Sicherheit* und aktivieren Sie dort unter *Bei Google anmelden* den Schalter *Über das Smartphone anmelden*.
3. In den nächsten Schritten wählen Sie das verwendete Smartphone aus und führen eine Testanmeldung durch. Auf dem Smartphone braucht dazu keine spezielle App installiert zu werden.
4. Auf dem gleichen Weg können Sie diese Art der Anmeldung bei Bedarf auch wieder deaktivieren.

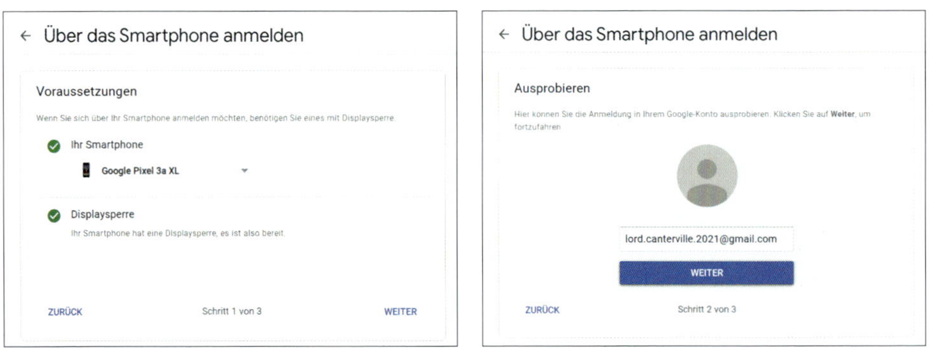

Anmeldung über das Smartphone im Google-Konto einrichten

KAPITEL 3

Alltag mit dem Android-12-Smartphone

In diesem Kapitel werden die wichtigsten Grundlagen der Bedienung von Smartphones mit Android 12 erklärt, die Sie in den folgenden Kapiteln sicher gebrauchen können. Selbst wer schon einige Zeit ein Android-Smartphone besitzt, wird noch das eine oder andere Interessante finden, da sich die neue Oberfläche in vielen Kleinigkeiten von den Vorgängerversionen unterscheidet.

Startbildschirm und Apps

Die Benutzeroberfläche von Android-Smartphones wird über den Touchscreen bedient und zeigt für jede Funktion wie auch für jede App klare Symbole an, sodass Sie sich nicht wie auf dem PC unter Windows durch verschachtelte Menüs klicken müssen.

Startbildschirme im Design von Android 12 mit Standard-Hintergrundbildern

Allerdings kann die Oberfläche auf jedem Smartphone etwas anders aussehen, da Google lange Zeit den Geräteherstellern umfangreiche Freiheiten bot, die Oberfläche anzupassen oder gar gänzlich eigene Oberflächen zu installieren. Besonders bei Smartphones von Samsung und HTC sehen die Benutzeroberflächen wie auch die vorinstallierten Apps für Adressbuch, Kalender, E-Mail usw. völlig anders aus als im Standardbetriebssystem.

Mit jeder Android-Version hat Google die Oberfläche verbessert und damit auch verändert. Die größten Änderungen kamen mit der Android-Version 5 Lollipop, bei der Google die optischen Neuerungen sehr medienwirksam unter dem Namen Material Design vorgestellt hat, um so den Druck auf die Gerätehersteller zu erhöhen, die Oberfläche nicht zu verändern, um das Benutzererlebnis nicht einzuschränken. Besonders die großen Hersteller wie Samsung liefern aber weiterhin eigene Oberflächen für Startbildschirm und Einstellungen.

Mit Android 12 kam die nächste grundlegende Designänderung. Das neue Design **Material You** bringt neue Symbole, größere Schaltflächen und abgerundete Bedienelemente. Das Farbdesign der Benutzeroberfläche kann automatisch anhand des verwendeten Hintergrundbildes angepasst werden. Die Farben der App-Symbole lassen sich im Sinne eines einheitlichen Erscheinungsbildes zurücknehmen, wenn die Apps dies unterstützen.

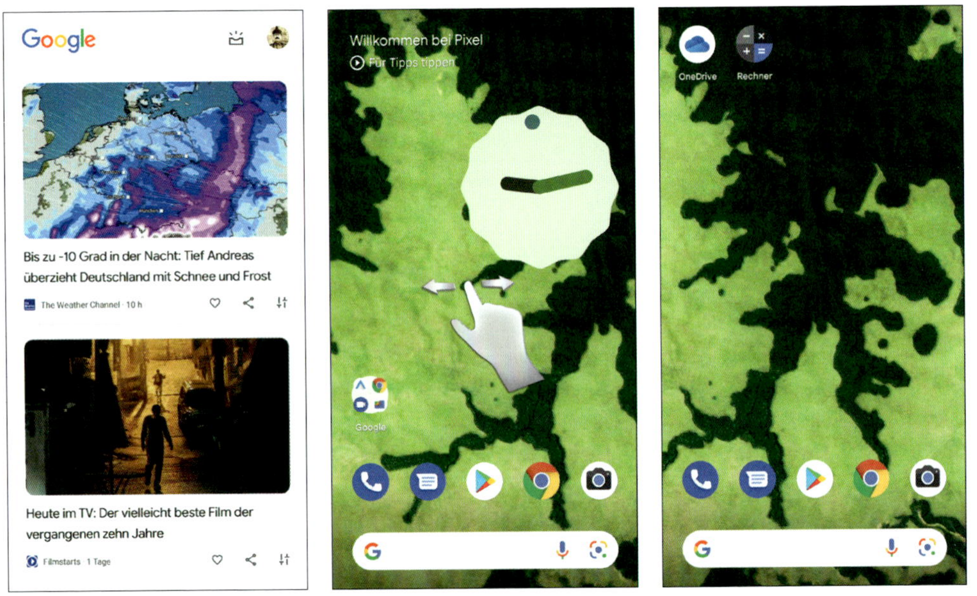

Drei Seiten eines Startbildschirms: Google Discover, Startseite und weiterer Startbildschirm mit hinzugefügten Apps und Widget

In der Grundeinstellung zeigt der Android-Startbildschirm ein Hintergrundbild und ein Google-Suchfeld sowie einige App-Symbole an. Als Benutzer kann man seine wichtigsten Apps und Widgets auf dem Startbildschirm für den schnellen Zugriff ablegen. Das Suchfeld ist in Android 12 standardmäßig ganz unten, wird aber von vielen Smartphone-Herstellern weiterhin wie in früheren Versionen oben angezeigt.

Google liefert mit den Smartphones der Pixel-Serie einen erweiterten Launcher mit Zusatzfunktionen, die nach und nach von anderen Geräteherstellern für die Startbildschirme übernommen werden. Nur Android-One-Smartphones verwenden den reinen Android-Startbildschirm.

Der Android-Startbildschirm wird manchmal auch als Homescreen bezeichnet und besteht aus mehreren Bildschirmseiten. Zwischen diesen können Sie mit einer horizontalen Fingerbewegung auf dem Touchscreen hin- und herschalten. Viele Android-Smartphones haben standardmäßig nur eine Startbildschirmseite mit App-Symbolen. Links davon befindet sich die Seite mit **Google Discover**, die Wetter, Termine und News zeigt. Weitere Startbildschirmseiten werden erst angelegt, wenn Apps dorthin gezogen werden.

Die App-Liste

Eine Wischbewegung vom unteren Bildschirmrand nach oben öffnet eine Liste aller installierten Apps. Diese ist alphabetisch sortiert. Alternative Benutzeroberflächen bieten teilweise auch andere Sortiermethoden. Von hier aus lässt sich jede App durch Antippen ihres Symbols starten. Die App-Liste besteht seit einiger Zeit nicht mehr aus mehreren Bildschirmseiten, sondern ist eine lange scrollbare Liste. In der obersten Zeile der App-Liste werden Apps anhand des eigenen Benutzerverhaltens vorgeschlagen, wenn die Vorschläge in den *Einstellungen* aktiviert sind. So hat man diese immer schnell im Zugriff.

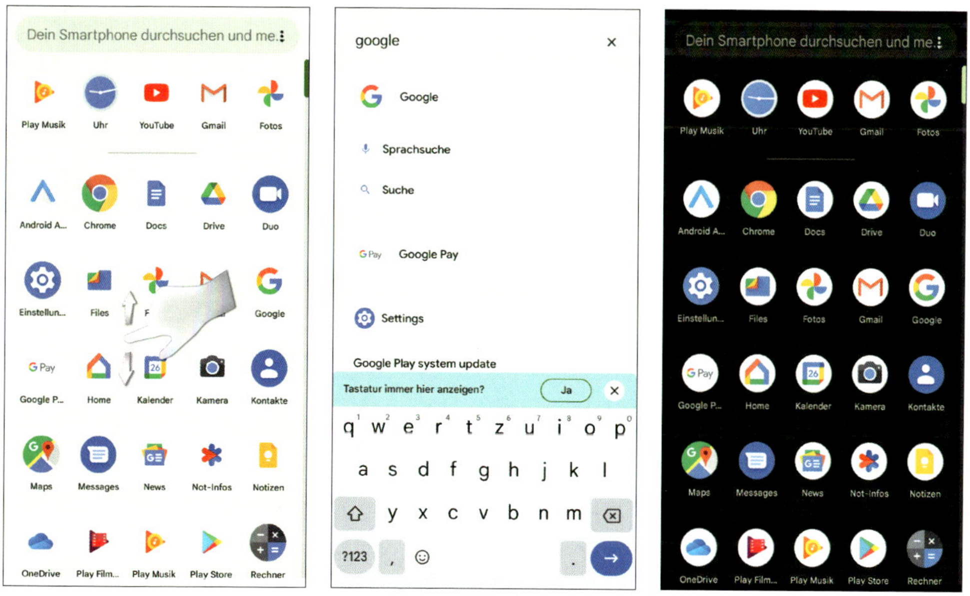

Die scrollbare App-Liste mit Suchfunktion. In Android 12 kann diese Liste auch auf den Dunkelmodus geschaltet werden

Um in langen App-Listen eine App schnell zu finden, können Sie oben im Suchfeld suchen. Bei der Eingabe des Suchbegriffs erscheinen passende App-Vorschläge. Im Balken oberhalb der Bildschirmtastatur lässt sich dieses in der App-Liste fest einblenden, wenn Sie oft nach Apps suchen und weniger durch die Liste blättern.

Apps auf den Startbildschirm legen

Apps, die Sie häufig benötigen, können Sie direkt auf dem Startbildschirm ablegen. Auf den meisten Smartphones mit unverändertem Android liegen bereits die Telefon-App, Messages (SMS), der Google Play Store, der Chrome-Browser und die Kamera-App auf dem Startbildschirm. Tippen Sie länger auf ein App-Symbol in der App-Liste. Der Startbildschirm erscheint in etwas verkleinerter Größe. Schieben Sie das App-Symbol an die gewünschte Position und lassen Sie es dort wieder los. Schon ist die App auf dem Startbildschirm.

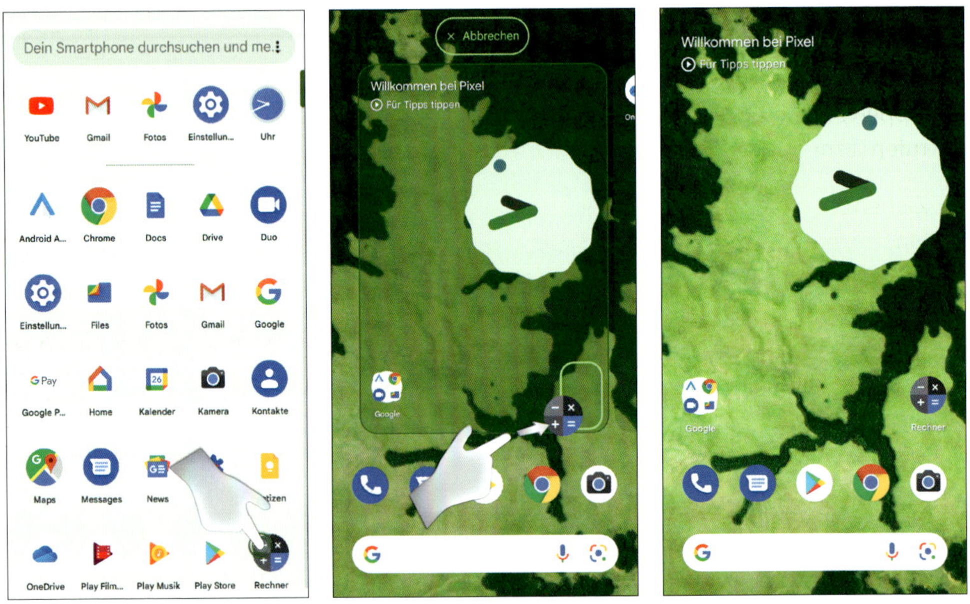

App auf dem Startbildschirm ablegen

Genauso einfach können Sie Apps an eine andere Position oder auf eine andere Bildschirmseite auf dem Startbildschirm ziehen. Tippen Sie länger auf die zu verschiebende App. Schieben Sie jetzt die App an die neue Position und lassen Sie wieder los.

Am rechten Bildschirmrand erscheint eine helle Fläche, die andeutet, dass hier eine weitere Startbildschirmseite folgen kann. Schieben Sie ein App-Symbol über den Rand hinaus, wird eine neue Startbildschirmseite angelegt, auf der Sie dieses Symbol platzieren können.

Apps vom Startbildschirm entfernen oder deinstallieren

Um eine App vom Startbildschirm wieder zu entfernen, ziehen Sie sie an den oberen Bildschirmrand auf die mit *Entfernen* gekennzeichnete Fläche. Beim Loslassen wird sie vom

Startbildschirm entfernt, aber nicht deinstalliert. In der Liste der Apps bleibt sie weiterhin verfügbar und kann auch jederzeit wieder auf den Startbildschirm geholt werden.

Ziehen Sie die App dagegen auf das *Deinstallieren*-Symbol, wird sie vom Startbildschirm entfernt und auch deinstalliert. Dies funktioniert nur mit zusätzlich installierten Apps, nicht mit im System vorinstallierten. Vor dem Deinstallieren wird noch eine Sicherheitsabfrage eingeblendet. Nach erfolgreicher Deinstallation erscheint am unteren Bildschirmrand für ein paar Sekunden eine Meldung.

App-Shortcuts

Unterstützt eine App die sogenannten App-Shortcuts, erscheinen wichtige Funktionen dieser App als Symbole, wenn Sie auf dem Startbildschirm oder in der App-Liste länger auf diese App tippen.

1. Tippen Sie auf eines dieser Symbole, wird direkt die jeweilige Funktion der App aufgerufen, zum Beispiel ein Termin angelegt oder eine E-Mail geschrieben.
2. Ziehen Sie eines der Symbole auf den Startbildschirm, können Sie es dort einfach wie ein App-Symbol antippen, um die jeweilige Funktion der App aufzurufen. Das Symbol lässt sich wie jedes andere App-Symbol frei verschieben oder auch wieder entfernen.
3. Wird bei den Shortcuts oben das Widget-Symbol angezeigt, bietet die App Widgets für den Startbildschirm an, die in Echtzeit Daten der App zeigen. Tippen Sie auf das Symbol, können Sie ein Widget auswählen und auf dem Startbildschirm platzieren.

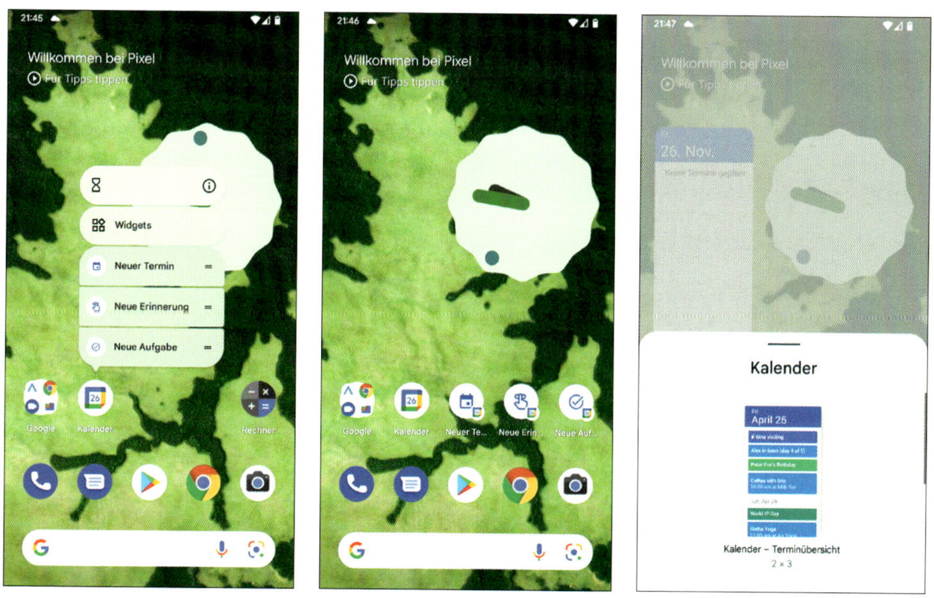

App-Shortcuts und Widgets nutzen und auf den Startbildschirm legen

Ordner für Apps

Bei vielen installierten Apps verliert man schnell die Übersicht auf dem Startbildschirm. Ordner für Apps bringen Ordnung auf den Startbildschirm.

Ordner sind runde Symbole mit automatisch darin gestapelten Symbolen der Apps, die in dem Ordner liegen. Auf vielen Android-Smartphones sind bereits solche Ordner mit Google-Apps vorinstalliert.

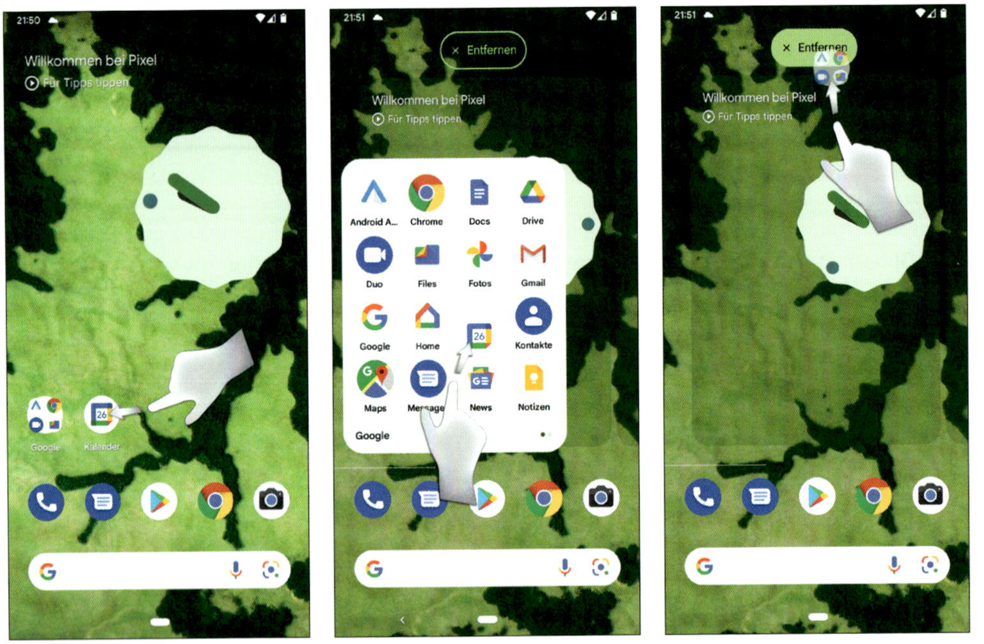

Neue App in einen Ordner auf dem Startbildschirm ziehen, rechts: Ordner vom Startbildschirm entfernen

So legen Sie einen neuen Ordner für Apps auf dem Startbildschirm an:

1. Ziehen Sie zunächst eine App auf den Startbildschirm.
2. Ziehen Sie eine zweite App aus der App-Liste auf ein vorhandenes App-Symbol, wird automatisch ein Ordner erstellt.
3. Tippen Sie auf einen Ordner, werden die darin enthaltenen Apps angezeigt und können durch Antippen gestartet werden.
4. Weitere Apps können einfach auf das Ordnersymbol gezogen und dann im Ordner an eine beliebige Position geschoben werden.
5. Tippen Sie auf die Bezeichnung *Unbenannter Ordner* und geben Sie dem Ordner einen Namen.

Um einen Ordner zu löschen, ziehen Sie ihn an den oberen Bildschirmrand auf das *Entfernen*-Symbol. Beim Loslassen wird der Ordner ohne Nachfrage vom Startbildschirm entfernt. Die Apps bleiben installiert. Auf die gleiche Weise können Sie auch einzelne Apps aus einem Ordner herausnehmen.

Automatische App-Vorschläge auf dem Startbildschirm

Der **Pixel Launcher** auf den Smartphones der Google-Pixel-Serie sowie einige andere Launcher bieten die Möglichkeit, anhand des eigenen Benutzerverhaltens selbstständig Apps in einem eigenen Bereich auf dem Startbildschirm oder ganz oben in der App-Liste vorzuschlagen. Nach einer gewissen Trainingsphase findet man so schnell die häufig gebrauchten Apps.

1. Tippen Sie im Pixel Launcher länger auf den Startbildschirm, wählen Sie *Startbildschirm-Einstellungen* und dann *Vorschläge*.

2. Wählen Sie, ob Sie App-Vorschläge ganz oben in der Liste aller Apps oder in der untersten Reihe auf dem Startbildschirm sehen möchten. Dort werden die vorgeschlagenen Apps zur besseren Unterscheidung mit einem farbigen Ring gekennzeichnet.

3. Im Bereich *Blockierte Apps* können Sie bestimmte Apps markieren, die nie automatisch bei den Vorschlägen auftauchen sollen. Das können zum Beispiel Apps sein, die Sie selbst bereits auf dem Startbildschirm abgelegt haben, oder Apps, die sehr häufig vorgeschlagen werden, obwohl Sie sie kaum nutzen.

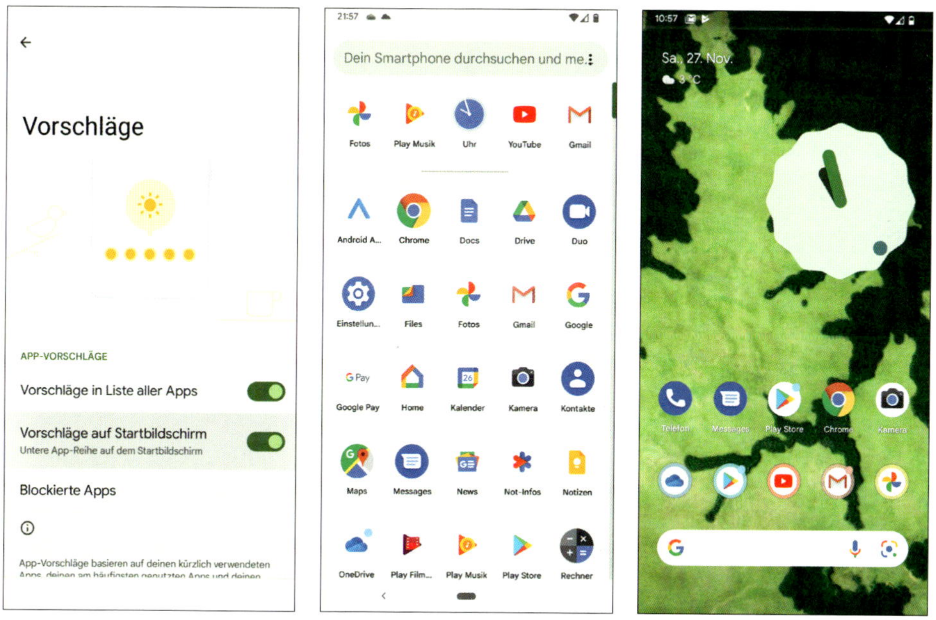

App-Vorschläge oben in der Liste aller Apps und auf dem Startbildschirm in der unteren Reihe

Die Schnellstartleiste für wichtige Apps

Fünf besonders wichtige Apps sind im Standard-Launcher in der sogenannten Schnellstartleiste auf jeder Seite des Startbildschirms immer zu sehen. Welche Apps das in der Grundeinstellung sind, können die Gerätehersteller festlegen. Häufig liegen die Apps *Telefon*, *SMS* (oder *Messages*), *Play Store*, *Chrome* und *Kamera* in der Schnellstartleiste. Sind in den Startbildschirm-Einstellungen die App-Vorschläge eingeschaltet, erscheinen diese Vorschläge statt der Schnellstartleiste auf jeder Startbildschirmseite. Die fünf Standard-Apps der Schnellstartleiste erscheinen dann nur auf dem Hauptstartbildschirm oberhalb der Vorschläge.

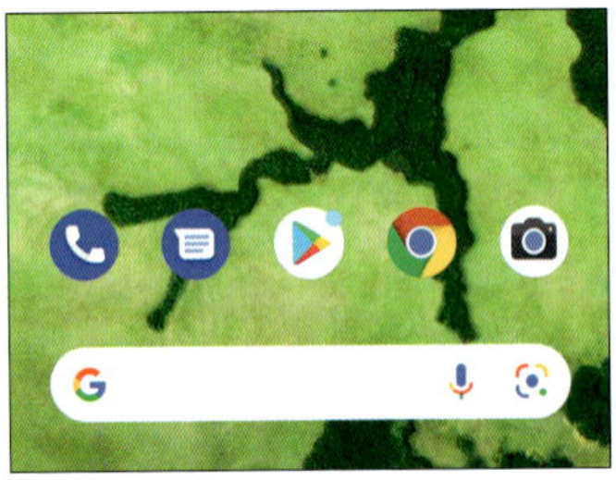

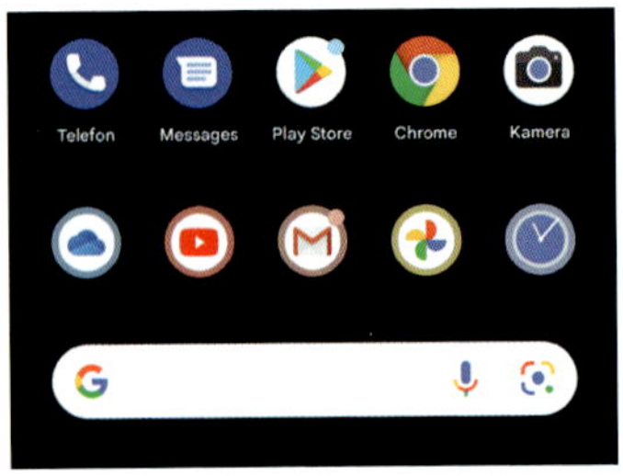

Links: Schnellstartleiste mit wichtigen Apps, rechts: automatische App-Vorschläge und wichtige Apps eine Zeile weiter oben

Das ehemalige Menüsymbol zum Aufruf der App-Liste ist in der Grundeinstellung seit Android 10 weggefallen. Auf den fünf Positionen können Sie statt der vorgegebenen Apps auch andere platzieren, die Sie häufig benötigen. So platzieren Sie eine andere App in der Schnellstartleiste, wenn dort keine automatischen Vorschläge gezeigt werden:

1. Tippen Sie länger auf eine nicht mehr benötigte App in der Schnellstartleiste und ziehen Sie diese auf eine freie Stelle auf dem Startbildschirm oder auf das *Entfernen*-Symbol ganz oben.

2. Ziehen Sie jetzt die gewünschte App vom Startbildschirm oder aus der App-Liste auf die freie Position in der Schnellstartleiste.

Moderne Gestensteuerung oder klassische Symbole

Neben dem Einschalter und der Lautstärketaste verfügen die meisten Android-Smartphones – außer einigen Modellen von Samsung und Xiaomi – über keine weiteren Tasten. Die Steuerung erfolgt über Gesten oder Symbole auf dem Bildschirm. Seit der ersten Android-Version prägen drei Symbole am unteren Bildschirmrand die Bedienung des Smartphones. Mit Android 10 begann eine neue Ära, die zwei verschiedene zusätzliche Steuerungsmethoden einführte.

Android 12 bietet in den *Einstellungen* unter *System/Gesten und Bewegungen/Systemsteuerung* drei Bedienungsvarianten.

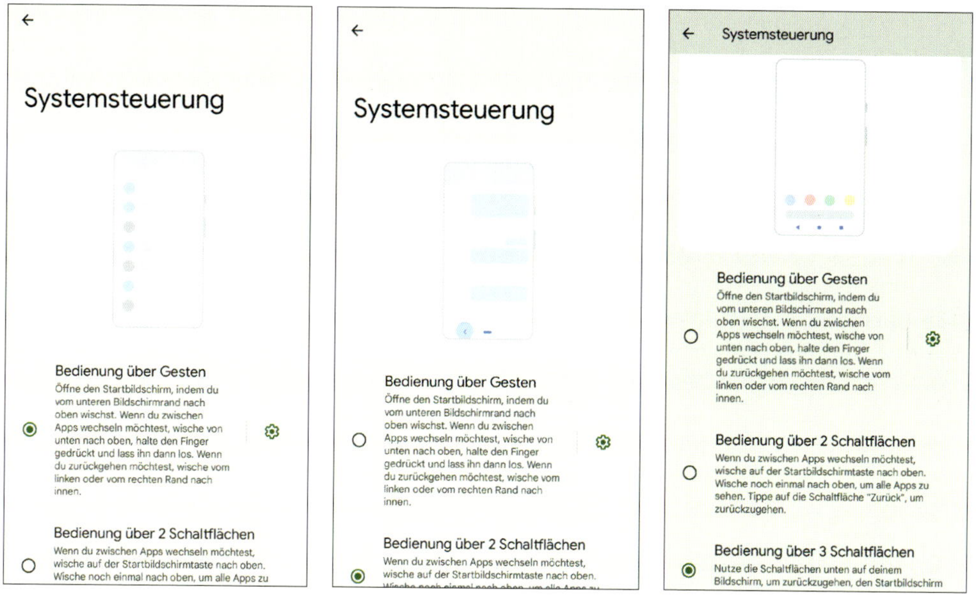

Die drei Varianten zur Steuerung

Bedienung über Gesten

Die Gestensteuerung blendet bis auf eine schmale Linie ganz unten alle Bedienelemente aus und stellt den Apps den kompletten Bildschirm zur Verfügung.

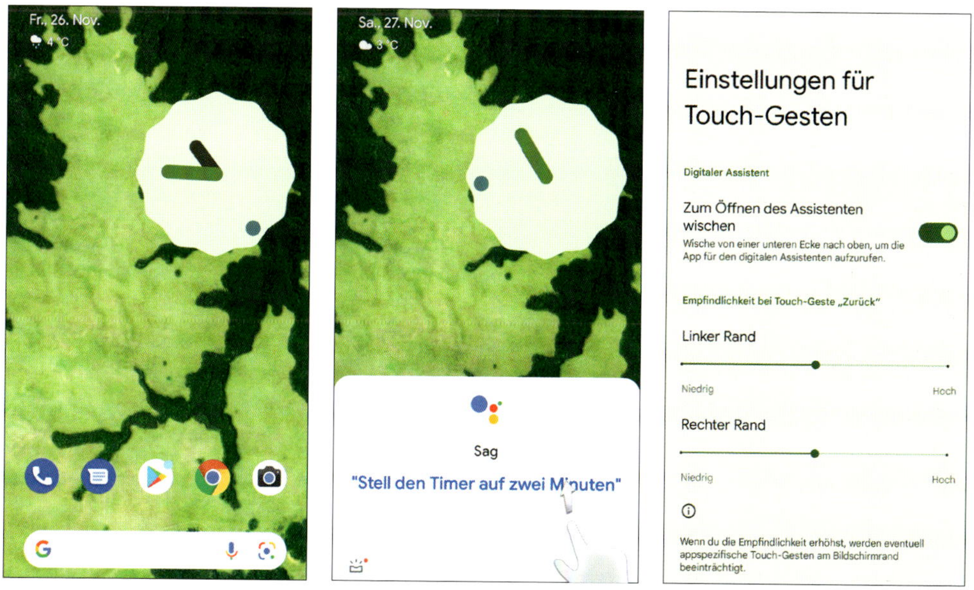

Links: Startbildschirm ohne Navigationssymbole, Mitte: Google Assistant aufrufen, rechts: Einstellungen zur Gestensteuerung

Eine Wischgeste vom unteren Bildschirmrand nach oben zeigt den Startbildschirm. Dort blendet eine Wischbewegung von der Bildschirmmitte nach oben, wie auch bei den anderen Steuerungsvarianten, die App-Liste ein. Ein paar Kleinigkeiten wurden bei der Gestensteuerung in Android 12 gegenüber den Vorgängerversionen verändert und zur leichteren intuitiven Bedienung an die anderen Steuerungsmethoden angenähert.

Um zwischen mehreren Apps zu wechseln, wischen Sie von unten nach oben und halten das verkleinerte App-Vorschaubild einen Moment. Jetzt können Sie zwischen den laufenden Apps wechseln, indem Sie horizontal durch die Liste scrollen. Schieben Sie eine App nach oben aus der Liste heraus, um sie zu entfernen. Auch die Zurück-Taste wird durch eine Bildschirmgeste ersetzt: Wischen Sie vom linken oder rechten Rand zur Mitte des Bildschirms. Der Google Assistant ist bei der Gestensteuerung über eine Wischgeste aus einer der unteren Bildschirmecken in Richtung Mitte zu erreichen.

Bedienung über 2 Schaltflächen

Die sogenannte *Bedienung über 2 Schaltflächen* ist auf vielen Smartphones mit Android 12 zum Standard geworden. Hier bleibt die klassische Zurück-Taste, das runde Symbol zum Aufruf des Startbildschirms bekommt zur deutlichen Unterscheidung eine lang gestreckte Form.

Navigationssymbol bei 2-Schaltflächen-Steuerung

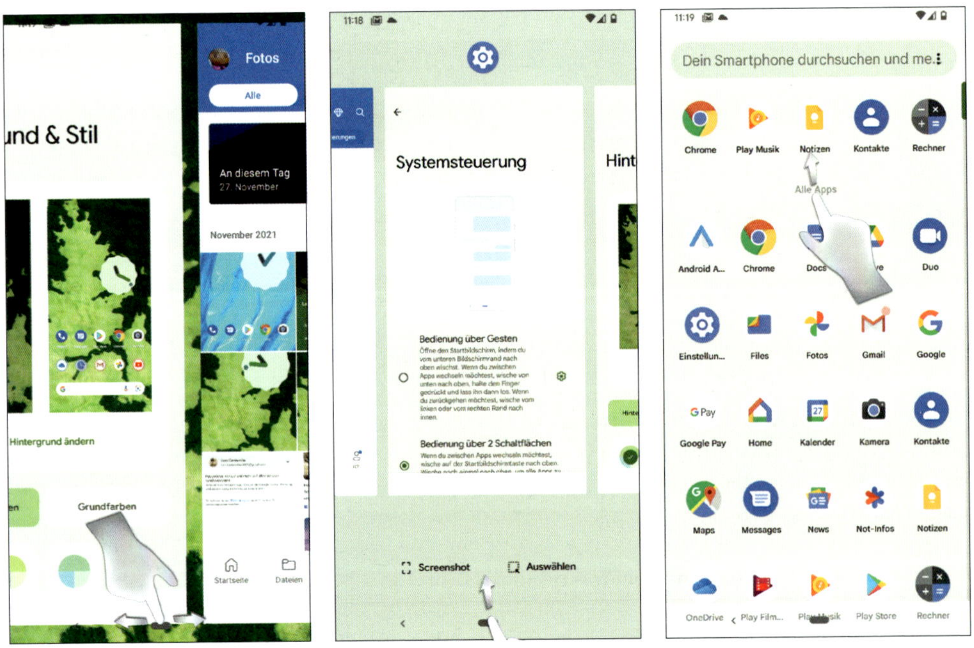

Links: Wechsel zwischen Apps, Mitte: Übersicht laufender Apps, rechts: App-Übersicht

Tippen Sie auf das Symbol, um zum Startbildschirm zu kommen. Eine horizontale Wischbewegung auf diesem Symbol wechselt zwischen den Apps, eine Wischbewegung nach oben zeigt die Liste aller geöffneten Apps – wie in der Gestensteuerung.

Bedienung über 3 Schaltflächen

Wer sich nicht umstellen möchte, kann weiterhin die klassische *Bedienung über 3 Schaltflächen* nutzen. Bis jetzt gibt es noch keine Ankündigung, wann diese endgültig aus dem System verschwinden soll. Hier werden am unteren Bildschirmrand drei Symbole eingeblendet.

Navigationssymbole bei 3-Schaltflächen-Steuerung

Mit dem Dreieck geht man immer einen Schritt zurück. Die meisten Apps unterstützen dieses Symbol auf eigene Weise. So gelangt man z. B. im Browser damit zur zuletzt angezeigten Webseite zurück. In einigen Dateimanagern kommt man damit eine Ordnerebene nach oben.

Der Kreis, auch als Home-Taste bezeichnet, führt immer zurück zum Startbildschirm – egal, in welcher App man sich gerade befindet.

Das Quadrat rechts unten hat die Funktion, die App-Übersicht anzuzeigen. Hier wird eine Liste der zuletzt verwendeten Apps eingeblendet. Auf diesem Weg können Sie schnell zu einer der angezeigten Apps wechseln.

Schneller App-Wechsel

Tippen Sie zweimal kurz hintereinander auf das Quadratsymbol, wechseln Sie damit zwischen den beiden zuletzt verwendeten Apps, ohne den langen Weg über die App-Liste gehen zu müssen.

Zwei Apps gleichzeitig auf dem Bildschirm

Android 12 bietet die Möglichkeit, zwei Apps gleichzeitig auf dem Bildschirm darzustellen. Dieser wird dazu, wie schon aus Windows 10 bekannt, in der Mitte mit einer Trennlinie geteilt. Einige Gerätehersteller, unter anderem Samsung, bieten ähnliche Funktionen schon länger an. In Android 7 Nougat war der sogenannte Splitscreen-Modus erstmals standardmäßig im Betriebssystem enthalten.

1. Starten Sie zuerst eine der beiden gewünschten Apps.
2. Rufen Sie die Liste der zuletzt verwendeten Apps auf und tippen Sie oben auf das Symbol der gewünschten App.

3. Tippen Sie im Pop-up-Fenster auf *Splitscreen*.
4. Die App erscheint jetzt nur im obersten Bildschirmbereich.
5. Wählen Sie eine App aus der Liste der zuletzt verwendeten Apps aus, die in der unteren Bildschirmhälfte angezeigt werden soll. Sie können auch mit einer Wischgeste von unten die App-Liste einblenden und dort eine App auswählen.

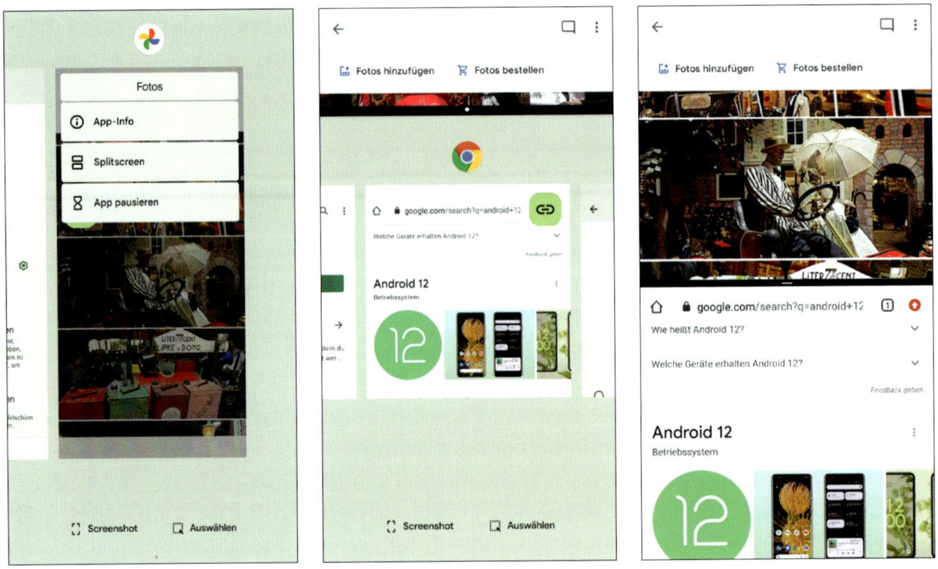

Bildschirmteilung für zwei Apps

Durch Verschieben der Trennlinie zwischen den beiden Apps können Sie ein Fenster größer ziehen. Das andere wird automatisch entsprechend kleiner. Ziehen Sie die Trennlinie ganz nach oben oder unten, wird die Bildschirmteilung aufgehoben und beide Apps werden wieder in voller Größe angezeigt.

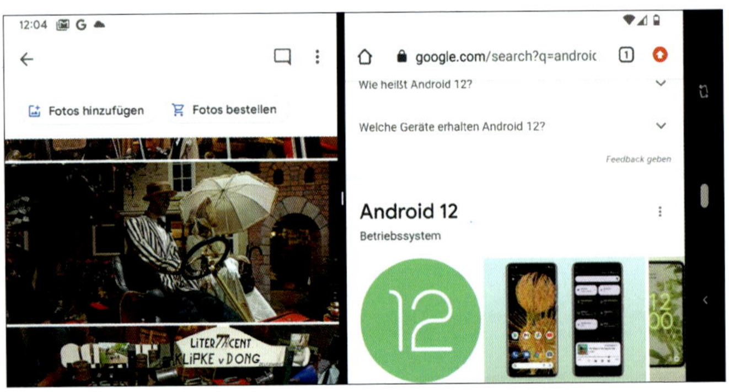

Im Querformat werden die beiden Apps nebeneinander dargestellt

Wenn sich der Bildschirm nicht automatisch dreht, tippen Sie auf das kurzzeitig eingeblendete *Bildschirm drehen*-Symbol in der Navigationsleiste.

Benachrichtigungen

Das Benachrichtigungssystem in Android ist die Systemkomponente, die konsequent mit jeder neuen Android-Version verändert wird. Kommt eine E-Mail, eine Messenger-Nachricht oder eine SMS an oder möchte der Kalender an einen Termin erinnern, geschieht dies über die Benachrichtigungsleiste am oberen Bildschirmrand, ohne dass Meldungen mitten auf dem Bildschirm die Nutzung des Smartphones einschränken. In den meisten Fällen ertönt zusätzlich ein Signalton. Auch wenn eine Datei aus dem Internet heruntergeladen oder eine App aus Google Play installiert wurde, wird dies in der Benachrichtigungsleiste angezeigt. Am oberen Bildschirmrand links erscheinen entsprechende Benachrichtigungssymbole.

Die Leiste oben bleibt immer stehen, egal, in welcher App man sich gerade befindet. Nur die Kamera und einige Spiele im Vollbildmodus blenden die Benachrichtigungsleiste aus. Benachrichtigungen können aber trotzdem eingeblendet werden.

Tippen Sie auf den oberen Bildschirmrand und ziehen Sie die Benachrichtigungsleiste nach unten, um die einzelnen Benachrichtigungen zu sehen. Die sogenannten lautlosen Benachrichtigungen sind unterhalb der klassischen Benachrichtigungen in einer Gruppe zusammengefasst. Eine umgekehrte Wischbewegung nach oben klappt die Benachrichtigungsleiste wieder zu. Je nach Einstellung sind diese Benachrichtigungen auch auf dem Sperrbildschirm zu sehen.

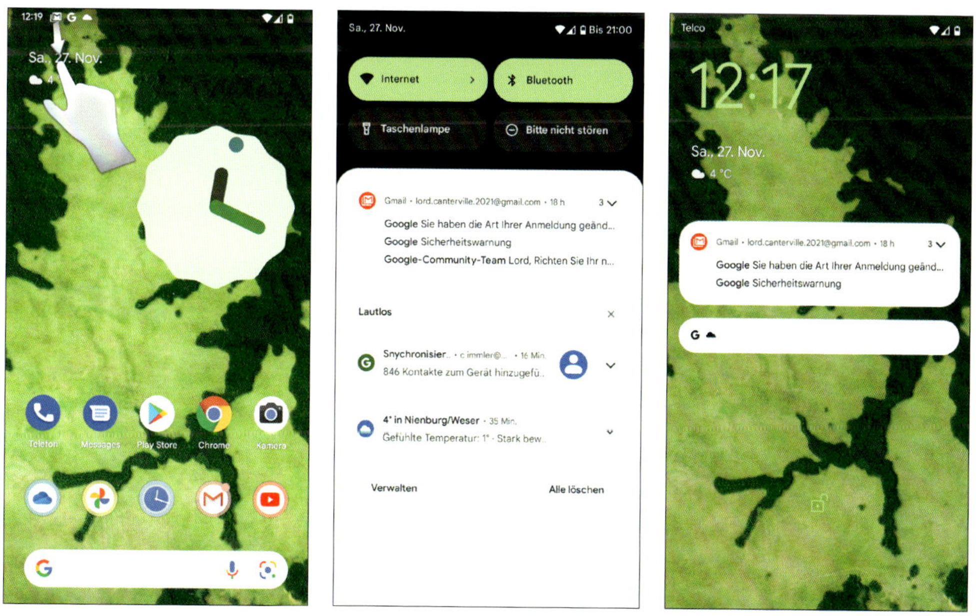

Benachrichtigungsleiste nach unten ziehen, rechts: Benachrichtigungen auf dem Sperrbildschirm

Jetzt können Sie einzelne Benachrichtigungen direkt antippen, um z. B. eine E-Mail zu lesen oder eine heruntergeladene Datei zu öffnen. In den Benachrichtigungen von E-Mails und

Chat-Nachrichten können Sie diese durch Antippen des entsprechenden Symbols direkt beantworten oder archivieren.

Möchten Sie einzelne Benachrichtigungen entfernen, ohne die zugehörige App zu öffnen, halten Sie den Finger darauf und ziehen die Benachrichtigung nach links oder rechts aus dem Bildschirm heraus. Dies gilt nur für die Benachrichtigungen, die zugehörigen E-Mails, Nachrichten oder heruntergeladene Dateien werden nicht gelöscht.

Das Symbol *Verlauf* links unterhalb der Benachrichtigungen öffnet den Benachrichtigungsverlauf. Hier finden Sie bis zu 24 Stunden später noch Benachrichtigungen, die Sie weggewischt oder ignoriert hatten. Erscheint hier das Symbol *Verwalten*, ist der *Benachrichtigungsverlauf* deaktiviert. Tippen Sie darauf und aktivieren Sie ihn.

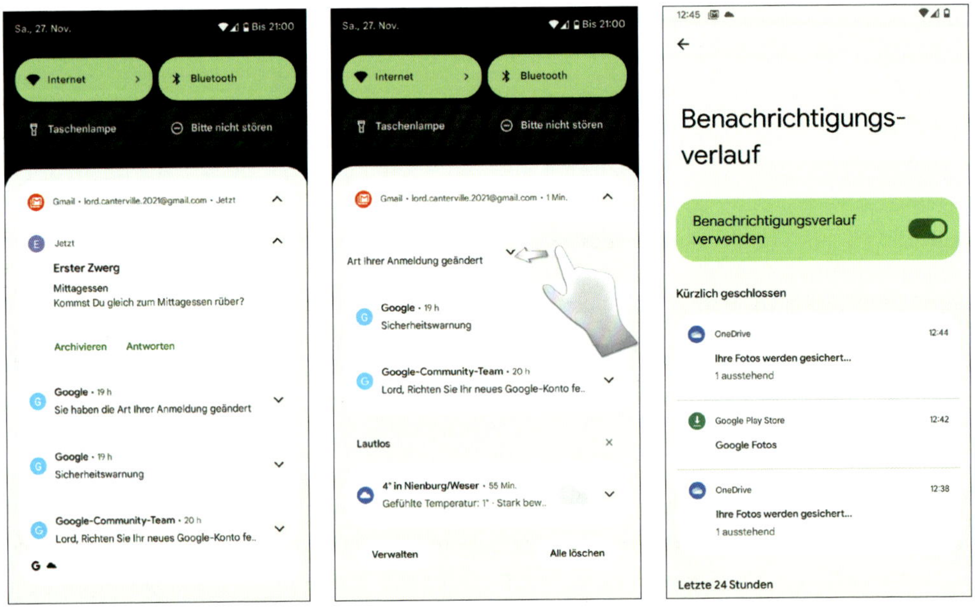

Benachrichtigung beantworten, ausblenden und Benachrichtigungsverlauf

Benachrichtigungen schlummern lassen

Haben Sie gerade keine Zeit, auf eine Benachrichtigung zu antworten, möchten diese aber nicht gleich entfernen, um später noch einmal daran zu denken, können Sie diese pausieren. Das Benachrichtigungssymbol verschwindet aus der Benachrichtigungsleiste und erscheint erst nach der eingestellten Zeit wieder. Im Benachrichtigungsverlauf werden schlummernde Benachrichtigungen als eigener Block angezeigt.

1. Tippen Sie in der Benachrichtigung rechts unten auf das Uhrensymbol.

2. Wählen Sie die Zeit aus, wie lange diese Benachrichtigung pausieren soll.

3. Schließen Sie die Benachrichtigungen, indem Sie diese wieder nach oben zurückschieben.

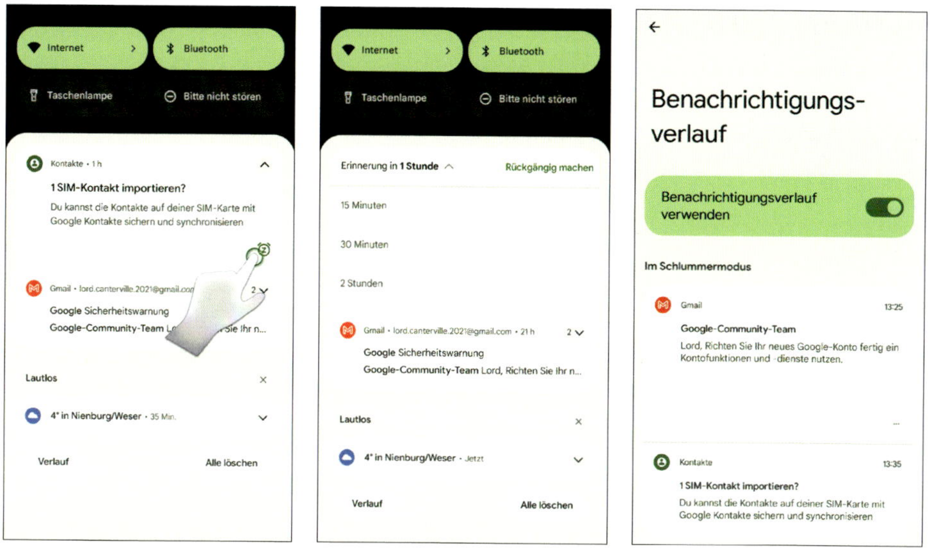

Die neue Schlummerfunktion für Benachrichtigungen

Damit dieser Schlummermodus funktioniert, schalten Sie in den *Einstellungen* unter *Benachrichtigungen* die Option *Schlummerfunktion für Benachrichtigungen zulassen* ein.

Mehr oder weniger wichtige Benachrichtigungen

Android 12 zeigt wichtige Benachrichtigungen oben an, weniger wichtige weiter unten. Welche Benachrichtigungen dabei als wichtig gelten, wird zunächst vom System bestimmt. Da diese Vorgaben nicht jedermanns Geschmack treffen, lassen sie sich leicht umstellen. Benachrichtigungen aus Chat-Apps wie *WhatsApp* oder *Messenger* erscheinen ganz oben in einer eigenen Kategorie *Unterhaltungen*. In Kapitel 6 im Abschnitt »Besondere Benachrichtigungen für Chat-Apps« finden Sie genauere Informationen zu diesen Benachrichtigungen.

Tippen Sie länger auf eine Benachrichtigung, können Sie zwischen dem klassischen Benachrichtigen- und dem Lautlos-Modus wählen, der nicht nur keinen Ton abspielt, sondern die Benachrichtigungen im unteren Bildschirmteil zusammengefasst anzeigt, wo sie wenig stören, aber doch noch sichtbar sind. Hier können dann alle auf einmal weggedrückt werden. Tippen Sie auf das *Einstellungen*-Symbol in dieser Auswahl, können Sie direkt die Benachrichtigungseinstellungen dieser App ändern.

Die *Einstellungen* zeigen unter *Benachrichtigungen/App-Einstellungen* die Apps an, die zuletzt Benachrichtigungen gesendet haben. Hier können Sie in einer Liste für jede App einzeln festlegen, ob diese App generell Benachrichtigungen ausgeben darf oder nicht. Über das Menüsymbol mit den drei Punkten oben rechts blenden Sie auch System-Apps in der Liste ein, die standardmäßig nicht angezeigt werden.

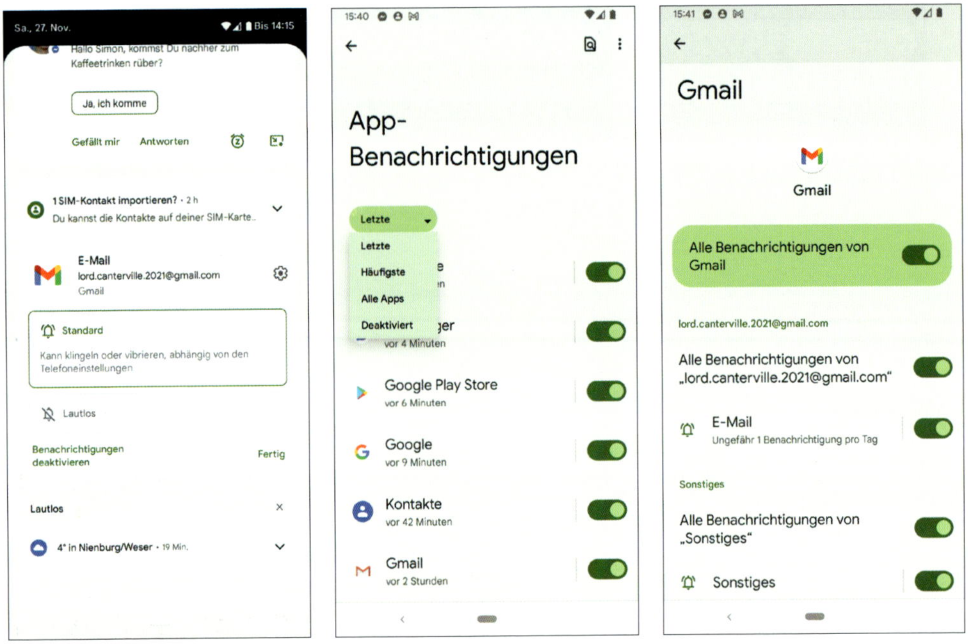

Links: Benachrichtigungen einer App auf lautlos umschalten, Mitte: Apps, die zuletzt benachrichtigt haben, rechts: ein Teil der Benachrichtigungskategorien der Google App

In dieser Liste lassen sich solche Apps leicht erkennen und abschalten, die das Benachrichtigungssystem für Werbung missbrauchen, was besonders bei Freeware-Spielen sehr beliebt ist.

Der Schalter *App-Benachrichtigungspunkt erlauben* sorgt dafür, dass bei Benachrichtigungen ein farbiger Punkt am jeweiligen App-Symbol auf dem Startbildschirm und in der App-Liste erscheint, der auf ungelesene Benachrichtigungen dieser App hinweist.

Benachrichtigungskategorien festlegen

Apps, die nach den neusten Entwicklerrichtlinien für Android programmiert wurden, sortieren ihre Benachrichtigungen in verschiedenen Kategorien. Tippen Sie auf eine App, um Benachrichtigungskategorien zu wählen. Diese können für jede App unterschiedlich sein. Bei Apps, deren Benachrichtigungen Sie zwar nicht komplett unterdrücken möchten, aber doch als unwichtig empfinden, können Sie in einzelnen Benachrichtigungskategorien den Ton abschalten. Für einzelne Kategorien lassen sich, wenn von der App unterstützt, auch unterschiedliche Töne einstellen, um wichtige Benachrichtigungen sofort zu erkennen.

Tippen Sie auf den Namen einer App statt auf den Ausschalter in der Liste unter *Benachrichtigungen/App-Einstellungen* in den *Einstellungen*, lassen sich einzelne unwichtige Benachrichtigungskategorien abschalten, während man interessante Benachrichtigungen weiterhin sieht. Leider wird auch dieses Kategoriesystem von manchen Entwicklern missbraucht und Werbung in allen Kategorien angezeigt.

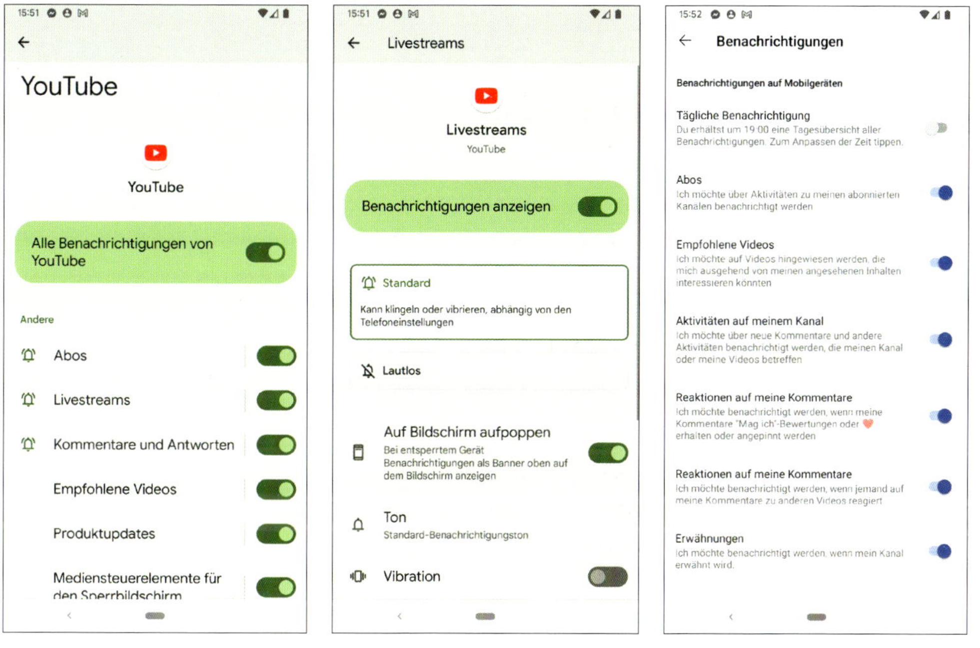

Links: Benachrichtigungskategorien einer App, Mitte: einzelne Benachrichtigungskategorien lautlos setzen, rechts: zusätzliche Benachrichtigungskategorien in der YouTube-App

Außerdem können Sie wählen, ob die Benachrichtigungen auch auf dem Sperrbildschirm oder nur in der Benachrichtigungsleiste angezeigt werden sollen. Besonders wichtige Apps und Benachrichtigungskategorien dürfen auch im *Nicht stören*-Modus Benachrichtigungen ausgeben.

Manche Apps bieten zusätzlich zu den Benachrichtigungskategorien in den Android-Einstellungen noch eigene Benachrichtigungskategorien, in denen Sie noch detaillierter auswählen können, welche Ereignisse benachrichtigen sollen.

Die Benachrichtigungskategorie *Marketing* können Sie in allen Apps abschalten, wenn Sie keine Werbung sehen möchten. Auf diese Weise können Sie lästige Werbebenachrichtigungen von Spielen oder anderen Freeware-Apps unterbinden, soweit sich die App-Entwickler an diese Kategorien auch halten.

Intelligente Antworten

In den meisten Fällen gibt es auf bestimmte Benachrichtigungen ein paar Standardantworten. Termine werden bestätigt, Links geöffnet oder eine Adresse auf Google Maps gesucht. Besonders bei Chats werden einfache, kurze Antworten vorgeschlagen, die in vielen Fällen ausreichen. Android 12 analysiert den Inhalt von Benachrichtigungen und zeigt direkt in der Benachrichtigung Buttons für solche Standardaktionen an. So spart man sich in vielen Fällen den Wechsel zwischen Apps oder das Kopieren von Links.

Der Sperrbildschirm

Um ein versehentliches Aktivieren durch Berührung zu verhindern, wird beim Drücken der Einschalttaste im gesperrten Zustand zunächst der Sperrbildschirm eingeblendet. Dieser zeigt Uhrzeit, Datum und Akkuladestand sowie Benachrichtigungen über eingegangene E-Mails und andere Nachrichten.

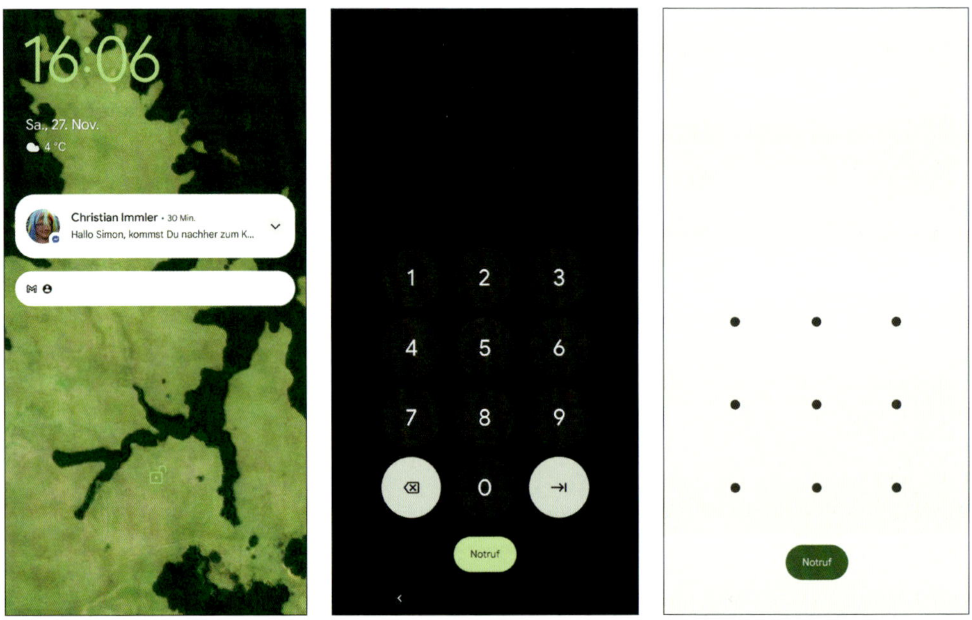

Links: Sperrbildschirm mit Benachrichtigung, Mitte: PIN zum Entsperren, rechts: Muster zum Entsperren

Um den Bildschirm freizugeben und das Smartphone normal benutzen zu können, wischen Sie auf dem Sperrbildschirm mit dem Finger nach oben. Dies funktioniert nur, solange keine weitere Sicherheitssperre wie ein Fingerabdruck, ein Sperrmuster oder eine PIN eingerichtet ist.

Der Sperrbildschirm ist bei Smartphone-Herstellern beliebt, um eigene Anpassungen vorzunehmen oder spezielle Funktionen hinzuzufügen. So bieten einige Hersteller Funktionen an, die durch geschicktes Ziehen von Symbolen direkt vom Sperrbildschirm aufgerufen werden können.

Benachrichtigungen auf dem Sperrbildschirm

In den *Einstellungen* unter *Benachrichtigungen/Benachrichtigungen auf dem Sperrbildschirm* legen Sie fest, ob Benachrichtigungen auch auf dem Sperrbildschirm erscheinen sollen. An dieser Stelle können Sie Benachrichtigungen, die auf lautlos gesetzt sind, auf dem Sperrbildschirm verbergen. Mit dem Schalter *Vertrauliche Benachrichtigungen* können Sie die Inhalte der Benachrichtigungen auf dem Sperrbildschirm verbergen. Unter *Display/Sperrbildschirm/Datenschutz* sind noch detailliertere Optionen zu angezeigten Inhalten von Benachrichtigungen auf dem Sperrbildschirm zu finden. Der Schalter *Display bei Benachrichtigungen aktivieren* ganz unten schaltet den Bildschirm eines gesperrten Smartphones kurz ein, um eine eingehende Benachrichtigung anzuzeigen.

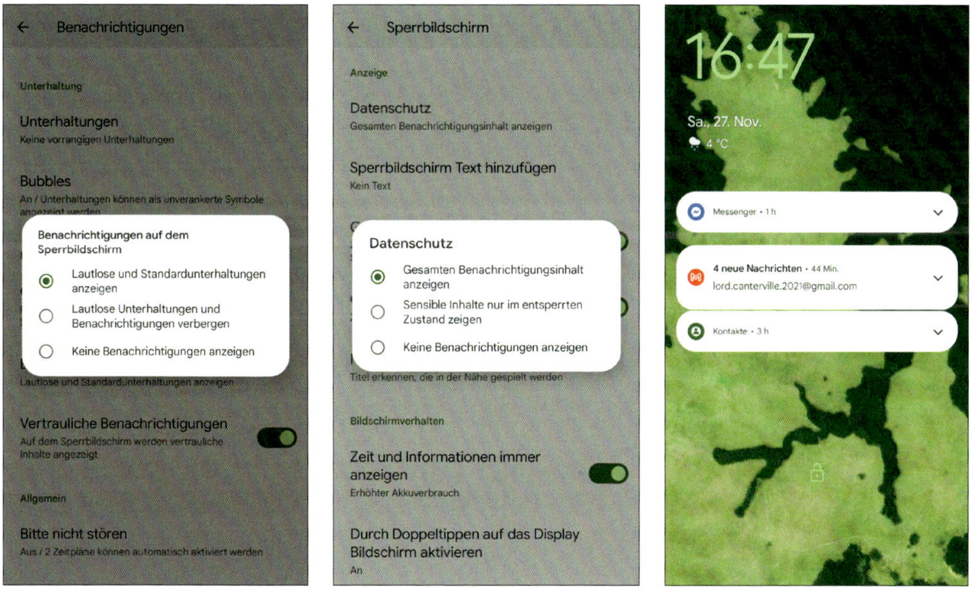

Einstellungen für Benachrichtigungen auf dem Sperrbildschirm, rechts: Benachrichtigungen mit ausgeblendeten Inhalten auf dem Sperrbildschirm

Die Schnelleinstellungen

Die Statusleiste, der rechte Teil der Benachrichtigungsleiste am oberen Bildschirmrand, zeigt Informationen zur WLAN- und Mobilfunk-Signalstärke sowie den Akkuladestand an.

Ziehen Sie die Benachrichtigungsleiste nach unten, erscheinen Symbole für wichtige Einstellungen, selbst wenn keine Benachrichtigungen eingegangen sind. Die Symbole dienen als Statusanzeigen und gleichzeitig als Schalter, um verschiedene Einstellungen aufzurufen, unter anderem: *Internet*, *Bitte nicht stören*, *Taschenlampe*, *Bluetooth*, *Bildschirm drehen*.

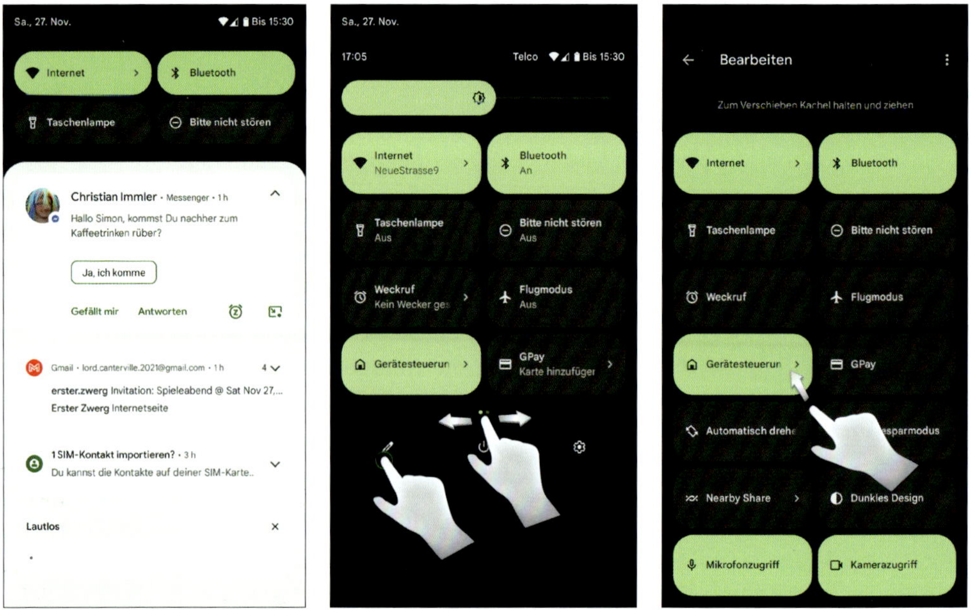

Schnelleinstellungssymbole bei heruntergezogener Benachrichtigungsleiste, rechts: Anordnung der Schnelleinstellungssymbole ändern

Einige Schnelleinstellungssymbole lassen sich durch einfaches Antippen ein- und ausschalten. Wenn Sie die Benachrichtigungsleiste ein zweites Mal herunterziehen, sehen Sie noch deutlich mehr Schnelleinstellungssymbole. Halten Sie das Symbol in der Schnelleinstellungsleiste länger gedrückt, um Zugriff auf die erweiterten Funktionen zu erlangen.

Schnelleinstellungen schneller öffnen

Statt zweimal zu ziehen, können Sie auch aus einer beliebigen App heraus oder auf dem Startbildschirm mit zwei Fingern gleichzeitig von oben herunterziehen.

Die meisten Smartphones bieten wesentlich mehr Schnelleinstellungen, als auf eine Bildschirmseite passen. Zwischen den Seiten wechseln Sie mit einer horizontalen Wischbewegung.

Benötigen Sie bestimmte Schnelleinstellungen häufiger, haben Sie die Möglichkeit, die Symbole, die beim Herunterziehen der Benachrichtigungsleiste erscheinen, auszutauschen. Tippen Sie dazu unten links in der Palette der Schnelleinstellungen auf das Stiftsymbol. Dann können Sie per Drag-and-drop die Reihenfolge der Symbole auf der heruntergezogenen Palette verändern.

Die Bildschirmhelligkeit kann mit einem Schieberegler ganz oben in der Palette der Schnelleinstellungen stufenlos eingestellt werden. In dunklen Räumen reicht die geringste Stufe fast immer aus, im Freien bei Tageslicht braucht man häufig die höchste Stufe, die allerdings auch den meisten Strom verbraucht. Bewegen Sie diesen Regler, wird das Feld mit den Schnelleinstellungen ausgeblendet, um die Helligkeit des meist dunkleren Startbildschirms besser beurteilen zu können.

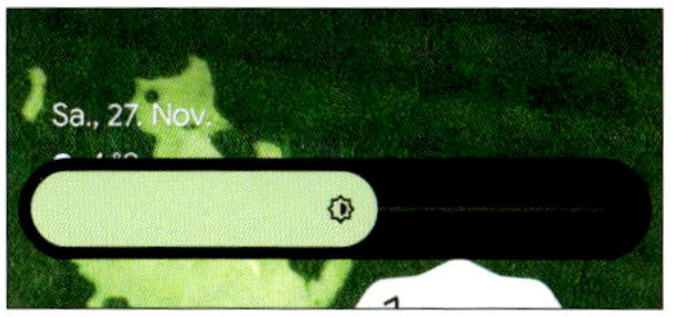

Regler für die Bildschirmhelligkeit

WLAN- und Interneteinstellungen

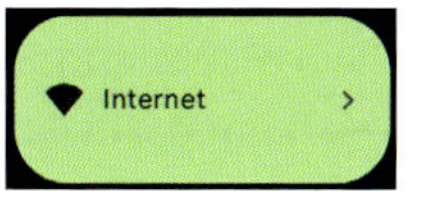

Android 12 fasst die bisher getrennten Schnelleinstellungen für WLAN und mobile Daten mit dem Symbol *Internet* zusammen. Das Symbol zeigt die Signalstärke und den Namen des verbundenen WLANs oder Mobilfunkanbieters. Tippen Sie auf das Symbol, erscheint eine Liste verfügbarer Internetverbindungen. Hier können Sie das WLAN und die mobilen Daten unabhängig voneinander aus- oder einschalten. Auf diese Weise können Sie unterwegs ohne WLAN deutlich Strom sparen.

Darunter erscheint eine Liste sichtbarer WLANs, in der Sie ein anderes WLAN wählen können oder einen Schlüssel eingeben.

Auch das Abschalten der Datenverbindung im Mobilfunknetz hilft, Strom zu sparen, besonders in Regionen, in denen kein Mobilfunkdatennetz verfügbar ist. Auch bei abgeschalteter mobiler Datenverbindung können Sie noch telefonieren.

Tippen Sie länger auf das Schnelleinstellungssymbol, kommen Sie direkt zu den Interneteinstellungen.

Das Mobilfunksymbol in der Statusleiste rechts oben zeigt die Signalstärke des Mobilfunknetzes sowie den Typ der Datenverbindung an, 4G (LTE), E = EDGE, G = GPRS. Die Pegelanzeige allein bezieht sich auf die Signalstärke zum Telefonieren.

Ruhe vor dem Handy – Bitte nicht stören

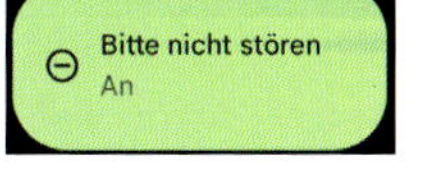

Benachrichtigungen auf dem Smartphone können interessant, aber auch lästig sein. Nicht immer möchte man ständig durch Nachrichten unterbrochen werden. Nachts oder auch beim Betrachten eines Films oder beim Spielen sollen nur wirklich wichtige Unterbrechungen erscheinen.

Tippen Sie auf das Schnelleinstellungssymbol *Bitte nicht stören*. Damit schalten Sie das Smartphone ganz einfach in den Nicht-stören-Modus – manchmal auch als Ruhemodus bezeichnet –, in dem es weder klingelt noch vibriert. Nur Wecker und Medien sind in diesem Modus noch zu hören. Über dasselbe Schnelleinstellungssymbol schalten Sie den Nicht-stören-Modus auch wieder ab.

Zur Erinnerung, dass der Nicht-stören-Modus aktiv ist, erscheint in der Symbolleiste rechts oben ein entsprechendes Symbol.

Verhalten des Nicht-stören-Modus

Tippen Sie länger auf das *Bitte nicht stören*-Symbol, erscheint der Einstellungsbildschirm. In den *Anzeigeoptionen für ausgeblendete Benachrichtigungen* legen Sie außerdem fest, ob bei Benachrichtigungen nur kein Benachrichtigungston oder auch keine optischen Signale erscheinen dürfen. Mit der Option *Wecker & sonstige Unterbrechungen* bestimmen Sie, ob im Nicht-stören-Modus Wecker und Medien (Musik und Filme) weiterhin ertönen dürfen oder nicht. Auch die Töne bei Berührung des Bildschirms lassen sich in diesem Modus deaktivieren.

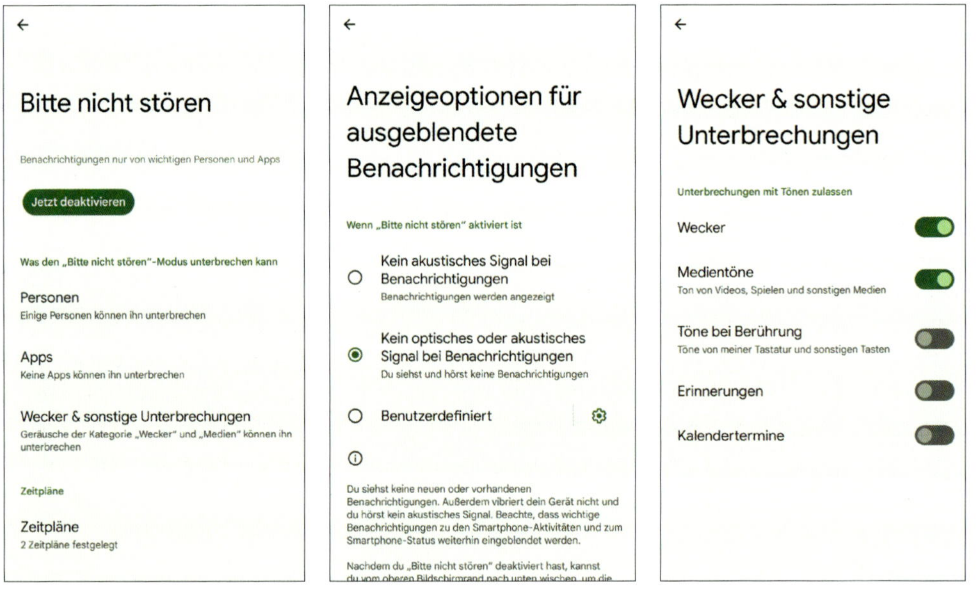

Verhalten im Bitte-nicht-stören-Modus einstellen

Unterbrechungen im Nicht-stören-Modus

Wenn Sie nur wichtige Unterbrechungen zulassen möchten, müssen Sie noch festlegen, welche Arten von Unterbrechungen als wichtig gelten und weiterhin zu hören sein sollen. Diese legen Sie in den Bereichen *Personen* und *Apps* fest. Bei Anrufen und Nachrichten haben Sie die Wahl, ob alle Anrufe von Kontakten im Adressbuch oder nur von bestimmten

Kontakten unterbrechen dürfen. Das Gleiche gilt für Nachrichten, SMS und MMS. Für Nachrichten aus Messengern wie WhatsApp oder Facebook Messenger gibt es einen eigenen Bereich *Unterhaltungen*, in dem Sie festlegen, welche Unterhaltungen im Nicht-stören-Modus ertönen dürfen.

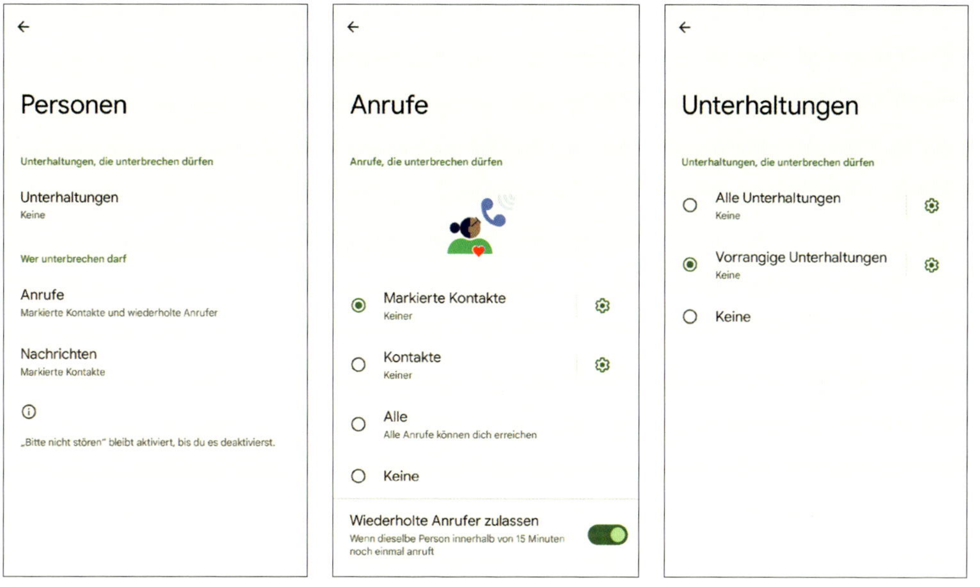

Nicht-stören-Einstellungen für Anrufe und Unterhaltungen

Ruhig schlafen und Wecker hören

Der Alarm des Weckers kann auch ertönen, wenn alle anderen Benachrichtigungen ausgeschaltet sind. So können Sie z. B. in der Nacht alle Benachrichtigungen ausstellen, aber trotzdem morgens den Wecker hören. Auch ein persönlicher Weckruf der Freundin ist möglich. Wählen Sie dazu unter *Personen/Anrufe* die Option *Markierte Kontakte*. Wenn Sie jetzt im Adressbuch nur eine einzige Person als Favoriten markieren, kann niemand anderes Sie morgens aus dem Schlaf reißen (siehe weiter unten auch den Abschnitt »Adressbuch – Kontakte«).

Zeitpläne für den Nicht-stören-Modus

Über die *Zeitpläne* in den *Einstellungen* zu *Bitte nicht stören* können Sie Regeln definieren, über die sich das Smartphone zu bestimmten Zeiten, etwa in der Nacht, oder bei bestimmten Ereignissen, die über Termine im Kalender definiert werden, selbstständig in den Nicht-stören-Modus schaltet.

Ein paar Zeitpläne sind bereits vordefiniert. Der Zeitplan *Schlafen* schaltet das Smartphone in den Nächten in den Nicht-stören-Modus. Die Zeiten können Sie natürlich mit den Einstellungen-Symbolen neben den Zeitplänen beliebig anpassen. Ist die Option *Wecker kann Schlusszeit außer Kraft setzen* eingeschaltet, wird der Nicht-stören-Modus sofort beendet, wenn ein Wecker klingelt, auch dann, wenn die eingestellte Schlusszeit noch nicht erreicht ist.

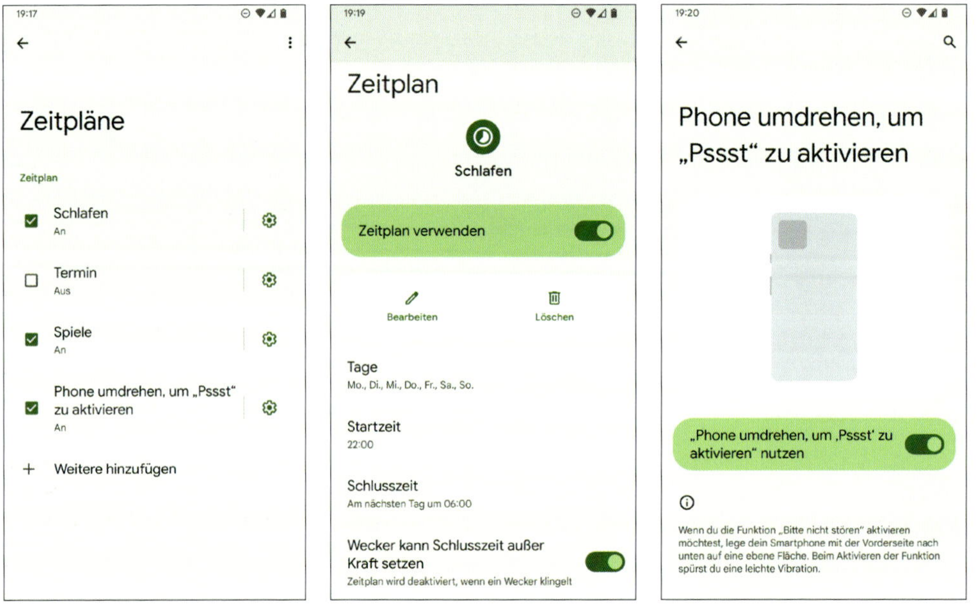

Zeitpläne für den Nicht-stören-Modus

Zeitpläne vom Typ *Termin* schalten während Terminen in den Nicht-stören-Modus, vorausgesetzt, die Termine wurden mit *Ja* oder *Vielleicht* beantwortet. Natürlich können Sie diese Zeitpläne, bevor Sie sie einschalten, Ihren persönlichen Lebensgewohnheiten anpassen oder auch ganz neue Zeitpläne definieren. Dabei wird zwischen Uhrzeitregeln, die abhängig von Wochentagen und Tageszeiten arbeiten, sowie Terminregeln, die abhängig von Terminen im Kalender arbeiten, unterschieden. In der Zeile *"Bitte nicht stören"-Verhalten* können Sie für jeden Zeitplan anstelle des standardmäßig eingestellten Verhaltens im Nicht-stören-Modus auch andere Einstellungen verwenden.

Der Zeitplan *Phone umdrehen, um Pssst zu aktivieren* schaltet das Smartphone in den Nicht-stören-Modus, wenn Sie es mit dem Bildschirm nach unten auf den Tisch legen.

Verhalten des Schnelleinstellungssymbols

Tippen Sie auf das *Bitte nicht stören*-Symbol in der Schnelleinstellungsleiste, kann dieser Modus nach einer bestimmten Zeit – standardmäßig nach einer Stunde – automatisch beendet und das Gerät wieder in den Normalmodus zurückgeschaltet werden oder erst, wenn Sie ihn manuell deaktivieren. Wählen Sie in den Nicht-stören-Einstellungen unter *Gültigkeit der Schnelleinstellungen* die gewünschte Option aus. Im Modus *Jedes Mal fragen* erscheint beim Antippen des *Bitte nicht stören*-Symbols eine Abfrage. Die automatische Abschaltzeit lässt sich mit den Plus- und Minussymbolen verändern.

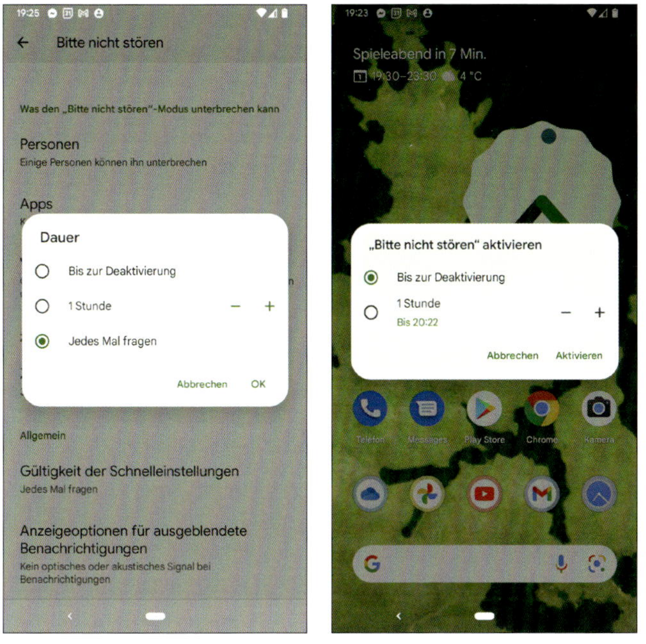

Gültigkeit der Schnelleinstellungen wählen, rechts: jedes Mal fragen beim Antippen des Bitte nicht stören-Symbols

Taschenlampe

Verschiedene Hersteller bieten seit der ersten Android-Version Apps an, die die Fotoleuchte ein- und ausschalten, um das Smartphone als Taschenlampe zu verwenden. Die meisten dieser Apps scheinen im Wesentlichen dazu zu dienen, das Smartphone regelmäßig mit Werbung zu überfluten. Einige sind sogar schon in Bezug auf den Datenschutz in die Kritik geraten, da sie im Hintergrund Benutzerdaten sammeln. Android löst dieses Problem seit einiger Zeit sehr elegant mit einem Symbol in den Schnelleinstellungen, mit dem man jederzeit die Foto-LED als Taschenlampe ein- und wieder ausschalten kann.

Bluetooth

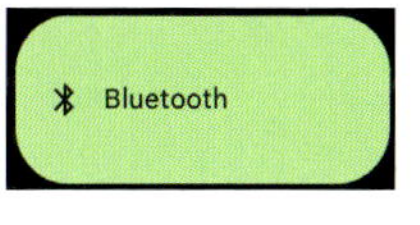

Tippen Sie auf das Bluetooth-Symbol, schalten Sie Bluetooth ein und aus. Da Bluetooth viel Strom verbraucht, sollten Sie es nur einschalten, wenn Sie es wirklich benötigen. Tippen Sie lange auf das Symbol, erscheint die Liste der Bluetooth-Geräte in der Umgebung. Hier können Sie ein Gerät zur Verbindung auswählen (siehe in Kapitel 11 den Abschnitt »Datenübertragung per Bluetooth«). Auf diesem Bildschirm finden Sie auch die Bluetooth-Verbindungseinstellungen.

Bildschirm automatisch drehen

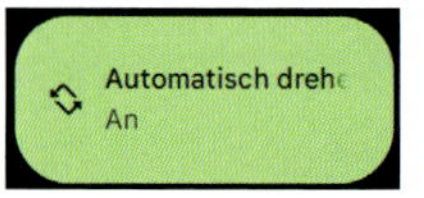

Android-Smartphones haben einen Lagesensor, der den Bildschirminhalt automatisch dreht, wenn das Smartphone quer gehalten wird. Beim Betrachten von Fotos oder Videos, in der Kamera-App und bei bestimmten Spielen ist der Querformatmodus nützlich. Einige Apps zeigen im Querformat andere Inhalte oder verwenden ein anderes Layout. So zeigt beispielsweise der Taschenrechner im Querformat eine wissenschaftliche Tastatur. Andere Apps, z. B. viele Spiele, unterstützen die Bildschirmdrehung dagegen nicht.

Wenn Sie das automatische Drehen des Bildschirms beim Halten des Smartphones – etwa beim Lesen im Bett – stört, tippen Sie auf das Symbol *Automatisch drehen* und schalten die Bildschirmdrehung aus.

Ob sich der Startbildschirm ebenfalls abhängig von der Lage des Smartphones drehen darf, legen Sie in den Einstellungen des Startbildschirms fest. Tippen Sie dazu länger auf den Startbildschirm, wählen Sie *Startbildschirm-Einstellungen* und aktivieren Sie den Schalter *Drehen des Startbildschirms zulassen.*

Startbildschirm ins Querformat drehen

Energiesparmodus

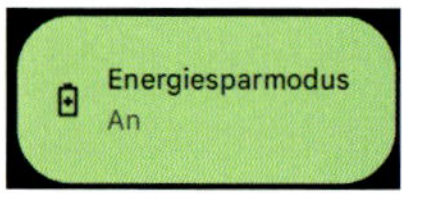

Das Akkusymbol in der Statusleiste oben rechts zeigt den Ladezustand des Akkus an. Tippen Sie auf das Akkusymbol in den Schnelleinstellungen, wird der Energiesparmodus aktiviert (siehe in Kapitel 11 den Abschnitt »Intelligenter Akku«). Im Energiesparmodus werden Hintergrundaktivitäten weitestgehend eingeschränkt und das dunkle Bildschirmdesign aktiviert. Als deutlicher Hinweis erscheint das Akkusymbol in der Statusleiste rot. Beim ersten Aktivieren des Energiesparmodus erscheint ein Hinweistext.

Halten Sie den Finger länger auf das Symbol für den Energiesparmodus in den Schnelleinstellungen, öffnen sich die Einstellungen zum Akkuverbrauch und Energiesparmodus.

Flugmodus

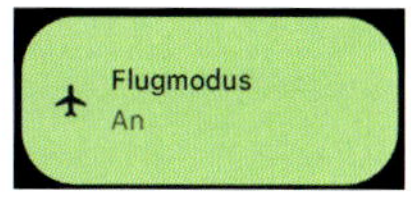

Dieses Symbol schaltet das Smartphone in den Flugmodus, oft auch als Offlinemodus bezeichnet. Hier werden alle Funkverbindungen ausgeschaltet, WLAN, Bluetooth, NFC und natürlich auch das Mobilfunknetz. In diesem Modus kann das Smartphone im Flugzeug oder an anderen Orten verwendet werden, an denen keine Funksignale zulässig sind, wie etwa in einigen wissenschaftlichen Labors oder Intensivstationen von Krankenhäusern. Im Alltag empfiehlt sich der Flugmodus, um Strom zu sparen, wenn man unterwegs in schnell fahrenden Zügen, in Kellern oder abgelegenen Regionen ohnehin keine Mobilfunkverbindung hat. Android 12 bietet die Möglichkeit, im Flugmodus Bluetooth eingeschaltet zu lassen, um weiterhin Kopfhörer oder Lautsprecher per Bluetooth zu koppeln.

Dunkles Design

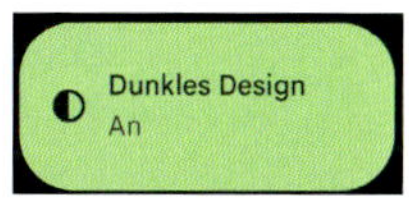

Der helle Smartphone-Bildschirm strengt die Augen an, außerdem lässt sich besonders auf OLED-Displays mit dunklem Hintergrund erheblich Strom sparen.

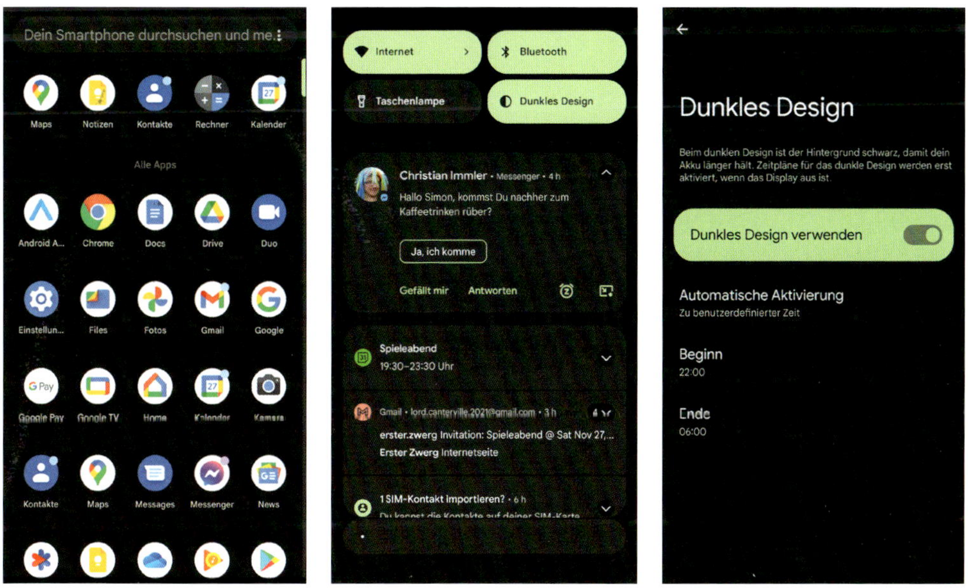

Dunkles Design für App-Liste und Benachrichtigungen, rechts: Einstellungen für das dunkle Design

Mit Android 10 zog der dunkle Bildschirmmodus mit heller Schrift ins Betriebssystem ein. Das dunkle Design wird über ein Schnelleinstellungssymbol oder in den *Einstellungen* unter *Dis-*

play eingeschaltet. Es betrifft die Einstellungen selbst, die Benachrichtigungen und andere Systemdialoge sowie die App-Liste. Damit Apps bei aktiviertem dunklem Design im Betriebssystem selbst auch auf den Dunkelmodus schalten, müssen die Entwickler entsprechende Funktionen einbauen. Mittlerweile unterstützen fast alle Google-Apps sowie auch zahlreiche Apps von Drittentwicklern das dunkle Design. Nach und nach folgen weitere Apps.

Mit dem Symbol in den Schnelleinstellungen wechseln Sie jederzeit zwischen hellem und dunklem Design. In den *Einstellungen* unter *Display/Dunkles Design* können Sie einen Zeitplan festlegen, wann der Bildschirm abends automatisch in den dunklen Modus umgeschaltet wird. Diese Umschaltung erfolgt nur, wenn der Bildschirm gerade ausgeschaltet ist, um möglichst wenig Verwirrung zu stiften.

Alle Einstellungen schnell zugänglich

Android enthält seit der ersten Version eine System-App, in der Sie alle Einstellungen des Smartphones finden. Diese Einstellungen wurden in Android 12 wieder einmal überarbeitet. In den aktuellen Android-Versionen brauchen Sie diese App nicht mehr aus der App-Liste zu starten – ziehen Sie einfach die Benachrichtigungsleiste mit den Schnelleinstellungen vom oberen Bildschirmrand herunter und tippen Sie rechts unten auf das *Einstellungen*-Symbol.

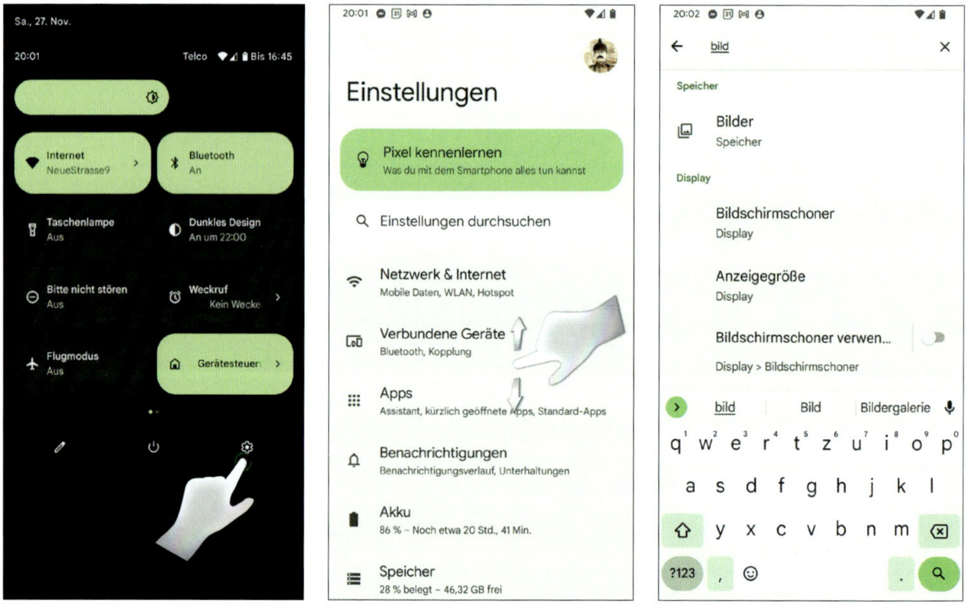

Einstellungen über das Schnelleinstellungen-Symbol aufrufen, rechts: in den Einstellungen suchen

Mit einer senkrechten Wischbewegung finden Sie in der langen Liste verschiedene Kategorien von Einstellungen. Nicht immer ist es ganz einfach, eine bestimmte Einstellung innerhalb der verschachtelten Struktur zu finden. Auf dem Hauptbildschirm der *Einstellungen* finden Sie oben ein Suchfeld. Tippen Sie darauf, können Sie einen Suchbegriff eingeben. Schon während der Eingabe werden passende Einstellungen vorgeschlagen.

Datum und Uhrzeit richtig einstellen

Prüfen Sie bei dieser Gelegenheit gleich, ob Datum und Uhrzeit auf dem Smartphone richtig eingestellt sind. Eine falsch gehende Uhr ist nicht nur lästig, sondern kann auch zu Fehlern mit Zeitstempeln bei internationalen Onlinediensten und beim E-Mail-Versand führen. Die meisten Android-Smartphones sind so vorkonfiguriert, dass sie Datum, Uhrzeit und Zeitzone aus dem Mobilfunknetz beziehen. Leider kommt es immer wieder vor, dass Netzbetreiber hier falsche oder gar keine Informationen übertragen.

1. Sollte die angezeigte Zeit oder das Datum falsch sein, scrollen Sie in den *Einstellungen* nach unten in den Bereich *System* und tippen dort auf *Datum und Uhrzeit*.

2. Deaktivieren Sie oben den Schalter *Zeit automatisch einstellen*, um die Automatik auszuschalten. Deaktivieren Sie auf die gleiche Weise die Einstellung *Zeitzone automatisch einstellen*.

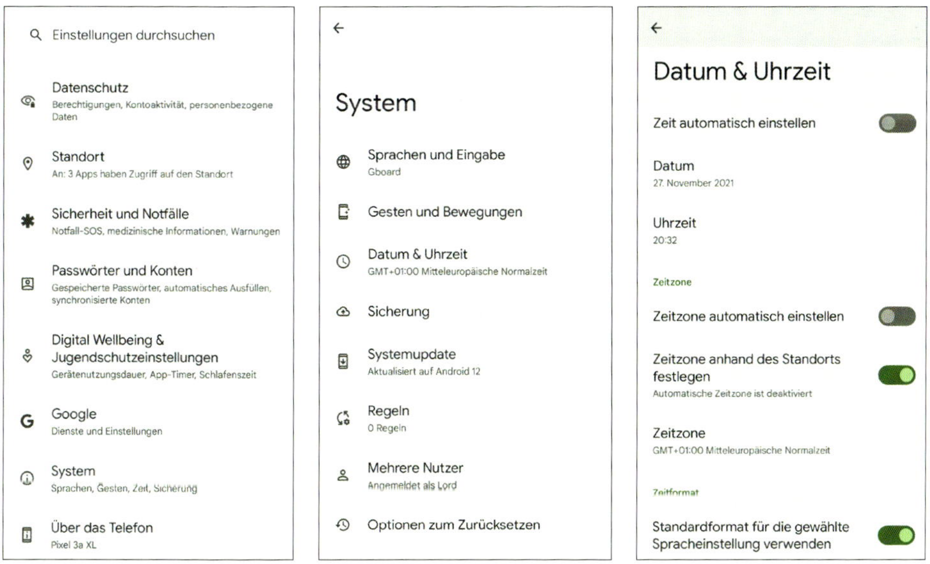

Datum und Uhrzeit in den Einstellungen

3. Tippen Sie dann auf die Zeile *Uhrzeit*. Auf dem nächsten Bildschirm können Sie auf einer analogen Uhr die Stunden und Minuten richtig einstellen.

4. Auf die gleiche Weise legen Sie auch das Datum auf dem Smartphone fest, wenn es nicht automatisch richtig übernommen wurde.

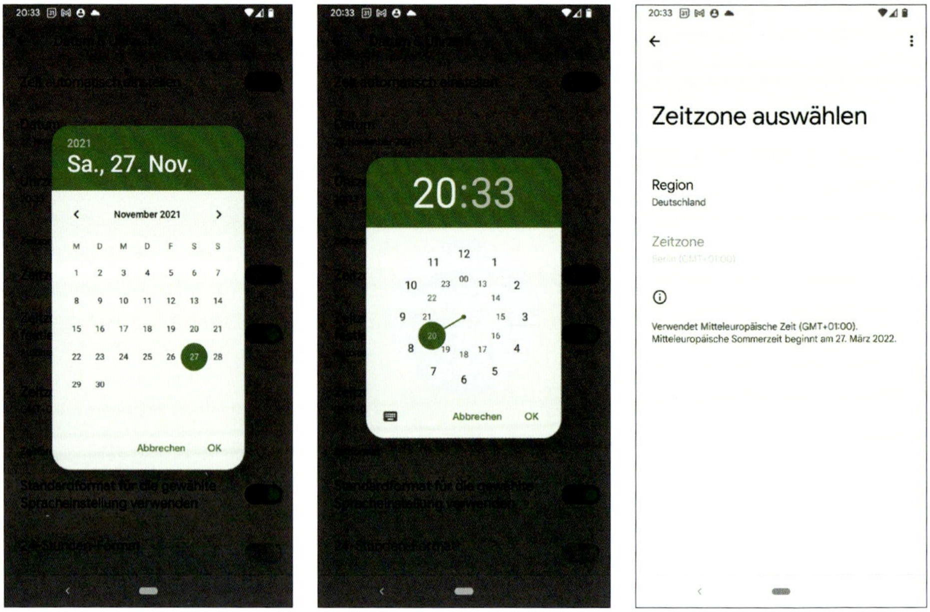

Datum, Uhrzeit, Region und Zeitzone auf dem Smartphone einstellen

5. Wählen Sie in jedem Fall auch die richtige Zeitzone. Android 12 verwendet sogenannte Regionen. Wählen Sie hier *Deutschland* aus, werden automatisch die dort gültige Zeitzone sowie die Sommerzeitregelung eingestellt. In den afrikanischen Städten der gleichen Zeitzone gelten andere Sommerzeitregeln. In Regionen mit mehreren Zeitzonen, etwa Russland oder der Antarktis, können Sie anschließend die gewünschte Zeitzone auswählen.

6. Legen Sie im Bereich *Zeitformat* das 24-Stunden-Format zur Anzeige der Uhrzeit fest, sonst würde z. B. *16:00* als *04:00* angezeigt. Diese Einstellung gilt überall auf dem Smartphone, wo Datum und Uhrzeit angezeigt werden. Nutzen Sie am besten die Option *Standardformat für die gewählte Spracheinstellung verwenden*, damit Zeit und Datum so angezeigt werden, wie in der jeweiligen Sprache üblich.

Hintergrundbilder und Farbthemen

Das Hintergrundbild des Bildschirms, sei es auf dem PC oder auf dem Smartphone, ist ein höchst emotionales Thema. Die einen vertreten äußerst vehement die Meinung, der Bildschirmhintergrund sei das Unwichtigste überhaupt, anderen liegt dieses Bild so am Herzen, dass es je nach Tageslaune geändert werden muss.

Je nach Smartphone-Modell wird ein vorinstalliertes Hintergrundbild mitgeliefert, aber wer möchte schon, dass sein Handy aussieht wie alle?

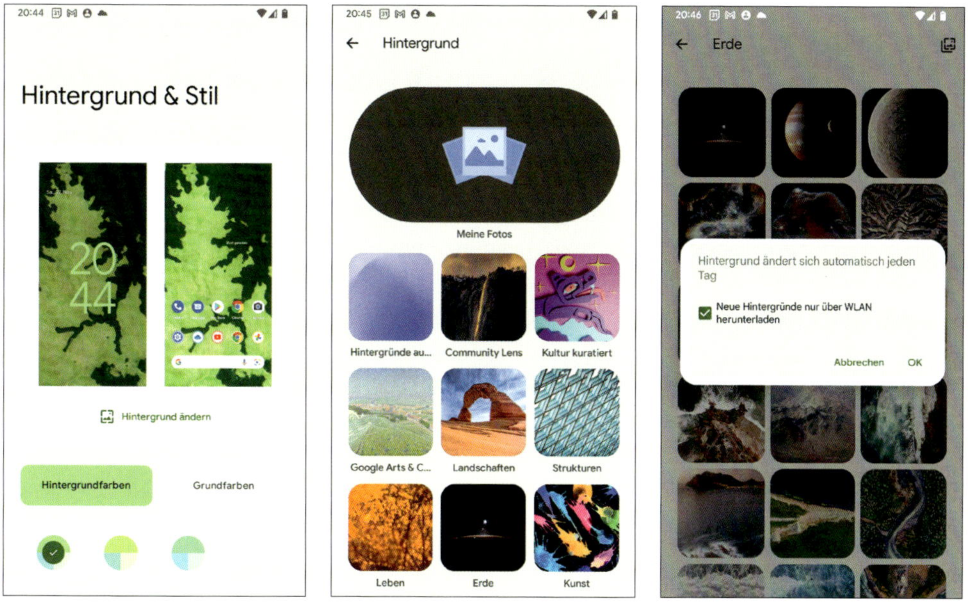

Hintergrundbilder für den Start- sowie den Sperrbildschirm auswählen

Tippen Sie etwas länger auf den Startbildschirm und dann auf das Symbol *Hintergrund & Stil*. Das aktuelle Hintergrundbild wird als Vorschau für den Sperrbildschirm und Startbildschirm angezeigt. Tippen Sie hier auf *Hintergrund ändern*.

Jetzt erscheint eine Auswahl an Hintergrundbildern. Die Bilder sind nach Kategorien geordnet und stammen von Google Earth sowie ausgewählten Landschaftsfotosammlungen. Wählen Sie eine Kategorie aus. Viele der Kategorien bieten die Möglichkeit, über das Symbol oben rechts das Hintergrundbild täglich zu wechseln. Wegen des Datenvolumens sollten Sie dabei die Option *Neue Hintergründe nur über WLAN herunterladen* einschalten.

Nach der Auswahl können Sie noch festlegen, ob das gewählte Bild auf dem Startbildschirm oder auf dem Sperrbildschirm als Hintergrund genutzt werden soll.

Da einige Smartphone-Hersteller eigene Methoden zur Auswahl des Hintergrundbildes vorinstallieren, die oft deutlich weniger Möglichkeiten bieten, liefert Google die Standard-App *Hintergründe* über den Google Play Store zum Download, falls sie auf einem Smartphone nicht vorinstalliert ist.

Eigene Hintergrundbilder verwenden

Noch wesentlich persönlicher ist ein selbst fotografiertes Hintergrundbild auf dem Smartphone. Wählen Sie dazu in der Bildauswahlleiste ganz am Anfang die Option *Meine Fotos*.

Jetzt werden alle auf dem Smartphone gespeicherten Fotos angezeigt. Diese können mit der Kamera aufgenommen, aus dem Internet heruntergeladen oder auf anderem Weg, z. B. per E-Mail, auf das Smartphone gelangt sein. Hier haben Sie die Möglichkeit, außer lokal gespeicherten Bildern auch Fotos aus Alben der Google-Fotos-App zu wählen.

Betrachten Sie gerade Fotos in der Google-Fotos-App und finden dabei ein Bild, das Sie gern als Bildschirmhintergrund sehen möchten, brauchen Sie nicht den Umweg über den Startbildschirm zu gehen. Tippen Sie auf das Menü oben rechts und wählen Sie *Verwenden als*. Tippen Sie dann auf das Symbol *Hintergrund*. Schieben Sie das Bild so auf dem Bildschirm, dass es den gewünschten Bildausschnitt zeigt. Danach können Sie noch festlegen, ob das gewählte Bild auf dem Startbildschirm, dem Sperrbildschirm oder beiden als Hintergrund genutzt werden soll.

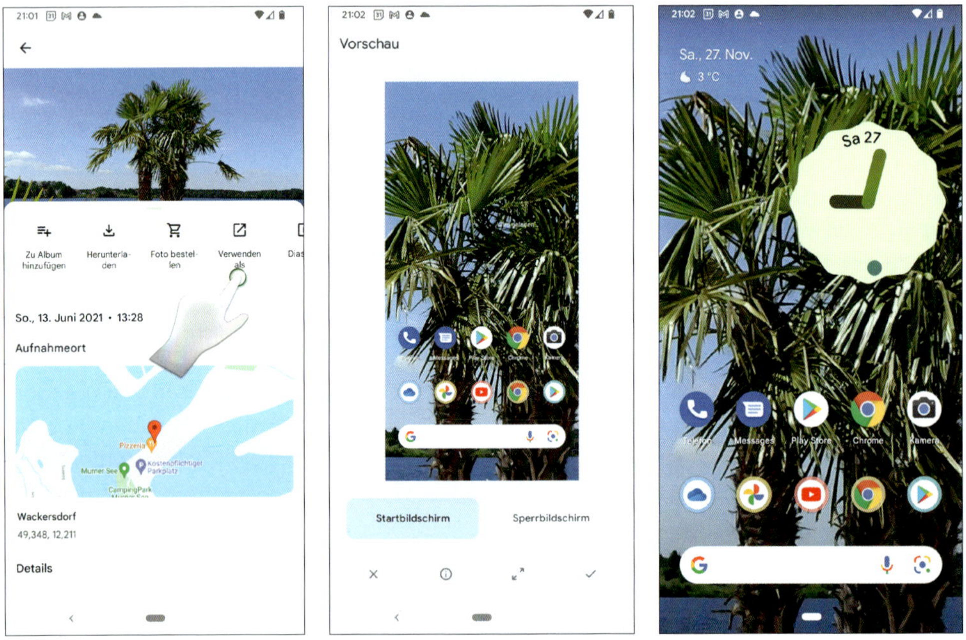

Foto aus der Google-Fotos-App als Hintergrundbild nutzen

Farben und Designs

Die Akzentfarben der Benutzeroberfläche von Android 12 können automatisch aus dem Hintergrundbild übernommen werden. Tippen Sie dazu unterhalb der beiden Vorschaubilder auf *Hintergrundfarben* und wählen Sie eines der vorgeschlagenen Farbdesigns aus. Die Änderung wird sofort übernommen, wie Sie an den Farben der Bedienelemente auf diesem Bildschirm sehen. Alternativ können Sie auch Grundfarben auswählen. Auch unterstützte Widgets, wie die Uhr, übernehmen das Farbdesign.

Weiter unten können Sie auf das dunkle Design umschalten sowie Symboldesigns aktivieren. Dabei erscheinen die App-Symbole auf dem Startbildschirm nur noch als schwarze Kontur auf einer einfarbigen Fläche, um den Gesamteindruck des Hintergrundbildes nicht zu stören. App-Symbole in der App-Liste und den *Einstellungen* bleiben unverändert. Bis jetzt unterstützen noch nicht viele Apps von Entwicklern außer Google diese Symboldesigns.

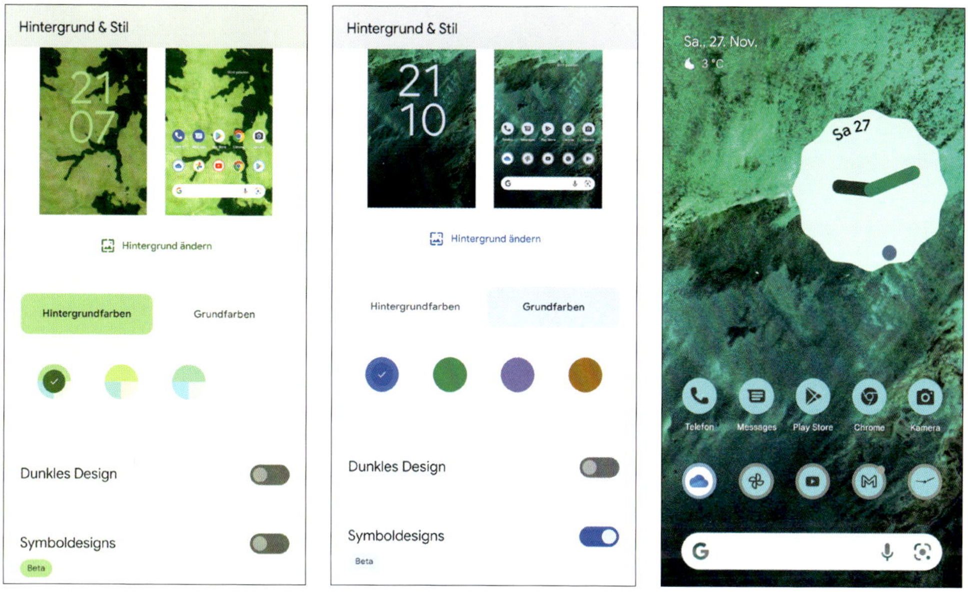

Farben und Symboldesigns wählen

Widgets für schnelle und persönliche Infos

Widgets sind kleine interaktive Elemente, die bestimmte Informationen oder Daten zum schnellen Zugriff auf den Startbildschirm bringen. Android liefert eine Liste nützlicher Widgets bereits mit. Viele Apps installieren weitere Widgets, z. B. Facebook, Twitter und diverse Wetter-Apps.

Die meisten Widgets sind in den App-Shortcuts der zugehörigen App zu finden. Tippen Sie länger auf ein App-Symbol in der App-Liste oder auf dem Startbildschirm, erscheinen die App-Shortcuts. Tippen Sie hier auf das Widget-Symbol, sehen Sie eine Liste der verfügbaren Widgets dieser App.

Bei jedem Widget ist die Größe in Rastereinheiten angezeigt, die dieses Widget belegt. Eine Rastereinheit entspricht der Größe eines App-Symbols. Einige Widgets sind in verschiedenen Größen verfügbar, manche lassen sich auch in der Größe verändern. Je nach freiem Platz auf dem Startbildschirm können Sie bei einigen Widgets unterschiedlich viele Informationen anzeigen lassen.

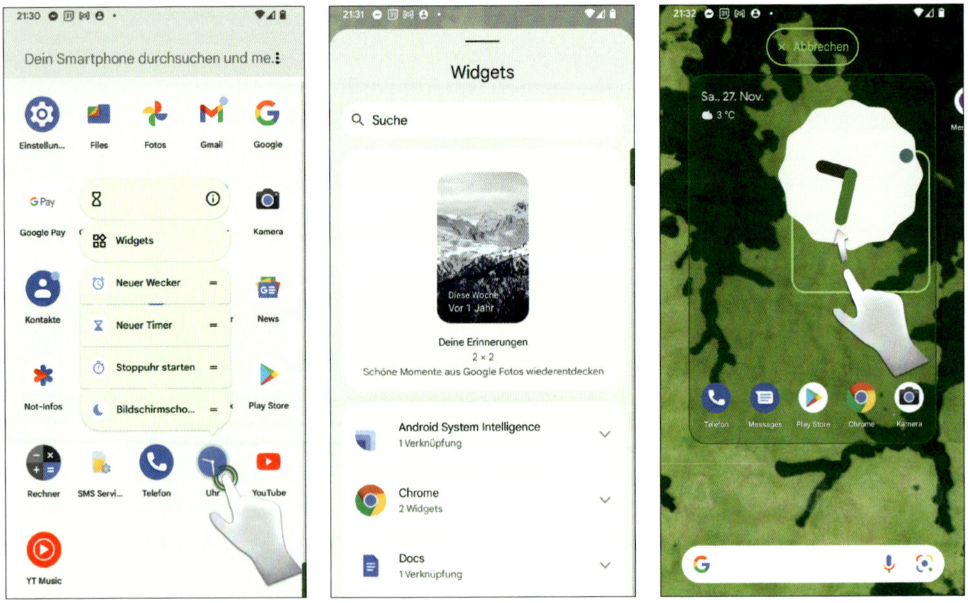

Widgets auf den Startbildschirm bringen und in der Größe anpassen

Um ein Widget auf den Startbildschirm zu bringen, ziehen Sie es einfach wie eine App aus der Liste heraus und platzieren es an der gewünschten Stelle auf einem der Startbildschirme.

Widgets können auch später noch jederzeit wie App-Symbole auf dem Startbildschirm verschoben werden. Zeigt ein Widget eine farbige Umrandung mit weißen Griffen an den Seiten, lässt sich dieses interaktiv in der Größe verändern.

Einige Widgets zeigen bei längerem Antippen ein Stiftsymbol, mit dem Sie Einstellungen für das Widget vornehmen können. Alternativ ziehen Sie das Widget auf das *Einstellungen*-Symbol am oberen Bildschirmrand.

Zusätzlich zur Methode, Widgets über die App-Shortcuts hinzuzufügen, unterstützt Android 12 auch noch die Methode früherer Android-Versionen: Tippen Sie länger auf den Startbildschirm und dann auf das Symbol *Widgets*. Jetzt erscheint eine mehrere Bildschirmseiten lange Liste von Widgets. Ziehen Sie das gewünschte Widget von dort auf den Startbildschirm.

Das neue Unterhaltungs-Widget

Andoid 12 liefert ein neues Widget, mit dem besonders wichtige Unterhaltungen aus verschiedenen Messengern direkt auf dem Startbildschirm angepinnt werden können. Später brauchen Sie nur auf das entsprechende Widget zu tippen, um in den jeweiligen Chat zu gelangen. Bei der Einrichtung des Widgets und auch später über das Stiftsymbol wählen Sie den gewünschten Chat aus.

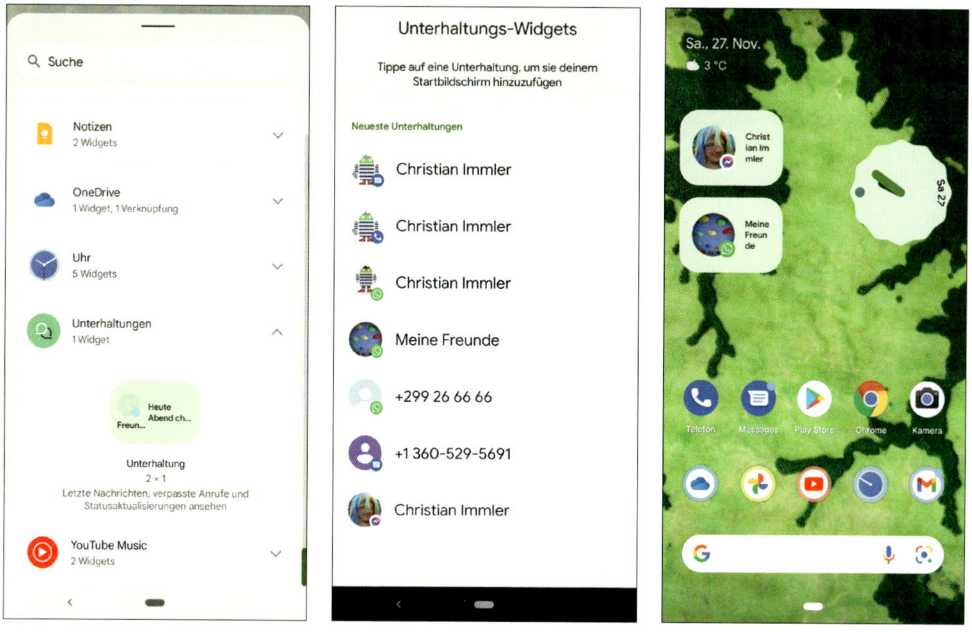

Das neue Unterhaltungs-Widget in Android 12

Ist der Bitte-nicht-stören-Modus aktiv, werden auch die Unterhaltungs-Widgets pausiert, um den Benutzer nicht abzulenken.

Telefonieren mit dem Android-Smartphone

Wundern Sie sich nicht, dass erst an dieser Stelle im Buch erwähnt wird, dass man mit Android-Smartphones auch telefonieren kann. Telefonieren ist längst nicht mehr die wichtigste Funktion eines Smartphones, das heute als persönlicher, jederzeit verfügbarer Begleiter noch ganz andere Aufgaben erfüllt.

Die klassische grüne und rote Taste, die man von früheren Handys zum Telefonieren kennt, sind auf aktuellen Smartphones längst verschwunden. Der Startbildschirm zeigt – solange vom Benutzer nicht verändert – unten links ein Telefonsymbol an, das die Telefonfunktion des Smartphones aufruft.

Da kaum noch jemand Telefonnummern auswendig kennt und man in den meisten Fällen immer wieder mit den gleichen Leuten telefoniert, zeigt Android 12 beim Start der Telefon-App keine Zifferntastatur mehr an, sondern einen Kurzwahlbildschirm mit einer Liste mit Fotos oder Symbolen wichtiger Kontaktpersonen.

Tippen Sie auf ein Bild, wird die Person angerufen. Im Suchfeld ganz oben auf dem Bildschirm können Sie einen Namen oder eine Telefonnummer eingeben, um diese Person im Adressbuch zu finden.

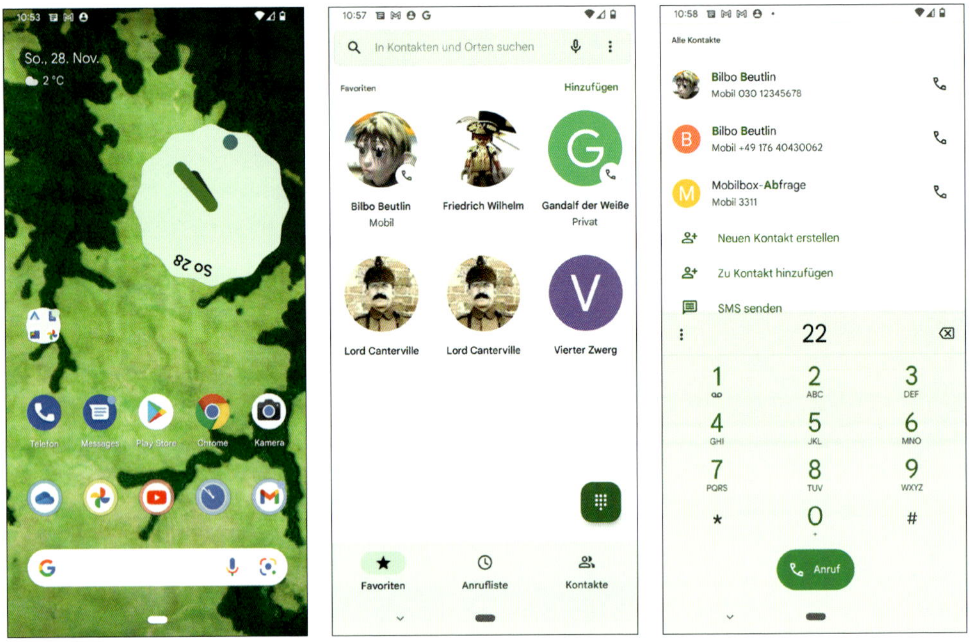

Die Telefonfunktion auf einem Android-Smartphone

Das Telefontastatursymbol rechts unten blendet eine Zifferntastatur auf dem Touchscreen ein, mit der Sie jede beliebige Telefonnummer wählen und so auch Personen anrufen können, die nicht als Kontakt gespeichert sind. Tippen Sie anschließend auf das grüne Telefonsymbol, um die Verbindung aufzubauen.

Telefonnummer suchen

Kennen Sie die Telefonnummer einer Person nicht auswendig, verwenden Sie die Buchstaben auf der Zifferntastatur und tippen damit den Namen ein. Auch hier werden passende Kontakte sofort angezeigt.

Haben Sie mit der Person, die Sie anrufen möchten, schon einmal gesprochen, können Sie die Anrufliste auf dem Smartphone verwenden. Diese wird in der Telefon-App unter dem Uhrensymbol *Anrufliste* angezeigt. Hier erscheint eine Liste der zuletzt gewählten Nummern und der eingegangenen Anrufe. Oftmals möchte man mit der Person, mit der man zuletzt gesprochen hat, kurz darauf noch mal telefonieren. Sie brauchen dann nur auf den entsprechenden Eintrag in der Anrufliste zu tippen.

Statt eine Nummer zu wählen, können Sie auch über das Symbol *Kontakte* unten in der Telefon-App eine Person im Adressbuch suchen und anrufen.

Kontakte aus dem Adressbuch anrufen

Anstatt eine Nummer zu wählen, können Sie auch auf der Seite *Kontakte* rechts unten in der Telefon-App eine Person im Adressbuch suchen und anrufen. Scrollen Sie durch die Liste zur gewünschten Person. Besonders schnell geht es, wenn Sie mit dem Finger am rechten Bildschirmrand entlangscrollen. Hierbei wird der aktuelle Anfangsbuchstabe großflächig angezeigt, damit Sie im richtigen Moment stoppen können. Außerdem finden Sie bestimmte Personen schnell im Adressbuch, indem Sie oben im Suchfeld einige Buchstaben des Namens eintippen. Das Adressbuch filtert die Liste immer genauer, je mehr Buchstaben bereits eingegeben sind.

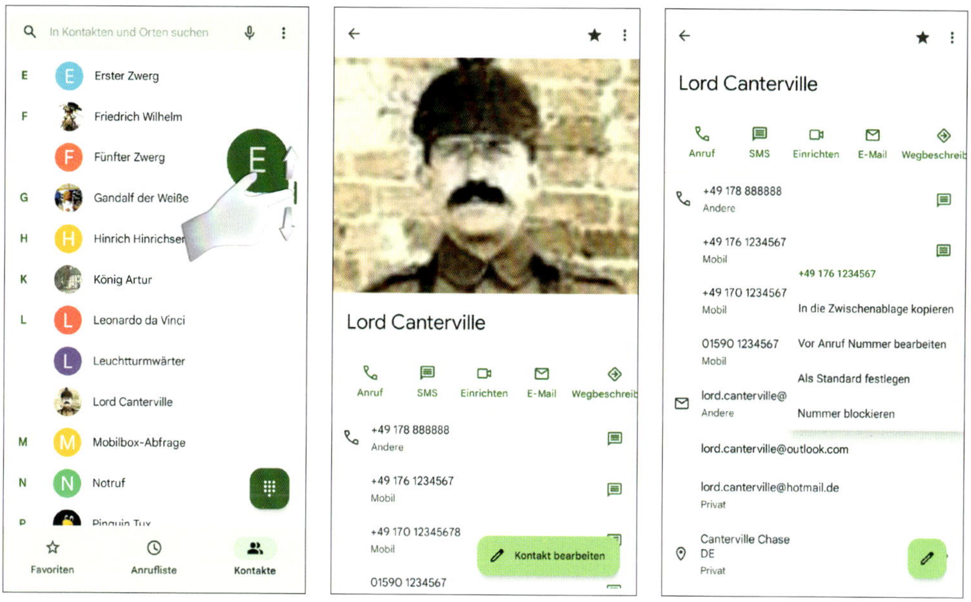

Person im Adressbuch finden und anrufen, rechts: Nummer als Standard festlegen

Tippen Sie auf eine Person in der Liste, erscheinen außer der Telefonnummer auch die E-Mail-Adresse und andere gespeicherte Daten. Tippen Sie auf das Anrufsymbol, um die Verbindung aufzubauen. Bei mehreren gespeicherten Telefonnummern müssen Sie jetzt noch die gewünschte auswählen. Sie können auch direkt in der Liste auf die Telefonnummer tippen. Tippen Sie länger auf eine der Telefonnummern in der Liste, können Sie diese als Standard festlegen, um sie einfach über das Anrufsymbol anrufen zu können.

Kurzwahl mit Bildern

Bei den meisten Menschen beschränkt sich die alltägliche Kommunikation auf weniger als zehn Personen, obwohl im Adressbuch des Telefons Hunderte gespeichert sind. Der Kurzwahlbildschirm beim Start der Telefon-App macht sich diese Tatsache zunutze und zeigt wichtige Kontaktpersonen übersichtlich auf dem Bildschirm an.

Tippen Sie auf eines der Bilder, um die jeweilige Person anzurufen. Sind zu einer Person mehrere Telefonnummern gespeichert, erscheint ein Fenster, in dem Sie die gewünschte Nummer auswählen können. Aktivieren Sie hier *Auswahl speichern*, wählt das Smartphone beim Antippen des Kurzwahlfotos in Zukunft immer diese Nummer. Natürlich können Sie über die Kontaktliste weiterhin auf alle für die jeweilige Person gespeicherten Nummern zugreifen.

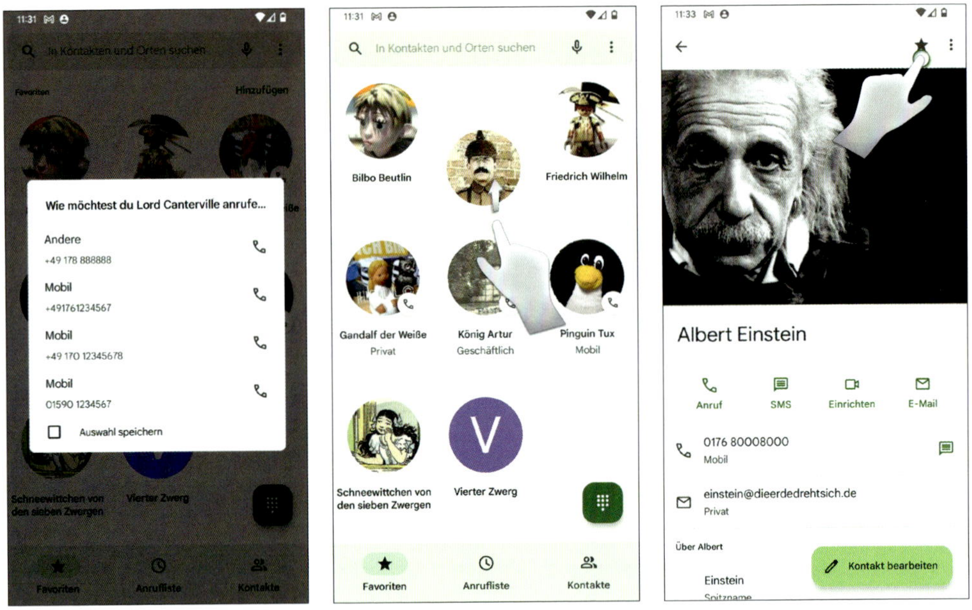

Links: Kurzwahl anrufen, Mitte: Kurzwahlbildschirm bearbeiten, rechts: Person als Favoriten auf den Kurzwahlbildschirm legen

Tippen Sie länger auf ein Bild, können Sie die Bilder auf dem Kurzwahlbildschirm neu anordnen, um besonders wichtige Personen immer direkt ganz oben in der Liste zu haben. Möchten Sie eine Person vom Kurzwahlbildschirm entfernen, tippen Sie länger darauf und wählen im Kontextmenü *Entfernen*. Die Person bleibt weiterhin im Adressbuch eingetragen.

Möchten Sie eine neue Person auf den Kurzwahlbildschirm legen, tippen Sie oben rechts auf *Hinzufügen* und wählen die gewünschte Person aus den Kontakten. Oder Sie wechseln in der Telefon-App auf die Seite *Kontakte* und suchen dort die gewünschte Person. Tippen Sie dann auf das Sternchen oben rechts. Jetzt erscheint diese Person automatisch auf dem Kurzwahlbildschirm.

Das Telefon klingelt

Klingelt das Telefon, weil jemand anruft, erscheinen automatisch dessen Name – soweit dieser im Adressbuch gespeichert ist– sowie die Telefonnummer auf dem Bildschirm. Direkt aus der Benachrichtigung heraus können Sie das Gespräch annehmen oder auch ablehnen.

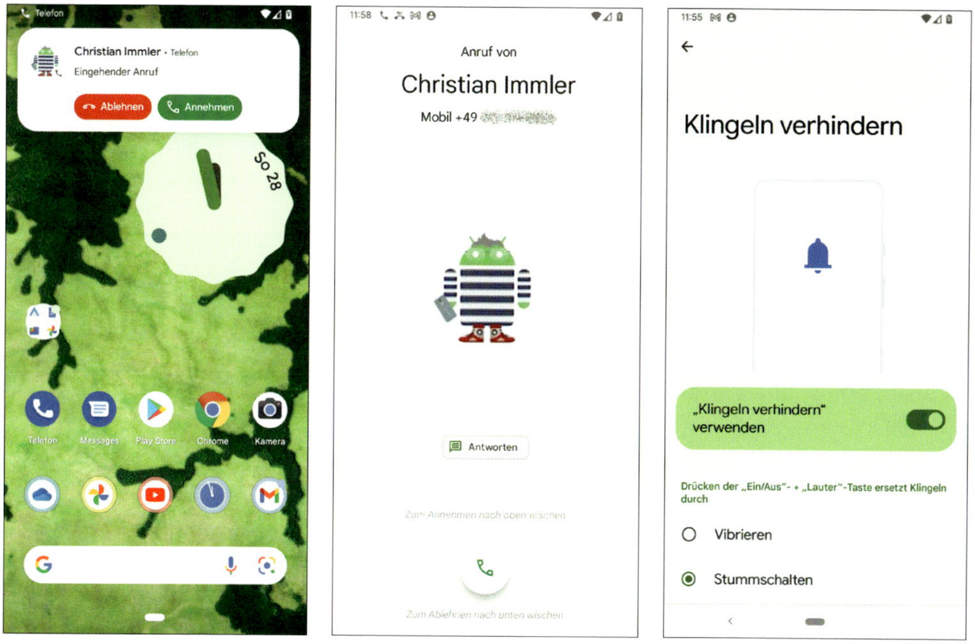

Eingehender Anruf bei aktivem und inaktivem Bildschirm, rechts: Klingeln verhindern

Ist der Bildschirm während des Anrufs ausgeschaltet, erscheint der Anruf im Vollbildmodus. Damit hier, falls das Smartphone in der Tasche steckt, kein Anruf versehentlich angenommen wird, müssen Sie ein Kreissymbol nach oben schieben und nicht nur einfach ein Symbol antippen, um den Anruf anzunehmen oder abzulehnen.

Klingeln ausschalten

In den Einstellungen der Telefon-App, die Sie über das Menü mit den drei Punkten oben rechts unter *Töne und Vibration/Klingeln per Tastendruck verhindern* erreichen, können Sie festlegen, was passiert, wenn Sie den Einschalter und die Lauter-Taste gleichzeitig drücken. Damit kann auf Vibrieren umgeschaltet oder das Telefon komplett stummgeschaltet werden.

Telefon umdrehen zum Stummschalten

Die Zeile *Phone umdrehen, um Pssst zu aktivieren* ganz unten in den Einstellungen der Telefon-App oder auch in den Einstellungen des Nicht-stören-Modus schaltet das Smartphone in den Nicht-stören-Modus, wenn Sie es mit dem Bildschirm nach unten auf den Tisch legen, um das Klingeln abzuschalten, ohne den Anruf anzunehmen oder abzulehnen.

Funktionen während des Gesprächs

Während des Gesprächs werden Telefonnummer und Gesprächsdauer angezeigt. Ist zu der angerufenen Person ein Foto im Adressbuch hinterlegt, erscheint dieses ebenfalls auf dem Bildschirm. Tippen Sie nach dem Gespräch auf das rote Symbol unten, um die Verbindung zu trennen, »den Hörer aufzulegen«, wie es früher hieß.

Annäherungssensor

Viele Android-Smartphones verfügen über einen Annäherungssensor, der den Bildschirm automatisch ausschaltet, sobald man das Gerät ans Ohr hält. Dies spart nicht nur Strom, sondern verhindert auch, dass man versehentlich durch Berührung mit dem Ohr eine Aktion auf dem Touchscreen auslöst. Nehmen Sie das Smartphone vom Ohr, wird der Bildschirm wieder benutzbar.

Während eines Gesprächs können Sie jederzeit andere Apps nutzen. Über das Anrufsymbol links oben in der Statusleiste kommen Sie immer wieder zurück zum Anrufbildschirm. Zusätzlich zeigt eine Benachrichtigung das laufende Gespräch. In dieser Benachrichtigung können Sie den Lautsprecher einschalten oder das Mikrofon stumm.

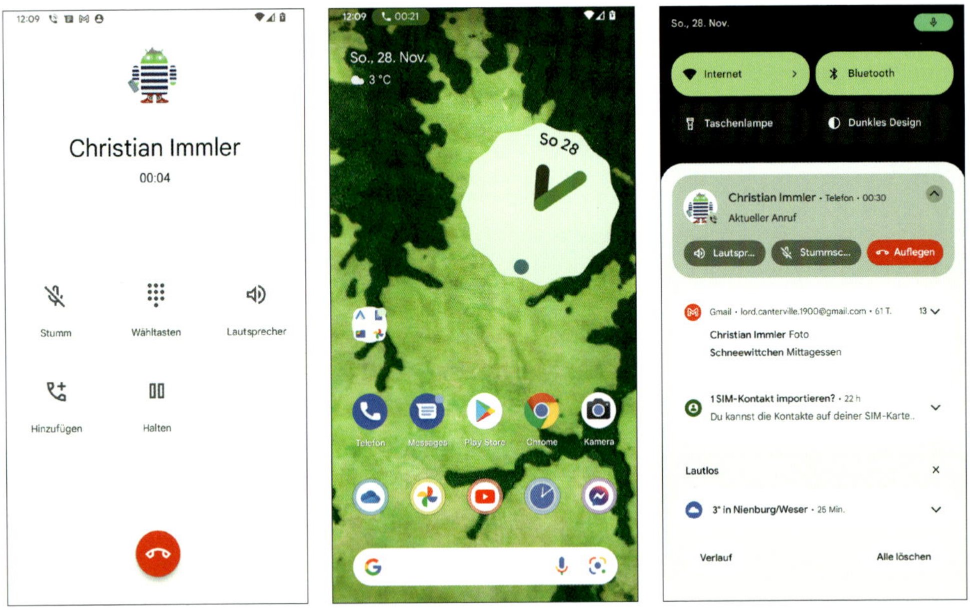

Links: Funktionssymbole während eines Gesprächs, Mitte: Symbol für laufendes Gespräch in der Statusleiste, rechts: Benachrichtigung bei laufendem Gespräch

Die Symbole auf dem Anrufbildschirm stellen einige nützliche Funktionen während eines Telefongesprächs zur Verfügung.

Stumm – schaltet das Mikrofon stumm, um Rückfragen zu stellen, die der Gesprächspartner nicht hört.

Wähltasten – blendet eine Zifferntastatur ein, um zum Beispiel Sprachcomputer oder Mailboxen per Tonwahl zu steuern oder um bei Callthrough-Anbietern während des Gesprächs eine weitere Telefonnummer zu wählen.

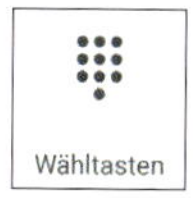

Lautsprecher – schaltet den Lautsprecher ein, dann kann man das Smartphone auf den Tisch legen und frei sprechen, auch mit mehreren Personen im Raum.

Hinzufügen – startet eine Telefonkonferenz. Jetzt können Sie weitere Personen zum Gespräch hinzufügen.

Halten – hält den Anruf, um zwischendurch einen anderen Anruf zu tätigen oder anzunehmen.

Videoanruf – startet einen Videoanruf über die App *Google Duo*, wenn diese installiert ist (siehe Kapitel 6 unter »Chat als SMS-Ersatz«).

Entgangene Anrufe

Haben Sie einen Anruf auf dem Smartphone verpasst, wird dies in der Benachrichtigungsleiste und auch auf dem Sperrbildschirm angezeigt. So sehen Sie sofort, ob und wann jemand in Abwesenheit angerufen hat.

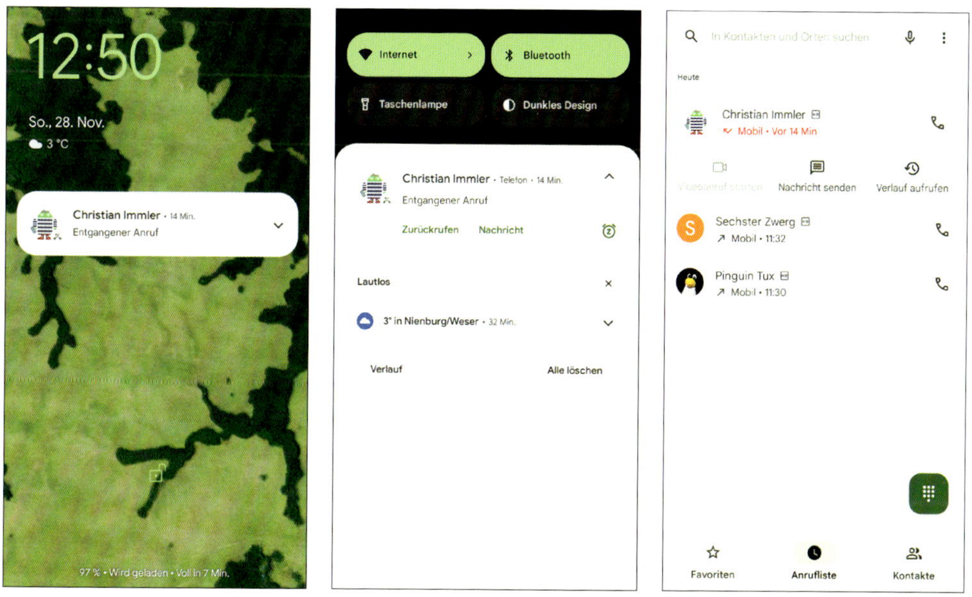

Entgangene Anrufe auf dem Sperrbildschirm und in den Benachrichtigungen, rechts: aus der Anrufliste zurückrufen oder per SMS antworten

Wenn oben links in der Benachrichtigungsleiste ein Symbol für entgangene Anrufe erscheint, ziehen Sie die Benachrichtigungsleiste herunter. In der Benachrichtigung können Sie direkt die Anrufliste der Telefon-App aufrufen. Tippen Sie dort auf einen Eintrag, sehen Sie die Telefonnummer und können wahlweise zurückrufen oder per SMS antworten.

Das Symbol der Telefon-App zeigt verpasste Anrufe auffällig an

Das Symbol der Telefon-App zeigt einen sogenannten Benachrichtigungspunkt. Das bedeutet, in dieser App liegt eine aktuelle Benachrichtigung vor, in diesem Fall ein entgangener Anruf.

Die meisten Mobilfunkanbieter schicken zusätzlich SMS bei verpassten Anrufen. Auch aus dieser SMS können Sie den Anrufer zurückrufen oder direkt auf die SMS antworten.

Klingelton auswählen

Klingeltöne sind für viele etwas ganz Persönliches und müssen je nach Tagesstimmung geändert werden. Anderen kommt es eher darauf an, einen im Alltag deutlich hörbaren Klingelton zu verwenden oder einen, mit dem nicht 100 andere Geräte in der Umgebung klingeln. Früher gab es sogar Leute – und nicht gerade wenige – die für Klingeltöne Geld ausgegeben haben.

Android 12 liefert diverse Klingeltöne mit, Gerätehersteller installieren oft noch weitere. Tippen Sie in der Telefon-App oben rechts auf das Menüsymbol mit den drei Punkten, wählen Sie dann *Einstellungen* und auf dem nächsten Bildschirm *Töne und Vibration*. Tippen Sie auf *Klingelton*, um einen Klingelton auszuwählen.

Ganz oben unter *Meine Töne* wird ein Klingelton *Kein Ton* zur Auswahl angeboten. Damit klingelt das Telefon nie, sondern zeigt Anrufe nur optisch und je nach Einstellung auch mit Vibration an, unabhängig von einem aktivierten Nicht-stören-Modus.

Die Klingeltonlautstärke stellen Sie mit den Lautstärketasten an der Seite des Smartphones ein. Dazu müssen Sie sich in der Telefon-App oder auf dem Startbildschirm befinden, da Android zwischen Klingeltonlautstärke und Medienlautstärke unterscheidet. Im Musikplayer oder in einem Spiel regeln diese Tasten die Medienlautstärke.

Beim Drücken einer Lautstärketaste wird ein Schieberegler eingeblendet, der die aktuelle Lautstärke anzeigt. Tippen Sie auf die Glocke, wird das Klingeln ausgeschaltet und auf Vibrationsalarm umgestellt. Tippen Sie auf das *Einstellungen*-Symbol ganz unten, werden weitere Lautstärkeregler für die Medienlautstärke und Wecker eingeblendet.

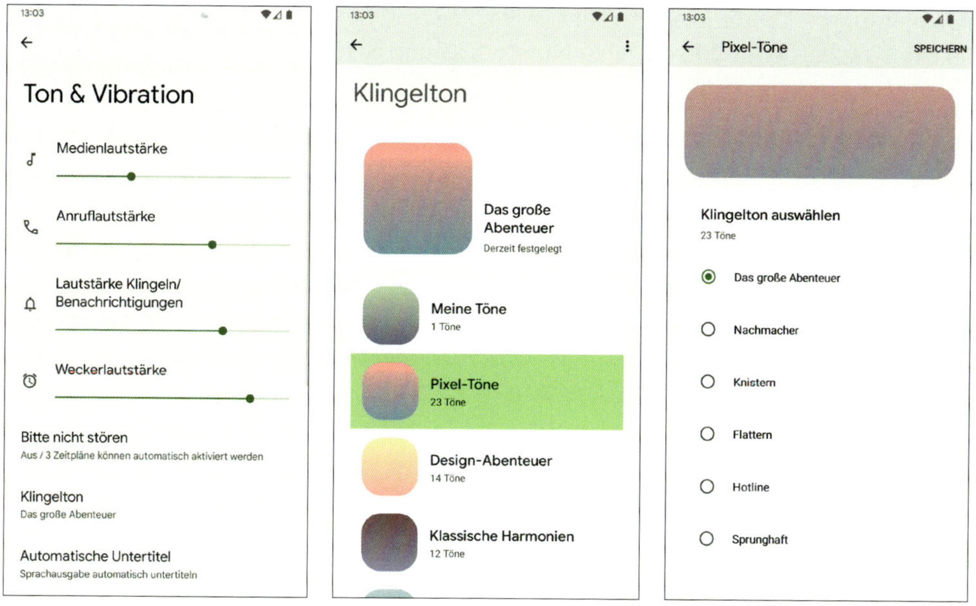

Klingelton auswählen

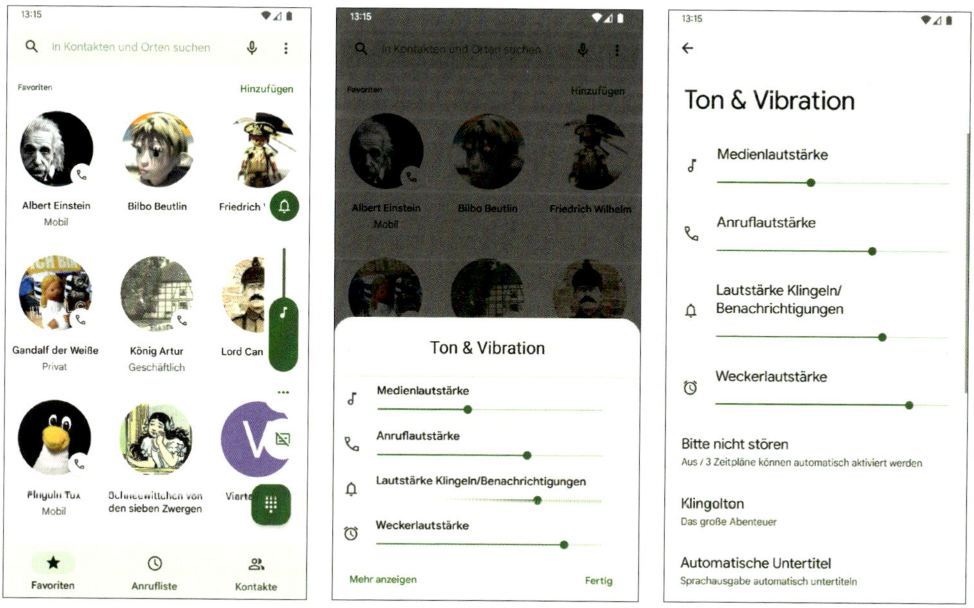

Lautstärke über die Lautstärketasten oder über die Einstellungen regeln

Über den Link *Mehr anzeigen* unten links können Sie die Medienlautstärke, Weckerlautstärke und Klingeltonlautstärke ebenfalls unabhängig voneinander einstellen. Ganz unten auf dem Bildschirm legen Sie fest, ob bei Berührung des Bildschirms und bei der

Bildschirmsperre Töne erklingen sollen, ob Wähltastentöne beim Telefonieren ertönen und ob das Gerät bei Berührung der Bildschirmtastatur und bestimmter Schaltflächen vibrieren soll.

Lautlos-Modus

Möchten Sie wirklich absolute Ruhe vor dem Smartphone haben, wählen Sie durch Tippen auf die Glocke oberhalb des Lautstärkereglers den Modus *Lautlos*. Hier ertönen keinerlei Benachrichtigungen und auch keine Weckrufe.

Eigene Telefonnummer herausfinden

Seit man alle Telefonnummern nur noch in Kontaktlisten speichert und kaum noch eine Nummer eintippt, wissen viele Anwender nicht einmal mehr ihre eigene Handynummer auswendig. Wer mehrere SIM-Karten und mehrere Smartphones hat, kommt schnell durcheinander. Früher war es oft der einfachste Weg, mit einem Handy das andere anzurufen, um die Nummer zu erfahren, da die Geräte selbst oft keine Möglichkeit boten, die Telefonnummer der eingesteckten SIM-Karte anzuzeigen.

Android 12 zeigt in den *Einstellungen* unter *Über das Telefon/Telefonnummer* die eigene Telefonnummer an, sofern diese aus der SIM-Karte ausgelesen werden kann, was bei den meisten Anbietern der Fall ist.

Regionale Suchergebnisse in der Telefon-App

Im Suchfeld der Telefon-App können auch Orte, z. B. Restaurants oder Geschäfte, eingegeben werden. Google sucht dann automatisch in der Umgebung des eigenen Standorts nach passenden Telefonnummern und zeigt diese zusätzlich zu den Suchergebnissen aus dem eigenen Adressbuch an.

Dazu müssen die Standortdienste auf dem Smartphone aktiviert werden. Sollten keine regionalen Suchergebnisse gefunden werden, erscheint beim Antippen des Suchfeldes in der Telefon-App eine Meldung zur Standortanfrage. Tippen Sie auf *Erlauben*. In der nächsten Meldung wählen Sie, ob die App den genauen oder nur den ungefähren Standort nutzen darf, und entscheiden, ob die Standortanfrage in der Telefon-App immer erlaubt ist oder nur dieses Mal.

Danach können Sie im Suchfeld der Telefon-App nach Läden, Restaurants und anderen bekannten Orten in der Umgebung suchen und diese direkt anrufen.

Die Standorteinstellungen finden Sie in den *Einstellungen* unter *Standort*. Schalten Sie hier oben den Schalter *Standort verwenden* ein. Hier werden Apps angezeigt, die den Standortzugriff angefragt haben. In der Liste *Welche Apps dürfen den Standort ermitteln?* können Sie einzelnen Apps den Standortzugriff dauerhaft gewähren oder auch entziehen.

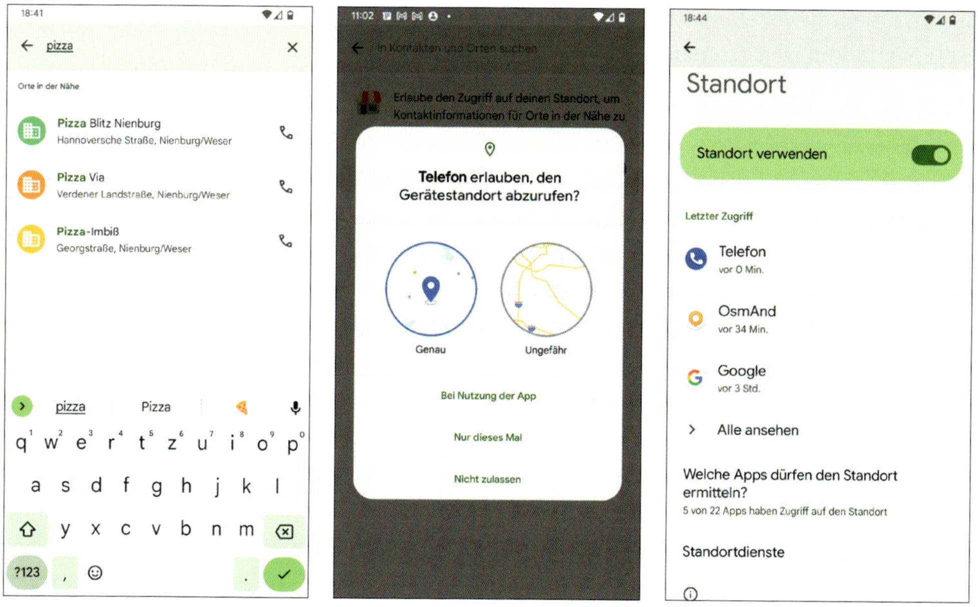

Links: lokale Suchergebnisse, Mitte und rechts: Standorteinstellungen aktivieren

Automatische SMS bei unpassenden Anrufen

Das Smartphone klingelt oft in unpassenden Momenten. Wenn man gerade in einer Konferenz ist oder beim Essen sitzt, möchte man nicht gestört werden, den Anrufer aber auch nicht einfach »wegdrücken«. Android bietet hier Kurzantworten an, die mit wenigen Fingerstrichen per SMS an einen Anrufer geschickt werden können. Allerdings sollten Sie diese Funktion nur bei Anrufen von Mobiltelefonen nutzen. SMS-Antworten an Festnetztelefone werden von den meisten Anrufern nicht verstanden.

Wählen Sie im Menü der Telefon-App den Menüpunkt *Einstellungen* und dann *Kurzantworten*. Hier sind einige Kurzantworten vordefiniert. Tippen Sie auf eine Kurzantwort, können Sie den Text bearbeiten und speichern.

Wenn das Telefon klingelt, erscheint auf dem Bildschirm die Nummer oder der Name des Anrufers. Tippen Sie auf das Symbol *Antworten*, erscheint eine Liste der vordefinierten Kurzantworten. Wählen Sie eine Kurzantwort aus, wird diese automatisch per SMS an den Anrufer geschickt. Über den Punkt *Eigene Antwort schreiben* können Sie selbst eine kurze SMS an den Anrufer tippen.

Rufweiterleitung einrichten

Die von alten Handys bekannten Einstellungen zur Rufweiterleitung auf die Mailbox finden Sie über den Menüpunkt *Einstellungen* in der Telefon-App. Wählen Sie dort *Anrufe/Rufweiterleitung*.

Jetzt können Sie für *Wenn besetzt*, *Wenn keine Antwort* oder *Wenn nicht erreichbar* unterschiedliche Rufumleitungen festlegen oder auch Kontakte auswählen, an die der Anruf weitergeleitet werden soll. Bei den meisten SIM-Karten sind standardmäßig Umleitungen auf die Mailbox voreingestellt.

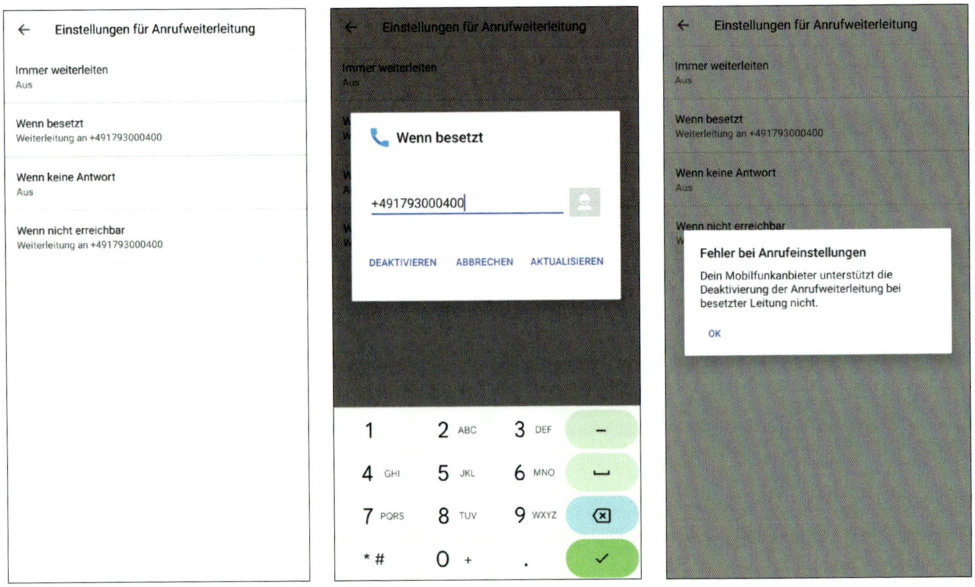

Einstellungen zur automatischen Rufumleitung, rechts: Anzeige bei einem Anbieter, der die Abschaltung der Mailbox nicht zulässt

Mit der Option *Deaktivieren* auf dem Bildschirm zum Eintragen der Nummer für die Rufumleitung können Sie die voreingestellten Umleitungen auf die Mailbox abschalten. Allerdings unterstützen manche Mobilfunkanbieter diese Möglichkeit nicht und zwingen dem Nutzer eine Mailbox sozusagen auf, um zusätzliche Gesprächsminuten zu generieren.

Achtung: Kostenfalle

Für Rufumleitungen können je nach Mobilfunkvertrag teilweise erhebliche Kosten entstehen. Viele Anbieter schließen umgeleitete Gespräche von der Flatrate aus, sodass die Weiterleitungen im teuren Minutentakt bezahlt werden müssen, obwohl Sie selbst gar nicht telefonieren.

Die Rufumleitung wird direkt im Mobilfunknetz eingerichtet und ist nicht nur eine Einstellung auf dem Smartphone selbst. Das bedeutet, zur Einrichtung muss ausreichender Empfang vorhanden sein und der eigene Vertrag muss Umleitungen zulassen.

Die auf der SIM-Karte voreingestellte Nummer der Mailbox können Sie in den Einstellungen der Telefon-App unter *Mailbox/Erweiterte Einstellungen/Einrichtung* sehen. Außerdem wird im Adressbuch ein Eintrag für die Mailbox angelegt. Wenn Sie allerdings ein paar Mal die SIM-Karte gewechselt haben, stehen im Adressbuch mit der Zeit mehrere Mailbox-Einträge, von denen nur einer gilt.

Unerwünschte Anrufer blockieren

Android bietet die Möglichkeit, unerwünschte Anrufer automatisch zu blockieren. Wählen Sie im Menü der Telefon-App *Einstellungen/Blockierte Nummern*. Hier können Sie Telefonnummern hinzufügen, von denen Sie keine Anrufe oder SMS erhalten möchten.

Aktivieren Sie noch den Schalter *Unbekannt*, um alle Anrufer automatisch abzuweisen, die ihre Rufnummer unterdrücken. Die Anrufer hören dann: »Der gewünschte Gesprächspartner ist vorübergehend nicht erreichbar«.

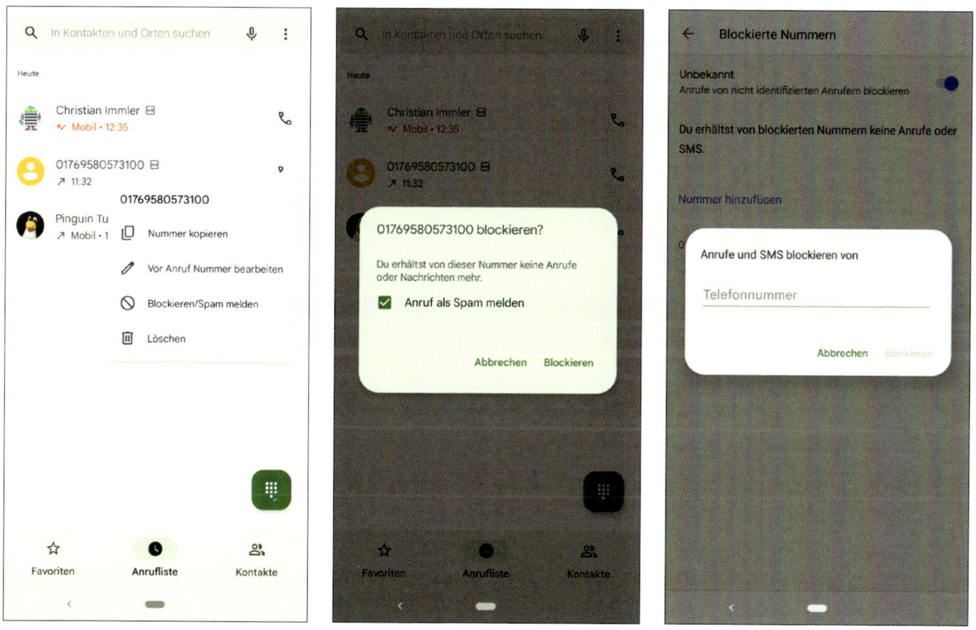

Unerwünschte Anrufer automatisch abweisen

Hat die betreffende Person bereits mindestens einmal angerufen, können Sie die Telefonnummer direkt übernehmen, ohne sie neu eintippen zu müssen.

1. Tippen Sie im Anrufprotokoll auf den Eintrag des unerwünschten Anrufers und dann auf *Blockieren/Spam melden*.
2. Tippen Sie auf *Blockieren*, um die Nummer in die Blockierliste aufzunehmen.
3. Wenn Sie die Option *Anruf als Spam melden* eingeschaltet haben, wird die Nummer an den Google-Dienst *Anrufer-ID und Spam* gemeldet, um auch andere Nutzer vor diesem Anrufer warnen zu können.

Bei Bedarf können Sie später jederzeit mit dem X-Symbol in den Einstellungen zur Anrufblockierung einzelne blockierte Nummern wieder freigeben. Die betreffende Person kann dann wieder ganz normal anrufen.

Anrufer-ID und Spam

Über den Dienst *Anrufer-ID und Spam* in den Einstellungen der Telefon-App können auch Namen von Anrufern angezeigt werden, die nicht in den Kontakten gespeichert sind.

Ist dieser Dienst in den Einstellungen der Telefon-App aktiviert, wird bei einem eingehenden Anruf über die Internetverbindung eine Datenbank bei Google abgefragt und, wenn möglich, der Name des Anrufers angezeigt. Diese Daten werden aber nicht automatisch in den Kontakten gespeichert.

Der Dienst hilft auch, Spam-Anrufer zu identifizieren, um diese, bevor sie das erste Mal angerufen haben, in die Blockierliste aufzunehmen. Hat ein Werbeanrufer einmal eine Person am Telefon erreicht, wird er diese immer wieder anrufen. Leider findet dieser Dienst in Deutschland bis jetzt kaum typische Spam-Telefonnummern.

Anrufer-ID vorlesen

In der Einstellung *Ansage der Anrufer-ID* in den Einstellungen der Telefon-App können Sie sich bei einem Anruf die Nummer und den Namen des Anrufers, wenn dieser im Adressbuch gespeichert ist, ansagen lassen. Dabei können Sie auch festlegen, dass diese Ansage nur erfolgt, wenn Sie mit einem Headset telefonieren.

Rufnummernunterdrückung

In den Einstellungen der Telefon-App können Sie unter *Anrufe/Zusätzliche Einstellungen/Anrufer-ID* bei Bedarf die Anzeige Ihrer Rufnummer bei der angerufenen Person unterdrücken.

Kein Freibrief für illegale Aktivitäten

Eine ausgeschaltete Rufnummer ist kein Freibrief für kriminelle Aktivitäten am Telefon. Die Rufnummer wird bei jedem Gespräch übertragen, bei abgeschalteter Anrufer-ID wird nur zusätzlich ein spezielles Signal gesendet, das das Telefon des Gesprächspartners anweist, die Nummer nicht zu zeigen. Die Notrufzentralen von Feuerwehr, Rettungsdiensten und Polizei sehen die Nummer trotzdem. Auch in den Anrufprotokollen der Telefongesellschaften taucht die Nummer weiterhin auf. Nach dem »Gesetz zur Bekämpfung unlauterer Telefonwerbung und zur Verbesserung des Verbraucherschutzes« sind Anrufe von Firmen und Geschäftstreibenden mit unterdrückter Rufnummer aus Deutschland nicht mehr zulässig.

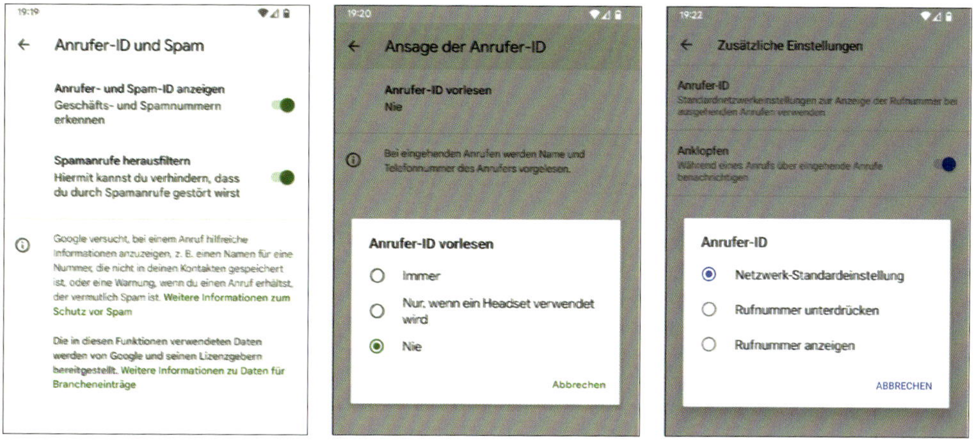

Links: Anrufer-ID und Spam, Mitte: Ansage der Anrufer-ID, rechts: Einstellungen zur Übertragung der eigenen Telefonnummer in den Einstellungen der Telefon-App

Mit dem Smartphone über die FRITZ!Box im Festnetz telefonieren

Wer zu Hause über eine FRITZ!Box im Festnetz telefoniert, kann dies auch mit dem Smartphone tun. Ist das Smartphone im heimischen WLAN an der FRITZ!Box angemeldet, wird es mit der App *FRITZ!App Fon* zum schnurlosen Festnetztelefon, nutzt die Festnetznummer und auch die Festnetz-Flatrate aus dem jeweiligen Tarif des DSL- oder Kabelanschlusses.

1. Melden Sie sich mit der App an der FRITZ!Box mit dem Benutzernamen und Passwort an. Dabei brauchen Sie das Passwort zum Konfigurationszugang der FRITZ!Box, nicht den WLAN-Schlüssel. Die App benötigt eine direkte WLAN-Verbindung mit der FRITZ!Box, kein Gastnetzwerk und keinen Repeater.

2. Wählen Sie anschließend eine der dem Festnetzanschluss zugeordneten Telefonnummern, die für ausgehende Gespräche genutzt werden soll. Auf welche Nummern die App bei eingehenden Anrufen reagieren soll, können Sie später in den Einstellungen der App festlegen.

3. Damit sich niemand heimlich in Ihr Telefon einklinkt, müssen Sie den Zugriff durch die App einmalig auf der FRITZ!Box bestätigen. Geben Sie dazu eine angezeigte Ziffernkombination auf einem an der FRITZ!Box angemeldeten Dect-Telefon ein. Dann kann kein Smartphone mit der App *FRITZ!App Fon* genutzt werden.

4. Zuletzt wird dem Smartphone noch eine interne Telefonnummer zugeordnet, damit Sie hausintern andere Telefone anrufen und auch angerufen werden können.

5. Lassen Sie im letzten Schritt den Zugriff auf die Kontakte auf dem Smartphone und im Google-Konto durch die App zu. Dann können Sie Personen aus der Kontaktliste anrufen und sehen auch Namen, wenn jemand anruft.

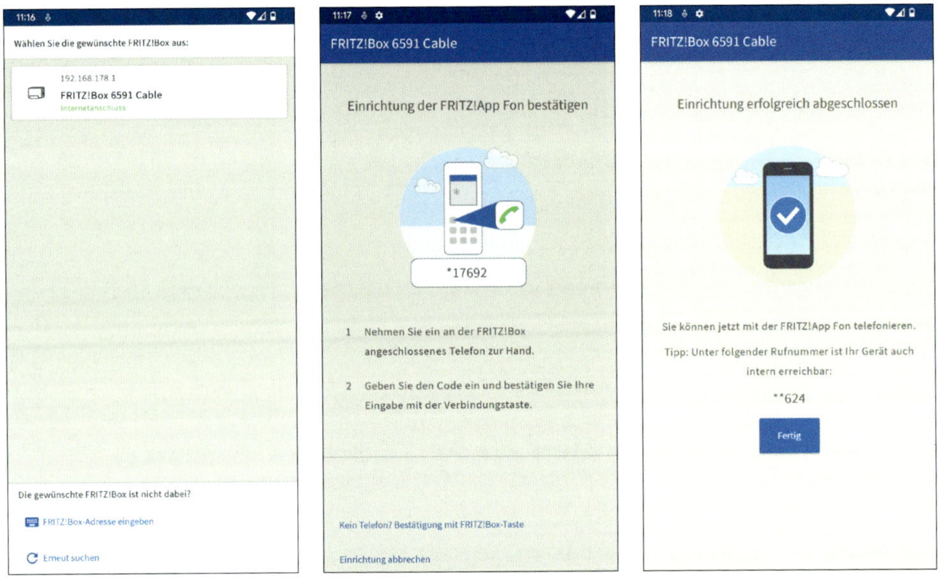

FRITZ!App Fon zum Telefonieren per WLAN im Festnetz einrichten

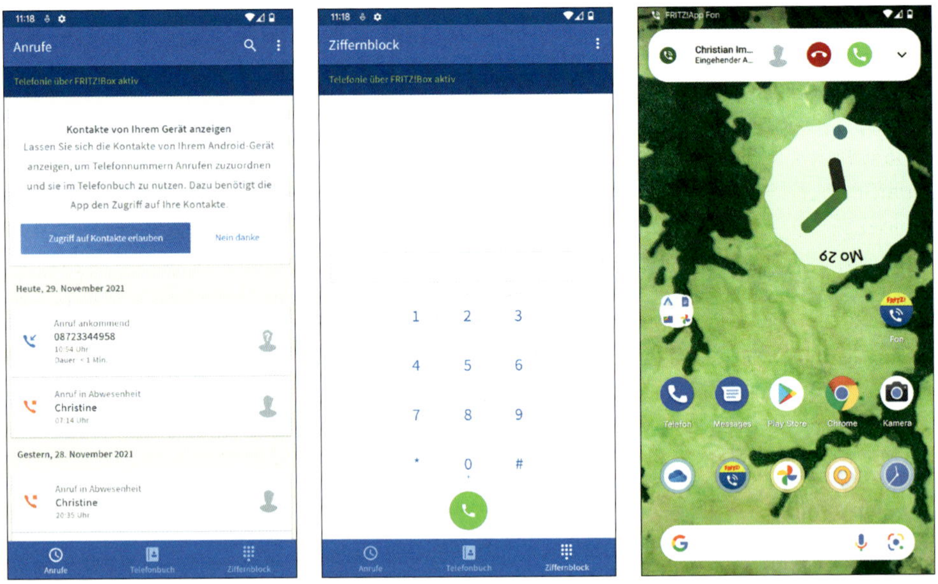

Über die FRITZ!Box per WLAN im Festnetz telefonieren

Die App zeigt die Anrufliste der FRITZ!Box. Hier können Sie direkt Anrufer zurückrufen. Zusätzlich bietet die App eine Telefontastatur für beliebige Rufnummern sowie einen direkten Zugriff auf die gespeicherten Kontakte. Klingelt das Festnetztelefon, benachrichtigt die App über den eingehenden Anruf. Diesen können Sie ähnlich wie einen eingehenden Handyanruf annehmen oder ablehnen.

Tipps zur Wahl eines Tarifs für Android-Smartphones

Da es so gut wie keine klassischen Handys ohne Internetzugang mehr gibt, ist mobiles Internet heute bei den allermeisten Handytarifen dabei.

Der mobile Internetzugang wird fast überall nach verbrauchtem Datenvolumen abgerechnet und nicht mehr nach Onlinezeit, wie es früher bei den ersten Handys der Fall war. Zur Ermittlung des Datenverbrauchs spielt es keine Rolle, ob Daten aus dem Internet heruntergeladen oder vom Smartphone gesendet werden, wie z. B. E-Mails oder Fotos, die man bei Facebook hochlädt. Jedes Megabyte zählt.

Mittlerweile enthalten fast alle Mobilfunktarife standardmäßig ein Datenpaket mit typischerweise 200–1.000 MB. Seit die Internetverbindung nicht mehr komplett getrennt, sondern nur noch drastisch abgebremst wird, bezeichnen fast alle Anbieter ihre Datentarife als Internetflatrate. Entscheidend für die Preisunterschiede ist das Datenvolumen, bei dem die Bremse zuschlägt.

Vorsicht bei Datenautomatik

Einige Tarife von O2 und auch von Discountern, die dieses Netz nutzen, z. B. Yourfone, DeutschlandSIM und Smartmobil beinhalten eine sogenannte Datenautomatik. Damit wird die Geschwindigkeit nach Erreichen des Inklusivvolumens nicht reduziert, dafür aber automatisch ein kostenpflichtiges Datenpaket von 100, 250 oder 750 MB hinzugebucht. Diese Zusatzkosten sind im Verhältnis zu den eigentlichen Tarifkosten unverhältnismäßig hoch (bis zu 2 Euro pro 100 MB) und werden bis zu dreimal in Folge automatisch abgebucht. Achten Sie genau auf die Tarifbedingungen. Bei einigen Discountertarifen lässt sich diese Datenautomatik nicht abschalten.

Die Internetverbindung wird nach dem Verbrauch des Inklusivvolumens in den meisten Tarifen nicht gestoppt, sondern auf GPRS-Geschwindigkeit gebremst, sodass man nicht komplett vom Internet abgeschnitten ist, da viele Funktionen von Smartphones ohne Internetanbindung gar nicht mehr funktionieren. Man kann das Freivolumen zwar ohne zusätzliche Kosten überschreiten, wird dann aber vom flotten LTE auf GPRS/EDGE-Niveau heruntergebremst, was die Nutzung für den Rest des Monats unattraktiv macht und höchstens noch für WhatsApp-Textnachrichten und E-Mails ohne Anhang reicht. Denn es handelt sich dabei nicht um eine Bremse von wenigen Prozent, sondern eher um ein »vor die Wand fahren« von theoretisch bis zu 1,4 Gbit/s bei LTE (Cat 21) (schneller als die meisten

DSL-Anschlüsse) auf 64 Kbit/s (vergleichbar ISDN), also einen Geschwindigkeitsverlust von mehr als 99 %!

Tariftipps

Netzclub (*www.netzclub.net*) ist ein Mobilfunkdiscounter im O2-Netz, bei dem man 200 MB Datenvolumen jeden Monat geschenkt bekommt, wenn man zustimmt, Werbung per E-Mail und SMS zu erhalten. Die Werbung hält sich in vertretbaren Grenzen, alle paar Tage kommt mal eine E-Mail oder SMS. Guthaben für Gespräche oder größere Datenpakete lässt sich bequem per Prepaid ohne Vertragspflichten aufladen. Dieser Tarif ist ideal für alle, die ihr Smartphone im Wesentlichen im WLAN nutzen und nur sehr wenig damit telefonieren.

Telefónica bewirbt unter der Marke WhatsApp SIM (*www.whatsappsim.de*) einen Prepaid-Tarif ohne Vertragsbindung, speziell für WhatsApp-Nutzer im O2-Netz. Dahinter verbergen sich Prepaid-Pakete mit 1.000 (5 Euro für 4 Wochen) oder 4.000 (10 Euro für 4 Wochen) sogenannten Einheiten, die als Gesprächsminuten, SMS oder MB Datenvolumen genutzt werden können. Nach Verbrauch der Einheiten kostet jede Gesprächsminute 9 Cent, Internetnutzung ist weiterhin möglich, wird aber auf 56 Kbit/s gedrosselt. Da die Drosselung bei reinen Textnachrichten über WhatsApp so gut wie gar nicht auffällt, spricht der Anbieter hier von unbegrenzt kostenloser WhatsApp-Nutzung. Der Versand von Bildern und Sprachnachrichten wird extrem langsam, Videotelefonie ist im Mobilfunknetz gar nicht mehr möglich. Über WLAN funktioniert WhatsApp ohne Einschränkungen. WhatsApp SIM ist im sogenannten Basistarif mit einer Geschwindigkeit von 32 Kbit/s kostenfrei nutzbar, womit WhatsApp-Textnachrichten noch gesendet und empfangen werden können. Allerdings muss man mindestens 5 Euro Guthaben alle sechs Monate aufladen, damit die SIM-Karte aktiv bleibt.

Ein weiteres wichtiges Auswahlkriterium für einen Internettarif ist neben dem Preis die Netzqualität bzw. Verfügbarkeit in der Region, in der man das Smartphone vorrangig nutzen möchte. Telefonieren kann man inzwischen in Deutschland fast überall, mit dem schnellen Internetzugang sieht es jedoch ganz anders aus. Während die D-Netze von Vodafone und Telekom fast flächendeckend LTE mit bis zu 50 Mbit/s, in Ballungszentren bis zu 1,4 Gbit/s bieten, hängen die E-Netze von O2 und ehemals E-Plus auch nach mittlerweile einigen Jahren noch deutlich hinterher. Hier steht LTE nur in Bereichen größerer und mittlerer Ortschaften zur Verfügung, auf dem flachen Land muss man sich häufig immer noch mit EDGE zufriedengeben. Dafür können die Nutzer von E-Plus und O2 seit dem Zusammenschluss beide Netze nutzen. Die Umschaltung erfolgt automatisch, wenn eines der Netze nicht verfügbar ist.

Auf dem flachen Land gibt es noch große Versorgungslücken, wo mobiles Internet überhaupt nicht möglich ist. Auf diesen weißen Flecken der deutschen Landkarte bieten die D-Netze zumindest noch EDGE-Anbindung. Die Netzbetreiber werben zwar mit sehr hohen

Prozentzahlen, wie viele Einwohner Deutschlands mittlerweile schnelles Internet in den Mobilfunknetzen nutzen können, allerdings beziehen sich diese auf die Bevölkerung und deren Wohnorte, nicht auf die Fläche Deutschlands. 80 % der Deutschen wohnen auf 20 % der Landesfläche. Demnach blieben selbst bei 80 % Versorgung der Bevölkerung theoretisch 80 % der Fläche unterversorgt.

In ländlichen Regionen und Mittelgebirgen haben alle Mobilfunk-Provider noch erhebliche Versorgungslücken. In großstädtischen Ballungsräumen und den Tourismusregionen entlang der Küsten sind die Netze hingegen sehr gut ausgebaut. Die Telekom hat im Osten der Republik noch letzte weiße Flecken auf der Ausbaukarte, Vodafone im Süden.

Alle deutschen Netzbetreiber bieten interaktive Landkarten an, auf denen man die Netzabdeckung für 2G (GSM/GPRS/EDGE), 4G (LTE) und teilweise auch schon 5G ablesen kann. Nach der weitgehenden Abschaltung der UMTS-Netze tauchen diese in den Karten auch nicht mehr auf. Diese Angaben gelten natürlich immer unter optimalen Bedingungen im Freien ohne Verschattung durch Gebäude und ohne schnelle Bewegung.

LTE – Mobilfunk der vierten Generation

Mit dem Mobilfunkstandard LTE (**L**ong **T**erm **E**volution = langfristige Entwicklung), auch als Mobilfunk der vierten Generation bezeichnet, sollten ursprünglich in erster Linie ländliche Regionen versorgt werden, in denen bisher keine DSL-Festnetzanschlüsse zur Verfügung standen. Anstatt über ein Telefonkabel kommt das Internetsignal dabei über Funk ins Haus und das mit theoretisch bis zu 1,2 Gbit/s. LTE wurde anfangs von den Netzbetreibern als Festnetzersatz vermarktet, basiert aber auf Mobilfunktechnik und kann sogar die vorhandene Mobilfunk-Infrastruktur in Teilen mit verwenden.

Natürlich eignet sich diese Technik auch für den schnellen Internetzugang mit Smartphones, die heute fast alle LTE nutzen können. Seit der Einstellung von UMTS ermöglichen alle aktuellen Mobilfunkverträge die LTE-Nutzung.

Mit zunehmender Verbreitung der LTE-Technik sind auch schon Engpässe absehbar. Die Bundesnetzagentur versteigerte daher bereits im Frühjahr 2015 weitere LTE-Frequenzbänder an die drei großen Mobilfunkanbieter.

Netzabdeckungskarten

Interaktive Karten zur Netzabdeckung der großen deutschen Mobilfunkanbieter:

Telekom	*goo.gl/gp8ADp*
Vodafone	*www.vodafone.de/hilfe/netzabdeckung.html*
O2	*www.o2online.de/service/netzabdeckung*

Das LTE-Netz ist mittlerweile in großen Teilen Deutschlands gut ausgebaut.

5G – Mobilfunk der fünften Generation

Das Mobilfunknetz der fünften Generation ist in Deutschland noch im Aufbau. In den ersten Regionen sind 5G-Netze von Telekom und Vodafone verfügbar. 5G basiert auf der LTE-Technik und nutzt zurzeit auch noch diese Frequenzen. Die Lizenzen wurden im März 2019 versteigert. Die Mobilfunkverträge mit 5G-Nutzung sind immer noch teurer als LTE-Verträge. Die wirklich entscheidenden Neuerungen und die höhere Geschwindigkeit mit theoretisch bis zu 100 MBit/s werden erst mit den neuen Frequenzen im 6 GHz-Band erwartet, das voraussichtlich in den Jahren 2022–2025 ausgebaut wird.

Die EU-Roamingverordnung

Nach jahrelangen Diskussionen führte die EU-Kommision am 15. Juni 2017 den sogenannten Euro-Tarif ein, der Telefonieren, SMS und auch mobiles Internet im EU-Ausland zu Inlandskonditionen möglich macht.

Eigentlich müsste es statt EU-Roaming EWR-Roaming heißen, da die gleichen Bedingungen für alle Länder des europäischen Wirtschaftsraums EWR gelten. Das sind außer den EU-Mitgliedsstaaten auch Norwegen, Island und Liechtenstein, aber nicht die Schweiz. Zusätzlich gilt die EU-Roamingverordnung auf den britischen Kanalinseln, die nicht EU-Gebiet sind, in den französischen Überseegebieten, in San Marino und dem Vatikan. In Großbritannien gilt die EU-Roamingverordnung auch nach dem EU-Austritt unverändert weiter. Auf Schiffen und Flugzeugen, die satellitengestützte Mobilfunkverbindungen für ihre Passagiere anbieten, gilt die EU-Roamingverordnung nicht.

Die früher extrem hohen Roaminggebühren bei der Nutzung einer deutschen SIM-Karte im EU-Ausland waren für die Netzbetreiber eine gern gesehene Einnahmequelle. Deshalb versuchen viele, die Schlupflöcher im neuen EU-Gesetz geschickt zu nutzen. Bei der Anmeldung eines Smartphones in einem ausländischen Netz erhalten Sie eine SMS, die die genauen Tarifdetails enthält. Lesen Sie diese sorgfältig durch.

Die wichtigsten Regelungen im Überblick

- Datenpakete und Inklusivvolumen können im EU-Ausland wie zu Hause genutzt werden.
- Freiminuten für Telefonie können wie zu Hause genutzt werden, wenn diese netzübergreifend gelten. Community-Flatrates zum kostenlosen Telefonieren zwischen Teilnehmern des gleichen Anbieters (z. B. Aldi Talk) gelten im EU-Ausland nicht.
- Telefongespräche aus Deutschland ins EU-Ausland werden wie früher teuer berechnet. Hier gelten die Freiminuten des deutschen Tarifs weiterhin nicht, solange keine EU-Flatrate gebucht ist.

- Alte Roamingtarife gelten weiter und werden nicht automatisch umgestellt. Wer früher Roaming für bestimmte Länder gebucht hat, muss diesen Tarif auch weiterhin innerhalb der EU bezahlen oder auf einen anderen Tarif wechseln.
- Mobilfunkanbieter dürfen Tarife explizit ohne Roaming anbieten. Diese SIM-Karten funktionieren dann nur in Deutschland.

Fair Use Policy

Die sogenannte Fair Use Policy verhindert, dass ein Tarif zum überwiegenden Teil im Ausland genutzt wird. Jeder Anbieter legt diese Richtlinie unterschiedlich aus. Bei einigen muss man nach einer bestimmten Zeit wieder im deutschen Netz angemeldet sein, bei anderen darf nur ein bestimmter Teil des Inklusivvolumens im Ausland verbraucht werden. Die genauen Bedingungen stehen in der SMS bei der Anmeldung im ausländischen Netz.

Diese Fair Use Policy wurde vor allem auf Drängen der deutschen Mobilfunkbetreiber in das Gesetz aufgenommen. Da die deutschen Mobilfunktarife zu den teuersten innerhalb der EU gehören, befürchteten die deutschen Netzbetreiber mit Einführung des EU-Roamings Einnahmeeinbußen, wenn Kunden sich SIM-Karten aus anderen Ländern besorgen und diese ohne Zusatzkosten dauerhaft in Deutschland nutzen.

Datenverbrauch ermitteln

Wegen der oft knapp begrenzten Flatrates in günstigen Mobilfunkverträgen ist die Anzeige des Datenverbrauchs für viele Nutzer sehr interessant. In den *Einstellungen* unter *Netzwerk & Internet/SIM-Karten* können Sie rechtzeitig abschätzen, wann das Freivolumen Ihrer Flatrate aufgebraucht ist und welche Apps den größten Datenverkehr verursachen.

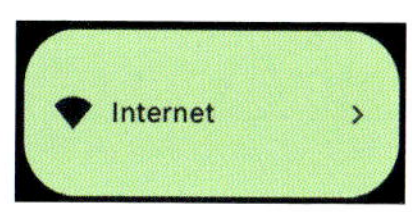

Die gleiche Einstellungsseite erreichen Sie, wenn Sie in den Schnelleinstellungen länger auf das Symbol *Internet* und auf dem nächsten Bildschirm auf das *Einstellungen*-Symbol neben der genutzten Mobilfunkverbindung tippen.

Tippen Sie auf *Datenwarnung und -limit*, um eine Datenwarnung entsprechend Ihrem Mobilfunkvertrag festzulegen. Dies sollte dem Freivolumen entsprechen, nach dem Ihr Mobilfunkvertrag die Geschwindigkeit abbremst, oder knapp darunterliegen, um noch etwas Spielraum zu haben, da die Netzbetreiber oft leicht von dem auf dem Smartphone ermittelten Datenverbrauch abweichende Berechnungsverfahren nutzen. Haben Sie einen Mobilfunkvertrag mit sogenannter Datenautomatik, bei der nach Verbrauch eines vorgegebenen Datenvolumens automatisch kostenpflichtig weiteres Datenvolumen gebucht wird, können Sie ein zusätzliches *Datenlimit* festlegen, bei dem das Smartphone automatisch die Datenverbindung im Mobilfunknetz trennt, um zusätzliche Kosten zu vermeiden.

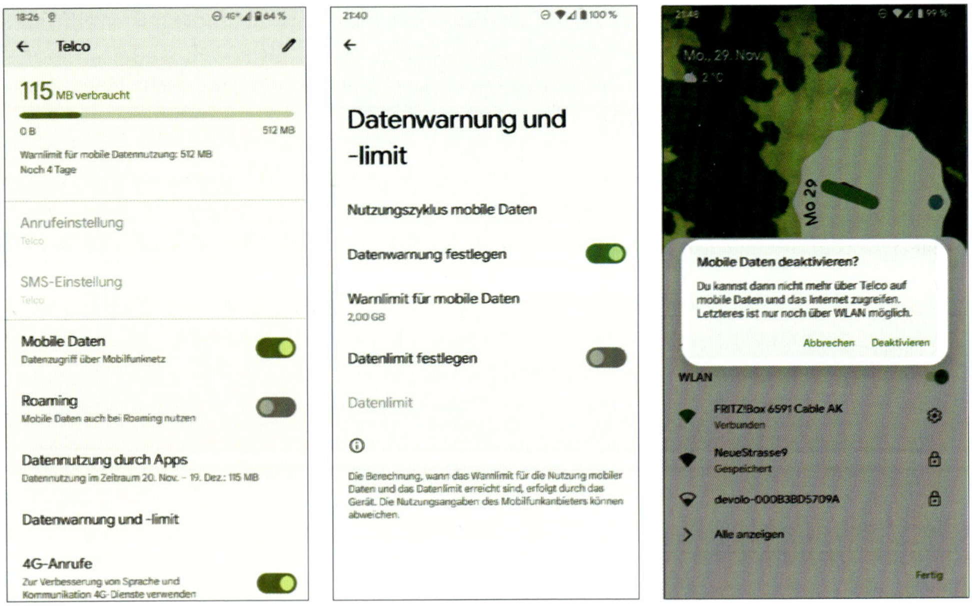

Datenverbrauch anzeigen, Warnlimit festlegen und Mobilfunkverbindung abschalten

Mit dem Schalter *Mobile Daten* lässt sich die Datennutzung im Mobilfunknetz jederzeit ganz abschalten. Genauso können Sie auch das Symbol *Internet* in den Schnelleinstellungen antippen und anschließend die Mobilfunkverbindung abschalten.

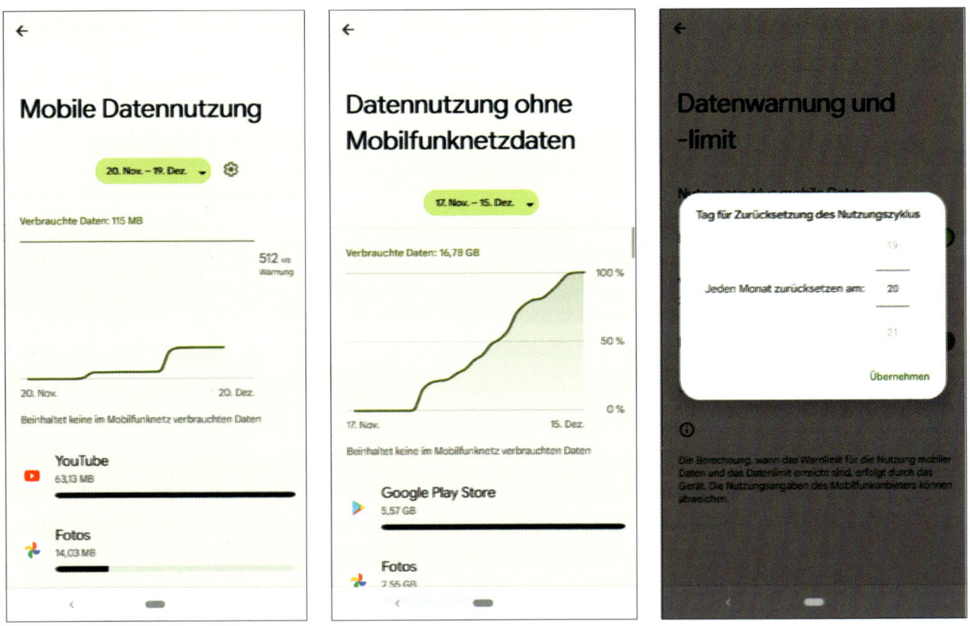

Detaillierte Verbrauchsanzeige für Mobilfunk und WLAN, rechts: Datenverbrauchszyklus einstellen

Tippen Sie auf *Datennutzung durch Apps*, um eine Verlaufskurve der Datennutzung und die Apps, die am meisten Daten verbraucht haben, zu sehen. Zum Vergleich können Sie wie auf der Seite *Mobile Datennutzung* auch auf der Seite *Datennutzung ohne Mobilfunknetzdaten* den Datenverbrauch im WLAN anzeigen lassen.

Damit die Anzeige des Datenverbrauchs optimal nutzbar ist, tippen Sie auf das *Einstellungen*-Symbol neben dem ausgewählten Zeitraum in der Übersicht *Mobile Datennutzung*. Stellen Sie hier unter *Nutzungszyklus mobile Daten* den Tag des Monats ein, an dem Ihr Mobilfunkanbieter das monatliche Datenvolumen der Flatrate zurücksetzt. Diesen Tag finden Sie üblicherweise auf Ihrer Mobilfunkrechnung. Bei vielen Anbietern ist dies der erste Tag des Monats.

Datenverbrauch reduzieren

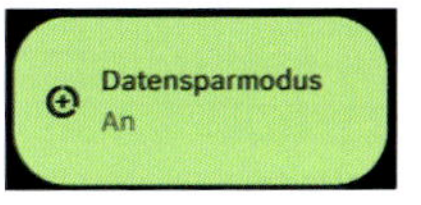

Android 12 bietet einen Datensparmodus, der die Datennutzung verringert, indem die meisten Apps keine Daten mehr im Hintergrund empfangen oder senden können. Aktive Apps empfangen weiterhin Daten, aber seltener. So werden Bilder beispielsweise erst beim Antippen heruntergeladen und in voller Auflösung sichtbar. Der Datensparmodus betrifft die Mobilfunkverbindung und WLAN gleichermaßen.

Der Datensparmodus wird über das Schnelleinstellungssymbol *Datensparmodus* oder in den *Einstellungen* unter *Netzwerk & Internet/Datensparmodus* aktiviert und durch ein Symbol in der Statusleiste oben rechts angezeigt.

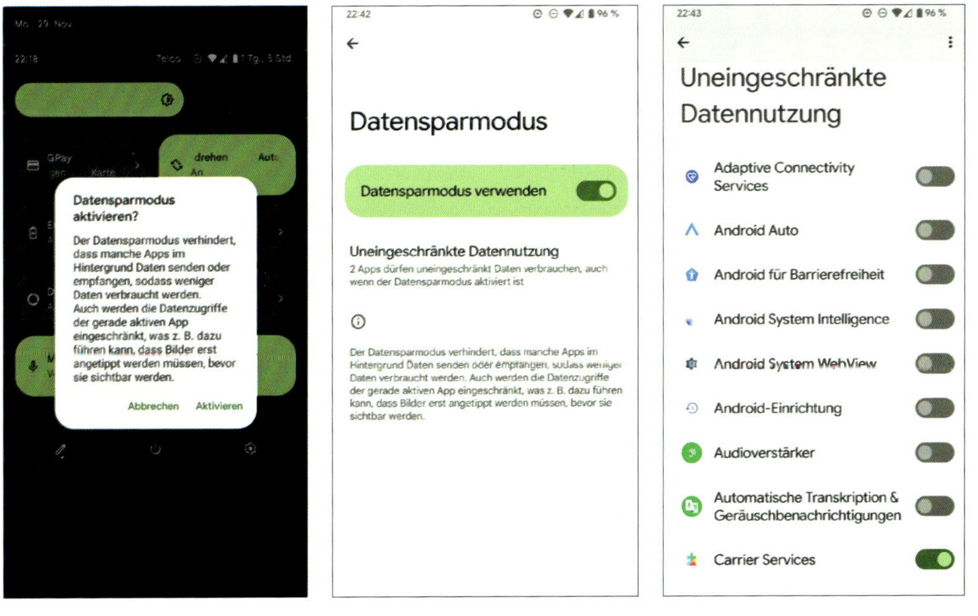

Bestimmten Apps im Datensparmodus uneingeschränkten Datenzugriff gewähren

Tippen Sie auf die Zeile *Uneingeschränkter Datenzugriff*, um bestimmten Apps auch im Datensparmodus die uneingeschränkte Datennutzung zu ermöglichen. Dies ist z. B. bei Messenger-Apps wie WhatsApp wichtig. Die Carrier Services und Google-Play-Dienste haben standardmäßig uneingeschränkten Datenzugriff, da andernfalls einige andere Apps nicht zuverlässig funktionieren würden.

Adressbuch – Kontakte

Seit den ersten Handys kann man dort seine wichtigsten Telefonnummern mit Namen speichern. Die Zeiten, in denen man beim Wechsel auf ein neues Handy Termine und Telefonnummern abtippen musste, sind lange vorbei. Heute synchronisiert man seine Daten mit dem PC oder in der Cloud.

Auf Android-Smartphones ist eine komplette Kontaktverwaltung enthalten, mit der Sie Ihr Adressbuch nicht nur auf dem Smartphone, sondern auch auf dem PC über ein Google-Konto verwalten können. Die vorinstallierte App **Kontakte** synchronisiert automatisch die Adressen, die in dem Google-Konto gespeichert sind, das bei der Einrichtung des Smartphones festgelegt wurde. Damit haben Sie die gleiche Kontaktliste auf dem Smartphone, auf dem PC und auf jedem anderen Gerät, das mit dem Google-Konto synchronisieren kann, zur Verfügung.

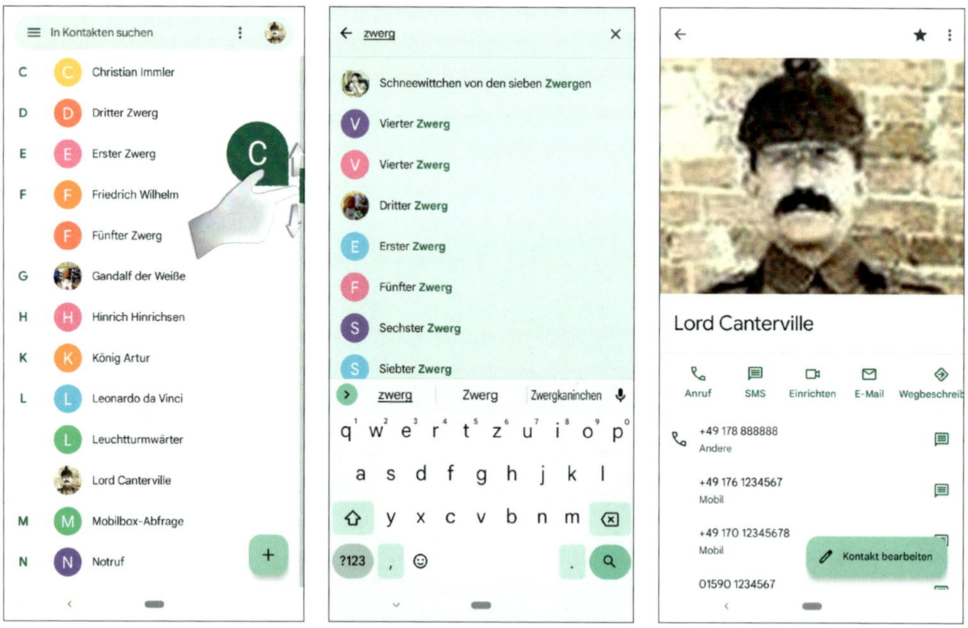

Das Adressbuch auf einem Android-Smartphone

Mit einer vertikalen Fingerbewegung auf dem Touchscreen können Sie schnell durch die Kontaktliste blättern. Der aktuelle Anfangsbuchstabe wird großflächig angezeigt, damit Sie im richtigen Moment stoppen können. Außerdem finden Sie bestimmte Personen schnell im Adressbuch, indem Sie oben rechts auf das Lupensymbol tippen und die Anfangsbuchstaben des Namens eingeben. Die Kontakte-App filtert die Liste immer genauer, je mehr Buchstaben bereits eingegeben sind.

Datenschutz

Immer wieder hört man die Medien gegen Google wettern. Tatsächlich ist aber kein Fall bekannt, dass Google mit den anvertrauten Daten irgendetwas Vertragswidriges gemacht hätte. Auch ist die Wahrscheinlichkeit, ein fremder Hacker könnte bei Google einbrechen und die persönlichen Daten stehlen, dank erhöhter Sicherheit der Großrechenzentren deutlich geringer, als dass ein Hacker per Trojaner auf dem eigenen Computer Daten stiehlt oder ein ganz simpler Dieb einfach das Smartphone samt Daten klaut.

Tippen Sie auf einen Eintrag, werden alle zu dieser Person gespeicherten Daten angezeigt. Diese sind automatisch mit der passenden App verknüpft. Tippen Sie also auf die Telefonnummer, ruft das Smartphone die Person an, tippen Sie auf eine E-Mail-Adresse, öffnet sich die E-Mail-App.

Kontakte und Telefon-App

Tippen Sie in der Telefon-App ganz unten auf das Symbol *Kontakte*, öffnet sich die gleiche Kontaktliste.

Kontakte sortieren

Die App *Kontakte* bietet verschiedene Möglichkeiten zur Darstellung und Sortierung von Namen. So können Sie entweder die in Westeuropa übliche Schreibweise mit Vor- und Nachnamen verwenden – *Hans Müller* – oder die sogenannte bayerische Schreibweise, bei der der Nachname, mit einem Komma getrennt, vor dem Vornamen steht – *Müller, Hans*. Unabhängig von der Darstellung lassen sich die Kontakte nach Vorname oder Nachname in der Liste sortieren. Um die Einstellungen zu ändern, tippen Sie in der Kontaktliste auf das Menüsymbol mit den drei Strichen oben links und wählen im Menü die *Einstellungen*. Hier finden Sie die Optionen *Sortieren nach* und *Namensformat*.

Neue Adresse eintragen

In der App *Kontakte* können Sie jederzeit einen neuen Eintrag hinzufügen. Tippen Sie dazu auf das Symbol mit dem Pluszeichen unten rechts in der Namensliste. Es öffnet sich ein Formular zur Eingabe der Kontaktdaten einer neuen Person. Mit einer vertikalen Fingerbewegung auf dem Touchscreen können Sie nach oben und unten zwischen den Feldern hin- und herblättern. Geben Sie hier die jeweiligen Daten ein. Sie brauchen nicht alle Felder auszufüllen.

Wichtig ist, dass Sie ganz oben das Google-Konto zum Speichern des Kontaktes auswählen, damit die Daten synchronisiert werden. Haben Sie mehr als ein Konto auf dem Smartphone, müssen Sie das gewünschte auswählen.

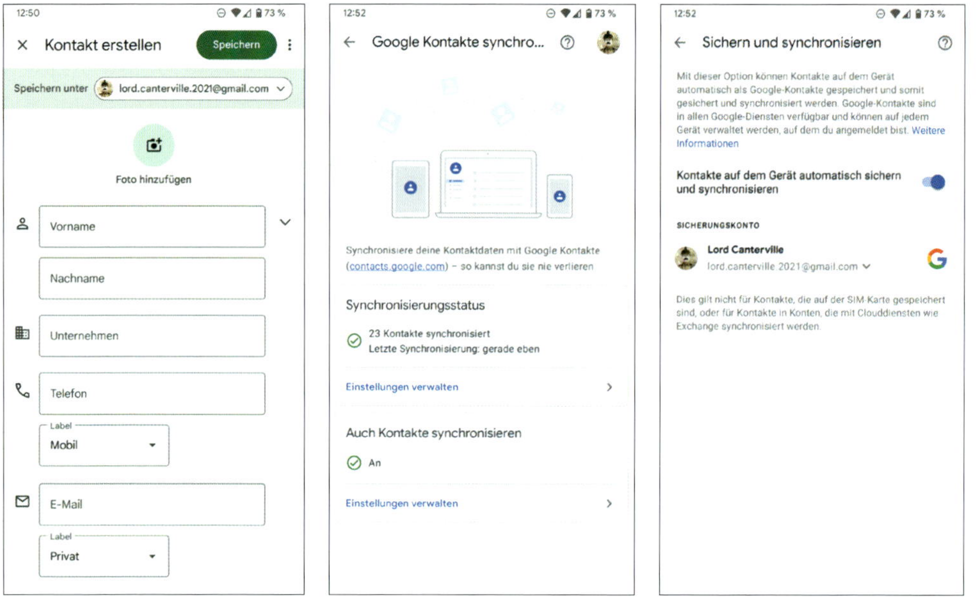

Links: neuen Kontakt anlegen, Mitte und rechts: Kontakte vom Smartphone mit dem Google-Konto synchronisieren

In den Einstellungen der Kontakte-App können Sie über die Zeile *Importieren* Kontakte, die auf der SIM-Karte des Smartphones oder in einer VCF-Datei gespeichert sind, in das Google-Konto importieren und dann auf alle Geräte synchronisieren.

Kontakte synchronisieren

Damit die Synchronisierung funktioniert, muss in den Einstellungen der Kontakte-App unter *Synchronisierungseinstellunegn für Google-Kontakte* der Synchronisierungsstatus für jedes verwendete Google-Konto eingeschaltet sein. Aktivieren Sie dann auch noch die Option *Auch Kontakte synchronisieren*, um ältere Kontakte, die über frühere Synchronisationstools oder spezielle Apps der Gerätehersteller direkt auf dem Smartphone gespeichert wurden, als Google-Kontakte zu speichern und damit automatisch zu synchronisieren.

Sollten die Kontakte trotz dieser Einstellungen in der Kontakte-App nicht synchronisiert werden, prüfen Sie, ob die Synchronisierung in den Systemeinstellungen von Android aktiviert ist. Tippen Sie dazu in den *Einstellungen*

auf *Passwörter und Konten*, wählen Sie das Google-Konto und tippen Sie auf *Kontosynchronisierung*.

Hier muss der Schalter *Kontakte* aktiviert sein. Darunter sehen Sie, wann die Kontakte zum letzten Mal synchronisiert wurden.

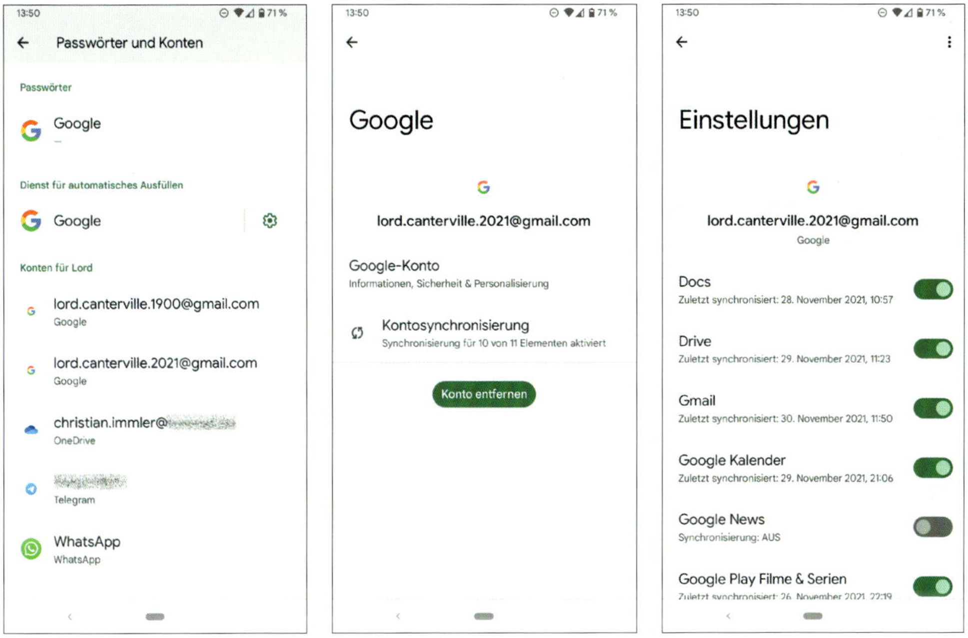

Kontosynchronisierung in den Android-Systemeinstellungen

Adresse bearbeiten

Natürlich können Sie einen gespeicherten Adressbucheintrag auch nachträglich bearbeiten. Tippen Sie dazu in der Anzeige des jeweiligen Eintrags auf das Stiftsymbol rechts unten. Sie haben dann die gleichen Funktionen zur Verfügung wie beim Anlegen eines neuen Eintrags im Adressbuch.

App-Shortcuts

Über App-Shortcuts (langes Antippen des App-Symbols) lassen sich häufig kontaktierte Personen schnell aufrufen oder neue Kontakte anlegen. Bei Bedarf können diese Shortcuts direkt auf den Startbildschirm gelegt werden.

Das Widget-Symbol bietet drei verschiedene Kontakte-Widgets zur Auswahl. *Direktnachricht* sendet beim Antippen eine SMS an eine bestimmte Person, *Direktwahl* ruft eine Person an und *Kontakt* zeigt die Kontaktdetails dieser Person, um zum Beispiel einfach eine E-Mail zu senden oder zu der Adresse zu navigieren. Beim Festlegen dieser Widgets müssen Sie die

Kontaktperson auswählen – wenn mehrere Telefonnummern gespeichert sind, auch noch die Telefonnummer.

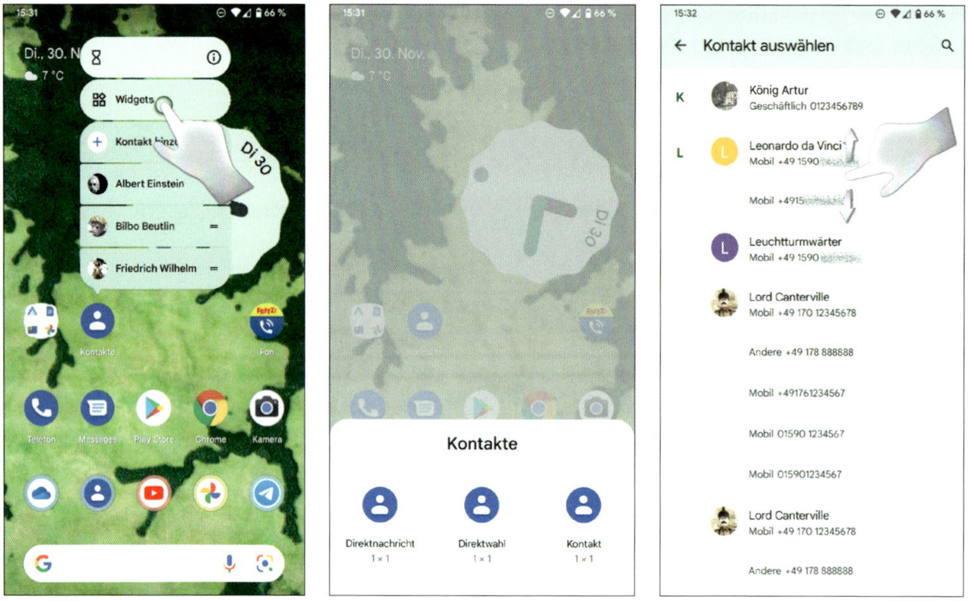

App-Shortcuts und Widgets für Kontakte, rechts: Telefonnummer für ein Widget auswählen

Anrufer in Adressbuch übernehmen

Ruft eine Person auf dem Smartphone an, deren Telefonnummer nicht gespeichert ist, wird in der Anrufliste nur die Nummer, aber kein Name angezeigt. Nehmen Sie den Anrufer ins Adressbuch auf, um in Zukunft zu sehen, wer anruft. Dazu brauchen Sie keine Nummer einzutippen.

1. Öffnen Sie die Anrufliste in der Telefon-App und tippen Sie auf das Symbol *Hinzufügen*.
2. Wählen Sie jetzt das Google-Konto, in dem der Kontakt gespeichert werden soll, falls es mehrere Konten auf dem Smartphone gibt.
3. Ist die Person noch nicht im Adressbuch, füllen Sie das Formular aus, in dem die Telefonnummer bereits eingetragen ist. Sie brauchen nur noch den Namen einzugeben. Das Symbol *Weitere Details* unten links blendet Eingabefelder für weitere Informationen wie Postanschrift, E-Mail-Adresse usw. ein.
4. Steht die Person bereits im Adressbuch, aber noch nicht mit dieser Telefonnummer, tippen Sie auf *Zu Vorhandenem hinzufügen*. Jetzt können Sie im Adressbuch den gewünschten Kontakt auswählen. Die neue Telefonnummer wird automatisch ergänzt.

5. Wenn die Telefonnummer nur im nationalen Format mit führender *0* übernommen wird, ändern Sie sie am besten gleich in das internationale Format mit *+49* statt der *0* in der Vorwahl, damit Sie diese Nummer auch aus dem Ausland anrufen können.

6. Tippen Sie in beiden Fällen danach oben rechts auf *Speichern*, um den Kontakt im Adressbuch zu speichern.

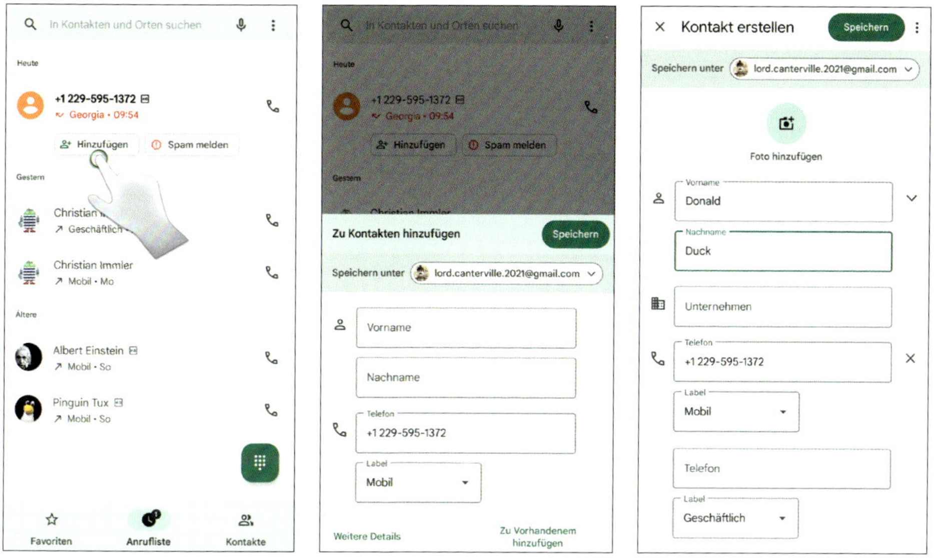

Anrufer als Kontakt ins Adressbuch übernehmen

Kontaktfotos

Hat eine Person in ihrem persönlichen Google-Konto ein persönliches Foto abgelegt, erscheint dieses bei jedem, der diese Person in seinem Adressbuch hat, automatisch als Kontaktfoto. Alternativ können Sie selbst den Personen in Ihrem Adressbuch eigene Fotos zuordnen, die dann aber nur Sie selbst sehen.

1. Tippen Sie bei der Person in den Kontakten auf *Kontakt bearbeiten* und dann oben auf das Profilbild oder bei Personen ohne Profilbild auf das Fotosymbol.

2. Hier können Sie ein Bild aus der Galerie eigener Fotos auswählen oder mit der Kamera ein neues Foto aufnehmen.

3. Bestätigen Sie die Aufnahme, indem Sie das Auslösersymbol, das jetzt ein Häkchen zeigt, noch einmal antippen.

Kontakte auf der SIM-Karte

Kontakten, die auf der SIM-Karte gespeichert sind, können keine Kontaktfotos zugeordnet werden.

4. Danach müssen Sie noch den gewünschten Ausschnitt wählen, da Kontaktfotos immer quadratisch sind. Sie können das Bild auch noch drehen.
5. Tippen Sie auf *Fertig* und zum Schluss oben rechts auf *Speichern*, um den bearbeiteten Kontakt zu speichern.

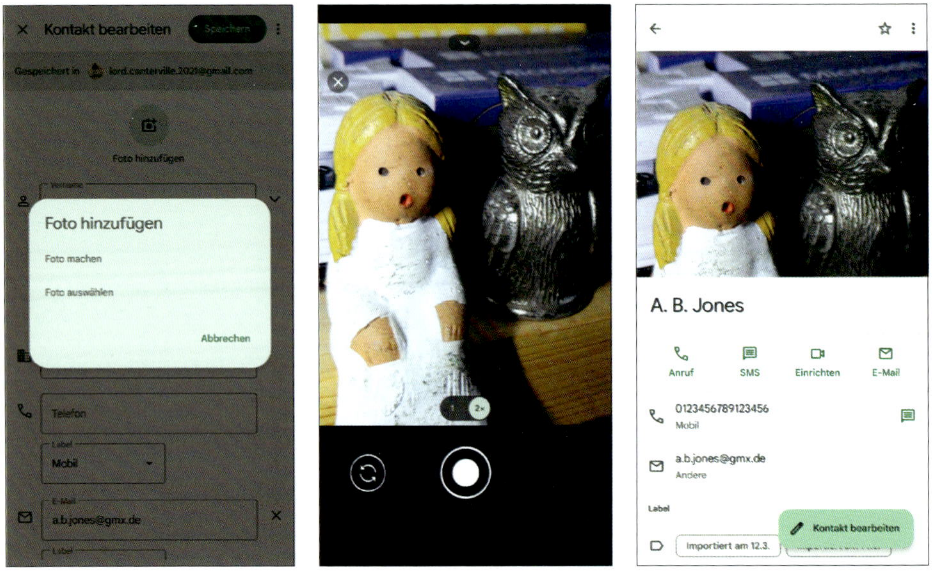

Kontaktfoto fotografieren und zuordnen

Besondere Klingeltöne für besondere Personen

Möchten Sie schon am Klingelton erkennen, wer anruft? Über den Menüpunkt *Klingelton auswählen* im Menü eines Kontaktes können Sie für diese Person einen speziellen Klingelton festlegen.

Speziellen Klingelton für eine Person auswählen

Kontaktlabels

Über Kontaktlabels finden Sie Ihre wichtigsten Kontaktpersonen leichter in langen Listen. Im Gegensatz zu starren Gruppen kann ein Kontakt mehrere Labels haben. Tippen Sie oben links in der Kontakte-App auf das Menüsymbol, werden alle gespeicherten Labels angezeigt. Standardmäßig sind meist einige wenige Labels wie *Friends* und *Family* vordefiniert. Tippen Sie auf *Label erstellen*, um ein neues Label anzulegen.

Tippen Sie auf ein Label, sehen Sie alle Kontakte, denen dieses Label zugeordnet ist, und können über das Plussymbol oben rechts weitere Personen hinzufügen.

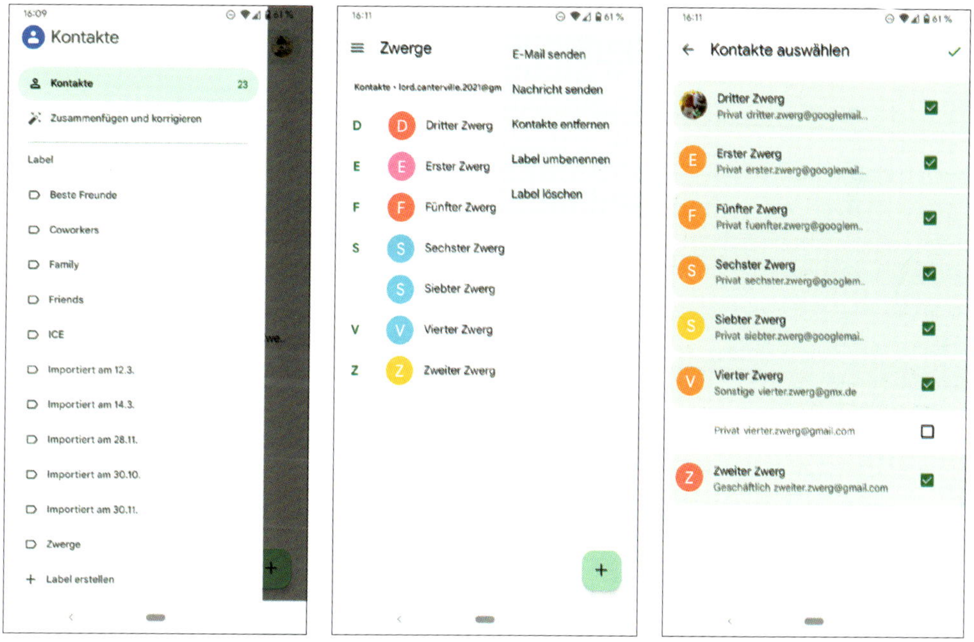

Kontakte einem Label zuordnen und E-Mail an ausgewählte Kontakte eines Labels schreiben

Über das Menü mit den drei Punkten oben rechts können Sie einfach eine E-Mail oder SMS an die Kontakte dieses Labels senden. Vor dem Schreiben der E-Mail haben Sie noch die Möglichkeit, einzelne Kontakte aus der Auswahl herauszunehmen, die dieses Mal keine Nachricht erhalten. Sie bleiben aber für die Zukunft in diesem Label.

Um eine Person wieder aus einem Label zu entfernen, wählen Sie im Menü *Kontakte entfernen*. Tippen Sie dann in der Kontaktliste dieses Labels auf die x-Symbole neben Kontakten, um diese aus dem Label zu entfernen. Sie bleiben aber in der Gesamtkontaktliste erhalten.

ICE-Notfallkontakte

Über das spezielle Label *ICE* im Adressbuch können Sie Telefonnummern zur Verfügung stellen, die im Notfall angerufen werden sollen – auch für den Fall, dass Sie selbst nicht in der Lage sind, solche Personen zu benennen.

ICE ist eine internationale Abkürzung für **I**n **C**ase of **E**mergency (auf Deutsch »in einem Notfall«). Finden Feuerwehrleute oder Rettungskräfte bei einer verletzten Person ein Smartphone, suchen sie nach solchen Einträgen, um möglichst schnell Angehörige oder den persönlichen Hausarzt zu verständigen. Tragen Sie in dieser Gruppe nur einige wenige wichtige Personen ein, damit diese auch wirklich verständigt werden. Auf dem Sperrbildschirm können weitere Notfallinformationen angezeigt werden.

Doppelte Kontakte bereinigen

Neben den Kontakten aus dem Google-Konto kann Android auch Kontakte aus weiteren Quellen nutzen, z. B. weitere Google-Konten, Exchange-Konten oder WhatsApp. Besonders beim regelmäßigen Synchronisieren und Austauschen von Kontakten gibt es unterschiedliche Gründe, dass einige Personen mehrfach in der Kontaktliste auftauchen. Um Übersicht in die Kontaktliste zu bringen, können Sie doppelte Kontakte zu einem zusammenführen, sodass alle zugehörigen Daten bei einer Person angezeigt werden. In unregelmäßigen Abständen schlägt die Kontakte-App selbstständig vor, Ordnung zu schaffen.

1. Tippen Sie links oben in der Kontakte-App auf das Menüsymbol mit den drei Strichen und dann auf *Zusammenfügen und korrigieren*.

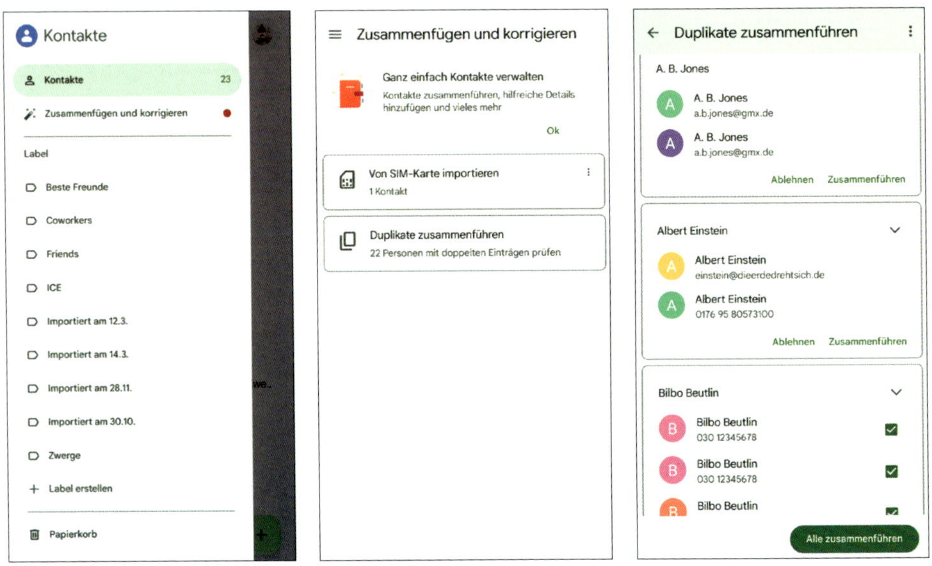

Duplikate in der Kontakte-App zusammenführen

2. Tippen Sie auf dem nächsten Bildschirm auf *Duplikate zusammenführen*.
3. Jetzt wird eine Liste aller doppelten Kontakte angezeigt. Sie können einzeln bestätigen, welche Duplikate zu je einem Kontakt zusammengeführt werden sollen und welche nicht. Werden mehr als zwei Kontakte vorgeschlagen, die zu einem zusammengeführt werden, können Sie die auswählen, die tatsächlich zusammengefügt werden sollen.
4. Die Kontakte werden zusammengeführt. Am unteren Bildschirmrand erscheint für kurze Zeit ein schwarzer Balken. Tippen Sie hier auf *Ansehen*, um den neuen zusammengeführten Kontakt zu sehen. Außerdem können Sie den zusammengeführten Kontakt wie jeden anderen Kontakt in der Liste anzeigen und weiterbearbeiten.
5. Die zu einem Kontakt zusammengeführten Kontakte werden dann wie jeder andere Kontakt wieder mit allen Geräten synchronisiert. Sie brauchen die Kontakte also nicht auf jedem Gerät eigens zu synchronisieren.

Visitenkarten drahtlos übertragen

Viel einfacher als mit klassischen Visitenkarten aus Papier lassen sich Kontaktdaten drahtlos von einem Smartphone auf ein anderes übertragen und beim Empfänger direkt ins Adressbuch übernehmen.

1. Wählen Sie den Kontakt, den Sie als Visitenkarte versenden möchten, im Adressbuch, tippen Sie auf das Menüsymbol oben rechts und wählen Sie im Menü *Teilen*.

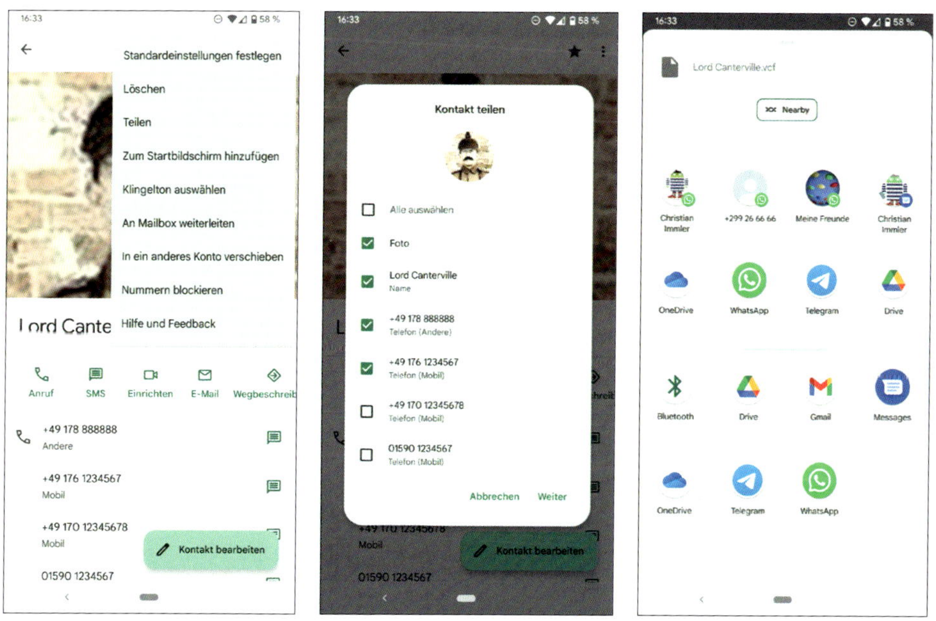

Kontaktdaten aus dem Adressbuch versenden und empfangen

2. Markieren Sie im nächsten Schritt die Kontaktdetails, die Sie teilen möchten. So können Sie zum Beispiel die geschäftliche Telefonnummer einer Person weitergeben, die private aber nicht.

3. Bestimmen Sie in der Liste installierter Kommunikations-Apps die gewünschte Versandart. Schieben Sie die Liste auf dem Bildschirm weiter nach oben, erscheinen weitere Apps zum Teilen, sollte der Platz auf dem Bildschirm nicht ausreichen.

4. Bei Gmail öffnet sich eine neue E-Mail. Hier brauchen Sie nur noch den Empfänger und einen kurzen Text einzutragen. Die Kontaktdaten im VCF-Format sind bereits angehängt.

5. Der Empfänger kann den Kontakt direkt in sein Adressbuch auf dem Smartphone importieren, indem er den Mailanhang öffnet.

Kontakte an PCs und einfache Handys verschicken

Android verwendet zum Teilen von Kontakten das Format VCF (vCard). Diese Dateien können auch auf dem PC von verschiedenen Anwendungen, z. B. Microsoft Outlook, importiert werden. Da es sich um ein reines Textformat handelt, lassen sich Kontakte – ohne Kontaktfotos – sogar per SMS auf ganz einfache Handys schicken.

Adressbuch auf dem PC bearbeiten

Wesentlich komfortabler als auf dem Smartphone selbst kann man das Adressbuch auf dem PC im Google-Konto bearbeiten.

Melden Sie sich mit den gleichen Zugangsdaten bei *contacts.google.com* an, die Sie auch auf dem Smartphone verwenden. Hier finden Sie das komplette Adressbuch des Google-Kontos und können alle Daten direkt bearbeiten sowie neue Kontakte hinzufügen.

Auch im Browser auf dem PC gibt es die Möglichkeit – über *Zusammenfügen* im Seitenbalken links – doppelte Kontakte zu finden und zusammenzuführen.

Haben Sie früher Ihre Adressen auf dem PC mit Outlook oder einem anderen Programm verwaltet, können Sie sie nun ins Google-Konto einlesen. Ältere Handys wie auch die früheren Smartphone-Plattformen Symbian, Palm OS und BlackBerry boten eigene Softwarelösungen, um das Adressbuch des Handys auf dem PC zu bearbeiten. Auch aus diesen Programmen lassen sich CSV-Dateien mit den Kontaktdaten exportieren und im Google-Konto einlesen.

Maximale Zahl von Kontakten

Eine CSV-Datei darf beim Importieren in Google-Kontakte maximal 3.000 Kontakte enthalten. Insgesamt können im Google-Konto bis zu 25.000 Kontakte gespeichert werden.

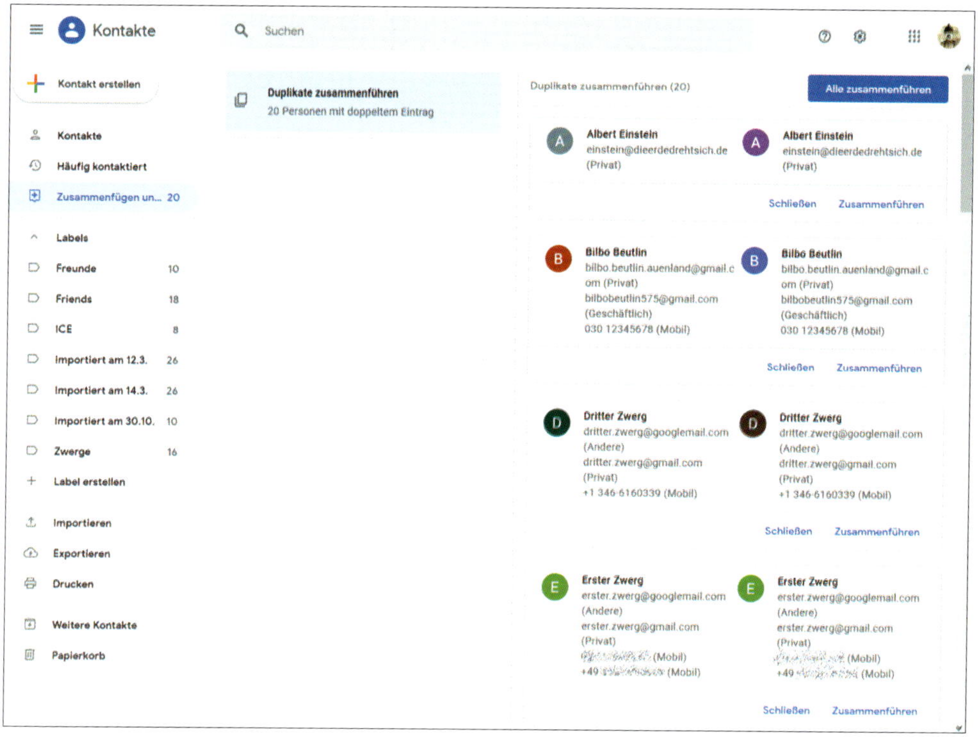

Kontakte auf dem PC zusammenführen

1. Suchen Sie dazu in Ihrer bisherigen Adressverwaltung eine Funktion zum Export im CSV-Format. Dabei handelt es sich um ein einfaches Textformat, das sogar mit einem Texteditor bearbeitet werden kann. In Outlook heißt der Menüpunkt *Datei/Importieren/Exportieren/Exportieren*. Wählen Sie dort *Kommagetrennte Werte (Windows)* und *Kontakte*.

2. Klicken Sie in der Liste aller Kontakte im Google-Konto auf dem PC links oben auf das Menü mit den drei Strichen und dann auf *Importieren*

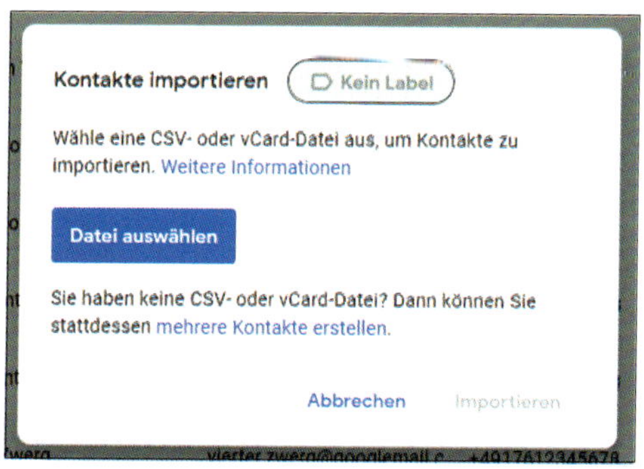

Kontakte importieren im Google-Konto auf dem PC

3. Wählen Sie jetzt die CSV-Datei aus, die Sie aus Ihrer alten Adressverwaltung exportiert haben. Wählen Sie auch noch ein Label, mit dem die importierten Kontakte markiert werden sollen, und klicken Sie auf *Importieren*.

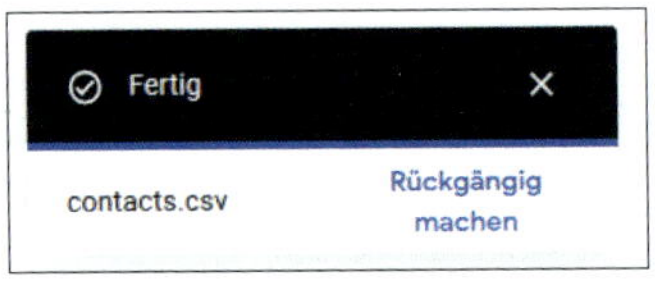

Kontakte aus einer CSV-Datei erfolgreich importiert

4. Die Kontakte werden importiert und danach im Google-Konto angezeigt. Sollte es Schwierigkeiten beim Import geben, klicken Sie auf den Link *Weitere Informationen*. Hier finden Sie detaillierte Hinweise zu den CSV-Formaten, die Google importieren kann.

Die Synchronisation der Daten mit dem Smartphone erfolgt vollautomatisch im Hintergrund. Nach wenigen Sekunden ist eine bearbeitete Adresse auf dem Smartphone, ohne dass Sie irgendetwas tun müssen.

Kontakte aus Outlook mit dem Google-Konto synchronisieren

Wer sein Outlook noch nicht ganz aufgeben will, kann die Kontakte aus Outlook auch mit dem Google-Konto synchronisieren, sodass sie bei Veränderungen in beiden Anwendungen zur Verfügung stehen. Weder Google noch Microsoft bieten eigene Tools zu diesem Zweck an. Das kostenlose Programm *GO Contact Sync Mod* erfüllt diesen Zweck aber sehr gut (*googlesyncmod.sourceforge.net*).

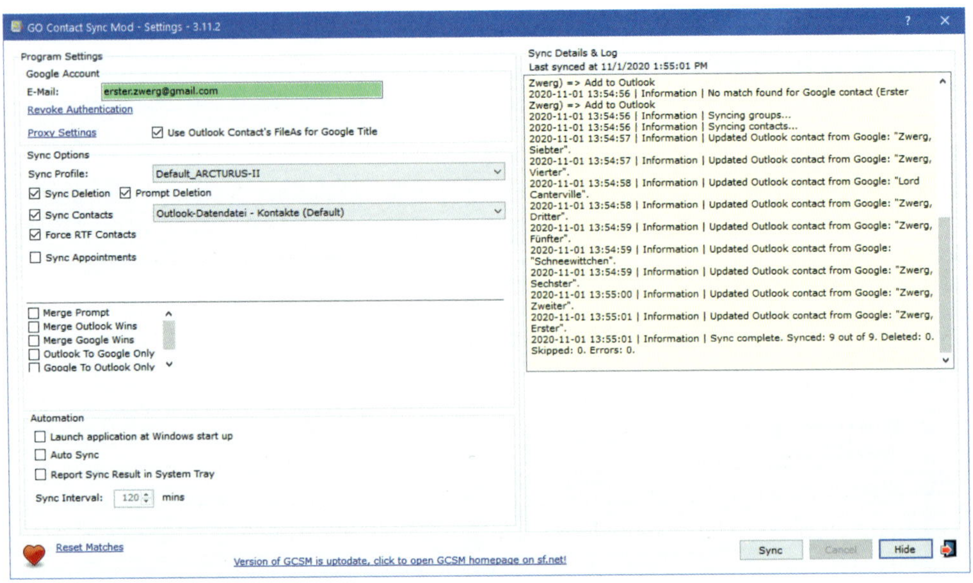

GO Contact Sync Mod synchronisiert Google-Konten mit Outlook

Auf dem PC muss Outlook installiert sein, das Programm erkennt die Installation und damit die dort gespeicherten Daten automatisch. Jetzt müssen Sie sich nur noch mit dem Google-Konto anmelden und die Synchronisation starten.

Daten eines alten Handys übernehmen

Steigen Sie von einem ganz alten Handy vor der Smartphone-Ära auf ein Smartphone mit Android um, können Sie die Kontakte übernehmen. Ganz alte Handys speicherten Telefonnummern noch direkt auf der SIM-Karte. Aktuelle SIM-Karten haben meist nur noch die Nummer der Mailbox und ein paar Werbeeinträge gespeichert. Stecken Sie eine SIM-Karte mit darauf gespeicherten Kontakten in ein Android-Smartphone, stehen diese Kontakte in Android 12 nicht mehr automatisch zur Verfügung. Sie haben aber die Möglichkeit, die Kontakte von der SIM-Karte ins Google-Konto auf dem Smartphone zu importieren.

1. Tippen Sie links oben in der Kontakte-App auf das Menüsymbol mit den drei Strichen und dann auf *Zusammenfügen und korrigieren*.
2. Tippen Sie auf dem nächsten Bildschirm auf *Von SIM-Karte importieren*. Nach einem kurzen Auslesevorgang erscheint eine Liste der auf der SIM-Karte gespeicherten Kontakte.
3. Wählen Sie oben das Google-Konto aus, in das die Kontakte importiert werden sollen, falls mehrere Google-Konten auf dem Smartphone angemeldet sind.
4. Wählen Sie dann die gewünschten Kontakte aus, die importiert werden sollen, und tippen Sie auf *Importieren*.

Google Kalender

Neben dem Adressbuch verfügt ein Android-Smartphone auch über einen handlichen Terminkalender, der immer greifbar ist. Mit dem Google Kalender sind die Termine auf dem Smartphone und dem PC immer synchron. Jeder, der ein Google-Konto hat, hat damit automatisch auch einen Google Kalender, man muss ihn nur nutzen.

Google Kalender auf dem PC

Im Browser auf dem PC finden Sie Ihren persönlichen Google Kalender unter *calendar.google.com*. Dort können Sie Termine anlegen sowie auf dem Smartphone angelegte Termine einsehen und bearbeiten. Die Synchronisation mit dem Google Kalender wird mit der Einrichtung des Google-Kontos auf dem Smartphone automatisch mit eingerichtet.

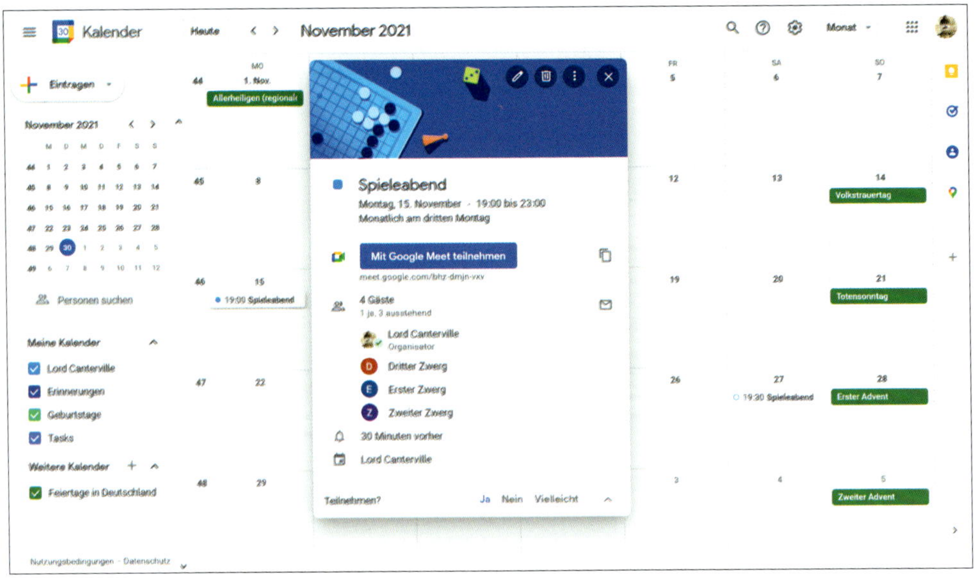

Termin im Google Kalender auf dem PC

Die App *Kalender* zeigt automatisch alle Termine, die Sie im Google Kalender vermerkt haben. Sie können natürlich auch jederzeit neue Termine eintragen.

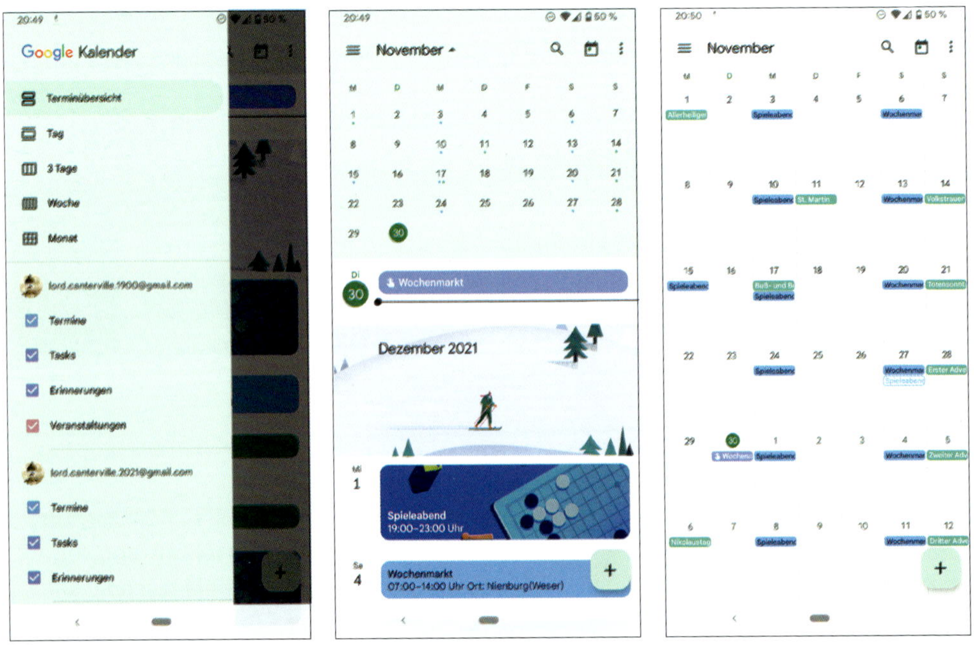

Links: zwischen verschiedenen Ansichten im Kalender umschalten, Mitte: Terminliste mit Monatsübersicht, rechts: Monatsansicht

Tippen Sie oben im Kalender auf den Monat, um eine Monatsübersicht in der Terminliste einzublenden. Tippen Sie links oben auf das Menüsymbol mit den drei Strichen, um zwischen verschiedenen Ansichten umzuschalten. Mit einer vertikalen oder horizontalen Fingerbewegung kommen Sie innerhalb einer Ansicht zu einem späteren Datum oder zu einer späteren Uhrzeit. In der Monatsübersicht oben springen Sie schnell zu einem bestimmten Tag, oder Sie verschieben die Ansicht horizontal, um zu einem anderen Monat zu kommen.

Der farbige Balken zeigt das aktuelle Datum und die Zeit innerhalb der gerade dargestellten Ansicht. In der Monatsansicht wird das aktuelle Datum hervorgehoben. Ein Symbol oben rechts zeigt das aktuelle Tagesdatum. Tippen Sie darauf, kommen Sie schnell zum aktuellen Tag.

Neuen Termin im Kalender eintragen

Neue Termine können Sie auf dem Smartphone oder im Google Kalender auf dem PC eintragen. Nach kurzer Zeit sind sie auf beiden Geräten synchron.

1. Um einen neuen Termin einzutragen, platzieren Sie die Markierung auf den gewünschten Zeitpunkt und tippen auf das farbige Plussymbol unten rechts.

2. Wählen Sie das Symbol *Termin*. Es erscheint ein Formular, in dem Datum und Zeit bereits vorgewählt sind. Sie können diese aber auch jederzeit noch ändern. In der Grundeinstellung dauert jeder Termin eine Stunde. Sie können jedoch auch eine andere Endzeit festlegen.

3. Ganz oben können Sie wählen, in welchem Kalender der Termin eingetragen werden soll, im eigenen Google-Konto oder in einem weiteren abonnierten Kalender. Diese Zeile wird nur angezeigt, wenn mehr als ein Kalender zur Verfügung steht.

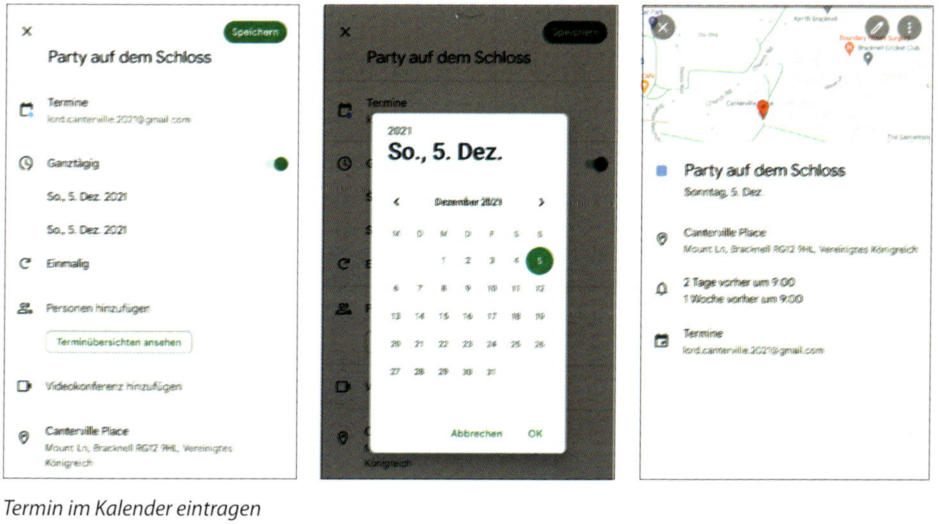

Termin im Kalender eintragen

4. Schalten Sie für ganztägige Termine die Option *Ganztägig* ein. Diese Termine erhalten dann keine Zeitangabe und erscheinen ganz oben in der Tages- und Wochenansicht.

5. Legen Sie für den neuen Termin noch einen Namen fest.

6. Wenn Sie einen Ort für den Termin eingeben, können Sie über Google Maps Ihre Reise dorthin planen. Bei bekannten Orten macht Google automatisch Vorschläge und findet auch passende Fotos als Hintergrundbilder für die Termine.

7. Im Bereich *Benachrichtigungen* können Sie Erinnerungen eintragen, wenn Sie vor dem Termin benachrichtigt werden möchten. Diese Einstellung können Sie auch später noch vornehmen.

8. Bei Bedarf können Sie auch noch Gäste hinzufügen und ganz unten eine Notiz anhängen. Nach einem Klick auf *Speichern* erscheint der Termin im Kalender.

Tippen Sie später auf einen Termin, werden alle im Termin gespeicherten Angaben angezeigt. Mit dem Stiftsymbol oben rechts können Sie den Termin nachträglich noch bearbeiten. In der Detailansicht eines Termins finden Sie oben rechts im Menü einen Menüpunkt, um den Termin aus dem Kalender zu löschen.

Möchten Sie sich an einen Termin erinnern lassen, fügen Sie auf dem Bearbeitungsbildschirm des Termins eine Benachrichtigung hinzu. Das Smartphone erinnert dann über die Benachrichtigungsleiste und auf Wunsch auch mit einem Signalton rechtzeitig an den Termin. Den Zeitraum können Sie selbst festlegen.

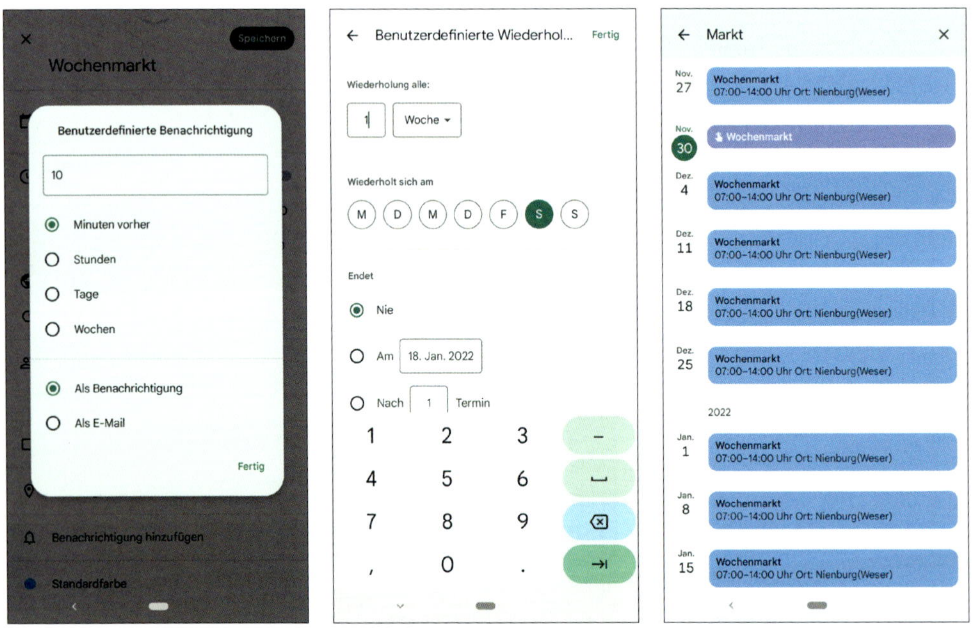

Benachrichtigung, Terminwiederholung und Suche nach Terminen

Regelmäßige Termine brauchen nicht jedes Mal neu eingetragen zu werden. Der Google Kalender bietet diverse Möglichkeiten zur Terminwiederholung. Tippen Sie im Bearbeitungsbildschirm eines Termins auf das Feld *Einmalig*. Hier können Sie zwischen verschiedenen Wiederholungsmethoden wählen. Anstatt *Einmalig* wird dann der Wiederholungsrhythmus angezeigt.

Haben Sie viele Termine im Kalender, ist es oft nicht einfach, einen bestimmten wiederzufinden, besonders wenn man sich nicht an das Datum erinnert. Hier hilft die Suchfunktion weiter. Tippen Sie oben im Kalender auf das Suchsymbol. Nach Eingabe eines Stichworts im Suchfeld zeigt der Kalender eine Übersicht aller Termine, in denen dieses Stichwort vorkommt. Zum Anzeigen von Terminen, die weiter in der Vergangenheit liegen, wischen Sie in der Terminliste nach unten.

Kurze Erinnerungen im Kalender

Oft möchte man sich nur zu einem bestimmten Zeitpunkt an etwas erinnern lassen, ohne eigens einen Termin dafür anzulegen.

1. Um eine neue Erinnerung einzutragen, platzieren Sie die Markierung im Kalender auf dem gewünschten Zeitpunkt und tippen auf das farbige Plussymbol unten rechts.

2. Tippen Sie auf das Symbol *Erinnerung* und tragen Sie ein, woran Sie erinnert werden möchten.

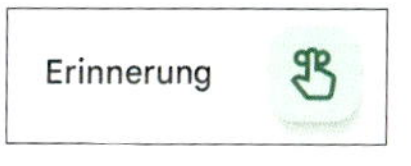

3. Dann wird ein Zeitpunkt für die Erinnerung vorgeschlagen, den Sie aber durch einfaches Antippen noch ändern können. Sie können die Erinnerung wie einen Termin auch als ganztägig festlegen.

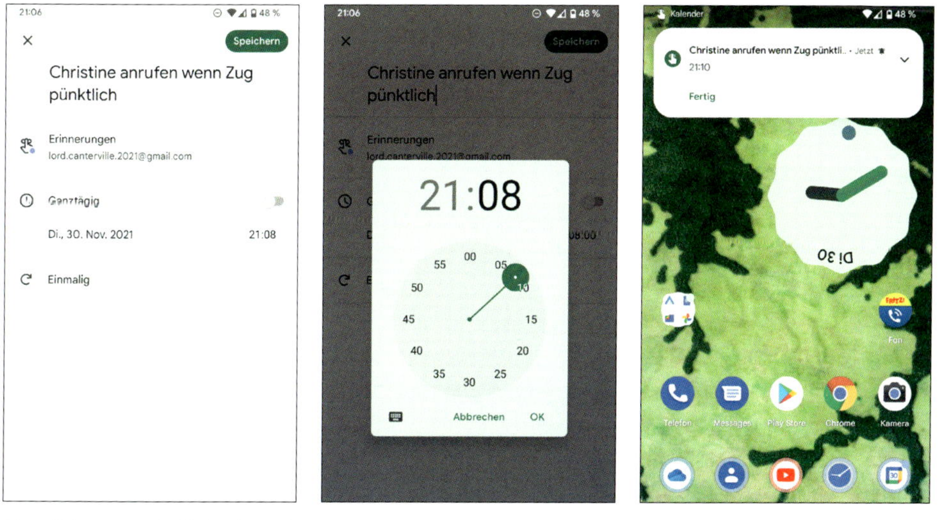

Neue Erinnerung im Kalender anlegen

4. Bei Bedarf können Sie wie bei Terminen eine Wiederholung für die Erinnerung einstellen.
5. Tippen Sie auf *Speichern*, um die Erinnerung im Kalender zu sichern.

Ist der Erinnerungszeitpunkt erreicht, erscheint eine Benachrichtigung und ein akustisches Signal ertönt. Solange Sie die Erinnerung nicht als erledigt bestätigen, werden Sie immer weiter erinnert, auch noch an den nächsten Tagen. Bestätigte Erinnerungen werden wie andere Benachrichtigungen auch im Benachrichtigungsverlauf angezeigt.

App-Shortcuts und Widgets

Über App-Shortcuts (langes Antippen des App-Symbols) lassen sich Termine oder Erinnerungen schnell anlegen. Bei Bedarf können diese Shortcuts auf den Startbildschirm gelegt werden. Das Widget-Symbol oben rechts bietet zwei verschiedene Kalender-Widgets zur Auswahl.

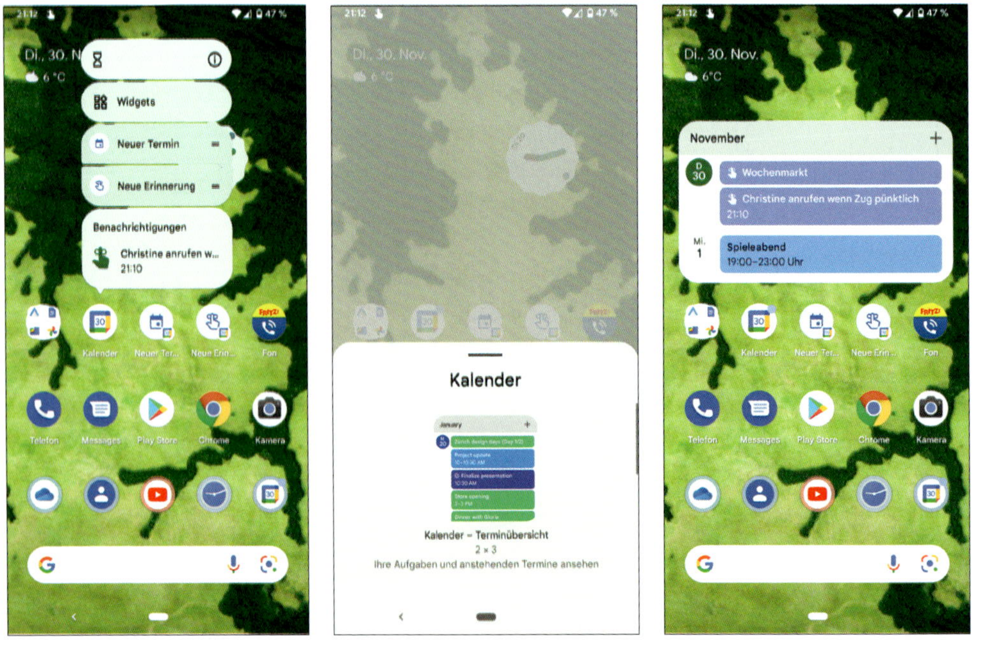

App-Shortcuts und Widgets für den Kalender

Termine mit Freunden teilen

Andere Personen zu einem Termin einzuladen, ist häufig mit Missverständnissen verbunden. Da vergisst jemand den Ort oder den Zeitpunkt oder versäumt es einfach, den Termin in den Kalender einzutragen. Mit dem Google Kalender lassen sich Termine ganz einfach »teilen«.

1. Wählen Sie im Google Kalender auf dem Smartphone den Termin und tippen Sie oben auf das Stiftsymbol.

2. Tippen Sie auf die Gästeliste im Termin und wählen Sie die Namen von Gästen aus dem Adressbuch aus. Tippen Sie dazu einfach ein paar Buchstaben des Namens, bis Vorschläge erscheinen. Sie können auch E-Mail-Adressen von Gästen eintippen, die nicht im Adressbuch gespeichert sind.

3. In der Gästeliste können Sie wählen, ob die eingeladenen Gäste den Termin bearbeiten, weitere Gäste einladen und die Gästeliste anzeigen dürfen.

4. Jeder eingeladene Gast bekommt automatisch eine Benachrichtigung und kann den Termin direkt in seinen Kalender auf dem Smartphone importieren. Bei einer Zu- oder Absage wird diese im eigenen Kalender angezeigt.

5. Über das Symbol mit dem Briefumschlag neben der Gästeliste können Sie jederzeit allen Gästen eine automatische E-Mail mit einer Terminerinnerung oder einer Nachricht, wenn Sie sich z. B. selbst verspäten, schicken.

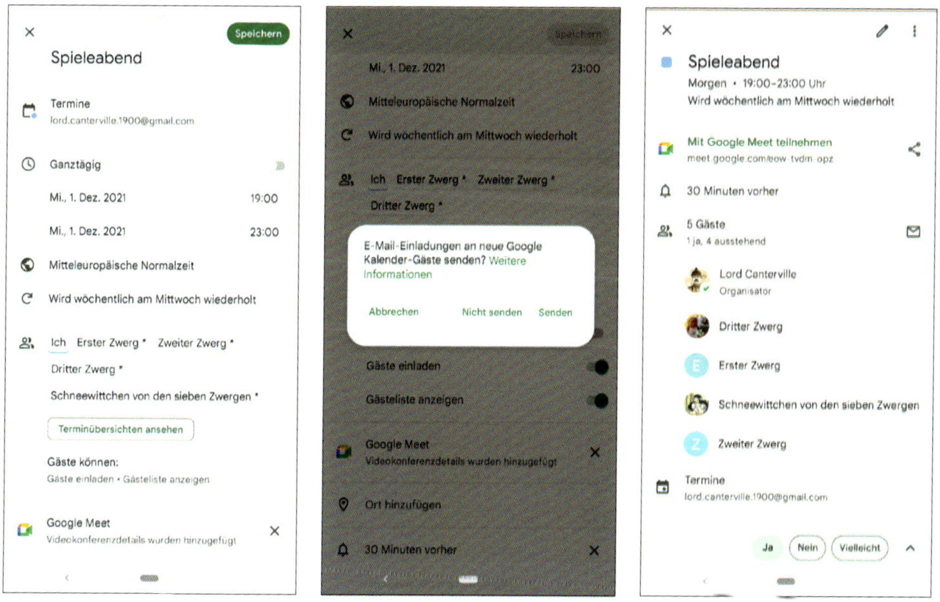

Gäste zu einem Termin einladen

Termineinladungen an andere Geräte verschicken

Android verwendet für den Versand von Terminen das Format ICS (iCalendar). Diese Dateien können auch auf dem PC und verschiedenen anderen Geräten von verschiedenen Kalendern wie z. B. Microsoft Outlook importiert werden.

Gemeinsame Kalender für Familien oder Arbeitsgruppen

In jedem Google-Konto können Sie mehrere Kalender anlegen, deren Termine gleichzeitig zu sehen sind. Im Seitenbalken links im Kalender im Browser oder über das Seitenmenü der Google-Kalender-App wählen Sie aus, welche Kalender jeweils zu sehen sind. Jeder Kalender hat eine Standardfarbe, um die Termine auf einen Blick unterscheiden zu können.

Neue Kalender im Browser auf dem PC anlegen

Neue Termine können auch in der App angelegt werden, neue Kalender nur in der Webversion des Google Kalender.

Legen Sie für die Familie oder ein Team einen Kalender an. Alle dort eingetragenen Termine erscheinen bei allen der Gruppe hinzugefügten Personen. Je nach vergebenen Berechtigungen können die anderen die Termine ändern und auch neue Termine anlegen.

1. Klicken Sie unten links im Seitenbalken auf das Plussymbol bei *Weitere Kalender*, um einen neuen Kalender anzulegen.
2. Geben Sie dem Kalender einen Namen und eine kurze Beschreibung. Termine werden jetzt noch keine eingetragen. Wenn Sie den Kalender mit Personen teilen möchten, die in einer anderen Zeitzone leben, ist es wichtig, dass die Zeitzone im Kalender Ihrer aktuellen Zeitzone entspricht. Bei den anderen Personen werden die Zeiten der Termine entsprechend der eingestellten Zeitzone dargestellt, sodass alle gleichzeitig den Termin wahrnehmen können, was besonders bei Onlinemeetings wichtig ist.

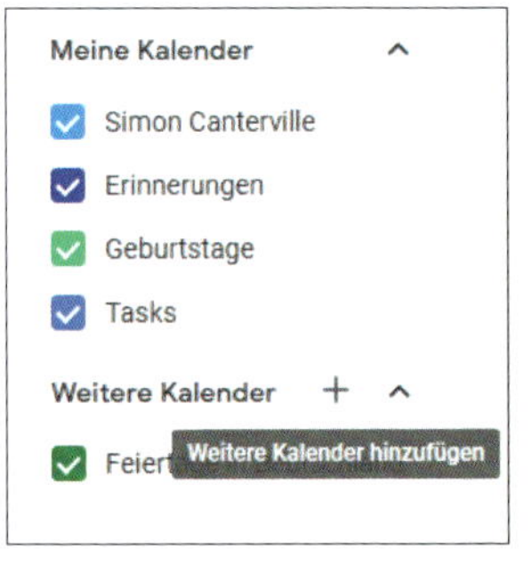

Neuen gemeinsamen Kalender anlegen

Einstellungen für den neuen Kalender

3. Der neue Kalender erscheint im Seitenbalken des Google Kalender. Im Menü mit den drei Punkten rechts wählen Sie die Farbe des Kalenders. Klicken Sie hier auf *Einstellungen und Freigabe*, um den Kalender für andere Personen freizugeben.

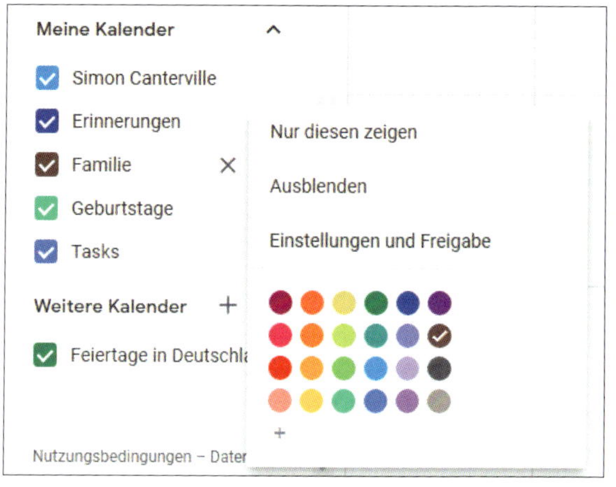

Der neue Kalender im Seitenbalken des Google Kalender

4. Wählen Sie Personen aus, für die der Kalender freigegeben werden soll. Legen Sie außerdem fest, wie weit die Personen Termine oder auch den ganzen Kalender ändern dürfen. Diese Berechtigungen lassen sich später für einzelne Personen auch wieder ändern.

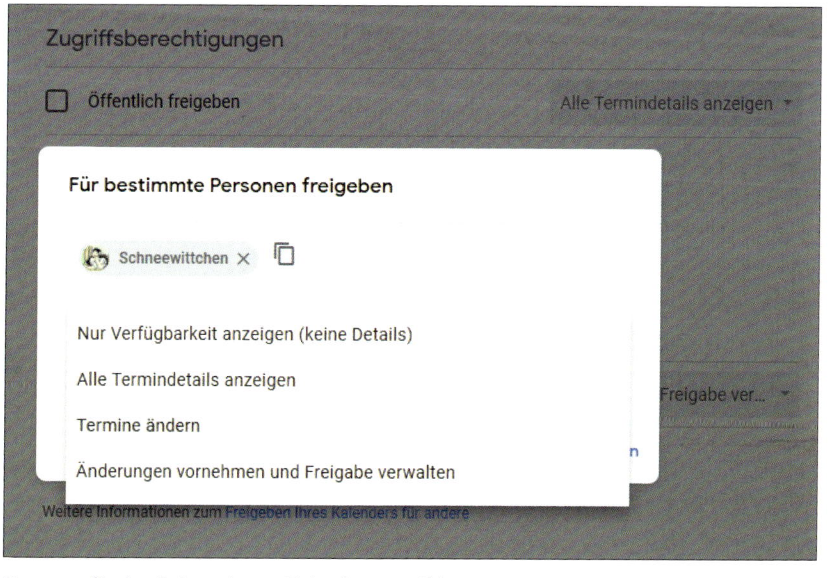

Personen für den freigegebenen Kalender auswählen

5. In den Kalendereinstellungen können Sie jederzeit weitere Personen hinzufügen oder Personen wieder entfernen und auch die Berechtigungen ändern.

6. Die Personen, für die der Kalender freigegeben wurde, erhalten automatisch eine E-Mail. Klicken Sie als eingeladene Person auf den Link in der Mail, um den Kalender dem eigenen Google Kalender hinzuzufügen.

7. Legen Sie neue Termine wie gewohnt im Google Kalender an. Wählen Sie im Termin unten den gewünschten Kalender aus.

8. Bei den eingeladenen Personen erscheint der Termin im gemeinsamen Kalender. Hier sehen Sie auch, wer den Termin erstellt hat.

Termine mit dem Google Assistant anzeigen und neu anlegen

Der Google Assistant zeigt Termine aus dem Kalender an und liest sie vor. Tippen Sie länger auf das Home-Symbol in der Mitte unten oder auf das Mikrofonsymbol im Google-Suchfeld auf dem Startbildschirm und sagen Sie zum Beispiel *meine nächsten Termine* oder *meine Termine am Freitag*. Der Google Assistant zeigt die entsprechenden Termine an und liest den ersten auch gleich vor. Nähere Informationen zum Google Assistant finden Sie in Kapitel 9.

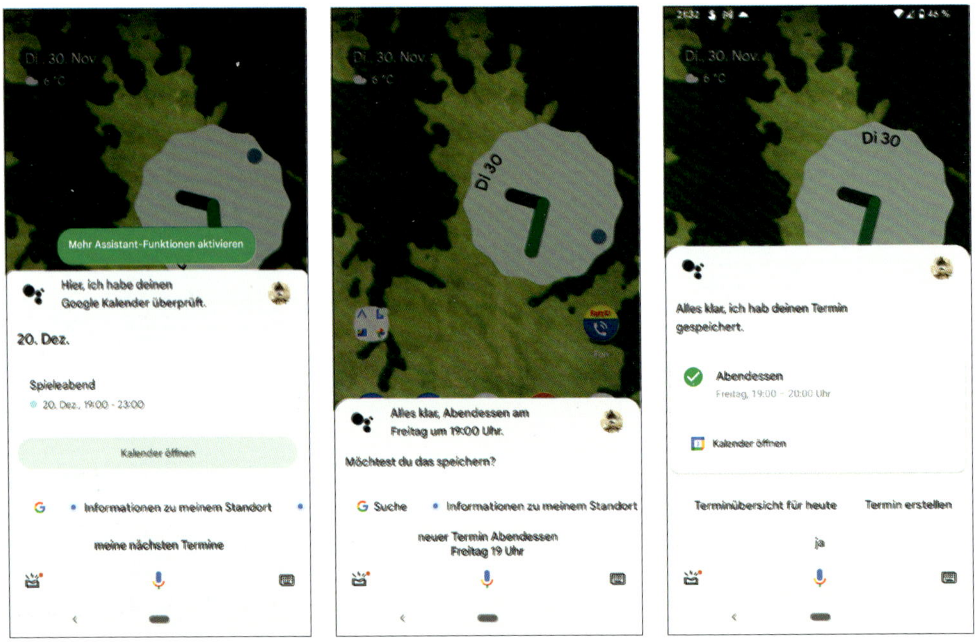

Termine per Spracheingabe im Google Assistant anzeigen und neuen Termin anlegen

Tippen Sie auf das Mikrofonsymbol und sagen Sie zum Beispiel *Neuer Termin am Freitag 19 Uhr Abendessen*, wird automatisch ein Termin angelegt, den Sie nur noch mit *ja* bestätigen müssen.

Wichtige Kalendereinstellungen

In der Kalenderliste, die Sie über das Menüsymbol links oben im Kalender erreichen, legen Sie fest, welche Kalender auf dem Smartphone angezeigt werden sollen. Haben Sie im Google-Konto mehrere Kalender, brauchen Sie nicht unbedingt immer alle Termine auf dem Smartphone. Tippen Sie in der Liste auf *Einstellungen*, können Sie für jeden Kalender eine Farbe wählen und festlegen, ob er auf dem Smartphone synchronisiert werden soll oder nicht.

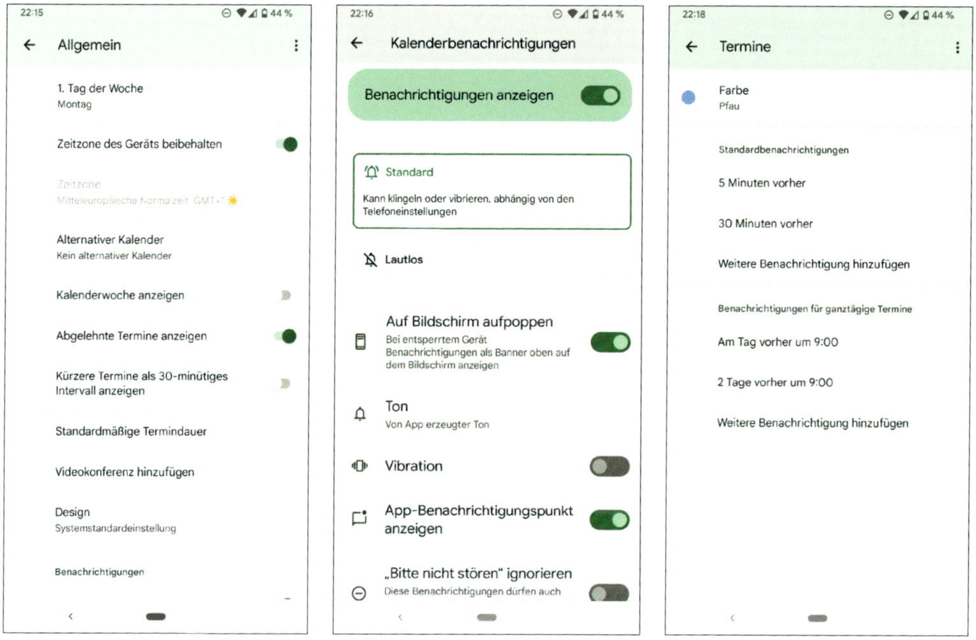

Allgemeine Kalendereinstellungen und Einstellungen für Benachrichtigungen und Terminerinnerungen

In den *Einstellungen* unter *Allgemein* wählen Sie, auf welche Weise das Smartphone an Termine erinnern soll. Neben der normalen Benachrichtigung über die Benachrichtigungsleiste kann auch ein Klingelton abgespielt werden.

Die Standardzeit für Terminerinnerungen legen Sie in den Einstellungen für jeden einzelnen Kalender fest. Sie lässt sich für jeden Termin allerdings auch noch verändern.

Kalender und Termine importieren

Der Google Kalender bietet die Möglichkeit, weitere Kalender von Freunden, Firmenkalender oder öffentliche Kalender mit Feiertagen, Schulferien oder anderen Terminen zu importieren. Diese werden dann in anderer Farbe im eigenen Google Kalender auf dem PC wie auch auf dem Smartphone angezeigt.

Um einen Kalender zu importieren, melden Sie sich auf dem PC im Browser bei *calendar.google.com* mit Ihrem Google-Konto an. Unter *Weitere Kalender hinzufügen/Kalender importieren* können Sie weitere Kalender importieren. Welche dieser Kalender auf dem Smartphone angezeigt werden sollen, legen Sie in der Kalenderliste im Seitenmenü der Kalender-App fest.

Einige andere Apps können Termine direkt in den Google Kalender auf dem Smartphone eintragen, ohne dass ein ganzer Kalender importiert werden muss. Diese werden dann auch synchronisiert und stehen auf dem PC im Browser zur Verfügung. Ein gutes Beispiel ist der *DB Navigator*, der den Fahrplan für eine ausgewählte Fahrt auf Wunsch in den Kalender einträgt.

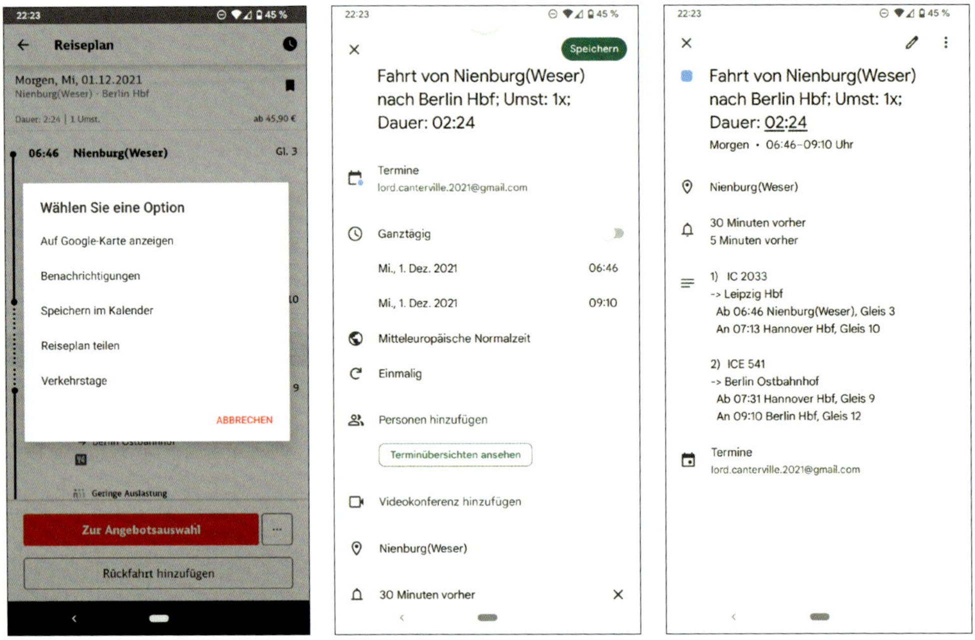

Termin im DB Navigator anlegen und in den Kalender übernehmen

ICS-Dateien aus Google Drive in Kalender importieren

Viele Webseiten bieten Termine wie z. B. Feiertage, Schulferien, Messetermine oder auch Bahnfahrpläne im ICS-Format zum Download an. Speichern Sie diese Dateien auf Google Drive, können Sie sie direkt auf dem Smartphone in den Kalender übernehmen.

1. Starten Sie die Google-Drive-App, suchen Sie die zuvor dort abgelegte ICS-Datei und tippen Sie darauf.
2. Der in der Datei gespeicherte Termin wird angezeigt. Enthält die ICS-Datei mehrere Termine, können Sie auswählen, welche davon Sie importieren möchten.

3. Tippen Sie auf *Alle hinzufügen*. Jetzt werden die Termine in den Kalender übernommen. Wenn Sie mehrere Google Kalender auf dem Smartphone anzeigen lassen, müssen Sie noch auswählen, in welchen die Termine importiert werden sollen.

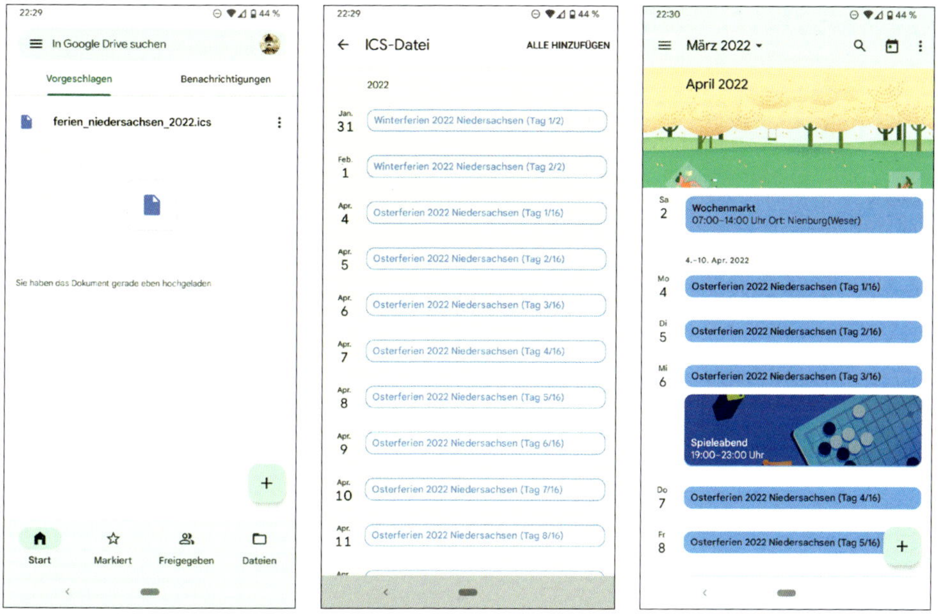

Termine aus einer ICS-Datei in den Google Kalender übernehmen

Google Kalender mit dem Windows-11-Kalender synchronisieren

Verwenden Sie auf dem PC den Kalender von Windows 11, können Sie Ihren persönlichen Google Kalender direkt dort einbinden und auf diesem Weg Termine zwischen Smartphone und PC synchronisieren.

1. Haben Sie das Google-Konto bereits in den Kontakten verknüpft, wird automatisch auch der Kalender synchronisiert. Andernfalls klicken Sie im Kalender von Windows 11 unten links auf das Zahnradsymbol. Wählen Sie rechts im Menü die Option *Konten verwalten* und klicken Sie auf *Konto hinzufügen*.

2. Wählen Sie im nächsten Fenster die Option *Google* und geben Sie Ihre Anmeldedaten für das Google-Konto ein.

3. Nach einer weiteren Bestätigung erscheint links in der Liste der Kalender ein Konto namens *Gmail*. Hier können Sie auswählen, welche Kalender aus Ihrem Google-Konto Sie in der Kalender-App anzeigen möchten.

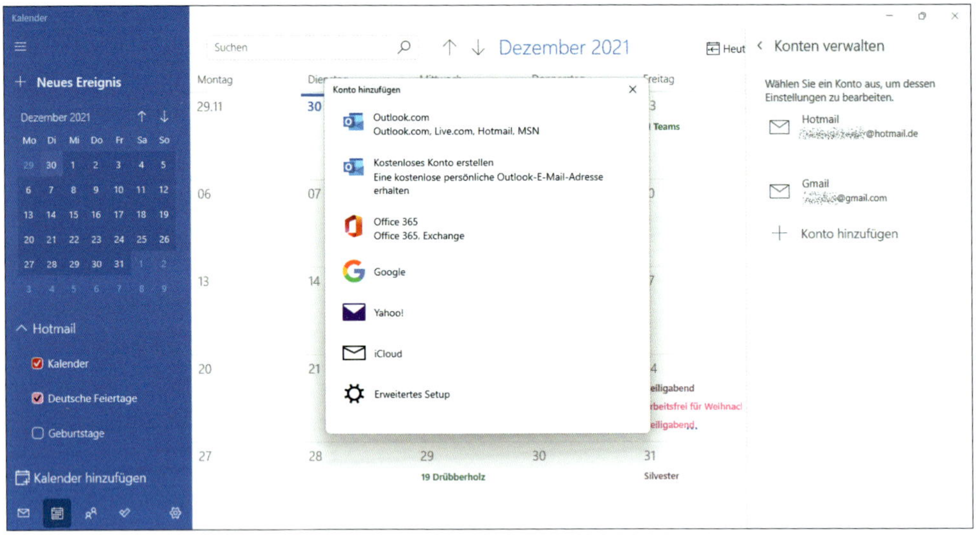

Google Kalender in Windows-10-Kalender integrieren

Google Kalender mit Mozilla Thunderbird synchronisieren

Verwenden Sie auf dem PC den Kalender von Thunderbird, können Sie Ihren persönlichen Google Kalender direkt dort einbinden und auch auf diesem Weg Termine zwischen Smartphone und PC synchronisieren. In den aktuellen Thunderbird-Versionen ist die ehemalige Lightning-Erweiterung für den Kalender bereits integriert. Es ist auch kein zusätzliches Add-on zur Synchronisation mit dem Google Kalender mehr nötig.

1. Beim Anlegen eines Google-Kontos in Thunderbird erscheint ein Anmeldefenster von Google, in dem Sie die Anmeldung mit Ihrem Google-Passwort bestätigen müssen.
2. Anschließend zeigt der Bestätigungsbildschirm den Bereich *Mit verknüpften Diensten verbinden*. Hier werden die mit dem Google-Konto verknüpften Kalender angezeigt.
3. Wählen Sie einen Kalender, der in Thunderbird genutzt werden soll, und klicken Sie auf *Verbinden*. Jetzt können Sie noch einen Namen festlegen und eine Farbe für die Termine wählen.
4. Legen Sie ein Aktualisierungsintervall fest. Dies kann durchaus auch länger sein, wenn Sie nicht ständig auf mehreren Geräten gleichzeitig Termine anlegen und verändern.
5. Auf Laptops, die zeitweise ohne Internetverbindung arbeiten, schalten Sie die Offline-Unterstützung ein. Termine werden dann lokal heruntergeladen.
6. Wechseln Sie in Thunderbird zur Kalenderseite, klicken Sie mit der rechten Maustaste in die Kalenderspalte ganz links und wählen Sie dort den gewünschten Kalender. Die Termine werden angezeigt, Sie können zwischen verschiedenen Ansichten wechseln,

Termine bearbeiten und neu anlegen, die dann mit dem Google Kalender und dem Smartphone synchronisiert werden.

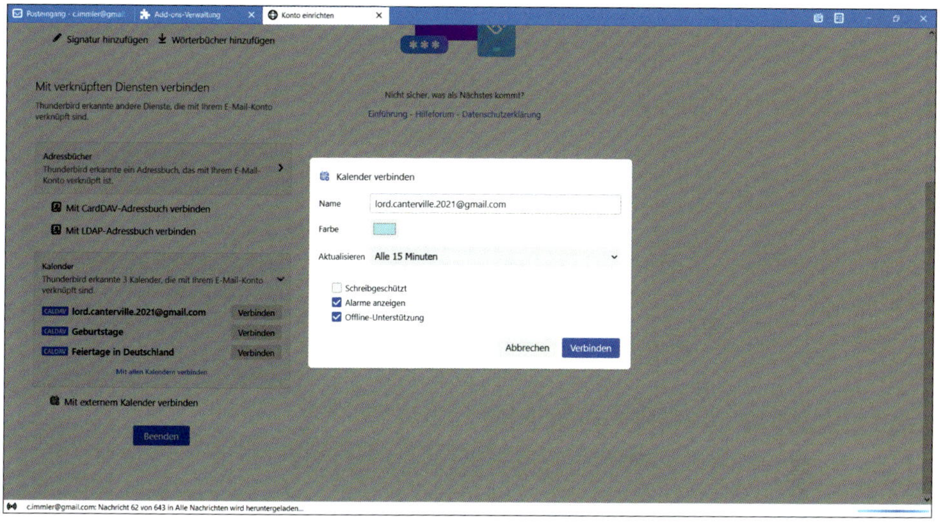

Kalender aus dem Google-Konto in Thunderbird verbinden

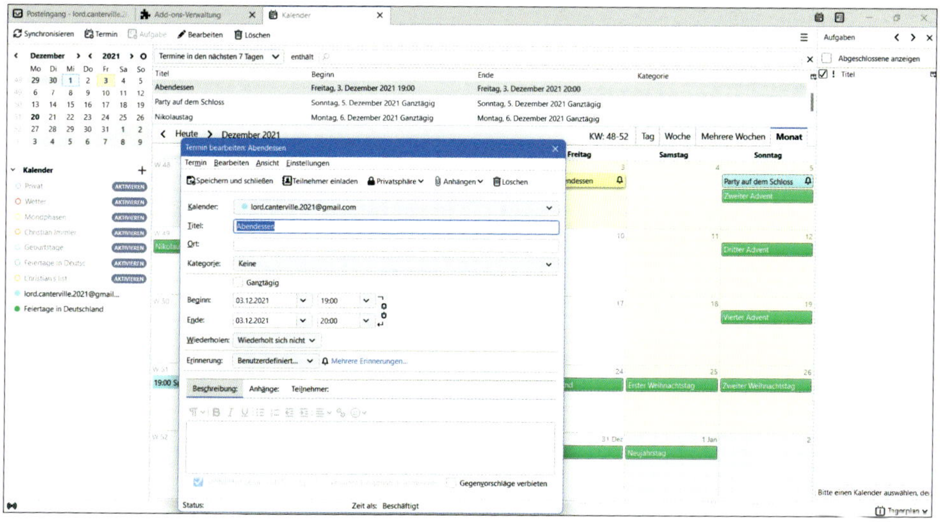

Google Kalender in Thunderbird

Keine Synchronisation mit Outlook

Mit einem großen Update im Herbst 2013 hat Google die Synchronisation mit Microsoft Outlook nach einer langen Ankündigungsphase endgültig eingestellt.

7. Ein Seitenbalken in der E-Mail-Ansicht von Thunderbird zeigt die nächsten Termine.

8. Bei Terminen mit Erinnerung erinnert Thunderbird in einem eigenen kleinen Fenster.

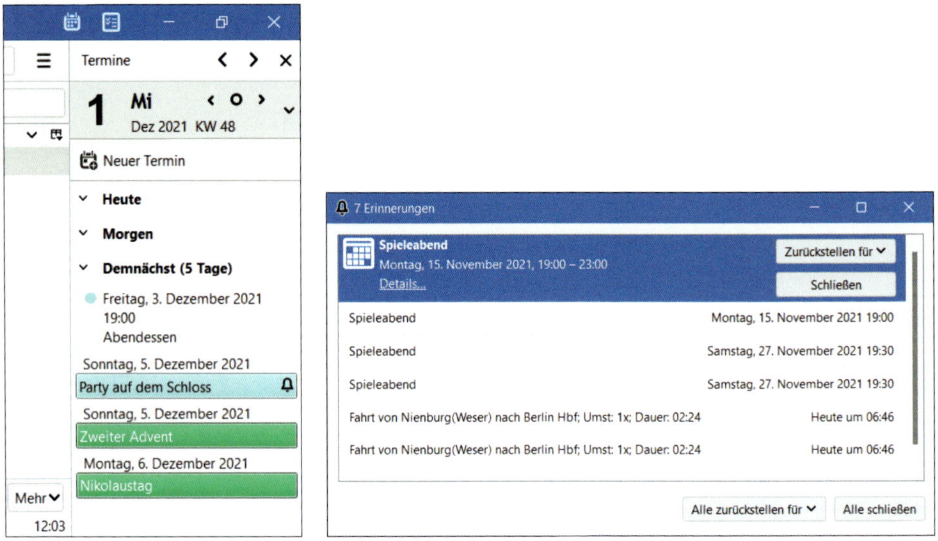

Termine und Erinnerungen aus dem Google Kalender in Thunderbird

Uhr und Wecker

Ein Smartphone, das man fast immer bei sich trägt, eignet sich geradezu ideal als Taschenuhr oder Wecker. Android liefert Uhren für den Startbildschirm mit Wecker, Stoppuhr und Countdown mit.

Auf einigen Geräten ist die Uhr auf dem Startbildschirm bereits vorinstalliert. Wenn nicht, können Sie das leicht selbst vornehmen.

Uhr auf den Startbildschirm bringen

Android liefert Widgets mit einer Analog- oder Digitaluhr, Stoppuhr und Weltzeituhr mit. Das Symbol der App zeigt die aktuelle Uhrzeit als Analoguhr.

1. Halten Sie den Finger länger auf dem Symbol der Uhr-App, bis eine Symbolpalette mit App-Shortcuts erscheint. Tippen Sie dort oben auf das *Widgets*-Symbol.

2. Wählen Sie das gewünschte Widget aus.

3. Jetzt können Sie das Widget an der gewünschten Position auf dem Startbildschirm ablegen und dort loslassen.

4. Anschließend ziehen Sie das Widget mit den vier Griffpunkten auf die gewünschte Größe. Die Uhr wird ab sofort ständig auf dem Startbildschirm angezeigt.

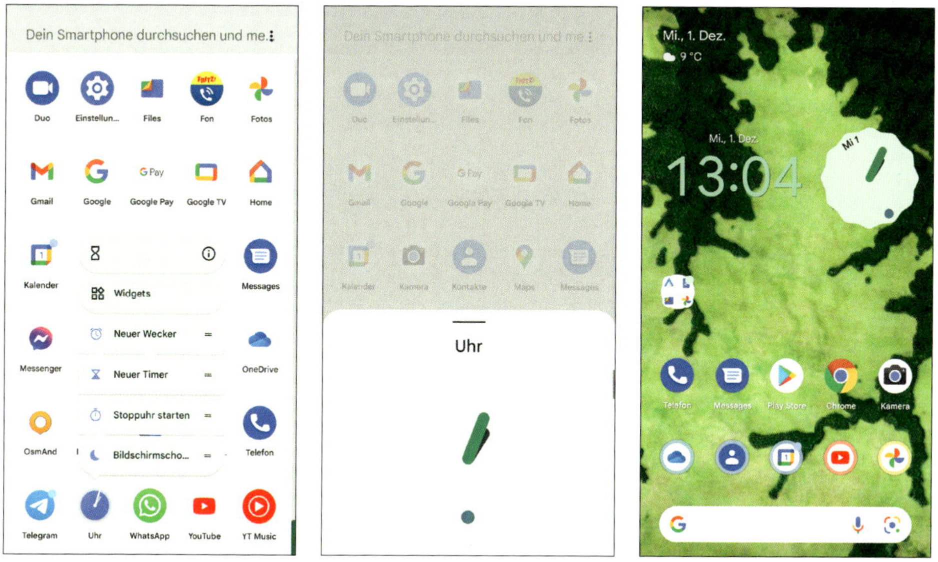

Uhr als Widget auf den Startbildschirm ziehen

Die App *Uhr* zeigt eine Digitaluhr im Vollbildmodus auf dem Bildschirm. Einfacher, als die App in der Liste zu finden, geht es aber, indem Sie einfach das Uhren-Widget auf dem Startbildschirm antippen.

Mit den Symbolen am unteren Bildschirmrand lässt sich diese App auch als Wecker, Kurzzeit-Timer und als Stoppuhr verwenden. Während Stoppuhr oder Kurzzeit-Timer laufen, können Sie andere Apps benutzen. Die Daten dieser Uhrfunktionen werden direkt auf dem Startbildschirm und auch als Benachrichtigungen angezeigt. Durch Antippen dieser Benachrichtigungen kommen Sie jederzeit wieder zur laufenden Uhr zurück.

Tippen Sie auf das Plussymbol unten in der Mitte der Uhrenanzeige, können Sie weitere Städte hinzufügen, deren aktuelle lokale Uhrzeit auf dem Uhrenbildschirm mit angezeigt werden soll.

Wecker einstellen

In dieser App können Sie mehrere Wecker stellen. Hier sind bereits zwei Wecker für Werktage und Wochenenden voreingestellt, die Sie aktivieren oder auch ändern können.

1. Über die Schaltfläche mit dem Plussymbol in der Mitte unten legen Sie weitere Wecker fest. Auf diese Weise stellen Sie Wecker für verschiedene Tage oder Ereignisse, die sich wiederholen. Sie brauchen diese Wecker dann nur bei Bedarf ein- oder auszuschalten und müssen sie nicht jedes Mal neu einstellen.

2. Legen Sie die Weckzeit und den gewünschten Klingelton fest. Über die Wochentagssymbole bestimmen Sie die Wochentage, an denen der Wecker klingeln soll, wenn es sich nicht um ein einmaliges Ereignis handelt, an das Sie sich vom Wecker erinnern lassen wollen.

Ein Weckersymbol in der Statusleiste oben rechts weist darauf hin, dass ein Wecker aktiv ist. Der nächste Wecktermin wird zusätzlich bei der Uhrzeit im Digitaluhr-Widget und auf dem Sperrbildschirm angezeigt. Wenn der Wecker klingelt, erscheint zudem eine auffällige Anzeige auf dem Bildschirm, unabhängig davon, welche App gerade läuft.

- Tippen Sie in dieser Anzeige auf das Symbol *Schlummern*, bedeutet das, Sie möchten noch etwas schlummern. Der Wecker klingelt in wenigen Minuten noch einmal. Die Schlummerzeit wird auch als Benachrichtigung angezeigt.
- Tippen Sie auf *Stop*, klingelt der Wecker nicht noch einmal, sondern erst wieder, wie es in der Wiederholung eingestellt ist, also beispielsweise am nächsten Tag.

Schlafenszeit

In Kapitel 11 finden Sie unter der Überschrift »Entspannen, konzentrieren, schlafen« Hinweise, wie die Uhr-App zu einem entspannten Schlaf beitragen kann.

Anstatt über das App-Symbol oder das Uhren-Widget können Sie den Wecker auch über ein Schnelleinstellungssymbol aufrufen. Dieses zeigt die nächste Weckzeit an.

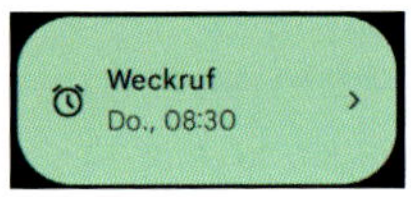

App-Shortcuts

Über App-Shortcuts bei längerem Drücken des Uhrensymbols können Sie die Stoppuhr starten, Timer und Wecker einrichten oder direkt den Bildschirmschonermodus starten. Wenn Sie diese Funktionen oft nutzen, ziehen Sie sie direkt auf den Startbildschirm.

Interessante Einstellungen für die Uhr

Über das Menüsymbol mit den drei Punkten oben rechts lässt sich die Uhr in einen augenschonenden und stromsparenden Nachtmodus umschalten, der in den Einstellungen der Uhr als *Bildschirmschoner* bezeichnet wird. Hier werden auf einem schwarzen Bildschirm nur die Uhrzeit und das Datum in leichtem Grau angezeigt. Dieser Nachtmodus ersetzt gleichzeitig den Sperrbildschirm. Sie brauchen das Smartphone in der Nacht also nicht extra zu entsperren, um die Uhr im Nachtmodus zu sehen. Ein Druck auf den Einschalter reicht aus. In den Einstellungen der Uhr können Sie diese von Digitaluhr auf Analoguhr umschalten. Das Design für den Nachtmodus lässt sich getrennt einstellen. Außerdem können Sie dort unter anderem den Lautstärketasten eine Sonderfunktion zuweisen, um damit den Wecker auszuschalten oder auf Schlummern zu setzen.

KAPITEL 4

Apps finden und installieren

Ähnlich wie es für PCs Millionen Programme gibt, wird auch der Markt für Apps immer umfangreicher und unübersichtlicher. So ziemlich jedes erdenkliche Thema lässt sich mit der passenden App auf dem Smartphone darstellen.

Für Android sind auch nach zweimaligem gründlichem Ausmisten durch Google in den Frühjahren 2018 und 2019 inzwischen wieder über 2.800.000 verschiedene Apps erhältlich, etwa zwei Drittel davon kostenlos. Allerdings werden Sie, wenn Sie sich einige Zeit mit diesem Thema beschäftigt haben, feststellen, dass Sie über 99 % der Apps nicht brauchen.

Der Google Play Store

Die erste Anlaufstelle, um Apps auf ein Android-Smartphone herunterzuladen, ist der Google Play Store. Insgesamt wurden bereits weit über 100 Milliarden Apps aus dem Google Play Store heruntergeladen.

Zum Download aus dem großen Angebot ist eine spezielle App nötig, die auf allen Android-Geräten mit Google-Zertifizierung vorinstalliert ist. Smartphones kleiner Hersteller, die sich keine Google-Lizenz leisten wollen, oder Geräte aus chinesischer Produktion für den dortigen Inlandsmarkt haben keinen Zugang zum Google Play Store. Als Folge der aktuellen Blockade der US-Regierung liefert Huawei zurzeit fast alle seine Smartphones weltweit ohne vorinstallierte Google-Dienste aus.

Das bedeutet aber nicht, dass auf diesen Geräten keine Apps installiert werden können. Android bietet im Gegensatz zu iOS die Möglichkeit, Apps auch aus anderen Quellen zu installieren. Die größten Smartphone-Hersteller, Samsung, Huawei und Xiaomi, installieren auf ihren Geräten zusätzlich zum Google Play Store noch eigene Stores.

Die Tablets der Kindle-Fire-Serie von Amazon haben ebenfalls keinen Google Play Store an Bord, obwohl sie auf Android basieren. Apps werden hier aus dem Amazon Appstore installiert.

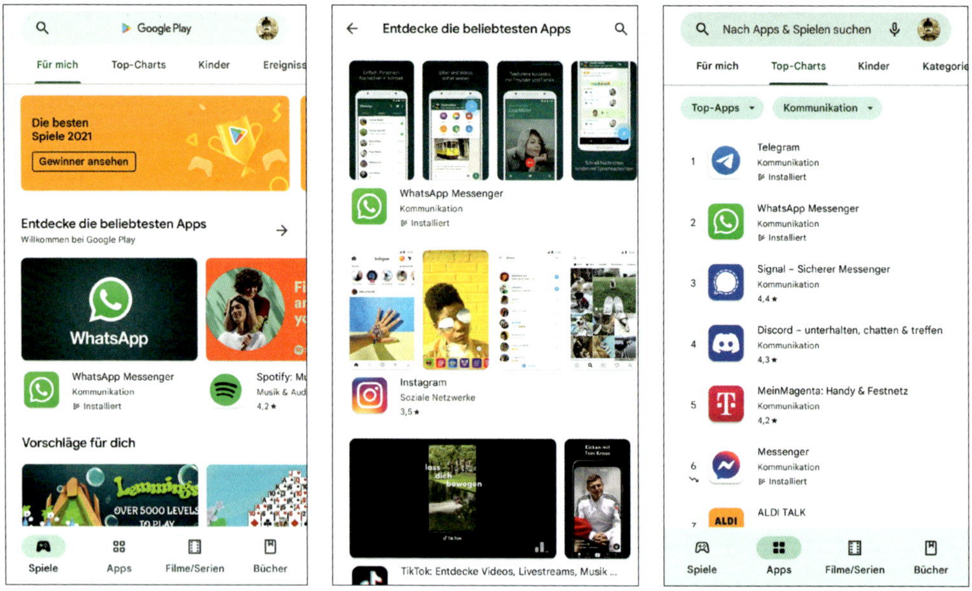

Der Google Play Store auf dem Smartphone

Der Google Play Store listet alle Apps getrennt nach Anwendungen und Spielen in unterschiedlichen Kategorien auf. Hier kann man sich anhand von Empfehlungslisten inspirieren lassen. Diese Listen sollen zwar zur Orientierung dienen, sind aber weitgehend aussagelos, da sich Entwickler dort »einkaufen« können. Lediglich die Liste *Top-Charts* orientiert sich an tatsächlichen Downloadzahlen.

Bewertungen und Nutzerkommentare

Das Symbol *Empfehlung der Redaktion* sowie die Anzahl der Sterne und auch die Gesamtzahl der Installationen sind noch ein guter Richtwert für die Qualität der App.

Die Nutzerkommentare sollten Sie dagegen besser ignorieren. Wie in fast allen Onlineshops zeugen diese von absolut mangelhaftem technischem Verständnis, dafür umso mehr von übersteigertem Geltungsbewusstsein einiger Nutzer. Besonders die Bewerter mit wenigen Sternen würden bereits im Deutschunterricht der ersten Klasse durchfallen. Wie viele andere Webseiten auch, würde sich Google Play einen Gefallen tun, wenn die Kommentare redaktionell gefiltert oder ganz abgeschaltet würden.

Um eine bestimmte App zu finden, können Sie die Suchfunktion verwenden, wobei man auch hier Vorsicht walten lassen muss, da Entwickler betrügerischer Apps alles daransetzen, unter beliebten Suchbegriffen in den Listen aufzutauchen. Suchen Sie bekannte Apps besser in den *Top-Charts*, um sicherzugehen, die richtige App zu installieren, da Sie in den meisten Fällen die bekannte App und nicht eine weniger beliebte gefälschte Version mit gleichem oder ähnlichem Namen installieren wollen. Bei den wichtigsten Apps hat Google mittlerweile nachgebessert und zeigt nicht mehr eine Liste von Suchergebnissen, sondern direkt die richtige App im Google Play Store an.

Der Google Play Store listet auf dem Smartphone immer nur die Apps auf, die auf dem jeweiligen Gerät auch tatsächlich laufen. Zu jeder App werden eine Beschreibung sowie Screenshots angezeigt. Bei einigen Apps gibt es auch YouTube-Videos, die die Funktionen näher erläutern. Da die Beschreibungen sowie die Videos nicht von Google selbst stammen, sondern von den Entwicklern geliefert werden müssen und nur minimalen Qualitätskontrollen unterliegen, sind sie häufig kaum brauchbar.

> **Google-Konto**
>
> Der Google Play Store braucht eine Anmeldung mit einem Google-Konto. Falls Sie bei der Einrichtung Ihres Smartphones kein Google-Konto angegeben haben, müssen Sie dies spätestens tun, wenn Sie den Google Play Store nutzen wollen.

Apps auf dem Smartphone installieren

Zur Installation auf dem Smartphone braucht man nach Auswahl der App nur noch auf *Installieren* zu tippen. Danach wird die App installiert und Sie können sie direkt aus dem Google Play Store heraus öffnen. Selbstverständlich ist die neu installierte App auch in der Liste aller Apps zu finden. Um den Google Play Store übersichtlicher zu halten, werden die früher teilweise sehr umfangreichen Beschreibungstexte der Apps erst beim Tippen auf *Über diese App* angezeigt.

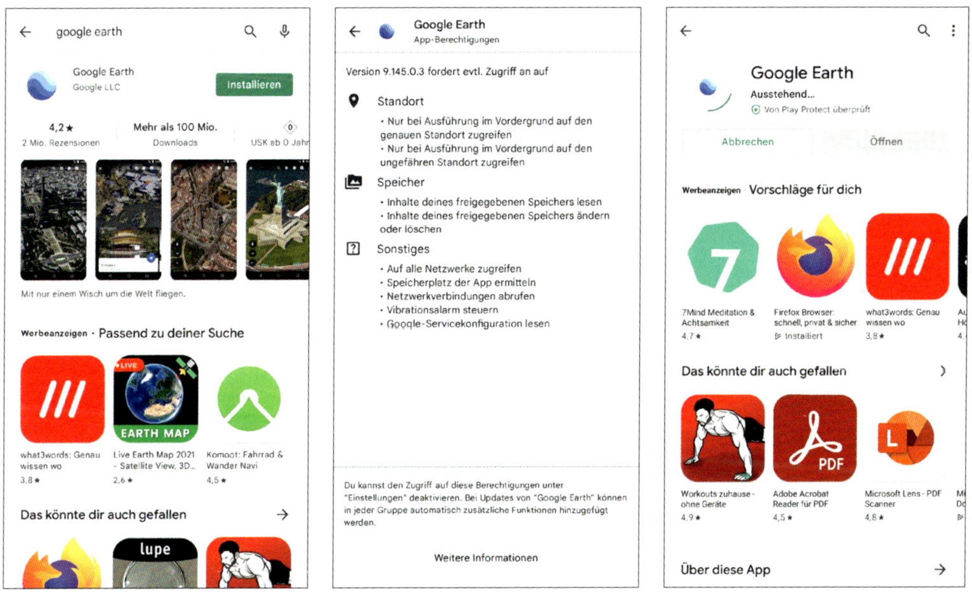

Neue App aus dem Google Play Store installieren, rechts: geforderte App-Berechtigungen

App-Berechtigungen

Der Google Play Store zeigte früher direkt auf der Seite einer App an, auf welche Systemkomponenten die jeweilige App zugreifen kann. Diese Berechtigungen wurden von vielen Medien missverstanden und in Verruf gebracht. Trotz der damals teilweise bedenklich klingenden Bezeichnungen sind die meisten Berechtigungen für das Funktionieren einer App wirklich nötig. In Android 6 Marshmallow war es erstmals möglich, bestimmte Berechtigungen von Apps nachträglich einzuschränken. Dies gilt für Android 12 gleichermaßen. Ob die App ohne die jeweiligen Berechtigungen noch sinnvolle Arbeit leistet, bleibt dem Nutzer überlassen. Da viele Nutzer aus blinder Paranoia Berechtigungen verwehrt und anschließend schlechte Kritiken über die App veröffentlicht haben, werden die Berechtigungen mittlerweile nur noch über den Link *Weitere Informationen* ganz am Ende der App-Beschreibung angezeigt. Nutzer mit geringem technischem Verständnis sollen so weniger verwirrt werden.

Apps werden in Android 12 direkt installiert, ohne dass der Benutzer den Berechtigungen zustimmen muss. Die App fordert die Berechtigungen erst an, wenn sie erstmals benötigt werden. Alle Beschreibungen in diesem Buch gehen davon aus, dass alle von Apps angeforderten Berechtigungen auch gewährt wurden.

Regelmäßige App-Updates

Unter *Apps und Gerät verwalten* im Menü des Google Play Store beim Klick auf das eigene Profilbild rechts oben speichert der Google Play Store alle von dort heruntergeladenen Apps. In dieser Liste werden auch Update-Benachrichtigungen angezeigt, wenn von einer App eine neue Version verfügbar ist.

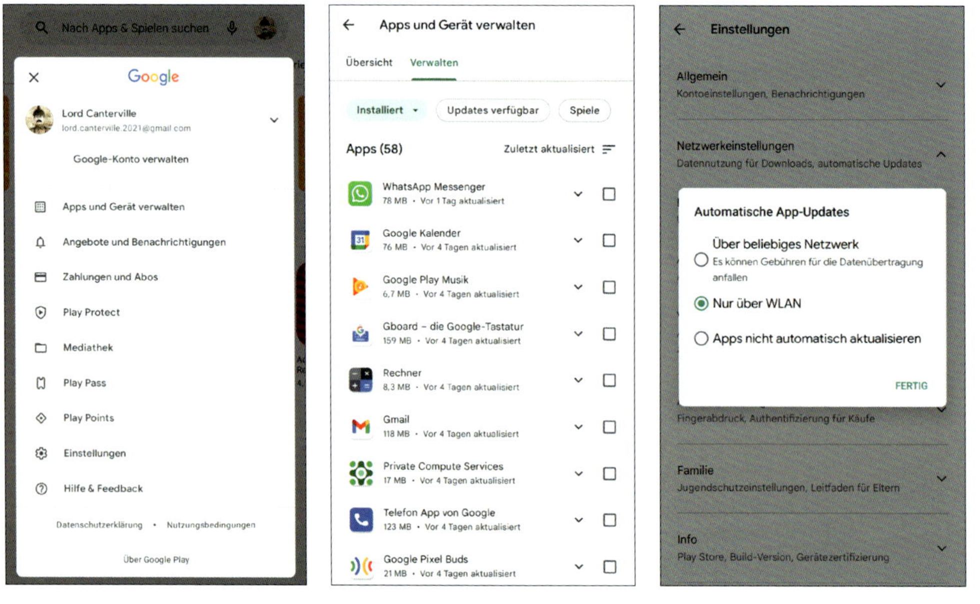

Update-Benachrichtigungen und automatische App-Updates im Google Play Store

Einige Apps erhalten häufig Updates. Um nicht jede App manuell updaten zu müssen, können Sie auch alle anstehenden Updates auf einmal aktualisieren.

Automatische App-Updates

Möchten Sie sich über Updates keine Gedanken machen müssen, schalten Sie über den Menüpunkt *Einstellungen* im Google Play Store unter *Netzwerkeinstellungen* die Funktion *Automatische App-Updates* ein. Um Mobilfunk-Datenvolumen zu sparen, sollten Sie gleichzeitig die Option *Nur über WLAN* aktivieren. Damit werden automatische Updates nur heruntergeladen, wenn sich das Smartphone in einem WLAN befindet. Manuell können Sie trotzdem jederzeit App-Updates auch über Mobilfunk installieren.

Auch wenn automatische Updates aktiv sind, können Sie bei einzelnen Apps über das Menü oben rechts die automatischen Updates abschalten, wenn z. B. bekannt ist, dass neue App-Versionen Kompatibilitätsprobleme, Werbung, Bezahlfunktionen oder Funktionseinschränkungen mit sich bringen.

Automatisches Update beim ersten Start

Bereits direkt nach dem Start meldet fast jedes Smartphone, dass Updates zur Verfügung stehen. Dabei handelt es sich um einige Google-Apps, die inzwischen in einer neueren Version angeboten werden als der, mit der die Geräte im Herstellerwerk vorkonfiguriert wurden. Die Meldung brauchen Sie nicht weiter zu beachten, da diese Updates automatisch installiert werden.

So kann man Apps kaufen

Kostenpflichtige Apps können im Google Play Store mit verschiedenen Zahlungsmethoden bezahlt werden, unter anderem mit einer gültigen Kreditkarte oder über die Mobilfunkrechnung. Spätestens beim ersten Kauf einer App müssen Benutzer in ihrem Google-Konto eine Zahlungsmethode und auch eine gültige Postanschrift hinterlegen. Vor jedem Kauf können Sie die Zahlungsmethode wechseln, und es muss sicherheitshalber noch einmal das Passwort des Google-Kontos eingegeben werden, solange Sie diese Abfrage nicht deaktiviert haben.

Alternativ können Sie Prepaid-Guthaben für den Google Play Store in Form von Geschenkkarten bei verschiedenen Supermarkt-, Drogerie- und Tankstellenketten kaufen und beim Onlinekauf einlösen. Weitere Informationen finden Sie bei *goo.gl/j9wo9c*. Der Google Play Store unterstützt auch das Prepaid-System Paysafecard sowie PayPal als Zahlungsmethode. Dabei kann ein beliebiges PayPal-Konto eingetragen werden. Dieses muss nicht mit der E-Mail-Adresse Ihres Google-Kontos übereinstimmen.

Eine App, die Sie einmal auf einem Android-Gerät gekauft haben, können Sie auf weiteren Geräten mit demselben Google-Konto installieren, ohne sie neu zu kaufen. Wählen Sie dazu im Menü von Google Play *Apps und Gerät verwalten*. Dort finden Sie neben den auf diesem Gerät installierten Apps auch noch alle Apps, die Sie jemals mit diesem Google-Konto auf irgendeinem Android-Gerät heruntergeladen haben – Freeware und auch Kauf-Apps. Hier werden auch Apps angezeigt, die mit dem aktuellen Smartphone nicht kompatibel sind. Diese können dann aus der Liste nicht installiert werden.

Vorsicht: Betrug mit Google-Play-Prepaid-Karten

Immer wieder versuchen Betrüger, über E-Mails oder Anrufe an die Codes von Google-Play-Geschenkkarten zu kommen. Verwenden Sie niemals Google-Play-Geschenkkarten, um Steuern, Kautionen oder sonstige Beträge außerhalb von Google Play zu bezahlen. Google-Play-Geschenkkarten können ausschließlich für Käufe im Google Play Store verwendet werden.

Google-Play-Guthaben mit Umfragen verdienen

Möchten Sie kostenpflichtige Apps ab und zu mal kostenlos bekommen? Durch regelmäßiges Beantworten einfacher statistischer Fragen können Sie Google-Play-Guthaben verdienen. Die App *Google Umfrage* liefert alle paar Tage eine einfach zu beantwortende statistische Frage. Für das Beantworten bekommt man ein paar Cent gutgeschrieben. Nach wenigen Wochen bis Monaten hat man sich damit die erste App verdient.

Der Google Play Store auf dem PC

Der Google Play Store ist auch vom PC über einen beliebigen Webbrowser unter *play.google.com/store/apps* zu erreichen. Hier kann man Apps finden und auch direkt auf seinen Geräten installieren.

Zur Installation von Apps muss man auf dem PC im Browser mit dem Google-Konto angemeldet sein, das auch auf dem Smartphone verwendet wird. Mit dem Zahnradsymbol rechts oben können Benutzer die verwendeten Geräte verwalten. Unter dem Link *Apps/Meine Apps* im Seitenbalken links sehen Sie alle auf Ihren Android-Geräten installierten Apps.

Bevor Sie eine App zur Installation auswählen, prüfen Sie unterhalb des grünen Installationsbuttons die Gerätekompatibilität. Ein Klick auf das grüne **i**-Symbol zeigt alle in diesem Google-Konto eingetragenen Android-Geräte. Anhand von Betriebssystemversion, Bildschirmgröße und einigen anderen technischen Kriterien wird ermittelt, mit welchen der Geräte die App kompatibel ist.

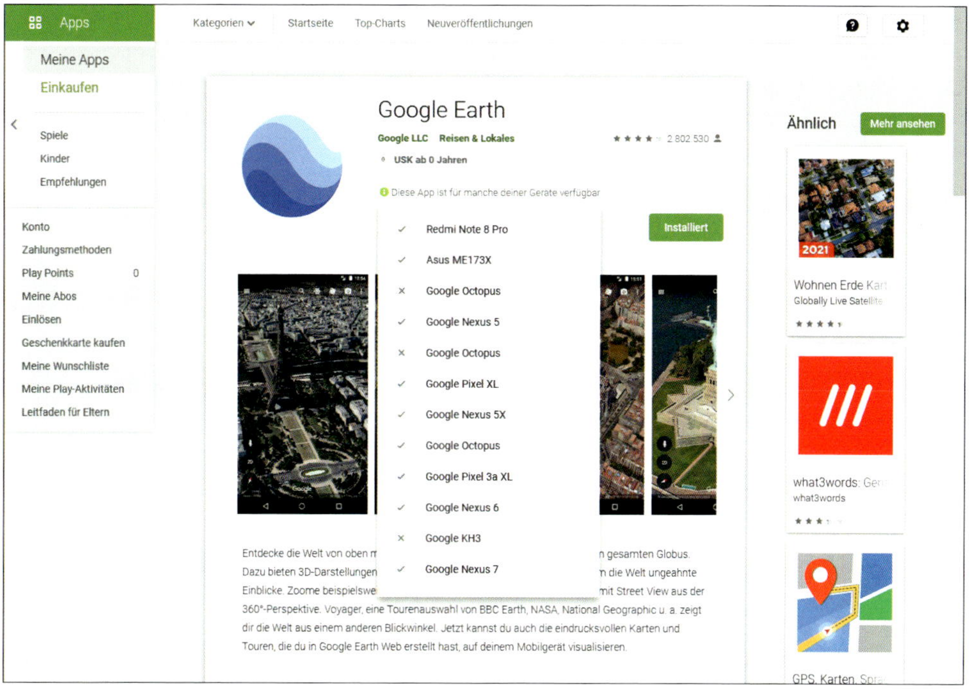

Anzeige der Gerätekompatibilität im Google Play Store auf dem PC

Um eine App auf dem Smartphone zu installieren, klicken Sie auf dem PC auf den *Installieren*-Button bei der jeweiligen App. Wählen Sie jetzt noch das gewünschte Gerät aus, wenn Sie unter Ihrem Google-Konto mehrere Android-Geräte angemeldet haben, beispielsweise ein Smartphone und ein Tablet.

Um die Installation auf dem jeweiligen Gerät brauchen Sie sich keine Gedanken mehr zu machen. Die App wird nun vollautomatisch an Ihr Smartphone geschickt und dort installiert. Sie werden darüber in der Benachrichtigungszeile informiert. Beachten Sie hierbei, dass die Bestellung sofort per Push auf Ihr Smartphone geschickt wird. Das verbraucht Datenvolumen oder erzeugt Kosten, falls Sie keine Flatrate besitzen. Besonders schnell und kostenlos geht es natürlich, wenn Ihr Smartphone per WLAN online ist.

Nicht mehr benötigte Apps deinstallieren

Irgendwann ist der Speicher des Smartphones voll oder Sie wollen mal wieder den Überblick in der App-Liste haben. Wie auch immer, es wird der Zeitpunkt kommen, an dem Sie bestimmte Apps wieder vom Smartphone entfernen möchten. Leider funktioniert dies nicht mit allen der auf manchen Smartphones vorinstallierten Werbe-Apps.

Apps können auf drei verschiedenen Wegen wieder deinstalliert werden. Leider funktioniert nicht immer jede Methode bei jeder App, was unterschiedliche Gründe haben kann.

- **Apps über die App-Liste oder den Startbildschirm deinstallieren:** Am einfachsten deinstallieren Sie Apps direkt aus der App-Liste oder vom Startbildschirm. Halten Sie den Finger länger auf die zu deinstallierende App und ziehen Sie sie etwas nach oben, bis das *Deinstallieren*-Symbol erscheint. Ziehen Sie die App auf dieses Symbol und bestätigen Sie die Sicherheitsabfrage. Bei Apps, die im ROM des Smartphones vorinstalliert sind, erscheint das *Deinstallieren*-Symbol gar nicht erst.
- **Apps über den Google Play Store deinstallieren:** Im Google Play Store finden Sie auf der Seite *Apps und Gerät verwalten* alle aus dieser Quelle installierten Apps. Markieren Sie die Apps, die entfernt werden sollen, und tippen Sie oben auf das Papierkorbsymbol. Auch auf der Detailseite jeder installierten App gibt es die Schaltfläche *Deinstallieren*. Vor der endgültigen Deinstallation erscheint noch eine Sicherheitsabfrage.
- **Apps über die Systemeinstellungen deinstallieren:** Apps, die aus anderen Quellen installiert wurden, werden im Google Play Store nicht immer gefunden. Über die *Einstellungen* können Sie normalerweise jede App deinstallieren. Wählen Sie hier *Apps/Alle Apps ansehen*, sehen Sie eine Liste aller installierten Apps mit den Angaben, wie viel Speicherplatz jede einzelne App belegt. Wählen Sie in dieser Liste diejenige App aus, die Sie entfernen möchten. Auf der nächsten Bildschirmseite können Sie diese App dann deinstallieren.

Apps, die im ROM des Smartphones vorinstalliert sind, lassen sich auf diesem Weg nur deaktivieren. Das heißt, sie laufen nicht mehr automatisch im Hintergrund und erscheinen auch nicht auf dem Apps-Bildschirm oder dem Startbildschirm. Bei App-Symbolen, die fest zum Betriebssystem gehören, erscheint das *Deinstallieren* Symbol erst gar nicht.

Apps per QR-Code installieren

Immer mehr Plakate und andere Offlinewerbeformen zeigen Internetadressen, die sich der vorbeigehende Betrachter allerdings merken oder aufschreiben muss. Im Gegensatz zur Bannerwerbung kann man eine URL auf einem Plakat nicht einfach anklicken.

QR-Codes (**Q**uick **R**esponse = schnelle Antwort) bieten hier eine komfortable Lösung. Sie sind der schnelle Weg zu einer Webseite, ohne Adressen abzutippen. Diese grobpixeligen Schwarz-Weiß-Grafiken findet man inzwischen auch auf Fahrscheinen, Visitenkarten und T-Shirts. Auch an Straßenbahnhaltestellen, Fahrkartenautomaten und touristischen Sehenswürdigkeiten sind aktuelle Infos häufig per QR-Code abrufbar.

Um die mobile Version einer Webseite zu bewerben, bieten auch viele Webseitenbetreiber auf ihren Seiten QR-Codes an, die einen Link auf die mobile Seite enthalten. Scannt man mit der Smartphone-Kamera so einen Code, wird dieser von der entsprechenden Software ausgewertet, und die darin enthaltenen Daten werden direkt an den Browser übergeben. Voraussetzung dafür ist nur eine QR-Code-Lesesoftware auf dem Smartphone.

Google Lens

Auf aktuellen Smartphones mit Android 12 ist die App *Google Lens* installiert und zusätzlich auch das Google-Lens-Plug-in in der Kamera-App. Damit lassen sich QR-Codes ohne zusätzliche App erkennen und auswerten.

Google Lens scannt QR-Codes, wertet sie aus und startet automatisch einen Browser, wenn es sich bei der im QR-Code gespeicherten Information um einen Weblink handelt. QR-Codes können neben Weblinks auch Telefonnummern, Kurztexte oder Kontaktdaten beinhalten.

Über QR-Codes können Sie Apps auf dem Smartphone installieren. Scannen Sie dazu die im Buch abgedruckten QR-Codes. Diese führen in den Google Play Store.

1. Starten Sie die App *Google Lens* auf dem Smartphone oder tippen Sie in der Kamera-App auf *Modi* und dann auf das Google-Lens-Symbol.
2. Halten Sie die Kamera auf einen QR-Code.
3. Sobald der Code der App erkannt wurde, erscheint ein Link. Tippen Sie darauf.
4. Automatisch öffnet sich der Google Play Store und Sie können die App installieren.

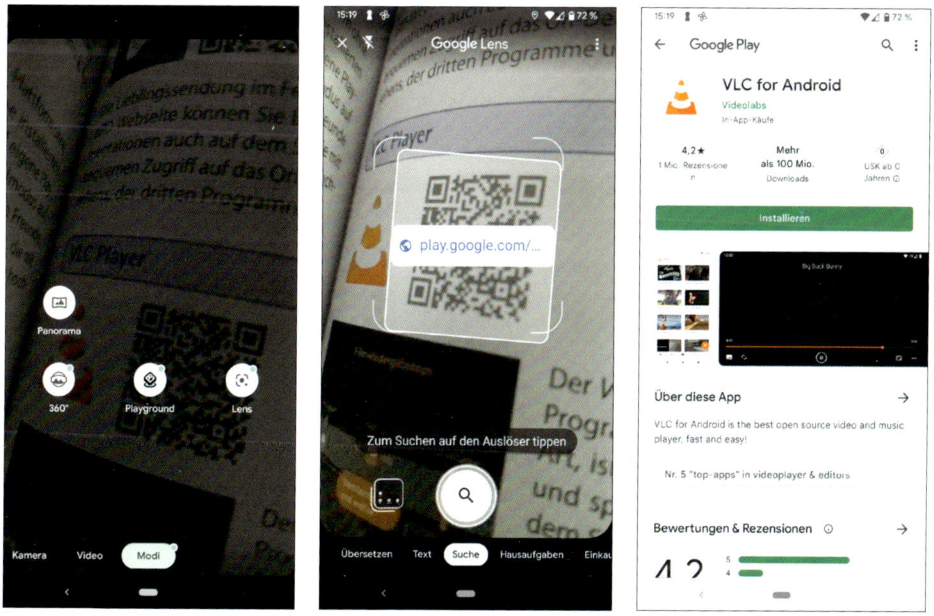

Google Lens erkennt einen QR-Code aus dem Buch

Alternativen zum Google Play Store

Neben dem Google Play Store gibt es noch weitere unabhängige Anbieter von Android-Apps, die auch andere Zahlungsmethoden anbieten, etwa Lastschrift oder Sofortüberweisung. Hobby-Programmierer und Open-Source-Projekte können auch nicht immer für jede Betaversion oder Neuentwicklung die Gebühr bezahlen, die Google für das Einstellen in den Play Store verlangt. Zahlreiche Entwickler sind daher dazu übergegangen, ihre Apps zusätzlich oder gar ausschließlich über ihre eigenen Webseiten oder unabhängige Downloadportale anzubieten.

Apps werden außerhalb des Google Play Store als APK-Dateien zum Download angeboten. Diese können direkt über den Browser oder auch aus einem Dateianhang einer E-Mail auf dem Smartphone installiert werden. Die heruntergeladenen Dateien sind im Dateimanager unter *Downloads* oder direkt nach dem Herunterladen über die Benachrichtigungen zu finden.

Aktuelle Android-12-Smartphones haben den Dateimanager **Files von Google** vorinstalliert. Sollte dies nicht der Fall sein, können Sie ihn aus dem Google Play Store nachinstallieren.

Bei der ersten Installation einer APK-Datei aus einer anderen App, z. B. einem Cloud-Speicher oder einem Browser, erscheint ein Hinweis, dass Installationen aus unbekannten Quellen nicht zulässig sind. Direkt aus dieser Meldung besteht Zugriff auf die zugehörige Systemeinstellung, mit der man die Installation aus unbekannter Herkunft zulassen kann.

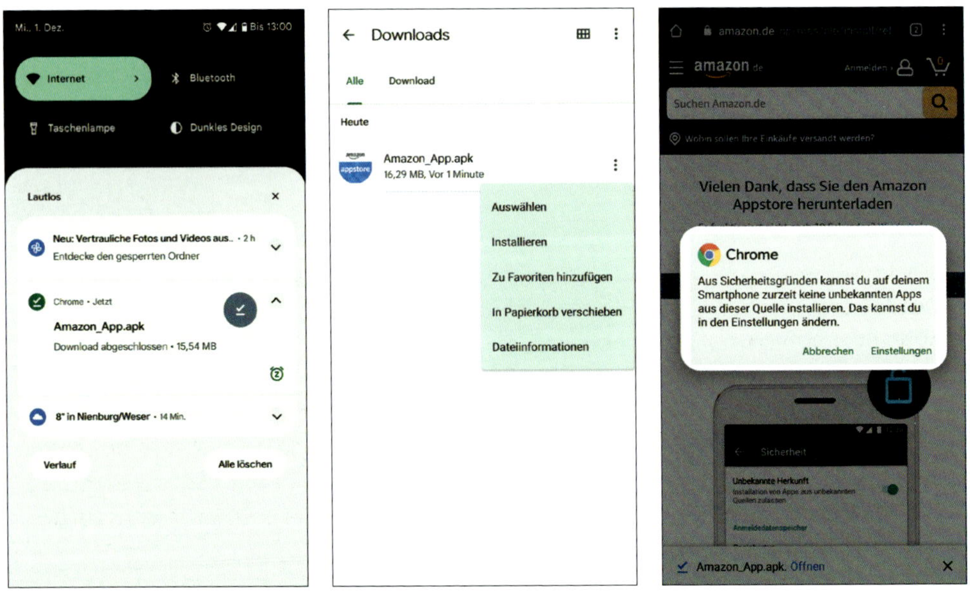

Apps als APK-Datei herunterladen und installieren

Android 12 vergibt die Berechtigung zur Installation unbekannter Apps für einzelne Apps und nicht mehr pauschal. Damit wird es leichter möglich, aus einem Browser oder einem App Store eines anderen Anbieters als Google Play Apps zu installieren. Die automatischen Downloads und Installationen von Werbe- und Spam-Apps aus Spielen heraus bleiben aber unterbunden.

Tippen Sie in den *Einstellungen* unter *Apps* auf *Spezieller App-Zugriff/Installieren unbekannter Apps*. Hier sind die Apps aufgelistet, denen bereits die Berechtigung zur Installation anderer Apps gewährt wurde. Hier können Sie Apps dieses Recht neu gewähren oder auch wieder entziehen.

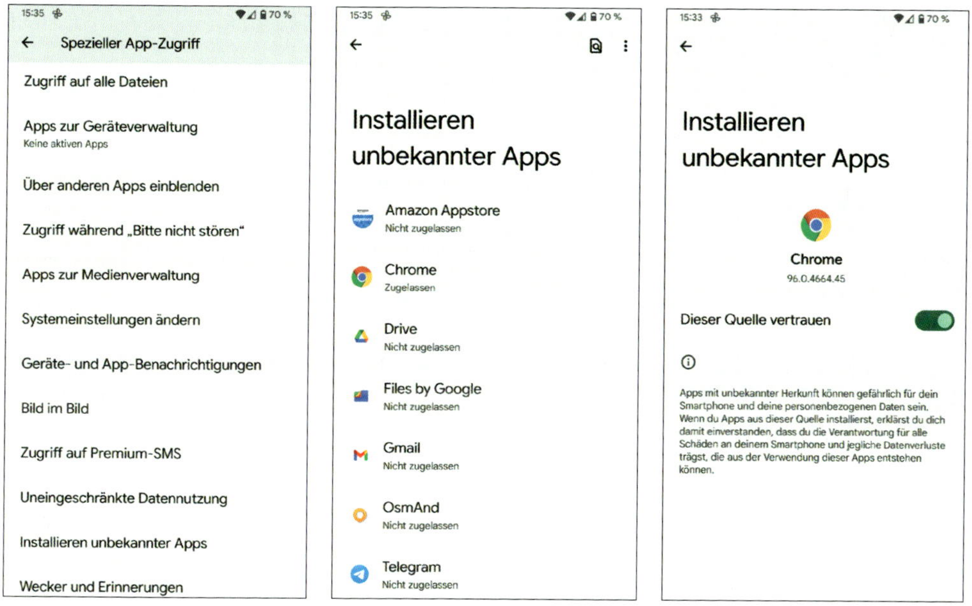

Installation aus unbekannten Quellen zulassen

Hintergrund – gefährliche Apps

Die Installation einer App aus einer APK-Datei einer anderen vertrauenswürdigen Quelle ist technisch gleichermaßen sicher wie aus dem Google Play Store. Mit den Warnungen innerhalb des Betriebssystems macht Google Marketing für seinen Play Store. Auch dort haben es Entwickler immer wieder geschafft, bösartige Software zu verbreiten. Letztendlich ist jeder Anwender selbst dafür verantwortlich, welche Apps er auf seinem Smartphone installiert. Diese Verantwortung kann einem kein App-Store-Betreiber abnehmen, egal ob Google Play oder ein anderer. Apps von unbekannten chinesischen Downloadseiten oder gar über ein Werbebanner zu installieren, ist dagegen leichtsinnig.

Amazon Appstore

Der Amazon Appstore liefert viele kostenlose, aber auch kostenpflichtige Apps sowie Werbe-Apps, bei deren Nutzung man sich sogenannte Amazon Coins verdienen kann, die später zum Kauf anderer Apps eingesetzt werden können.

Dieser Store läuft über eine eigene App, die zunächst auf dem Smartphone installiert werden muss. Auf Tablets der Kindle-Fire-Serie ist der Amazon Appstore vorinstalliert.

Besuchen Sie mit dem Browser auf dem Smartphone die Seite *amazon.de/androidapp*. Oder nutzen Sie den QR-Code zum Download des Amazon Appstore. Zur Installation dieser APK-Datei muss die Installation aus unbekannten Quellen zugelassen sein.

Bei der ersten Installation einer App aus dem Amazon Appstore müssen Sie auch diese Quelle als vertrauenswürdig festlegen, um Apps installieren zu können. Der Store zeigt dazu direkt einen Link zu den passenden Einstellungen.

Amazon bietet vor allem Spiele an. Zur Nutzung des Amazon Appstore braucht man ein Amazon-Kundenkonto. Dort wird automatisch bei der Anmeldung im Appstore das 1-Click-Kaufen aktiviert. Viele Apps bieten In-App-Käufe an, mit denen man in einer App oder einem Spiel zusätzliche Funktionen kostenpflichtig freischalten kann. Ähnlich wie der Google Play Store hat auch der Amazon Appstore eine Art Kindersicherung, um solche In-App-Käufe zu unterbinden.

Uptodown

Uptodown ist ein unabhängiger App Store, der ausschließlich kostenlose Apps anbietet. Die Apps werden als APK-Dateien zum Download angeboten, daher können Sie den App Store direkt über den Browser *de.uptodown.com* aufrufen. Zusätzlich bietet Uptodown in seinem Store auch eine eigene App an. Diese hat den Vorteil, dass Updates installierter Apps angezeigt werden und auf Wunsch auch automatisch installiert werden können.

Ein großer Vorteil von Uptodown gegenüber anderen App Stores ist die Möglichkeit, eine App auf eine ältere Version downzugraden oder gleich eine ältere Version zu installieren, wenn die aktuelle Version Fehler, Funktionseinschränkungen oder lästige Werbung ohne wirkliche Vorteile enthält. So bietet Uptodown z. B. noch die alte Version des *DB Navigator* (siehe in Kapitel 7 den Abschnitt »Fahrplanauskunft«) an, die noch wesentlich mehr Funktionen und eine übersichtlichere Darstellung bietet als die aktuelle Version.

Kapitel 5

Online mit dem Smartphone

Internet unterwegs wird immer wichtiger. Viele Nutzer verbringen inzwischen mehr Zeit mit dem Smartphone im Internet, als damit zu telefonieren. Schnell eine Fahrplanauskunft holen, eine eBay-Auktion verfolgen oder die aktuellsten Nachrichten des Tages lesen – der vorinstallierte Webbrowser auf Android-Smartphones macht es möglich.

Tipps zum Chrome-Browser

Google bietet seinen Browser Chrome – auf dem PC zurzeit weltweit der beliebteste Browser – auch für Android an. Android 12 nutzt Chrome als Standard-Browser. Der ehemalige Android-Browser ist auf den meisten Geräten nicht mehr installiert.

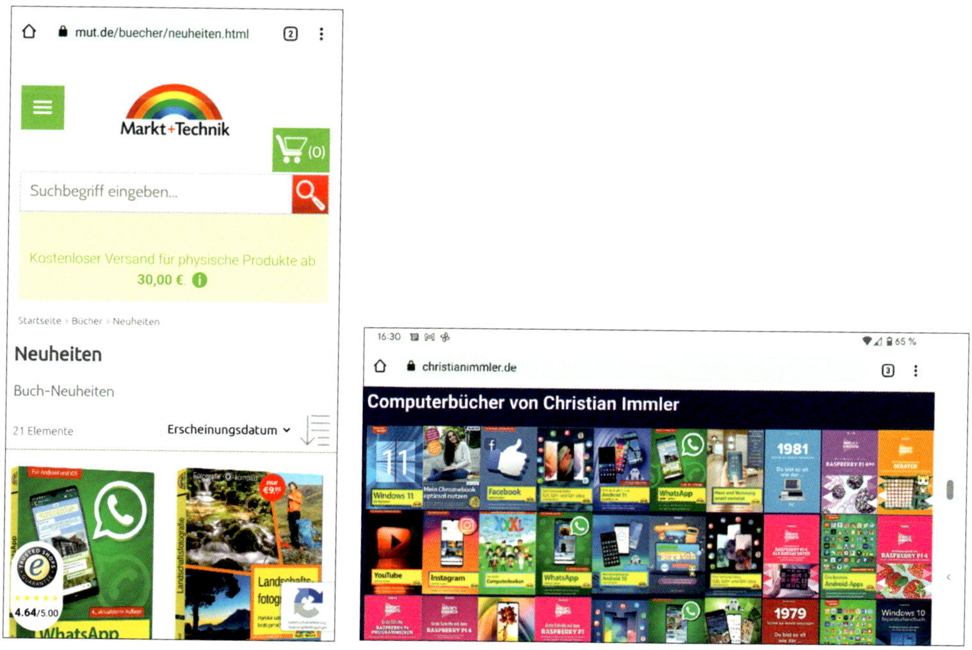

Der Chrome-Browser in Android mit einer mobil optimierten und einer nicht optimierten Webseite

Chrome bietet wie auf dem PC einen sehr schnellen Seitenaufbau, flüssiges Zoomen und Scrollen sowie Surfen in mehreren Tabs. Tabs und Lesezeichen werden zwischen PC und Smartphone synchronisiert, sodass man zu Hause direkt weitersurfen kann, wenn man unterwegs eine interessante Webseite entdeckt hat. Melden Sie sich dazu beim ersten Start mit Ihrem Google-Konto in Chrome an.

Webseiten, die nicht speziell für Smartphones optimiert sind, lassen sich im Querformat oft besser darstellen. Halten Sie das Smartphone quer, dreht sich die Darstellung automatisch, sodass in der Breite mehr Platz zur Verfügung steht.

Die Bedienung des Browsers ähnelt dem Chrome-Browser auf dem PC mit ein paar Besonderheiten für den kleinen Touchscreen und die Android-typischen Bedienelemente.

Oben in die Browserzeile gibt man die gewünschte URL ein. Diese Zeile verschwindet automatisch bei einer Wischbewegung nach oben, um Platz auf dem Bildschirm freizugeben. Wischen Sie den Bildschirm nach unten, um diese Eingabezeile wieder einzublenden.

Surfen in mehreren Tabs

Möchten Sie schnell etwas nachsehen, ohne die gerade geöffnete Webseite zu verlassen, öffnen Sie auf dem PC einen neuen Tab im Browser, in manchen Browsern auch als Registerkarte bezeichnet. Dies funktioniert auf dem Smartphone ebenfalls.

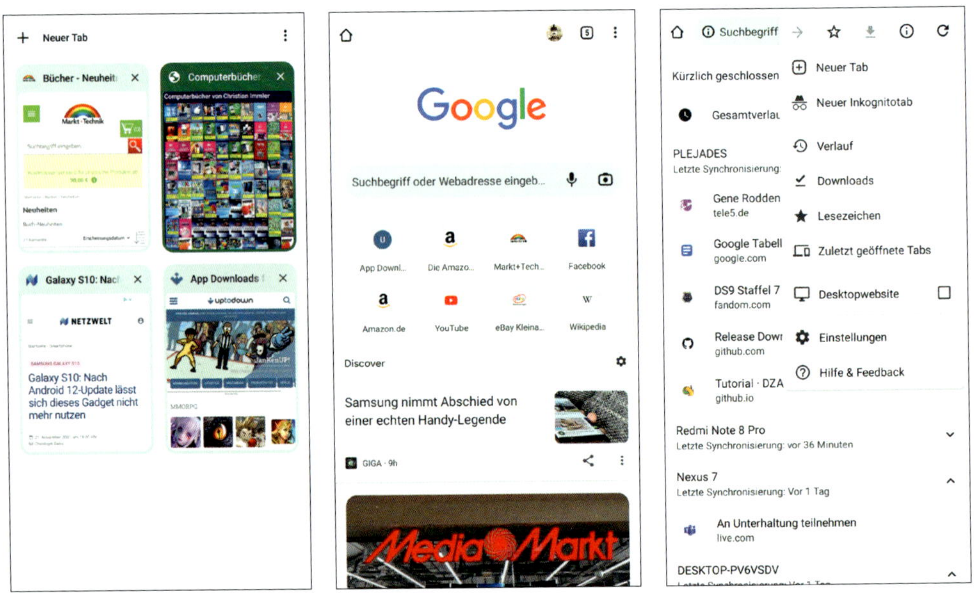

Links: Liste der offenen Browser-Tabs, Mitte: Seite für einen neuen Tab, rechts: Gesamtliste der offenen Tabs auf allen eigenen Geräten

Ein Symbol mit der Zahl oben rechts neben der Adresszeile des Browsers öffnet eine Liste der offenen Browserfenster. Hier können Sie zwischen den Tabs hin- und herwechseln sowie nicht mehr benötigte schließen, was Sie auch regelmäßig tun sollten, da offene Tabs viel Speicher benötigen und teilweise durch automatische Aktualisierung im Hintergrund auch Datenvolumen verbrauchen. Mit dem Symbol *Neuer Tab* oben links können Sie einen neuen Tab anlegen. Die Seite für neue Tabs schlägt zuletzt besuchte Webseiten und interessante Nachrichtenartikel vor. Einige Links auf Webseiten öffnen auch automatisch neue Tabs im Browser.

Über den Menüpunkt *Zuletzt geöffnete Tabs* finden Sie nicht nur die auf dem Smartphone zuletzt geöffneten und wieder geschlossenen Tabs wieder, sondern auch Tabs, die auf anderen Geräten mit demselben Google-Konto geöffnet waren. So können Sie unterwegs Informationen wiederfinden, die Sie zu Hause auf dem PC oder Tablet gefunden haben, und umgekehrt.

Lesezeichen im Chrome-Browser

Lesezeichen helfen, im Browser eine bestimmte Webseite wiederzufinden. Speichern Sie deshalb Internetadressen, die Sie voraussichtlich später noch einmal brauchen, als Lesezeichen ab.

Tippen Sie dazu auf das Menüsymbol oben rechts und dort dann auf das Sternsymbol. Damit wird, ohne einen weiteren Schritt bestätigen zu müssen, ein Lesezeichen gespeichert. Möchten Sie dieses Lesezeichen bearbeiten, z. B. umbenennen, tippen Sie unten in der Informationsleiste, die aber nur ein paar Sekunden zu sehen ist, auf *Bearbeiten*. Waren Sie nicht schnell genug, tippen Sie einfach noch einmal auf das Sternsymbol im Menü. Jetzt erscheint ein Formular, in dem der Titel der Webseite und die Adresse bereits eingetragen sind. Beide Einträge können an dieser Stelle noch geändert werden. Wählen Sie dann einen der vorgegebenen Lesezeichenordner aus oder legen Sie einen neuen an.

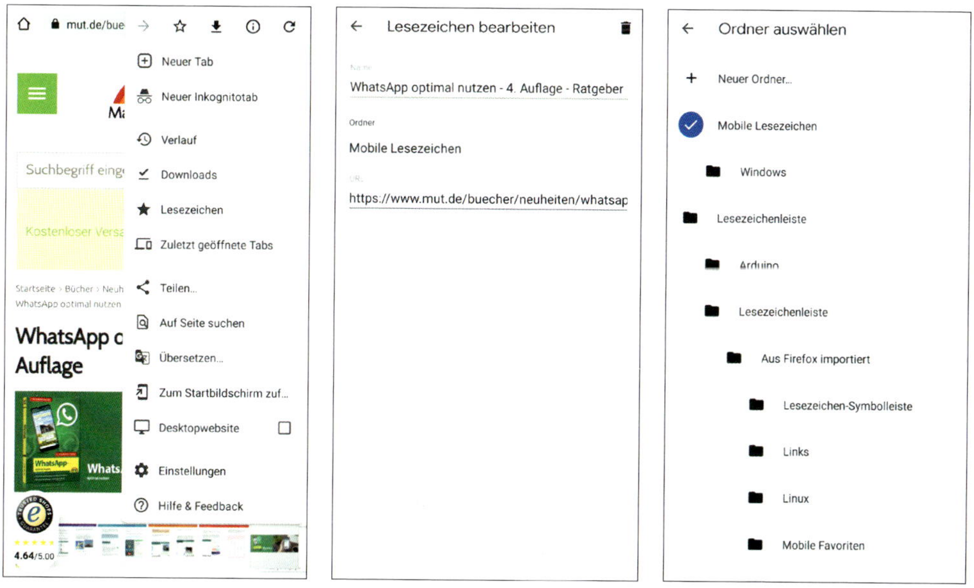

Links: Webseite als Lesezeichen speichern, Mitte: Lesezeichen bearbeiten, rechts: Lesezeichenverwaltung

Über den Menüpunkt *Lesezeichen* kommen Sie jederzeit schnell in die Liste aller gespeicherten Lesezeichen. Gerätehersteller und Mobilfunk-Netzbetreiber legen häufig auch Lesezeichen im Browser an.

Lesezeichen, die auf dem PC angelegt wurden, werden automatisch mit angezeigt, wenn Sie auf dem PC und dem Smartphone mit demselben Google-Konto in Chrome angemeldet sind. Das Gleiche gilt auch für die Verlaufsliste und zuletzt geöffnete Tabs auf anderen Geräten, die automatisch auch auf dem Smartphone verfügbar sind. Tippen Sie länger auf ein Lesezeichen, können Sie dieses bearbeiten, löschen oder in einen anderen Ordner verschieben.

Lesezeichen auf dem Startbildschirm

Besonders häufig besuchte Webseiten können Sie sich auch direkt auf den Startbildschirm des Smartphones legen. Tippen Sie auf diese Verknüpfung, startet der Chrome-Browser und ruft direkt das Lesezeichen auf. Öffnen Sie die gewünschte Webseite im Chrome-Browser, tippen Sie auf das Menüsymbol und wählen Sie *Zum Startbildschirm zufügen*. Tragen Sie dann noch den gewünschten Titel ein, der mit der Verknüpfung angezeigt werden soll.

Wenn Sie jetzt zum Startbildschirm zurückgehen, finden Sie dort ein neues Symbol mit dem Lesezeichen. Tippen Sie darauf, wird automatisch der Browser mit dieser Seite gestartet.

Vereinfachte Ansicht

Noch lange nicht jede Webseite bietet eine für Smartphones optimierte Darstellung an. Der Google-Chrome-Browser stellt Webseiten, die nur als PC-Version existieren, möglichst originalgetreu dar, was sie auf dem Smartphone schwer bedienbar macht.

Auf solchen Seiten wird unten die Leiste *Vereinfachte Ansicht anzeigen* eingeblendet. Tippen Sie darauf, versucht Chrome, durch Ignorieren von Formatierungen und Stylesheets eine auf Smartphones optimierte Darstellung der Seite, auf der kein Zoomen oder horizontales Scrollen nötig ist, zu bauen und anzuzeigen, was in den meisten Fällen auch gut funktioniert. Durch Verzicht auf Hintergrundfarben und -bilder wird der Text besser lesbar.

Im Menü dieser Ansicht rechts oben unter *Darstellung* können Sie die Hintergrundfarbe, Schriftart und Schriftgröße dieser Darstellung anpassen, um die Seite noch besser lesbar zu machen. Mit dem X-Symbol links oben kommen Sie zur Standarddarstellung zurück.

Intelligente Textauswahl

Markieren Sie ein Wort oder einen Textbereich durch Antippen, können Sie diesen direkt in die Zwischenablage kopieren, mit anderen Apps teilen oder bei Google suchen. Ziehen Sie an einem der blauen Griffe, können Sie die Markierung auf einen größeren Textbereich ausdehnen. Diese sogenannte intelligente Textauswahl steht nicht nur im Chrome-Browser, sondern auch in diversen anderen unterstützten Apps zur Verfügung.

> **Text in der Ansicht laufender Apps markieren**
>
> Seit Android 11 kann diese Textauswahl auch in der Ansicht aller laufenden Apps genutzt werden, um Texte schnell zwischen zwei Apps zu kopieren.

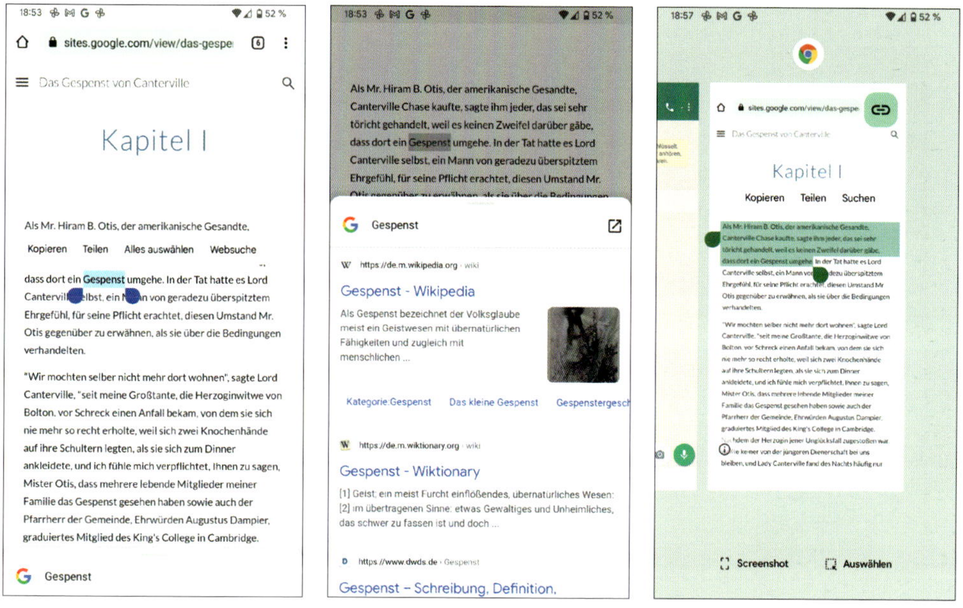

Die intelligente Textauswahl und Google-Suche, rechts: Text in der Ansicht laufender Apps auswählen

Google macht automatisch Suchvorschläge, wenn in der Markierung ein sinnvoller Suchbegriff erkannt wird. In diesen Fällen erscheint am unteren Bildschirmrand ein Balken mit dem Suchbegriff. Ziehen Sie diesen nach oben, werden die ersten Suchergebnisse in einem eigenen Fenster angezeigt, ohne den Browser komplett zu überdecken. Tippen Sie auf ein Suchergebnis, um dieses in einem neuen Browser-Tab anzuzeigen. Das Fenster mit den Suchergebnissen können Sie durch Herunterschieben einfach wieder schließen.

Grafische Textkarten erstellen

In letzter Zeit ist es in Mode gekommen, Sprüche oder Zitate nicht mehr als Text, sondern als meist quadratische Bilder, auf denen der Text steht, in sozialen Netzwerken zu teilen. Der Chrome-Browser in Android 12 bietet eine Funktion, solche Bilder aus dem ausgewählten Text automatisch zu erstellen.

1. Markieren Sie auf einer Webseite den gewünschten Textbereich und tippen Sie auf *Teilen*.
2. Tippen Sie in der *Teilen*-Palette auf das Symbol *Karte erstellen*.

3. Auf dem nächsten Bildschirm wählen Sie ein Farbdesign und tippen dann oben auf *Weiter*.

4. Jetzt können Sie das erstellte Bild per E-Mail oder über ein soziales Netzwerk teilen oder auch lokal als Bild auf dem Smartphone speichern.

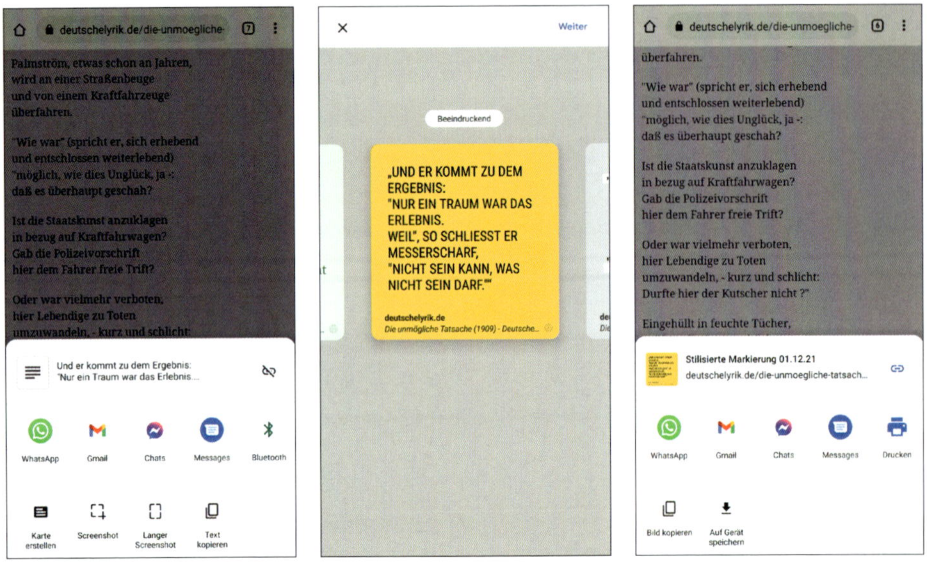

Zitat oder Spruch als Grafik teilen

Seitenlinks weitergeben

Wer eine interessante Internetseite gefunden hat, kann diese, ohne sie sich zwischendurch merken zu müssen, an Freunde weiterleiten. Wählen Sie dazu im Menü des Chrome-Browsers die Option *Teilen*. Jetzt öffnet sich die Auswahl aller im System eingetragenen Kommunikationsmethoden, die sich zum Weiterleiten oder Speichern von Internetadressen eignen. Standardmäßig sind auf Android-Smartphones bereits diverse Apps dafür installiert. Nach der Installation weiterer Apps tragen sich unter anderem auch Facebook und Twitter in diese Liste ein. Wählen Sie hier die gewünschte Methode aus und leiten Sie so den Link zur aktuellen Webseite weiter. Die zuletzt verwendete Teilen-App kann über ein Symbol in der Zeile *Teilen* im Menü direkt ausgewählt werden.

Bei E-Mails wird die Betreffzeile automatisch mit dem Seitentitel gefüllt und der eigentliche Link in den Mailtext eingetragen, sodass der Empfänger lediglich darauf zu klicken braucht. Sie müssen nur noch den Empfänger angeben und vielleicht noch einen freundlichen Satz in die Mail schreiben, damit die Internetadresse nicht ganz so unvermittelt beim Empfänger ankommt.

Das Symbol *Link kopieren* in der *Teilen*-Palette kopiert die Internetadresse in die Zwischenablage, um sie als Text in eine beliebige andere App einfügen zu können.

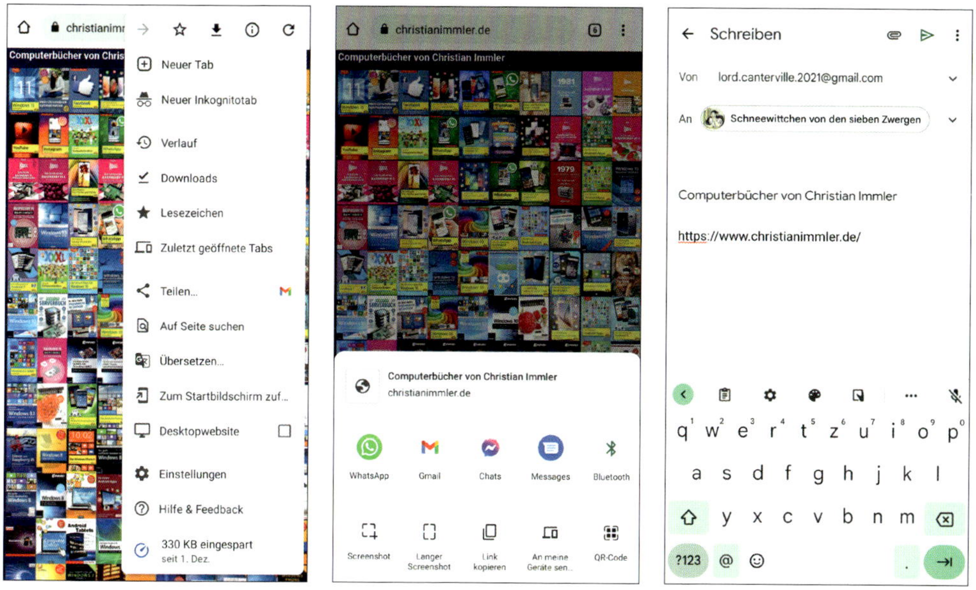

Seite im Chrome-Browser teilen

Link als QR-Code teilen

Das Symbol *QR-Code* in der *Teilen*-Palette erzeugt einen QR-Code für die gerade geöffnete Webseite. Diesen können Sie mit einem anderen Smartphone scannen und so den Link weitergeben. An dieser Stelle können Sie den QR-Code auch herunterladen, um ihn auszudrucken oder anderweitig weiterzugeben.

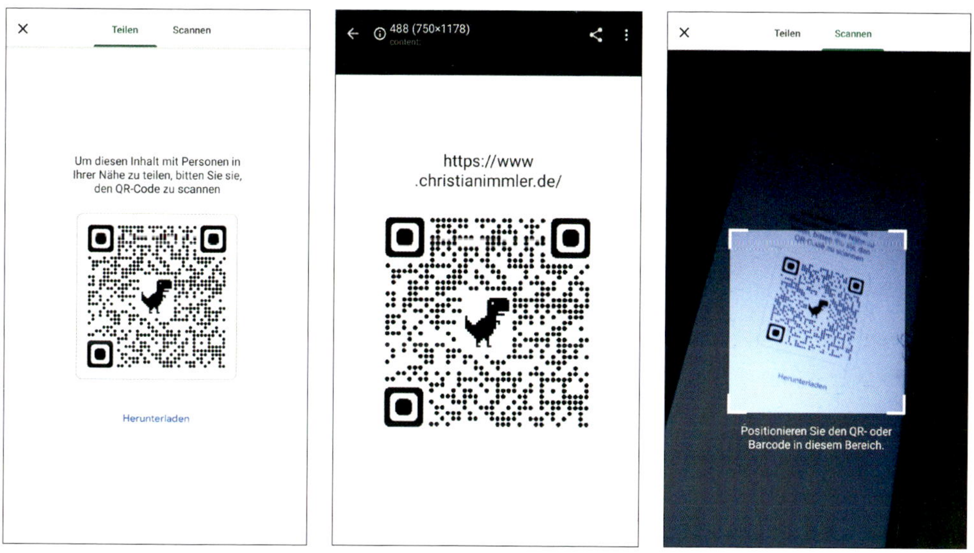

Link als QR-Code teilen und mit dem Chrome-Browser scannen

Zum Scannen eines QR-Codes benötigen Sie keine eigene Scanner-App mehr. Wählen Sie im Browsermenü einfach *Teilen*, tippen Sie auf *QR-Code* und dann oben auf *Scannen*. Halten Sie jetzt die Kamera auf einen QR-Code und scannen sie diesen. Danach wird der Link im Browser angezeigt.

Links vom PC an ein Smartphone senden

Im Chrome-Browser auf dem PC geöffnete Webbseiten erscheinen automatisch in der Verlaufsliste und in der Liste zuletzt geöffneter Tabs im Chrome-Browser auf dem Smartphone. Allerdings kann diese Synchronisierung eine kurze Zeit dauern, und danach muss man die Seite in den Listen erst wieder finden.

Chrome bietet in der PC-Version zusätzlich eine einfache Methode zum Teilen von Links an:

1. Klicken Sie in der Adresszeile im Chrome-Browser auf dem PC ganz rechts auf das *Teilen*-Symbol.
2. Klicken Sie auf *An meine Geräte senden* und wählen Sie das gewünschte Gerät aus.
3. Auf dem Smartphone erscheint eine Benachrichtigung mit dem gesendeten Link. Tippen Sie darauf, öffnet sich der Link im Browser.

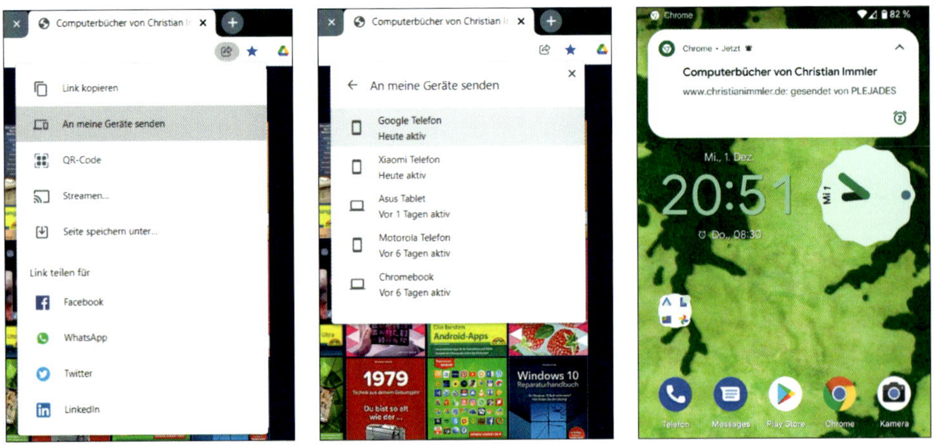

Link aus dem Chrome-Browser auf dem PC an ein Smartphone senden

Teilen per QR-Code

Im *Teilen*-Menü des Chrome-Browsers auf dem PC können Sie einen QR-Code erzeugen, um den Link an ein Smartphone weiterzugeben, auf dem ein anderes Google-Konto angemeldet ist.

Desktop-Darstellung von Webseiten auf dem Smartphone

Viele Webserver entscheiden anhand der Browserkennung, die ein Gerät sendet, welche Version einer Webseite dargestellt werden soll. Fast alle großen Webportale bieten ihre Inhalte für Smartphones in einer besonders schlanken, auf kleine Bildschirme und Touchbedienung optimierten Version an. Webseiten, die mit Content-Management-Systemen wie WordPress gebaut sind, können sich automatisch an verschiedene Bildschirmgrößen anpassen.

Die mobilen Versionen der Webseiten lassen sich zwar auf dem Smartphone deutlich besser bedienen, enthalten aber oft nicht die kompletten Informationen der Desktop-Version. Möchten Sie die komplette Seite sehen, selbst wenn diese auf dem Smartphone nur eingeschränkt darstellbar ist, aktivieren Sie im Menü des Browsers den Schalter *Desktopwebsite*. Bei einigen Webseiten unterscheidet sich die Desktop-Darstellung der eigentlich mobil optimierten Seite von der tatsächlichen Desktop-Version.

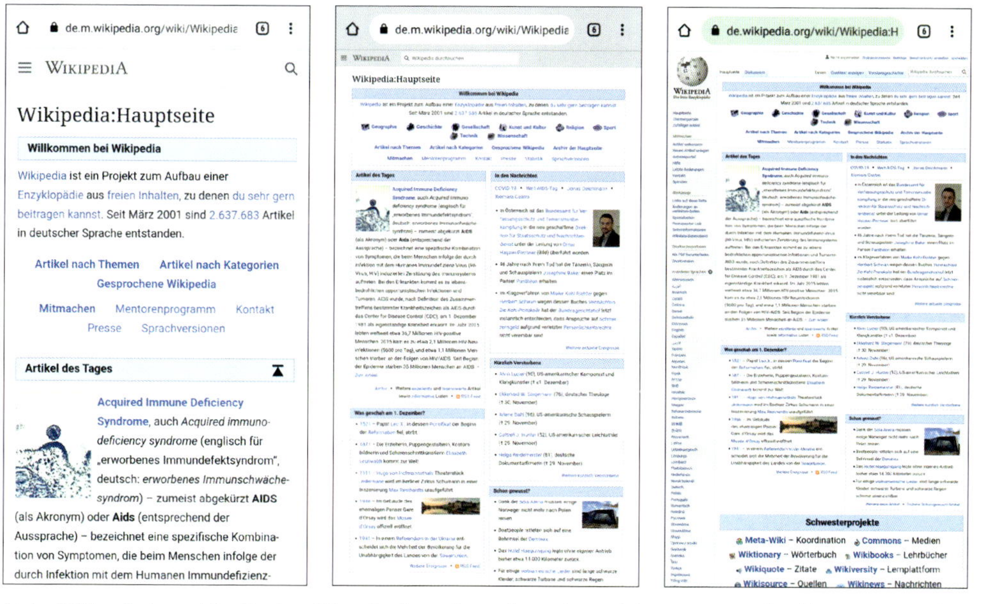

Links: Wikipedia in mobiler Version, Mitte: Desktop-Darstellung der mobilen Version, rechts: klassische Ansicht, reine Desktop-Version

Funktioniert nicht immer

Dieses Umschalten funktioniert nicht auf jeder Seite. Das hängt von der Methode ab, die der jeweilige Webserver verwendet, um PCs von Smartphones zu unterscheiden. Bedenken Sie auch, dass die Desktop-Versionen von Webseiten ein deutlich höheres Datenübertragungsvolumen verursachen als die für mobile Geräte optimierten Versionen.

Downloads und Offline-Webseiten

Chrome bietet die Möglichkeit, komplette Webseiten herunterzuladen, um sie offline weiterlesen zu können. Tippen Sie dazu im Menü oben auf das Downloadsymbol.

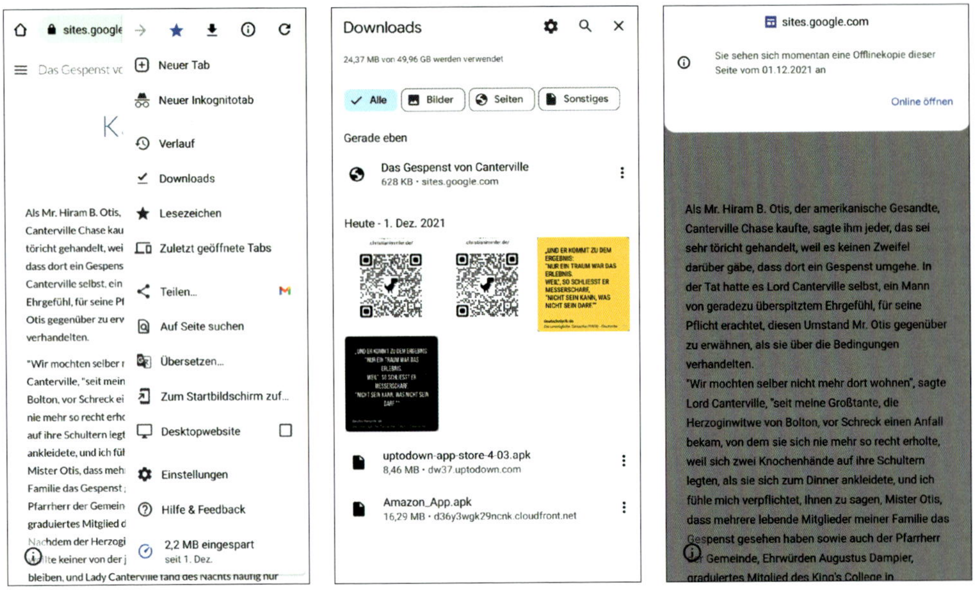

Herunterladen einer Webseite, um sie offline anzuzeigen

Nach dem Herunterladen wird die Seite offline angezeigt und oben in der Adressleiste auch eigens gekennzeichnet. Interaktive Webseiten, die auf PHP basieren, wie heute die meisten Seiten, die über Content-Management-Systeme gebaut sind, zeigen nach dem Download nur die Texte der Startseite an. Menüs und interne Links auf andere Seiten funktionieren in den meisten Fällen offline nicht.

Über den Menüpunkt *Downloads* finden Sie die offline heruntergeladenen Seiten und auch über Links im Browser heruntergeladene Dateien mit einer Angabe zur Datenmenge. Halten Sie länger auf einen Eintrag in der Liste, können Sie diesen löschen oder über verschiedene Apps teilen.

Durch Kompression Daten sparen

Der Google-Chrome-Browser beinhaltet einen Datensparmodus, den *Lite-Modus*, um im Mobilfunknetz wertvolles Datenvolumen der Flatrate zu sparen. Bei eingeschaltetem *Lite-Modus* werden besuchte Seiten von Google optimiert, um die Größe und damit den Datenverbrauch im Mobilfunk automatisch zu reduzieren, ohne dabei Qualitätseinbußen zu haben. Sie können diese Einstellung jederzeit ganz unten im Menü von Chrome ein- oder ausschalten. Hier sehen Sie auch die aktuelle Statistik eingesparter Daten.

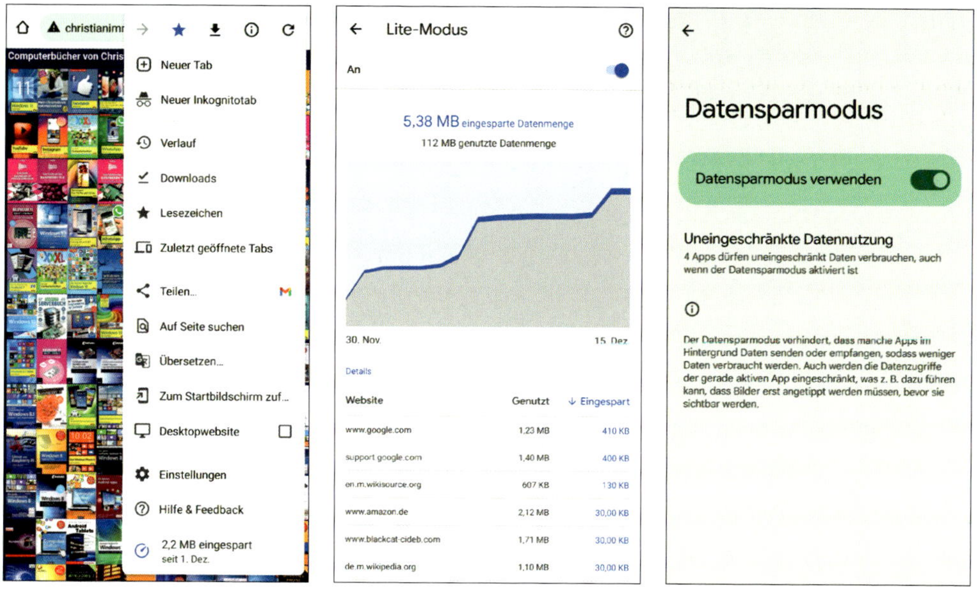

Der Lite-Modus in Chrome, rechts: Datensparmodus

Webseiten, die über https-Verbindungen oder im Inkognito-Modus geöffnet werden, werden nicht komprimiert.

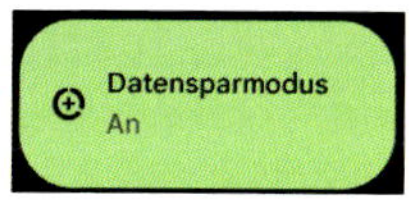

Zusätzlich gibt es in Android 12 noch einen systemweiten Datensparmodus, den alle Apps nutzen können. Diesen schalten Sie in den Schnelleinstellungen über das Symbol *Datenverbrauch reduzieren* ein. Dieser Datensparmodus gilt für alle Netzwerkverbindungen, auch für WLAN.

Anonym surfen

Der Chrome-Browser auf Smartphones hinterlässt genauso wie ein PC-Browser in der Verlaufsliste, in Cookies und Temporärdateien Spuren des eigenen Tuns im Netz. Diese bieten jedem, der Zugriff auf das Gerät hat, freien Einblick auf alle Seiten, die Sie zuletzt besucht haben.

Möchten Sie nicht, dass ein anderer Benutzer des Smartphones sieht, dass Sie bestimmte Webseiten besucht haben, können Sie für diese Seiten den Inkognito-Modus nutzen. Dazu wird immer ein neues Browserfenster gestartet.

Wählen Sie dazu im Menü *Neuer Inkognito-Tab*. Es öffnet sich ein neues Fenster mit einem Hinweis zum Inkognito-Modus. Zur deutlichen Unterscheidung haben Inkognito-Tabs oben eine dunkle Titelleiste, werden nicht in der Verlaufsliste gespeichert und auch nicht mit anderen Geräten synchronisiert.

Öffnen Sie einen Link aus einem Inkognito-Tab, der einen neuen Tab öffnet, wird dieser ebenfalls im Inkognito-Modus geöffnet. Mit dem Schließen des letzten Inkognito-Tabs wird dieser Modus wieder beendet. Ein Symbol in der Benachrichtigungsleiste erinnert daran, die Inkognito-Tabs wieder zu schließen. Bevor Sie Ihr Smartphone aus der Hand geben, können Sie hier mit einem Antippen alle geöffneten Inkognito-Tabs auf einmal schließen.

Möchten Sie nachträglich Ihre Spuren verwischen, die sich beim Surfen im »normalen« Modus angesammelt haben, wählen Sie im Menü des Browsers *Einstellungen/Datenschutz und Sicherheit/Browserdaten löschen*. Die Seite *Erweitert* bietet noch mehr Daten zum Löschen an. Dort können Sie den Cache und Verlauf löschen sowie Cookies, gespeicherte Formulardaten und Passwörter.

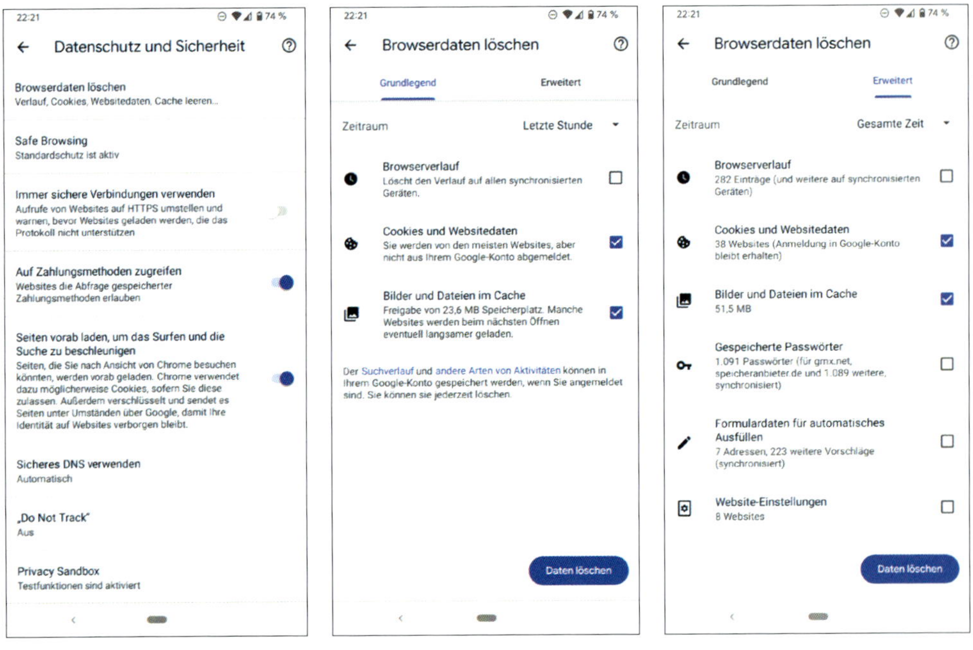

Browserdaten in Chrome löschen

Wählen Sie einen Zeitraum, aus dem die Daten gelöscht werden sollen. So können Sie kürzlich besuchte Webseiten verschwinden lassen, aber Ihre Verlaufsliste der letzten Tage behalten. Wählen Sie die zu löschenden Daten aus und tippen Sie dann ganz unten auf *Daten löschen*. Bedenken Sie beim Löschen, dass der Browserverlauf des angegebenen Zeitraums auf allen synchronisierten Geräten mit gelöscht wird.

App-Shortcuts

Über App-Shortcuts (langes Antippen des App-Symbols) lassen sich neue Tabs wie auch Inkognito-Tabs schnell aufrufen. Bei Bedarf können diese Shortcuts auf den Startbildschirm gelegt werden.

Websuche mit Google

Um bei Google zu suchen, müssen Sie nicht erst den Browser starten, geben Sie einfach den gesuchten Begriff in das Suchfeld auf dem Startbildschirm ein. Bei der Eingabe im Suchfeld zeigt Google bereits Suchvorschläge. Die Suchergebnisse werden in der Google-App angezeigt. Diese enthält dazu eine eigene Version von Chrome. Über das Menü kann eine angezeigte Seite auch direkt in den Chrome-Browser übernommen werden, um sie als Lesezeichen zu speichern oder auf andere Geräte zu synchronisieren.

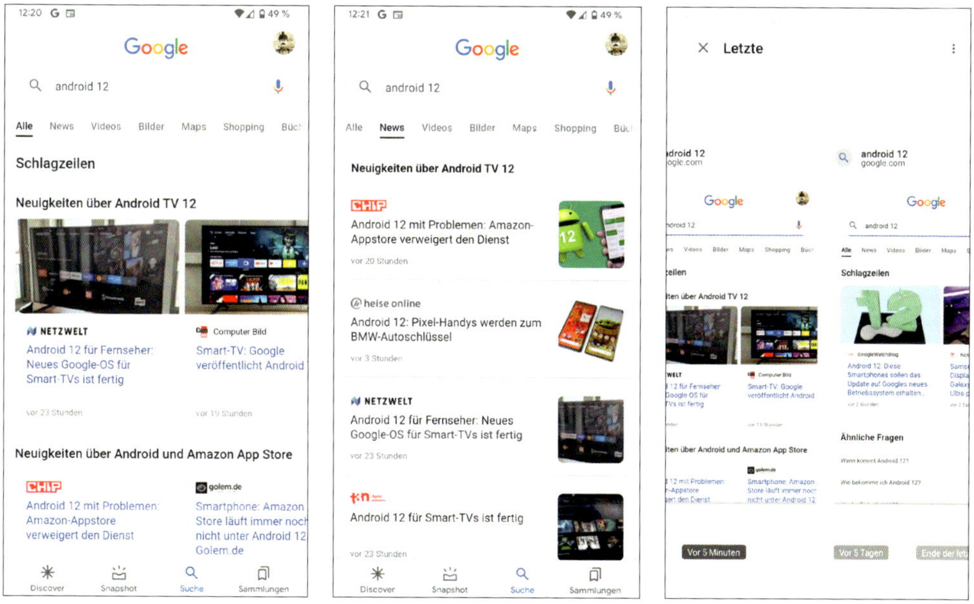

Google-Suche mit der Google App auf dem Startbildschirm, rechts: letzte Suchthemen wiederfinden

Die Google-Suche zeigt bei vielen Suchbegriffen am Anfang Werbung und dann erst wirkliche Ergebnisse an. Scrollen Sie auf dem Bildschirm weiter nach unten, um zu den tatsächlichen Suchergebnissen zu kommen. Mit der Leiste oben unterhalb des Suchfeldes suchen Sie unter anderem nach aktuellen Nachrichten, Bildern oder Shopping-Ergebnissen.

Tippen Sie oben rechts auf das Profilbild und dann im Menü auf *Letzte*, um die zuletzt verwendeten Suchthemen wiederzufinden.

Alternativ zum Suchfeld auf dem Startbildschirm können Sie einen Suchbegriff auch in die Adresszeile des Browsers eintragen. Er wird dann über Google gesucht.

Regionale Suche

Die Google-Suche auf dem Smartphone bietet neben der Websuche auch eine lokale Suche nach Restaurants, Cafés und anderen Lokalitäten, sofern der eigene Standort erkannt wird.

Damit dies funktioniert, müssen Sie beim ersten Aufruf der Google-Suche die Standortdienste zulassen.

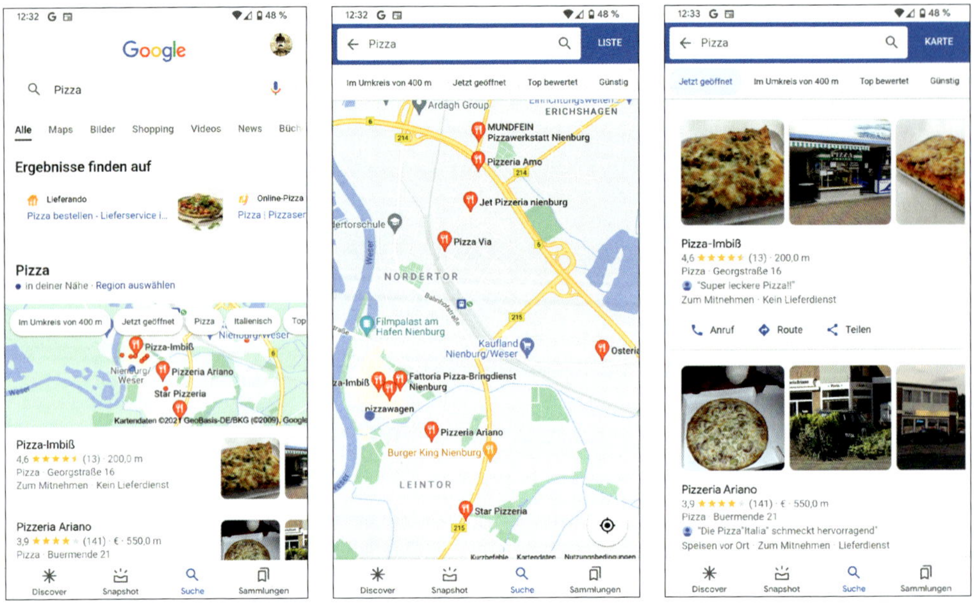

Regionale Suchergebnisse als Liste oder Karte

Tippen Sie auf die Karte, um sich die Ergebnisse auf einem Stadtplan der Umgebung anzeigen zu lassen. Hier können Sie auch durch Verschieben oder Zoomen mit den Fingern einen anderen Kartenausschnitt wählen und dann dort nach dem gleichen Suchbegriff suchen.

Android-Smartphones können zur Positionsbestimmung neben GPS auch Mobilfunkzellen und bekannte WLAN-Standorte nutzen, sodass die Positionsermittlung auch innerhalb von Gebäuden relativ genau funktioniert.

Google kann zur lokalen Suche einen ungefähren Standort verwenden, der anhand der Daten des Internetproviders und von WLANs in der Umgebung ermittelt wird. Wesentlich genauere Ergebnisse gibt es allerdings mit der GPS-Position. Dazu muss GPS auf dem Smartphone aktiviert und in den *Einstellungen* unter *Standort* die Option *Standort verwenden* eingeschaltet sein. Die Liste zeigt, welche Apps zuletzt auf den Standort zugegriffen haben. Sollte es mit einer App Probleme geben, können Sie unter *Welche Apps dürfen den Standort ermitteln?* bestimmten Apps nachträglich den Standortzugriff erlauben.

Aktivieren Sie dann weiter unten unter *Standortdienste/Google-Standortgenauigkeit* den Schalter *Standortgenauigkeit verbessern*, um die Genauigkeit auch bei schlechtem GPS-Empfang zu verbessern. Zusätzlich muss natürlich den Apps *Google* und *Google Maps* der Standortzugriff gewährt werden, damit regionale Suchergebnisse gefunden und auch angezeigt werden können. Dies wird beim ersten Aufruf der Apps abgefragt.

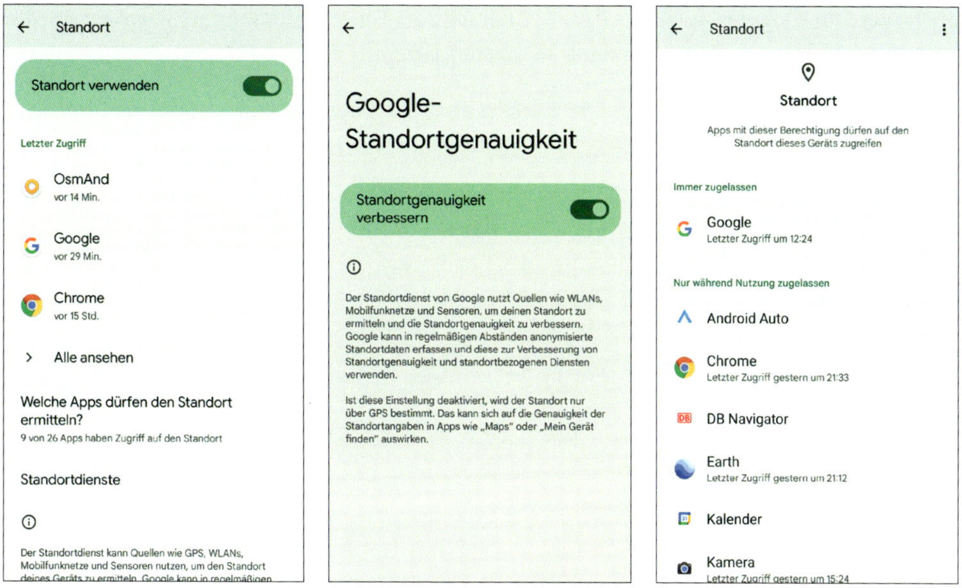

Hohe Standortgenauigkeit in den Standorteinstellungen festlegen und Standortzugriff zulassen

Mit der Kamera suchen

Statt eine Suchanfrage bei Google einzutippen, fotografiert man einfach ein Objekt, Bild oder Logo und findet es so im Internet. *Google Lens* ist in Android 12 als eigenständige App und als Plug-in in der Kamera-App installiert. Dort ist *Google Lens* über das Symbol *Modi* zu finden. *Google Lens* ist auch in die Google-App integriert. Tippen Sie einfach auf das Lens-Symbol im Google-Suchfeld. Damit wird automatisch die Kamera gestartet.

Tippen Sie auf den Kameraauslöser mit dem Lupensymbol, versucht *Google Lens*, passende Ergebnisse zu finden, und zeigt diese in einem Fenster an, das Sie nach oben ziehen können, um es zu vergrößern. Fallen die Ergebnisse nicht wie erwartet aus, schieben Sie das Fenster nach unten und suchen erneut.

QR-Codes mit Google Lens scannen

Google Lens kann auch QR-Codes scannen. Halten Sie die Kamera auf einen QR-Code, wird, nachdem dieser erkannt wurde, ein Link angezeigt. Tippen Sie darauf, öffnet sich der Standardbrowser mit der entsprechenden Webseite. Bei QR-Codes für Apps öffnet sich beim Antippen des Links der Google Play Store. QR-Codes mit Kontaktdaten können automatisch als Kontakt übernommen werden.

Schalten Sie in der Leiste ganz unten auf *Einkaufen*, um Produkte besser zu erkennen und direkt Shopping-Links angezeigt zu bekommen. *Orte* erkennt Gebäude und nutzt dabei auch den Standort des Smartphones. Mit der Option *Essen* fotografieren Sie ein Essen und bekommen passende Rezepte oder Nährwertangaben.

Erkennt *Google Lens* das Motiv nicht, werden ähnliche Fotos im Internet gesucht und vorgeschlagen. Diese sind oft hilfreich, um ein unbekanntes Objekt zu erkennen.

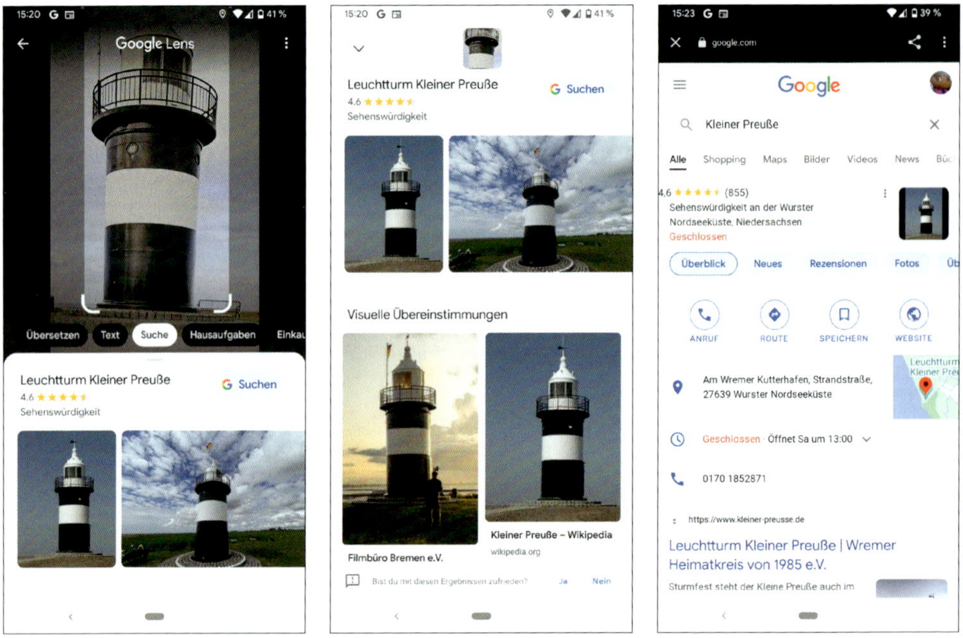

Suchergebnisse bei bekannten Gebäuden und Vorschläge für ähnliche Bilder

Google Lens ersetzt Google-Bildersuche

Haben Sie im Internet etwas Interessantes gefunden und suchen ähnliche Informationen, brauchen Sie sich nicht unbedingt einen passenden Suchbegriff auszudenken. Suchen Sie einfach anhand der Bilder andere Webseiten, die die gleichen Dinge darstellen. Google hat die bisherige Google-Bildersuche durch *Google Lens* ersetzt, das deutlich mehr Möglichkeiten bietet.

Tippen Sie länger auf ein Bild im Chrome-Browser, bis ein Kontextmenü erscheint. Wählen Sie hier *Mit Google Lens suchen*. *Google Lens* sucht das gleiche oder ähnliche Bilder im Internet und versucht auch, passende Objekte oder Gebäude zu finden. Bei den Suchergebnissen erscheint oben rechts ein Google-Symbol. Hier sucht Google nicht nach dem Bild weiter, sondern nach dem Begriff, der anhand des Bildes erkannt wurde.

Sie können auch direkt beim Start von *Google Lens* aus dem Google-Suchfeld ein Bild auf dem Smartphone auswählen und mit *Google Lens* durchsuchen lassen. Bei Bildern in der Google-Fotos-App tippen Sie unten auf das Lens-Symbol, um nach ähnlichen Bildern zu suchen.

Google Discover einrichten und nutzen

Wischen Sie auf dem Startbildschirm nach rechts, um Google Discover, eine Seite mit personalisierten Nachrichten, einzublenden. In früheren Android-Versionen hieß diese Seite Google Now oder Google Feed. Hier erscheinen aktuelle Nachrichten sowie eine Wettervorhersage für den eigenen Standort.

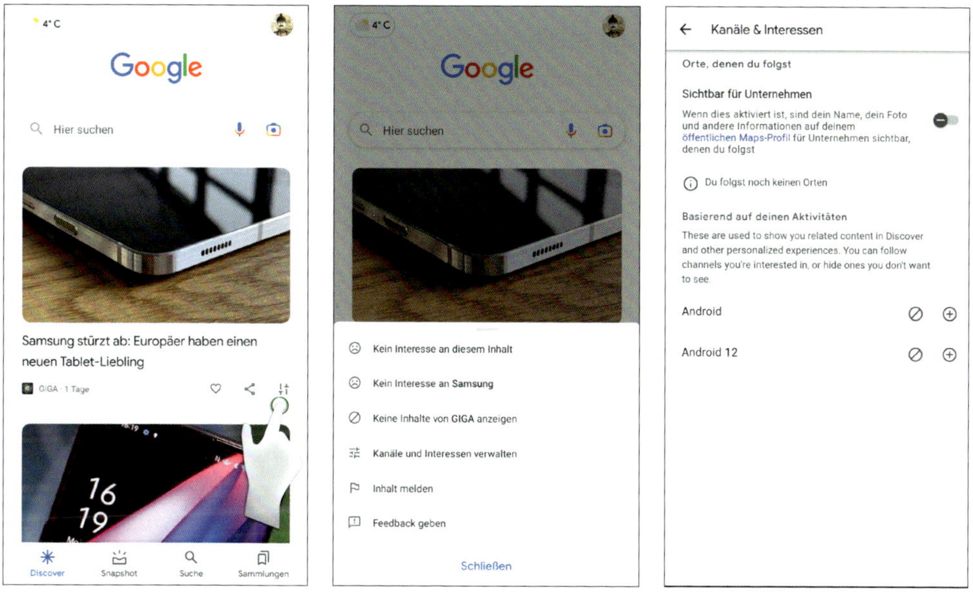

Google-Discover-Interessen verwalten

Ganz oben wird das Wetter am aktuellen Standort angezeigt. Tippen Sie darauf, erhalten Sie einen ausführlicheren Wetterbericht mit Vorhersage für die nächsten Tage.

Erscheint Google Discover nicht, tippen Sie länger auf den Startbildschirm und dann auf das Symbol *Startbildschirm-Einstellungen*. Aktivieren Sie die Option *Wischen, um die Google App aufzurufen*.

Google Discover zeigt automatisch auf sogenannten Karten Kurznachrichten und Informationen basierend auf den persönlichen Interessen an. Tippen Sie auf eine dieser Karten, wird der entsprechende Artikel im Original angezeigt. Sollten Sie dabei feststellen, dass das Thema des Artikels nicht relevant ist, also nicht in Ihr Interessengebiet passt, oder gar die gesamte Quelle dieses Artikels unseriös ist, tippen Sie auf das *Einstellungen*-Symbol mit den Schiebereglern rechts auf der jeweiligen Google-Discover-Karte. Jetzt können Sie das Thema oder auch die Nachrichtenquelle abschalten, damit derartige Kacheln in Zukunft nicht mehr angezeigt werden.

Der Menüpunkt *Kanäle und Interessen verwalten* zeigt alle gewählten Interessen an. Hier können Sie Themen, die Sie nicht mehr interessieren oder die mittlerweile zunehmend irrelevante Nachrichten enthalten, einfach wieder abschalten. Bei neu vorgeschlagenen Themen erscheint direkt die Frage *Ist diese Karte in diesem Moment hilfreich?* Hier können Sie uninteressante Themen sofort ausblenden.

Auf allen Karten befindet sich ein kleines Symbol mit einem Herz. Tippen Sie darauf, werden zu diesem Thema mehr Nachrichten angezeigt. Nutzen Sie dieses Symbol regelmäßig, um Google Discover zu trainieren.

Tippen Sie oben rechts auf das Profilbild in Google Discover und dann auf *Einstellungen/ Allgemein*, können Sie einen speziellen *Datensparmodus* aktivieren, der die Nachrichten seltener aktualisiert.

Google Go

Die vorinstallierte Google-App wird immer aufwendiger und verbraucht auch einiges an Datenvolumen bei der Suche. *Google Go* ist eine moderne schlanke Alternative, die offiziell von Google angeboten wird. Buttons auf der Startseite erleichtern typische Suchaufträge und ermöglichen auch die Suche in beliebten Apps. Bei der Eingabe eines Suchbegriffs werden gleich Vorschläge angezeigt, die durch einfaches Antippen aufgerufen werden können. *Google Go* verbraucht etwa 40 % weniger Daten als die »große« Google-Suche und liefert in den meisten Fällen auch wesentlich schneller die passenden Ergebnisse.

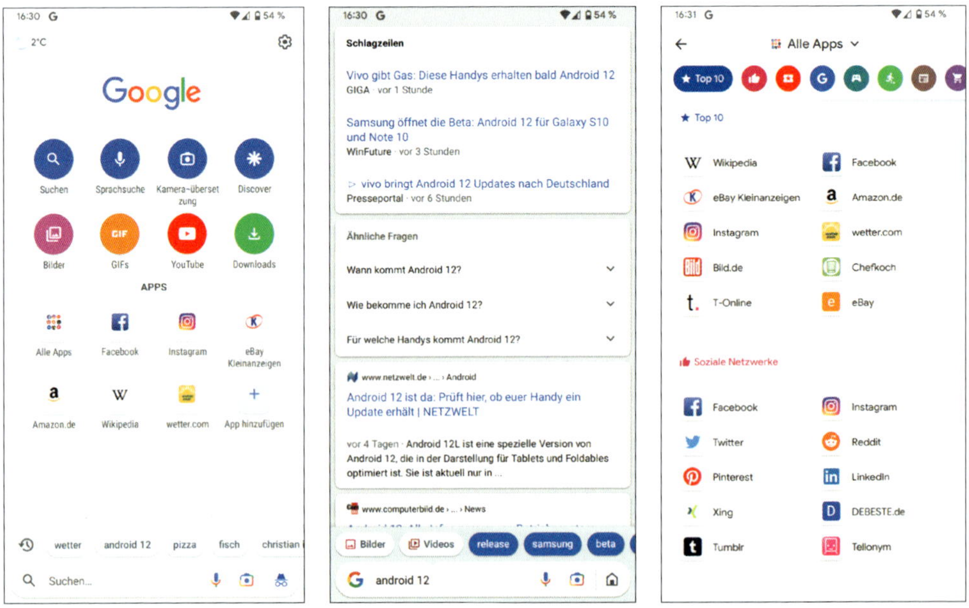

Schlanke, schnelle Suche mit Google Go

Direkt auf dem Startbildschirm von *Google Go* finden sich Symbole für die Sprachsuche, *Google Lens*, *Google Discover* sowie einige weitere häufig verwendete Apps. Diese Liste lässt sich auch persönlich anpassen. Das Symbol *Alle Apps* zeigt eine ausführlichere Liste, wobei es sich aber in den meisten Fällen nicht um echte Apps, sondern nur um Links auf populäre Webseiten handelt.

WLAN optimal nutzen

Zu Hause gehen Sie am besten über Ihren WLAN-Router mit dem Smartphone ins Internet. Dies spart nicht nur wertvolles Datenvolumen Ihrer Mobilfunk-Flatrate, die Übertragungsraten sind auch deutlich höher. Wie ein WLAN eingerichtet wird, haben Sie bereits bei der Ersteinrichtung des Smartphones gesehen.

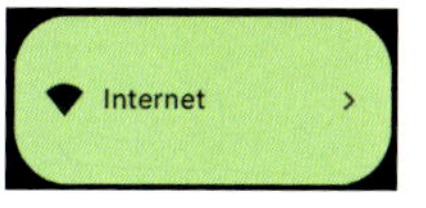

Über den Schalter *Internet* in den Schnelleinstellungen lässt sich das WLAN schnell ein- und ausschalten. Dieses Symbol zeigt den Namen des verbundenen WLANs. Tippen Sie auf das Symbol, erscheint eine Liste verfügbarer Internetverbindungen, Mobilfunk und WLAN. Dieses in Android 12 neue Symbol fasst die Schalter *Mobile Daten* und *WLAN* früherer Android-Versionen zusammen.

Schalten Sie über das Symbol in den Schnelleinstellungen WLAN ein, sucht sich das Smartphone automatisch unter den gespeicherten WLAN-Verbindungen die zuletzt verwendete oder die mit der besten Signalstärke und verbindet sich damit. In der Liste können Sie mobile Daten und WLAN getrennt ein- oder ausschalten.

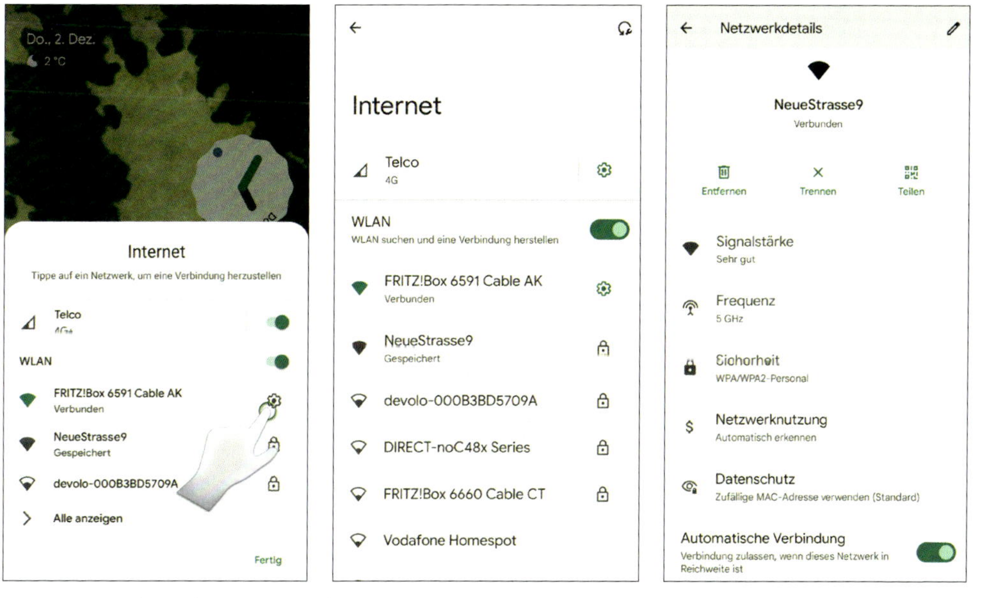

WLAN-Liste und Details eines verbundenen WLANs

Tippen Sie unten in dieser Liste auf *Alle anzeigen*, finden Sie alle WLANs in der Nähe und können sich nach Eingabe des Schlüssels mit einem WLAN verbinden. Beim angemeldeten WLAN erscheint ein Zahnradsymbol. Tippen Sie darauf, um detaillierte Informationen zu diesem WLAN anzuzeigen. Auf diesem Bildschirm legen Sie auch fest, ob das WLAN, wenn es erreichbar ist, automatisch verbunden werden soll. Der Punkt *Gespeicherte WLANs* ganz unten in der Liste zeigt alle gespeicherten WLANs, mit denen das Smartphone schon einmal verbunden war.

WLAN automatisch aktivieren

Mit dieser Option in den *WLAN-Einstellungen* können Sie deutlich Strom sparen, wenn Sie das WLAN außerhalb der Reichweite bekannter WLANs ausgeschaltet lassen. WLAN mit oder ohne Empfang saugt den Akku schnell leer. Sobald das Smartphone an einen Ort kommt, an dem Sie WLAN häufig verwenden und ein WLAN auf dem Gerät gespeichert ist, wird das WLAN automatisch wieder eingeschaltet.

Smartphone per QR-Code im WLAN anmelden: das Ende der handschriftlichen Zettel mit WLAN-Schlüsseln

Immer wieder das alte Thema, das Mobilfunknetz ist schlecht ausgebaut, das Datenvolumen begrenzt, man möchte seinen Gästen Zugang zum heimischen WLAN geben, weiß aber das komplizierte, hochsichere Passwort des eigenen Routers nicht mehr. Viele Router bieten die Möglichkeit, in den WLAN-Einstellungen einen QR-Code auszudrucken, den man nur noch den Gästen im Haus zu zeigen braucht, damit diese ihre Smartphones im WLAN anmelden können.

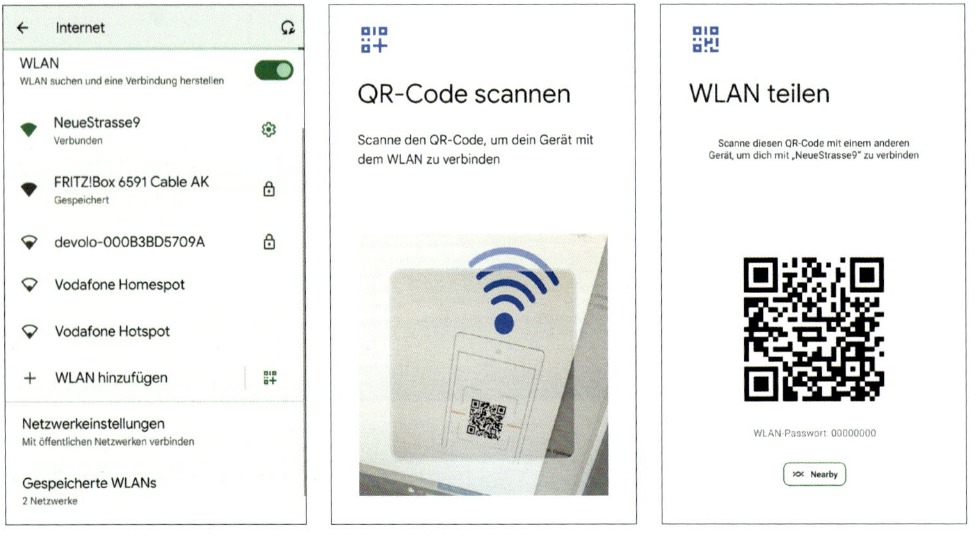

WLAN per QR-Code anmelden

Zur Anmeldung ist kein separater QR-Code-Scanner nötig. Einfach in der Liste der WLANs auf das QR-Code-Symbol in der Zeile *WLAN hinzufügen* tippen und den QR-Code direkt scannen. Die Verbindung erfolgt automatisch, ohne den Schlüssel eingeben zu müssen.

WLAN per QR-Code teilen

Android ermöglicht es, die Daten einer auf einem Smartphone angemeldeten WLAN-Verbindung per QR-Code mit Freunden zu teilen.

1. Tippen Sie dazu in der Liste der WLANs auf das *Einstellungen*-Symbol neben dem verbundenen WLAN und auf dem nächsten Bildschirm auf das *Teilen*-Symbol mit dem angedeuteten QR-Code.
2. Zur Sicherheit müssen Sie, wenn auf dem Smartphone eine Bildschirmsperre eingerichtet ist, Ihre Identität auf dem Smartphone mit Fingerabdruck, PIN oder Sperrmuster bestätigen. Damit soll verhindert werden, dass sich jemand Zugang zu einem WLAN verschafft, indem er ein herumliegendes Smartphone einer gerade nicht anwesenden Person nutzt.
3. Der nächste Bildschirm zeigt einen QR-Code sowie das Passwort im Klartext. Bei Verwendung der WPA-Passphrase wird der eigentliche Schlüssel – eine lange Ziffernkombination – angezeigt, die aber auch zur Anmeldung funktioniert.

WLAN mit Geräten in der Nähe teilen

Android 12 bietet zusätzlich zum QR-Code eine Möglichkeit, WLAN-Zugangsdaten drahtlos über **Nearby Share** zu übertragen.

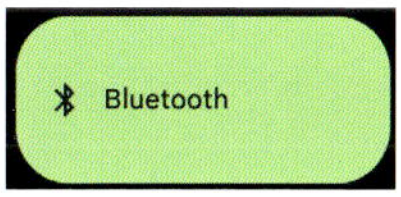

1. Auf beiden Smartphones muss Bluetooth eingeschaltet sein.
2. Tippen Sie auf dem Smartphone, dessen WLAN-Zugang Sie teilen möchten, auf das *Nearby*-Symbol auf dem Bildschirm mit dem QR-Code für das WLAN.
3. Bestätigen Sie die Meldung *Nearby Share aktivieren*. Hier wird der Name Ihres Smartphones angezeigt.
4. Jetzt werden Geräte in der Nähe gesucht. Wählen Sie das gewünschte Smartphone, startet die Datenübertragung.
5. Auf dem anderen Smartphone erscheint eine Benachrichtigung, in der Sie den Empfang der Daten bestätigen müssen. Zur Sicherheit wird auf beiden Smartphones dieselbe PIN angezeigt.
6. Nach dem Empfang der WLAN-Zugangsdaten verbindet sich das Smartphone automatisch mit dem WLAN.

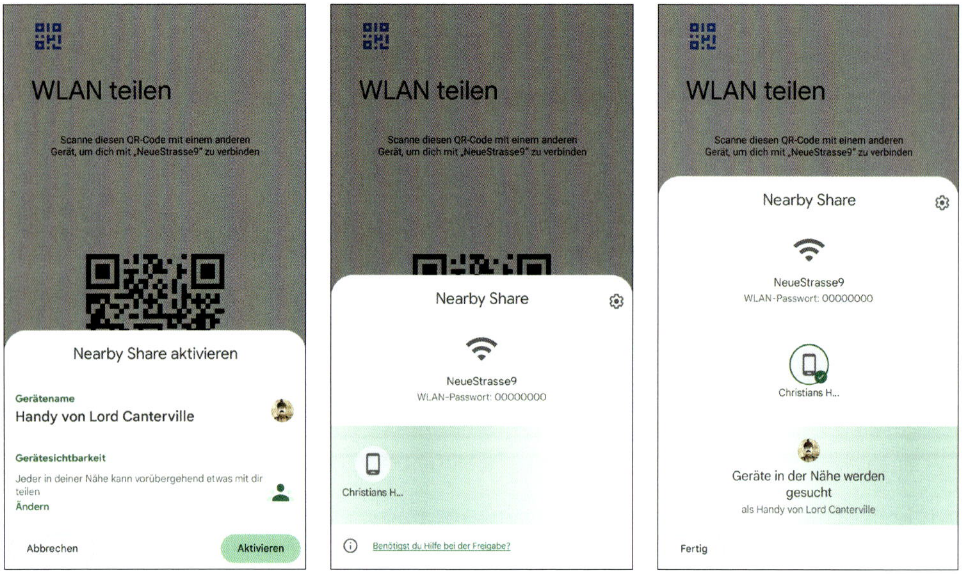

WLAN-Zugangsdaten über Nearby Share teilen

Sicherheitsregeln für das eigene WLAN

Was jahrelang von Fall zu Fall unterschiedlich ausgelegt wurde, wurde vom Bundesgerichtshof vor einigen Jahren offiziell geregelt. Jedes private WLAN muss »... *durch angemessene Sicherungsmaßnahmen vor der Gefahr geschützt sein, von unberechtigten Dritten zur Begehung von Urheberrechtsverletzungen missbraucht zu werden*«.

Dazu zählt neben einer Verschlüsselung auch, dass das vom Hersteller vorgegebene Standardpasswort des Routers durch ein eigenes ersetzt wird. Neue Router verwenden kein Standardpasswort mehr, sondern ein individuelles, das bei jedem Gerät anders ist. Bei diesen Geräten muss der Betreiber des Anschlusses das Passwort nicht mehr ändern. Viele Router bieten auch die Möglichkeit, den Zugang zur Konfigurationsoberfläche auf Kabelverbindungen zu beschränken. Mit dieser Option haben Unbefugte auf der Straße keine Chance mehr, den Router umzukonfigurieren, um Netzwerkschlüssel zu ändern oder andere Einstellungen zu manipulieren.

Neben den dadurch möglichen Betrugsgeschäften mit fremden Bank- oder eBay-Daten ist auch die Gefahr krimineller Aktivitäten nicht zu unterschätzen. Lädt sich jemand über Ihr WLAN zum Beispiel urheberrechtlich geschütztes oder illegales Material herunter, wird die IP-Adresse Ihres Internetanschlusses übermittelt. Die Strafverfolgungsbehörden stellen also Sie persönlich zur Rede. Dann wird es schwer, die eigene Unschuld zu beweisen. So schützen Sie Ihr WLAN:

- Schalten Sie das WLAN-Modul im Router ab, wenn Sie es längere Zeit nicht benutzen. Das verringert das Risiko eines unbemerkten Angriffs, wenn Sie nicht zu Hause sind.

- Richten Sie den Router nach den lokalen Gegebenheiten aus. Für eine Etagenwohnung ist ein Router mit Zusatzantennen und mehreren Hundert Metern Reichweite völlig überdimensioniert und stellt ein hohes Sicherheitsrisiko dar. In großen Büros verwendet man sinnvollerweise mehrere kleine Access Points anstelle eines großen, um das Netzwerk an die lokalen Ausbreitungsbedingungen besser anpassen zu können.
- Verändern Sie das Standardpasswort zur Router-Konfiguration, damit sich niemand an Ihrem Router zu schaffen machen, sich selbst Zugang verschaffen oder einen anderen (teuren) Internetzugang einrichten kann. Viele moderne Router, unter anderem die FRITZ!Boxen, haben kein einheitliches Standardpasswort mehr. Hier wird auf einer Infokarte ein individuelles Passwort für jeden Router mitgeliefert.

WiFi Analyzer

Die App *WiFi Analyzer* findet WLANs in der Nähe und zeigt deren Kanäle und Signalstärke an.

Beachten Sie, dass es mehrere Apps mit diesem Namen im Google Play Store gibt. Die hier beschriebene App ist Open Source und werbefrei.

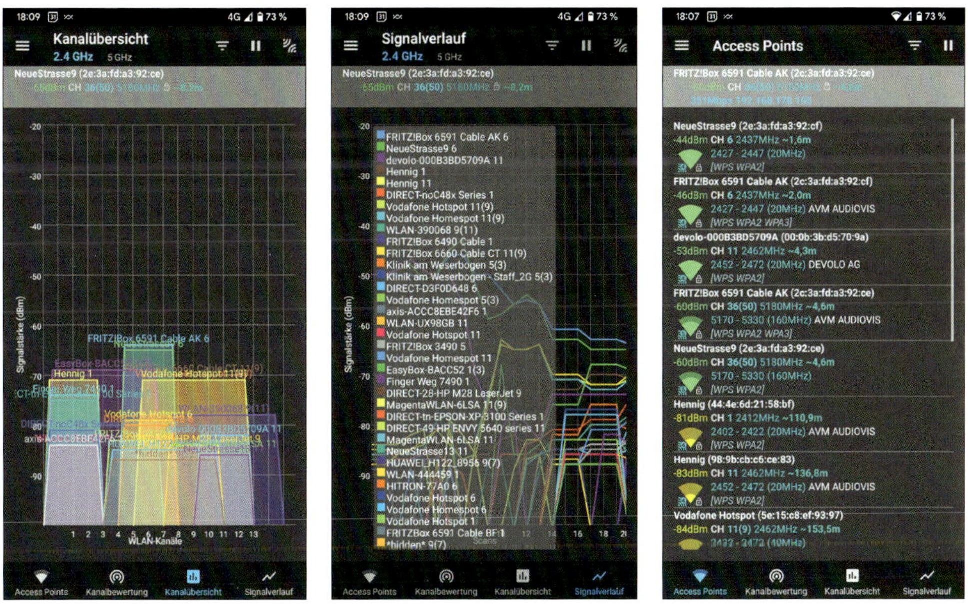

WiFi Analyzer zeigt alle WLANs in Reichweite

Laufen Sie mit dem *WiFi Analyzer* durchs Haus oder auch draußen durch die Straßen, lassen sich die Ausbreitungsbedingungen der verschiedenen WLANs gut ermitteln. Auch beim Aufstellen des eigenen Routers kann diese App eine Hilfe sein. Wählen Sie den Kanal eines neuen WLAN-Routers immer so, dass möglichst viel Abstand zu den WLANs der Nachbarn gegeben ist. Router auf dicht nebeneinander liegenden WLAN-Kanälen können Interferenzen verursachen, die den WLAN-Empfang schwächen. Der *WiFi Analyzer* bietet dazu eine Kanalbewertung, die Empfehlungen für den optimalen WLAN-Kanal für den eigenen Router gibt.

FRITZ!App WLAN

FRITZ!App WLAN ist eine interessante Alternative zum *WiFi Analyzer*, vor allem, aber nicht nur, für FRITZ!Box-Nutzer. Ähnlich wie der *WiFi Analyzer* zeigt auch diese App detaillierte Informationen, Kanal und Signalstärke von WLANs in der Nähe an. Zusätzlich bietet sie Funktionen zum Messen der Verbindungsgeschwindigkeit und zum Teilen der WLAN-Zugangsdaten sowie eine aktuelle Liste angemeldeter Geräte im LAN.

Ausführliche Informationen zum WLAN mit FRITZ!App WLAN

Öffentliche WLANs nutzen

An immer mehr öffentlichen Plätzen, Bahnhöfen, in Geschäften, Hotels und Cafés kann man per WLAN mit dem Smartphone eine Verbindung ins Internet herstellen, ohne das Datenvolumen der Mobilfunk-Flatrate aufzubrauchen. In vielen Ländern sind öffentliche WLAN-Hotspots kostenlos nutzbar und auffällig gekennzeichnet. Ist der Schalter *Über öffentliche Netzwerke informieren* in den WLAN-Einstellungen aktiviert, erscheint eine Benachrichtigung, wenn ein öffentliches WLAN in der Nähe ist.

Die meisten öffentlichen WLANs verlangen vor der Nutzung die Bestätigung der Geschäfts- und Datenschutzbedingungen durch den Nutzer. Dazu wurde früher eine spezielle Anmeldeseite im Browser aufgerufen.

WLAN im Ausland

Im Ausland gibt es fast überall kostenloses WLAN in Restaurants, Hotels und auf öffentlichen Plätzen. Dagegen sind die Roamingkosten für die Mobilfunknutzung außerhalb der EU extrem hoch. Schalten Sie im Nicht-EU-Ausland die mobile Datenübertragung aus. Am besten schützen Sie sich vor Roamingkosten, wenn Sie bei Auslandsreisen die SIM-Karte aus dem Smartphone nehmen.

Android 12 vereinfacht diesen Anmeldevorgang, indem die Seite direkt in den WLAN-Einstellungen über eine Benachrichtigung aufgerufen werden kann.

1. Tippen Sie länger auf das *Internet*-Symbol in den Schnelleinstellungen, um die Liste der WLANs in der Nähe zu sehen.

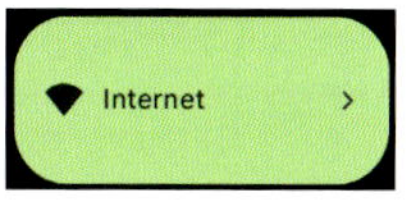

2. Tippen Sie auf das gewünschte WLAN in der Liste.
3. Nachdem die Verbindung hergestellt wurde, erscheint unter dem Netzwerknamen der Hinweis *Im Netzwerk anmelden*.
4. Tippen Sie darauf, erscheint automatisch die Anmeldeseite des WLANs, auf der Sie Bedingungen bestätigen oder Anmeldedaten eingeben müssen. Danach sind Sie mit dem WLAN verbunden.

Anmeldeseite erscheint nicht

Sollte nach der Verbindung mit einem öffentlichen WLAN die Anmeldeseite nicht erscheinen, schalten Sie in den *Einstellungen* unter *Netzwerk & Internet* den *Datensparmodus* aus und versuchen es erneut.

Hotspots von Telekom und Vodafone nutzen

Die Telekom rüstet in Großstädten und an touristisch interessanten Orten Telefonzellen mit Hotspots aus, über die man mit persönlicher Zugangskennung oder über direkte Bezahlung mit einem eigenen Notebook, Tablet oder Smartphone ins Internet kommt.

Telekom-Hotspots werden in der Liste verfügbarer WLANs als offene Netzwerke angezeigt. Verbinden Sie das Smartphone mit diesem WLAN. Nach der Verbindung erscheint die Benachrichtigung *In WLAN-Netzwerk anmelden*. Tippen Sie darauf und geben Sie auf der Anmeldeseite, wenn nötig, Ihre Zugangsdaten ein. Erst danach können Sie andere Apps über dieses WLAN nutzen.

Die meisten Telekom-Hotspots zeigen auf der Anmeldeseite unterschiedliche Möglichkeiten zur Anmeldung, über einen HotSpot Pass, einen Gutscheincode oder mit Benutzername und Passwort aus einem Telekom-Mobilfunkvertrag. Die als *Telekom_FON* gekennzeichneten Hotspots lassen sich auch mit einem Login der Fon-Community, die vor einigen Jahren von der Telekom übernommen wurde, kostenlos nutzen. An einigen Telekom-Hotspots kann man sich auch mit Zugangsdaten von Roamingpartnern anmelden.

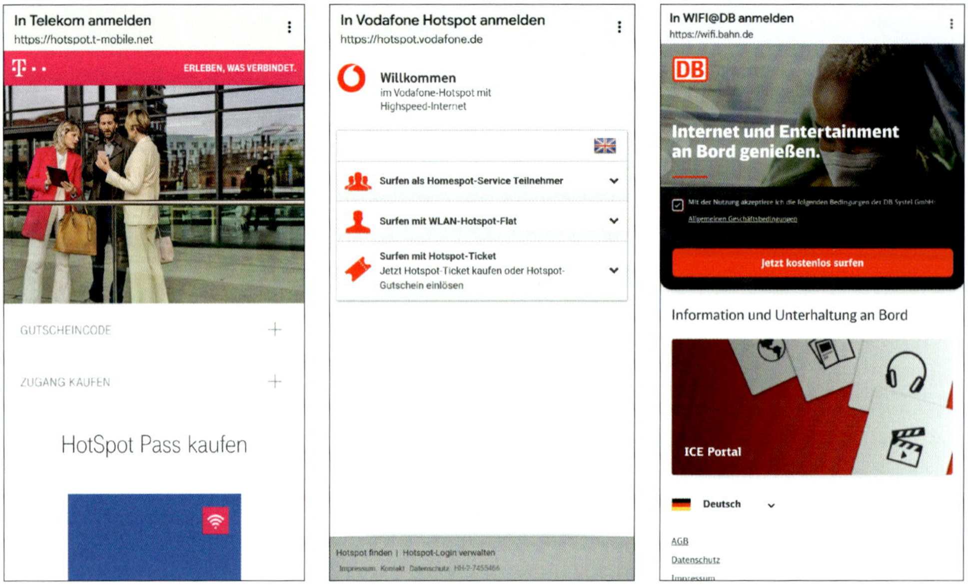

Anmeldung an Hotspots von Telekom, Vodafone und in der Deutschen Bahn

Vodafone bietet immer mehr öffentliche Hotspots in Städten und touristischen Orten an. Einige Vodafone-Hotspots bieten 30 Minuten kostenlose Nutzung jeden Tag an. Über *Vodafone Homespot* können Nutzer von Kabelanschlüssen einen Teil ihrer Bandbreite freigeben und bekommen im Gegenzug eine Nutzungsberechtigung für andere Homespots.

WLAN in der Bahn

Seit Ende des Jahres 2016 sind fast alle ICE-Züge und seit 2019 auch ein Teil der IC-Züge der Deutschen Bahn mit kostenlosem WLAN ausgestattet. Das WLAN erscheint unter dem Namen *WIFIonICE* in der Liste der WLANs und verwendet eine Anmeldeseite, bei der Sie aber nur auf eine Schaltfläche tippen müssen.

Das WLAN im ICE funktioniert über gebündelte LTE-Verbindungen mehrerer Mobilfunkanbieter. Dennoch müssen sich mehrere Hundert Fahrgäste die Bandbreite teilen. Damit alle Fahrgäste vom WLAN profitieren können und nicht einzelne mit Videostreams die Geschwindigkeit für alle anderen Mitreisenden bremsen, wird das Datenvolumen nach der Nutzung von 200 MB pro Tag und Gerät gedrosselt.

Nachdem private Bahngesellschaften zunehmend WLAN für ihre Fahrgäste anbieten, stattet auch die Deutsche Bahn nach und nach Regionalzüge und S-Bahnen mit WLAN aus. Die WLAN-Hotspots in den Regionalzügen und auf vielen Bahnhöfen heißen *WIFI@DB* und funktionieren nach einem ähnlichen Prinzip wie in den ICEs. Andere Bahnhöfe nutzen Telekom-Hotspots unter dem eigenen Namen *FREE_WIFI@BAHNHOF*. Nach und nach vereinheitlicht die Deutsche Bahn die Namen aller öffentlichen WLANs in Zügen und auf Bahnhöfen. Sie werden bald alle *WIFI@DB* heißen. Besucher der DB-Lounges können die Hotspots im Bereich der DB-Lounges an vielen Bahnhöfen kostenlos und ohne Zeitbegrenzung nutzen.

Alternative Browser für Android

Wie auf dem PC haben unabhängige Softwarehersteller auch für Android-Smartphones weitere Browser entwickelt, die interessante Funktionen bieten und so zahlreiche Fans für sich gewinnen konnten. Auch auf dem Smartphone ist wie auf dem PC kein Browser objektiv der beste. Die Browserwahl ist immer eine Frage des persönlichen Geschmacks. Wir zeigen hier ein paar beliebte Alternativen zum Chrome-Standard-Browser.

Firefox

Firefox für Android basiert auf der gleichen Technologie wie der beliebte Browser für PCs. Auch auf dem Smartphone überzeugt Firefox durch seine extrem schlanke wie auch funktionelle Oberfläche.

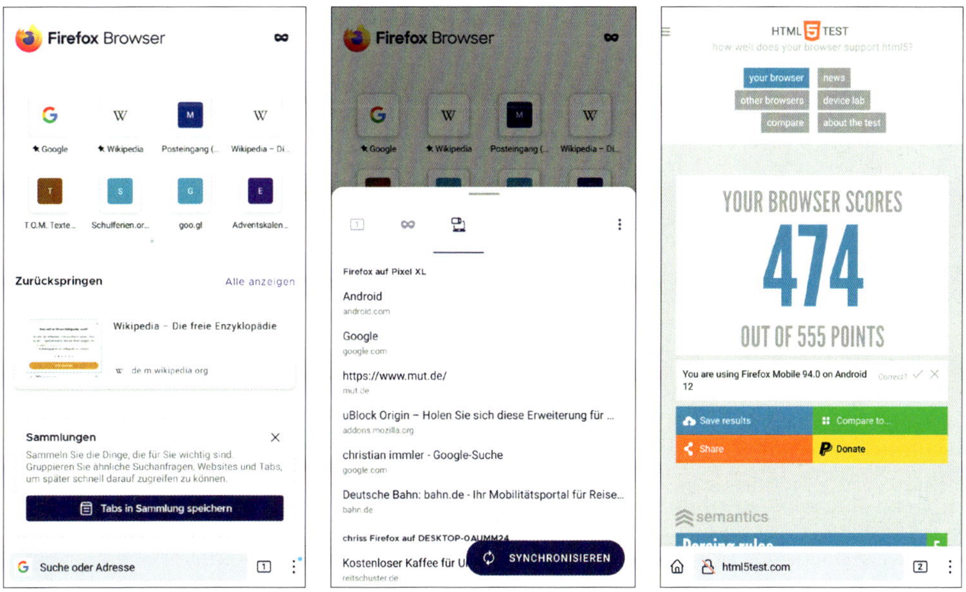

Startseite, Übersicht geöffneter Tabs und HTML5-Testergebnis im mobilen Firefox

Die aktuelle Firefox-Version unterstützt alle wichtigen Webtechnologien wie Tabs, JavaScript und HTML-Layer und bietet auch weitreichende HTML5-Unterstützung. Natürlich bietet Firefox auch alle Funktionen moderner Android-Browser, wie einen privaten Modus, Umschaltung auf die Desktop-Version von Webseiten, Lesezeichen, Chronik und das Teilen von Internetadressen über verschiedene Kommunikationswege. Die Chronik, die Liste der meistbesuchten Seiten sowie die Lesezeichen erreichen Sie direkt auf der Firefox-Startseite, die frei anpassbar ist. Tippen Sie auf die kleine Ziffer rechts neben der Adresszeile, erscheinen weitere Tabs.

Die kombinierte Such- und Adressleiste findet schnell einen gesuchten Begriff in der Chronik der besuchten Seiten wie auch über verschiedene Suchmaschinen. Mit dem Symbol *Suchmaschine* oberhalb des Eingabefeldes wählen Sie Ihre bevorzugte Suchmaschine aus.

Das Symbol *Scannen* startet den in Firefox eingebauten QR-Code-Scanner, um über einen QR-Code zur Internetseite zu kommen, ohne erst eine andere App aufrufen zu müssen.

Browserdaten in Firefox synchronisieren

Per **Firefox Sync** lassen sich Lesezeichen, Passwörter und Formulareingaben mit anderen PCs und Smartphones synchronisieren, sodass man nicht alles auf dem Smartphone neu eingeben muss. Sie finden die Lesezeichen sowie die Chronik der zuletzt geöffneten Webseiten automatisch auf allen synchronisierten Geräten. Dazu legen Sie auf dem PC in den Firefox-Einstellungen ein Firefox-Konto an und schalten die Synchronisation ein. Auch hier können Sie festlegen, welche Daten synchronisiert werden sollen. Wenn Sie bereits ein solches Konto haben, melden Sie sich in Firefox auf dem Smartphone damit an.

Melden Sie sich auf anderen PCs mit demselben Konto an, um die Daten zu synchronisieren. Neben Chronik und Lesezeichen können Sie auch eine Liste synchronisierter Tabs auf allen Geräten anzeigen lassen.

Firefox für Android bietet eine komfortable Methode, um den Firefox-Browser auf dem Smartphone ganz einfach mit den PCs zu synchronisieren:

1. Öffnen Sie auf dem PC in Firefox die Seite *firefox.com/pair*.
2. Klicken Sie auf dem nächsten Bildschirm auf *Code anzeigen*, um einen QR-Code zur Verbindung anzuzeigen.
3. Tippen Sie in Firefox auf dem Smartphone auf *Sync aktivieren* und dann auf *Bereit zum Scannen*.
4. Scannen Sie nun mit dem Smartphone den auf dem PC angezeigten QR-Code.
5. Jetzt erscheint eine Informationsseite zur Kopplung, die Sie auf Smartphone und PC bestätigen müssen. Erst dann werden die Geräte gekoppelt und die Daten synchronisiert.

Mit dieser Methode melden Sie sich automatisch mit demselben Konto auch bei Firefox für Android an.

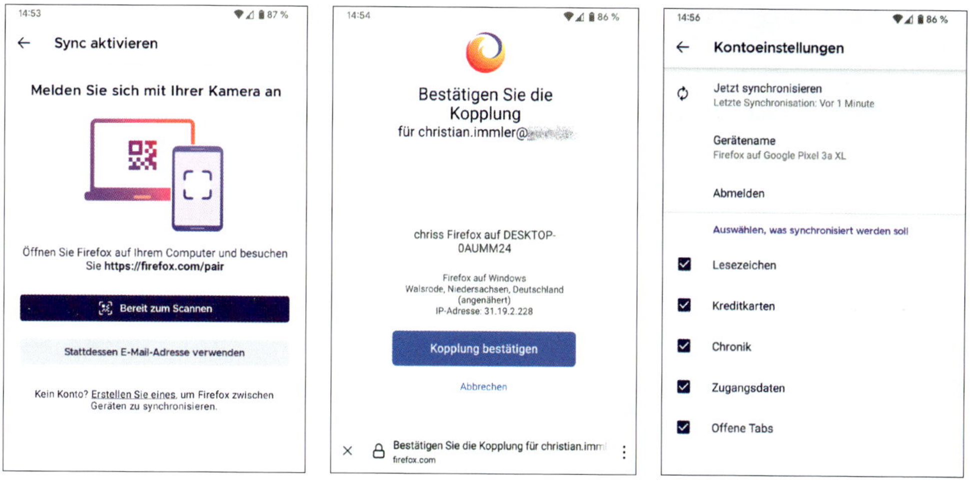

Kopplung eines Smartphones mit einem PC über das Firefox-Konto

Firefox Add-ons verwenden

Firefox bietet auf dem Smartphone eine ähnliche Add-on-Technik wie auf dem PC. Über solche nachträglich installierbaren Add-ons lassen sich zusätzliche Funktionen hinzufügen oder das Aussehen von Firefox verändern. Besonders beliebt sind Werbeblocker-Add-ons, die durch Herausfiltern von Werbung nicht nur Platz auf den kleinen Smartphone-Bildschirmen schaffen, sondern auch Datenvolumen sparen.

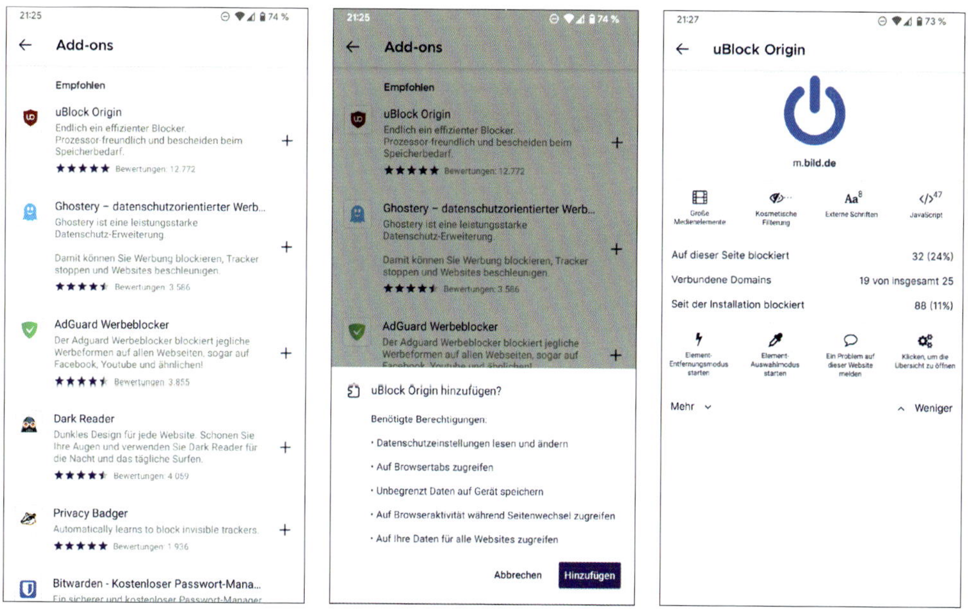

Werbeblocker-Add-on uBlock Origin in Firefox installieren

Firefox als Standard-Browser einrichten

Wie auf dem PC ist auch auf dem Smartphone immer ein Browser der Standard-Browser, der automatisch gestartet wird, wenn man in einer anderen App auf einen Link tippt. Wer grundsätzlich lieber Firefox oder einen anderen Browser als Chrome nutzt, kann die Standardeinstellung leicht umstellen. Auch bei Links, die in der Google-Suche aufgerufen werden, erscheint dann im Menü *In Firefox öffnen* statt *In Chrome öffnen*.

1. Um den Standard-Browser zu wechseln, öffnen Sie die *Einstellungen*. Wählen Sie hier *Apps/Standard-Apps*.
2. Tippen Sie auf *Browser-App*, um den neuen Standard-Browser auszuwählen.

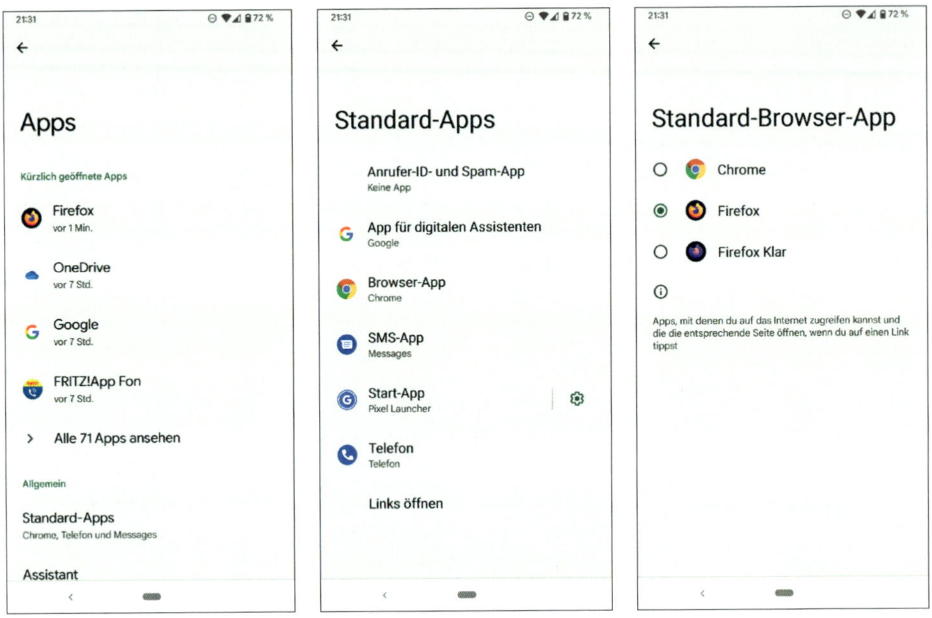

Standard-Browser wechseln

Firefox Klar

Firefox Klar ist eine spezielle Version des Firefox-Browsers für Leute mit gesteigerten Sorgen um ihre Privatsphäre.

Der Browser blockiert standardmäßig Skripte zur Werbeverfolgung, Analyse und Verfolgung durch soziale Netzwerke. Außerdem kann die Standardsuchmaschine frei gewählt werden. Da der Browser keine Daten speichert, gibt es keine Lesezeichen und keine Chronik. Um sich eine Webseite zu merken, können Sie diese auf dem Startbildschirm speichern.

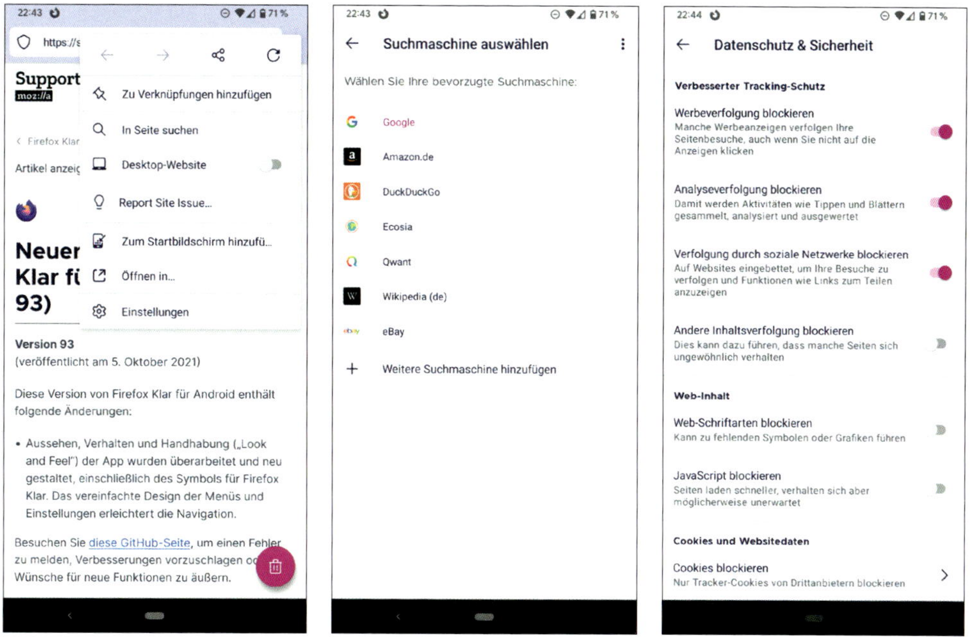

Firefox Klar – eingeschränkte Firefox-Version für Datenschützer

Opera-Browser

Eine weitere interessante Alternative zu Chrome ist die mobile Version des unter Insidern auch auf dem PC bekannten Opera-Browsers.

Eine lokale Startseite in Opera vereinfacht die Navigation und zeigt die am häufigsten angewählten Internetseiten oder personalisierbare News Feeds zu verschiedenen Themen an. Ähnlich wie auf dem PC sind ein automatisches Ausfüllen von Formularen und das Vervollständigen von Internetadressen sowie die Synchronisation von Verlaufsliste und Lesezeichen auf mehreren Geräten möglich.

Der integrierte Werbeblocker spart zusätzlich Datenvolumen und macht viele Seiten lesbarer. Zusätzlich kann der Werbeblocker auch die immer häufiger verwendeten – weil EU-rechtlich vorgeschriebenen – Cookie-Pop-ups blockieren oder automatisch quittieren.

Ein spezieller Datensparmodus in Opera verwendet eine serverseitige Komprimierung aller aufgerufenen Webseiten. Je nach Aufbau der Seite lässt sich das zu übertragende Datenvolumen um bis zu 90 % eindampfen, was der Geschwindigkeit des Seitenaufbaus zugutekommt und auch Datenvolumen spart. Selbst bei schlechter Mobilfunkabdeckung lassen sich so viele Webseiten noch aufrufen.

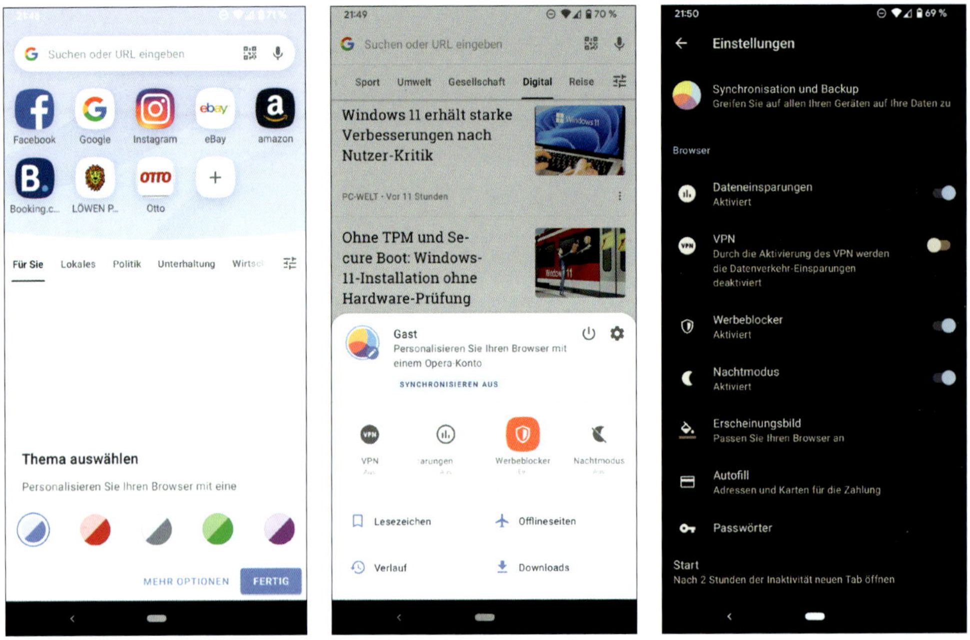

Startseite, Menü und Einstellungen in Opera

Im privaten Modus bietet Opera ein kostenloses VPN für besonderen Datenschutz, wenn der Webseitenbetreiber keinerlei Informationen über den Besucher erhalten soll.

Wikipedia

Wikipedia ist das beliebteste aller Onlinelexika und wird ständig aktualisiert und erweitert. Wikipedia ist nicht nur auf dem PC interessant, sondern oft auch unterwegs, wenn man schnell etwas wissen möchte. Ein Android-Smartphone eignet sich dabei hervorragend als mobiles Lexikon.

Wikipedia bietet seine Inhalte für verschiedenste Geräte an. Neben der normalen Version zur Darstellung im Webbrowser auf dem PC gibt es auch Versionen, die speziell für die Darstellung auf mobilen Geräten optimiert sind. Besucht man die deutsche Webseite der Wikipedia *de.wikipedia.org* mit dem Browser auf dem Smartphone, wird automatisch auf die mobile Variante *de.m.wikipedia.org* umgeschaltet.

Die für Mobilgeräte optimierte Version der Wikipedia hat auf Smartphones deutliche Vorteile. Schriftgröße und Zeilenbreite werden automatisch angepasst. Bilder werden dargestellt, ohne sie als Benutzer verkleinern zu müssen. Um den Seitenaufbau zu beschleunigen, werden die Unterkapitel zunächst nur als Überschrift angezeigt, tippt man darauf, lädt das Unterkapitel nach.

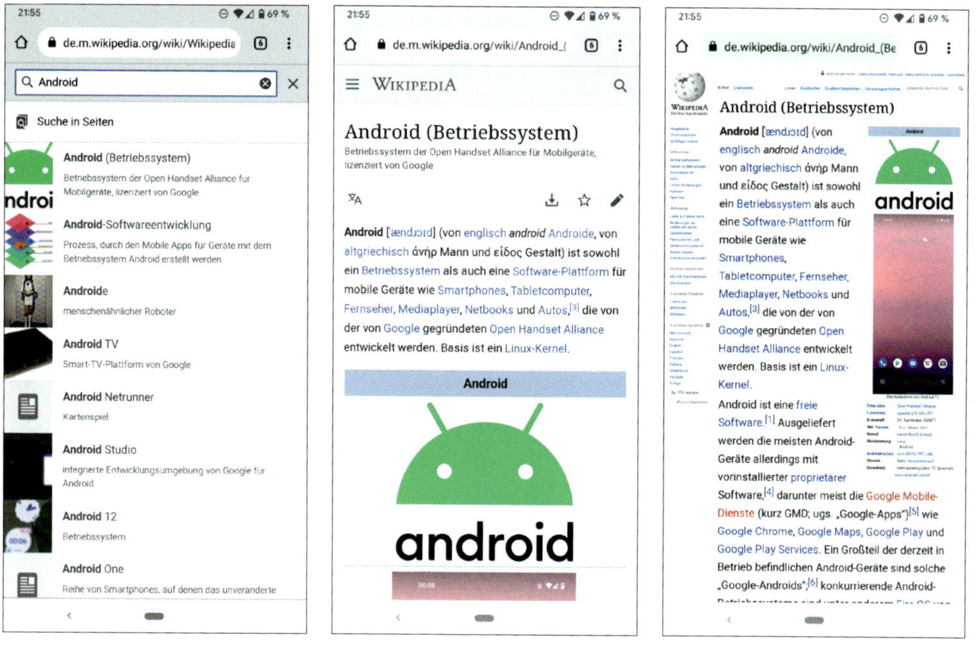

Suche in der mobilen Wikipedia im Chrome-Browser sowie ein Artikel in mobiler und klassischer Ansicht

Sollte ein Artikel in der mobilen Version nicht vollständig dargestellt werden, finden Sie ganz unten auf jeder Wikipedia-Seite einen Link zum Umschalten auf die klassische Ansicht, ohne den Browser selbst umschalten zu müssen. Auf die gleiche Weise kommen Sie von der klassischen Ansicht auch wieder zurück zur mobilen Ansicht.

Die offizielle Wikipedia-App

Die offizielle App der Wikipedia bietet mehr als nur eine schnellere Suche und Darstellung der Wikipedia-Artikel auf dem Smartphone. In der App lassen sich Seiten zum Offlinelesen speichern. Außerdem gibt es eine Verlaufsanzeige der zuletzt gelesenen Wikipedia-Artikel. Die Wikipedia-App lässt sich auf alle von Wikipedia unterstützten Sprachen umschalten.

Die Wikipedia-App liefert ähnlich wie die Wikipedia-Webseite bereits beim Suchen Vorschläge passender Wikipedia-Artikel. Eine Wischgeste vom rechten Bildschirmrand oder ein Symbol unten rechts blendet ein Inhaltsverzeichnis für den aktuell angezeigten Artikel ein.

Die App bietet für Wikipedia-Autoren die Möglichkeit, sich anzumelden und Seiten als Lesezeichen in der App zu speichern.

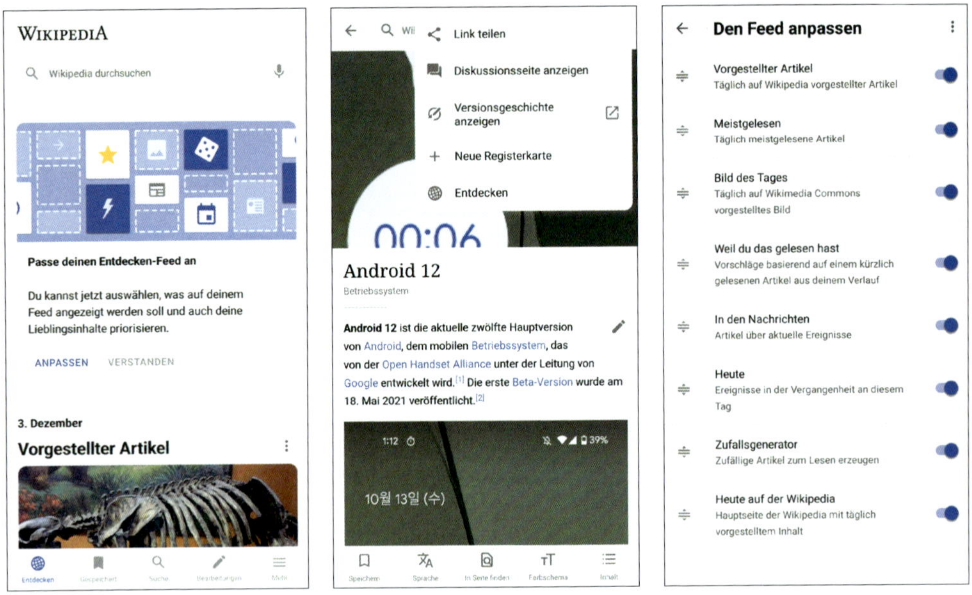

Startseite der App und Inhaltsverzeichnis eines Wikipedia-Artikels, rechts: persönliche Startseite anpassen

> **Wikipedia-Apps**
>
> Bevor Wikipedia die eigene offizielle App veröffentlichte, gab es schon diverse andere Wikipedia-Apps, die aber häufig Werbung enthalten und einen geringeren Funktionsumfang bieten. Einige von diesen sind immer noch im Google Play Store zu finden. Achten Sie daher darauf, die offizielle Wikipedia-App zu installieren.

QRpedia

QRpedia (*qrpedia.org*) ist ein Projekt der Wikipedia, das es Anwendern ermöglicht, auf einfache Weise QR-Codes zu Wikipedia-Artikeln zu erzeugen. Diese QR-Codes können ausgedruckt und an Sehenswürdigkeiten oder Ausstellungsexponaten angebracht werden. Besucher kommen so auf einfache Weise zu dem zum jeweiligen Objekt passenden Wikipedia-Artikel.

Die QR-Codes aus QRpedia verweisen nicht direkt auf einen einzelnen Wikipedia-Artikel, sondern zunächst auf eine Seite bei *qrwp.org*. Dieser Server wertet die Spracheinstellung des jeweiligen Smartphones aus und liefert dann einen Wikipedia-Artikel in der vom Benutzer verwendeten Sprache zurück. Auf diese Weise ist auch bei Objekten von internationalem Interesse nur ein einziger QR-Code nötig. Jeder Besucher bekommt den passenden Wikipedia-Artikel in seiner auf dem Smartphone verwendeten Sprache angezeigt.

Um selbst solche QR-Codes zu erzeugen, kopieren Sie einfach die Adresse eines Wikipedia-Artikels in das Eingabefeld bei *qrpedia.org*. Sofort wird der passende QR-Code angezeigt.

Kapitel 6

Kommunikation mit dem Smartphone

Die ursprüngliche Aufgabe eines Handys war schon immer die Kommunikation. Neben Telefonieren und SMS sind auf Smartphones diverse moderne Kommunikationsformen hinzugekommen. So ist es heute selbstverständlich, dass man seine E-Mails auf dem Smartphone liest und beantwortet und auch Kontakte in sozialen Netzwerken von unterwegs pflegt.

Gmail – Google Mail

Android und Google sind zwei enge Verwandte, so wundert es nicht, dass Google-Mail-Konten auf Android-Smartphones besonders gut unterstützt werden. Auf den Geräten ist eine eigene App für Googles Mailservice Gmail vorinstalliert, die ständig mit dem Google-Konto synchronisiert wird, sodass man über neue E-Mails automatisch in Echtzeit benachrichtigt wird.

Gmail = Google Mail

Google Mail tritt in den meisten Ländern inzwischen unter dem Markennamen Gmail auf. In Deutschland und Großbritannien durfte dieser Name wegen eines Rechtsstreits mit dem Betreiber eines privaten Postdienstes lange Zeit nicht genutzt werden. Google verwendet mittlerweile einheitlich *mail.google.com*. Die E-Mail-Adressen *@googlemail.com* und *@gmail.com* können gleichwertig verwendet werden. In Polen und China darf Google den Namen Gmail weiterhin nicht verwenden. Mit über 1,5 Milliarden Nutzerkonten ist Gmail der weltweit größte E-Mail-Anbieter.

Die Gmail-App synchronisiert automatisch mit dem bei der Einrichtung des Smartphones festgelegten Google-Konto. Zusätzlich zu diesem können Sie in der Gmail-App später noch weitere Google-Konten sowie auch E-Mail-Konten anderer Anbieter hinzufügen.

E-Mails lesen

Kommt eine neue E-Mail an, leuchtet bei den meisten Smartphones automatisch die LED und es ertönt ein Benachrichtigungston. In der Benachrichtigungsleiste erscheint das Gmail-Symbol. Am Gmail-Symbol auf dem Startbildschirm erscheint ein Benachrichtigungspunkt für neue E-Mails.

Das Gmail-Symbol bei eingegangenen E-Mails in der Benachrichtigungsleiste links oben und Punkt am App-Symbol

Ziehen Sie die Benachrichtigungsleiste nach unten, werden Absender, Betreff, Zeit und die ersten Textzeilen der E-Mail angezeigt. Android 12 fasst mehrere eingegangene E-Mails in einer Benachrichtigung zusammen. Tippen Sie auf den kleinen Pfeil oben rechts neben der E-Mail-Adresse, um die E-Mails einzeln anzuzeigen. Tippen Sie auf den Pfeil rechts oben in der Benachrichtigung einer einzelnen E-Mail, werden die ersten Zeilen dieser E-Mail angezeigt.

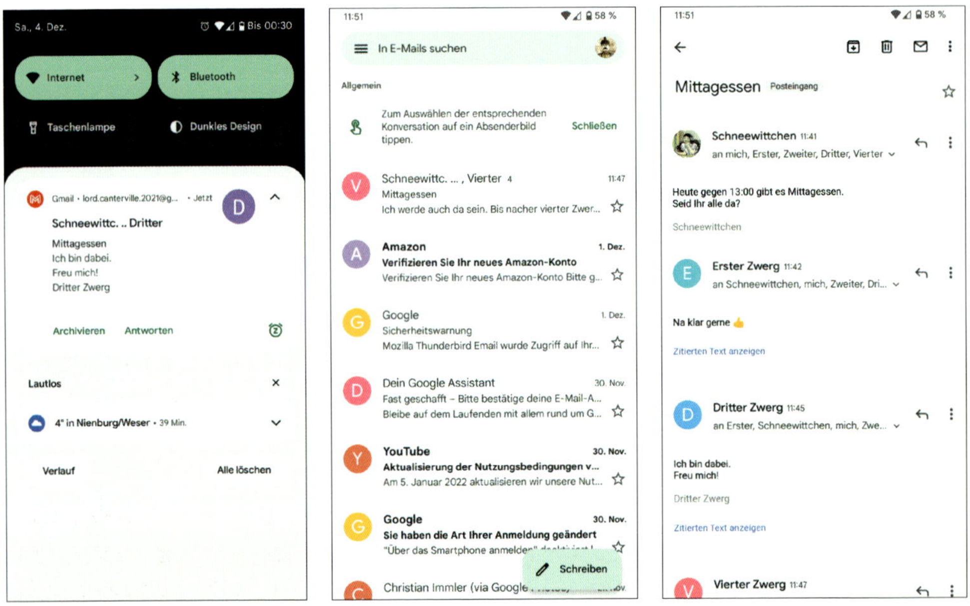

Neue E-Mails in Gmail

Tippen Sie auf den Text einer E-Mail in einer Benachrichtigung, wird diese in voller Länge in der Gmail-App geöffnet. Mit dem Pfeilsymbol oben links kommen Sie aus der Ansicht einer E-Mail zurück in den Posteingang. Gmail fasst mehrere E-Mails zum gleichen Betreff zu einem Thread zusammen, wenn zum Beispiel mehrere Antworten hin und her geschickt wurden, auch von verschiedenen Personen in einer Gruppenmail. Ist vom Absender ein

Kontaktfoto in dessen Google-Konto oder im eigenen Google-Konto hinterlegt, wird dieses Bild automatisch anstelle des Anfangsbuchstabens in der E-Mail angezeigt.

E-Mails beantworten

Um eine E-Mail zu beantworten, tippen Sie auf das Symbol *Antworten* unterhalb der Mail oder auf das Pfeilsymbol oben rechts neben dem Absender.

Es öffnet sich ein Antwortformular. Der Cursor wird automatisch an der richtigen Stelle positioniert, sodass Sie direkt mit dem Schreiben der Antwort beginnen können. Tippen Sie auf die drei Punkte, um die Originalmail im Antwortfenster zu sehen. Tippen Sie oben auf *Antworten*, können Sie zwischen der Antwort an den Absender, der Antwort an alle oder Weiterleiten wählen.

Haben Sie die Antwort geschrieben, tippen Sie oben rechts auf das Symbol mit dem Pfeil, um die E-Mail abzuschicken.

E-Mails schreiben

Eine neue Mail zu schreiben, funktioniert prinzipiell genauso, wie eine Mail zu beantworten. Tippen Sie dazu in der Gmail-App unten rechts auf das Symbol *Schreiben*. Haben Sie mehrere E-Mail-Konten in der Gmail-App eingerichtet, tippen Sie oben auf Ihre Absenderadresse, um das gewünschte Konto auszuwählen.

Sinnvolle Betreffzeile

Tragen Sie in die Betreffzeile etwas Sinnvolles ein, damit der Empfänger sofort weiß, worum es in der Mail geht. Die Betreffzeile ist auch ein wichtiges Kriterium für Spamfiltersoftware. Schreiben Sie hier vollständige deutsche Wörter und nicht nur »Hey« oder Ähnliches, wenn Sie möchten, dass Ihre Mail auch ankommt.

In den E-Mails können Emojis über die Sonderzeichentastatur verwendet werden. Beim Eintippen des Empfängers werden automatisch Personen aus der Kontaktliste vorgeschlagen, die Sie durch einfaches Antippen auswählen können. Üblicherweise schreiben Sie eine E-Mail nicht einfach, um eine E-Mail zu schreiben, sondern um einer bestimmten Person etwas mitzuteilen. Da liegt es nahe, direkt aus der Kontakte-App zu starten.

1. Rufen Sie die App *Kontakte* auf und suchen Sie die betreffende Person.
2. Tippen Sie auf den gewünschten Personeneintrag, erscheinen die Kontaktdetails. Tippen Sie hier auf das E-Mail-Symbol oder auf eine der angezeigten E-Mail-Adressen dieser Person.

3. Sind mehrere E-Mail-Apps installiert, wählen Sie Gmail oder eine andere E-Mail-App. Möchten Sie immer Gmail nutzen, tippen Sie anschließend auf *Immer*, und Gmail wird als Standard zum Schreiben von E-Mails festgelegt.

4. Danach – oder auch, wenn nur Gmail installiert ist – öffnet sich automatisch die Gmail-App, und der Cursor springt gleich in die Betreffzeile. Der E-Mail-Empfänger ist automatisch eingetragen, als Absender wird das E-Mail-Konto gewählt, aus dessen Adressbuch der Kontakteintrag stammt.

E-Mail in Gmail schreiben, Mitte: E-Mail aus der Kontaktliste, rechts: App-Shortcuts und Widgets für Gmail

E-Mail an mehrere Personen schreiben

Wenn Sie E-Mails an mehrere Empfänger verschicken, gibt es diverse Möglichkeiten, die Adressen anzugeben:

Adressierung	Beschreibung
An:	Diese Empfänger werden direkt adressiert, sie stehen in der Zeile *An:* im Mailtext, die Adressen sind für alle Empfänger zu lesen.
Cc:	**C**arbon **C**opy: Die in dieser Zeile aufgeführten Empfänger erhalten einen »Durchschlag« der E-Mail zur Kenntnisnahme. In diesem Fall sind die Empfänger der Carbon Copy für alle anderen Empfänger der Mail zu erkennen.
Bcc:	**B**lind **C**arbon **C**opy: Eine Blindkopie verhindert, dass die Empfänger dieser Kopie beim Originalempfänger oder auch bei den Empfängern regulärer Carbon Copys erkannt werden können.

Wenn Sie eine E-Mail in Gmail schreiben, ist standardmäßig nur das Feld *An:* zu sehen. Die Felder für *Cc:* und *Bcc:* können Sie hinzufügen, indem Sie auf den kleinen Pfeil rechts im Feld *An:* tippen.

App-Shortcuts und Widgets

Über App-Shortcuts (langes Antippen des App-Symbols) lassen sich schnell neue E-Mails an häufig kontaktierte Personen schreiben. Bei Bedarf können diese Shortcuts auf den Startbildschirm gelegt werden. Das Widget-Symbol oben rechts bietet zwei verschiedene Gmail-Widgets zur Auswahl. Eines zeigt eine Liste der neusten E-Mails in einem bestimmten Label, das andere öffnet die Gmail-App mit einem zuvor festgelegten Label.

Fotos per E-Mail senden

Ähnlich wie vom PC lassen sich auch vom Android-Smartphone Dateien per E-Mail verschicken. Schreiben Sie dazu zunächst wie gewohnt in der Gmail-App die Mail und tippen Sie dann auf das Symbol mit der Büroklammer. Wählen Sie hier *Datei anhängen*. Hier finden Sie eine Übersicht der zuletzt verwendeten Dateien, um schnell eine davon auszuwählen.

Tippen Sie auf das Menüsymbol oben links, können Sie ein beliebiges auf dem Smartphone gespeichertes Foto auswählen. Um ein auf dem Smartphone oder der Speicherkarte gespeichertes Foto an die E-Mail anzuhängen, tippen Sie auf *Fotos*. Hier finden Sie alle Ihre Fotos. Installierte Dateimanager und verschiedene andere Apps klinken sich hier ebenfalls mit ein. Auch darüber können Sie E-Mail-Anhänge auswählen.

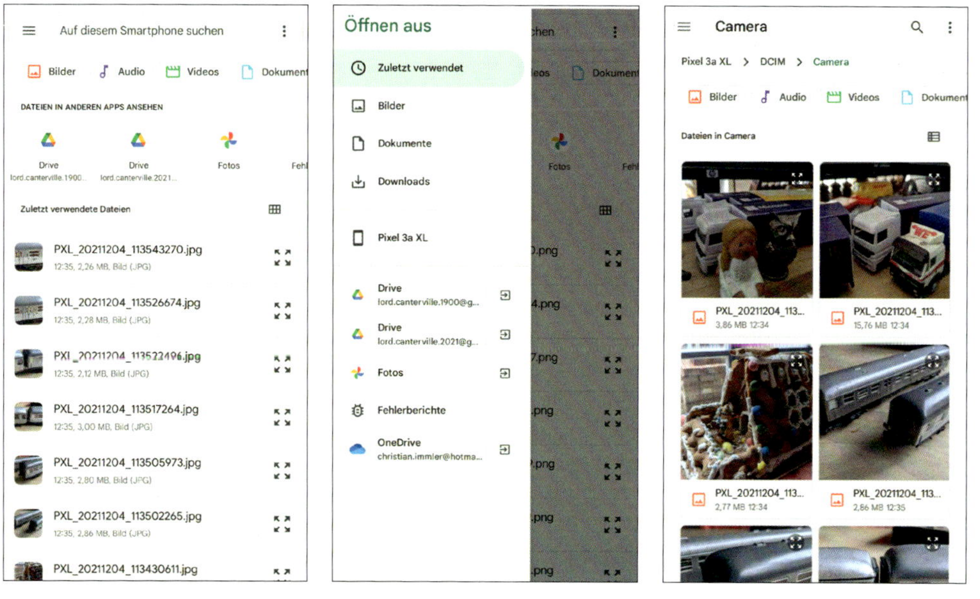

Datei als Anhang auf dem Smartphone oder aus Google Drive auswählen

Sie haben auch die Möglichkeit, Dateien aus dem Cloud-Speicher Google Drive direkt als E-Mail-Anhang auszuwählen, ohne die Datei erst auf das Smartphone herunterladen zu müssen.

Statt die Gmail-App zu starten und dann das Bild zu wählen, können Sie auch direkt aus der Google-Fotos-App ein Bild verschicken. Tippen Sie in der Bildanzeige unten auf das Symbol *Teilen* und wählen Sie dann die Gmail-App aus. Wird das Gmail-Symbol nicht angezeigt, tippen Sie auf *Mehr* in der Liste *In App teilen*, dann erscheinen noch weitere Apps zum Teilen von Fotos. Auf diesem Weg wird das Foto als Dateianhang geschickt.

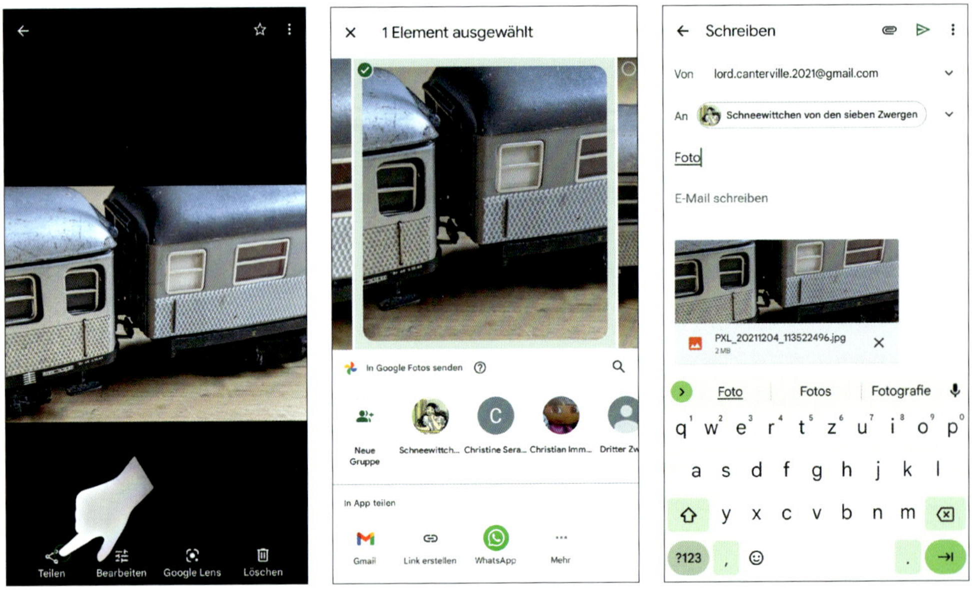

Fotos als E-Mail-Anhang über Google Fotos versenden

Andere E-Mail-Konten einrichten und nutzen

Die Gmail-App unterstützt neben Gmail auch E-Mail-Konten anderer Anbieter, sodass nicht mehr wie früher mehrere E-Mail-Apps nötig sind.

Wo ist die andere E-Mail-App von Android?

Android-Smartphones benötigten früher neben Gmail noch eine weitere App, um auch andere POP3- und IMAP-Mailkonten zu nutzen. Diese App ist seit Android 6 Marshmallow nicht mehr nötig und wird seit Android 7 Nougat standardmäßig nicht mehr mitgeliefert. Einige Gerätehersteller, unter anderem Samsung, installieren zusätzlich zu Gmail noch eine eigene E-Mail-App.

Bei den meisten E-Mail-Anbietern können Sie mit E-Mail-Adresse und Passwort das Mailkonto auf dem Smartphone automatisch einrichten, da die Serverdaten in der App bekannt sind. Bei E-Mails auf eigenen privaten Domains ist die automatische Einrichtung in den meisten Fällen nicht möglich.

1. Tippen Sie oben rechts in der Gmail-App auf Ihr Profilbild und dann auf *Weiteres Konto hinzufügen*
2. Wählen Sie auf der nächsten Seite Ihren E-Mail-Anbieter. Die meisten bekannten E-Mail-Anbieter wie GMX, Web.de, T-Online und andere sind bereits vorkonfiguriert.

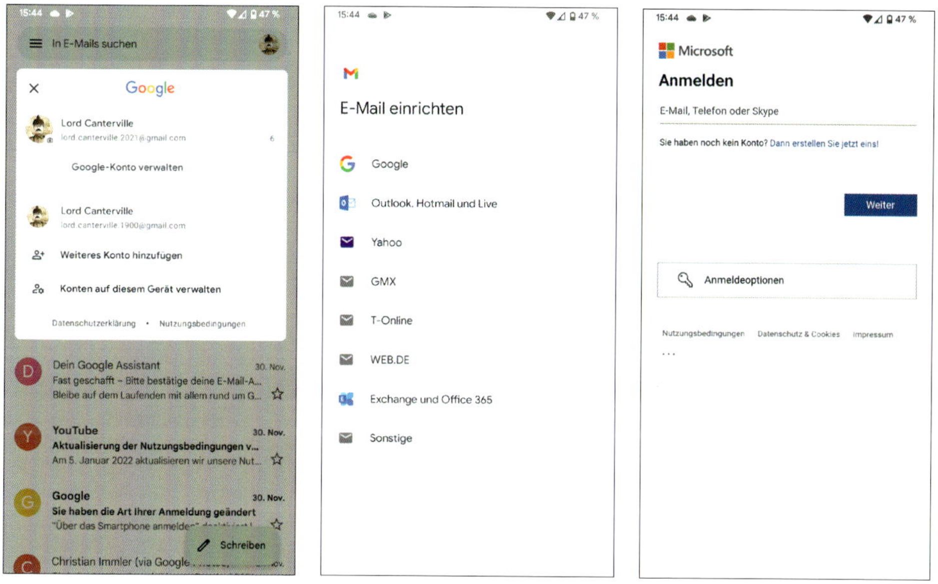

E-Mail-Konto bei einem anderen Anbieter in der Gmail-App eintragen

3. Jetzt erscheint automatisch der Einrichtungsassistent. Geben Sie hier Ihre E-Mail-Adresse und auf der nächsten Seite das Passwort an.
4. Wenn Sie auf *Weiter* tippen, richtet die Gmail-App das E-Mail-Konto automatisch ein, wenn die Serverdaten des E-Mail-Anbieters bekannt sind. Können die Serverdaten nicht automatisch ermittelt werden, schaltet der Einrichtungsassistent automatisch auf die manuelle Einrichtung um, bei der Sie alle Daten manuell eingeben können.
5. Bei Konten von Google und Microsoft erscheinen spezielle Anmeldeseiten dieser Anbieter, auf denen Zugriffsberechtigungen gewährt und Nutzungsbedingungen bestätigt werden müssen.
6. Bei Nicht-Google-Konten wählen Sie noch, wie oft die App auf dem Mailserver nach neuen Nachrichten sehen soll. Hier können Sie auch festlegen, ob beim Eingang neuer

E-Mails eine Benachrichtigung erscheinen soll. In den Kontoeinstellungen können Sie später auch noch einen Klingelton für diese Benachrichtigungen auswählen.

7. Im letzten Schritt geben Sie dem neu eingerichteten E-Mail-Konto noch einen eindeutigen Namen. Wird kein Name vergeben, bekommt das Konto in der Liste die E-Mail-Adresse als Namen.

8. Danach ist das Mailkonto eingerichtet. Jetzt wird eine Verbindung zum Server hergestellt und die E-Mails werden abgerufen. Das Konto erscheint in der Liste im Seitenmenü der Gmail-App.

POP3/IMAP bei GMX und Web.de

GMX und Web.de deaktivieren standardmäßig den Zugriff über externe E-Mail-Apps. Melden Sie sich auf dem PC im Browser dort an und aktivieren Sie in den *Einstellungen* unter *E-Mail/POP3/IMAP Abruf* den Schalter *POP3 und IMAP Zugriff erlauben*. Bestätigen Sie die Änderung mit einem Klick auf *Speichern* und der Eingabe eines Sicherheitscodes.

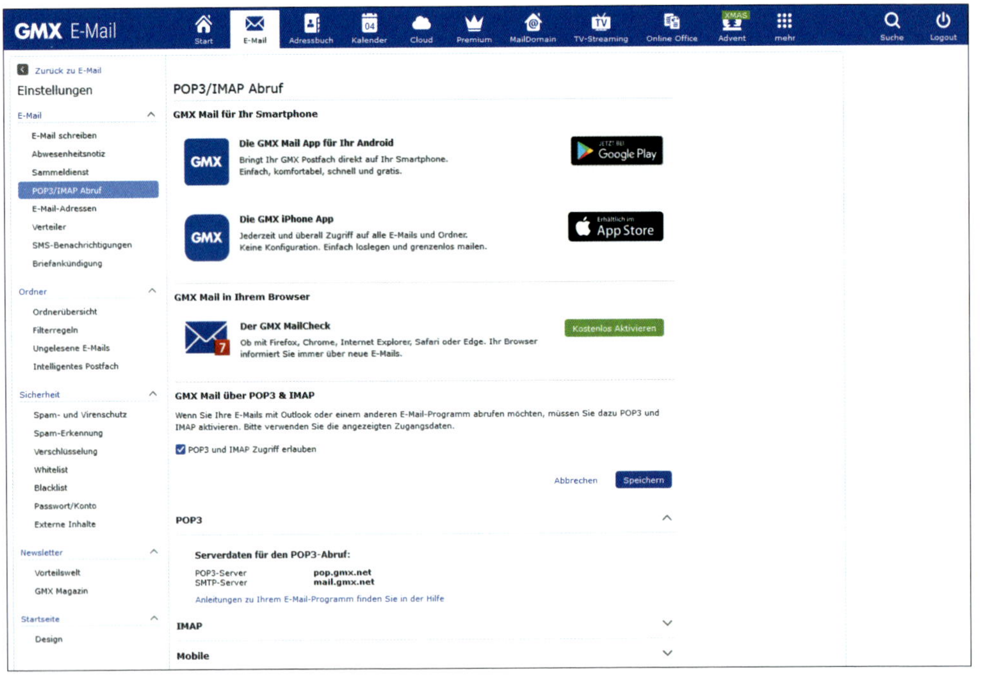

POP3/IMAP bei GMX aktivieren

Wird ein E-Mail-Konto längere Zeit nicht genutzt, wird der POP3-Zugriff automatisch wieder deaktiviert, kann aber jederzeit wieder aktiviert werden.

E-Mail-Konto manuell einrichten

Nicht alle E-Mail-Konten können automatisch konfiguriert werden, da nicht immer die Serverdaten bekannt sind. Besonders bei E-Mail-Adressen auf eigenen Domains müssen Sie das Mailkonto manuell einrichten. Dazu brauchen Sie die Namen der Posteingangs- und Postausgangsserver sowie den Benutzernamen, das Passwort und teilweise auch Informationen zu Ports und Authentifizierungsverfahren.

1. Bei einigen kostenlosen Mailanbietern muss der POP3-/SMTP-Zugang zunächst über die Weboberfläche freigeschaltet werden. Bei manchen Anbietern funktioniert der E-Mail-Versand per SMTP nur, wenn Sie auch über diese Anbieter im Internet sind.
2. Um ein Mailkonto manuell einzurichten, wählen Sie in den Einstellungen der Gmail-App *Konto hinzufügen* und tippen dann auf *Sonstige.*
3. Geben Sie Ihre Mailadresse ein und tippen Sie auf *Manuell einrichten*. Danach müssen Sie zwischen IMAP oder POP3 wählen.
4. Auf dem nächsten Bildschirm geben Sie das Passwort an. Mit dem Augensymbol können Sie dies im Klartext anzeigen lassen, um Ihre Eingabe zu überprüfen. Lassen Sie das Passwort in Gmail speichern, damit Sie es nicht jedes Mal zur Abfrage neuer E-Mails eingeben müssen.
5. Danach tragen Sie die Serverdaten und den Benutzernamen ein. Hier können Sie auch noch das Authentifizierungsverfahren festlegen. Die Gmail-App liefert automatisch Vorschläge, damit Sie nicht alle Daten manuell eintragen müssen.

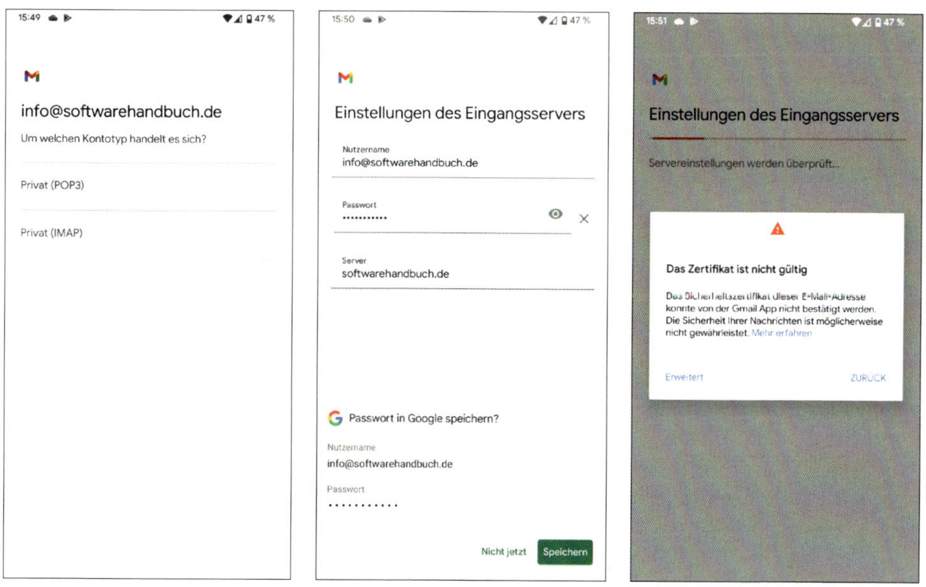

Einstellungen für Eingangs- und Ausgangsserver manuell eintragen, rechts: Zertifikatsfehler umgehen

6. Das Gleiche machen Sie danach noch für den Postausgangsserver. Anschließend erfolgt ein automatischer Verbindungstest mit dem Mailserver.

7. Nun müssen Sie noch wie bei der automatischen Einrichtung das Intervall für die Synchronisierung sowie den Anzeigenamen für gesendete E-Mails festlegen. Anschließend werden die E-Mails heruntergeladen und können gelesen sowie beantwortet werden.

Probleme mit Zertifikatsfehlern

Bei E-Mail-Adressen auf eigenen Domains kann es zu Zertifikatsfehlern kommen, wenn der Anbieter zwar ein Sicherheitszertifikat für seine Server hat, aber nicht für jede einzelne Kundendomain. Lassen Sie sich in solchen Fällen das Zertifikat mit *Erweitert* anzeigen und scrollen Sie ganz nach unten. Tippen Sie hier auf *Trotzdem fortfahren*.

Das gleiche E-Mail-Konto auf Smartphone und PC nutzen

Wenn Sie eine E-Mail-Adresse auf PC und Smartphone nutzen, verwenden Sie diese am besten über einen IMAP-Server. Dann haben Sie alle Änderungen immer gleich auf beiden Geräten. Gesendete E-Mails, Vorlagen und Entwürfe sollten in den jeweiligen IMAP-Ordnern gespeichert werden, dann stehen sie ebenfalls auf beiden Geräten zur Verfügung. Die meisten großen E-Mail-Anbieter unterstützen mittlerweile sowohl POP3 als auch IMAP.

Sollte Ihr Mailserver kein IMAP unterstützen, haben Sie alle Mails beim automatischen Abruf vom POP3-Server sowohl auf dem PC als auch auf dem Smartphone. Hier sollten Sie sich gut überlegen, wo Sie E-Mails archivieren und wo Sie sie nur lesen wollen. In den meisten Fällen bewährt es sich, auf dem PC alle Mails aufzubewahren. Stellen Sie also dort das POP3-Konto so ein, dass Mails nach dem Löschen auch auf dem Server gelöscht werden. Diese Einstellung sollten Sie auf dem Smartphone nicht vornehmen. So können Sie auf dem Smartphone durch das Löschen gelesener E-Mails den Überblick behalten und haben auf dem PC trotzdem alle Mails. Nach dem Herunterladen auf den PC sollten die E-Mails aber weiterhin auf dem Server belassen werden, damit Sie sie auf dem Smartphone auch zur Verfügung haben.

Nutzen Sie auf dem PC in Thunderbird oder Outlook ein E-Mail-Konto per POP3, können Sie dieses nicht einfach auf IMAP umstellen. Das POP3-Konto muss im E-Mail-Programm zunächst entfernt und dann als IMAP-Konto neu installiert werden. E-Mails, die sich noch auf dem Server befinden, bleiben dabei erhalten und stehen später wieder zur Verfügung. Lokal auf dem PC abgelegte E-Mails müssen Sie vorher sichern.

E-Mail-Konten verknüpfen

E-Mail-Konten anderer Anbieter haben nicht den komfortablen Spamfilter von Gmail und unterstützen auch keine Labels zur Übersichtlichkeit in größeren Postfächern. Die Funktion *Gmailify* oder auf Deutsch einfach *Verknüpfung* verknüpft ein E-Mail-Konto bei einem fremden Anbieter mit dem eigenen Gmail-Konto. Auf diese Weise kann man den Komfort von Gmail für andere Konten nutzen – sowohl in der Gmail-App als auch unter Webmail.

Alle E-Mails des verknüpften Mailkontos tauchen im Gmail-Konto auf und können dort gefiltert, geordnet und auch durchsucht werden. Beim Schreiben einer neuen E-Mail oder beim Beantworten können Sie auswählen, welche Absenderadresse übertragen werden soll, die Gmail-Adresse oder die des verknüpften Kontos.

1. Wählen Sie in den Einstellungen der Gmail-App die E-Mail-Adresse eines anderen Anbieters aus, die mit Gmail verknüpft werden soll. Diese muss bereits als Konto auf dem Smartphone eingerichtet sein.
2. Tippen Sie auf der nächsten Seite auf *Dieses Konto mit einem Gmail-Konto verknüpfen.*
3. Wählen Sie das Gmail-Konto aus, mit dem die andere E-Mail-Adresse verknüpft werden soll.
4. Je nach Anbieter des anderen Mailkontos müssen Sie eventuell noch Sicherheitsabfragen bestätigen.
5. Nach der Verknüpfung dauert es kurze Zeit, bis Gmail die E-Mails auf dem anderen Mailserver abgeholt und gefiltert hat. Anschließend werden sie in der Gmail-App angezeigt.

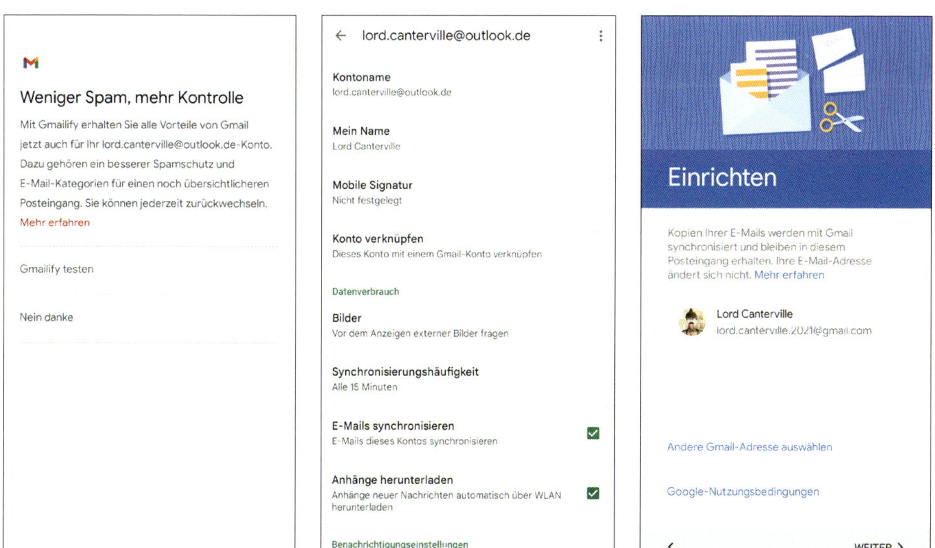

Gmail-Verknüpfung einrichten

Wenn Sie eine neue E-Mail schreiben, tippen Sie auf den kleinen Pfeil neben der Absenderadresse, um ein E-Mail-Konto und die mit diesem Konto verknüpften E-Mail-Adressen auszuwählen.

Verknüpfung aufheben

Um eine Verknüpfung wieder aufzuheben, wählen Sie in den Einstellungen der Gmail-App das Gmail-Konto, aus dem die Verknüpfung zu externen Konten herausgenommen werden soll – nicht das externe Konto. Tippen Sie dann ganz unten auf *Verknüpfung aufheben*. Zum Schluss müssen Sie noch entscheiden, ob die aus dem anderen Konto kopierten E-Mails im Gmail-Konto bleiben sollen oder entfernt werden. Im externen Konto bleiben sie erhalten.

E-Mail-Konto vom Smartphone entfernen

Entfernen Sie ein E-Mail-Konto vom Smartphone, wird das Konto auch wirklich nur auf dem Smartphone entfernt, als E-Mail-Konto auf dem Server bleibt es erhalten und kann weiter von anderen Geräten genutzt werden.

1. Tippen Sie in der Gmail-App oben rechts auf das Profilbild und dann auf *Konten auf diesem Gerät verwalten*. Auf dem nächsten Bildschirm werden alle zusätzlich eingerichteten E-Mail-Konten aufgelistet. Das Haupt-Google-Konto auf dem Smartphone kann auf diesem Weg nicht entfernt werden.
2. Tippen Sie auf das zu entfernende Konto und auf dem folgenden Bildschirm auf *Konto entfernen*.
3. Nach einer Sicherheitsabfrage wird das E-Mail-Konto vom Smartphone entfernt.

Tipps zur Gmail-App

Die Gmail-App bietet neben der Unterstützung für Mailkonten anderer Anbieter noch ein paar nette Kleinigkeiten, die den Umgang mit E-Mails vereinfachen.

Warten Sie auf eine E-Mail und wollen nicht abwarten, bis die App automatisch synchronisiert, wischen Sie einfach auf dem Bildschirm von oben nach unten. Damit wird eine manuelle Synchronisation mit dem Mailserver durchgeführt.

Das Symbol mit den drei Strichen oben links blendet ein Seitenmenü ein, in dem Sie alle Labels und Ordner sehen. Kleine Zahlen zeigen, wie viele ungelesene E-Mails in den einzelnen Labels liegen. Das Profilbild oben rechts zeigt, welches E-Mail-Konto gerade angezeigt wird. Tippen Sie darauf, um zwischen den Konten zu wechseln.

Mehrere E-Mails auf einmal zu löschen oder als gelesen zu markieren, ist einfacher geworden. Tippen Sie auf die runden Absendersymbole in der Liste der Mails, um diese zu markieren. Anschließend können Sie die markierten E-Mails mit den Symbolen und dem Menü oben rechts alle auf einmal löschen, als gelesen bzw. ungelesen oder als wichtig markieren.

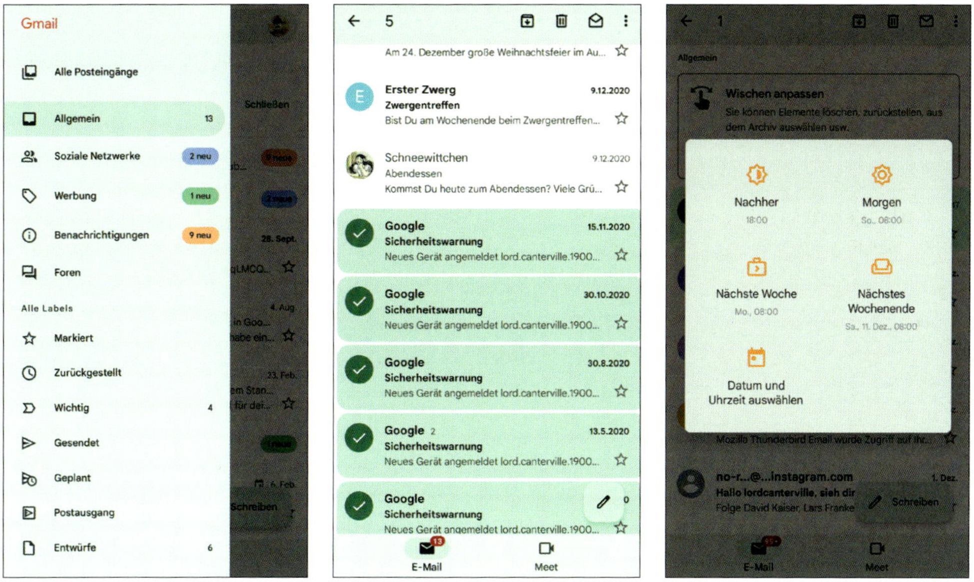

Links: Kontenübersicht mit Kategorien, Mitte: Auswahl mehrerer E-Mails, rechts: E-Mails zurückstellen

Möchten Sie eine E-Mail jetzt nicht bearbeiten, aber später auch nicht vergessen, können Sie sie über den Menüpunkt *Zurückstellen* auf einen späteren Zeitpunkt zurückstellen. Sie verschwindet erst einmal aus dem Posteingang und wird zum eingestellten Zeitpunkt wieder als neu angezeigt. Sie finden die zurückgestellten E-Mails auch im Seitenmenü unter *Zurückgestellt*.

Haben Sie mehrere E-Mails gelöscht oder archiviert, erscheint kurze Zeit danach eine Leiste am unteren Bildschirmrand, in der sich versehentliches Löschen noch schnell rückgängig machen lässt.

Intelligente Funktionen im Posteingang

Bei Gmail-Konten können automatisch Kategorien für Werbung, soziale Netze und anderes angelegt werden. Zusätzlich werden in Gmail-Konten sogenannte *Intelligente Funktionen* angeboten, die automatisch Kurzantworten vorschlagen oder auch Termindetails in E-Mails finden und daraus Termine im Kalender anlegen. Beim ersten Start der Gmail-App können Sie wählen, ob diese intelligenten Funktionen genutzt werden sollen. Wählen Sie in den Einstellungen der Gmail-App das gewünschte Gmail-Konto aus und schalten Sie in der Zeile *Art des Posteingangs* auf *Standardposteingang*. Tippen Sie dann auf die Zeile *Posteingangskategorien* und wählen Sie aus, welche Kategorien angelegt werden sollen. Neu eingehende E-Mails werden automatisch in diese Kategorien einsortiert. In den Einstellungen des Gmail-Kontos können Sie dann auswählen, ob *Intelligentes Schreiben* und *Intelligente Antwort* genutzt werden soll.

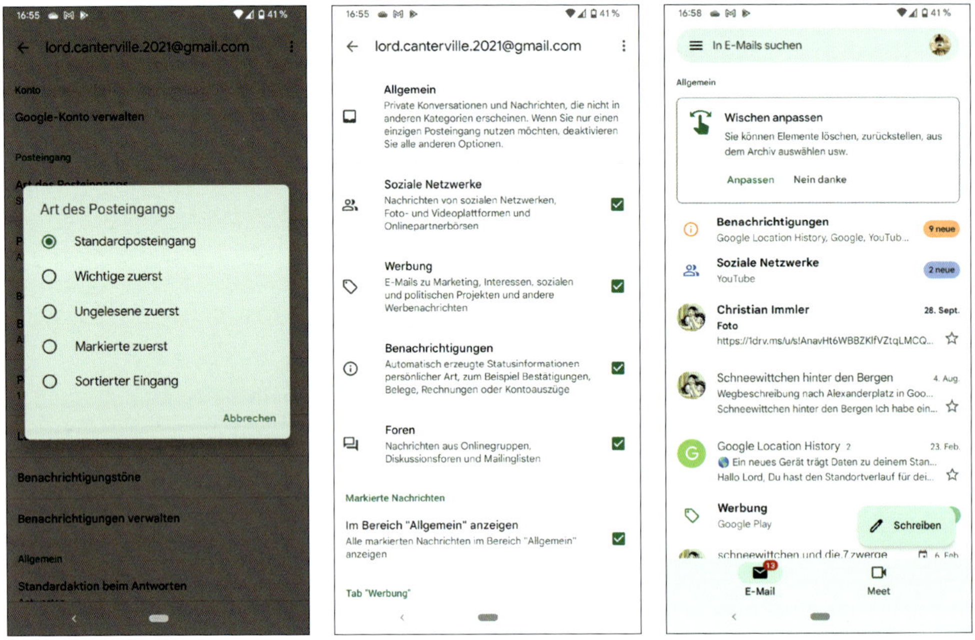

Einstellungen für intelligente Funktionen in Gmail

Schnelle Aktionen durch Wischen in der Gmail-App

Häufig verwendete Aktionen wie *Löschen* oder *Archivieren* brauchen Sie nicht über das Menü der Gmail-App aufzurufen. Einfacher geht es mit einer horizontalen Wischbewegung in der Liste der Mails.

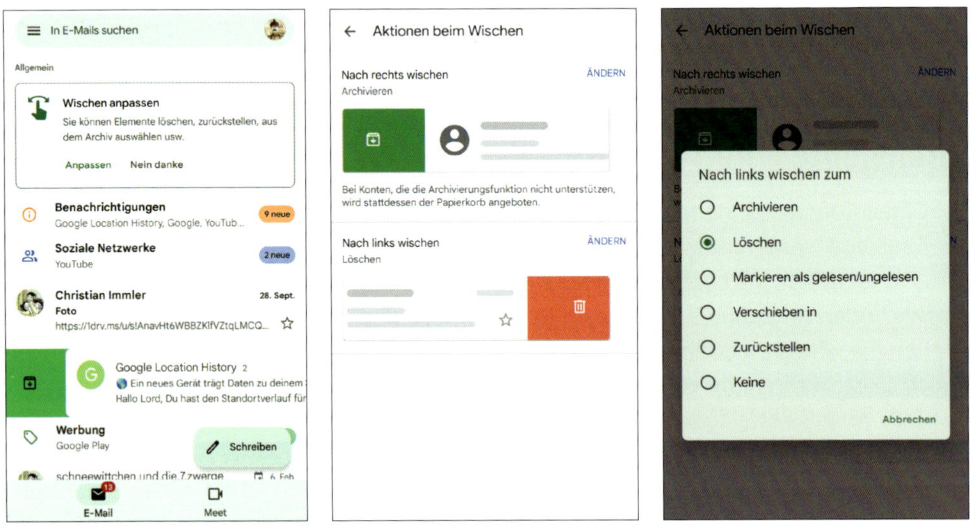

Aktionen beim Wischen in der Gmail-App

Wischen Sie hier eine E-Mail nach links oder rechts, erscheint ein Symbol für die entsprechende Aktion. Wischen Sie die E-Mail noch weiter in die gleiche Richtung, wird die Aktion ausgelöst.

Welche Aktionen beim Wischen ausgeführt werden sollen, können Sie in den Einstellungen der Gmail-App unter *Allgemeine Einstellungen/Aktionen beim Wischen* festlegen.

Microsoft Outlook

Spätestens seit Windows 10 hat fast jeder Windows-Nutzer ein Microsoft-Konto. Microsoft liefert für Android eine eigene E-Mail-App, mit der Sie Zugriff auf die E-Mails und den Kalender von Outlook.com haben.

Die Outlook-App unterstützt den Posteingang mit Relevanz bei Microsoft-Konten, was andere E-Mail-Apps nicht kennen. In der App können Sie außer Ihrem Microsoft-Konto auch Google-Konten und E-Mail-Konten anderer bekannter Anbieter einrichten.

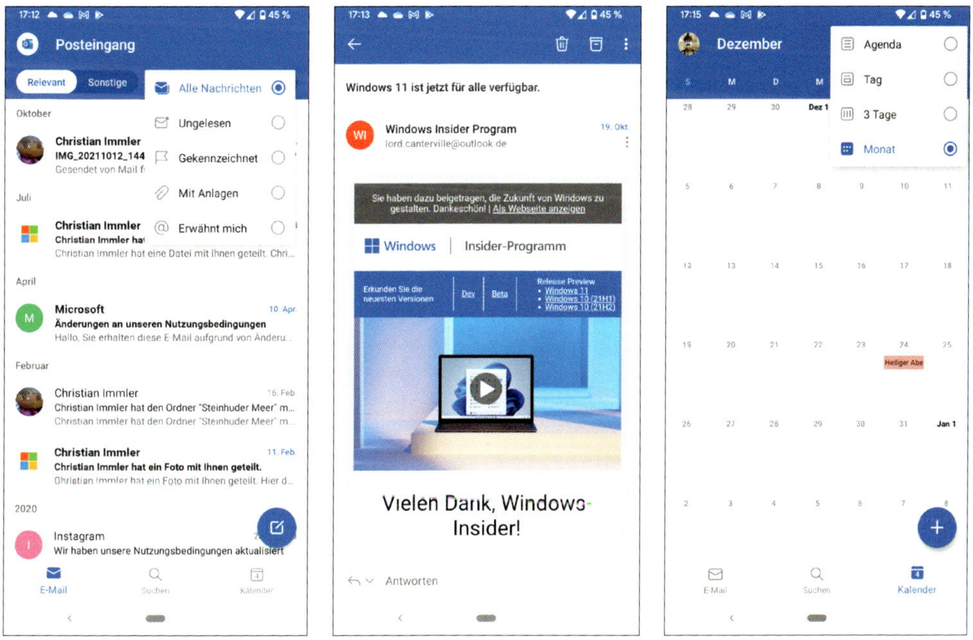

E-Mail Posteingang mit Relevanz und Kalender in Outlook

Der Outlook-Kalender wird nicht mit dem Google-Kalender synchronisiert. Sie können aber Google-Kalender anderer Konten in der Outlook-App mit anzeigen lassen.

E-Mail-Apps der bekannten Freemailer

Wer nur eine E-Mail-Adresse bei einem der großen Freemailer auf dem Smartphone nutzt, die nicht mit einem Google-Konto verbunden ist, fährt oft mit einer speziellen App des Mailanbieters am besten. Diese Apps sind exakt auf den jeweiligen Anbieter zugeschnitten und bieten oft auch Zusatzfunktionen.

1&1+		**1&1** – Die E-Mail-App für 1&1-Postfächer, auch bei Mailkonten auf eigenen Domains, die über 1&1 laufen.
AOL		**AOL** – Die AOL-App zeigt nicht nur die E-Mails dieses Anbieters, sondern auch Nachrichten, Wetter sowie die beliebten Videoclips des AOL-Portals.
Freenet		**Freenet** – Freenet-Kunden können Inklusiv-SMS direkt aus der Mail-App schreiben.
GMX		**GMX** – Anhänge können direkt im persönlichen Onlinespeicher abgelegt werden, sodass sie auf dem PC zur Verfügung stehen und auch für Freunde freigegeben werden können.
mail.de		**mail.de** – Zusätzlich zu E-Mails können auch echte Postkarten aus der App versendet werden.
Telekom Mail		**Telekom Mail** – Mail-App nicht nur für T-Online-Konten, sondern auch für andere Anbieter. Kontakte aus dem Telekom-Adressbuch werden übernommen.

Web.de		**Web.de** – Bietet Zugriff auf die Ordner *Unbekannt* und *Spam*, Mails lassen sich als Spam markieren.
Yahoo!		**Yahoo!** – Yahoo Mail verwendet intelligente Ordner und eine leistungsstarke E-Mail-Suche, was ohne die eigene Yahoo-Mail-App nicht nutzbar ist.
ProtonMail		**ProtonMail** – Ein E-Mail-Anbieter mit speziellen Verschlüsselungsfunktionen für besonders sicheren E-Mail-Verkehr.

Die meisten dieser Apps funktionieren nur mit E-Mail-Adressen der jeweiligen Anbieter. Nur Telekom, GMX und Web.de unterstützen auch Konten von Outlook.com und Yahoo!

Wer mehrere E-Mail-Adressen auf dem Smartphone nutzt, braucht also in den meisten Fällen auch mehrere Apps, die sich teilweise gegenseitig störend beeinflussen. In diesem Fall empfiehlt es sich, die Gmail-App auf dem Smartphone zu nutzen und dort mehrere POP3- oder IMAP-Konten anzulegen.

Facebook

Die Kommunikation über soziale Netzwerke ist für viele Anwender inzwischen wichtiger als die klassische E-Mail oder SMS. Besonders auf Smartphones, die im Gegensatz zu PCs immer mehr in der Freizeit genutzt werden, spielen soziale Netzwerke eine große Rolle.

Das beliebteste aller sozialen Netze ist Facebook. Bei Facebook trifft man seine Freunde, erfährt das Neuste von ihnen. Man tauscht sich aus, zeigt sich Fotos und lädt sich zu Partys ein.

Der bequemste Zugang zu Facebook ist die von Facebook selbst gelieferte App für Android. Diese ist auf einigen Smartphones bereits vorinstalliert, gehört aber nicht zur Standardausstattung von Android. Alternativ kann man Facebook auf dem Smartphone auch über die mobile Seite *m.facebook.com* nutzen. Dort gibt es auch einen Link zur Installation der Facebook-App.

Infos zu Facebook

Weltweit nutzen 3,45 Milliarden Menschen mindestens einmal im Monat Dienste und Apps von Facebook (neben Facebook selbst auch WhatsApp, Instagram oder Messenger). 2,85 Milliarden nutzen die Facebook-App oder -Webseite monatlich, 1,87 Milliarden täglich. Facebook hat mehr Nutzer, als jeder einzelne Staat der Erde Einwohner hat, davon rund 32 Millionen in Deutschland. Etwa 40 % aller Menschen in Europa nutzen Facebook täglich. Etwa 80 % der weltweiten Nutzer verwenden Facebook ausschließlich auf mobilen Geräten, Smartphones oder Tablets. 10 Millionen Unternehmen schalten Werbung auf Facebook. Facebook ist nach Google und YouTube die am dritthäufigsten besuchte Webseite der Welt.

Die Facebook-App benötigt wie auch die mobile Facebook-Seite eine einmalige Anmeldung mit den persönlichen Facebook-Nutzerdaten. Die App speichert die Benutzerdaten automatisch, sodass Facebook in Zukunft jederzeit zur Verfügung steht. Auf der mobilen Webseite kann der Browser die Daten speichern. Zusätzlich bietet Facebook die Möglichkeit, sich durch Antippen des eigenen Profilbildes in der App auf dem Smartphone anzumelden.

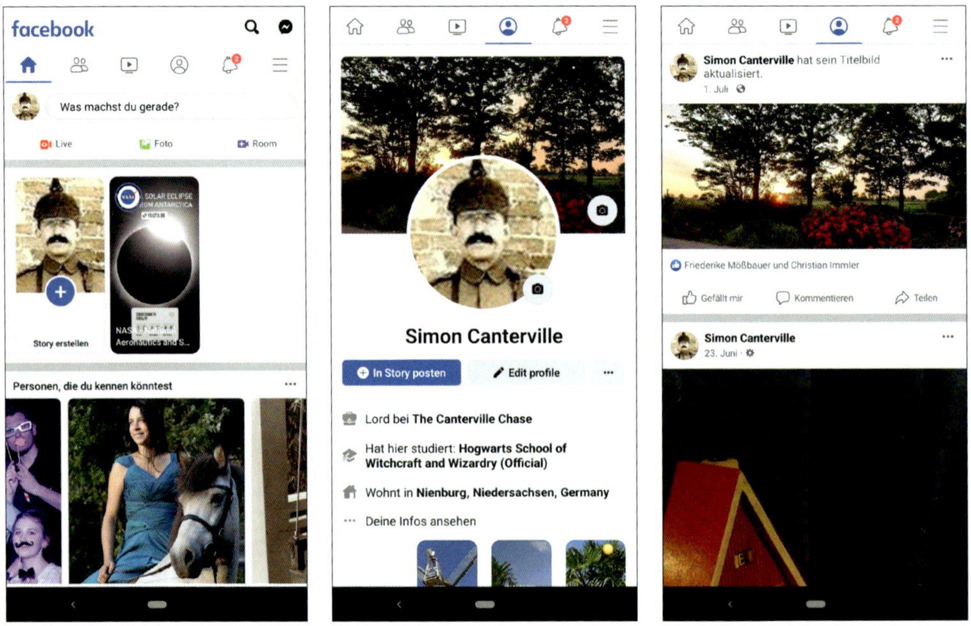

Die Facebook-App für Android

Die Facebook-App zeigt auf dem Smartphone Neuigkeiten, Freunde, Fotos, das Postfach und das eigene Profil an. Natürlich kann man auch auf Nachrichten antworten oder selbst Statusmitteilungen veröffentlichen.

Das Menü wird in der App über das Menüsymbol rechts oben eingeblendet. Alle wichtigen Funktionen innerhalb der Neuigkeiten sind wie auf der Facebook-Webseite automatisch mit einem Link hinterlegt. So brauchen Sie nur auf den Namen einer Person zu tippen und kommen sofort auf deren Pinnwand, um Nachrichten zu schreiben oder Infos und Fotos dieses Freundes zu sehen.

Über das Eingabefeld *Was machst du gerade?* können Sie jederzeit eine persönliche Statusmeldung eintippen und direkt absenden. Um schnell ein Foto hochzuladen, tippen Sie unten in der Statusmeldung auf das Fotosymbol. Hier haben Sie die übliche Auswahl unter den auf dem Smartphone gespeicherten Bildern.

Fotos auf Facebook posten

Kaum eine Facebook-Meldung ist heute noch ohne Bild. Über das Bildsymbol unten rechts können Sie direkt Fotos vom Smartphone in einen Beitrag einfügen. Alternativ können Sie auch direkt über das Symbol *Foto* unterhalb von *Was machst du gerade?* Fotos auf Facebook hochladen.

Aus den hochgeladenen Fotos wird automatisch ein Beitrag erstellt. Schreiben Sie noch einen kurzen Text dazu. Facebook bietet verschiedene Funktionen zum Bearbeiten von Fotos an. Über das Symbol *Bearbeiten* beim Hochladen eines Fotos können Sie Text, Sticker und Effektrahmen hinzufügen und auch in das Bild malen, um zum Beispiel besondere Stellen zu kennzeichnen. Dies funktioniert nur, wenn Sie im ersten Schritt keine Effekte oder Filter angewendet haben.

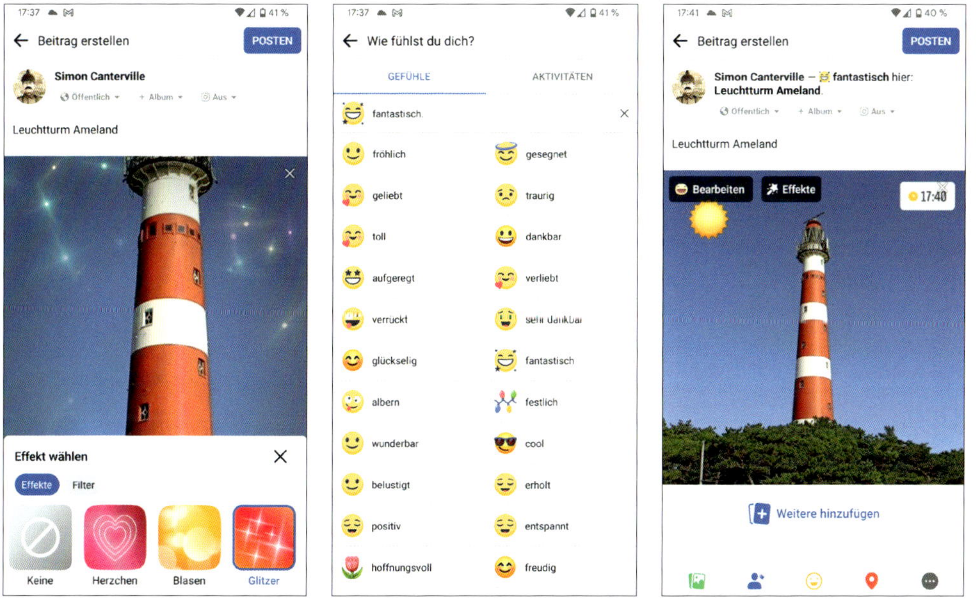

Foto beschriften, Sticker und Effekte hinzufügen und als Beitrag posten

Schreiben Sie noch einen kurzen Text dazu. Anschließend können Sie noch Freunde aus Ihrer Freundesliste wählen, die auch mit dabei sind. Sie werden über diese Markierung sofort informiert. Der Standort wird anderen Freunden angezeigt, um sich leicht zu verabreden. Wie bei jeder Facebook-Statusmeldung können Sie noch Fotos hinzufügen.

In der Facebook-App geben Sie nicht nur an, wo Sie sind, sondern auch, was Sie dort tun. Dabei braucht man keinen Text einzugeben, sondern kann über das Symbol mit dem Smiley *Gefühl/Aktivität/Sticker* unter einer Vielzahl von Tätigkeiten und Stimmungen mit Bildsymbolen wählen.

Haben Sie ein Bild eingefügt, können Sie dieses noch bearbeiten. Bei den Stickern finden Sie Tags für die aktuelle Zeit, das Wetter und den Standort. Im Standort-Tag können Sie einen Ort oder eine Sehenswürdigkeit wählen, um in das Foto zu schreiben, wo Sie gerade sind.

Bei jeder Facebook-Statusmeldung können Sie angeben, ob sie öffentlich oder nur für Freunde sichtbar sein soll. Außerdem lassen sich Facebook-Beiträge auf Wunsch auch automatisch auf Instagram posten.

Einchecken mit Facebook

Mit dem Standortsymbol in der Statusmeldung können Sie an einem bestimmten Ort »einchecken« und damit Ihren Freunden bekanntgeben, wo Sie sich gerade befinden. Facebook sucht hier nach bekannten Orten in der unmittelbaren Umgebung – Gastronomie, Läden, Bahnhöfe, Schulen, öffentliche Einrichtungen – und bietet eine entsprechende Liste zur Auswahl an. Dabei wird die Positionsbestimmung des Smartphones über GPS, WLAN oder Mobilfunkzellen genutzt.

Um diese Funktion anwenden zu können, müssen Sie beim ersten Mal in der Facebook-App über die eingeblendete Meldung die Standortdienste aktivieren.

Wichtige Einstellungen in der Facebook-App

Innerhalb der Facebook-App sollten Sie noch ein paar wichtige Einstellungen vornehmen. Die Einstellungen finden Sie über das Menüsymbol rechts oben. Wischen Sie dann ganz nach unten zu *Einstellungen und Privatsphäre*.

Schalten Sie hier zuerst unter *Einstellungen/Medien* die Funktion *Autoplay* auf *Nur über WLAN*, da sie zu einem enormen Datenverbrauch im Mobilfunknetz führen kann. Standardmäßig spielt Facebook seit einiger Zeit Videos – vor allem auch Werbevideos – in der mobilen App automatisch ab. Sie können das automatische Abspielen von Videos auch ganz unterbinden, um nicht ständig von dem damit verbundenen Lärm belästigt zu werden. Ist die Einstellung *Videos nie automatisch abspielen* gewählt, erscheint bei Videos zunächst nur ein Platzhalter. Erst beim Antippen wird das Video tatsächlich heruntergeladen und abgespielt. Mit dem Schalter *Videos starten mit Ton* können Sie zumindest den Lärm unterbinden, wenn Sie Videos schon automatisch abspielen möchten. Schalten Sie dann auch die Option *Töne in der App* aus.

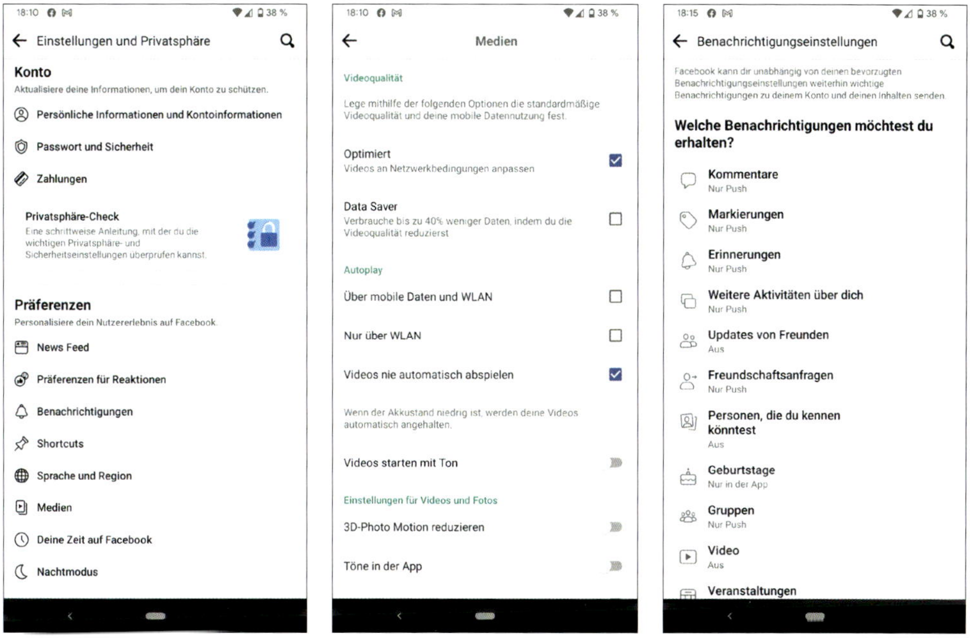

App-Einstellungen und Benachrichtigungseinstellungen in der Facebook-App

Schalten Sie auch die *Videoqualität* auf *Optimiert*, da hochauflösende Videos zu sehr hohem Datenverbrauch nicht nur bei Ihnen selbst, sondern auch bei allen, die Ihre Beiträge ansehen, führen. Mit dem *Data Saver* von Facebook sparen Sie noch mehr Datenvolumen im Mobilfunknetz, indem Fotos und Videos in geringerer Qualität gezeigt werden.

In der Standardeinstellung öffnet Facebook externe Links im eingebauten Browser der App. Dies hat den Nachteil, dass sie nicht in der Verlaufsliste auf andere Geräte synchronisiert werden und man auch keine Lesezeichen anlegen kann. Weiterhin unterstützt der eingebaute Browser keine Erweiterungen und auch keine Werbeblocker. Aktivieren Sie unter *Medien* den Schalter *Links werden extern geöffnet*, um Links aus Facebook im Chrome-Browser oder einem anderen installierten Browser auf dem Smartphone zu öffnen.

Weiterhin sollten Sie in den *Einstellungen* unter *Benachrichtigungen* alle weniger wichtigen Benachrichtigungen ausschalten, da das Smartphone sonst bei jeder Kleinigkeit auf Facebook klingelt und blinkt und Sie wichtige von unwichtigen Meldungen nicht mehr unterscheiden können. Leider lassen sich nicht alle Arten von Benachrichtigungen in der Facebook-App unterdrücken.

SMS

SMS verlieren zwar bedingt durch mobile Messenger und E-Mails zunehmend an Bedeutung, was nicht zuletzt an den vergleichsweise hohen Kosten liegt. Sie sind aber immer noch eine beliebte Kommunikationsform, vor allem zwischen Benutzern einfacher Handys, die keinen Internetzugang haben. Außerdem werden SMS teilweise heute noch von Mobilfunk-Providern verwendet, um Konfigurationsdaten auf Smartphones zu übertragen. Viele Onlinedienste nutzen SMS, um Sicherheitscodes zu verschicken, da sich eine SMS im Gegensatz zu einer E-Mail wirklich nur von der Person lesen lässt, die über das Smartphone verfügt.

INFO: In Deutschland werden zurzeit pro Jahr nur noch weniger als 9 Milliarden SMS verschickt, davon etwa 400 Millionen in der Silvesternacht, was jedes Jahr vielerorts zu Zusammenbrüchen der Netze führt. Die Anzahl der versandten SMS wird zugunsten von WhatsApp in Zukunft weiter abnehmen. Im Jahr 2015 wurden in Deutschland nur noch 39,8 Millionen SMS pro Tag verschickt, aber 667 Millionen WhatsApp-Nachrichten. Im besten Jahr 2012 waren es noch 163,8 Millionen SMS pro Tag, was 59,8 Milliarden im Jahr entspricht. Die SMS-Nutzung hat inzwischen wieder das Niveau der »Vor-Smartphone-Ära« vor dem Jahr 2000 erreicht, und das, obwohl mittlerweile neue Anwendungen für SMS entwickelt wurden, wie der Versand von Einmalpasswörtern für Onlineshops und Bezahlsysteme oder der Parkschein per SMS. Diese SMS dienen zwar nicht der Kommunikation zwischen zwei Menschen, verbessern aber immerhin noch die Statistiken der SMS-Nutzung insgesamt.

Beim Tarifwechsel beachten

Neue SMS-Dienste wie zum Beispiel Fahrkarten oder Parkgebühren bezahlen machen die SMS auch auf Smartphones noch interessant. Beachten Sie allerdings beim Wechsel zu einem günstigen Smartphone-Tarif, dass einige der preiswerten Anbieter wie 1&1 keine Premium-SMS-Dienste unterstützen. Mit diesen SIM-Karten können also keine Parkgebühren oder Fahrscheine per SMS bezahlt werden. Einfache SMS an andere Handys funktionieren aber.

Natürlich kann man auch mit Android-Smartphones SMS senden und empfangen. Kommt eine SMS an, ertönt ein Benachrichtigungston, die LED blinkt und in der Benachrichtigungsleiste erscheint neben den Anzeigen neuer E-Mails und Facebook-Nachrichten ein weiteres Symbol. Ziehen Sie die Benachrichtigungsleiste herunter, um die SMS zu lesen oder zu beantworten. Android 12 verwendet für SMS standardmäßig die App *Google Messages*. Eine SMS zu schreiben, ist ganz einfach. Starten Sie die App, tippen Sie auf das Symbol *Chat starten* und tragen Sie oben die Nummer des Empfängers ein oder wählen Sie einen Kontakt aus der Liste.

Schreiben Sie dann unten den Text. Ist dieser länger als 160 Zeichen, wird die SMS automatisch als mehrere SMS verschickt, wobei auch die Verkettung einige Zeichen kostet. In eine doppelte SMS passen also nicht ganz 320 Zeichen.

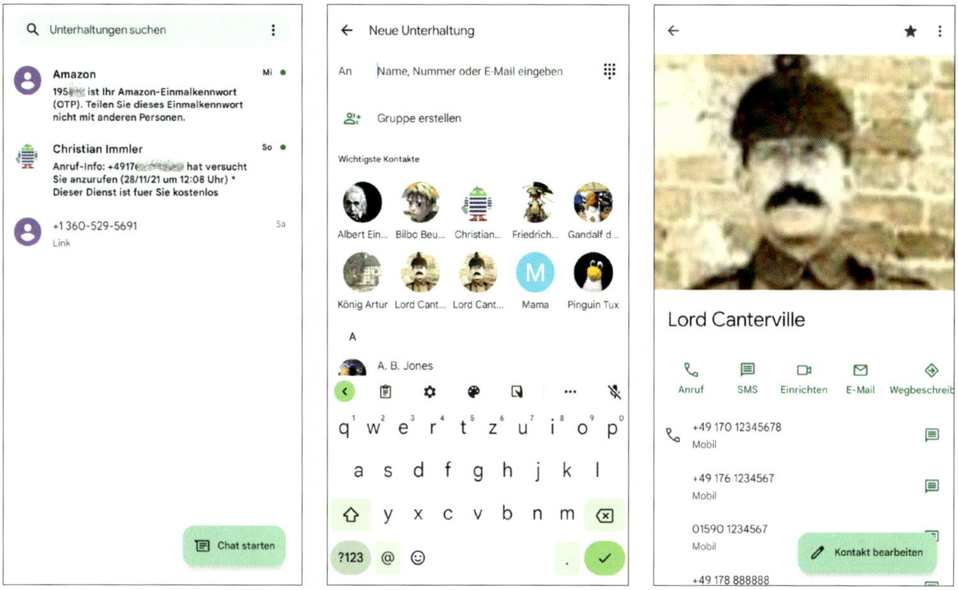

SMS über die Messages-App oder die Kontakte-App schreiben

Alternativ können Sie den SMS-Empfänger in der Kontakte-App auswählen und dann in der Symbolleiste unter dem Foto auf *SMS* tippen. Sind bei einer Person mehrere Nummern gespeichert, tippen Sie rechts neben der gewünschten Telefonnummer auf das Nachrichtensymbol. Das startet die Messenger-App, die Nummer des Empfängers wird direkt übernommen.

SMS-Spam

SMS wird immer häufiger auch von Spammern genutzt, um massenweise Werbung zu versenden. In den Einstellungen der Google-Messages-App können Sie einen Spamschutz aktivieren, der Spam-SMS weitestgehend herausfiltert.

MMS

Die MMS, ursprünglich als sehr teurer Nachfolger der SMS geplant, kam selbst in besten Zeiten kaum über 0,5 Millionen pro Tag. MMS wurde fast vollständig durch mobile E-Mail und Messenger ersetzt und ist mittlerweile aus den Statistiken komplett verschwunden. Nur noch aus historischen Kompatibilitätsgründen unterstützt die Messenger-App weiterhin auch MMS.

SMS vom PC mit Messages Web

Solange man zu Hause ist, ist es mühsam, SMS auf dem Smartphone zu tippen, einfacher geht es auf dem PC. Besuchen Sie mit dem Browser auf dem PC die Seite *messages.google.com/web*. Dort wird ein QR-Code angezeigt. Starten Sie dann auf dem Smartphone die Messages-App und wählen Sie im Menü oben rechts *Gerätekopplung*. Jetzt brauchen Sie nur noch den QR-Code zu scannen und haben vom PC aus Zugriff auf Ihre SMS, können sie dort lesen und beantworten.

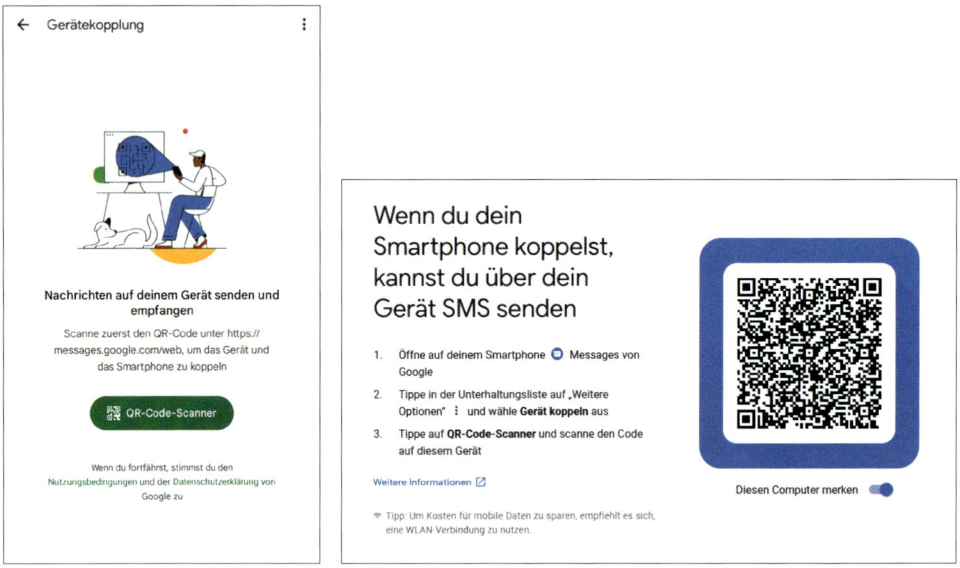

Messages Web ermöglicht das Schreiben von SMS auf dem PC

Chat als SMS-Ersatz

Instant Messenger sind für die private, spontane Kommunikation inzwischen wichtiger als E-Mail. Per Chat kann man sich schnell mit Freunden verabreden oder kurze Informationen in Echtzeit austauschen. Selbstverständlich gehört also auch eine Chat-App auf ein Smartphone.

Besondere Benachrichtigungen für Chat-Apps

Android 12 zeigt ähnlich wie schon Android 11 Benachrichtigungen aus Chat-Apps in einem eigenen Benachrichtigungsbereich, der als *Unterhaltungen* bezeichnet wird, ganz oben an. Ausgewählte Benachrichtigungen können auch als sogenannte Bubbles direkt auf dem Startbildschirm sowie über anderen Apps angezeigt werden, wo man sie nur noch anzutippen braucht. Zusätzlich werden auch bei Chats an den App-Symbolen Benachrichtigungspunkte angezeigt, wenn eine neue Nachricht angekommen ist.

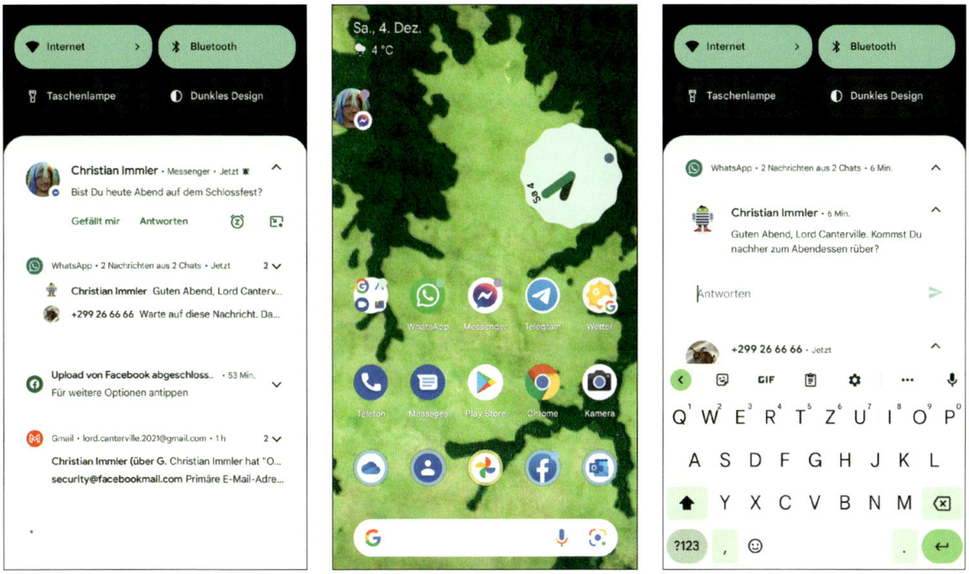

Links: Benachrichtigungen bei Unterhaltungen, Mitte: Chat-Bubbles und Benachrichtigungspunkte, rechts: Antwortvorschläge in einer Chat-Benachrichtigung

Enthält eine Benachrichtigung eine Frage, versucht Android, passende Antworten zu finden, und zeigt diese als Schaltflächen in der Benachrichtigung an. Hier brauchen Sie nur noch auf die passende Antwort zu tippen. Natürlich können Sie auch aus der Benachrichtigung die jeweilige Chat-App öffnen und eine persönliche Antwort schreiben.

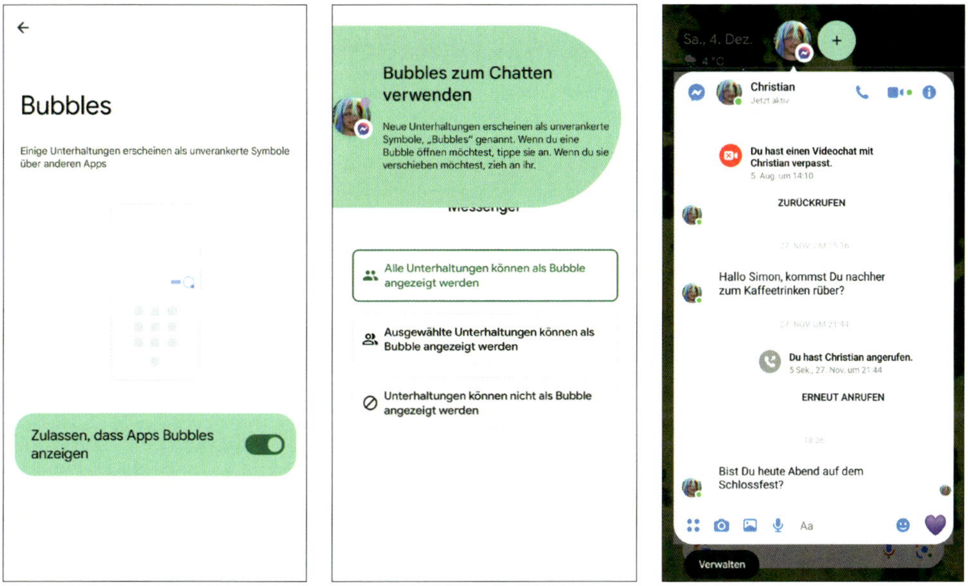

Benachrichtigungseinstellungen einer Chat-App als Bubbles anzeigen, rechts: Chat als Bubble (Messenger)

Benachrichtigungen aus Chat-Apps werden standardmäßig nicht als Bubbles angezeigt. Damit Benachrichtigungen einer Chat-App so angezeigt werden, muss in den *Einstellungen* unter *Benachrichtigungen* bei der betreffenden App festgelegt werden, dass alle oder ausgewählte Unterhaltungen als Bubble dargestellt werden.

Bevorzugte Benachrichtigungen erscheinen mit dem Profilbild des Absenders anstatt mit dem App-Symbol oben in der Benachrichtigungsleiste.

WhatsApp

Die Nummer eins der kostenlosen Apps im Google Play Store ist immer wieder der Messenger WhatsApp. WhatsApp ist auf dem besten Weg, die SMS zu ersetzen, und überzeugt durch sein Konzept sowie die einfache Installation und Nutzung. WhatsApp ist das Vorbild für diverse ähnliche Messenger-Systeme.

Interessante Fakten zu WhatsApp

Anfang Februar 2019 gab das Unternehmen Facebook – der Betreiber von WhatsApp – bekannt, dass die Marke von 2 Milliarden aktiven Nutzern überschritten wurde. Damit nutzt etwa jeder vierte Mensch auf der Welt den beliebten Messenger. Drei Jahre zuvor, Anfang 2016 verzeichnete WhatsApp erst eine Milliarde Nutzer. WhatsApp gilt als der am schnellsten wachsende Internetdienst der Geschichte und kam im Jahr 2019 auf etwa 65 Milliarden Nachrichten am Tag, was etwa 45 Millionen pro Minute oder 750.000 pro Sekunde entspricht. Seitdem wurden keine aktuelleren weltweiten Zahlen mehr veröffentlicht. Der durchschnittliche Nutzer versendet etwa 40 WhatsApp-Nachrichten pro Tag.

In Deutschland nutzten im Januar 2021 knapp 80 % aller Menschen zwischen 16 und 64 Jahren WhatsApp. Im Jahr 2019 waren es 76 %. Gerade bei Kindern und Jugendlichen ist WhatsApp auf nahezu 100 % aller Smartphones. Die Altersbegrenzung auf 16 Jahre ist nur in der EU nach DSGVO vorgeschrieben, wird aber nicht überprüft.

WhatsApp nutzt die Internetverbindung des Smartphones und nicht den SMS-Dienst. So fallen keine SMS-Kosten an. Die Nutzung ist im Rahmen einer Internetflatrate kostenlos, außerdem kann WLAN zum Versand und Empfang der Nachrichten verwendet werden, was bei SMS nicht möglich ist.

WhatsApp ist ein Messenger, der speziell für Smartphones entwickelt und nicht vom PC aufs Smartphone portiert wurde. Bei der Installation kann die App automatisch das Adressbuch auf dem Smartphone durchsuchen und alle Kontakte finden, die bereits WhatsApp nutzen. Damit wird die Verwendung so einfach wie SMS, nur kostenlos und nicht auf 160 Zeichen begrenzt. WhatsApp integriert sich automatisch in das Adressbuch auf dem

Smartphone, sodass Sie auch von dort eine Nachricht per WhatsApp an eine in den Kontakten gespeicherte Person schicken können.

Über das Büroklammersymbol unten rechts lassen sich auch Bilder, Dokumente, Videos und Internetlinks verschicken. Alternativ können Sie auch aus allen unterstützten Apps über das *Teilen*-Symbol Daten per WhatsApp versenden.

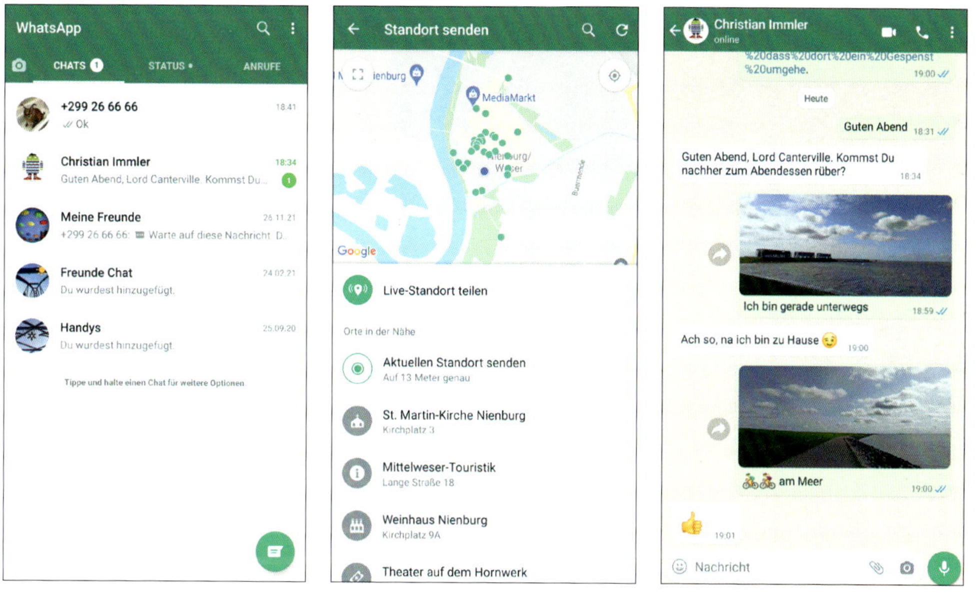

Chatten per WhatsApp mit Standort und Bildern

> ### Standort versenden
>
> Um sich leicht zu verabreden, kann WhatsApp die aktuelle Position verschicken. Der Empfänger bekommt einen Google-Maps-Link, in dem die Position des Absenders eingetragen ist. Damit dies wirklich zuverlässig funktioniert, muss natürlich GPS eingeschaltet sein und die Standortdienste müssen aktiviert sein.

Die Fotos lassen sich vor dem Versand mit Filtern bearbeiten. Über die Symbolleiste oben beim Verschicken eines Fotos bauen Sie Texte oder Grafiken in die Fotos ein, um zum Beispiel auf bestimmte Details hinzuweisen.

Mit dem Mikrofonsymbol zeichnet man Sprachnachrichten auf. Das Smiley links im Eingabefeld schaltet auf die Emoji-Tastatur um.

WhatsApp bietet die Möglichkeit, über die Internetverbindung zu telefonieren, auch mit Video. Damit sind z. B. kostenlose Gespräche ins Ausland möglich, wenn beide Gesprächspartner eine Datenflatrate in ihrem Land haben oder ein WLAN nutzen. WhatsApp-Gespräche verbrauchen nur Datenvolumen, aber keine Gesprächsminuten des Mobilfunkvertrags und schon gar keine überhöhten Tarife für Auslandsgespräche. Im Gegensatz zu WhatsApp-Textnachrichten, die immer und überall funktionieren, stellt die Videotelefonie sehr hohe Anforderungen an die Qualität der Internetverbindung. Telefonate sind nur zwischen WhatsApp-Nutzern möglich, nicht ins öffentliche Telefonnetz.

Bilder vor dem Versenden bearbeiten

WhatsApp benötigt kein Google-Konto. Es bietet aber die Möglichkeit, in wählbaren Zeitabständen automatisch alle Daten auf Google Drive zu sichern. Um dort Speicherplatz zu sparen, können Sie die Videos von der Sicherung ausnehmen.

Facebook Messenger

Facebook hat mit seinen Nutzerzahlen alle anderen sozialen Netzwerke längst überholt. Da wundert es nicht, dass auch die Chat-Funktion in Facebook den klassischen Chat-Systemen immer mehr den Rang abläuft.

Facebook bietet eine eigene Messenger-App an. Diese kann auch im Hintergrund laufen und den Benutzer bei eingehenden Chat-Nachrichten per LED oder Signalton benachrichtigen. Die klassische Facebook-App für Android bietet seit einiger Zeit keine Chat-Funktion mehr an. Beim Versuch, einen Chat zu starten, wird direkt auf den Facebook Messenger verwiesen. Nach der Installation kann der Facebook Messenger auch für SMS verwendet werden. Sie brauchen dann nicht mehr zwischen so vielen Apps zu wechseln und können auf die Standard-SMS-App verzichten.

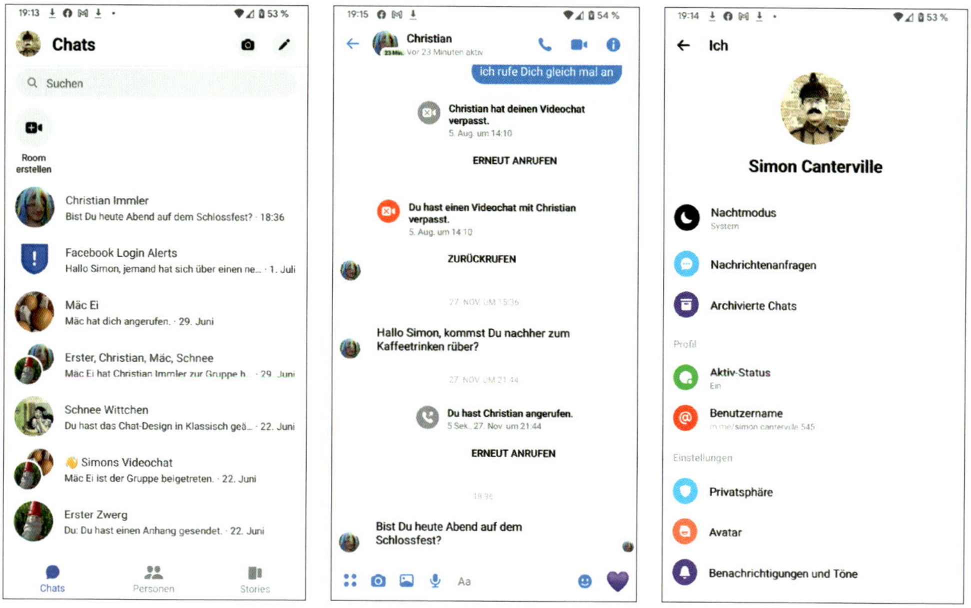

Der Facebook Messenger für Android, rechts: Einstellungen im Facebook Messenger

Der Facebook Messenger ermöglicht auch Gruppenunterhaltungen sowie den Versand von Fotos oder Ortsangaben an Facebook-Freunde. Der Messenger sollte ursprünglich die schnelle Facebook-Kommunikation ermöglichen, ohne erst die »große« App zu starten. Allerdings stellt auch der Messenger hohe Ansprüche an die Qualität der Internetverbindung. WhatsApp funktioniert dagegen auch noch bei schwacher Netzabdeckung.

Der Facebook Messenger legt sich standardmäßig über laufende Apps, wenn eine neue Chat-Nachricht eintrifft. Ähnlich wie WhatsApp bietet auch der Facebook Messenger Videotelefonie an. Er verwendet zur Identifizierung das Facebook-Konto und keine Handynummer, was den Vorteil hat, dass man ihn auf mehreren Geräten mit dem gleichen Konto nutzen kann.

Um die *Einstellungen* aufzurufen, tippen Sie im Messenger oben links auf Ihr Profilbild. Der *Data Saver* verhindert, dass empfangene Videos und Bilder über die Mobilfunkverbindung automatisch heruntergeladen werden. Stattdessen erscheint ein Downloadlink. Unter *Benachrichtigen und Töne* können Sie in den *Einstellungen* festlegen, wann der Facebook Messenger benachrichtigen soll.

Facebook Messenger auf dem PC

Statt auf der Facebook-Seite mit dem winzigen Chat-Fenster kann man auf dem PC im Browser auch über *www.messenger.com* chatten. Diese Seite hat ein deutlich übersichtlicheres Design und verhält sich auch sehr flüssig.

Facebook Messenger Lite

Der Facebook Messenger ist für seinen hohen Ressourcenverbrauch bekannt. Facebook liefert deshalb eine Lite-Version des Messengers, der auf animierte GIFs, Farbspiele und diverse andere Zusatzfunktionen verzichtet. Wer einfach nur kommunizieren will, schriftlich oder per VoIP-Telefonie, ist damit besser beraten. Das Versenden von Links und Fotos funktioniert auch mit der Lite-Version. Diese verbraucht deutlich weniger Datenvolumen und Speicher auf dem Smartphone. Die App selbst ist nur etwa 10 MB groß – gegenüber 138 MB beim »großen« Messenger – und funktioniert auch bei schwachen Internetverbindungen.

Google Duo

Google Duo ist eine App, die Videoanrufe mit einem Fingertipp möglich macht. Die übersichtliche Oberfläche zeigt häufig kontaktierte Personen, die durch einfaches Antippen angerufen werden können. Bei der ersten Anmeldung müssen Sie nur Ihre Telefonnummer bestätigen. Sie erhalten dann per SMS einen Code, der automatisch eingetragen wird, sodass Sie sofort loslegen können.

Mit dem Symbol *Neuer Anruf* können Sie sofort einen Videoanruf starten. Die zuletzt kontaktierten Personen werden direkt auf dem Startbildschirm angezeigt. Die Kontaktliste in *Google Duo* zeigt alle Personen aus dem eigenen Adressbuch an. Sie können aber nur Personen anrufen, die ebenfalls *Google Duo* auf ihrem Smartphone haben. Bei allen anderen öffnet sich die SMS-App, um die Person per SMS zu *Google Duo* einzuladen.

Wenn Sie in den *Einstellungen* die Option *Kuckuck* aktivieren, sieht die angerufene Person bereits eine Live-Vorschau Ihres Kamerabildes. Dies funktioniert nur, wenn beide Gesprächspartner sich gegenseitig in ihren Kontaktlisten haben. Durch ein neuartiges Protokoll zur Datenübertragung bleibt die Gesprächsqualität möglichst erhalten, wenn man das WLAN verlässt und in ein Mobilfunknetz wechselt.

Skype

Vom Festnetz ins Ausland telefonieren ist teuer, vom Handy ist es noch teurer. Skype ist auf dem PC schon lange für kostenlose Telefonie im Internet bekannt. Skype funktioniert wie ein Messenger. Man registriert sich einmal mit seinem Namen auf der Skype-Webseite und kann dann alle Freunde, die ebenfalls Skype verwenden, in eine Kontaktliste eintragen und deren Onlinestatus anzeigen lassen. Seit Skype von Microsoft übernommen wurde, kann man sich ganz einfach mit dem Microsoft-Konto anmelden, mit dem man bei Windows 10/11 am PC angemeldet ist, und benötigt kein eigenes Benutzerkonto mehr.

Beim ersten Start der Android-App müssen verschiedene Berechtigungen gewährt werden, damit Sie mit Skype telefonieren und Daten verschicken können. Wie bei einem klassischen Messenger lassen sich auch Textnachrichten, Bilder und Dateien übertragen.

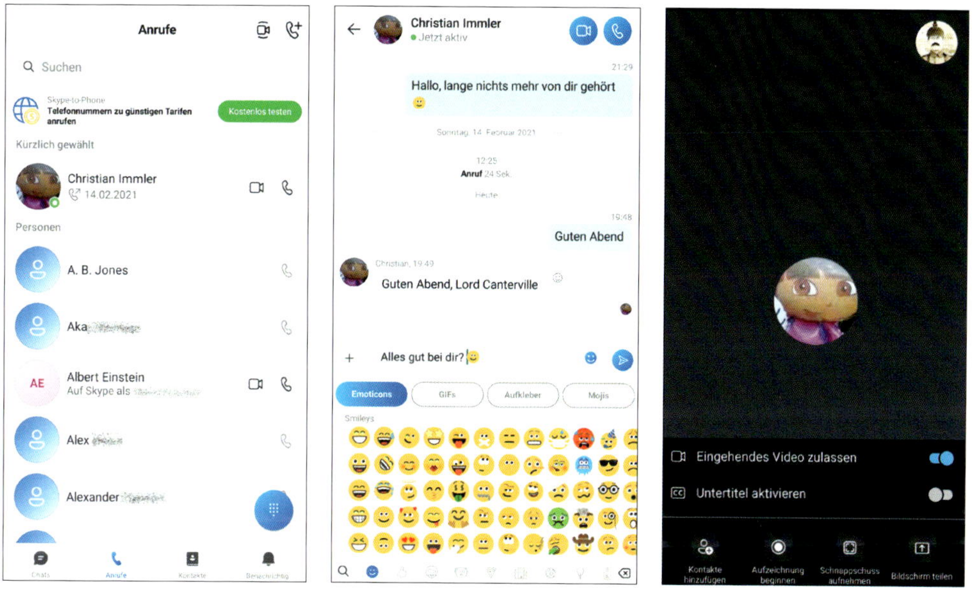

Kontaktliste, Chat und Anruf in Skype

Tippen Sie auf einen Namen in der Skype-Kontaktliste, können Sie mit der Person chatten. Mit dem Telefonsymbol oben rechts im Chat rufen Sie die Person an. Mit Skype können Sie nicht nur mit anderen Skype-Nutzern kostenlos telefonieren, sondern auch zu sehr günstigen Preisen in das normale Telefonnetz der meisten Länder der Welt anrufen. Dazu kauft man ähnlich wie bei einer Prepaid-Karte online ein SkypeOut-Guthaben und wählt dann in der App die Telefonnummer. Skype listet die Gebühren für Gespräche in verschiedene Länder unter *www.skype.com/de/rates* auf. Skype verwendet nicht das Mobilfunk-Telefonnetz, sondern eine Internetverbindung. Die App funktioniert am besten über WLAN, aber auch über LTE. Hier braucht man allerdings eine umfangreiche Datenflatrate, da bei VoIP-Gesprächen erhebliches Datenvolumen anfallen kann. Manche Mobilfunkbetreiber schließen VoIP-Gespräche in ihrer Datenflatrate explizit aus.

Gesprächsqualität

Für eine gute Gesprächsqualität sollte man sich mit dem Smartphone nicht zu hektisch bewegen und äußere Störquellen meiden.

Auch bei Skype tummeln sich mittlerweile Spammer, die andere Nutzer mit Werbebotschaften belästigen wollen. In Chats und auch bei Anrufen können Sie die betreffende Person ganz einfach blockieren. Tippen Sie oben auf Ihr Profilbild und dann auf *Einstellungen*. Hier können Sie unter *Kontakte/Blockierte Kontakte* diese Blockierungen bei Bedarf wieder aufheben. Unter *Anrufeinstellungen/Anrufer ID* können Sie Ihre persönliche Telefonnummer eintragen, damit diese bei Skype-Anrufen an ein Telefon übertragen wird und der Gesprächspartner erkennen kann, wer anruft.

Telegram

WhatsApp war in den Medien wegen Datenschutzproblemen in Verruf geraten. Der Messenger Telegram bietet weitgehend die gleichen Funktionen, gilt aber als sehr sicher und auch zensurfrei. Telegram bietet noch einige Möglichkeiten, die über einen einfachen Messenger hinausgehen und ihn zu einem sozialen Netzwerk machen. Ähnlich wie bei Facebook kann man persönliche Kanäle erstellen, auf denen man Texte, Bilder oder auch Videos veröffentlicht, die andere Nutzer sehen und auch kommentieren können. Außerdem lassen sich sehr große Dateien mit mehreren Hundert Megabyte über Telegram versenden. Die Anmeldung bei Telegram erfolgt ähnlich wie bei WhatsApp über eine Identifizierung mit der Handynummer und einer SMS. Allerdings lässt sich Telegram auf mehreren Geräten mit demselben Benutzerkonto verwenden.

Snapchat

Snapchat ist eine besonders unter Jugendlichen beliebte Chat-App. Außer den persönlichen Chats zwischen zwei Personen oder innerhalb einer Gruppe kann man sogenannte Channels veröffentlichen, in denen man Bilder und Videos mit verschiedenen Effekten veröffentlicht, die die Freunde für eine bestimmte Zeit sehen können. Alle gesendeten Bilder zerstören sich nach einer vorgegebenen Zeit automatisch. Es gibt also keine endlosen Chatverläufe wie in anderen Messengern. Zusätzlich bietet Snapchat verschiedene Spiele, die man innerhalb des Messengers mit Freunden spielen kann.

Twitter

Twitter ist ein immer beliebter werdender Kurznachrichtendienst, der zunehmend auch von Firmen und Infoportalen genutzt wird und auf dem besten Weg ist, die klassischen E-Mail-Newsletter zu ersetzen. Jeder Twitter-Nutzer kann Kurznachrichten öffentlich oder nur an bestimmte Personen schreiben.

Infos zu Twitter

Twitter hat derzeit etwa 211 Millionen täglich aktive Nutzer weltweit, die Gesamtzahl der Twitter-Konten liegt bei etwa 2 Milliarden, wird aber offiziell nicht mehr genannt. Über 4,9 Millionen deutsche Nutzer twittern mindestens einmal im Monat selbst, etwa ein Drittel davon sogar täglich. Etwa 80 % aller Nutzer verwenden mobile Endgeräte. Etwa 6.000 Tweets werden weltweit pro Sekunde veröffentlicht. Zahlreiche Medien verweisen auf interessante Tweets und erhöhen damit die Reichweite auch außerhalb des Twitter-Netzwerks.

Mit der Twitter-App für Android kann man von unterwegs twittern, Direktnachrichten, Fotos, Videos und Links an Freunde oder auch an alle schicken. Beim ersten Start der Twitter-App loggen Sie sich mit Ihren Benutzerdaten ein. Wer noch kein Twitter-Konto hat, kann dieses auch in der App anlegen.

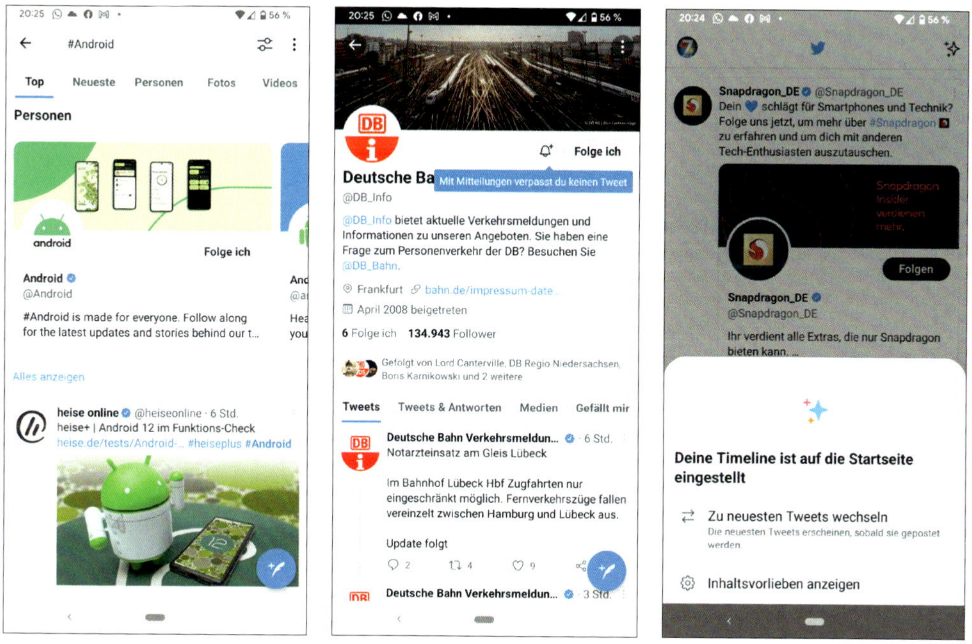

Links: Suche nach Hashtags in der Twitter-App für Android, Mitte: aktuelle Infos der Deutschen Bahn auf Twitter, rechts: neuste Tweets statt ausgewählte anzeigen

Im Suchfeld können Sie nach beliebigen Begriffen suchen. Beginnen Sie die Eingabe mit dem #-Zeichen, um nach sogenannten Hashtags, Stichwörtern, unter denen aktuelle Trends zusammengefasst werden, zu suchen, oder suchen Sie mit dem @-Symbol nach Personen. Seit einiger Zeit zeigt Twitter ausgewählte Tweets auf der Startseite und nicht mehr automatisch die neusten. Tippen Sie auf der Startseite auf das Symbol rechts oben, um wieder die neusten Tweets der Personen zu sehen, denen Sie folgen.

In der Twitter-App können Sie auch Listen, Trends und Erwähnungen sehen. Im eigenen Profil können Sie sich die letzten eigenen Tweets sowie die Follower – die Personen, die Ihre Tweets lesen – anzeigen lassen. Weiterhin kann man in der Twitter-Anwendung den Twitter-eigenen Foto-Upload-Dienst nutzen. Man kann Listen und Trends sehen, Tweets, Themen und Hashtags suchen sowie Tweets von Personen in der eigenen näheren Umgebung finden. Mit dem Briefsymbol oben rechts senden Sie private Nachrichten an einzelne Twitter-Nutzer, die nicht öffentlich zu sehen sind.

Wichtige Einstellungen in der Twitter-App

Die Einstellungen der Twitter-App erreichen Sie, indem Sie oben links auf Ihr Profilbild tippen und dann *Einstellungen und Datenschutz* wählen. Auch hier sollten Sie gleich als Erstes unter *Barrierefreiheit/Datennutzung* die Optionen *Automatische Videowiedergabe* und *High-Quality-Video* abschalten oder direkt den Datensparmodus einschalten.

Unter *Mitteilungen/Einstellungen/Push-Mitteilungen* können Sie festlegen, dass eine Benachrichtigung erscheint, wenn Sie eine Antwort oder eine Erwähnung per Twitter bekommen. Dabei haben Sie die Wahl, ob das für alle Antworten und Erwähnungen gilt oder nur für solche von Benutzern, denen Sie selbst folgen. Über den Qualitätsfilter können Sie belanglose Mitteilungen geringer Qualität ausblenden.

ACHTUNG: Theoretisch können Sie sich sogar bei jedem Tweet benachrichtigen lassen. Dies ist standardmäßig aber abgeschaltet. Bei aktiven Twitterern kommen Tweets von anderen Nutzern im Minutentakt an. Hier würde ständig die Benachrichtigung blinken, sodass man wichtige E-Mails oder Termine in der Benachrichtigungsflut gar nicht mehr wahrnehmen würde. Schalten Sie in den *Einstellungen* unter *Bildschirm und Ton* die *Soundeffekte* aus, sonst ertönt bei jedem Tweet ein Geräusch.

Links aus dem Chrome-Browser twittern

Twitter integriert sich automatisch in den Browser. Um einen interessanten Link auf Twitter zu veröffentlichen, brauchen Sie im Chrome-Browser nur auf das Menüsymbol zu tippen und dann *Teilen* zu wählen. In der Liste der verfügbaren Sendemethoden finden Sie unter anderem auch zwei Symbole der Twitter-App, wenn diese installiert ist – eines für Direktnachrichten an eine bestimmte Person und eines für öffentliche Tweets.

Vor dem endgültigen Twittern können Sie noch einen Kommentar oder ein Foto hinzufügen. Zusätzlich können Sie aktuelle Standortdaten übertragen, was bei Regionalnachrichten nützlich sein kann. Benutzer können die Anzeige ihrer Tweets nach der Nähe zum eigenen Standort filtern, um gezielt Tweets aus der Umgebung zu sehen.

KAPITEL 7

Unterwegs mit dem Android-Smartphone

Wer unterwegs ist, braucht eine Landkarte oder einen Stadtplan des Urlaubsortes. Landkarten auf dem Smartphone haben gegenüber ihren auf großformatiges Papier gedruckten Vorgängern einige Vorteile. Sie können deutlich aktueller sein als Pläne aus Papier, die auch in Urlaubsregionen höchstens einmal im Jahr erneuert werden, und der eigene Standort lässt sich per GPS direkt auf der Karte anzeigen. Hinzu kommt eine präzise Suchfunktion, die selbst kleine Orte oder einzelne Straßen in Sekundenschnelle findet.

Google Maps

Google Maps hat sich zur wichtigsten Quelle für Landkarten und geografische Informationen im Internet entwickelt. Genauso einfach, wie die Suchmaschine Google irgendetwas im Internet findet, findet Google Maps die genaue Position in der realen Welt. Auf allen Android-Smartphones mit Google-Diensten ist eine App für Google Maps vorinstalliert, die noch mehr Funktionen bietet als die browserbasierte Version von Google Maps.

Gerätestandort in Google Maps nutzen

Beim ersten Start von Google Maps erscheint eine Abfrage, um Google Maps zu erlauben, den Gerätestandort abzurufen. Damit Google Maps sinnvoll funktionieren kann, wählen Sie hier die Option *Genau* und tippen dann auf *Bei Nutzung der App*.

Mit zwei Fingern lässt sich die Kartenansicht, die normalerweise nach Norden ausgerichtet ist, drehen. Tippen Sie auf das Kompass-Symbol, wird die Karte wieder genordet.

Im unteren Bildschirmbereich erscheint eine Symbolpalette, die Sie nach unten schieben können, um den ganzen Bildschirm für die Karte zur Verfügung zu haben. Das Ebenensymbol rechts oben blendet weitere Kartenebenen wie Radwege, Satellitenbild oder Geländeformationen ein.

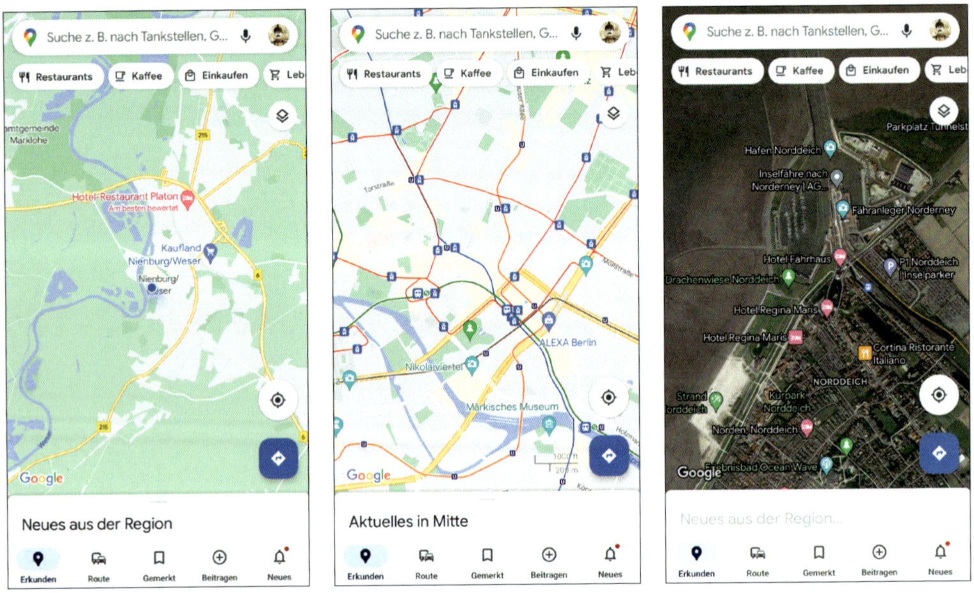

Google Maps auf einem Android-Smartphone mit Infos zu öffentlichen Verkehrsmitteln und Satellitenbildern

> **Achtung: Datenvolumen**
>
> Bedenken Sie, dass die Satellitenbilder ein deutlich höheres Datenvolumen verursachen als die simple Vektorgrafik.

Region erkunden

Google bietet ein Firmen-, Kneipen- und Restaurantverzeichnis, das mit Daten verschiedener Anbieter gefüllt wird. Hier findet man unter anderem auch diverse Nutzerbewertungen, die allerdings wie überall mit Vorsicht zu genießen sind. Google Maps zeigt neben Kneipen und Restaurants auch Hotels, Geldautomaten, Veranstaltungen und viele andere interessante Orte. Die Listen von Restaurants und Geschäften lassen sich nach Kategorien und Eigenschaften wie *zurzeit geöffnet* oder dem Preis filtern. In vielen Fällen lassen sich die gefundenen Telefonnummern auch direkt antippen und anrufen.

Schieben Sie die Symbolpalette vom unteren Bildschirmrand nach oben, zeigt die App Gastronomie, Läden und Fotos aus der auf dem Kartenausschnitt dargestellten Region an. Bei der Suche wird immer zuerst in der unmittelbaren Umgebung gesucht. Verschieben Sie den Kartenausschnitt, erscheint eine Schaltfläche, um im neuen Bereich zu suchen. Tippen Sie unten auf das Suchergebnis, werden weitere Informationen eingeblendet.

Das Standortsymbol unten rechts zeigt den Kartenausschnitt um den eigenen Standort. Um Google Maps sinnvoll verwenden zu können, müssen Sie beim ersten Start die Anfrage nach Standortinformationen zulassen.

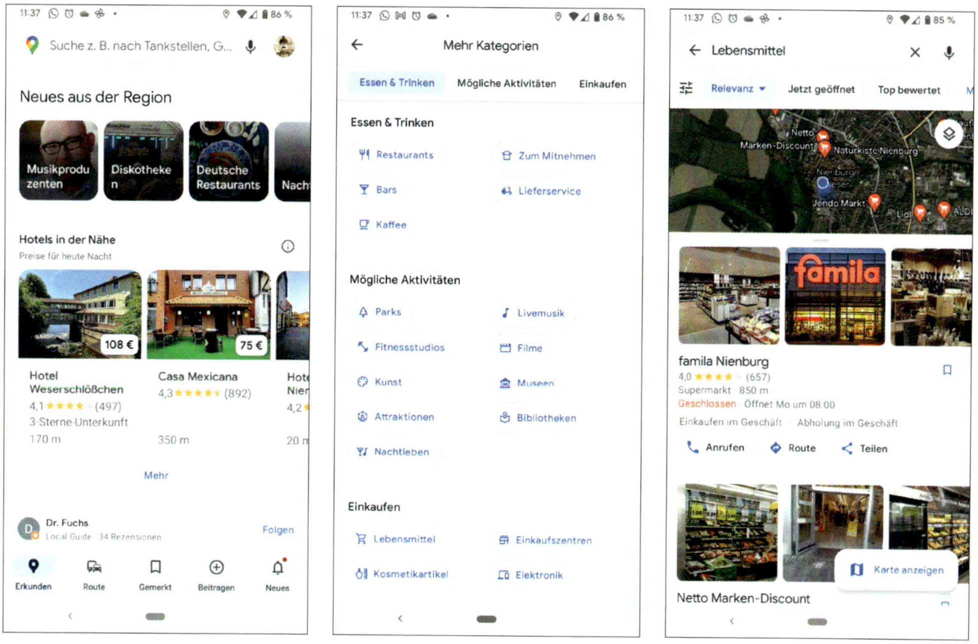

Suche nach Gastronomie, Geschäften oder anderen interessanten Orten

Benzinpreise

Seit Februar 2021 zeigt Google Maps bei der Suche nach Tankstellen die aktuellen Benzinpreise auf der Karte an.

Plus Codes

Einem Freund einen beliebigen Punkt auf der Karte mitzuteilen, ist nicht immer ganz einfach, besonders bei Punkten in der freien Landschaft, am Strand oder im Wald, die sich nicht über eine Adresse finden lassen.

1. Suchen Sie den gewünschten Punkt auf der Karte und halten Sie den Finger länger auf diese Stelle, bis eine rote Kartenmarkierung erscheint und die exakten Koordinaten dieses Punktes angezeigt werden. Tippen Sie dann unten auf das Feld *Gesetzte Markierung*.

2. Auf dem nächsten Bildschirm können Sie diesen Punkt als Lesezeichen speichern oder dorthin navigieren. Der *Plus Code* bezeichnet diesen Punkt ebenfalls genau. Tippen Sie darauf, wird der *Plus Code* in die Zwischenablage kopiert und Sie können ihn auf beliebigem Weg weitergeben. Da es sich nur um eine kurze Zeichenfolge handelt, können Sie Plus Codes sogar per Telefon oder SMS weitergeben.

3. Der Empfänger gibt diesen Code in das Suchfeld auf Google Maps ein. Danach wird der Punkt auf der Karte angezeigt.

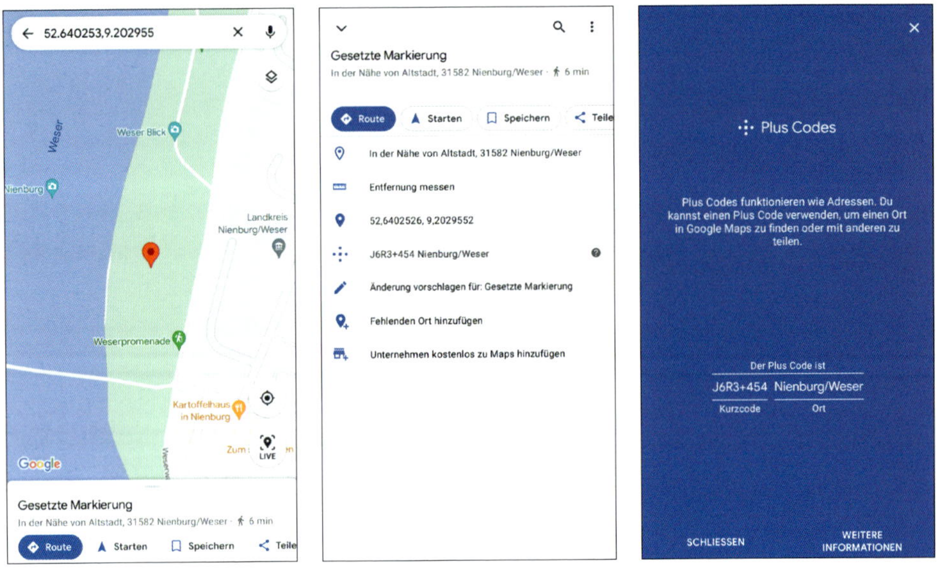

Plus Codes zur Bezeichnung eines Punktes auf der Karte

Routenplanung mit Google Maps

Google Maps enthält einen vollwertigen Routenplaner. Hier kann man wahlweise optimale Strecken für Autofahrer, Fußgänger oder Radfahrer errechnen lassen. Dabei wird neben der Entfernung auch die voraussichtliche Zeit für den Weg ermittelt. Ist in Innenstädten der Fußweg schneller als der Weg mit dem Auto, wird der Fußweg als Alternative mit angeboten, ohne umschalten zu müssen. Bei Radrouten ist die angegebene Zeit – besonders bei mehrstündigen Fahrten – nicht einmal für extrem sportliche Radrennfahrer zu erreichen. Niemand fährt mit dem Fahrrad mehrere Tage lang 24 Stunden am Stück mit Höchstgeschwindigkeit. Hier muss Google noch nachbessern.

1. Suchen Sie den Zielort und tippen Sie auf das blaue Symbol *Route*.
2. Danach startet die Berechnung der Route vom aktuellen Standort. Wählen Sie oben das gewünschte Verkehrsmittel aus. Hier können Sie auch noch einen anderen Startpunkt oder Routenoptionen einstellen.
3. Tippen Sie unten auf das blaue Symbol *Starten*, wenn Sie losfahren. Während der Fahrt zeigt Google Maps wie ein klassisches Navigationssystem Fahrtangaben mit Pfeilen an und spricht auch dazu.
4. Tippen Sie unten auf *Details*, erhalten Sie eine Wegbeschreibung. Vor Fahrtbeginn können Sie diese Wegbeschreibung offline herunterladen, damit die Daten auch zur Verfügung stehen, wenn Sie unterwegs mal keine Internetverbindung haben.

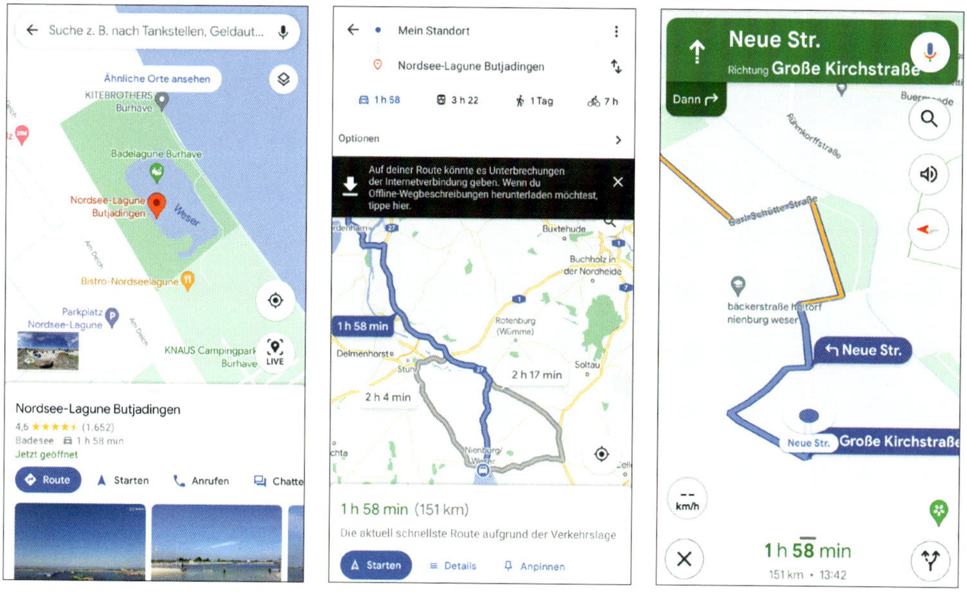

Routenplanung und Navigation für Autofahrer

5. Häufig verwendete Routen können mit dem Symbol *Anpinnen* auf dem Startbildschirm von Google Maps angepinnt werden, um sie schnell wieder aufrufen zu können.

Nutzen Sie während der Fahrt eine andere App, bleibt die Navigation in einem kleinen Bild-im-Bild-Fenster sichtbar, um jederzeit schnell wieder den Weg zu finden.

Auf Autobahnen und großen Bundesstraßen zeigt ein Farbcode die aktuelle Verkehrslage an. Dabei steht Grün für problemlos, Gelb für dichten Verkehr und Rot für Stau bzw. Staugefahr. Die Daten werden automatisch anhand der Fahrzeuge ermittelt, die sich auf der Strecke befinden und die Google-Maps-Navigation nutzen. Wird die Verkehrslage nicht angezeigt, ziehen Sie das Menü von unten nach oben und aktivieren dort den Schalter *Verkehr auf Karte zeigen*.

Schneller nach Hause oder zum Auto finden

Tragen Sie in Google Maps unter *Gemerkt* Adressen für *Zuhause* und *Arbeit* ein, schlägt Google Maps, wenn Sie sich woanders aufhalten, automatisch Routen vor, wie Sie wieder nach Hause kommen. Unterhalb der Suchleiste der Routenplanung werden diese Adressen ebenfalls angeboten. Wenn Sie Ihr Auto in einer fremden Stadt parken, speichern Sie am Ende der Fahrt durch einfaches Antippen den Parkplatz. Auch dieser wird unter dem Suchfeld angezeigt, um per Fußgängernavigation leicht wieder zurückzufinden.

Planen Sie eine Route mit öffentlichen Verkehrsmitteln, gehen Sie genauso vor und tippen dann im blauen Feld oberhalb der Karte auf das Bahnsymbol bei den Zeitangaben.

Jetzt werden die nächsten Verbindungen angezeigt. Die Routenplanung für öffentliche Verkehrsmittel funktioniert inzwischen auch in Deutschland sehr zuverlässig. Die aktuellen Fahrpläne kommen direkt aus den Auskunftssystemen der Deutschen Bahn sowie anderer regionaler Verkehrsbetriebe. Allerdings kann es immer mal passieren, dass für eine bestimmte Strecke keine Fahrten gefunden werden. Die App *DB Navigator* ist zuverlässiger und bei Störungen im Betriebsablauf auch aktueller.

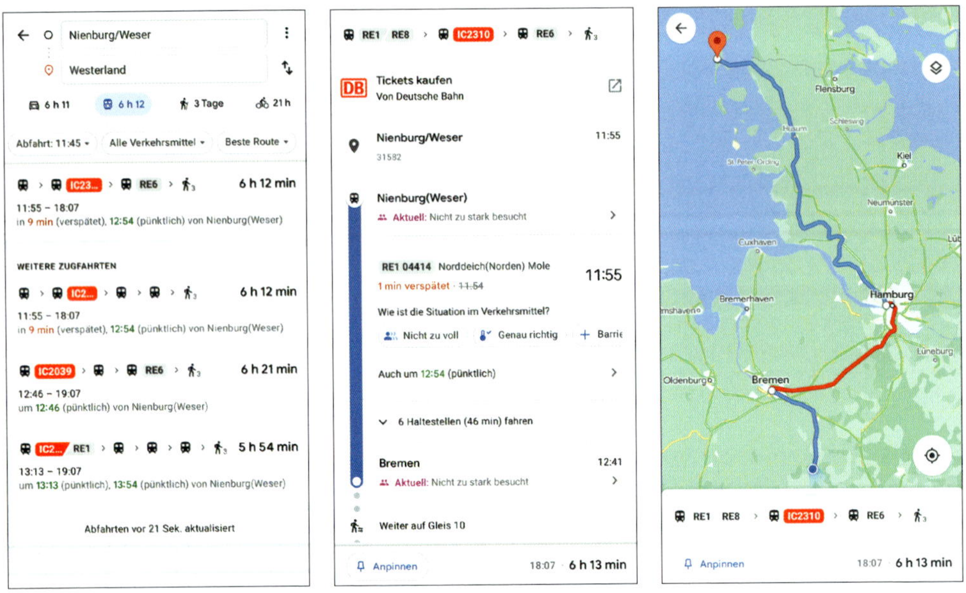

Fahrplanauskunft in Google Maps

Tippen Sie auf eine Verbindung, erhalten Sie Details zu den Zügen sowie Umsteigebahnhöfen und -zeiten. Fußwegstrecken am Start- oder Zielort lassen sich auf einem Kartenausschnitt detailliert anzeigen. Tippen Sie auf einen Bahnhof, werden weitere Abfahrten für die gewählte Strecke angezeigt.

Google Maps offline nutzen

Bewegen Sie sich in Gegenden mit schlechter Mobilfunkversorgung oder im Nicht-EU-Ausland, ist die Onlinenutzung von Google Maps nicht möglich oder mit hohen Roamingkosten verbunden. Laden Sie sich deshalb die für eine Reise benötigten Kartenbereiche zu Hause über WLAN herunter, um sie dann vor Ort offline nutzen zu können.

1. Tippen Sie in Google Maps oben rechts auf das Profilbild und dann auf *Offlinekarten*.
2. Tippen Sie auf dem nächsten Bildschirm auf *Wähle deine eigene Karte aus*.
3. Jetzt können Sie den herunterzuladenden Kartenbereich bestimmen. Tippen Sie dann auf *Herunterladen*. Beachten Sie, dass ein Kartenausschnitt für eine Offlinekarte höchstens 120.000 km² groß sein kann.

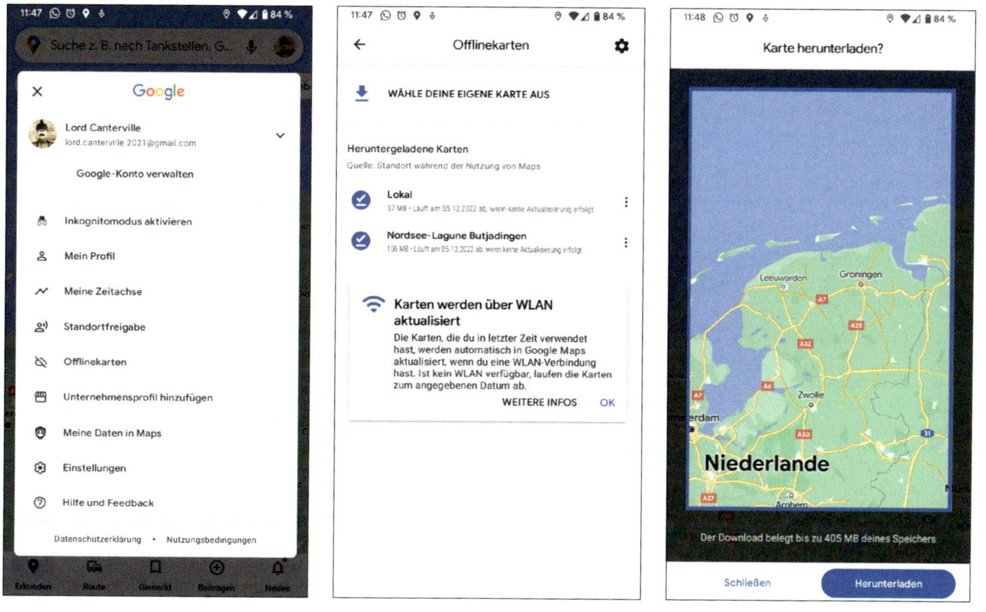

Karten zur Offlinenutzung herunterladen

Da Kartenmaterial regelmäßig aktualisiert wird, haben die Offlinekarten nur eine begrenzte Gültigkeitsdauer von 30 Tagen. Mit dem Zahnradsymbol in der Liste der Offlinekarten kommen Sie in die *Einstellungen*. Hier können Sie festlegen, ob die Offlinekarten bei Ablauf automatisch aktualisiert werden. Dabei sollten Sie die Standardeinstellung beibehalten, dass die Karten wegen der großen Datenmenge nur über WLAN aktualisiert werden.

Offline-Navigation nur für Autofahrer

Wenn Sie Offlinekarten nutzen, wird nur die Navigation für Autofahrer angeboten. Eine Routenplanung mit öffentlichen Verkehrsmitteln sowie Wegbeschreibungen für Radfahrer und Fußgänger stehen offline nicht zur Verfügung. Bei der Planung von Autorouten erscheint eine Meldung, aus der heraus Sie eine Offline-Wegbeschreibung herunterladen können, um auch in Regionen ohne Mobilfunkversorgung Fahrtanweisungen zu erhalten.

Google Street View

Google Street View ist in Google Maps integriert und wird zusätzlich als eigene App angeboten, die auch in Gegenden, für die Google noch keine Street-View-Panoramen anbietet, Fotos und Panoramabilder von Nutzern zeigt. In Europa sind die meisten Länder fast flächendeckend fotografiert. Nur in Deutschland, Bosnien und Herzegowina, Moldawien und Weißrussland gibt es bisher nur Bilder einiger Großstädte.

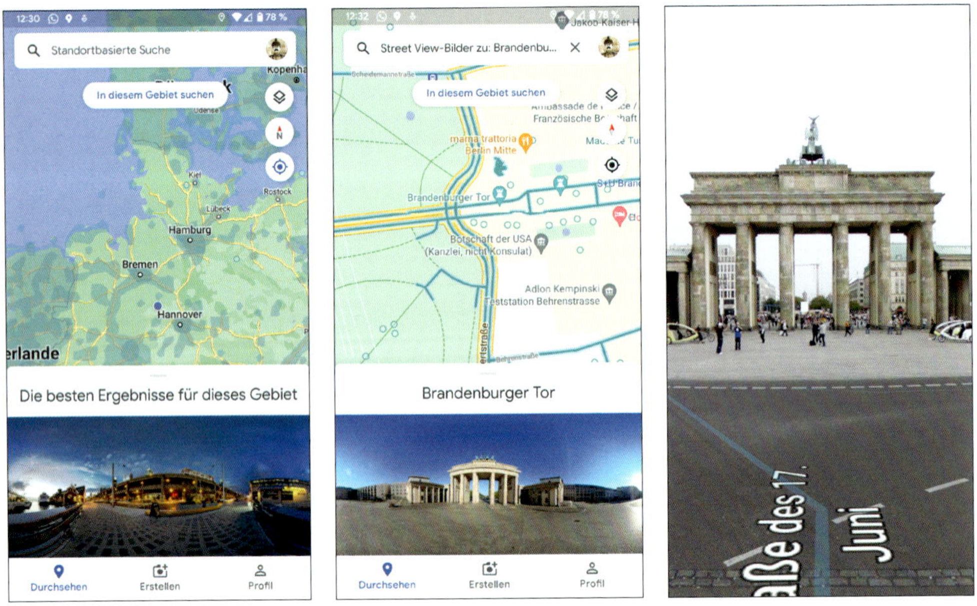

Die Street-View-App. Die Karte links zeigt, dass in Deutschland nur sehr wenige Street-View-Aufnahmen vorliegen

Zoomen Sie weit genug in die Karte, bis ein gelbes Männchen auftaucht. Positionieren Sie dieses auf einer der blau markierten Straßen, um mit der interaktiven Street-View-Ansicht zu beginnen. Mit den Pfeilen können Sie »die Straße entlanggehen«. Die runden Punkte bezeichnen Standorte, an denen 360°-Aufnahmen von Nutzern verfügbar sind.

Eigene Bilder beisteuern

In der Google-Street-View-App können Sie eigene Panoramafotos veröffentlichen. Weitere Informationen dazu finden Sie in Kapitel 8 unter der Überschrift »Panoramafotos aufnehmen«. An touristisch interessanten Standorten werden Fotosammlungen mit Panoramafotos zahlreicher Fotografen angeboten.

Google Earth

Auf dem Google-Vorzeigeprodukt Android darf natürlich der faszinierende interaktive Weltatlas Google Earth nicht fehlen. Mit einem Fingerstrich kann man um die ganze Welt reisen und über die Suchfunktion Orte, Plätze und sogar ausgewählte Geschäfte und Hotels finden.

Da Google Earth erwartungsgemäß sehr hohe Anforderungen an die Hardware stellt, läuft die App auf einfacheren Smartphones leider nicht. Die dreidimensionalen Gebäudemodelle sind nur auf High-End-Smartphones mit 3D-Grafikprozessor zu sehen.

Google Earth verwendet eine komfortable Multitouch-Navigation über Fingergesten mit einem oder zwei Fingern:

- Streichen Sie mit einem Finger über den Bildschirm, um den Globus zu drehen.
- Durch das Auseinander- und Zusammenziehen von zwei Fingern und gleichzeitiges Drehen können Sie die Karte heranzoomen bzw. wieder herauszoomen und Ihren Blickpunkt ändern.
- Ziehen Sie zwei Finger über den Bildschirm, um die Ansicht zu neigen.
- Durch Doppeltippen mit einem Finger wird die Karte herangezoomt.
- Durch Doppeltippen mit zwei Fingern können Sie herauszoomen.

Über das Seitenmenü lassen sich verschiedene Kartenstile anzeigen, die wichtige Orte, Straßen oder Sehenswürdigkeiten einblenden.

Die Anzeige von Fotos aus dem Bilderdienst Panoramio ist in der Google-Earth-App weggefallen, da dieser Dienst eingestellt wurde. Stattdessen zeigt Google Nutzerfotos und 360°-Aufnahmen in Google Earth lagegenau an.

Google Earth auf dem Smartphone

Wikipedia-Informationen werden nicht mehr als eigene Symbole angezeigt, sondern sind jetzt in den Beschreibungen angezeigter Sehenswürdigkeiten verlinkt.

Google Street View kann innerhalb der Google-Earth-App ebenfalls verwendet werden. Tippen Sie dazu auf das Männchen unten rechts und setzen Sie es an die gewünschte Position in den Straßen einer Stadt. Die Straßen, für die Street-View-Ansichten verfügbar sind, werden auf der Karte blau hervorgehoben.

Virtuelle Postkarten

Haben Sie ein schönes Motiv auf Google Earth gefunden, können Sie es als virtuelle Postkarte an Freunde verschicken. Tippen Sie dazu auf das Menü mit den drei Strichen oben links und dann auf *Postkarte erstellen*. Dann erscheint eine Liste von Apps, über die die Postkarte geteilt werden kann. Dabei werden ein Foto sowie ein Link auf die genaue Position mit Blickrichtung und Zoomfaktor in Google Earth verschickt.

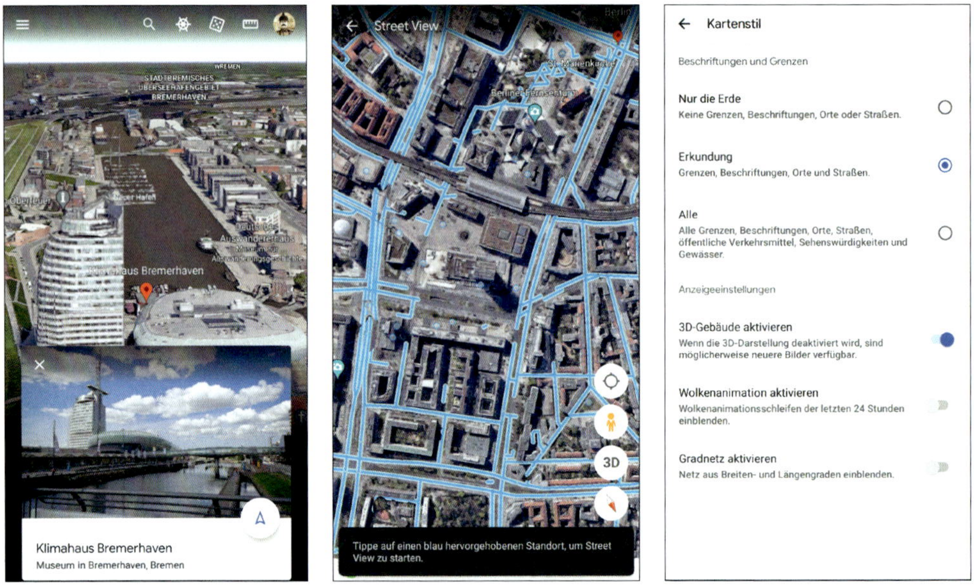

Street View und Informationen zu Sehenswürdigkeiten in Google Earth, rechts: Einstellungen für den Kartenstil

Fahrplanauskunft

Onlinefahrpläne gehörten schon zu Zeiten der ersten WAP-Handys zu den beliebtesten und meistgenutzten mobilen Anwendungen. Das hat sich bis heute nicht geändert. Ein aktueller Fahrplan ist für jeden, der unterwegs ist, unverzichtbar.

DB Navigator

Der *DB Navigator*, die Routenplaner-App der Deutschen Bahn, bietet eine Online-Fahrplanauskunft mit Echtzeitdaten zur aktuellen Verkehrslage. Hier findet man schnell die Information, ob ein Zug pünktlich ist und Anschlüsse passen. Anhand der eigenen Position kann die nächste Haltestelle in der Umgebung gefunden werden.

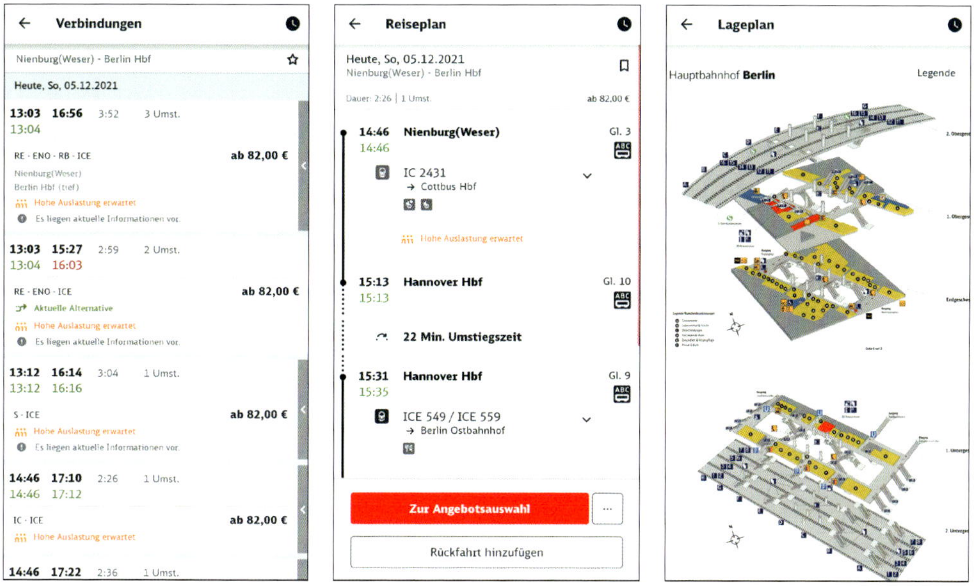

Aktuelle Fahrplanauskunft im DB Navigator

Man braucht keine Fahrplantabellen zu wälzen, sondern gibt nur Start und Ziel ein und die App sucht alle möglichen Verbindungen innerhalb eines bestimmten Zeitraums. Am Zielort zeigt die App einen Lageplan des Bahnhofs sowie Haltestellen des Nahverkehrs in der Nähe.

Beim ersten Start sollten Sie der App Zugriff auf Standort, Kontakte und Kalender geben. Dann können geplante Fahrten direkt als Termin in den Kalender eingetragen werden, und Sie können Adressen aus dem Adressbuch als Ziel einer Reise angeben, ohne die nächste Haltestelle kennen zu müssen. Melden Sie sich außerdem mit Ihrem DB-Kundenkonto bei der App an, dann brauchen Sie Ihre Onlinetickets nicht mehr unbedingt auszudrucken, sondern können sie direkt auf dem Smartphone speichern oder auch aus der App heraus Fahrkarten kaufen. Bei einer Kontrolle im Zug brauchen Sie nur noch den QR-Code auf dem Smartphone-Bildschirm vorzuzeigen.

Der bessere DB Navigator

Mit dem Update im Juli 2015 verlor der *DB Navigator* einiges an Qualität. Auf einmal gingen wichtige Funktionen verloren, die man gerade, wenn es zu Problemen kommt, bei schlechten Internetverbindungen im Zug oder knappen Umsteigezeiten, dringend braucht. Die Möglichkeit, Fahrpläne offline auf dem Smartphone zu haben oder die aktuellen Abfahrtstafeln häufig genutzter Bahnhöfe direkt auf dem Startbildschirm, wurde zugunsten einer blassen inhaltslosen Grafik aufgegeben. Viele Daten, die früher kompakt dargestellt wurden, sind jetzt erst nach vielen Klicks und langem Scrollen auf fast leeren Bildschirmseiten zu finden – ausgesprochen lästig, wenn man mit einer Hand am Smartphone durch einen Bahnhof einem verspäteten Zug nachrennt.

Besonders ärgerlich: Die übersichtlichen Informationen zu Verspätungen, die während der Fahrt wichtig sind, wurden aus der App gestrichen. Früher konnte man auf einen Blick sehen, welche Anschlusszüge erreicht werden, und konnte sich so selbst zuverlässigere als die vorgegebenen Alternativen suchen, wenn es mal zu spät wird.

Mehrere Tausend 1-Sterne-Bewertungen im Google Play Store bereits in den ersten Tagen nach Veröffentlichung des Updates sprechen eine deutliche Sprache.

Mit einem Trick kommt man aber noch an die ältere, bessere Version des *DB Navigator*, die weiterhin alle aktuellen Fahrplandaten zeigt. Die ältere Version ist an einem Farbverlauf im Logo zu erkennen. Der in Kapitel 4 beschriebene **Uptodown** Store liefert zu den meisten Apps zusätzlich zur aktuellen auch ältere Versionen. Suchen Sie dort den *DB Navigator* und scrollen Sie ganz nach unten zu den vorherigen Versionen. Nach der Installation des *DB Navigator 15.04.P06.00* wird die App bei den eigenen Apps im Google Play Store angezeigt, obwohl sie nicht von dort installiert wurde. Schalten Sie hier gleich das automatische Update aus, sonst haben Sie möglicherweise schon Sekunden später wieder die neue Version auf Ihrem Smartphone. Weitere Informationen finden Sie auf *www.softwarehandbuch.de/db-navigator*.

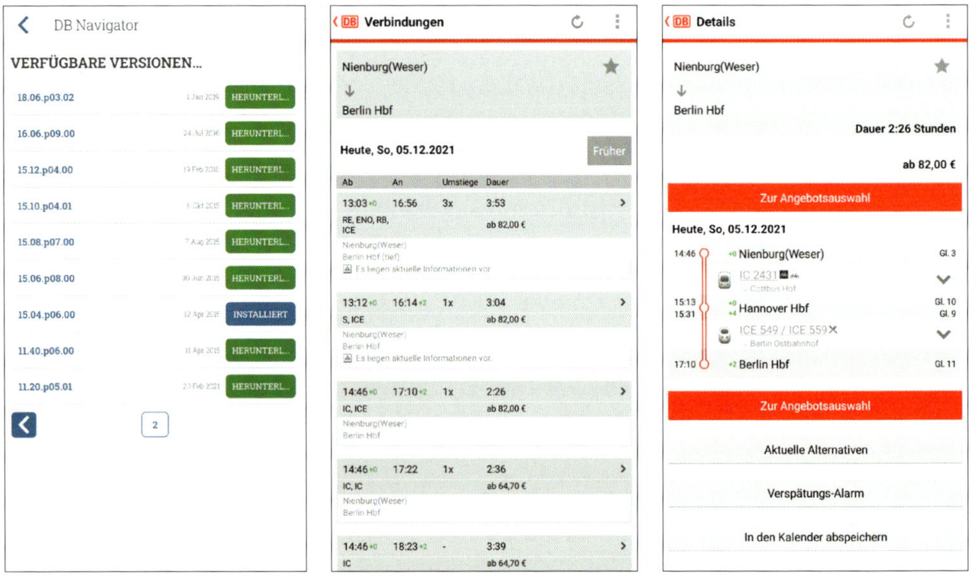

Den deutlich übersichtlicheren DB Navigator 15.04.P06.00 bei Uptodown herunterladen

Öffi

Öffi ist ein Routenplaner für Verkehrsnetze in zahlreichen deutschen Großstädten. Die App zeigt die Streckennetze der U- und S-Bahnen in den Ballungsräumen an und findet per Suchfunktion oder GPS jede Haltestelle in der Umgebung.

Die notwendigen Daten werden online aus den aktuellen Datenbanken der jeweiligen Verkehrsverbünde übernommen. Die interessanteste Funktion ist das Routing zwischen zwei beliebigen Haltestellen. Die App findet die kürzeste Verbindung oder die, bei der man am wenigsten umsteigen muss, und zeigt diese auf dem Stadtplan an. In einer Zeitbalkenansicht sieht man alle Fahrmöglichkeiten in nächster Zeit sehr übersichtlich dargestellt. Bei Verspätungen werden in Echtzeit aktuelle Abfahrtszeiten angezeigt. Dazu liefert *Öffi* zoombare Liniennetzpläne von zahlreichen Verkehrsverbünden in Deutschland und auch aus anderen europäischen Ländern.

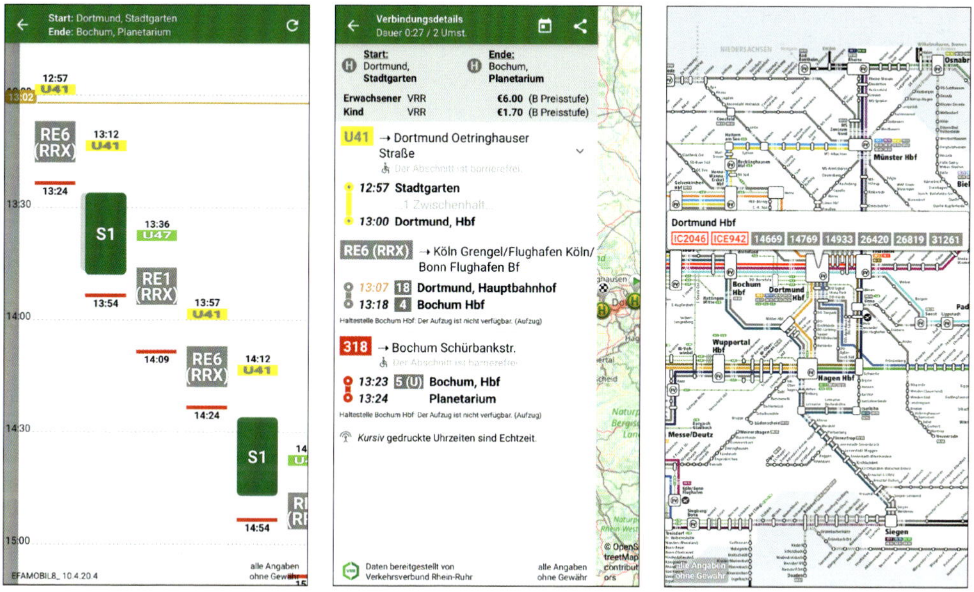

Öffi bietet viel mehr als die offiziellen Apps der U- und S-Bahnen in Deutschland

Wettervorhersage

Das aktuelle Wetter ist immer ein Gesprächsthema. Ändern kann man es zwar nicht, aber zumindest das Beste daraus machen. Internetseiten mit Wettervorhersagen gibt es wie Sand am Meer, und jeder hat darunter schon seine Lieblingsseite gefunden. Nur sind die meisten Wetterseiten mit viel Multimedia-Aufwand und jeder Menge Werbung überfrachtet, sodass es schwer ist, die wirklichen Wetterdaten zu finden, falls die Seiten auf dem kleinen Smartphone-Bildschirm überhaupt dargestellt werden.

Wesentlich komfortabler ist eine der kostenlosen Wetter-Apps, die die Wettervorhersage für den Heimatort oder das Urlaubsziel direkt aufs Smartphone bringen. Viele Gerätehersteller liefern bereits Wetter-Apps als Widgets auf dem Startbildschirm mit. Diese zeigen das Wetter für den aktuellen Standort oder zusätzlich auch für beliebige frei wählbare Orte an. Der Google Play Store bietet jede Menge Wetter-Anwendungen zum Download. Probieren Sie einfach ein paar davon aus und entscheiden Sie sich für Ihren persönlichen Favoriten.

Wetter in Google Discover

Google Discover zeigt das Wetter für den aktuellen Standort an. Tippen Sie in Google Discover oben auf die Wetteranzeige, erscheint eine detaillierte Vorhersage für den nächsten Tag oder die nächsten zehn Tage. Google Discover ist über eine Wischbewegung von links nach rechts auf dem Startbildschirm zu erreichen.

Auf der Startseite von Google Wetter erscheint die Meldung *Greife vom Startbildschirm auf den Wetterbericht zu* oder auch ein Menüpunkt im Seitenmenü legt ein Symbol auf den Startbildschirm, um schnell auf die Wetterinformationen zugreifen zu können.

MSN Wetter

Wer auf dem Windows-PC die Wetter-App von MSN schätzen gelernt hat, kann diese auch auf Android-Smartphones nutzen. Die App bietet detaillierte Wettervorhersagen für beliebige Orte weltweit, Sonnenauf- und -untergangszeiten, animierte Wetterkarten und auch ein Widget für den Startbildschirm, das eine Vorhersage für die nächsten Tage anzeigt. Nach der Anmeldung mit dem Microsoft-Konto synchronisiert die App die auf dem PC gespeicherten Favoriten und zeigt das Wetter für diese Orte auch auf dem Smartphone an.

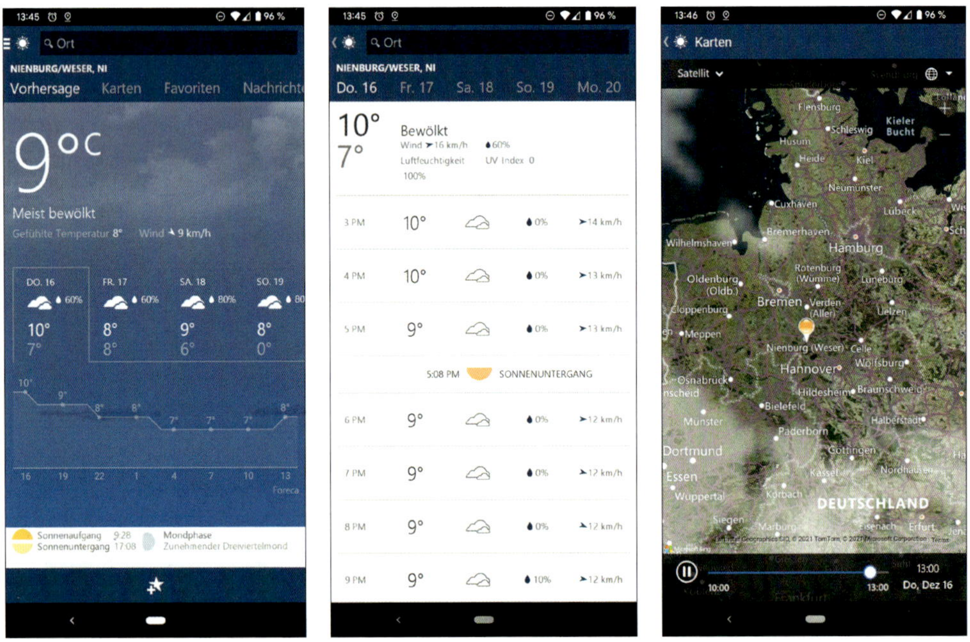

Die MSN-Wetter-App für Android

Telefonnummern, Hotels, Geldautomaten finden

Wer früher unterwegs eine Telefonnummer oder ein Hotel suchte, musste in eine Telefonzelle gehen und dort im Telefonbuch nachschlagen. Das war damals schon umständlich – heute sogar noch mehr, werden doch die Telefonzellen immer seltener, und in denen der neuen Generation hängen auch keine Telefonbücher mehr aus. Wesentlich bequemer ist die Suche mit einer passenden App auf dem Smartphone. Die regionale Google-Suche findet Telefonnummern vieler Läden und öffentlicher Einrichtungen. Bei vielen Betrieben sind Links auf die Webseite, Öffnungszeiten und oft auch Speisekarten enthalten. Über die direkte Verknüpfung zu Google Maps lässt sich einfach eine Route oder auch ein Fußweg planen.

Das Telefonbuch

Das Telefonbuch der Telekom war früher in keinem Haushalt wegzudenken. Zu Zeiten der Wählscheibenfernsprecher hatte jeder einen solchen Wälzer neben dem Telefon liegen und der enthielt nur die Nummern der eigenen Stadt sowie der näheren Umgebung.

Heute hat man über die Telefonbuch-App Zugriff auf sämtliche Telefonnummern aus ganz Deutschland – und das tagesaktuell und nicht nur einmal im Jahr erneuert. Eine gefundene Rufnummer kann man direkt anrufen, die Adresse auf einer Karte anzeigen lassen oder auch ins Adressbuch des Smartphones übernehmen. Restaurants, Hotels, Apotheken, Taxis, Geldautomaten und verschiedene weitere Informationen lassen sich abhängig vom eigenen Standort in unmittelbarer Umgebung im Telefonbuch finden. Außerdem ist eine Rückwärtssuche anhand einer Telefonnummer möglich, sodass man leicht feststellen kann, wer gerade angerufen hat. Diese Rückwärtssuche kann auch vor bekannten Spamnummern schützen.

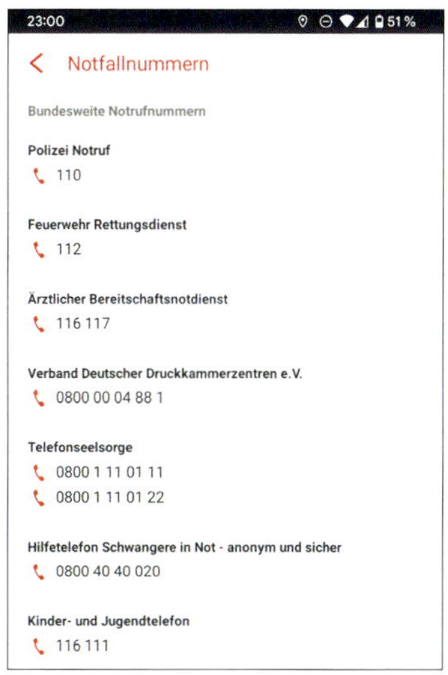

Das Telefonbuch für Android

Schutz vor Spamanrufen

Die eingebaute Spamschutz-Funktion der Telefonbuch-App erkennt Anrufer mit bekannten Spamnummern oder ungültigen Vorwahlen, die von Spammern gern verwendet werden, und warnt bereits bei eingehenden Anrufen. Um diese Funktion zu aktivieren, müssen der App einige Systemberechtigungen gewährt werden, die bei der Aktivierung angefragt werden.

Bezahlen mit dem Smartphone

G Pay, der Bezahldienst von Google, wird inzwischen auch in Deutschland angeboten und von immer mehr Läden akzeptiert, unter anderem von Aldi, Lidl, Kaufland, Media-Markt und Saturn. Die App ist auf vielen modernen Smartphones bereits vorinstalliert. Um bezahlen zu können, müssen Sie mindestens eine Kreditkarte oder ein PayPal-Konto hinzufügen. Kreditkarten können Sie direkt aus der App fotografieren oder die Daten manuell eingeben. Die meisten Banken fordern eine SMS-Authentifizierung. Dabei muss ein per SMS erhaltener Code in der G Pay-App eingegeben werden. Zusätzlich können Kundenkarten von Bonusprogrammen sowie Geschenkkarten verschiedener Anbieter in der App gespeichert und genutzt werden.

Mit G Pay im Laden bezahlen

Zur Bezahlung mit G Pay in einem Laden muss das Smartphone einen NFC-Chip enthalten, was bei den meisten aktuellen Geräten der Fall ist. Sie brauchen das Smartphone nur zu entsperren und an das kontaktlose Bezahlterminal zu halten. Diese sind üblicherweise mit einem einheitlichen Zeichen – ähnlich einem um 90° verdrehten WLAN-Symbol – gekennzeichnet. Auf dem Smartphone erscheint ein Häkchen und die Bezahlung ist erledigt. Vorher muss im Google-Konto eine Kreditkarte hinterlegt werden, die vom Bezahlsystem akzeptiert wird. Mastercard und Visa-Karten funktionieren fast immer. Zusätzlich bietet G Pay in der aktuellen Version auch die Unterstützung von PayPal-Konten an. Dabei muss dieses nicht auf die gleiche E-Mail-Adresse wie das Google-Konto angemeldet sein. Bei PayPal-Konten werden die dort hinterlegten Zahlungsmethoden Guthaben, Lastschrift und Kreditkarte unterstützt, wobei mit erster Priorität aus dem PayPal-Guthaben bezahlt wird. Nach der Bezahlung erfolgt eine Bestätigung auf dem Smartphone. Außerdem lassen sich alle Bezahlvorgänge im Google-Konto nachvollziehen. Anstatt die App zu suchen, kann G Pay auch über ein Schnelleinstellungssymbol aufgerufen werden. In Android 12 ist G Pay zum schnellen Zugriff in das Power-Menü integriert, das bei längerem Druck auf den Ein-/Ausschalter des Smartphones erscheint. Dann brauchen Sie nur noch die gewünschte Zahlungsmethode auszuwählen und das Smartphone vor das Lesegerät im Laden zu halten.

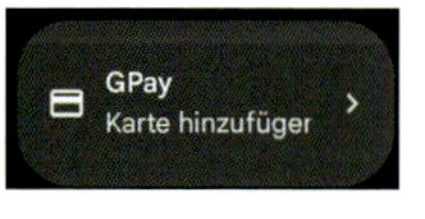

PayPal

PayPal ist zurzeit noch das deutlich bekanntere Bezahlsystem im Vergleich zu G Pay. Deshalb können PayPal-Konten inzwischen auch in G Pay verwaltet werden. Mit der PayPal-App haben Sie noch mehr Möglichkeiten und jederzeit den Überblick über die eigenen PayPal-Zahlungen. Außerdem können Sie unterwegs ganz einfach und gebührenfrei Geld an Familie oder Freunde schicken und auch in vielen Läden direkt bezahlen.

Kapitel 8

Fotografieren mit dem Smartphone

Ein Smartphone eignet sich bestens als digitaler Bilderrahmen. Dank heutiger Speichergrößen von vielen Gigabyte kann man Tausende von Fotos bequem mit sich herumtragen.

Die vorinstallierte App *Google Fotos* zeigt alle Bilder aus den eigenen Google-Fotoalben wie auch die, die sich im Gerätespeicher oder auf der Speicherkarte befinden. Diese können vom PC übertragen, aus dem Internet heruntergeladen oder mit der Kamera fotografiert worden sein. Im Bereich *Galerie* der App gibt es getrennte Ordner für Fotos von der Kamera, heruntergeladene Bilder und Screenshots. Die Google-Fotos-App ersetzt die klassische Galerie auf dem Smartphone in Android 12. Einige Gerätehersteller haben noch eigene Fotogalerien vorinstalliert, die aber nicht zum Standardumfang von Android gehören.

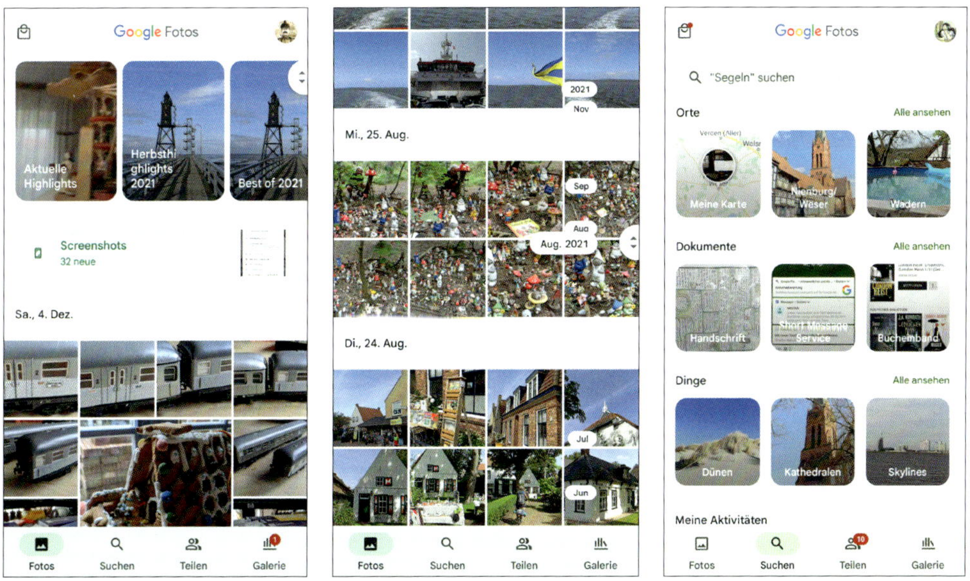

Fotoübersicht und Suche in der Fotos-App

Fotografie im Wandel der Zeit

Fotos werden nicht nur für Werbung und Medien, sondern auch für persönliche Erinnerungen und in der Kommunikation zwischen Menschen immer wichtiger. 10 % aller jemals aufgenommenen Fotos wurden in den letzten zwölf Monaten aufgenommen, und heute wird innerhalb von zwei Minuten weltweit mehr fotografiert als im ganzen 19. Jahrhundert zusammen.

Mit einer senkrechten Wischbewegung in der Übersicht scrollen Sie zu älteren Fotos. Wischen Sie am rechten Bildschirmrand, erscheinen die Monate. Auf diese Weise kommen Sie sehr schnell zu deutlich älteren Fotos. Eine Zweifinger-Zoomgeste verkleinert oder vergrößert die Übersicht, sodass Sie auf einen Blick mehr oder weniger Fotos sehen können.

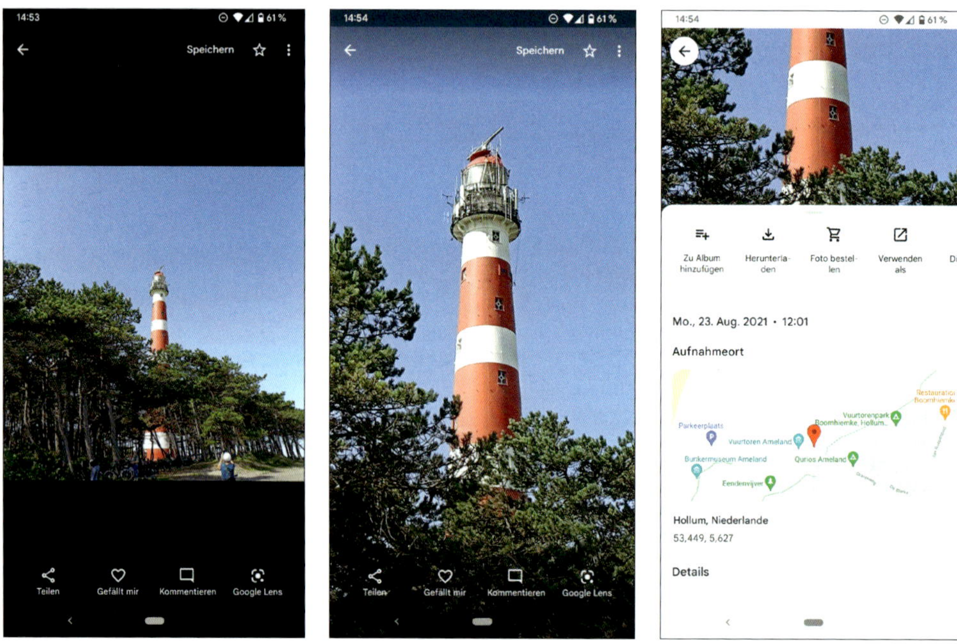

Links: Einzelbildansicht, Mitte: Zoom, rechts: Info-Seite mit Standortanzeige in der Fotos-App

Tippen Sie auf eines der Vorschaubilder, wird das Foto groß dargestellt. Mit einer Zweifingergeste lässt sich zoomen. Durch einfaches horizontales Wischen mit dem Finger über den Bildschirm blättern Sie zu den nächsten oder vorherigen Bildern. Mit dem Menüsymbol rechts oben öffnen Sie eine Symbolleiste, in der Sie das Bild verschieben, kopieren oder in ein Album aufnehmen können oder eine automatische Diashow starten.

Die Info-Seite zeigt die im Bild gespeicherten Kameradaten sowie den Aufnahmestandort auf einer Karte an. Tippen Sie darauf, öffnet sich Google Maps.

Smartphone-Fotos automatisch sichern

In den Einstellungen der Fotos-App lässt sich festlegen, dass alle mit dem Smartphone aufgenommenen Fotos automatisch bei Google in einem privaten Album gesichert werden, auf das nur Sie selbst Zugriff haben. Auf diese Weise haben Sie jederzeit vom PC aus über *photos.google.com* Zugriff auf Ihre Fotos, ohne sie manuell übertragen zu müssen.

Eigene Fotos mit Zeitleiste bei Google Fotos im Browser auf dem PC

Google bietet 15 GB Speicherplatz für Fotos und andere Daten kostenlos an. Stellen Sie in den Einstellungen der Fotos-App, die Sie über das Profilbild rechts oben erreichen, unter *Backup und Sync* die *Uploadgröße* auf *Speicherplatz sparen*. Bei einer Auflösung von bis zu 16 Megapixeln ist das Speichern unbegrenzt kostenlos. Diese Bilder werden nicht auf den kostenlosen Speicherplatz bei Google Drive angerechnet. Liefert die Kamera eine höhere Auflösung, werden die Fotos beim Sichern automatisch auf 16 Megapixel reduziert. Seit Juni 2021 werden auch neu hochgeladene Fotos in der geringeren Auflösung auf das Speicherplatzkontingent angerechnet.

Bonus für Google-Pixel-Smartphones

Nutzer von Smartphones der Google-Pixel-Serie bekommen unbegrenzt freien Speicherplatz für Fotos und Videos in reduzierer Auflösung.

Fotos von der Kamera werden bei eingeschalteter Synchronisation immer gesichert. Mit der Option *Geräteordner sichern* können Sie festlegen, welche weiteren Ordner ebenfalls gesichert werden sollen, z. B. Screenshots und Downloads.

Um Datenvolumen im Mobilfunk zu sparen, enthält die Google-Fotos-App eine Einstellung, Fotos nur bei aktiver WLAN-Verbindung hochzuladen. Achten Sie darauf, dass die Option *Mobile Datennutzung* ausgeschaltet ist. An dieser Stelle können Sie auch ein Tageslimit für die mobile Datennutzung durch automatisches Hochladen festlegen. Videos sollte man am besten gar nicht automatisch sichern, da hier das kostenlose Datenvolumen sehr schnell erreicht wird, nur hat Google leider in der aktuellen Version von Google Fotos die Option zum Abschalten von Videos bei der Synchronisation entfernt. Ebenso sollte beim Roaming wegen der möglicherweise hohen Kosten die automatische Sicherung abgeschaltet werden.

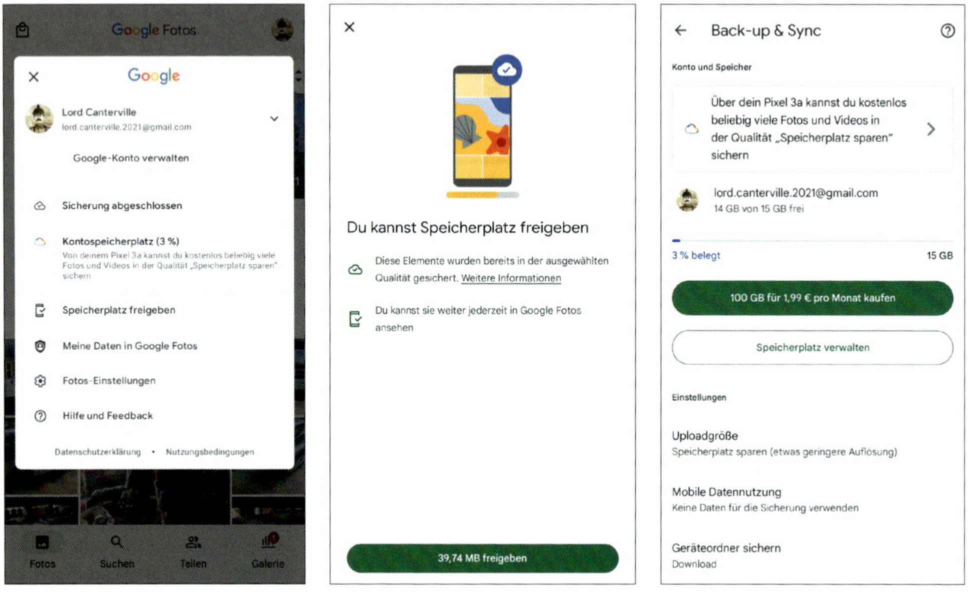

Einstellungen in der Google-Fotos-App

Speicherplatz auf dem Smartphone freigeben

Beim Antippen des Profilbildes und von *Speicherplatz freigeben* zeigt die Google-Fotos-App einen Hinweis, wie viel Speicherplatz auf dem Smartphone freigegeben werden kann. In diesem Fall werden die lokalen Kopien der Fotos auf dem Smartphone gelöscht, die bereits auf Google Fotos gespeichert sind. Die Fotos werden in der App weiterhin angezeigt, müssen aber über das Internet heruntergeladen werden, da sie nicht mehr lokal im *Camera*-Ordner liegen.

Fotos schneller finden

Die App *Google Fotos* bietet eine praktische Suchfunktion, um Fotos nach bestimmten Stichwörtern zu finden, ohne sie vorher – wie früher üblich – manuell taggen zu müssen.

Tippen Sie auf das Symbol *Suchen* ganz unten auf dem Startbildschirm der Fotos-App. Jetzt werden einige Fotokategorien mit Orten und Dingen automatisch vorgeschlagen. Sie können auch im Suchfeld einen Suchbegriff eingeben. Die App versucht, anhand von Ortsangaben oder typischen Motiven passende Fotos zu finden, was in den meisten Fällen auch sehr gut funktioniert. Fotos eines Ortes lassen sich auf einer Karte anzeigen. Diese Karte zeigt mithilfe verschiedener Farben Bereiche, in denen mehr oder weniger Fotos aufgenommen wurden.

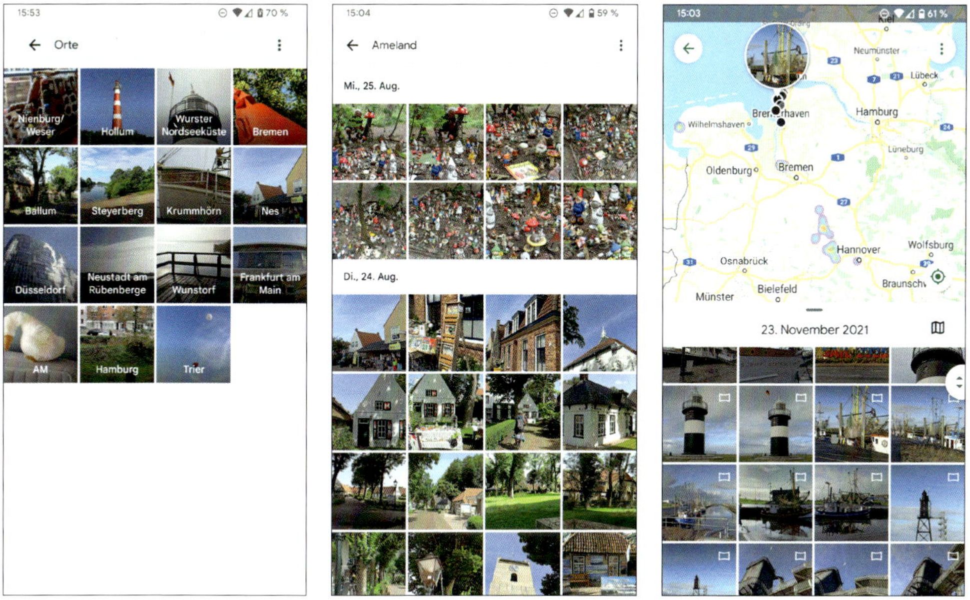

Fotos suchen und auf einer Karte anzeigen

Um die automatische Objekterkennung zu verbessern, empfiehlt Google, von Zeit zu Zeit unten in der Ansicht *Dinge* die Gruppierungen durchzugehen. Dabei werden einige aktuelle Fotos angezeigt, und Sie können jedes Mal entscheiden, ob das Foto zur vorgeschlagenen Gruppierung passt oder nicht. Anhand dieser Entscheidungen lernt die Google-Fotos-App dazu, wie Bilder richtig gruppiert werden.

Standortfreigabe für Google Fotos

Damit *Google Fotos* nicht nur den im Foto gespeicherten Standort anzeigen kann, sondern auch nach Standorten suchen oder eine Übersichtskarte zeigen kann, muss in den Einstellungen der Google-Fotos-App unter *Standort/Quellen zur Bestimmung des Aufnahmeortes* der Standortverlauf aktiviert sein.

Tippen Sie auf die Zeile *Standortverlauf* und wählen Sie dann das zu verwendende Google-Konto aus. Aktivieren Sie auf der Seite *Aktivitätseinstellungen* den Standortverlauf und wählen Sie bei *Mit diesem Konto verbundene Geräte* das verwendete Smartphone aus.

Möchten Sie auch Fotos früherer Jahre nach dem Standort finden, wählen Sie im Bereich *Automatisch löschen* die Option *Aktivitäten nicht automatisch löschen*.

Bilder mit dem Smartphone aufnehmen

Aktuelle Smartphones haben Kameras eingebaut, deren Auflösung und Bildqualität mittlerweile höher sind als die von Digitalkameras der Mittelklasse. Eine ausreichend große Speicherkarte – oder freier Gerätespeicher – eingebaut, kann das Smartphone in vielen Fällen die klassische Digitalkamera ersetzen. Der Bildschirm, der als Sucher dient, ist deutlich größer als bei klassischen Kameras, allerdings fehlt Smartphones noch der optische Zoom, der viel mehr Details liefert als der simple Digitalzoom, den die meisten Smartphones heute in ihren Kamera-Apps bieten.

Achtung: Kameralinse nicht verkratzen

Achten Sie darauf, dass die Kameralinse auf der Rückseite des Smartphones nicht verkratzt, wenn Sie das Gerät in die Tasche stecken und sich dort z. B. auch noch ein Schlüsselbund befindet. Die Kameras stehen bei vielen Smartphones etwas aus dem Gehäuse heraus, sodass sie schon verkratzen können, wenn das Smartphone mit dem Bildschirm nach oben auf dem Tisch liegt.

Die Kamera wird über eine vorinstallierte Kamera-App auf dem Smartphone gestartet. Android-Smartphones haben üblicherweise keine eigene Kamerataste. Die Kamera lässt sich aber aus fast jeder App heraus durch kurzes zweimaliges Drücken der Ein-/Aus-Taste aufrufen. Das funktioniert auch bei einem ausgeschalteten Smartphone.

Sollte dies nicht funktionieren, aktivieren Sie in den *Einstellungen* unter *System/Gesten und Bewegungen* den Schalter *Kamera schnell öffnen*.

Links: Die Kamera-App in Android 12, rechts: Einstellung, um die Kamera über den Einschalter zu starten

Google-Kamera-App

In den ersten Android-Versionen war die Standard-Kamera-App recht simpel, sodass die meisten Gerätehersteller eigene Apps zur Ansteuerung der Kameras in ihren Smartphones vorinstallierten.

Auch heute gibt es noch verschiedene Kamera-Apps bei unterschiedlichen Smartphone-Herstellern. Haben Sie auf dem Smartphone noch eine Kamera-App des Geräteherstellers, die möglicherweise nur eingeschränkte Funktionen bietet, können Sie über den QR-Code aus dem Google Play Store die originale Google-Kamera-App herunterladen.

Die Bedienelemente der Kamera-App sind so angeordnet, dass sie sich, wenn man das Smartphone in beiden Händen hält, bequem mit den Daumen steuern lässt.

- Die große runde Schaltfläche ist der Auslöser. Tippen Sie darauf, um ein Bild aufzunehmen.
- Die Lautstärketasten dienen zusätzlich als Auslöser. In den Kameraeinstellungen können Sie stattdessen auch die Zoomfunktion auf die Lautstärketasten legen.
- Neben dem Auslöser erscheint ein Symbol zum Zoomen. Hier sind einige Standardzoomstufen voreingestellt, Sie können aber auch frei zoomen.
- Auf dem Bildschirm zeigt ein rundes Symbol die Aktivität des Autofokus. Nicht immer ist der Autofokus die beste Wahl. Um das Bild an einer bestimmten Stelle scharf zu stellen, tippen Sie dort auf den Bildschirm.
- Ganz rechts oben wird immer das letzte Foto als Minibild angezeigt. Tippen Sie darauf, öffnet sich die Galerie, in der Sie dieses Foto und auch alle anderen betrachten können.
- Das Symbol mit den beiden Pfeilen unten rechts wechselt zwischen Hauptkamera und Frontkamera.
- Mit dem verschiebbaren Balken ganz rechts wechseln Sie zwischen verschiedenen Kameramodi wie auch Videomodi.
- Der kleine Pfeil ganz links blendet die Kameraeinstellungen ein.
- Mit dem Symbol oben links wählen Sie, ob das Foto in der allgemeinen Fotogalerie auf dem Smartphone gespeichert werden soll oder in einem gesperrten Ordner für geheime Fotos.

Halten Sie den Finger länger auf dem Auslöser, wird eine Bilderserie, zum Beispiel eine bewegte Szene, aufgenommen. Danach werden die Bilder der Serie angezeigt, und Sie können sich gleich das beste heraussuchen und alle nicht benötigten löschen.

Der grüne Punkt

Immer wenn die Kamera aktiv ist, leuchtet in der rechten oberen Bildschirmecke ein grüner Punkt. Daran ist zu erkennen, dass die Kamera verwendet wird, auch wenn sie durch andere Apps gestartet wurde und das Kamerabild selbst nicht auf dem Bildschirm zu sehen ist.

Zoom

Ein kurzes Antippen des Bildschirms blendet einen Zoomregler ein, mit dem Sie den Bildausschnitt zoomen können. Alternativ können Sie auch mit einer Zwei-Finger-Geste zoomen. Diese Einstellung lässt sich in den Kameraeinstellungen verändern. Hier lassen sich auch die Lautstärketasten zum Zoomen festlegen. Smartphones mit mehreren Kameras oder einer Kamera mit zwei oder drei festen Brennweiten zeigen auch ein Umschaltsymbol zwischen diesen Brennweiten. Bei diesen festen Einstellungen schränkt kein Digitalzoom die Bildqualität ein. Sie sind also gegenüber dem variablen Zoom zu bevorzugen.

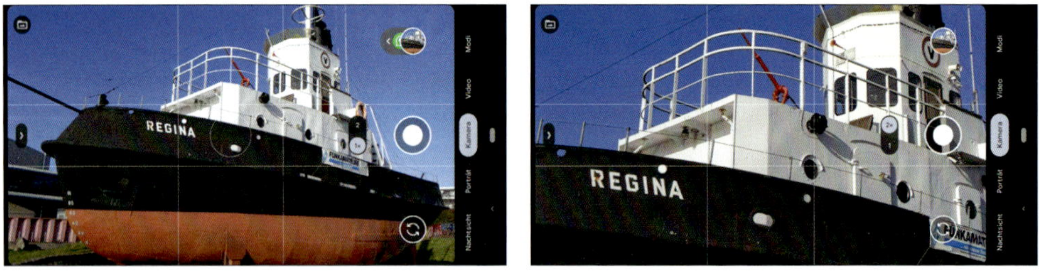

Zoom in der Kamera-App

Wichtige Kamerafunktionen auf einen Blick

Die Kamera-App von Android zeigt die wichtigsten Kamerafunktionen durch kurzes Antippen des kleinen Pfeilsymbols links im Bild. Sie können auch auf dem Bildschirm von diesem Pfeil kurz in Richtung Bildmitte wischen. Manche dieser Schalter stehen nur zur Verfügung, wenn die eingebaute Kamera diese Funktion unterstützt.

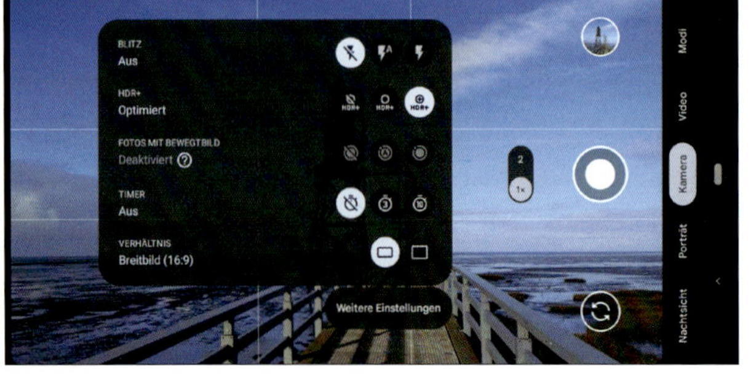

Wichtige Kamerafunktionen beim Antippen des Pfeilsymbols

LED-Blitz – Fotoleuchte

Bei Dunkelheit kann das zu fotografierende Objekt mit der Blitz-LED auf der Rückseite des Smartphones beleuchtet werden. Im automatischen Modus wird die LED abhängig von der Umgebungshelligkeit bei dunklen Szenen eingeschaltet. Diese sehr helle LED verbraucht viel Akkustrom und sorgt oft auch für Farbverfälschungen, sie sollte daher sparsam eingesetzt werden.

HDR-Foto

Die Abkürzung **HDR** steht für **H**igh **D**ynamic **R**ange (zu Deutsch »hoher Dynamikumfang«) und bezeichnet eine Technik in der Fotografie, die früher teuren Spezialkameras vorbehalten war. Nach dem Antippen des HDR-Symbols auf dem Kamerabildschirm können Sie wählen, ob HDR immer ein-, immer aus- oder je nach Lichtverhältnissen automatisch eingeschaltet wird.

Bei schwierigen Belichtungsverhältnissen wie z. B. gleißendem Tageslicht oder dunklem Kerzenschein wirken Teilbereiche eines Fotos immer zu hell oder zu dunkel. Die HDR-Fotografie bedient sich hier eines Tricks, um auch in dunklen Bereichen eines Fotos noch Details darzustellen.

Die Kamera fotografiert im HDR-Modus automatisch drei Bilder mit unterschiedlichen Belichtungseinstellungen und errechnet daraus ein neues Bild mit deutlich höherem Dynamikumfang. Sie brauchen sich um nichts weiter zu kümmern, als die Kamera möglichst ruhig zu halten, damit die drei kurz hintereinander aufgenommenen Fotos auch wirklich exakt das gleiche Bild zeigen.

Links: normale Aufnahme, rechts: HDR-Aufnahme

Bedingt durch die HDR-Technik stehen in diesem Modus einige der anderen Kameraeffekte nicht zur Verfügung. So kann z. B. die Fotoleuchte im HDR-Modus nicht verwendet werden. Das Speichern eines HDR-Bildes dauert durch die Berechnung etwas länger. Dadurch steht die Kamera nicht sofort nach dem Fotografieren wieder für das nächste Foto zur Verfügung.

Fotos mit Bewegtbild

Kurz vor der eigentlichen Aufnahme des Fotos kann eine kurze Videosequenz aufgenommen werden, um das Bild lebendiger zu gestalten. Allerdings werden solche Bilder mit Bewegtbild nicht von allen Foto-Apps und nur sehr wenigen Bildbearbeitungsprogrammen auf dem PC unterstützt. Hinzu kommt, dass die Fotos mit Bewegtbild deutlich größer werden. Der Modus *Automatisch* versucht zu erkennen, ob es sich lohnt, bei einem Foto eine Bewegungssequenz zu speichern. Fotos mit Bewegtbild werden nur angeboten, wenn *HDR* und *Timer* ausgeschaltet sind.

Selbstauslöser – Timer

Mit einem zeitgesteuerten Selbstauslöser können Sie Gruppenfotos fotografieren, auf denen Sie selbst mit drauf sind. Allerdings müssen Sie dazu das Smartphone auf einer festen Unterlage fixieren, damit sich der Bildausschnitt nicht verändert. Tippen Sie auf diese Symbole, um zwischen unterschiedlichen Verzögerungszeiten zu wählen.

Selbstauslöser sind auch bei schwachem Licht und sehr langen Belichtungszeiten hilfreich. In diesem Fall verhindern sie ein Verwackeln durch die Berührung des Auslösers. Auch hier muss das Smartphone natürlich gut befestigt sein, um vor Verwacklern zu schützen.

Seitenverhältnis

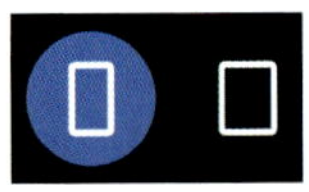

Hier legen Sie das Seitenverhältnis der Fotos fest. Fotos, die Sie auf Papier, z. B. im Drogeriemarkt, ausdrucken möchten, sollten das Seitenverhältnis 4:3 haben, während Fotos im Seitenverhältnis 16:9 den Smartphone-Bildschirm und auch moderne PC-Bildschirme ohne schwarze Ränder voll ausfüllen.

Frontkamera

Sich selbst mit dem Handy zu fotografieren, war früher mit viel Zufall und akrobatischem Geschick verbunden. Über ein Symbol können Sie die Frontkamera, die ursprünglich für Videochats gedacht ist, auch zum Fotografieren nutzen. So sehen Sie sich selbst auf dem Bildschirm und können wesentlich einfacher Selbstporträts – heute als Selfies bezeichnet – aufnehmen.

In der Grundeinstellung erscheint das Bild auf dem Bildschirm der Selfiekamera wie ein Spiegelbild. Das Foto wird aber seitenrichtig gespeichert. In den Kameraeinstellungen können Sie allerdings auch festlegen, dass das Foto wie in der Vorschau als Spiegelbild gespeichert wird.

In den *Einstellungen* unter *System/Gesten und Bewegungen* legen Sie mit dem Schalter *Für Selfie-Modus Handgelenk drehen* fest, dass Sie auch durch zweimaliges kurzes Drehen des Smartphones bei laufender Kamera-App zwischen beiden Kameras wechseln können.

Nachtsicht

Im Modus *Nachtsicht* werden Aufnahmen in der Nacht durch besondere Berechnungsverfahren aufgehellt und verbessert. Da auch eine längere Belichtungszeit verwendet wird, ist es hier besonders wichtig, das Smartphone ruhig zu halten oder irgendwo zu befestigen. Zur deutlichen Unterscheidung erscheint ein Mond auf dem Kameraauslöser.

Das gleiche Motiv links mit Nachtsicht und rechts im Standardmodus aufgenommen

Panoramafotos aufnehmen

Tippen Sie auf das Symbol *Modi* ganz rechts in der verschiebbaren Symbolleiste auf dem Kamerabildschirm, erscheint eine Palette mit weiteren Funktionen.

Mit der *Panorama*-Funktion in der Kamera-App fotografieren Sie eindrucksvolle Landschaftspanoramen.

Beim klassischen Landschaftspanorama drücken Sie den Auslöser und drehen sich langsam um Ihre eigene Achse. Halten Sie dabei das Smartphone möglichst an der gleichen Stelle. Gehen Sie lieber selbst einen kleinen Kreis. In regelmäßigen Abständen werden Einzelbilder aufgenommen, die am Ende nahtlos zu einem einzigen Panoramabild zusammengesetzt werden. Das Smartphone kann dabei senkrecht oder waagerecht gehalten werden. Falls Sie das Smartphone zu stark neigen, erscheint ein Pfeil auf dem Bildschirm, der zeigt, in welche Richtung Sie es kippen oder bewegen müssen.

Nicht immer hält die Aufnahme genau nach einer Drehung von 360° an. So kann es passieren, dass Objekte, die an einem Bildrand stehen, am anderen Bildrand ein zweites Mal auftauchen. Achten Sie auch darauf, dass keine sich schnell bewegenden Objekte während der Aufnahme in das Bild geraten und Sie die Kamera immer gerade halten.

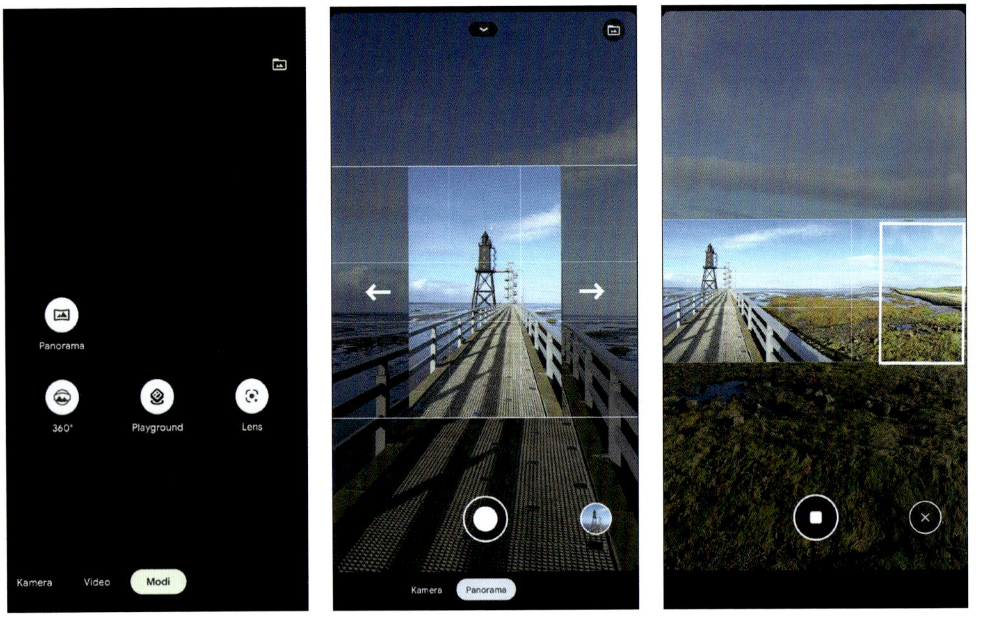

Beim Landschaftspanorama wird die Kamera um eine senkrechte Achse gedreht

Diese Panoramafotos lassen sich mit jedem Bildbetrachter darstellen oder auf dem Smartphone interaktiv drehen

360°-Aufnahmen – nicht nur für Google Street View

Der Panoramatyp *360°* erzeugt ein Kugelpanorama, in dem man sich ähnlich wie bei Google Street View interaktiv umsehen kann. Diese Aufnahmen lassen sich mit üblichen Bildbetrachtern nicht ansehen, da sie keine plane Projektion des Bildes enthalten. Damit die Aufnahmen für Google Earth, Google Street View oder andere Dienste verwendet werden können, achten Sie darauf, dass die Standortdienste eingeschaltet sind und die Kamera Zugriff darauf hat.

Richten Sie zunächst die Kamera auf den späteren Bildmittelpunkt aus, bis der blaue Punkt in der Bildmitte genau innerhalb des Kreises liegt. Drehen Sie sich dann um Ihren eigenen Standpunkt, neigen Sie die Kamera nach oben und unten und bringen Sie so nacheinander alle im Sucherfeld erscheinenden Punkte in die jeweiligen Kreise. Verändern Sie dabei Ihren Standort nicht, gehen Sie keinen Schritt, sondern drehen Sie sich nur um sich selbst.

360°-Panorama mit der Google-Kamera-App aufnehmen

Nachdem rundherum in alle Richtungen alle Punkte erfasst wurden, wird aus den Einzelbildern automatisch ein Kugelpanorama zusammengesetzt. Dieses können Sie in der Google-Fotos-App interaktiv betrachten. Die Bilder sind in der Bildübersicht der Google-Fotos-App mit einem VR-Symbol gekennzeichnet und sehen kugelförmig verzerrt aus. Tippen Sie auf dieses Symbol, können Sie das Bild interaktiv bewegen. Tippen Sie unten links auf das Kompass-Symbol, können Sie einstellen, ob das Panorama immer in Kompassrichtung ausgerichtet sein soll oder ob es sich bei Bewegung des Smartphones interaktiv dreht.

360°-Panorama im Bildbetrachter und als interaktives Panorama

Veröffentlichen Sie das Panorama auf Google Fotos, können andere es im Browser auf dem PC ebenfalls interaktiv betrachten.

Google Cardboard

Google Cardboard ist ein einfaches System, das mithilfe einer faltbaren Kartonschablone aus jedem aktuellen Smartphone eine VR-Brille macht, mit der sich Videos, Spiele, Google Street View und auch Google Earth dreidimensional erleben lassen. Auch 360°-Aufnahmen lassen sich damit in 3D betrachten.

Das Design des Google Cardboard wird als Open-Source-Material bei *g.co/cardboard* zum Download angeboten, sodass jeder – auch kommerziell – solche Betrachter bauen kann und nur noch ein Smartphone hineinzustecken braucht. Google bietet über verschiedene Händler diverse Modelle solcher VR-Brillen an: *arvr.google.com/intl/de_de/cardboard/get-*

cardboard. Der Onlineshop *www.imcardboard.com* liefert weltweit Bausätze für Cardboard-Brillen, auch mit speziellem Design für Firmen, um diese als Werbeartikel zu verteilen.

Die Cardboard-VR-Brille (Foto: Google)

Die Cardboard-App stellt zwei Bilder nebeneinander auf dem Smartphone dar, für das linke und für das rechte Auge. Das Gehirn macht daraus dann ein dreidimensionales Bild.

Die Cardboard-App bietet eine einfache Methode, die verwendete VR-Brille zu konfigurieren. Die meisten Cardboard-kompatiblen VR-Brillen haben einen QR-Code, der nur mit der Cardboard-App gescannt zu werden braucht. Damit werden Bildschirmgröße, Größe der VR-Brille, Linsenabstand und andere Geometrie-Parameter optimal aufeinander abgestimmt.

Nach der Einrichtung stecken Sie das Smartphone in das Cardboard und halten sich dieses vor die Augen. Die App zeigt eine interaktive Oberfläche, auf der Sie Spiele, Fotos und andere Demos für Cardboard finden. Jedes Auge bekommt ein eigenes Bild zu sehen, das sich von dem anderen minimal unterscheidet.

Tippen Sie in einem eigenen 360°-Panorama unten rechts auf das Cardboard-Symbol, wird das Bild in zwei Bilder geteilt und Sie können es als 3D-Foto in einem Google Cardboard betrachten.

360°-Aufnahme in Google Cardboard

Weitere Fotofunktionen in der Kamera-App

Die Kamera-Apps bieten neben der ganz normalen Einzelbildaufnahme je nach Smartphone-Modell und Kameraqualität noch weitere spezielle Aufnahmemodi für Sonderfälle an. Diese erscheinen beim Tippen auf das Symbol *Modi* ganz rechts in der verschiebbaren Symbolleiste auf dem Kamerabildschirm.

Lens

Das *Lens*-Symbol startet die App *Google Lens*, die in einem Foto Sehenswürdigkeiten, Texte oder QR-Codes erkennt und auswertet.

Playground

Im Modus *Playground* finden Sie virtuelle 3D-Figuren und Objekte, die in eine Szene eingefügt werden können. Das AR-System (**A**ugmented **R**eality) erkennt in der Szene den Boden und stellt die Figuren passend auf.

Zusätzlich zu den wenigen vorinstallierten Figuren lassen sich weitere Playmojis und Sticker direkt in der App nachinstallieren.

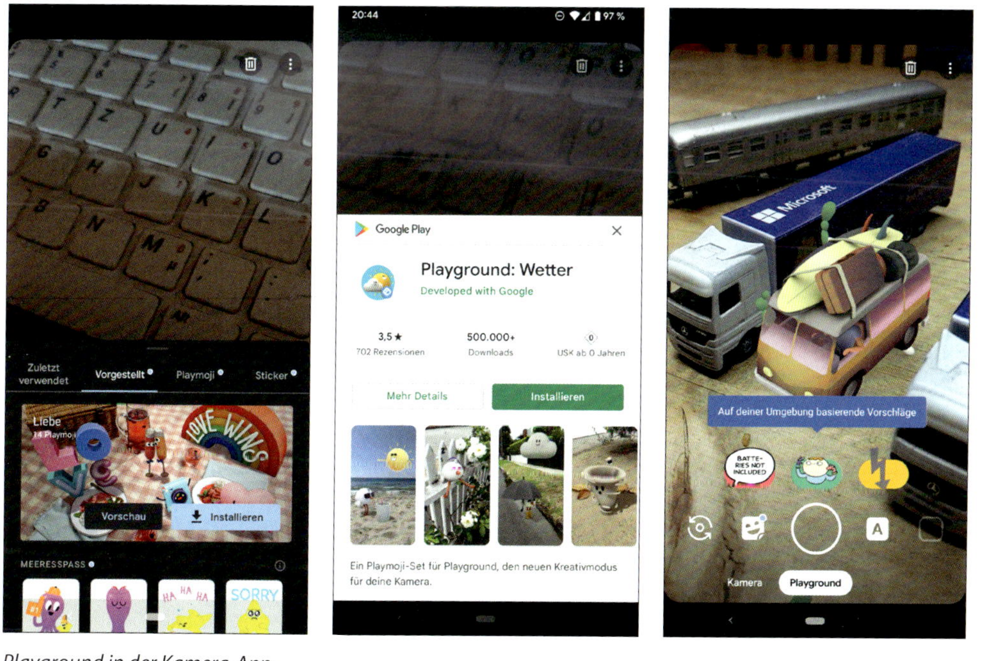

Playground in der Kamera-App

Wichtige Kameraeinstellungen

Tippen Sie auf das kleine Pfeilsymbol oben oder links im Kamerabild, kommen Sie zu den Schnelleinstellungen der Kamera. Die Schaltfläche *Weitere Einstellungen* führt zu den Kameraeinstellungen.

Hier können Sie unter anderem die Bildauflösung wählen. Nur Fotos, die Sie später ausdrucken wollen, brauchen die höchste Auflösung. Für Bilder, die online per Mail oder Chat geteilt, auf Google Fotos oder auf Facebook hochgeladen werden, empfiehlt sich eine geringere Auflösung. Wenn Sie in sehr ruhigen Umgebungen fotografieren, schalten Sie die sonst hilfreichen Kameratöne aus.

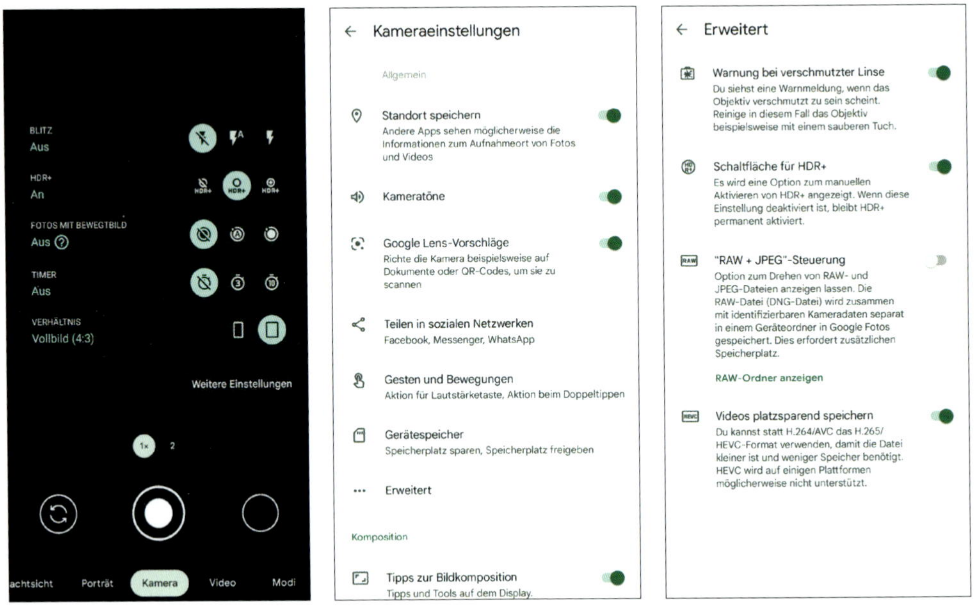

Einstellungen der Google-Kamera-App

Standort speichern – Fotos auf der Karte anzeigen

Die Kamera-App kann den eigenen Standort auswerten und mit dem Bild speichern, sodass Sie in Fotoalben, z. B. bei Google, Flickr oder Facebook, auf einer Karte anzeigen lassen können, wo das Foto aufgenommen wurde. Diese Funktion wird als Geotagging bezeichnet und über den Schalter *Standort speichern* in den Kameraeinstellungen aktiviert.

Schieben Sie die Fotoansicht in der Google-Fotos-App nach oben, erscheinen Bilddetails wie Aufnahmedatum, Größe und auch der Standort. Tippen Sie auf die Karte, erscheint eine größere Karte, auf der Sie auch andere Bilder finden, die in der Nähe aufgenommen wurden. Ein Link öffnet Google Maps, das den Fotostandort genau anzeigt.

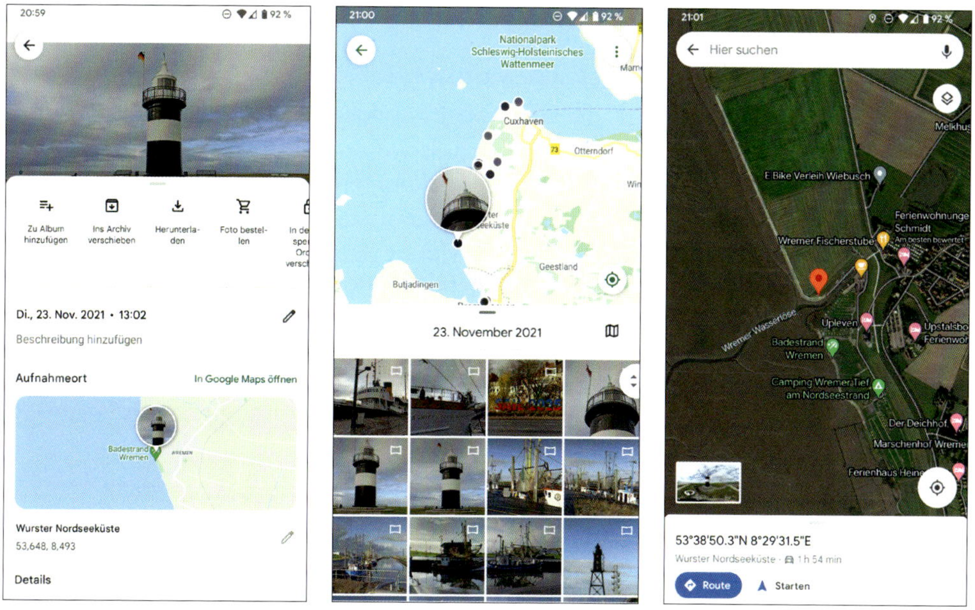

Standort in einem Foto finden

Selfies spiegeln

Beim Fotografieren mit der Frontkamera erscheint das aktuelle Bild auf dem Display wie in einem Spiegel seitenverkehrt. Der Schalter *Selfie wie in der Vorschau speichern* legt fest, wie diese Bilder gespeichert werden. Ist dieser Schalter aktiviert, werden Selfies gespiegelt gespeichert, ist er deaktiviert, erscheinen die Selfies, als wenn jemand anders sie von vorn fotografiert hätte, also seitenrichtig.

Aktion für Lautstärketaste und Doppeltippen

Die Lautstärketasten dienen zusätzlich als Auslöser. In den Kameraeinstellungen unter *Gesten und Bewegungen* können Sie stattdessen auch die Zoomfunktion auf die Lautstärketasten legen. Genauso können Sie eine Aktion festlegen, die beim Doppeltippen auf den Bildschirm ausgelöst wird.

Raster im Sucher anzeigen

Hauchdünne Hilfslinien helfen dabei, die Kamera gerade zu halten, damit der Horizont wirklich gerade ausgerichtet auf das Bild kommt. Besonders bei Aufnahmen am Meer, wenn ein exakt waagerechter Horizont zu sehen ist, wirkt ein schiefer Horizont eher unprofessionell. Die Kamera-App bietet in den *Einstellungen* unter *Rastertyp* verschiedene Raster zur Auswahl. Natürlich werden diese Hilfslinien nicht im endgültigen Foto dargestellt, sondern nur im Display eingeblendet.

Speicherplatz bei Fotos sparen

Fotos und besonders Videos belegen den meisten Speicherplatz auf vielen Smartphones und tragen schnell dazu bei, dass der Gerätespeicher oder die Speicherkarte voll ist. Die Einstellungen der Kamera-App bieten im Bereich *Gerätespeicher* eine Option, um Speicherplatz zu sparen. Dabei wird die Kameraauflösung heruntergesetzt, Fotos lassen sich nicht mehr als RAW speichern, Bewegtbilder und Tiefendaten werden entfernt. Bei Videoaufnahmen wird die Auflösung herabgesetzt und die Videos werden im platzsparenden H.265/HEVC-Format gespeichert, das allerdings auf älteren Geräten nicht angezeigt werden kann.

Wenn der Schalter *Speicherplatz sparen* aktiviert ist, können diese Einschränkungen trotzdem automatisch deaktiviert werden, solange mehr als 1 GB Speicherplatz im Gerätespeicher frei ist. Möchten Sie nur die Kameraauflösung herabsetzen, finden Sie dazu einen Schalter im Bereich *Fotoauflösung der Kamera*.

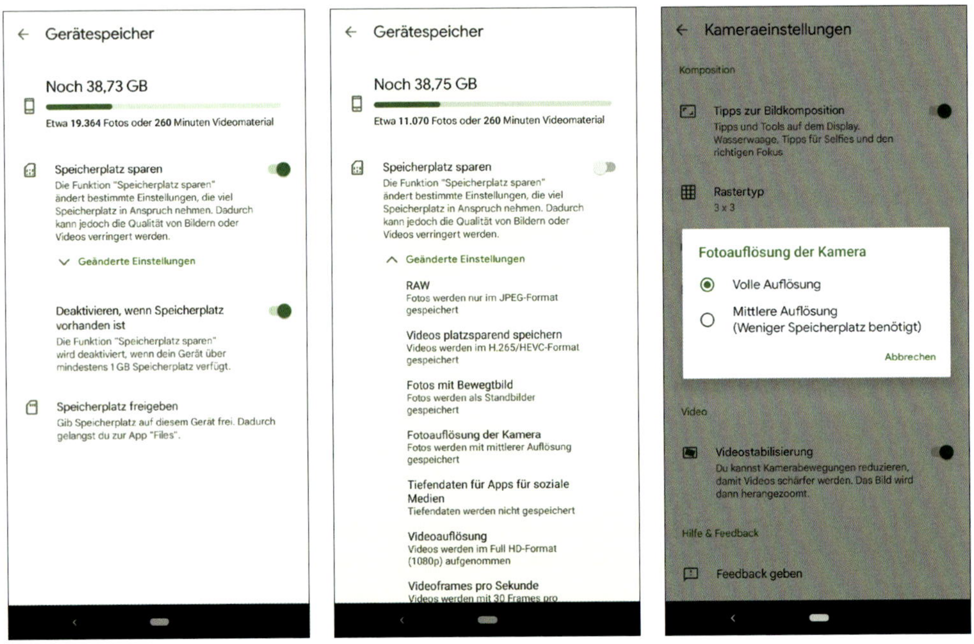

Speicherplatz bei Fotos und Videos sparen

Der gesperrte Ordner für geheime Fotos

Viele Menschen haben auf ihren Smartphones Fotos, die niemand anders auch nur zufällig sehen soll – seien es besonders private Bilder oder auch Fotos von Kreditkarten und Ausweisdokumenten, die man sicherheitshalber speichert, um es bei einem Verlust der Originale leichter zu haben.

Richten Sie bei Google Fotos einen gesperrten Ordner ein, auf den nur Sie selbst Zugriff haben. Die Fotos in diesem Ordner werden nicht über Google Fotos auf PCs oder andere Geräte synchronisiert:

1. Falls Sie keine Bildschirmsperre verwenden, richten Sie ein Sperrmuster, eine PIN oder einen Fingerabdruck ein. Diese Bildschirmsperre wird auch zum Öffnen des gesperrten Ordners verwendet.
2. Beim ersten Zugriff auf den gesperrten Ordner müssen Sie noch ein paar Hinweise bestätigen.
3. Wählen Sie ein oder mehrere Fotos in der Google-Fotos-App aus und tippen Sie im Menü oben rechts auf *In den gesperrten Ordner verschieben*. Die Fotos sind dann in den Listen der Google-Fotos-App nicht mehr zu sehen und werden auch über die Suche nicht mehr gefunden.

Um die Fotos im gesperrten Ordner zu sehen oder auch zurück in den öffentlichen Bereich zu verschieben, tippen Sie auf der Seite *Galerie* oben auf *Verwalten*. Tippen Sie auf der nächsten Bildschirmseite ganz unten auf *Gesperrter Ordner*.

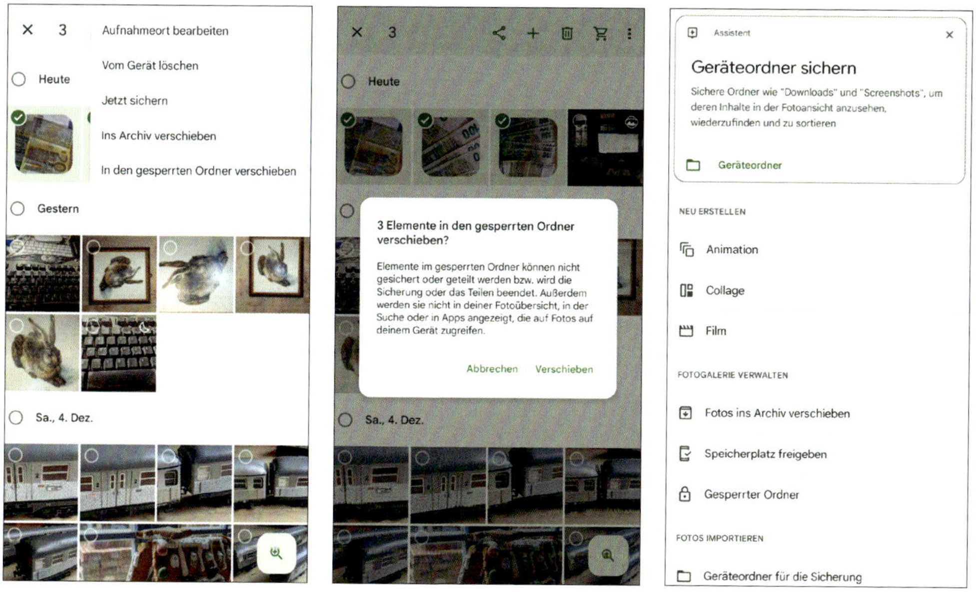

Fotos in den gesperrten Ordner verschieben, rechts: gesperrter Ordner in der Google-Fotos-App

Achtung bei Reset oder Gerätewechsel

Die Fotos im gesperrten Ordner werden beim Deinstallieren der Google-Fotos-App automatisch gelöscht. Sie werden auch bei einem Gerätewechsel nicht auf ein neues Smartphone übertragen.

Bildbearbeitung auf dem Smartphone

Tippen Sie in der Google-Fotos-App auf ein Bild, wird dieses im Vollbildmodus angezeigt und Sie können es auch direkt bearbeiten.

Das *Bearbeiten*-Symbol unten bietet ein paar Filter sowie einfache Bearbeitungswerkzeuge an. Bei den Werkzeugen zur Bildkorrektur lässt sich die Stärke des Effektes mit Schiebereglern interaktiv einstellen.

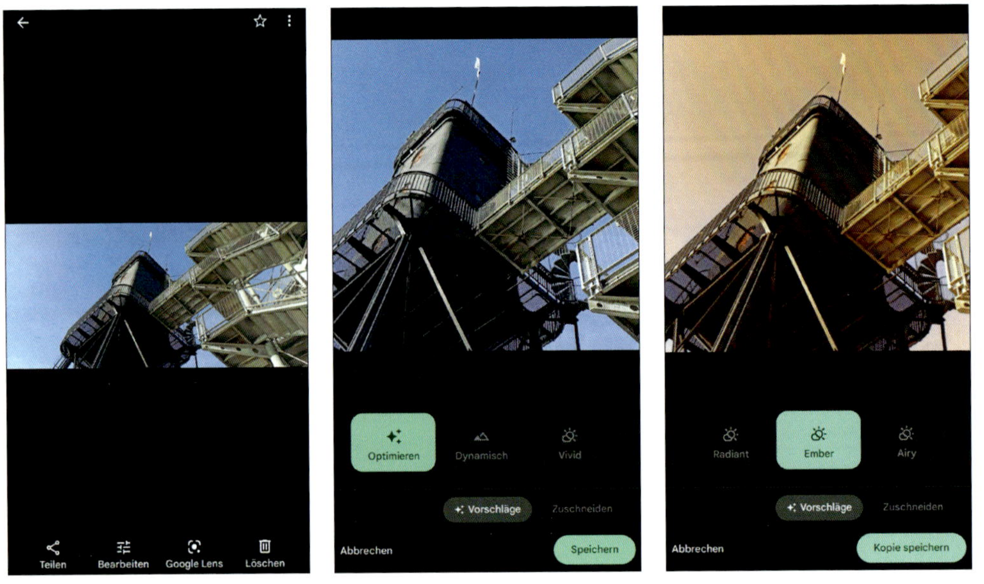

Foto in der Fotos-App bearbeiten und speichern

Direkt beim Öffnen eines Bildes kann dieses automatisch optimiert werden oder die Farben können kälter oder wärmer eingestellt werden. Bei manchen Fotos schlägt Google Fotos vor, die Belichtung automatisch zu korrigieren.

Im Berech *Zuschneiden* wählen Sie Bildausschnitte oder drehen das Bild. Durch Ziehen an den Ecken kann ein beliebiger rechteckiger Bildausschnitt gewählt werden. Das Symbol ganz links schneidet das Bild auf ein bestimmtes Seitenverhältnis – zum Beispiel ein Quadrat – zu.

Das Symbol in der Mitte dreht das Bild in 90°-Schritten. Mithilfe einer Winkelskala lassen sich schief aufgenommene Fotos gerade ausrichten, um beispielsweise einen schiefen Horizont, der sehr unprofessionell wirkt, nachträglich zu korrigieren. Die Automatik versucht, den Horizont zu erkennen und das Bild automatisch auszurichten.

Das Symbol rechts ist ein einfaches Tool zum Geradeziehen von Fotos. Damit können Sie ein Bild entzerren, um beispielsweise stürzende Linien an Fassaden auszugleichen. Ziehen Sie an den Ecken und tippen Sie dann länger auf das Bild, um eine Vorschau des Ergebnisses zu sehen.

Im Bereich *Anpassen* können Sie diverse Bildparameter wie Helligkeit, Kontrast, Weißpunkt, Schwarzpunkt, Wärme und andere einstellen. Bei diesen Werkzeugen zur Bildkorrektur lässt sich die Stärke des Effektes mit Schiebereglern interaktiv einstellen. Tippen Sie länger auf das Bild, um jederzeit einen Vergleich zwischen Original und Bearbeitung zu sehen. Die Filter sind hier nicht nach technischen Details, sondern mit Namen benannt, um sie sich leichter merken zu können.

Alle Filter und Werkzeuge werden erst über die Schaltfläche *Speichern* wirklich auf das Bild angewendet. Dabei können Sie auch eine Kopie speichern, um das Originalfoto zu behalten.

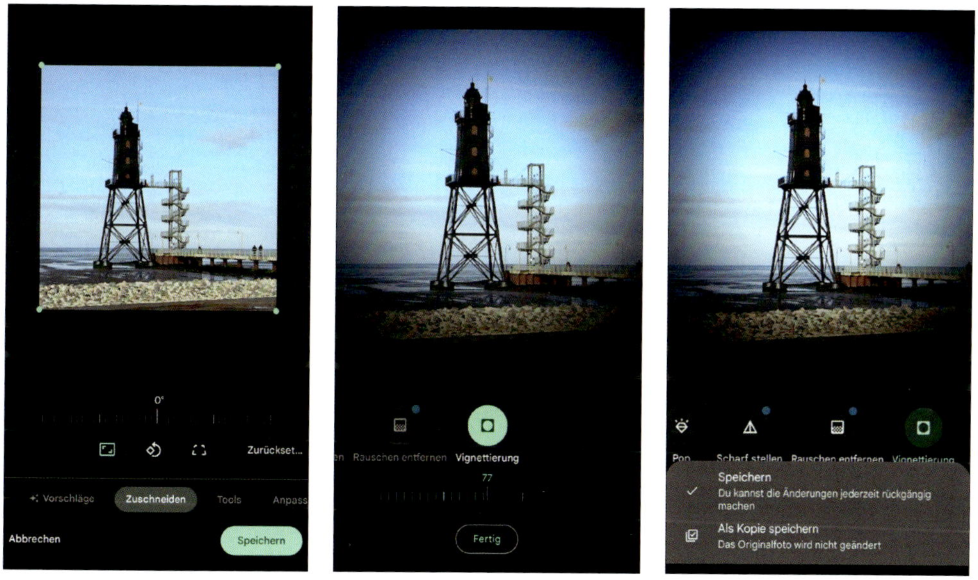

Bildbearbeitungswerkzeuge in der Google-Fotos-App

Fotos mit externen Apps weiterbearbeiten

Über das Symbol *Mehr* ganz rechts können Sie im Bild mit einem Stift malen oder Text schreiben sowie andere Apps aufrufen, um das Bild weiterzubearbeiten.

Snapseed

Google liefert mit *Snapseed* eine komfortable App zur Bildbearbeitung und Korrektur mit äußerst intuitiver Bedienung. Bilder lassen sich ausrichten, drehen, zuschneiden sowie mit vielerlei Effekten und Korrekturen versehen. *Snapseed* kann auf dem Smartphone gespeicherte Fotos bearbeiten sowie auf solche aus Google-Fotos-Alben oder von Google Drive, OneDrive, Dropbox und anderen Cloud-Speichern zugreifen, deren Apps auf dem Smartphone installiert sind. Veränderte Bilder werden im Ordner *Snapseed* auf dem Smartphone gespeichert und können von dort aus geteilt oder auf Google Fotos hochgeladen werden. Aus vielen Apps heraus lassen sich Fotos direkt nach *Snapseed* teilen, um sie dort weiterzubearbeiten.

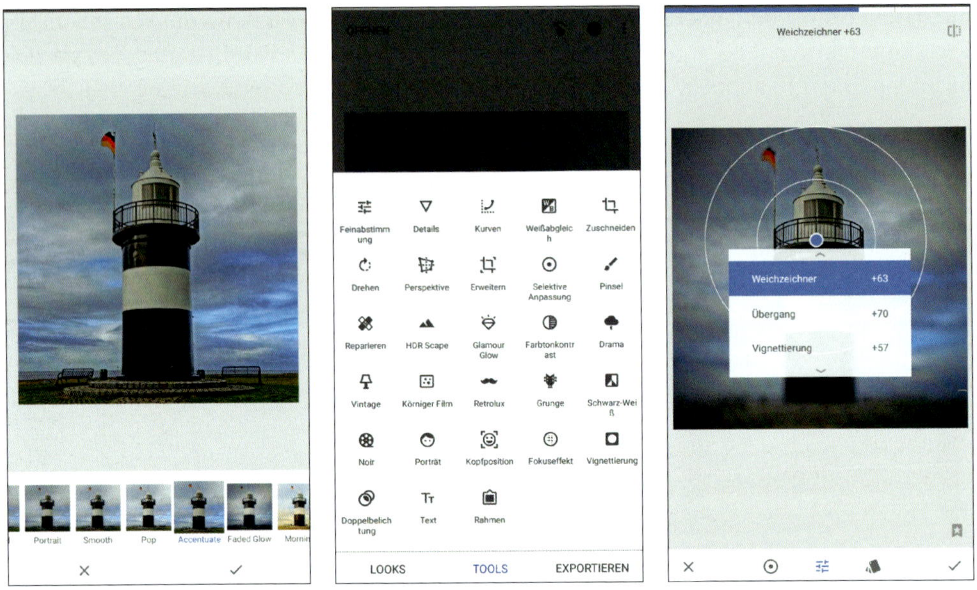

Looks (Effekte) und Tools (Werkzeuge) in Snapseed, rechts: Fokuseffekt mit Weichzeichner

Unter den Werkzeugen finden Sie unter anderem Funktionen, um einen Bildausschnitt zu wählen. Diesen Bildausschnitt können Sie mit den dargestellten Griffen auf die gewünschte Größe ziehen. Dabei werden verschiedene Vorgaben für das Seitenverhältnis angeboten. Das Werkzeug zur Feinabstimmung bietet verschiedene Einstellungen wie Helligkeit, Kontrast und Sättigung, zwischen denen man mit einer senkrechten Wischbewegung hin- und herwechselt. Eine horizontale Wischbewegung justiert anschließend die Stärke der jeweiligen Einstellung.

Alle Änderungen werden erst durch Antippen des Symbols mit dem Häkchen unten rechts auf das Bild angewendet. Über das Kreuz unten links kommen Sie jederzeit zurück, ohne dass das Bild verändert wird.

Das Vergleichssymbol oben rechts zeigt das Originalbild im Vergleich zum veränderten Bild.

Bei den Filtern finden Sie einige der typischen Effekte, die man aus vielen Bildbearbeitungsprogrammen kennt, aber auch interessante Filter, über die nicht jede Bildbearbeitung in dieser Form verfügt. Hier können Sie das ganze Bild klassisch alt, in Pop-Art oder anderen Darstellungsweisen erscheinen lassen.

Die meisten Filter bieten unterschiedliche Parameter, die sich mit einer vertikalen Wischbewegung auswählen lassen. Eine horizontale Wischbewegung ändert dann die Stärke des jeweiligen Effektes.

Einige Filter bieten noch weitere Einstellungen. So können Sie beim Fokuseffekt, der einen bestimmten Teil des Bildes zur Hervorhebung scharf belässt, während der Rest mehr oder weniger verschwimmt, nicht nur die Stärke, sondern auch die Form des Effektes einstellen. Durch interaktives Ziehen und Drehen verändern Sie den Effektbereich. Das Kartensymbol in der unteren Symbolleiste bietet neben einem kreisförmigen Fokusbereich auch verschiedene andere Formen an.

Beim Weißabgleich können Sie, statt die Farbtemperatur über Regler einzustellen, auch einen Punkt auf dem Bild mit der Pipette wählen, der weiß sein soll. Alle anderen Farben werden dann entsprechend angepasst.

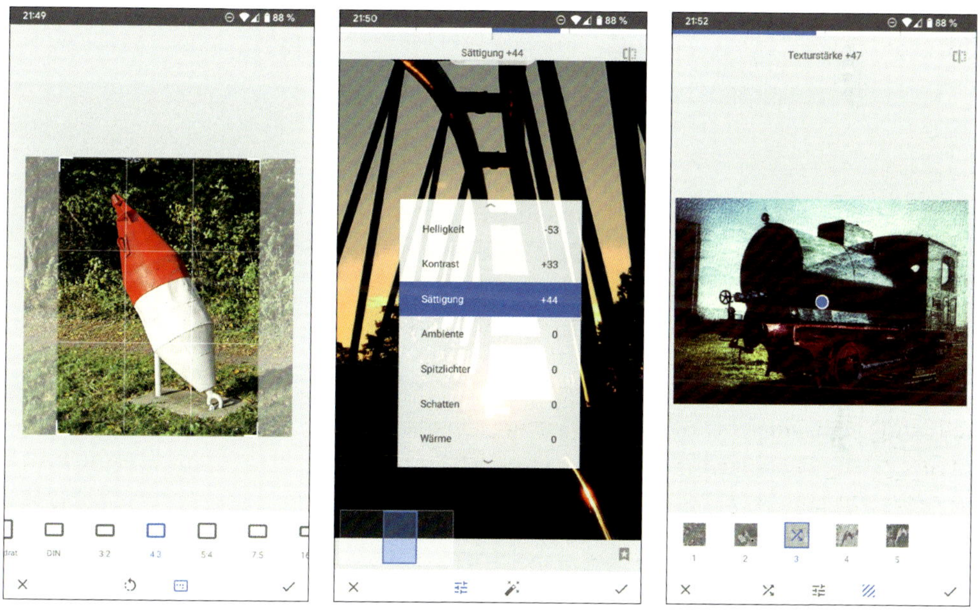

Bild zuschneiden und Bildparameter über Regler einstellen, rechts: Grunge-Filter

Der *Grunge*-Filter erzeugt den Eindruck von alten, leicht beschädigten Fotos. Hier können Sie unterschiedliche Effektmuster wählen und diese über eine horizontale Wischbewegung interaktiv anpassen.

Das Ebenensymbol oben bietet die Möglichkeit, alle Änderungen an einem Foto zu sehen und schrittweise nachzuverfolgen, zu ändern oder zurückzunehmen. Hier können Sie für den eingestellten Look einen QR-Code erstellen, den jemand anders scannen und damit den gleichen Look auf ein beliebiges anderes Foto anwenden kann.

Papierfotos mit dem Fotoscanner scannen

Google bietet mit dem *Fotoscanner* eine spezielle Kamera-App zum Scannen klassischer Papierfotos an.

Der *Fotoscanner* gleicht Reflexionen beim Scannen aus und entzerrt das Foto.

1. Positionieren Sie das zu scannende Foto im Rahmen.
2. Erfassen Sie jetzt nacheinander die vier Markierungspunkte mit der Kamera.
3. Zum Schluss können Sie das Bild noch in 90°-Schritten drehen und die Ecken anpassen, falls es nicht exakt rechtwinklig erfasst wurde. Dabei hilft eine Lupe, die exakte Bildecke zu finden.
4. Ein gescanntes Foto wird automatisch gespeichert, Sie können es auch aus der App heraus teilen.

Papierbilder oder Postkarten mit dem Fotoscanner einscannen

Fotos online zeigen und teilen

Wer seine Fotos online speichert, kann jederzeit und von überall darauf zugreifen. Außerdem sind Onlinefotoalben eine komfortable Lösung, um Fotos Freunden zu zeigen. So braucht man aus dem Urlaub nicht jede Menge Fotos einzeln per E-Mail zu verschicken. Ein Link auf die eigenen Fotos bei Google, OneDrive oder Instagram reicht aus.

Android-Smartphones bieten komfortable Funktionen, um Fotos von der Smartphone-Kamera in die bekannten Onlinefotoalben und sozialen Netzwerke hochzuladen und umgekehrt die eigenen Alben oder die freigegebenen Alben von Freunden auch auf dem Smartphone zu betrachten.

Fotos direkt aus der Kamera-App teilen

Die Kamera-App zeigt direkt nach dem Fotografieren neben dem Vorschaubild, mit dem das letzte Bild angezeigt werden kann, einen kleinen Pfeil. Tippen Sie darauf, erscheinen Symbole von Messenger-Apps, über die das Foto direkt versendet werden kann.

Welche Apps hier angeboten werden, legen Sie in den Einstellungen der Kamera-App fest, die Sie über das *Einstellungen*-Symbol neben den Messenger-Symbolen erreichen. Hier können Sie bis zu drei der unterstützten Apps einschalten.

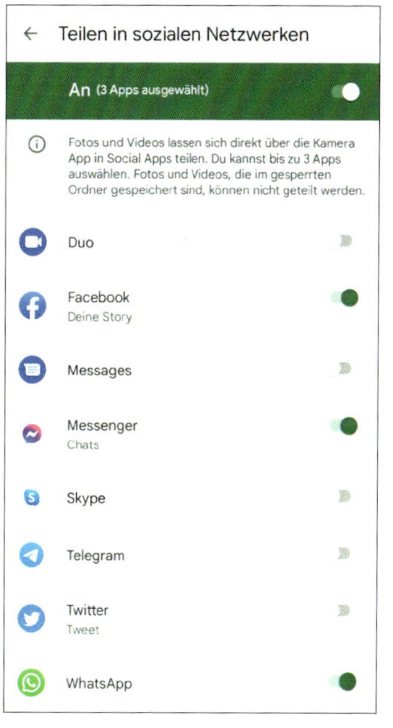

Buttons zum Teilen eines Fotos in Chat-Apps

Fotos mit Freunden teilen

Google Fotos (*photos.google.com*) bietet jedem Nutzer die Möglichkeit, seine Fotos online privat zu verwalten und auf Wunsch einzelne Bilder oder ganze Alben mit anderen zu teilen. Freunde können freigegebene Bilder kommentieren.

Die Google-Fotos-App und auch die meisten anderen Android-Apps, die Fotos anzeigen, haben eine Funktion zum Senden von Fotos über verschiedene Kommunikationswege integriert.

1. Tippen Sie dazu in der Anzeige eines Bildes auf das *Teilen*-Symbol unten links.

2. Wählen Sie auf der *Teilen*-Palette eine Person aus und schreiben Sie danach noch einen Kommentar. Die Person bekommt auf dem Smartphone eine Benachrichtigung.
3. Bei einem Album sehen Sie unter dem Albumtitel die Personen, mit denen dieses Album geteilt wurde. Tippen Sie auf das Plussymbol, um das Album mit weiteren Personen zu teilen.

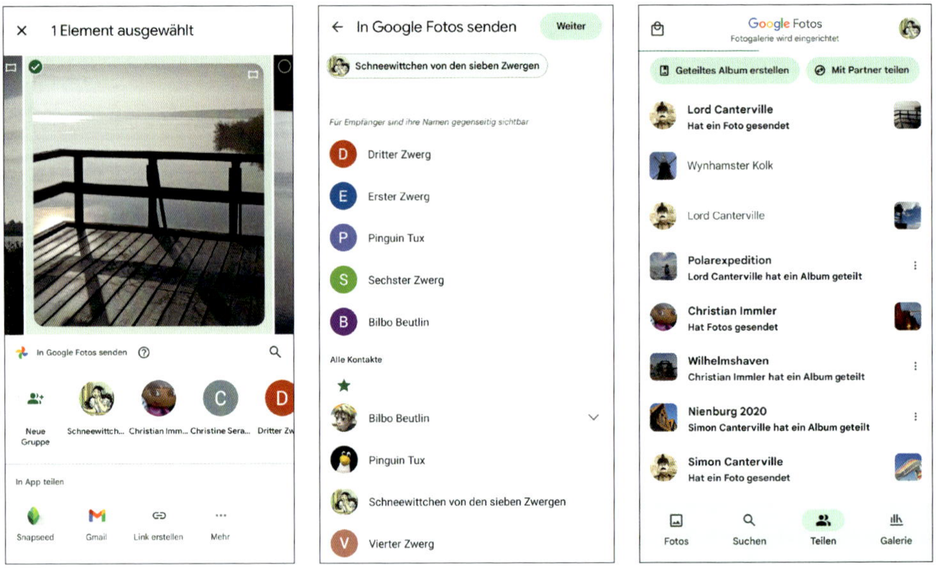

Foto aus der Fotos-App teilen, rechts: Benachrichtigungen über geteilte Fotos beim Empfänger

Die Google-Fotos-App zeigt beim Empfänger eine Benachrichtigung. Über das *Teilen*-Symbol in der Symbolleiste unten in der App werden alle von Freunden erhaltenen und mit Freunden selbst geteilten Fotos und Alben angezeigt. Zusätzlich erhält der Empfänger des Fotos eine automatische E-Mail mit einem Link zum Foto. Der Empfänger kann den Link aus der E-Mail in jedem Browser auf Smartphones, PCs oder anderen Geräten öffnen und so das Bild sehen. So können Sie E-Mails mit einem Link auf das Foto verschicken, ohne es in voller Auflösung als Anhang senden zu müssen.

Achtung: private Fotos

Die persönlichen Webalben werden automatisch in der Fotos-App des Smartphones angezeigt, auch Fotos, die mit anderen Smartphones oder Kameras fotografiert wurden. Dies gilt auch für Alben, die nur persönlich freigegeben sind und der Öffentlichkeit verborgen bleiben – auf dem Smartphone sind die Bilder alle zu sehen. Denken Sie daran, wenn Sie Ihr Smartphone mal aus der Hand geben.

Fotos als Link teilen

Aus der Fotoübersicht der Google-Fotos-App können nicht nur einzelne, sondern auch mehrere Fotos auf einmal freigegeben werden, ohne dass man gleich ein ganzes Album freigeben muss. Dazu wird ein virtuelles Album angelegt, das nur in der Liste geteilter Alben auftaucht.

1. Tippen Sie länger auf ein Foto, wird es markiert und bei allen anderen Fotos erscheinen Markierungskästchen.
2. Wählen Sie jetzt die zusätzlichen Fotos aus und tippen Sie zum Schluss auf das *Teilen*-Symbol in der Symbolleiste oben.
3. Wählen Sie eine Person aus, um die Fotos in der Fotos-App zu teilen. Oder wählen Sie *Link erstellen*, dann wird ein Link erzeugt, der genau die gewählten Fotos freigibt. Geben Sie diesen Link per E-Mail, Messenger oder auf anderen Wegen an Ihre Freunde weiter. Diese können dann im Browser die ausgewählten Fotos sehen. Einige Apps werden unterhalb des angezeigten Links direkt vorgeschlagen.

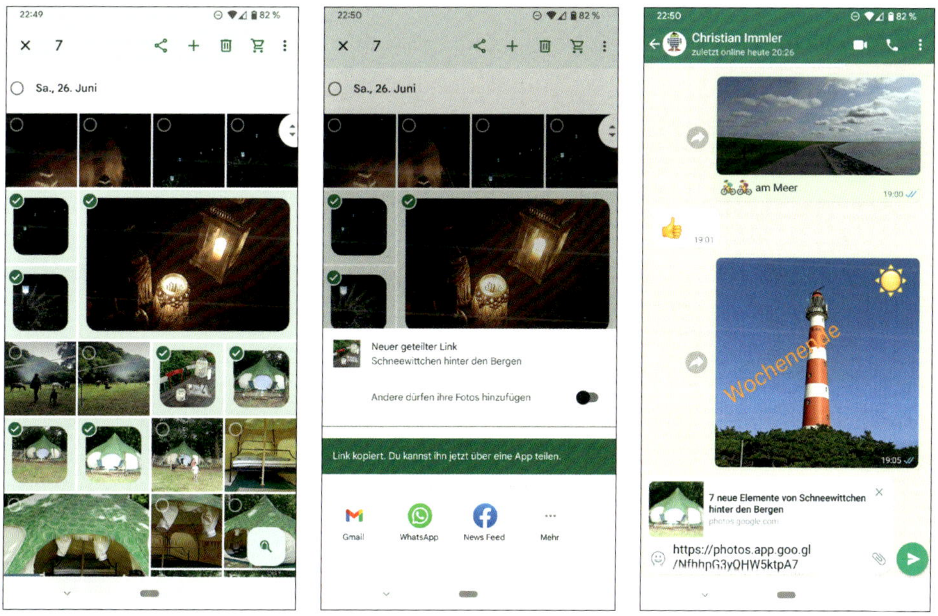

Mehrere Fotos auf einmal als Link über WhatsApp teilen

Fotos als E-Mail-Anhang verschicken

Im Gegensatz zur Funktion *Link erstellen* wird das Bild beim Teilen über das *Gmail*-Symbol nicht als Link, sondern wirklich als – möglicherweise sehr großer – Dateianhang an die E-Mail gehängt.

Fotos vor dem Teilen bearbeiten

In vielen Fällen möchte man ein Foto vor dem Teilen noch bearbeiten, zuschneiden oder mit einem Kommentar versehen, ohne dabei das gespeicherte Foto zu beschädigen.

1. Wählen Sie ein Foto aus und tippen Sie auf das *Teilen*-Symbol.
2. Tippen Sie im *Teilen*-Dialog auf das Symbol *Bearbeiten*. Dieses ist in fast allen *Teilen*-Dialogen von Fotos enthalten, nicht nur in der Google-Fotos-App, auch in Dateimanagern und verschiedenen anderen Fotogalerien.
3. Jetzt können Sie das Bild zuschneiden, ins Bild malen oder Text schreiben. Dazu werden einfache Werkzeuge am unteren Bildschirmrand eingeblendet. Geschriebener Text lässt sich nachträglich auf dem Bild verschieben.
4. Möchten Sie das bearbeitete Bild für später speichern, ohne es zu teilen, tippen Sie oben links auf *Speichern*.
5. Um das Bild direkt zu teilen, tippen Sie oben rechts auf das *Teilen*-Symbol und wählen die App zum Teilen aus. Das Bild wird automatisch im Ordner *Markup* gespeichert. Diesen Ordner finden Sie in der Google-Fotos-App und auch in Dateimanagern.

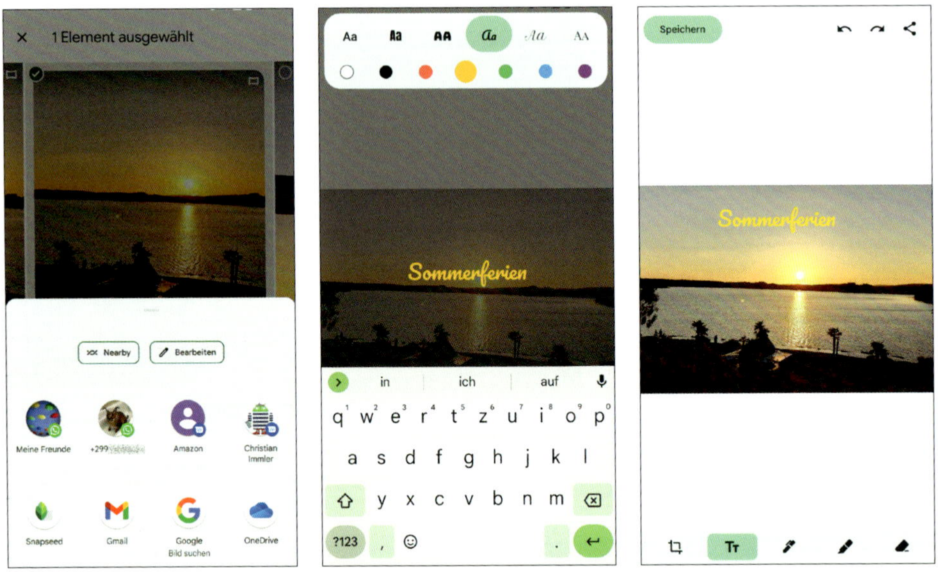

Bild vor dem Teilen bearbeiten

Fotoalben anlegen

Zur besseren eigenen Übersicht oder auch zum Teilen können Sie bei Google Fotos Ihre Fotos in Alben ordnen.

1. Wählen Sie in der Google-Fotos-App mehrere Fotos aus. Nachdem Sie ein Foto ausgewählt haben, ziehen Sie mit dem Finger über den Bildschirm, um die folgenden Fotos schnell mit auszuwählen.
2. Tippen Sie oben in der Symbolleiste auf das Plussymbol.
3. Tippen Sie dann auf *Album* und geben Sie im nächsten Schritt dem neuen Album einen aussagekräftigen Namen.
4. Hier können Sie auch noch einen Kommentartext und einen Standort hinzufügen.
5. An dieser Stelle können Sie direkt per Drag-and-drop die Reihenfolge der Fotos im Album ändern, was aber auch später noch möglich ist.
6. Über das *Teilen*-Symbol oben rufen Sie einen Link für das Album ab, um diesen an Freunde weiterzugeben, oder Sie teilen das Album direkt in der Fotos-App.
7. Tippen Sie im Album auf ein Bild und blenden mit einer Wischbewegung nach oben die Informationsseite ein. Hier können Sie dieses Bild als Albumdeckblatt verwenden.

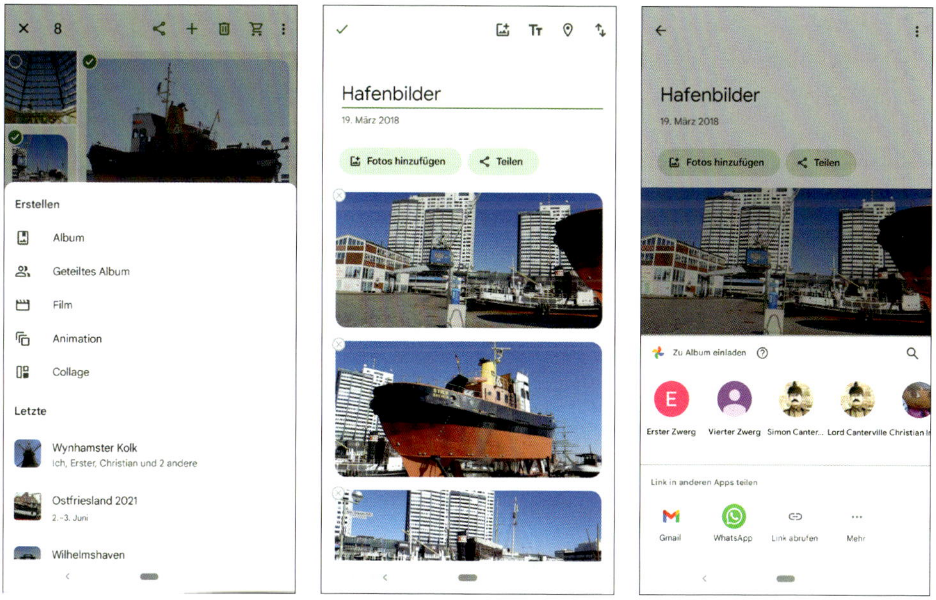

Fotos auswählen, zu einem Album zusammenstellen und teilen

Die Alben werden in der Google-Fotos-App unter *Galerie* angezeigt. Hier finden Sie auch Alben, die von Google Fotos automatisch erstellt werden. Selbstverständlich können Sie jedes Album nachträglich bearbeiten, Fotos ergänzen oder aus dem Album entfernen, ohne dass sie gleich bei Google Fotos gelöscht werden. Mit den Symbolen am oberen Bildschirmrand in der Bearbeitungsansicht können Sie dem Album auch nachträglich Ortsangaben und zusätzliche Texte hinzufügen.

Gemeinsame Alben für mehrere Personen

Für Reisegruppen, Partys und andere Gelegenheiten bietet Google Fotos Alben an, in denen mehrere Benutzer Fotos hochladen können.

1. Wählen Sie die Bilder aus und legen Sie ein *Geteiltes Album* an.
2. Geben Sie dem Album einen Namen, tippen Sie oben rechts auf *Teilen* und wählen Sie Personen aus, die das Album auch nutzen dürfen.
3. Wählen Sie im Menü der Albumansicht *Optionen* aus und aktivieren Sie dort den Schalter *Freigeben*.
4. In der Albumansicht bei den Freunden erscheint oben das Symbol *Fotos hinzufügen*. Tippen Sie darauf und fügen Sie eigene Fotos zum Album hinzu.

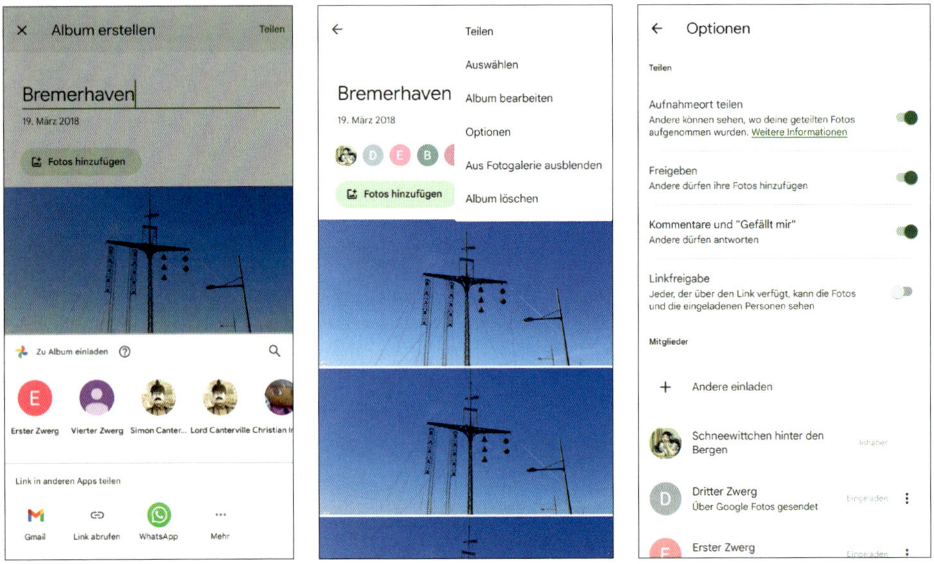

Album zur Zusammenarbeit freigeben

Diashow erstellen und betrachten

Möchten Sie ein Album im Ganzen ansehen, aber nicht jedes Mal von einem Bild zum nächsten blättern, lassen Sie sich das erste Bild aus dem Album anzeigen und blenden mit einer Wischbewegung nach oben die Infoseite ein. Tippen Sie hier auf *Diashow*. Die Bilder werden automatisch nacheinander abgespielt, bis Sie die Diashow durch Antippen auf dem Bildschirm anhalten.

Neben klassischen Fotoalben bietet die Google-Fotos-App die Möglichkeit, Diashows oder Collagen zu erstellen und zu speichern. Tippen Sie dazu unten auf *Suchen*. Im Bereich *Kre-*

ationen ganz unten finden Sie Animationen, Filme und Collagen und können auch neue erstellen.

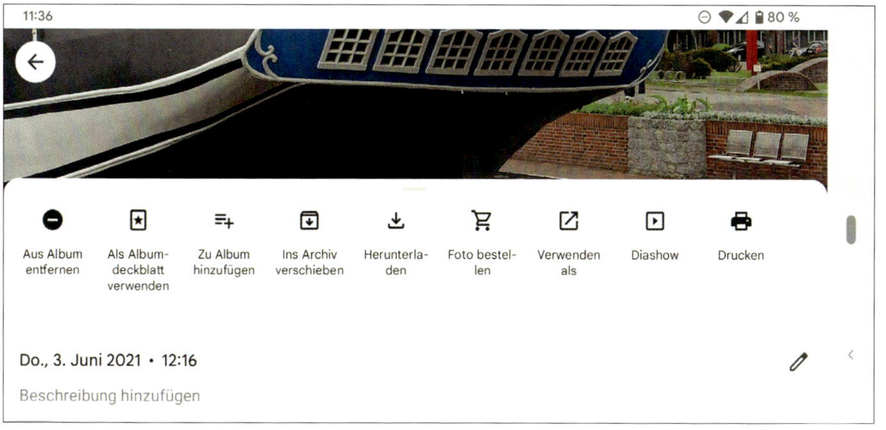

Diashow auf der Infoseite eines Bildes in einem Album

Collagen in der Fotos-App

Tippen Sie im Bereich *Kreationen* auf das Symbol *Neue Kreation* und wählen dann *Collage*. Den gleichen Menüpunkt finden Sie auch unter *Verwalten/Neu erstellen*. Wählen Sie bis zu neun Fotos aus. Die Google-Fotos-App erstellt daraus automatisch eine Collage und speichert diese als Bild, das wie jedes andere Bild geteilt werden kann. Nach der Erstellung haben Sie noch die Möglichkeit, die Collage wie jedes andere Bild zu bearbeiten und Farbfilter oder Effekte darauf zu legen.

Filme erstellen

Mehrere Fotos und auch Videos können zu einem Film zusammengefügt werden. Die Google-Fotos-App bietet einige vorgefertigte Filmthemen an, bei denen Sie allerdings sehr wenig Einfluss nehmen können.

Vor- und Nachteile von Animationen oder Filmen

Eine Animation ist eine automatisch ablaufende Diashow aus frei wählbaren Fotos. Sie wird als animiertes GIF gespeichert und kann so als Ganzes geteilt werden, ohne jedes Mal alle Bilder wieder auszuwählen oder ein Album anzulegen.

Im Gegensatz zu Animationen sind Filme Videodateien und keine Bilddateien, die mit einem Videobetrachter angezeigt und auch an beliebigen Stellen gestoppt werden können. Videos benötigen deutlich mehr Speicherplatz als Animationen. Die Bildqualität ist durch die Kompression geringer als bei den Originalfotos.

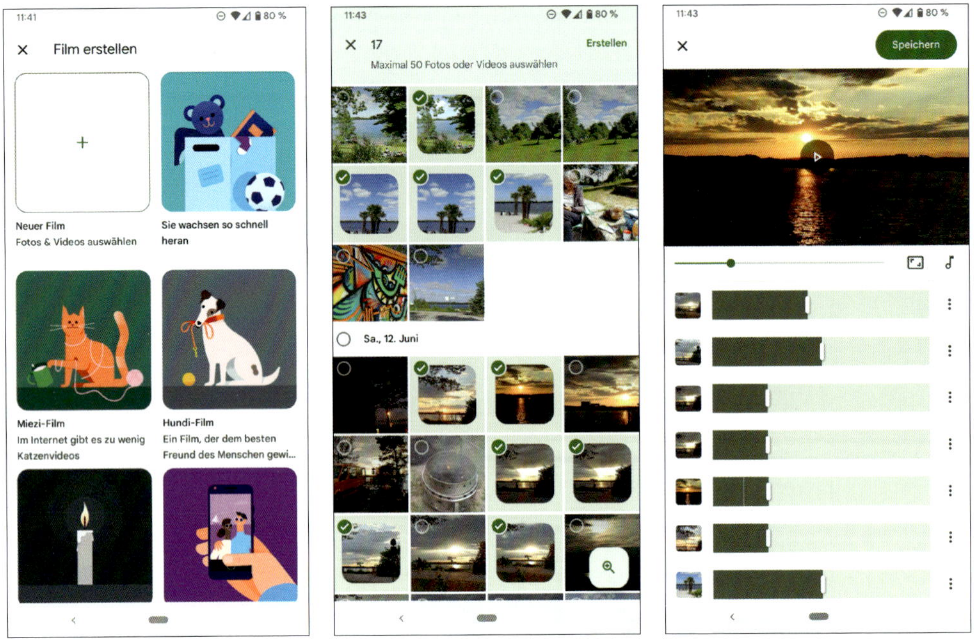

Film in der Fotos-App erstellen

Tippen Sie im Bereich *Kreationen* auf das Symbol *Neue Kreation* und wählen dann *Film*. Hier können Sie Fotos auswählen und für jedes Foto festlegen, wie lange es im Film angezeigt werden soll. Die Fotos-App kann automatisch Musik über den Film legen, die Sie aus einem mitgelieferten Musikarchiv oder aus der eigenen Musiksammlung auswählen können. Die erzeugten Filme sind in der Google-Fotos-App auf der Seite *Suchen* unter *Kategorien/ Videos* zu finden und können dort nachträglich noch bearbeitet werden.

Panoramafotos in der Street-View-App veröffentlichen

Die App *Google Street View* bietet die Möglichkeit, 360°-Panoramaaufnahmen mit dem Smartphone oder auch einer Profi-Panoramakamera aufzunehmen und direkt in Google Maps zu veröffentlichen.

Vor der ersten Aufnahme müssen Sie der Google-Street-View-App die Berechtigungen gewähren, die Kamera zu nutzen sowie auf Fotos und Standortdaten zuzugreifen. Ohne diese Berechtigungen kann die Panoramafunktion nicht funktionieren.

1. Tippen Sie in der Google-Street-View-App unten auf das Symbol *Erstellen*.
2. Wählen Sie *360°-Fotos importieren* und suchen Sie das gewünschte Bild in der Bilderübersicht aus, wenn Sie bereits ein Bild mit der Kamera aufgenommen haben.

3. Durch Halten und Wischen direkt auf dem Bild können Sie Gesichter oder andere Bildelemente unkenntlich machen, die nicht veröffentlicht werden sollen.

4. Tippen Sie auf den orangefarbenen Balken *In Maps veröffentlichen*. Danach müssen Sie noch bestätigen, dass das Foto unter Ihrem Namen veröffentlicht wird.

5. Im nächsten Schritt können Sie noch einen *Google Maps-Eintrag hinzufügen*. Dazu geben Sie den Namen eines Ortes, Ladens oder einer Einrichtung ein, wo das Foto aufgenommen wurde, oder Sie verwenden einen der Vorschläge aus der Liste.

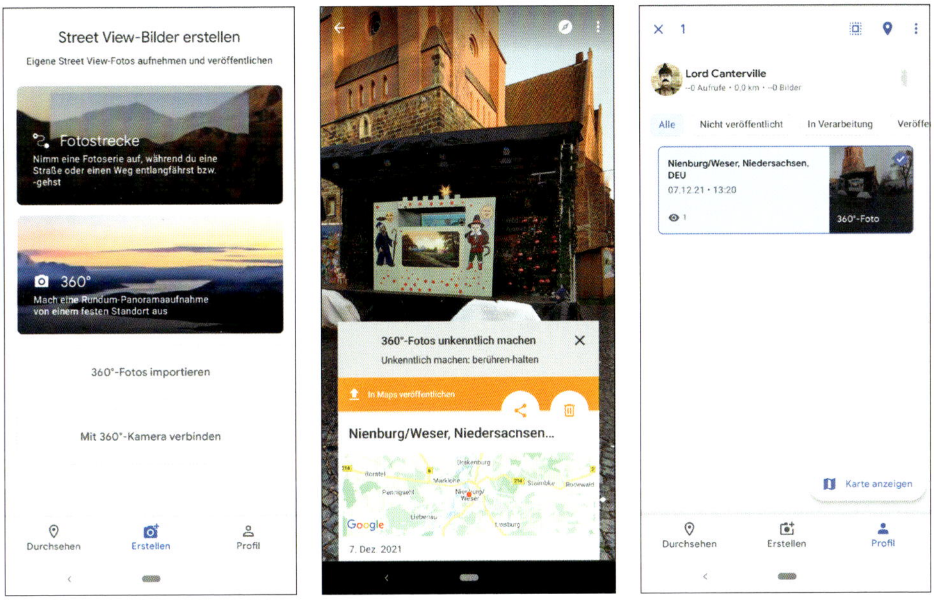

360°-Panorama bei Street View hochladen und betrachten

Panoramafoto in Street View aufnehmen

Alternativ können Sie auch direkt in der App *Google Street View* ein 360°-Panorama aufnehmen.

1. Die App zeigt nach Auswahl der Option *Kamera öffnen* das Kamerabild und einen orangefarbenen Punkt. Richten Sie die Kamera auf diesen Punkt, um mit der Aufnahme zu beginnen.

2. Nachdem die Kamera den Punkt erfasst hat, erscheinen weitere Punkte in der Nähe. Erfassen Sie nacheinander alle diese Punkte und achten Sie darauf, sich selbst nicht von der Stelle zu bewegen. Verlassen Sie Ihren Standpunkt nicht, sondern drehen Sie sich nur um Ihre eigene Achse. Halten Sie dabei das Smartphone möglichst dicht vor die Augen, damit auch dieses keine große Kreisbewegung ausführt, sondern nur eine annähernde Drehung.

3. Bewegen Sie sich langsam und gleichmäßig von Punkt zu Punkt. Ein orangefarbener Indikator rund um das Quadratsymbol unten in der Mitte zeigt den Fortschritt. Erst wenn der Kreis geschlossen und grün ist, wurden alle Punkte erfasst und die Aufnahme wird abgeschlossen.
4. Wundern Sie sich nicht, wenn das Bild zunächst wie eine grobe Collage aussieht. Erst am Ende berechnet die App das endgültige Panorama. Möchten Sie noch auf dem Bild abgebildete Personen unkenntlich machen, können Sie diese jetzt berühren und damit verwischen.
5. Zum Schluss geben Sie noch einen Ort ein oder verwenden einen der Vorschläge aus der Liste.
6. Danach kann das Panorama hochgeladen werden. Wegen der großen Datenmenge sollten Sie das Panorama per WLAN hochladen. Es bleibt auf dem Smartphone gespeichert und muss nicht sofort am Fotostandort in Google Maps hochgeladen werden.

Instagram

Fotos vom Smartphone in ein soziales Netzwerk hochzuladen, ist nichts Neues mehr. Instagram (*www.instagram.com*) hat es geschafft, von einer einfachen App zum Teilen von Fotos zu einem der wichtigsten sozialen Netzwerke zu werden.

Schon früher wurden Urlaubsfotos und schöne Eindrücke als Foto mit Freunden geteilt. Die rasche Verbreitung von Instagram und die komfortablen Funktionen zur Bildbearbeitung sowie zum Teilen und Kommentieren tragen dazu bei, dass es heute für viele wie selbstverständlich dazugehört, im Urlaub oder vom Essen Fotos zu machen und zu veröffentlichen.

Interessante Fakten zu Instagram

Im Dezember 2010, wenige Monate nach der Gründung, hatte Instagram eine Million registrierte Benutzer, im Juni 2018 wurde die Zahl von einer Milliarde monatlich aktiver Nutzer erreicht. In Deutschland sind etwa 21 Millionen, also ungefähr jeder vierte Einwohner, auf Instagram aktiv. Die meisten Instagram-Nutzer kommen zurzeit aus den USA. Deutschland liegt zwar nur auf Platz 10 weltweit, aber nach Großbritannien auf Platz 2 in Europa.

90 % aller Instagram-Nutzer sind jünger als 35 Jahre. Die größte Gruppe stellen dabei mit 60,4 % aller Nutzer die 18- bis 24-Jährigen dar. 63 % aller Nutzer sind täglich auf Instagram. Damit ist Instagram das nach Facebook am zweithäufigsten genutzte soziale Netzwerk.

Mit Instagram geben Sie dem Bild Stil und veröffentlichen gleich die passende Stimmung mit dazu. Dafür sind jede Menge Farbfilter, Rahmen und Effekte bereits in der App vorgegeben. Weiterhin enthält Instagram eine eigene Kamerafunktion, mit der man direkt fotografieren oder auch nachträglich Effekte auf bereits auf dem Smartphone gespeicherte Fotos legen kann. Gerade die Vielzahl und grafische Qualität dieser Effekte und Filter unterscheidet Instagram von ähnlichen Apps und Netzwerken.

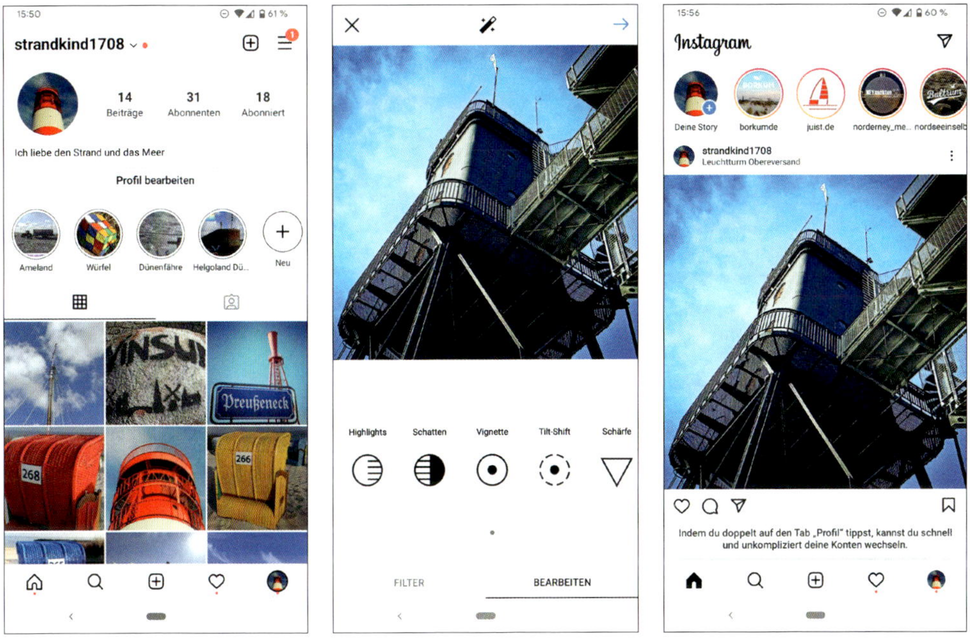

Foto mit Filtern aufbessern und auf Instagram veröffentlichen

Instagram enthält alle wichtigen Funktionen eines sozialen Netzwerks. Hier kann man direkt dem Fotostream von Freunden folgen, die auf diese Weise ihr Leben erzählen, und auch mit ihnen kommunizieren. Dabei werden üblicherweise Hashtags verwendet, um auch andere Fotos zum Thema zu finden. Nach Eingabe des #-Zeichens und der ersten Buchstaben schlägt die App automatisch passende Hashtags vor. Beim Veröffentlichen auf Instagram kann man seine Fotos auch direkt in anderen sozialen Netzwerken teilen, die mit dem eigenen Instagram-Konto verknüpft sind.

OneDrive

OneDrive von Microsoft (*www.onedrive.com*) hat durch die gute Integration in Windows 10/11 viele Fans gewonnen. Melden Sie sich in der OneDrive-App auf dem Smartphone mit Ihrem Microsoft-Konto an, das Sie auch auf dem Windows-PC nutzen.

Fotos automatisch auf OneDrive hochladen

OneDrive bietet eine automatische Kamerasicherung für Fotos von Android-Smartphones. Auf diesem Weg hat man die Fotos vom Smartphone auf dem PC automatisch sofort zur Verfügung.

In den Einstellungen der OneDrive-App, erreichbar über das *Ich*-Symbol unten rechts, können Sie den automatischen Kamera-Upload aktivieren. Neue Fotos werden dann automatisch in ein privates Album auf OneDrive hochgeladen. Um Mobilfunk-Datenvolumen zu sparen, sollten Sie in den *Einstellungen* festlegen, dass das automatische Hochladen von Fotos nur über WLAN erfolgt. Manuell können Sie trotzdem jederzeit einzelne Bilder auch über Mobilfunk hochladen.

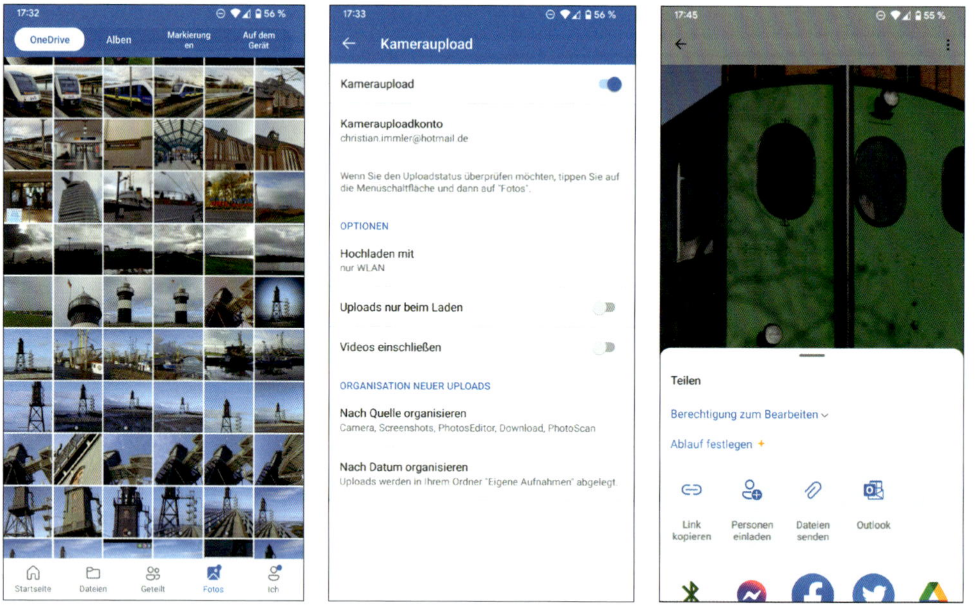

Fotos per OneDrive synchronisieren und Links teilen

Fotos mit der OneDrive App teilen

OneDrive bietet umfangreiche Möglichkeiten, Fotos für Freunde oder öffentlich freizugeben. Dabei kann entweder ein Bild oder ein Link verschickt werden. Auch später noch kann zu jedem Foto in der App oder bei *onedrive.com* im Browser angezeigt werden, wer dafür eine Freigabe erhalten hat.

Fotoalben auf OneDrive

OneDrive bietet ähnlich wie Google Fotos die Möglichkeit, Alben anzulegen. Die Fotos in einem Alben können dabei in unterschiedlichen Ordnern liegen. Bei Google Fotos stellt sich diese Frage nicht, da keine Ordner, sondern ausschließlich Alben verwendet werden.

Markieren Sie bei OneDrive die Fotos, klicken Sie dann oben auf *Zu Album hinzufügen* und legen Sie ein neues Album an oder fügen Sie die Fotos zu einem vorhandenen Album hinzu. Das Album kann anschließend mit Freunden geteilt werden.

1. In der OneDrive-App markieren Sie die Fotos und wählen oben im Menü *Zu Album hinzu*.

2. Im nächsten Schritt bestimmen Sie ein Album oder legen mit dem Plussymbol oben rechts ein neues Album an.

3. In der Ansicht des Albums geben Sie dieses mit dem *Teilen*-Symbol oben frei. Dabei können Sie wählen, ob eingeladene Benutzer eigene Fotos zum Album hinzufügen dürfen.

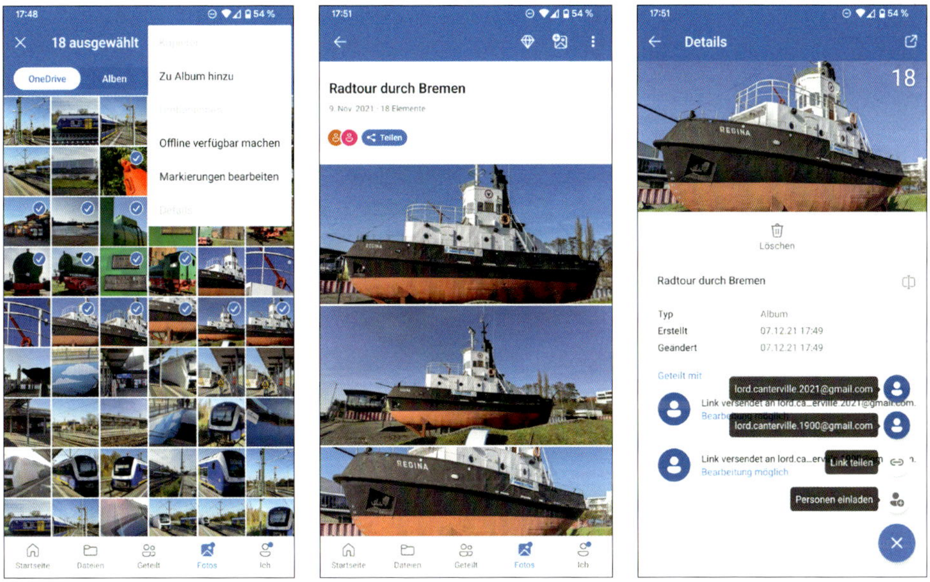

Album anlegen und für Freunde freigeben

Flickr

Flickr (*www.flickr.com*) ist eine der bekanntesten Onlineplattformen für Fotos. Hier können Sie selbst Onlinefotoalben anlegen und Ihren Freunden Bilder präsentieren. Flickr bietet viele Funktionen eines sozialen Netzwerks, man kann Fotos kommentieren, Gruppen mit Freunden gründen und sich gegenseitig über neue Fotos auf dem Laufenden halten. Flickr hat nach eigenen Angaben 90 Millionen registrierte Nutzer, von denen 60 Millionen mindestens einmal im Monat aktiv sind. Flickr gehörte früher zu Yahoo!, wurde aber mittlerweile an SmugMug verkauft. Es gibt seither ein neues Anmeldeverfahren, die Konten und Fotos aus Yahoo!-Zeiten blieben aber erhalten.

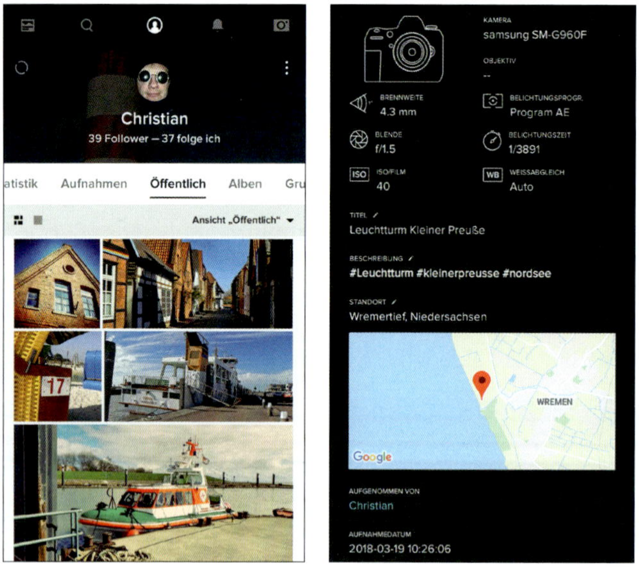

Der persönliche Fotostream und Detailinformationen zu einem Foto in der Flickr-App

Flickr liefert eine eigene App für Android-Smartphones, mit der man jederzeit Zugriff auf seine Fotoalben bei Flickr und die von Freunden hat. Natürlich kann man auch direkt vom Smartphone neue Fotos bei Flickr hochladen. Nach der Anmeldung zeigt die Flickr-App den eigenen Fotostream, eigene Fotoalben sowie die letzten Aktualisierungen der Freunde auf einen Blick an. Die Navigation in der App ist intuitiv und weitgehend an das den Nutzern vertraute Design der Flickr-Webseite angelehnt.

Flickr-Fotos auf Facebook

Wenn Sie der Flickr-App Zugriff auf Facebook gewähren, können Sie Fotos direkt aus Flickr heraus gleichzeitig auch auf Facebook veröffentlichen, ohne das Bild zweimal hochladen zu müssen, was nicht nur Aufwand, sondern auch Datenvolumen spart.

Fotos und Musik von alten Handys übernehmen

Fotos und Musik, die nicht im Google-Konto gespeichert sind, überträgt man bequem mit einer Speicherkarte. Einfach die Speicherkarte aus dem alten Smartphone in das neue stecken und die Daten können dort genutzt werden. Natürlich können Sie auch Daten im Kartenleser am PC auf die Speicherkarte kopieren und diese dann in das Smartphone stecken. Ganz alte Handys mit exotischen Speicherkartenformaten oder ganz ohne Speicherkarte, aber auch moderne Smartphones können über ein USB-Kabel mit dem PC verbunden werden und werden dort als Kamera oder Wechseldatenträger erkannt. Auf diese Weise können Sie lokal gespeicherte Fotos und Musik von einem älteren Handy auf den PC kopieren und dann wieder auf das neue Smartphone. Beachten Sie dabei, dass Fotos in Unterordner von *DCIM* kopiert werden müssen, Musik in den Ordner *Music* auf dem Smartphone.

KAPITEL 9

Sprachassistenten und Smarthome

Sprachassistenten tauchen in immer mehr Situationen in unserem Alltagsleben auf und erleichtern diverse alltägliche Aufgaben durch Sprachsteuerung oder suchen per Spracheingabe im Internet nach bestimmten Informationen. Die bekanntesten Namen sind Alexa und Google Assistant, der auf allen aktuellen Android-Smartphones vorinstalliert ist.

Google Assistant

Wenn man bei einem Suchbegriff nicht genau weiß, wie er geschrieben wird, ist es oft einfacher, ihn zu sprechen statt zu schreiben. Der Google Assistant hilft nicht nur bei der Suche, sondern dient auch als allgemeiner Assistent für verschiedenste Aufgaben.

Halten Sie den Finger lange auf dem Home-Symbol am unteren Bildschirmrand, bei Gestensteuerung wischen Sie von einer der unteren Bildschirmecken in Richtung Bildschirmmitte. Sie können auch auf das Mikrofonsymbol rechts im Google-Suchfeld tippen. Sprechen Sie jetzt einen Sprachbefehl oder einen bzw. mehrere Suchbegriffe. Google setzt das gesprochene Wort in Text um und sucht den Begriff. Dazu wird automatisch die Google-Suche geöffnet.

Achtung: Datenvolumen

Die Sprachsuche erfolgt nicht direkt auf dem Smartphone, sondern das gesprochene Wort wird als Audiodatei an einen Google-Server übertragen, über den die Auswertung stattfindet. Hier fällt erheblich mehr Datenvolumen an als bei der Eingabe eines Suchbegriffs mit der Bildschirmtastatur. Die gesprochenen Antworten stammen aus einer lokal installierten Sprachdatei.

Zusätzlich bietet der Google Assistant unten ein Feld zur Texteingabe sowie ein Google-Lens-Symbol, um direkt mit der Kamera etwas zu suchen.

Um einen neuen Sprachbefehl zu sprechen oder einen Sprachbefehl zu wiederholen, der nicht verstanden wurde, tippen Sie auf das Mikrofonsymbol. Der Sprachbefehl *Was kann ich tun?* zeigt eine Liste möglicher Steuerungsoptionen über die Sprache.

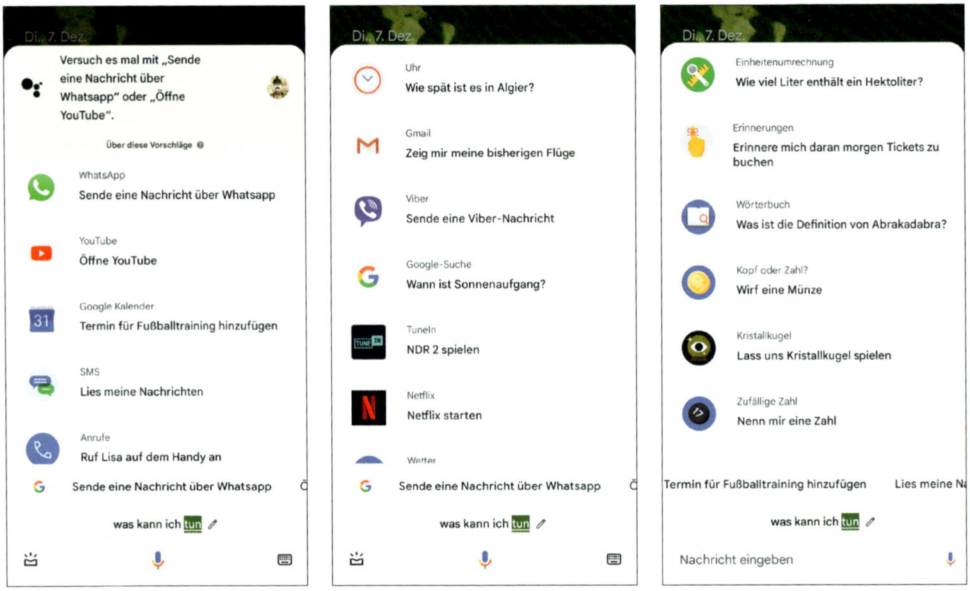

Der Google Assistant zeigt mögliche Sprachkommandos

Anstatt auf das Mikrofonsymbol zu tippen, können Sie den Google Assistant auch aktivieren, indem Sie einfach *Hey Google* sagen, wenn dies bei der Ersteinrichtung des Smartphones aktiviert wurde.

Sie finden diese Einstellung unter *Google/Einstellungen für Google-Apps/Google Suche, Google Assistant und Spracheingabe/Spracheingabe/Voice Match*. Bedenken Sie, dass das ständig im Hintergrund aktive Mikrofon für einen erhöhten Stromverbrauch des Smartphones sorgt. Achten Sie auch darauf, dass hier *Deutsch* als Standardsprache eingestellt ist, sonst wird die Sprachsuche alles fehlerhaft erkennen.

Der Google Assistant kann einfache Sätze oder Wörter in eine andere Sprache übersetzen und das Ergebnis direkt aussprechen. Auf diese Weise können Sie sich mit einer Person verständigen, wenn Sie keine gemeinsame Sprache beherrschen. Jeder spricht seine Sätze und Google übersetzt sie. Das funktioniert auch, ohne die andere Sprache lesen zu können.

Der Google Assistant ermöglicht eine schnelle Routenplanung per Spracheingabe. Dabei wird das in den Einstellungen des Google Assistant angegebene Verkehrsmittel verwendet. Tippen Sie auf die Landkarte, um die geplante Route in Google Maps zu übernehmen und anzuzeigen. Hier können Sie ein anderes Verkehrsmittel wählen oder direkt die Navigation starten.

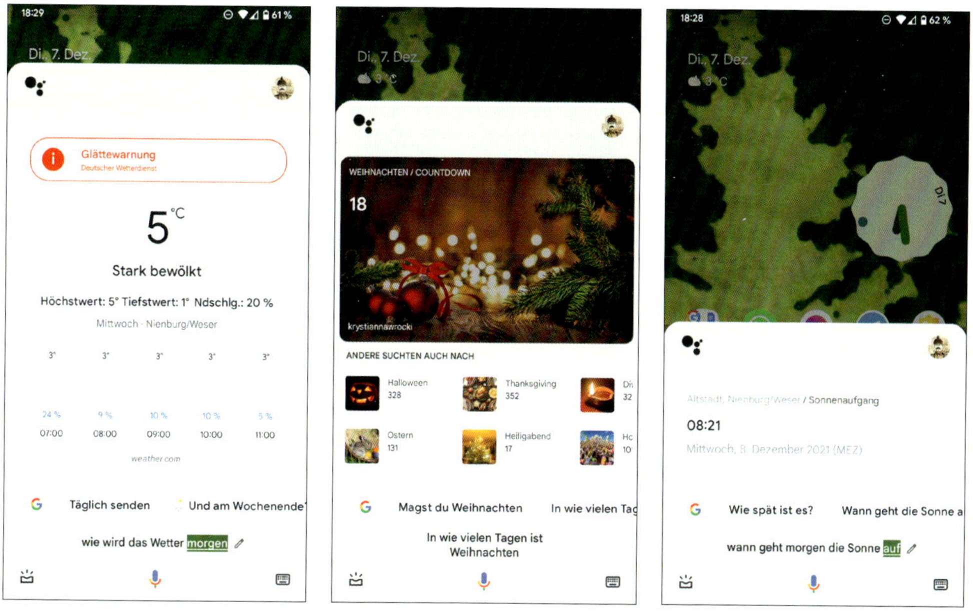

Der Google Assistant beantwortet einfache Fragen und zeigt das Wetter

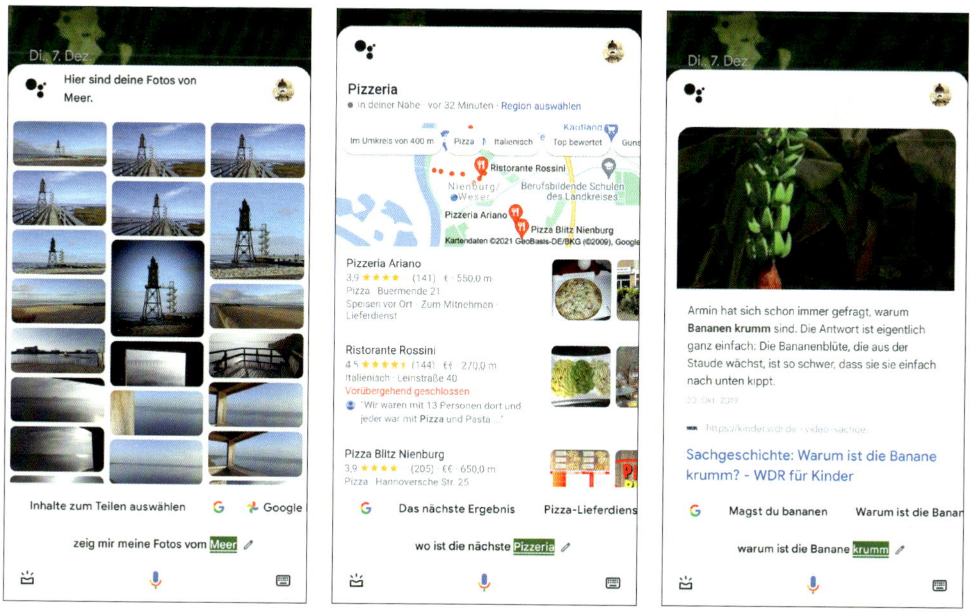

Der Google Assistant zeigt Bilder, findet Restaurants und liefert Allgemeinwissen

Sprachbefehle zur Steuerung des Smartphones

Der Google Assistant bietet weit mehr als nur eine Sprachsuche. Mit passenden Sprachbefehlen – als komplette deutsche Sätze gesprochen – lassen sich verschiedene Alltagsaufgaben erledigen.

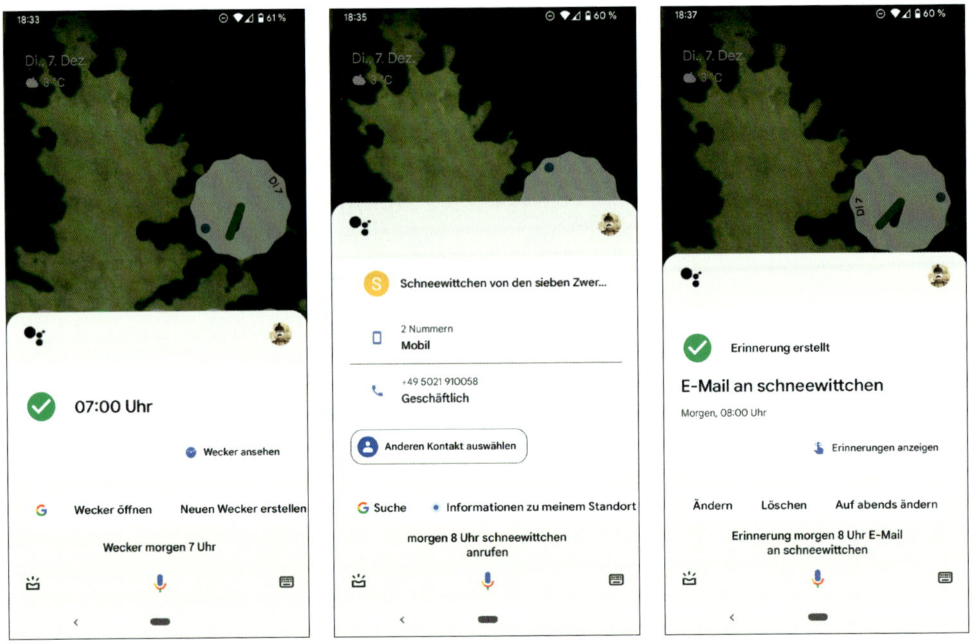

Mit dem Google Assistant einen Wecker stellen, eine Erinnerung anlegen oder einen Freund anrufen

Die Tabelle zeigt einige beliebte Sprachbefehle:

Sprachbefehl	Funktion
Öffne [URL/App]	Webseite im Browser öffnen oder App starten
Stelle Wecker auf [Uhrzeit]	Wecker stellen
Erinnere mich um [Uhrzeit]	Erinnerung anlegen
Erstelle einen Termin [Name] [Tag/Uhrzeit]	Termin anlegen
Suche [Suchbegriff]	Google-Suche
Zeige Bilder von [Suchbegriff]	Google-Bildersuche
Karte von [Ort]	Landkarte oder Stadtplan zeigen
Wie viele Einwohner hat [Ort]	Einwohnerzahl eines Ortes mit Jahreszahl der letzten Statistik

Sprachbefehl	Funktion
Fahre nach [Ort]	Google-Routenplanung starten
Wo ist der nächste [Supermarkt/ Baumarkt/Kiosk/Apotheke/ Restaurant/Pizzeria ...]	Orte in der lokalen Google-Suche zeigen
[Zahl] [Rechenoperation] [Zahl]	Berechnung ausführen, Google-Taschenrechner anzeigen
Wie spät ist es?	Uhrzeit ansagen und anzeigen
Wie ist das Wetter in [Ort]	Wettervorhersage anzeigen
Regnet es morgen?	Regenvorhersage und Wetter am aktuellen Standort
[Name] anrufen	Person anrufen. Bei mehreren Nummern kann eine per Sprachbefehl ausgewählt werden
E-Mail an [Name]	E-Mail per Spracheingabe erstellen
[Zahl] [Währung] in [Währung]	Betrag in eine andere Währung umrechnen
[Satz] auf [Sprache]	Satz mit dem Google Übersetzer übersetzen
Spiele Musik von [Interpret]	Musik im Google Play Musik Player abspielen
Installiere [App]	App im Google Play Store suchen

Smarthome mit dem Google Assistant steuern

Auch der Google Assistant, der auf jedem halbwegs aktuellen Android Smartphone sowie auf Google-Home-Lautsprechern vorinstalliert ist, kann zur Steuerung von Smarthome-Geräten über eine App oder Spracheingabe verwendet werden.

Die Google-Home-App konfiguriert Smarthome-Geräte und Google-Nest-Hub-Lautsprecher, die keine eigene Benutzeroberfläche haben. Diese App kann auch direkt zur Anmeldung und Steuerung von Smarthome-Geräten genutzt werden.

Nest

Ein ehemaliger Hersteller von Smarthome-Geräten, Thermostaten, Kameras und Türklingeln, der im Jahr 2014 von Google übernommen wurde. Der eingängige Name wurde für diverse WLAN-Geräte beibehalten.

Um Smarthome-Geräte mit dem Google Assistant zu steuern, benötigen Sie eine sogenannte Aktion des Herstellers, vergleichbar mit den Skills für Alexa.

1. Die Startseite der Google-Home-App zeigt alle bereits angemeldeten Geräte. Tippen Sie hier oben auf das eigene Profilbild und auf der nächsten Seite auf *Assistant-Einstellungen*.
2. Tippen Sie in der langen Liste der Assistant-Einstellungen auf *Geräte* und dann auf *Gerät hinzufügen*. Suchen Sie hier den Dienst des verwendeten Geräteherstellers und fügen ihn hinzu.

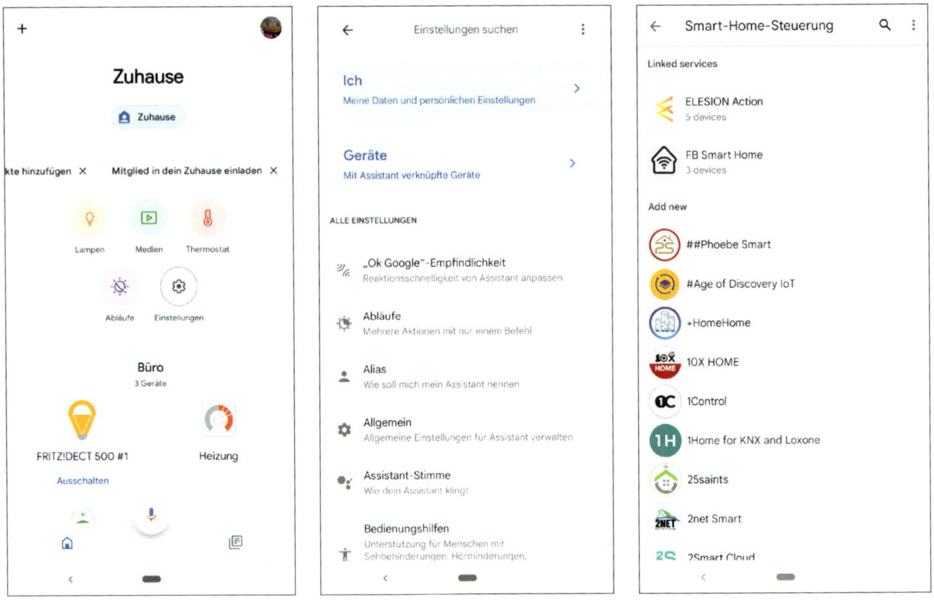

Smarthome-Dienst im Google Assistant hinzufügen

3. Melden Sie sich im nächsten Schritt bei dem Smarthome-Dienst an. Viele Dienste übertragen dort gespeicherte Aktionen oder sogenannte Smarts direkt an den Google Assistant, um sie dort zu nutzen.
4. In der Google-Home-App können Sie Räume definieren und die eingetragenen Geräte diesen Räumen zuordnen. So ist es einfacher, zum Beispiel alle Lampen eines Raums auszuschalten.
5. Nachdem die Geräte eingetragen sind, können Sie diese auf der Startseite der Google-Home-App einzeln manuell schalten.

Im Google Assistant können Sie einfache Kommandos sprechen, zum Beispiel *Licht Flur an*. Der Google Assistant bestätigt die Ausführung der Sprachkommandos. Je nach Gerät werden Regler oder Buttons angezeigt, mit denen Sie weitere Einstellungen wie Helligkeit oder Temperatur vornehmen können.

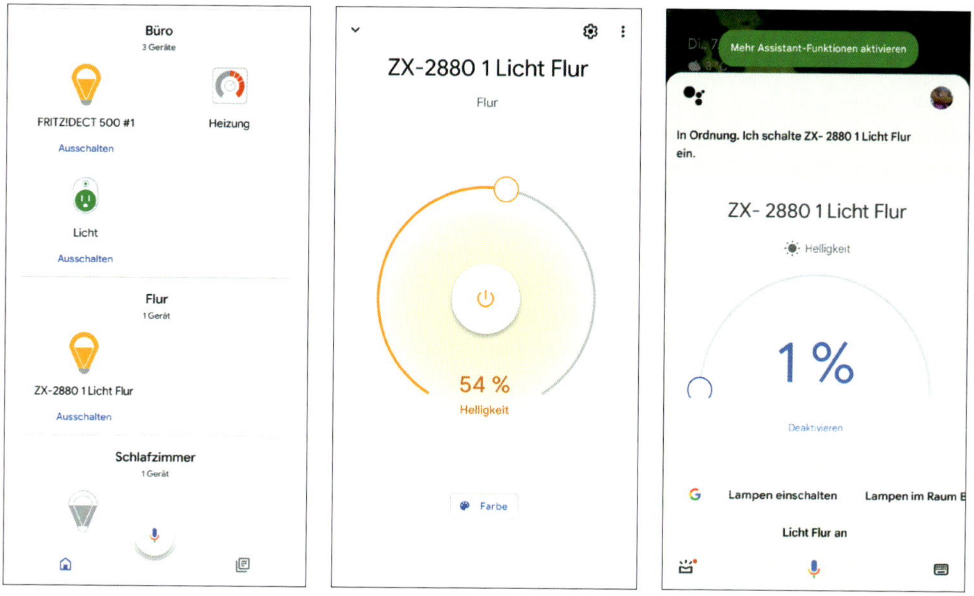

LED-Lampe mit Google Home und dem Google Assistant steuern

Sehr bequem, ohne eine App aufzurufen, und ohne Spracheingabe lassen sich die Smarthome-Geräte auch über Schnelleinstellungen steuern.

1. Tippen Sie auf das Schnelleinstellungssymbol *Gerätesteuerung*, erscheint eine Übersicht der Smarthome-Geräte im eigenen Zuhause.
2. Beim ersten Aufruf bestimmen Sie Schaltflächen für die gewünschten, in der Google-Home-App eingerichteten Smarthome-Geräte.
3. Durch einfaches Antippen schalten Sie das jeweilige Gerät aus oder ein.
4. Längeres Antippen einer Schaltfläche blendet einen detaillierten Einstellungsbildschirm ein, wo Sie Lichtfarbe, Helligkeit oder andere Parameter einstellen können.
5. Der Menüpunkt *Steuerelemente bearbeiten im Menü rechts oben* ermöglicht es, die in den Schnelleinstellungen angezeigten Schaltflächen anders anzuordnen.

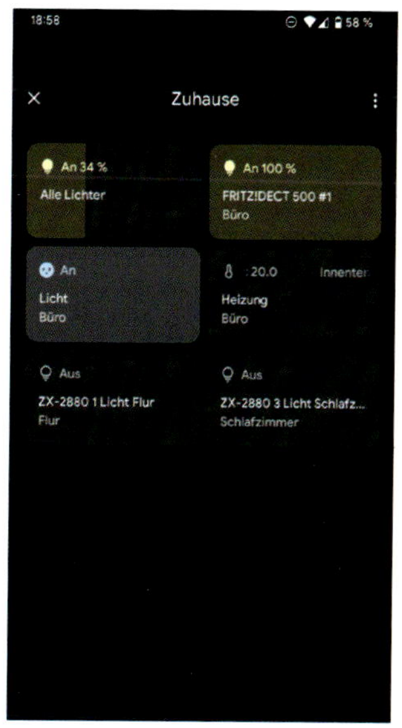

Smarthome-Geräte auf dem Ausschaltbildschirm des Smartphones

Ein Haussymbol auf dem Sperrbildschirm zeigt auch bei gesperrtem Smartphone die Schaltflächen für die Smarthome-Steuerung.

Google-Home-Abläufe für zu Hause und Abwesenheit

Ein Smartphone kann Smarthome-Geräte automatisch steuern, wenn Sie das Haus verlassen oder betreten.

1. Richten Sie auf dem Hauptbildschirm der Google-Home-App sogenannte *Abläufe* ein.
2. Jetzt können Sie aus den vorgefertigten Abläufen auswählen, welche Sie nutzen möchten, und diese persönlich anpassen.
3. Zu jedem Ablauf lassen sich einzelne Aktionen hinzufügen. Bei Smarthome-Aktionen wählen Sie die zu schaltenden Geräte aus.
4. Zusätzlich sind auch andere Aktionen möglich, die nur das Smartphone betreffen, zum Beispiel lautlos schalten oder Musik abspielen.
5. Die Abläufe werden standardmäßig durch einen Sprachbefehl gestartet. Sie können aber über das Smartphone-Symbol oben rechts auch ein Widget zum Starten eines Ablaufs auf den Startbildschirm legen.

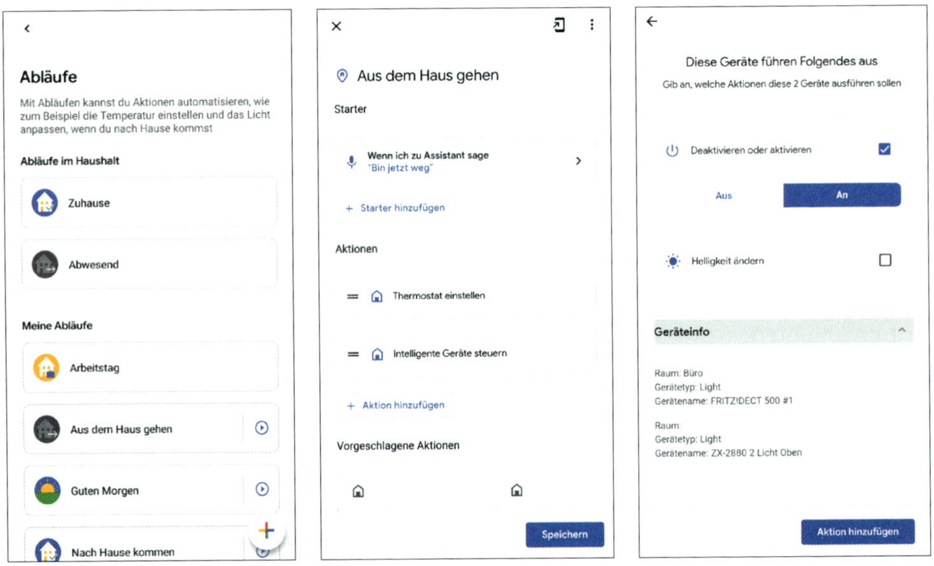

Abläufe für zu Hause und Abwesenheit in Google Home einrichten

Google-Assistant-Abläufe im Wecker

Der Wecker auf dem Smartphone kann mehr als einfach nur klingeln. Mit zusätzlichen Google-Assistant-Abläufen lassen Sie sich den Wetterbericht oder aktuelle Termine des Tages ansagen und können auch Smarthome-Geräte steuern.

1. Stellen Sie in der App *Uhr* den gewünschten Wecker ein und tippen Sie auf die Zeile *Google Assistant-Ablauf.*

2. Jetzt können Sie verschiedene Aktionen hinzufügen. Im unteren Bereich des Bildschirms werden beliebte Aktionen vorgeschlagen. Ist hier nicht die gewünschte Aktion dabei, tippen Sie auf *Aktion hinzufügen* und wählen aus diversen Kategorien Aktionen aus.

3. In der Kategorie *Intelligente Geräte steuern* werden alle in Google Home eingerichteten Smarthome-Geräte aufgelistet. Hier können Sie bestimmte Geräte automatisch ein- oder ausschalten lassen.

4. Die gewählten Aktionen werden in der angegebenen Reihenfolge ausgeführt. Mit dem Stiftsymbol oben ändern Sie die Reihenfolge oder löschen einzelne Aktionen wieder.

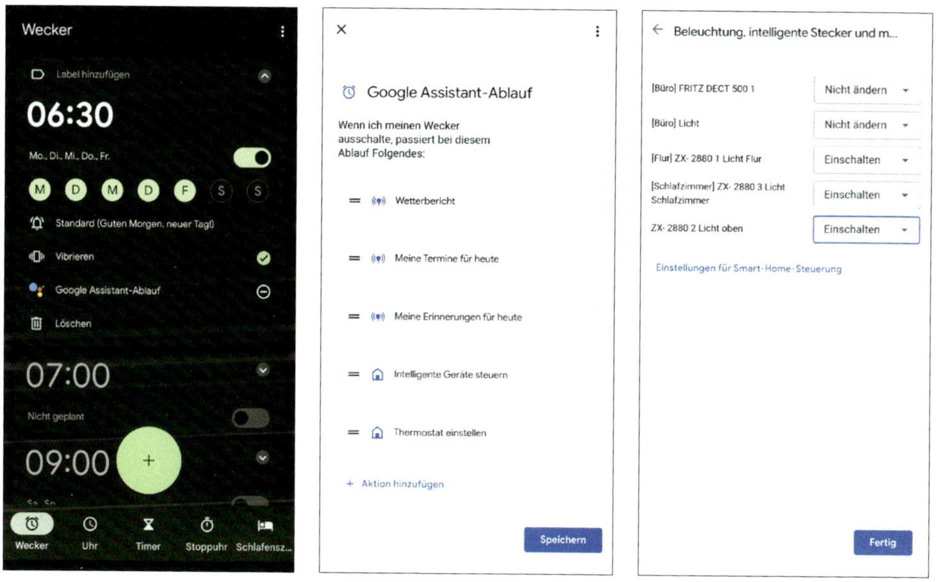

Google-Assistant-Abläufe im Wecker einrichten

Amazon Alexa

Die digitale Sprachassistentin Alexa von Amazon beantwortet auf Zuruf Fragen des Alltags, liefert Wettervorhersagen, dient als Wecker und Kalender, spielt Musik nach persönlichem Geschmack ab und hilft natürlich bei der Bestellung von Produkten bei Amazon. Alexa läuft auf den Amazon-Echo-Lautsprechern, Kindle-Fire-Tablets und diversen anderen Geräten mit Alexa-App.

Die Fähigkeiten von Alexa lassen sich über eine Vielzahl sogenannter Skills erweitern. Auf diese Weise können auch Angebote anderer Anbieter über Alexa gesteuert werden, wie zum Beispiel die Smarthome-Technik.

Die Alexa-App macht jedes Smartphone zu einem Alexa-Gerät und leitet die Anfragen direkt weiter. Weiterhin braucht man die Alexa-App, um Alexa-Geräte ohne Benutzeroberfläche, etwa Amazon-Echo-Lautsprecher, zu konfigurieren.

Die App bietet die Möglichkeit, Routinen anzulegen, die auf ein bestimmtes Sprachkommando hin mehrere Aktionen automatisch ausführen. So können Sie sich morgens den Wetterbericht und Ihre Termine für den Tag vorlesen lassen oder abends alle Lampen ausschalten und die Heizung herunterdrehen lassen.

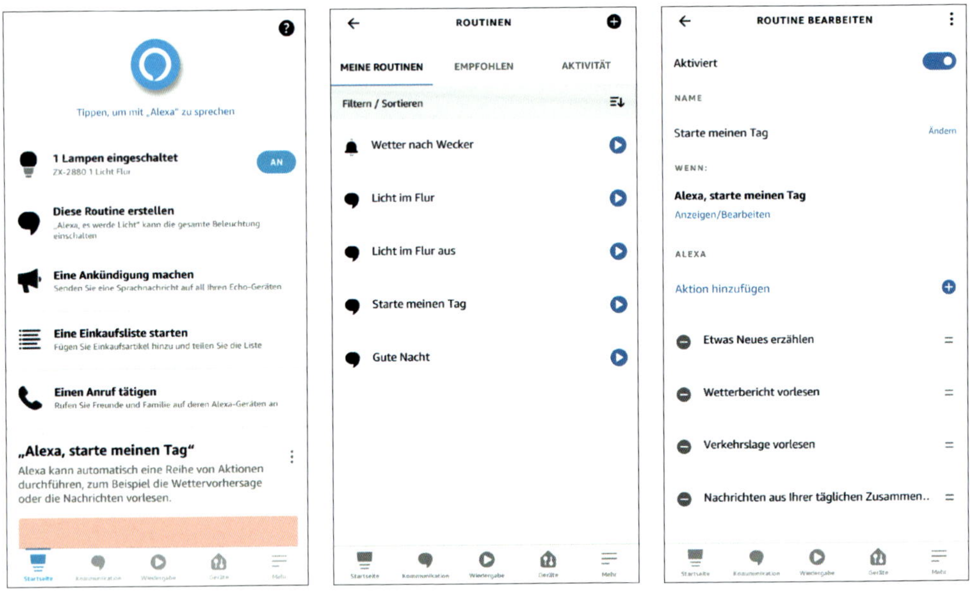

Die Alexa-App auf dem Smartphone

Smarthome mit Alexa steuern

Alexa kann außer für die Suche bei Amazon oder allgemeine Fragen auch zur Steuerung von Smarthome-Technik genutzt werden. Die Alexa-App zeigt die Geräte sowie deren Schaltzustände auf dem Smartphone an. Dazu müssen die passenden Skills der entsprechenden Hersteller in der App installiert sein. Sind die Skills einmal installiert, lassen sich die Smarthome-Geräte auch über Amazon-Echo-Lautsprecher steuern.

1. Damit Alexa Smarthome-Geräte nutzen kann, muss ein Skill des jeweiligen Herstellers im Amazon-Konto aktiviert werden. Dies können Sie entweder im Browser auf dem PC oder in der Alexa-App einrichten. Suchen Sie den Skill im Bereich *Skills und Spiele* in der App. Bei den meisten Smarthome-Systemen, wie zum Beispiel Elesion, melden Sie sich im Skill mit Ihrem Nutzerkonto an, um dem Skill Zugriff auf die eingerichteten Geräte zu ermöglichen.

2. Nachdem der Skill aktiviert wurde, richten Sie die Geräte ein. Geräte, die bereits in der App des Smarthome-Geräteherstellers eingerichtet sind, können im Skill automatisch erkannt werden. Aktivieren Sie alle Geräte. Bei einigen Systemen können Sie noch aussagekräftige Namen vergeben.

3. Alexa gruppiert die Geräte auf der Seite *Geräte* in Gruppen, etwa Lampen, Steckdosen und Thermostate. Sie können auch neue Gruppen hinzufügen.

4. Jetzt können Sie die einzelnen Geräte direkt in der App ein- und ausschalten.

5. Nachdem alles eingerichtet ist, können Sie Alexa Sprachkommandos geben, um Lampen ein- oder auszuschalten. Sind mehrere ähnliche Geräte im Netzwerk angemeldet, fragt Alexa oft nach, um das richtige Gerät festzulegen.

Alexa versteht ganze Sätze wie *Alexa, schalte Licht an, Alexa, wie ist die Heizung eingestellt?* oder auch *Alexa, stelle die Heizung auf 20 Grad.* Hier können Sie eigene Routinen erstellen, um etwa automatisch alle Lampen im Haus abzuschalten, bevor Sie zu Bett gehen.

Smarthome mit der FRITZ!Box

Die Router der FRITZ!Box-Serie von AVM sind im privaten Bereich die beliebtesten aller providerunabhängigen Router für DSL- und Kabelanschlüsse. Die FRITZ!Boxen bieten komfortable Möglichkeiten zur Steuerung von Smarthome-Geräten über das eigene Netzwerk. Die hauseigenen Geräte von AVM aus der FRITZ!DECT-Serie wie Schalter, Schaltsteckdosen, LED-Lampen oder Heizungsregler werden über das DECT-Protokoll wie schnurlose Telefone mit der FRITZ!Box gekoppelt und nicht wie bei vielen anderen Systemen über WLAN.

FRITZ!DECT-Geräte anmelden

Die Geräte der FRITZ!DECT-Serie müssen wie jedes schnurlose Telefon über das DECT-Protokoll an der FRITZ!Box angemeldet werden.

1. Versetzen Sie als Erstes die FRITZ!Box in den Kopplungsmodus. Drücken Sie dazu länger auf die DECT-Taste an der FRITZ!Box oder klicken Sie auf der Konfigurationsseite der FRITZ!Box unter *Smart Home/Geräteverwaltung* auf *Gerät anmelden*.

2. Jetzt versetzen Sie das anzumeldende Gerät in den Kopplungsmodus. Die genaue Vorgehensweise ist je nach Gerät unterschiedlich. Beachten Sie dazu die mit den Geräten gelieferten Anleitungen.

3. Nach der Anmeldung erscheinen die Geräte in der Geräteverwaltung auf der FRITZ!Box-Konfigurationsoberfläche. Hier sehen Sie jederzeit die Verbindung und können Updates der Gerätefirmware durchführen.

4. Über diese Benutzeroberfläche können Sie im Browser auf dem PC die Geräte auch steuern.

FRITZ!App Smart Home

Um ein Licht einzuschalten, möchte man nicht erst am PC die Konfigurationsseite der FRITZ!Box öffnen. Eine App auf dem Smartphone ist deutlich komfortabler.

Die App *FRITZ!App Smart Home* bringt den Lichtschalter direkt aufs Smartphone. Auf einer intuitiv und ohne Umwege bedienbaren Oberfläche erscheinen alle an der FRITZ!Box angemeldeten Smarthome-Geräte mit ihren jeweiligen Schaltzuständen. Hier können Sie Lichter und Steckdosen einschalten, Farbe und Helligkeit von Lampen einstellen, die Heizung regeln und auch die Temperatur ablesen. Zur Verwendung dieser App müssen Sie sich mit einem gültigen Benutzernamen im WLAN an der FRITZ!Box anmelden.

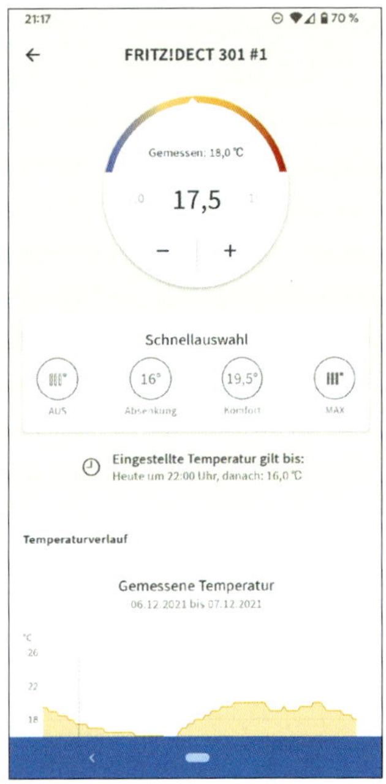

KAPITEL 10

Coole Apps

Jeder Computer wird erst durch die installierten Programme interessant. Das gilt natürlich auch für Android-Smartphones. Immer wieder veröffentlichen Zeitschriften und Webseiten die angeblich besten Apps. Aber welche sind die besten? Niemand installiert Apps aus Sammlerleidenschaft nur um der Apps willen. Man installiert das, was man braucht, und da muss jeder für sich selbst beurteilen, was wichtig ist und was nicht. Große Teile dieses Buches handeln von Apps und natürlich nur von den besten zu jedem Thema. In diesem Kapitel werden noch einige Apps zu Themen vorgestellt, die bisher unerwähnt blieben.

Musik und Videos auf dem Smartphone

Digitale Musik unterwegs zu hören, gehört zum Alltag. Portable MP3-Player haben längst Walkman und tragbare CD-Spieler abgelöst. Inzwischen geht das Interesse an klassischen MP3-Playern auch schon wieder zurück. Fast jeder hört seine Musik nur noch auf dem Smartphone über Kopfhörer, deren Musikqualität mit dem, was man aus Walkman-Zeiten kannte, nicht mehr zu vergleichen ist.

YouTube Music

Der Musikstreamingdienst YouTube Music findet Musik aus offiziellen Veröffentlichungen der Künstler anhand von Titeln, Stichwörtern oder Albumnamen. In der kostenlosen Version werden die Playlisten oft durch Werbung unterbrochen und die Musik läuft auch nicht weiter, wenn der Bildschirm abgeschaltet ist oder eine andere App im Vordergrund läuft. Dies ist nur mit einem kostenpflichtigen Abo möglich.

Android liefert auf aktuellen Smartphones *YouTube Music* vorinstalliert mit. Diese App kann auch als Player für lokal gespeicherte Musik verwendet werden und ersetzt die frühere Musik-App *Google Play Music*. Zusätzlich liefert Android 12 weiterhin den Medienplayer von Google Drive mit, der Musik aus dem Gerätespeicher oder auch direkt von Google Drive abspielt.

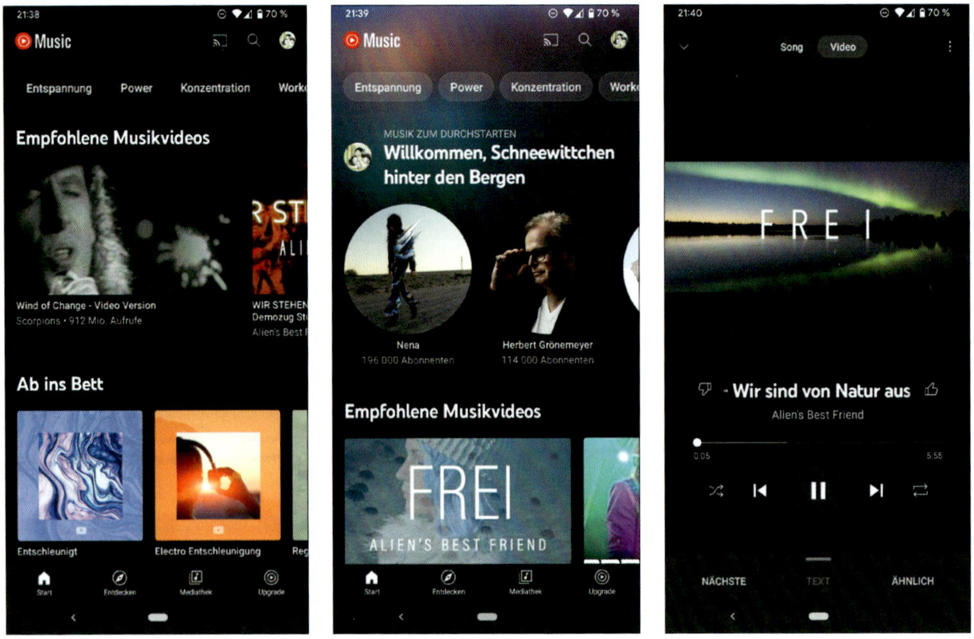

Beim ersten Start Lieblingskünstler auswählen, rechts: Musik abspielen

Beim ersten Start der App melden Sie sich mit dem Google-Konto an, in dem dann auch Musikvorschläge und Playlisten gespeichert werden. Wählen Sie anschließend bis zu fünf Lieblingskünstler aus. Daraus versucht YouTube Music Playlisten und Vorschläge zu erstellen, die automatisch abgespielt werden können.

YouTube Music bietet ein vielfältiges Musikangebot, in dem man beliebig Titel suchen oder sich automatisch vorschlagen lassen kann.

Achtung: Kostenfalle

Tippen Sie beim ersten Start der App *YouTube Music* auf *Nein danke* und nicht auf *Kostenlosen Testzeitraum*, da Sie sonst den Musikdienst abonnieren, der zwar 30 Tage lang kostenlos ist, aber wer denkt schon daran, so etwas rechtzeitig wieder abzumelden. Die App funktioniert auch in der kostenlosen Version. Lediglich Bonusangebote von YouTube Music sind kostenpflichtig. Außerdem beendet die kostenlose Version die Musik, sobald eine andere App im Vordergrund läuft.

Wichtige Einstellungen in YouTube Music

Um den Klang noch weiter zu verbessern, verfügt die YouTube-Music-App über einen eigenen Equalizer, der sich in den *Einstellungen* versteckt. Tippen Sie dazu auf das Profilbild oben rechts und wählen Sie *Einstellungen*.

> **Achtung: Datenvolumen**
>
> Um unterwegs Datenvolumen zu sparen, sollten Sie in den *Einstellungen* die Option *Nur über WLAN streamen* aktivieren. Damit verhindern Sie, dass über Playlisten oder die zufällige Wiedergabe Musik über eine Mobilfunkverbindung gestreamt wird. Das Abspielen von lokal gespeicherter Musik ist weiterhin möglich.

Lautsprecher und Kopfhörer per Miniklinke anschließen

Wer auf seinem Smartphone genüsslich Musik hören oder Filme ansehen möchte, wird bald merken, dass die Lautsprecher trotz des auf neuen Geräten verwendeten Surround-Sounds alles andere als optimal sind.

Viele Smartphones haben eine 3,5-mm-Klinkenbuchse zum Anschluss von Kopfhörern, um in Ruhe, ohne z. B. im Zug seine Mitmenschen zu belästigen, Musik zu hören. Beim Einstecken eines Kopfhörers werden die internen Lautsprecher automatisch abgeschaltet. Zu Hause oder beim Musikhören mit mehreren Leuten schließen Sie an diese Buchse besser Lautsprecher an, die noch mehr Klang bieten. Dabei sollten Sie Aktivlautsprecher mit eingebautem Verstärker und eigener Stromversorgung verwenden. Die Leistung des Audioausgangs am Smartphone reicht sonst nur für eine schwache Lautstärke.

Bluetooth-Lautsprecher anschließen

Um unterwegs Musik zu hören, hat das Smartphone inzwischen alle klassischen CD- und MP3-Player verdrängt – um eine Party damit zu beschallen, eignen sich die eingebauten Lautsprecher allerdings nicht. Viele Aktivboxen, Stereoanlagen und auch Autoradios lassen sich per Bluetooth koppeln und als Lautsprecher nutzen. Dabei werden alle Medien-Apps unterstützt, die Musik kann von YouTube, einem Webradio oder auch lokal vom Smartphone abgespielt werden.

> **Wiedergabe in YouTube Music zulassen**
>
> Die YouTube-Music-App spielt Musik nur auf Bluetooth-Lautsprechern oder Kopfhörern ab, wenn in den Einstellungen der App der Schalter *Wiedergabe auf externen Geräten zulassen* aktiviert ist.

1. Zuerst schalten Sie den Lautsprecher in den Verbindungsmodus, manchmal auch als Kopplungsmodus bezeichnet. In den meisten Fällen muss dazu eine Taste, oft der Einschalter, länger gedrückt gehalten werden. Viele Bluetooth-Lautsprecher melden die Kopplungsbereitschaft mit einem Signalton oder einer Sprachausgabe.

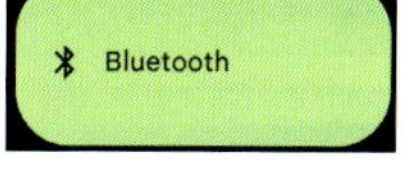

2. Schalten Sie über die Schnelleinstellungen *Bluetooth* ein.
3. Tippen Sie länger auf dieses Bluetooth-Symbol, wird eine Liste gekoppelter Geräte angezeigt.
4. Tippen Sie auf *Neues Gerät koppeln*, erscheint eine Liste mit Geräten in der Nähe.
5. Wählen Sie hier den Lautsprecher aus. Bei einigen Lautsprechern müssen Sie jetzt eine Kopplungstaste drücken. Viele Geräte koppeln aber auch automatisch.

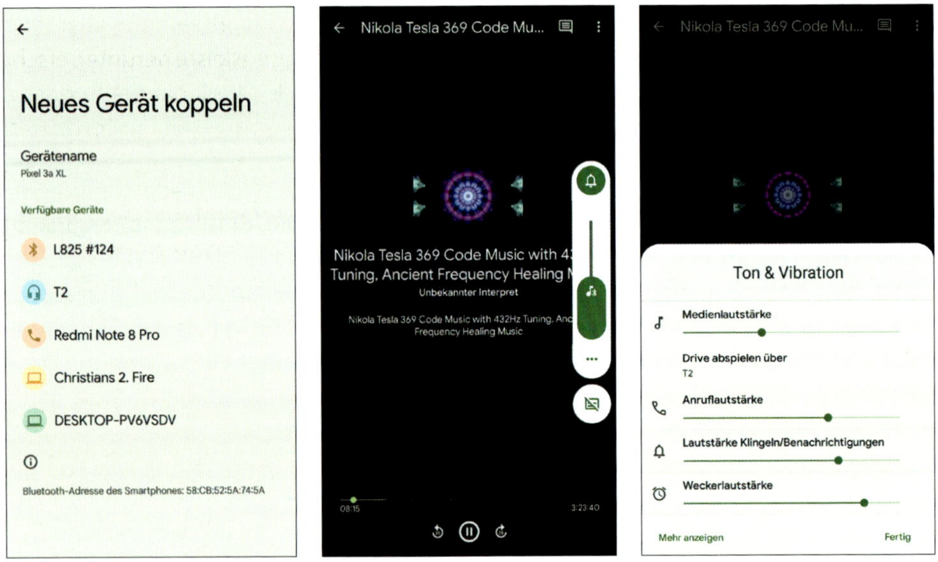

Bluetooth-Lautsprecher koppeln, Lautstärke regeln und Ausgabegerät umschalten

Haben Sie einmal einen Lautsprecher gekoppelt, erscheint dieser automatisch in der Liste und braucht nicht mehr neu gesucht zu werden. Beim Einschalten von Bluetooth wird er automatisch wieder gekoppelt.

Über die Lautstärketasten des Smartphones können Sie die Lautstärke des Lautsprechers regeln. Einige Bluetooth-Lautsprecher haben gar keinen eigenen Lautstärkeregler.

Freisprecheinrichtungen koppeln

Bluetooth-Freisprecheinrichtungen werden auf die gleiche Weise wie Lautsprecher gekoppelt. Bei Freisprecheinrichtungen mit Display, zum Beispiel in Autos, sollten Sie auch die Kontakte freigeben, damit die Freisprecheinrichtung den Namen des Anrufers anzeigen kann. Bei einigen derartigen Anlagen können Sie auch aus dem Adressbuch des Smartphones Anrufe tätigen, ohne das Smartphone dazu in die Hand nehmen zu müssen.

Tippen Sie unter dem Lautstärkeregler auf dem Bildschirm auf das Symbol mit den drei Punkten, erscheint der Bildschirm zur Lautstärkeregelung, auf dem Sie jetzt auch auswählen können, ob die Musik über den gekoppelten Lautsprecher oder direkt auf dem Smartphone abgespielt werden soll.

Die neue Mediensteuerung

Die Mediensteuerung in den Benachrichtigungen und auf dem Sperrbildschirm wurde in Android 12 überarbeitet und mit neuen Funktionen ausgestattet. Während eine Musik läuft, können – außer bei YouTube Music – andere Apps auf dem Smartphone genutzt oder der Bildschirm gesperrt werden. Ziehen Sie die Benachrichtigungsleiste herunter, erscheint eine neue Mediensteuerung, in der Sie jederzeit die laufende Musik pausieren oder zum nächsten Titel der Wiedergabeliste springen können. Auch ein Vor- oder Zurückblättern in 10-Sekunden-Schritten ist möglich.

Die Mediensteuerung zeigt oben rechts an, auf welchem Lautsprecher die Musik abgespielt wird. Tippen Sie darauf, können Sie das Ausgabegerät wechseln, die Lautstärke regeln oder auch einen getrennten Bluetooth-Lautsprecher wieder neu verbinden.

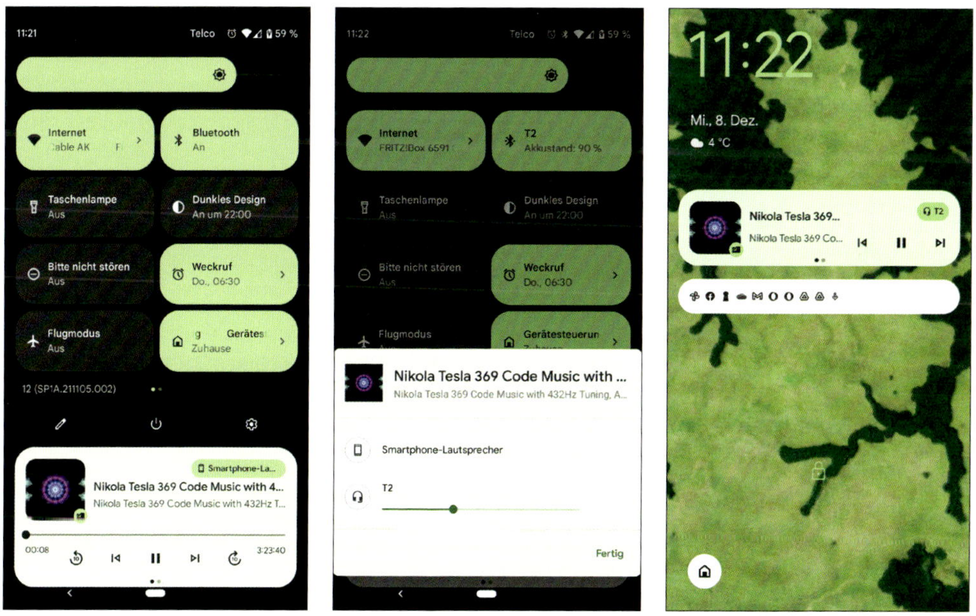

Mediensteuerung in den Benachrichtigungen und auf dem Sperrbildschirm

Webradio

Viele Radiostationen haben auf ihren Webseiten auch einen Internetradiostream. Dazu kommen immer mehr – besonders kleinere – Spartensender, die ihr Programm ausschließlich über das Internet und gar nicht mehr über klassische Rundfunksender senden. Inzwischen haben fast alle Radiosender für Smartphones optimierte Webseiten, auf denen der Livestream zu hören ist.

> **Achtung: Datenvolumen**
>
> Beim Webradio gilt wie schon bei YouTube: Nutzen Sie es nur, wenn Sie über WLAN mit dem Internet verbunden sind. Bei den typischen 128 Kbps der meisten Webradios kommt man auf etwa 56 MB Datenvolumen pro Stunde Webradio. Eine einfache Datenflatrate mit 500 MB/Monat, wie sie in vielen Smartphone-Tarifen mit dabei ist, wäre also nach nicht einmal zehn Stunden verbraucht.

TuneIn Radio

Mit einer Webradio-App wie *TuneIn Radio* ist es noch einfacher, Internetradiosender zu finden und anzuhören als über die einzelnen Webseiten der jeweiligen Anbieter. *TuneIn Radio* kennt über 100.000 Radiostationen, darunter mehrere Hundert aus Deutschland. Beim ersten Start der App erscheint Werbung für ein kostenpflichtiges Abo, die Sie aber einfach wegklicken können.

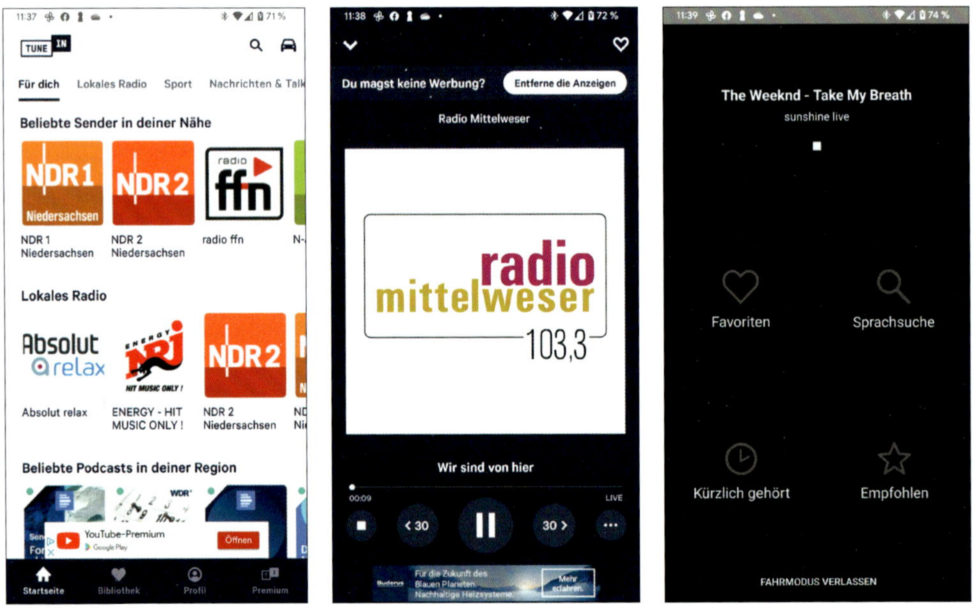

TuneIn Radio bietet unter einer übersichtlichen Oberfläche gut sortierte Listen mit Webradiosendern

Um Sender zu finden, kann man nicht nur nach Namen suchen, sondern auch regional oder nach dem Musikstil. Über das Internet bezieht die App regelmäßig Updates der Radiolisten. Bei der Fülle der angebotenen Sender empfiehlt es sich, Favoriten anzulegen. In der persönlichen Favoritenliste braucht man nur noch auf eine Radiostation zu tippen, die Musik wird dann umgehend gestreamt und abgespielt. Ein spezieller Fahrmodus für Autofahrer zeigt einen einfachen Bildschirm mit großen Bedienelementen, der möglichst wenig ablenkt.

Welches Lied läuft gerade?

Jeder kennt das: Im Radio läuft ein schöner Musiktitel, aber man weiß nicht, wie er heißt und wer ihn singt, weil man die Ansage davor verpasst oder einfach nicht zugehört hat. Das Smartphone hilft mit der Einstellung *Now Playing*, den Titel wiederzufinden. Dazu wird der Google Assistant gestartet.

Aktivieren Sie in den *Einstellungen* unter *Display/Sperrbildschirm/Now Playing* den Schalter *Titel erkennen, die in der Nähe gespielt werden*, werden laufende Musiktitel ganz unten auf dem Sperrbildschirm angezeigt.

Schalten Sie zusätzlich die Benachrichtigungen ein, werden dort unten im Bereich *Lautlos* Benachrichtigungen mit dem gerade laufenden Musiktitel angezeigt.

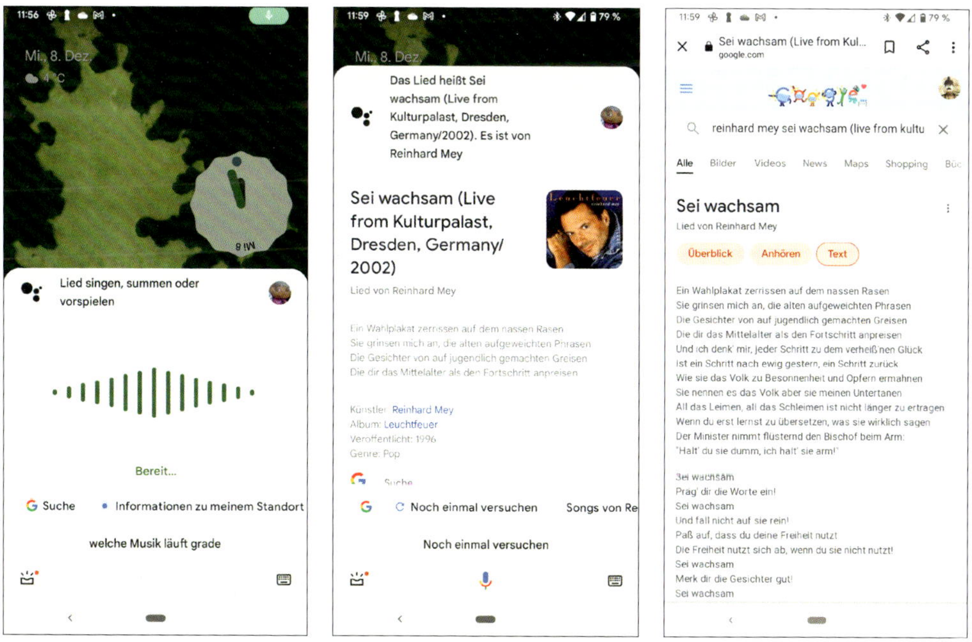

Google Assistant mit Informationen zu einem gefundenen Titel

Tippen Sie auf eine solche Benachrichtigung, öffnet sich der Google Assistant, sucht den Titel und zeigt weitere Informationen. Bei manchen Liedern gibt es auch den Text zu sehen.

YouTube

YouTube ist mehr denn je die beliebteste Quelle für Videos aller Art im Internet. YouTube bietet zwar die für mobile Geräte optimierte Webseite *m.de.youtube.com*. Deutlich komfortabler ist aber die YouTube-App, die eine speziell für Android-Smartphones optimierte Darstellung bietet und Videos erheblich flüssiger darstellt als der Browser. Ist diese App installiert, was bei den meisten Android-Smartphones bereits herstellerseitig der Fall ist, wird beim Besuch der mobilen YouTube-Webseite automatisch die App gestartet.

Interessante Fakten zu YouTube

YouTube ist nach Google die zweitgrößte Suchmaschine der Welt und nach Facebook das zweitgrößte soziale Netzwerk. 1,9 Milliarden Menschen nutzen YouTube mehr oder weniger regelmäßig. Das entspricht etwa einem Drittel aller Internetnutzer weltweit. 77 % der deutschen Internetnutzer besuchen jeden Monat YouTube. YouTube-Nutzer betrachten jeden Tag über 1 Milliarde Stunden Videos, mehr als auf Netflix und Facebook zusammen. Pro Minute werden 500 Stunden Videos neu hochgeladen. YouTube hat das klassische Fernsehen in jüngeren Zielgruppen vielfach ersetzt. Selbst Sendungen der öffentlich-rechtlichen Sender werden auf YouTube öfter aufgerufen als in den eigenen Mediatheken der Anbieter. Nach einer Studie von ARD und ZDF, die YouTube verständlicherweise genau beobachten, nutzten im Jahr 2019 54 % aller YouTube-Fans diese Plattform vom Smartphone aus. Unter den Jugendlichen sind sogar 89 % Smartphone-Nutzer. 70 % aller betrachteten Videos werden auf Smartphones angesehen.

Achtung: Datenvolumen

Bedenken Sie bei der Nutzung von YouTube über das Mobilfunknetz das zu übertragende Datenvolumen von Videos. Hier kommt man schnell an die Grenzen der Smartphone-Flatrates.

Nach der Anmeldung mit dem auf dem Smartphone installierten Google-Konto hat man in der YouTube-App direkten Zugriff auf eigene Playlisten und Favoriten. Die Suchfunktion sowie die Listen mit Videos des gleichen Anbieters oder ähnlichen Videos anderer Anbieter stehen so, wie man sie vom PC kennt, auch in der YouTube-App zur Verfügung.

Natürlich lassen sich alle Videos auch im Vollbildmodus abspielen. Dazu braucht man das Smartphone nur quer zu halten. In diesem Modus sind die Symbole für *Zurück*, *App-Liste* und *Home* deaktiviert, sodass Sie sie nicht versehentlich betätigen können. Um zurück zum Startbildschirm zu kommen, drehen Sie das Smartphone wieder in die Senkrechte. Damit wird der Vollbildmodus beendet, und alle Bedienelemente stehen wieder wie gewohnt zur Verfügung.

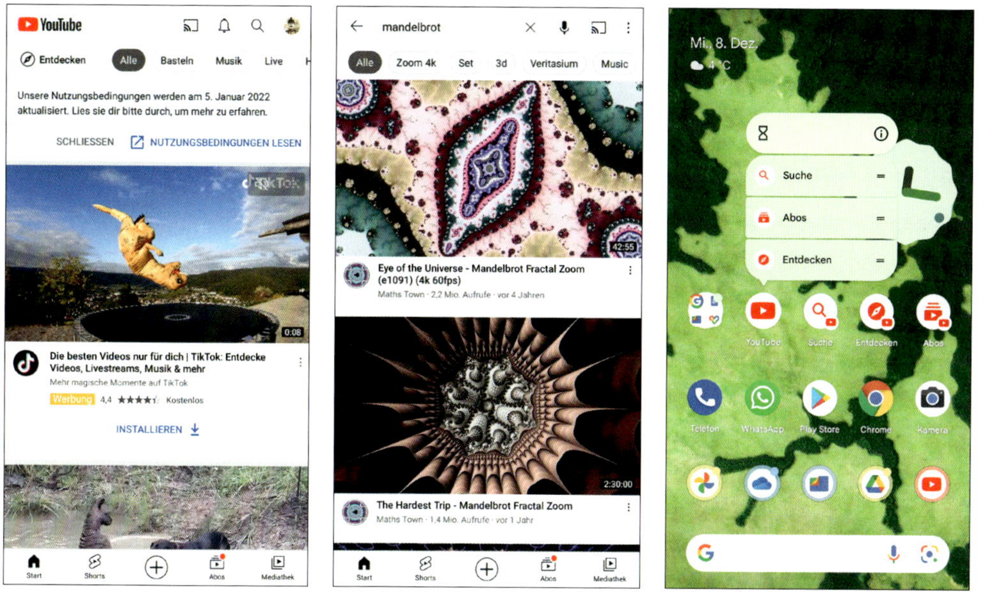

Die YouTube-App auf dem Smartphone, rechts: App-Shortcuts für YouTube

Auch die Funktionen, Videos zu bewerten oder Links an Freunde zu verschicken, sind in der App enthalten. Dabei werden alle installierten Kommunikations-Apps wie E-Mail, Facebook, Twitter und weitere unterstützt.

Mit der YouTube-App können Sie auch eigene Videos, die mit der Smartphone-Kamera aufgenommen wurden, direkt auf YouTube hochladen, ohne dass Sie einen PC dafür benötigen.

App-Shortcuts

Über App-Shortcuts (langes Antippen des App-Symbols) lassen sich aktuelle Benachrichtigungen, eigene Abos und die Suche schnell aufrufen. Bei Bedarf können diese Shortcuts auf den Startbildschirm gelegt werden.

Video mit der Kamera aufnehmen

Die Google-Kamera-App bietet auch die Möglichkeit, Videos aufzunehmen. Das Symbol *Video* in der Symbolleiste auf dem Kamerabildschirm schaltet auf den Videomodus um. Tippen Sie auf den Auslöser, der jetzt einen roten Punkt darstellt, um die Aufnahme zu starten. Andere Kamera-Apps zeigen oft Symbole für Fotoapparat und Videokamera.

Während der Aufnahme läuft unten eine Anzeige mit der aktuellen Länge des Videos. Tippen Sie ein zweites Mal auf den Auslöser, um die Aufnahme zu stoppen. Die Pause-Taste ermöglicht Pausen während der Aufzeichnung, ohne die Videodatei zu beenden. Tippen Sie noch einmal auf das Pause-Symbol, wird die Aufzeichnung der gleichen Datei fortgesetzt.

Videos mit der Kamera aufzeichnen

In den Kameraoptionen können Sie die Framerate in Bildern pro Sekunde umschalten sowie das Fotolicht einschalten. Über das aus Fotos bekannte Doppelpfeilsymbol auf dem Bildschirm lässt sich die Frontkamera für Videos nutzen.

Zeitlupe

Zeitlupe filmt schnelle Bewegungen so, dass sie beim Abspielen langsamer erscheinen. Dabei können Sie zwischen 1/4 und 1/8 der Originalgeschwindigkeit wählen.

Zeitraffer

Umgekehrt werden beim *Zeitraffer* sehr langsame Bewegungen beim Abspielen schneller dargestellt. Dabei gibt es vier Geschwindigkeitsstufen. Die Kamera-App zeigt Vorschläge, wofür welche Geschwindigkeit am besten geeignet ist.

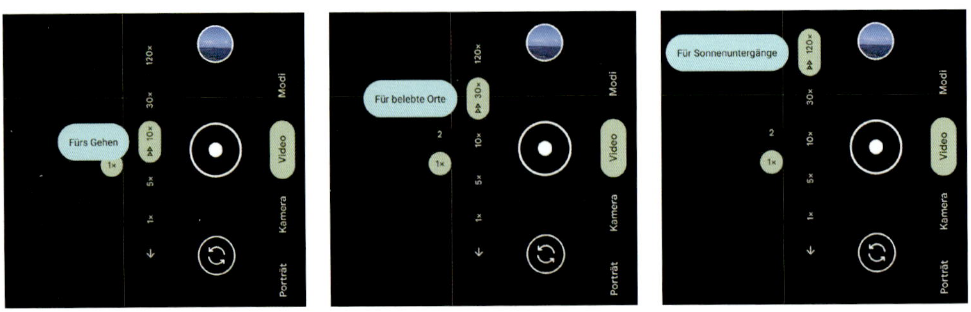

Verschiedene Geschwindigkeiten für Zeitraffer

Datenaustausch über Cloud-Speicherdienste

Cloud-Speicherdienste sind die ideale Lösung, um Dateien aller Art komfortabel zwischen Smartphone und PC oder auch mehreren PCs auszutauschen. Musste man früher Smartphones noch mühsam per USB-Kabel mit dem PC verbinden, um Daten auszutauschen, funktioniert es heute über das Internet vollautomatisch, wenn die Daten in den entsprechenden Verzeichnissen liegen.

Die bekanntesten derartigen Dienste – Google Drive, OneDrive und Dropbox – bieten alle neben PC-Anwendungen auch Android-Apps an. Die verschiedenen Anbieter unterscheiden sich nur in kleinen Details. Wer also bereits einen dieser Dienste auf dem PC nutzt, sollte die passende App auf dem Smartphone installieren.

Google Drive

Google bietet mit Google Drive (*drive.google.com*) allen Benutzern bis zu 15 GB kostenlosen Onlinespeicherplatz, der für beliebige Dateien genutzt werden kann. Bei regelmäßiger Nutzung und durch Bonusaktionen kann dieser kostenlose Speicherplatz automatisch wachsen.

Die Google-Drive-App ist auf Smartphones mit Android 12 üblicherweise vorinstalliert. Sie enthält für viele gängige Dateiformate integrierte Betrachter, um diese Dateien auf dem Smartphone darstellen zu können, ohne spezielle Apps installieren zu müssen. Fotos aus Google Drive werden automatisch in der Google-Fotos-App angezeigt.

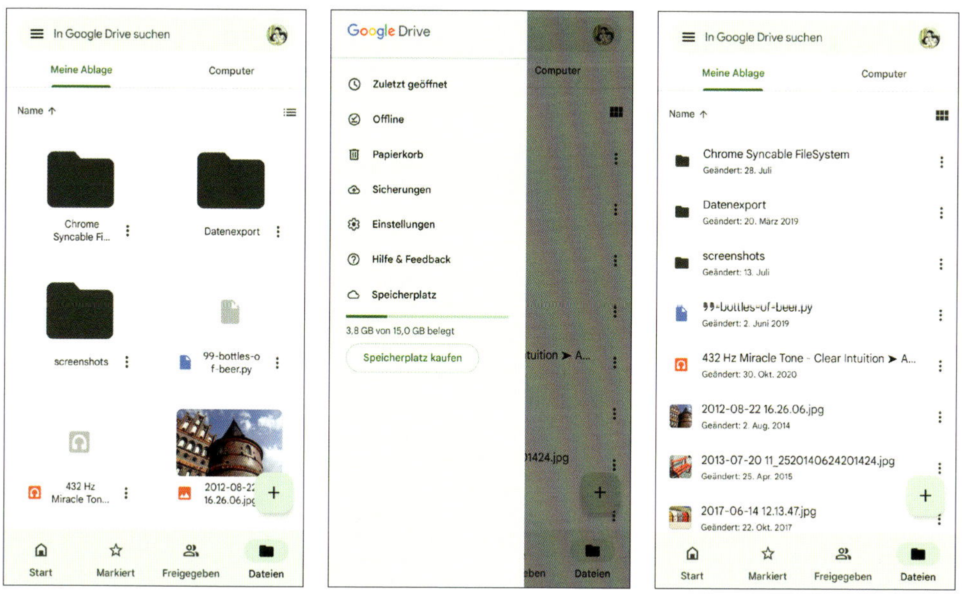

Die Google-Drive-App mit persönlichen Dateien

Google Drive ist von allen vergleichbaren Cloud-Speicheranbietern am besten in das Android-Betriebssystem integriert. Dateien lassen sich für andere Personen direkt aus der App freigeben und versenden. Umgekehrt bieten sehr viele Android-Apps die Möglichkeit, Dateien auf Google Drive abzulegen und zu teilen oder Google Drive zur Datensicherung zu verwenden.

Bei jeder Datei kann auf dem Smartphone über das Menü mit den drei Punkten bei der Datei eingestellt werden, ob sie zur Offlinenutzung auf das Gerät heruntergeladen werden soll. Bei jeder Veränderung der Datei wird die Offlinekopie mit der Cloud synchronisiert.

Dateien vom Smartphone auf Google Drive hochladen

Mit der Google-Drive-App können Sie ähnlich wie bei OneDrive Dateien aller Art vom Smartphone auf Google Drive hochladen. Dabei gibt es wie bei ähnlichen Diensten zwei Möglichkeiten: Entweder Sie suchen die Datei mit der Google-Drive-App und laden sie direkt hoch, oder Sie verwenden die *Teilen*-Funktion aus anderen Apps oder Dateimanagern.

1. Wählen Sie in der Google-Drive-App den Ordner, in den die Datei hochgeladen werden soll.
2. Tippen Sie dann unten rechts auf das Plussymbol. Hier können Sie noch einen neuen Unterordner erstellen oder direkt eine Datei hochladen.

3. Suchen Sie die Datei auf dem Smartphone. Dazu wird auch hier der neue Dateimanager von Android 10 und 11 verwendet, der neben lokalen Dateien auch Zugriff auf Cloud-Dienste wie Google Drive und auch OneDrive bietet. Mit dem Menüsymbol links oben finden Sie die lokalen Ordner auf dem Smartphone.
4. Wählen Sie eine oder mehrere Dateien aus und tippen Sie auf *Auswählen*, um sie in den ausgewählten Ordner auf Google Drive hochzuladen.

Dateien aus anderen Apps nach Google Drive teilen

Das Teilen von Dateien aus anderen Apps auf Google Drive funktioniert wie gewohnt:

1. Markieren Sie die gewünschte Datei in der jeweiligen App und tippen Sie auf das *Teilen*-Symbol in der App.

2. Wählen Sie in der Liste der Apps auf dem *Teilen*-Bildschirm Google Drive.
3. Jetzt öffnet sich die Google-Drive-App. Wählen Sie dort das gewünschte Google-Konto, falls mehrere auf dem Smartphone angemeldet sind, sowie den Ordner, in den die Datei hochgeladen werden soll, und tippen Sie danach unten auf *Auswählen*. Damit wird die Datei auf Google Drive hochgeladen und steht auf allen synchronisierten Geräten zur Verfügung.

Dateien mit der Google Drive App freigeben

Dateien lassen sich auch direkt aus der App für andere Personen einfach freigeben und versenden.

1. Tippen Sie bei einer Datei in der Übersicht der eigenen Dateien in der Google-Drive-App auf das Symbol mit den drei Punkten. Wählen Sie hier *Freigeben*.
2. Auf der nächsten Seite wählen Sie Personen aus, die eine E-Mail zur Freigabe der Datei bekommen sollen. Dabei können Sie festlegen, ob diese die Datei bearbeiten, kommentieren oder nur betrachten dürfen.
3. Die Symbole unter *Wer hat Zugriff?* zeigen, wer bereits über eine Freigabe Zugriff auf die Datei hat. Tippen Sie darauf, wird eine Liste mit kompletten Namen angezeigt, in der Sie auch die einzelnen Zugriffsrechte ändern können.

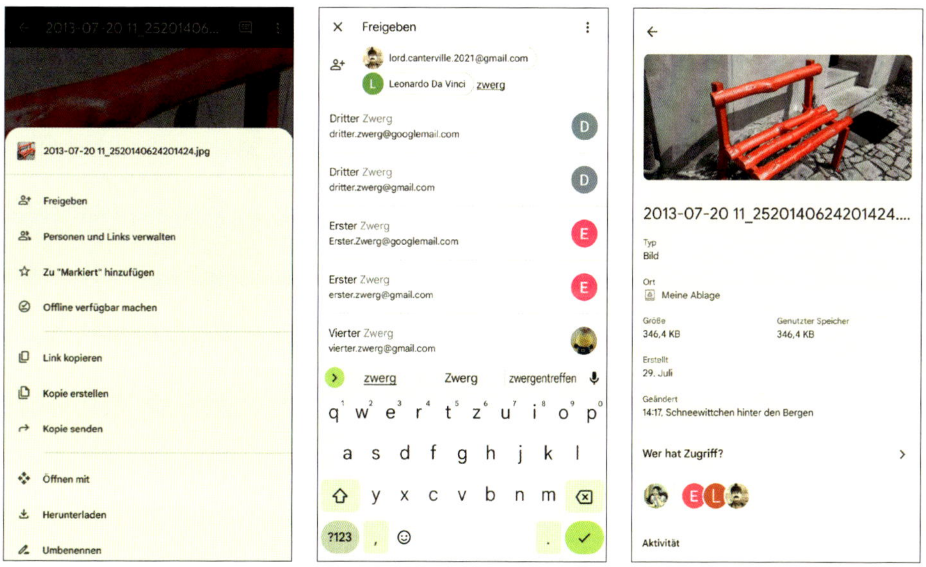

Personen zu einer Datei einladen

Dokumente scannen mit Google Drive

Die Google-Drive-App beinhaltet eine Scanfunktion, mit der Sie mit der Kamera ein Dokument fotografieren und als PDF auf Google Drive ablegen können. Dabei sind auch mehrseitige PDF-Dokumente möglich.

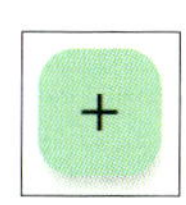

1. Tippen Sie zum Scannen auf das Plussymbol unten rechts in der Google-Drive-App.
2. Tippen Sie in der Symbolleiste auf das Kamerasymbol *Scannen*. Automatisch startet die Kamera und Sie können die erste Seite des Dokuments fotografieren.

3. Mit dem Symbol *Zuschneiden* wählen Sie den gewünschten Ausschnitt. Auf diese Weise können Sie überflüssigen Text entfernen und auch ein schräg aufgenommenes Foto gerade ziehen.
4. Mit der Farbpalette legen Sie die Farbtiefe des Bildes fest, und mit dem *Drehen*-Symbol drehen Sie das Bild in 90°-Schritten.
5. Mit dem Plussymbol unten links fotografieren Sie weitere Seiten.
6. Das *Speichern*-Symbol unten rechts lädt das Dokument als PDF auf Google Drive hoch.

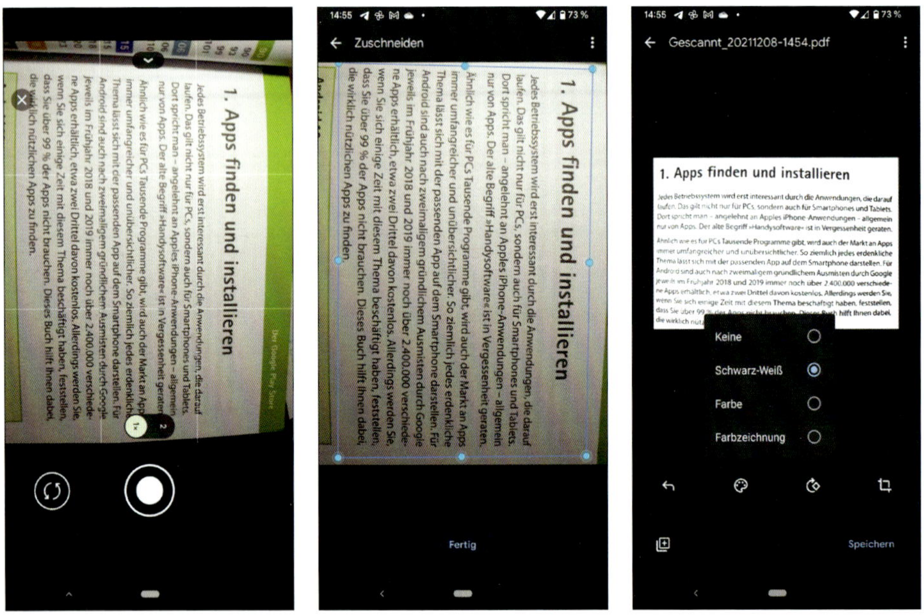

Dokumente mit Google Drive scannen

Beim Scannen können die Bilder in Schwarz-Weiß umgewandelt werden. Die Google-Drive-App versucht auch, störende Hintergründe herauszufiltern. Die Dokumente bleiben als grafisches PDF erhalten, werden also nicht in Text umgewandelt, die Inhalte können aber durchsucht werden. Geben Sie im Suchfeld der Google-Drive-App einen Suchbegriff ein, findet die App auch gescannte Dokumente, in denen dieser Begriff enthalten ist.

App-Shortcuts und Widgets

Über App-Shortcuts (langes Antippen des App-Symbols) lassen sich wichtige Aufgaben schnell aufrufen. Bei Bedarf können diese Shortcuts auf den Startbildschirm gelegt werden. Zusätzlich liefert Google Drive Widgets, mit denen Sie Dokumente scannen oder hochladen können oder auch direkten Zugriff auf einen ausgewählten Ordner auf Google Drive haben.

Google Drive für Windows Desktop

Google Drive ermöglicht es ähnlich wie OneDrive, auf einfache Weise ein Verzeichnis der lokalen Festplatte automatisch im Hintergrund mit Google Drive zu synchronisieren und auf diese Weise leicht beliebige Dateien zwischen Smartphone und PC auszutauschen. Laden Sie dazu auf dem PC bei *www.google.com/drive/download* das Google-Programm *Google Drive for Desktop* für Windows herunter.

Installieren Sie das Programm und melden Sie sich während der Installation mit Ihrem Google-Konto an. Nach abgeschlossener Installation erscheint Google Drive als neuer Laufwerkbuchstabe im Explorer. Diese Methode hat den Vorteil, dass die eigene Ablage auf Google Drive auch mit anderen Dateimanagern genutzt werden kann. Im Gegensatz zu OneDrive wird kein Ordner angelegt. Sie können aber beliebige Dateien auf das neue Laufwerk in den Ordner *Meine Ablage* kopieren und dort auch Unterordner anlegen.

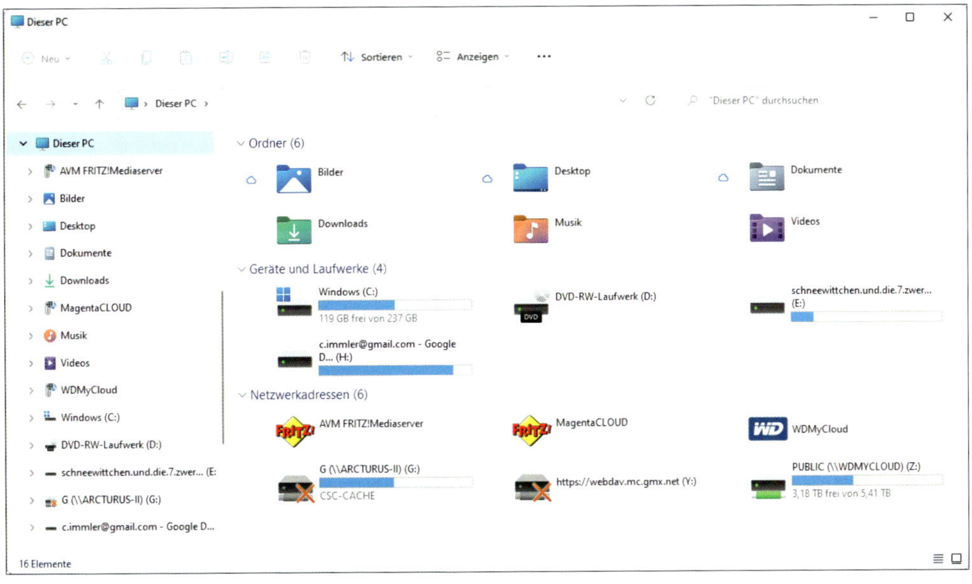

Neue Laufwerke für Google Drive im Explorer von Windows 11

Bei der Installation und auch später in den Einstellungen der Windows-Desktop-App können Sie zwischen zwei Methoden wählen:

- Ähnlich wie bei der OneDrive-Einstellung *Dateien bei Bedarf* zeigt die Einstellung *Dateien streamen* nur Platzhalter für die Dateien an. Es werden erst einmal keine Dateien auf die Festplatte kopiert. Sie werden nur dann auf die Festplatte heruntergeladen, wenn sie benötigt werden. Dateien, die Sie mit dem Explorer auf das Google-Drive-Laufwerk kopieren oder dort bearbeiten, werden automatisch zurück auf den Google-Drive-Cloud-Speicher kopiert, damit sie auch auf anderen Geräten genutzt werden können.

- Die Einstellung *Dateien spiegeln* synchronisiert alle Dateien in einen Ordner auf dem PC. In diesem Fall sind sie immer auch offline nutzbar.

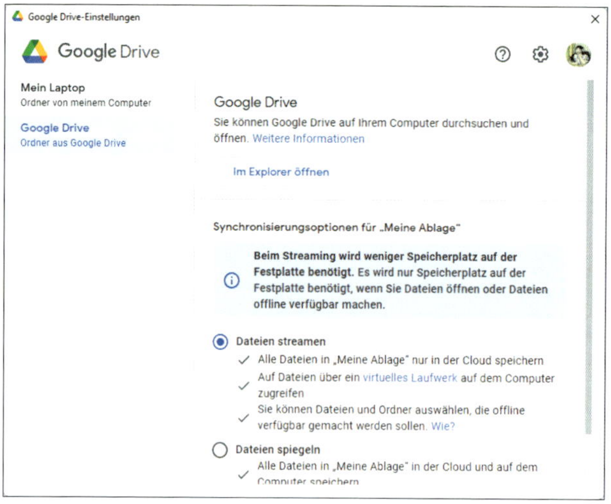

Einstellungen der Google-Drive-Desktop-App

Die Methode *Dateien streamen* benötigt deutlich weniger Speicherplatz auf dem PC und läuft auch im Alltag aufgrund nur geringer Hintergrundaktivität deutlich flüssiger. Möchten Sie eine Datei offline ohne Internetverbindung unterwegs auf dem Laptop nutzen, machen Sie die Datei offline verfügbar, indem Sie im Explorer mit der rechten Maustaste darauf klicken und im Kontextmenü die Option *Weitere Optionen anzeigen/Offlinezugriff/Offline verfügbar* wählen.

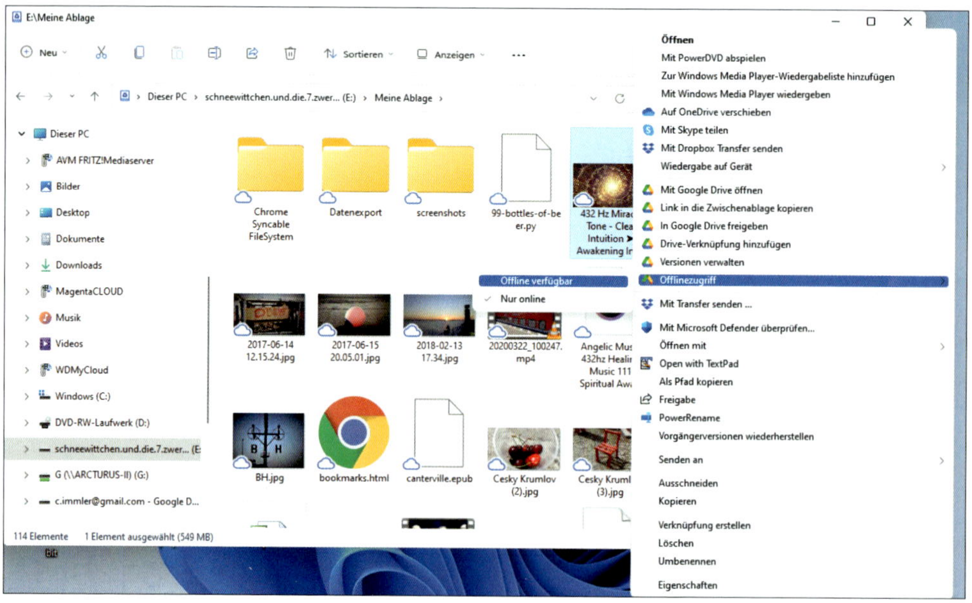

Datei in Google Drive für Windows-Desktop offline verfügbar machen

Wenn Sie eine offline verfügbare Datei offline bearbeiten, wird sie bei der nächsten Onlineverbindung automatisch wieder auf Google Drive übertragen.

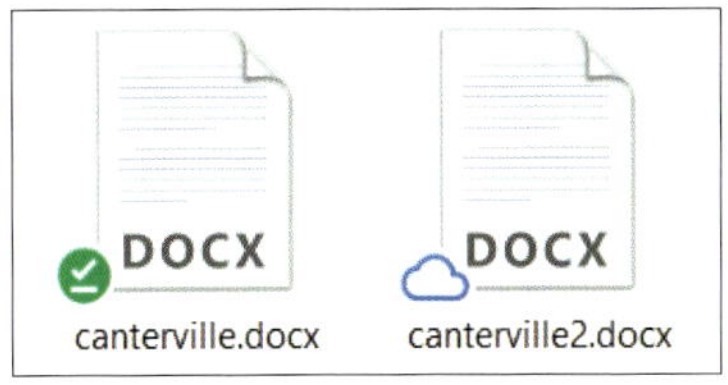

Offline verfügbare Dateien werden mit einem grünen Häkchen anstelle des Cloud-Symbols gekennzeichnet

OneDrive

Microsoft bietet mit OneDrive (*onedrive.com*) eine Cloud-Speicherlösung an. Diese ist in Windows 10 und Windows 11 bereits fest integriert und hat dadurch große Beliebtheit gewonnen. Für Nutzer von Windows 7 und 8.1 gibt es bei *onedrive.live.com/about/de-de/download* noch eine PC-Anwendung, die ein Verzeichnis der lokalen Festplatte im Hintergrund mit dem Cloud-Speicher synchronisiert. Diese funktioniert trotz des bereits abgelaufenen Supports für Windows 7 immer noch ohne Einschränkungen. Mit der passenden Android-App können Sie auch vom Smartphone auf Ihre persönlichen Dateien zugreifen und sie mit Freunden teilen.

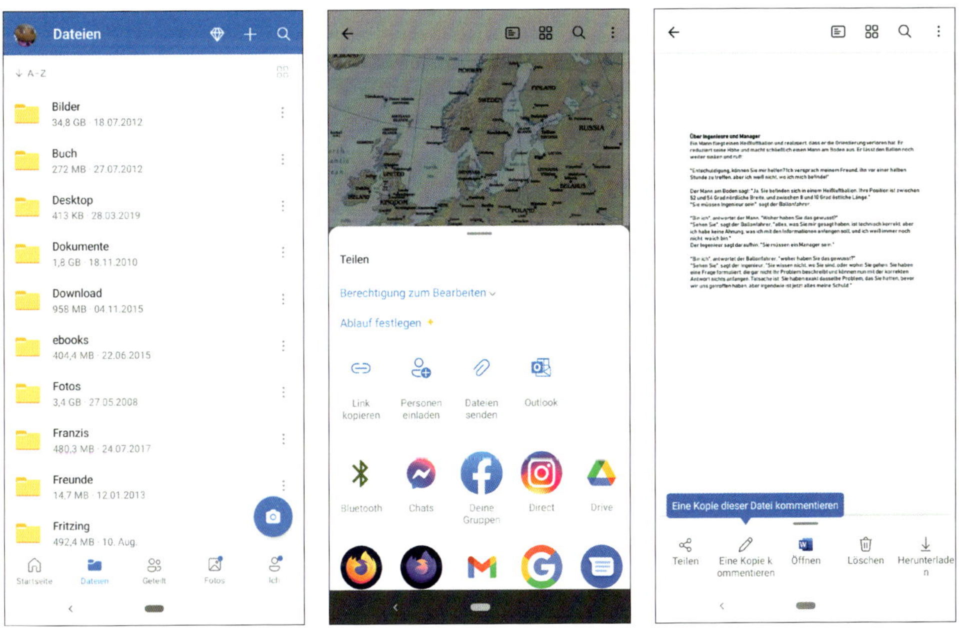

Die OneDrive-App für Android, rechts: integrierter Betrachter für Office-Dokumente

Zur Anmeldung wird ein Microsoft-Konto benötigt. Dies kann mit einer Windows-Installation angelegt worden sein, oder Sie melden sich bei *onedrive.com* oder auch direkt in der App kostenlos neu an. OneDrive macht an vielen Stellen in der App Werbung für kostenpflichtige Dienste. Solange Ihnen Ihr kostenloser Speicherplatz ausreicht, können Sie diese Werbung einfach wegklicken.

Ein integrierter Betrachter zeigt Office-Dokumente auf OneDrive in den gängigen Formaten direkt in der App an. Über das *Teilen*-Symbol im Menü mit den drei Punkten neben jeder Datei können Sie Links auf eigene Dateien bei OneDrive leicht mit Freunden teilen und dabei festlegen, welche Personen die Datei nur sehen dürfen und wer sie auch bearbeiten darf.

Dropbox

Dropbox war einer der ersten und auch lange Zeit der bekannteste kostenlose Cloud-Speicherdienst, bis die Einschränkungen kamen und Dropbox durch die sehr gute Integration von OneDrive in Windows 10/11 an Popularität verlor.

Dropbox-Bonus und Einschränkungen

Dropbox stellt jedem Nutzer 2 GB kostenlosen Speicherplatz zur Verfügung. Melden Sie sich bei Dropbox über den Link *bit.ly/3GvZFxT* an, bekommen Sie zusätzliche 500 MB Willkommensbonus. Dropbox lässt nur noch drei Geräte gleichzeitig für ein kostenloses Benutzerkonto zu, was den Nutzen dieses Cloud-Speichers erheblich einschränkt. Seit dieser Änderung funktioniert der automatische Upload von Fotos vom Smartphone auch nur noch, wenn Dropbox auf mindestens einem PC zur automatischen Synchronisation eingerichtet ist.

Die Dropbox-App bietet Zugriff auf alle eigenen Dropbox-Ordner sowie auf die von Freunden freigegebenen. Dateien können zur Offlineverwendung markiert werden und werden dann im Hintergrund auf das Smartphone heruntergeladen. Wie bei anderen Cloud-Speicherdiensten auch, können einzelne Dateien oder ganze Ordner über Links mit Freunden geteilt werden.

Bei der Einrichtung der Dropbox-App können Sie festlegen, dass neue Fotos vom Smartphone automatisch in das Verzeichnis *Mobilgeräte Uploads* Ihrer persönlichen Dropbox hochgeladen werden sollen. Wählen Sie allerdings, um Datenvolumen Ihres Internettarifs zu sparen, die Option *Nur über WLAN*.

Büro-Apps

In den Anfangszeiten der Smartphones waren es im Wesentlichen Geschäftsleute, die diese Geräte nutzten. Heute sieht es anders aus, ein Smartphone ist ein alltäglicher Begleiter der mobilen Internetgeneration. Dennoch gibt es immer noch nützliche Apps für büroähnliche Funktionen auf den mobilen Taschencomputern.

Google Docs

Wer öfter längere Texte schreibt, möchte diese auch unterwegs korrigieren oder in einer Besprechung Änderungen einfügen. Das ist oftmals schwierig, weil der Computer mit dem Originaltext gerade nicht zur Hand ist.

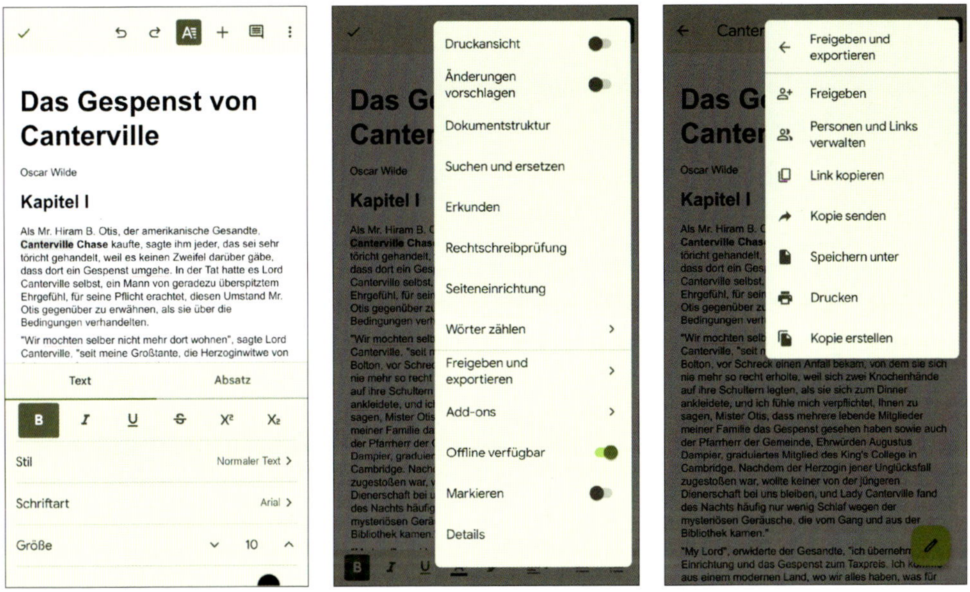

Dokumente in Google Docs auf dem Smartphone bearbeiten und teilen

Die Textverarbeitung Google Docs beinhaltet alle wichtigen Funktionen einer Textverarbeitung. Damit lassen sich Google-Docs-Dokumente auf Google Drive sowie lokal auf dem Smartphone gespeicherte Word-Dokumente bearbeiten. Die App ist auf den meisten Android-Smartphones bereits vorinstalliert.

Setzen Sie den Cursor durch einfaches Antippen an die gewünschte Position. Tippen Sie doppelt, um einen Textbereich zu markieren. Anschließend können Anfang und Ende der Markierung beliebig verschoben werden. Tippen Sie länger auf einen markierten Text, erscheint eine Symbolleiste der Zwischenablage.

Im Menü oben rechts finden Sie bekannte Funktionen von Textverarbeitungen wie Suchen und Ersetzen sowie Dokumentstruktur anzeigen. Über den Schalter *Offline verfügbar* machen Sie Dokumente aus Google Drive auch ohne Internetverbindung offline verfügbar. Änderungen werden bei der nächsten Internetverbindung automatisch synchronisiert.

Über den Menüpunkt *Freigeben und exportieren* können Sie das Dokument für andere Personen freigeben. Dabei können Sie diesen Personen verschiedene Rechte für das Dokument zuweisen: nur anzeigen, kommentieren oder sogar bearbeiten.

> **Google Docs und Tabellen auf dem PC**
>
> Auf dem PC finden Sie im Browser bei *docs.google.com* alle Ihre Dokumente und Tabellen und können sie dort auch ohne Installation zusätzlicher Software direkt bearbeiten. Änderungen werden automatisch mit den Smartphone-Apps synchronisiert.

Texte mit Google Lens scannen und übernehmen

Die App *Google Lens* kann mit der Kamera Texte erkennen, um diese in eine Textverarbeitung zu übernehmen.

1. Halten Sie die Kamera mit *Google Lens* auf den Text. Achten Sie dabei auf eine gleichmäßige Beleuchtung. Zur besseren Erkennung sollten die Textzeilen möglichst waagerecht im Bild liegen.
2. Wählen Sie in der Symbolleiste von *Google Lens* unter dem Kameraauslöser die Option *Text*. Wenn Text im Bild erkannt wird, wird dieser hell hervorgehoben. Tippen Sie dann auf den Auslöser.
3. Tippen Sie auf den hervorgehobenen Text, um erkannten Text zu markieren, wie Sie ihn auch in einem Textdokument markieren würden.
4. Mit dem Symbol *Alles auswählen* unten links wählen Sie den kompletten erkannten Text aus.

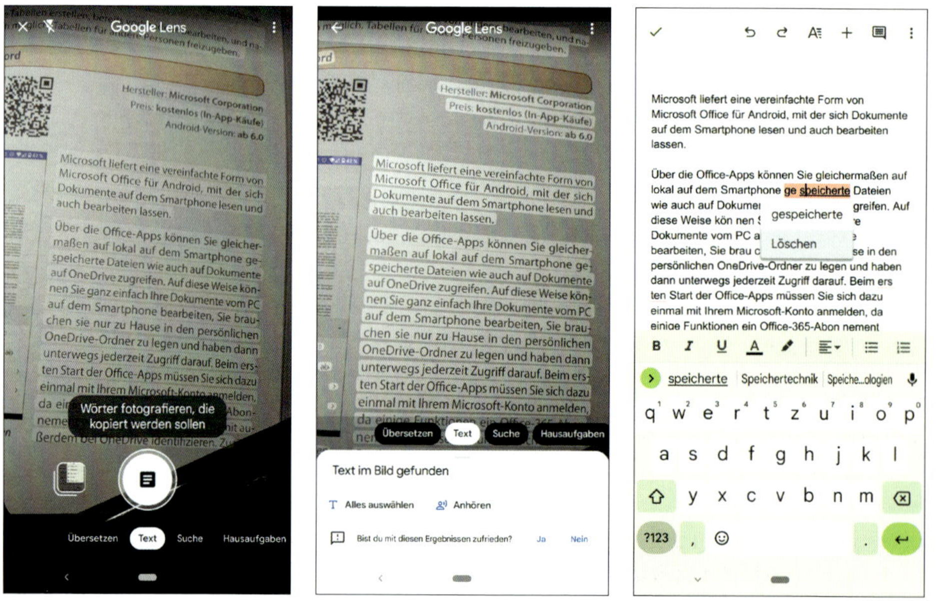

Automatische Texterkennung mit Google Lens, rechts: erkannter Text mit leichten Erkennungsfehlern

5. Tippen Sie auf dem nächsten Bildschirm auf das Symbol *Text kopieren*. Damit wird der Text in die Zwischenablage kopiert und kann in anderen Apps eingefügt werden.

6. In *Google Lens* und einigen anderen Apps wird der Inhalt der Zwischenablage als Symbol oberhalb der Tastatur angezeigt, um ihn noch einfacher einzufügen.

7. Automatisch erkannter Text sollte auf jeden Fall nachbearbeitet werden, da es immer zu Fehlern kommt (siehe Screenshots). Markieren Sie ein fehlerhaft erkanntes Wort, bietet Google Docs passende Wörter als Korrekturvorschläge an. So brauchen Sie oft die Korrekturen nicht selbst einzutippen.

Fotografierte Texte auf den PC übertragen

Der mit *Google Lens* erkannte Text kann auch direkt auf einen PC übertragen werden. Auf dem PC muss dazu der Chrome-Browser laufen und mit demselben Google-Konto wie das Smartphone angemeldet sein. Tippen Sie dann nach der Texterkennung auf dem Smartphone auf das Symbol *Auf Computer kopieren* und wählen Sie den gewünschten Computer aus. Kurz danach liegt der Text dort in der Zwischenablage und kann mit der Tastenkombination Strg+V in ein beliebiges Programm eingefügt werden. Unter Windows 10 und Windows 11 finden Sie den Text auch mit Win+V in der erweiterten Zwischenablage, falls Sie zwischenzeitlich andere Daten über die Zwischenablage kopiert haben.

Google Tabellen

Die Tabellenkalkulation Google Tabellen unterstützt fast alle Formeln sowie auch Sortier- und Filterfunktionen aus Excel. Um Felder zu bearbeiten, tippen Sie in die betreffende Zelle. Jetzt erscheint ein Bearbeitungsfeld am unteren Bildschirmrand. Nach der Bearbeitung der Werte wird die Tabelle automatisch neu berechnet.

Die App *Google Tabellen* funktioniert ähnlich wie die App *Google Docs*. Um Felder zu bearbeiten, tippen Sie in die betreffende Zelle. Jetzt erscheint ein Bearbeitungsfeld am unteren Bildschirmrand. Nach der Bearbeitung der Werte wird die Tabelle automatisch neu berechnet.

Trigonometrische und finanzmathematische Berechnungen sind in der Tabellenkalkulation ebenso möglich wie die Statistik oder Umrechnung zwischen Zahlensystemen. Selbst die Logik- und Verweisfunktionen aus Excel zum Bezug zwischen verschiedenen Bereichen einer Tabelle wurden umgesetzt. Die meisten Funktionsnamen sind in Englisch und heißen daher anders, als vom deutschen Excel bekannt, werden aber beim Import und Export automatisch umgesetzt und in der App auch auf Deutsch beschrieben.

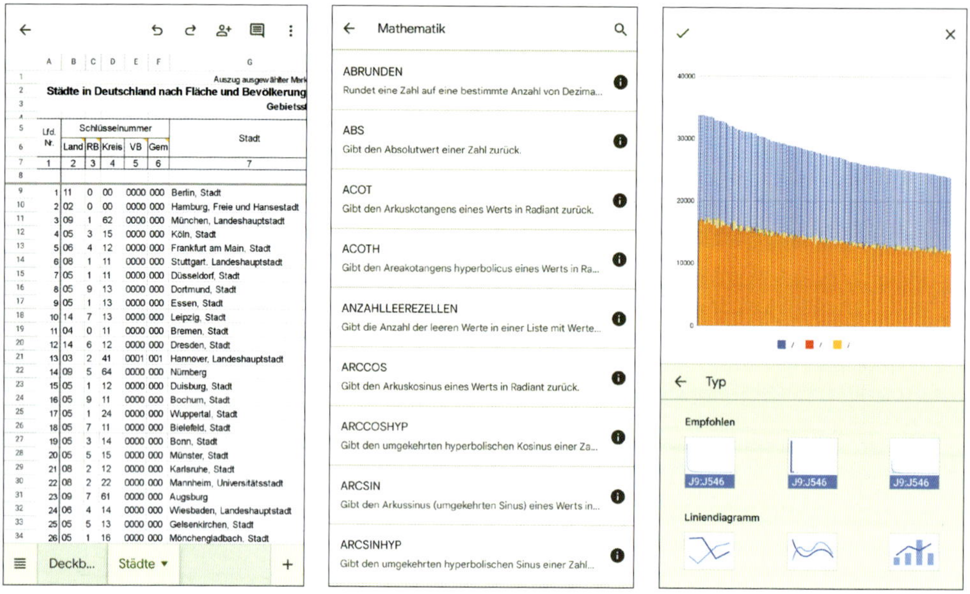

Tabellenkalkulation, Funktionen und Grafiken in der Google-Tabellen-App

Der Menüpunkt *Erkunden* erstellt automatisch verschiedene Grafiken anhand der Daten. Diese können in das Dokument übernommen und dort auch weiterbearbeitet werden.

Einschränkungen von Office-Apps

Manche alles besser wissenden Medien werfen den mobilen Office-Lösungen eingeschränkte Funktionalität vor. Gerade bei Tabellenkalkulationen gilt aber die alte Administratorenweisheit: Weniger als 10 % der Anwender nutzen mehr als 10 % der Funktionen eines Programms. Dass Google Tabellen keine Pivot-Tabellen und keine Was-wäre-wenn-Analysen mit verschiedenen Datenszenarien verarbeitet, wird nur einen sehr kleinen Anwenderkreis stören.

Microsoft Office für Android

Microsoft liefert eine vereinfachte Form von Microsoft Office für Android, mit der sich Dokumente auf dem Smartphone lesen und auch bearbeiten lassen. Über die Office-Apps können Sie gleichermaßen auf lokal auf dem Smartphone gespeicherte Dateien wie auch auf Dokumente auf OneDrive zugreifen. Auf diese Weise können Sie ganz einfach Ihre Dokumente vom PC auf dem Smartphone bearbeiten, Sie brauchen sie nur zu Hause in den persönlichen OneDrive-Ordner zu legen und haben dann unterwegs jederzeit Zugriff darauf. Beim ersten Start der Office-Apps müssen Sie sich dazu einmal mit Ihrem Microsoft-Konto anmelden, da einige Funktionen ein Microsoft-365-Abonnement voraussetzen und Sie sich damit außerdem bei OneDrive identifizieren.

Microsoft-Word-App

In der Textverarbeitung Word stehen einfache Bearbeitungsfunktionen zur Verfügung, um schnell an einem Text etwas zu korrigieren oder Schrift und Farbe zu ändern. Änderungen am Text werden standardmäßig automatisch gespeichert. Fortgeschrittene Funktionen wie Verknüpfungen, die Indexerstellung oder auch den Überarbeitungsmodus sucht man dagegen vergebens.

Das Symbol mit dem stilisierten Smartphone schaltet zwischen einer Smartphone-optimierten Darstellung und der Seitenansicht des Dokuments um.

Über das *Teilen*-Symbol können Sie aus allen Office-Apps Dokumente, die auf OneDrive gespeichert sind, für andere Benutzer freigeben. Bei jeder Freigabe können Sie wählen, ob die Empfänger der E-Mail das Dokument nur anzeigen lassen oder auch bearbeiten dürfen. Zusätzlich ist es auch möglich, lokal gespeicherte Dokumente aus den Office-Apps heraus als E-Mail-Anhang zu verschicken.

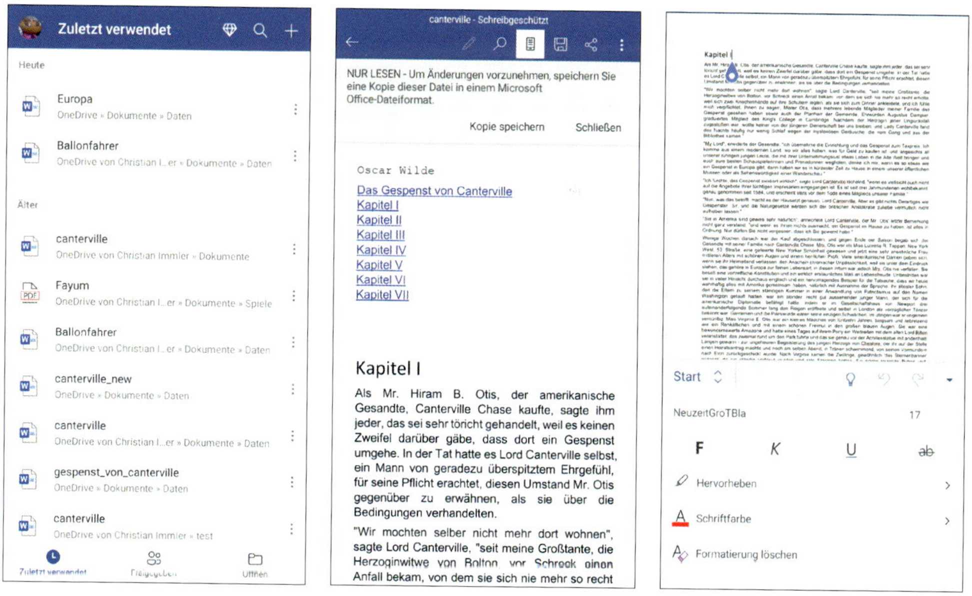

Office-Dokumente lesen und bearbeiten

Microsoft-Excel-App

Auch die Tabellenkalkulation Excel liefert Microsoft für Android, mit der Sie Tabellen anzeigen und bearbeiten können. Die Bedienung und auch die Syntax der Funktionen in Excel für Android entsprechen denen der PC-Version.

Tippen Sie oben links auf das Symbol *fx*, wird eine Liste aller verfügbaren Funktionen angezeigt. Enthält eine Tabelle Funktionen, die von der mobilen Version nicht unterstützt werden, kann die Tabelle nur angezeigt, aber nicht bearbeitet werden, damit keine Inhalte verloren gehen.

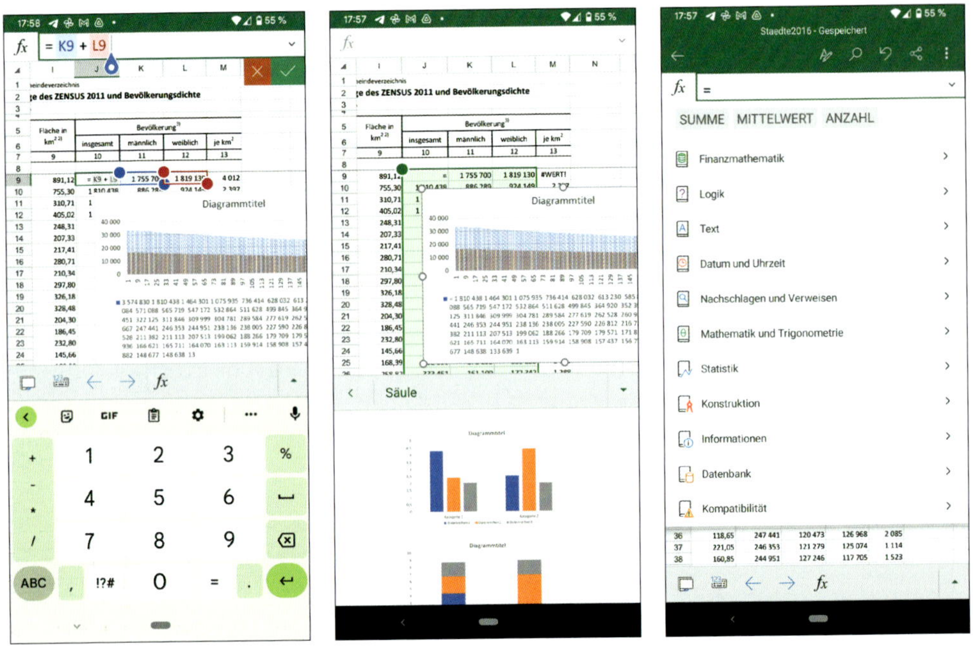

Die Tabellenkalkulation Excel mit Diagrammerstellung auf dem Smartphone

Notizen und Aufgaben

Lange vor der Ära der Smartphones hatte Ernest Hemingway einen Notizblock neben seinem Bett liegen, um, wenn er nachts aufwachte, Ideen und Kommentare zu seinen unvollendeten Werken niederzuschreiben. Diese musste er dann am nächsten Morgen mühsam in seine Manuskripte nachtragen. Heute kann man Tag und Nacht und überall Notizen auf dem Smartphone machen und hat diese automatisch auch auf dem PC verfügbar.

Google Notizen

Mit der App *Google Notizen*, die auf den meisten Android-Smartphones vorinstalliert ist, können Sie unterwegs schnell und einfach Notizen verfassen und auch auf Ihre zu Hause im Browser auf dem PC unter *keep.google.com* erstellten Notizen unterwegs zugreifen. Änderungen in der App werden automatisch in die in der Cloud gespeicherten Notizen übernommen und auf dem PC angezeigt.

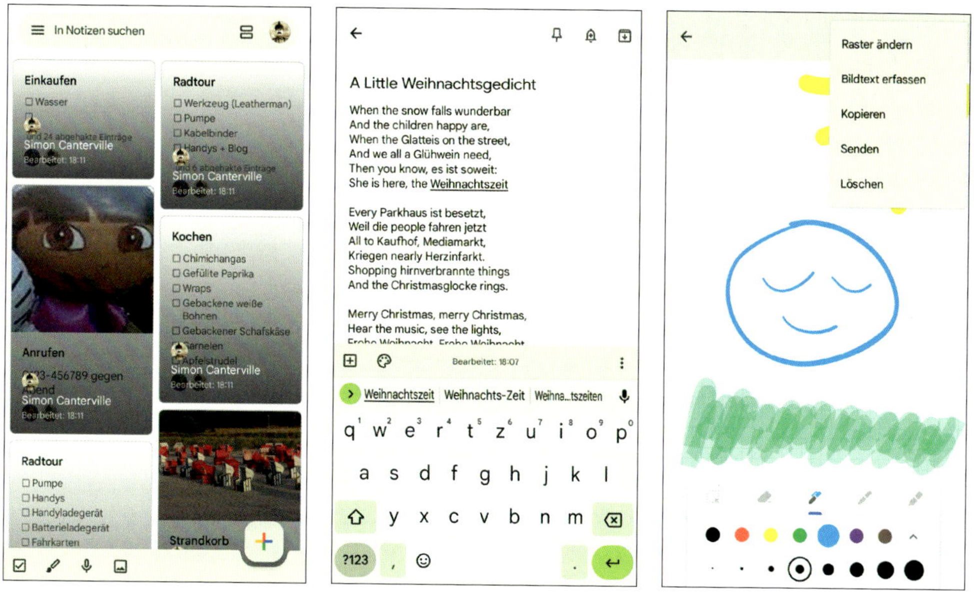

Google Notizen auf dem Smartphone

Mit den Symbolen in der unteren Symbolleiste erstellen Sie neue Notizen verschiedener Typen. Dabei können Sie auch Sprachnotizen sprechen. Googles Spracherkennung versucht dann, diese in Text umzusetzen. Die originale Sprachnotiz bleibt trotzdem erhalten und kann auch auf dem PC angehört werden. Über das Kamerasymbol starten Sie die Kamera des Smartphones und können sofort ein Foto machen, das in einer neuen Notiz gespeichert wird. Über das Stiftsymbol in einem angezeigten Bild haben Sie verschiedene Stifttypen und Farben zur Auswahl, um in den Bildern herumzukritzeln und Kommentare anzubringen.

Im Menü der App finden Sie in der Notizansicht den Menüpunkt *Senden*. Damit geben Sie die Notiz über auf dem Smartphone installierte Kommunikationswege wie z. B. E-Mail oder Facebook-Chat weiter. Über das Alarmsymbol oben können Sie sich zu einer bestimmten Zeit oder wenn Sie einen bestimmten Ort erreichen, an die Notiz erinnern lassen.

Über App-Shortcuts (langes Antippen des App-Symbols) lassen sich wichtige Aufgaben schnell aufrufen. Bei Bedarf können diese Shortcuts auf den Startbildschirm gelegt werden. Google Notizen bietet ein Widget für den Startbildschirm, mit dem Sie schnell eine Notiz anlegen können, ohne erst die App starten zu müssen. Ein weiteres Widget zeigt aktuelle Notizen eines frei wählbaren Labels direkt an.

Microsoft To-Do

Microsoft liefert mit der App *To-Do* eine einfache und dennoch komfortable Lösung für Aufgabenlisten, Einkaufslisten und Ähnliches. Auf der Startseite *Mein Tag* können Sie sich die Aufgaben des aktuellen Tages übersichtlich anzeigen lassen und nach ihrer Erledigung abhaken. Die Notizen werden mit der To-Do-App auf PCs mit Windows 10 oder Windows 11 synchronisiert.

Google Übersetzer

Die App *Google Übersetzer* bringt die bekannten Übersetzungsfunktionen von Google aufs Smartphone. Mit der App können eingetippte oder gesprochene Texte übersetzt werden. Unterwegs kann man mit der Kamera ein Schild oder eine Speisekarte fotografieren und in Echtzeit in eine andere Sprache übersetzen lassen. Beim ersten Starten der App legt man seine eigene Sprache – üblicherweise Deutsch – sowie die am häufigsten übersetzte Sprache fest. Wählen Sie den Menüpunkt *Offline übersetzen*, um eine Sprachdatei für die Übersetzung ohne Internetverbindung herunterzuladen.

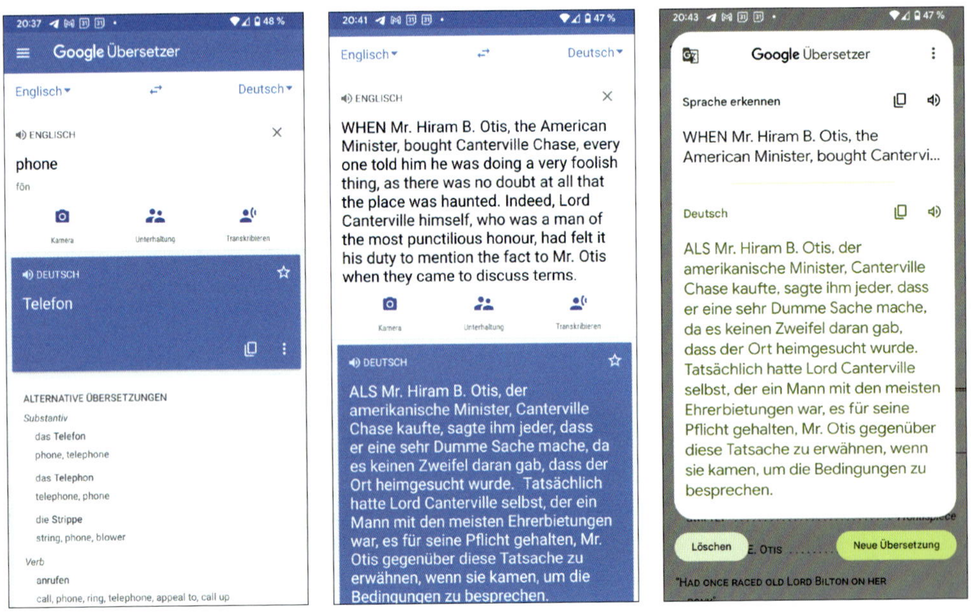

Automatische Übersetzung mit Google Übersetzer

Wenn die Google-Übersetzer-App installiert ist, integriert sich die Übersetzungsfunktion automatisch in die Kontextmenüs oder Symbolleisten unterstützter Apps. Markieren Sie in einer solchen App einen Text, können Sie diesen nicht nur wie bisher in die Zwischenablage kopieren oder direkt teilen, sondern auch in einem über die App geblendeten Fenster übersetzen lassen.

Fremdsprachige Texte lassen sich mit dem Lautsprechersymbol oben links vorlesen, da man in vielen Sprachen die Texte nicht einmal ohne Weiteres aussprechen kann. Anstatt Texte zu tippen oder zu kopieren, können Sie sie auch ins Mikrofon sprechen. So können

Sie sich mit einer Person, die eine fremde Sprache spricht, wirklich unterhalten, indem Sie abwechselnd Sätze in das Smartphone sprechen und sich diese in der anderen Sprache wieder vorsprechen lassen.

Achtung: Automatisch übersetzte Texte nicht veröffentlichen

Zur Veröffentlichung fremdsprachiger Texte ist der Google Übersetzer wie jede andere Art automatischer Übersetzung völlig ungeeignet. Die App dient nur dazu, sich ein ungefähres Bild vom Inhalt eines fremdsprachigen Textes zu machen. Besonders bei Sprachen, bei denen man nicht einmal den leisesten Hauch einer Ahnung hat, was ein Text bedeutet, kann eine automatische Übersetzung hilfreich sein.

Text in einem Foto erkennen und übersetzen

Tippen Sie auf das Kamerasymbol, können Sie einen fremdsprachigen Text mit der Kamera erfassen und automatisch sofort im Bild übersetzen. Allerdings eignet sich diese Methode nur für einfache Hinweisschilder oder Speisekarten. Wählen Sie in der Leiste ganz oben die passende Sprache, verbessert sich die Qualität der automatischen Erkennung.

Um den übersetzten Text in einer anderen App weiterzuverwenden, gehen Sie folgendermaßen vor:

1. Schalten Sie unten von *Sofort übersetzen* auf *Scannen* um.
2. Fotografieren Sie den Text mit dem runden Kameraauslöser.
3. Markieren Sie anschließend mit dem Finger die zu übersetzenden Textstellen.
4. Der erkannte Text und die Übersetzung erscheinen in einem Textfenster. Hier können Sie die Übersetzung oder das Original auch über die Zwischenablage in eine andere App übernehmen.

Webseiten übersetzen

Öffnen Sie eine fremdsprachige Webseite im Chrome-Browser, versucht dieser, die Sprache automatisch zu erkennen, und bietet an, die Webseite zu übersetzen. In der Übersetzung wird das Original-Seitenlayout beibehalten. Zum Vergleich können Sie jederzeit wieder das Original anzeigen lassen.

Entscheiden Sie sich, eine Seite nicht zu übersetzen, erscheint im Menü des Google-Übersetzer-Balkens am unteren Bildschirmrand die Abfrage, ob Sie die erkannte Sprache grundsätzlich nie übersetzen lassen möchten. Möchten Sie die automatische Übersetzung gar nicht nutzen, können Sie sie in den Einstellungen von Chrome unter *Sprachen* komplett abschalten.

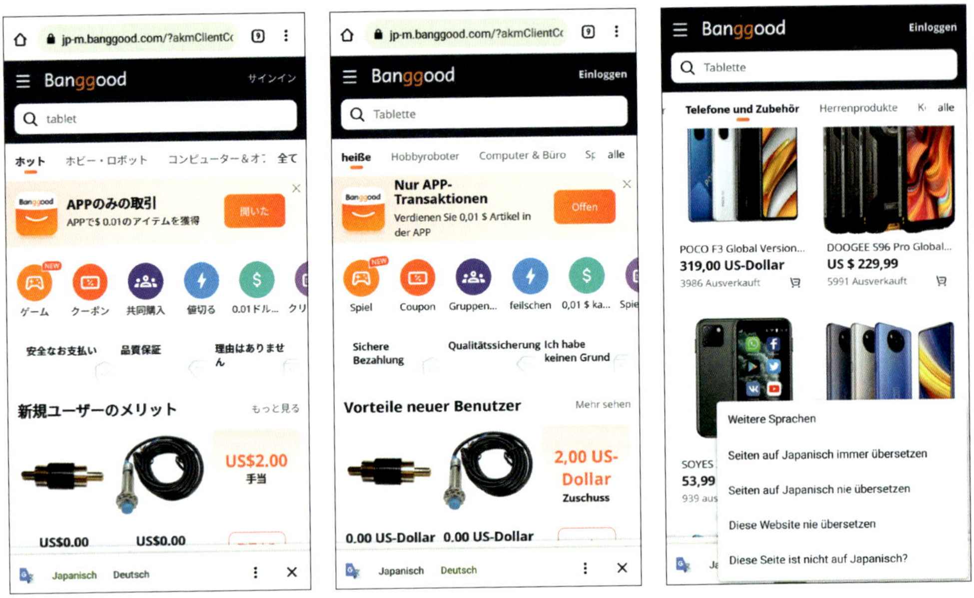

Fremdsprachige Webseite übersetzen

Schnelle Übersetzung mit der Tastatur

Möchten Sie einen kurzen Text, zum Beispiel eine E-Mail, in einer fremden Sprache verfassen, können Sie direkt die Eingabe der Tastatur übersetzen lassen. Tippen Sie dazu auf das Pfeilsymbol oben links über der Tastatur und blenden Sie die Symbolleiste ein.

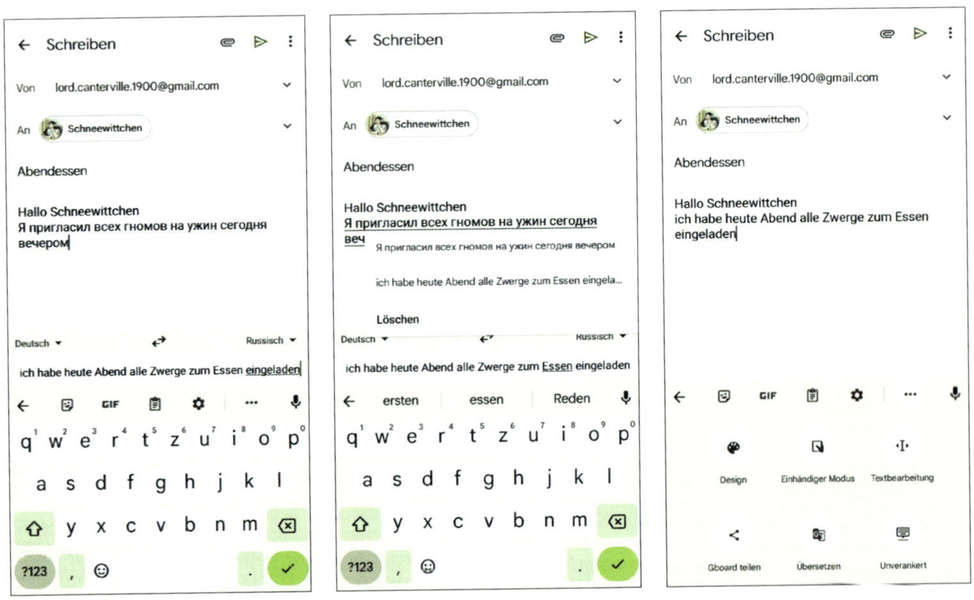

Schnellübersetzung auf der Tastatur

Über die drei Punkte rechts erreichen Sie das Symbol *Übersetzen*. Wenn Sie es oft benötigen, können Sie es auch direkt in die Symbolleiste der Tastatur ziehen. Wählen Sie dann die Ausgangs- und Zielsprache und geben Sie einen Text ein. Dieser erscheint in der Textzeile oberhalb der Tastatur. Im Dokument wird gleich die Übersetzung eingetragen.

Tippen Sie in das Dokument, sehen Sie den eingegebenen Text sowie die Übersetzung und können zwischen beiden umschalten.

Rechner

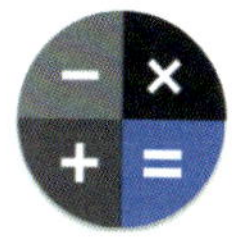

Android liefert einen einfachen Taschenrechner mit, der für den Alltag in den meisten Fällen ausreicht. Er bietet sogar ein paar wissenschaftliche und trigonometrische Funktionen. Der Rechner versucht, Dezimalergebnisse zusätzlich auch als Brüche darzustellen. Von oben können Sie eine Verlaufsliste der letzten Berechnungen herunterziehen.

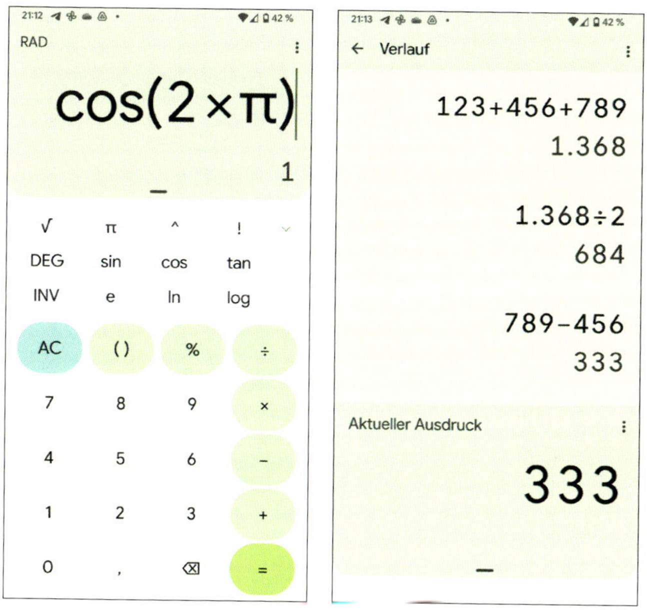

Der Standard-Taschenrechner auf Android-Smartphones

E-Books

Android-Smartphones mit ihren hochauflösenden Bildschirmen eignen sich gut, um unterwegs E-Books zu lesen. Die digitalen Bücher wiegen nichts, verbrauchen keinen Platz in der Tasche, und man braucht auch nicht daran zu denken, ein Buch für längere Bahnfahrten oder Wartezeiten mitzunehmen – das Smartphone hat man sowieso immer dabei. E-Books werden in verschiedenen digitalen Formaten zum kostenlosen Download und auch zum

Downloadkauf angeboten. Das bekannteste Format ist EPUB. Einige Bücher werden aber auch in den vom PC bekannten Dateiformaten PDF und RTF geliefert. Zum Lesen von E-Books auf dem Smartphone braucht man eine E-Book-Reader-App.

Google Play Bücher

Google Play bietet neben Apps, Musik und Hardware auch einen Downloadshop für E-Books an. Für die dort gekauften Bücher gibt es die eigene Reader-App *Google Play Bücher*. Damit lassen sich die im eigenen Google-Konto gespeicherten Bücher direkt online lesen oder auch zum Offlinelesen auf dem Gerät zur Verfügung stellen. In der aktuellen Version spielt die App auch Hörbücher ab, die aus dem Google Play Store heruntergeladen werden können.

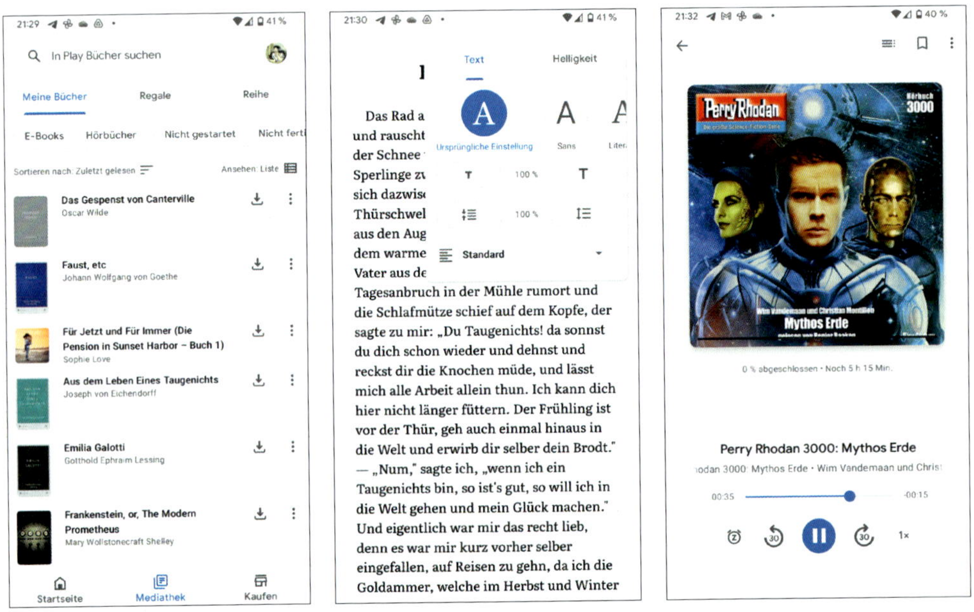

E-Books in Google Play Bücher, rechts: Hörbuch in Google Play Bücher

Die Startseite der App zeigt Empfehlungen und Bestseller. Auf der Seite *Mediathek* sind die im eigenen Google-Konto heruntergeladenen oder gekauften Bücher und Hörbücher zu finden. Im Bereich *Einkaufen* sind die Bereiche *E-Books* und *Hörbücher* aus dem Google Play Store fest integriert. Bei vielen Büchern gibt es kostenlose Leseproben, die auch ohne Angabe von Zahlungsdaten gelesen werden können. Öffnen Sie ein Buch durch Antippen. Es wird im Hintergrund heruntergeladen, man kann sofort mit dem Lesen beginnen.

Im Buch kann man mit Fingergesten blättern. Statt mit dem Finger über den Bildschirm zu wischen, reicht auch ein kurzes Antippen am rechten Bildschirmrand, um eine Seite weiterzublättern. Tippt man auf den linken Bildschirmrand, kommt man wieder eine Seite zurück. Tippen Sie kurz in die Bildschirmmitte, erscheint oben eine Symbolleiste und unten ein Balken, der die aktuelle Position im Buch anzeigt. Hier können Sie auch rasch zu einer beliebigen Position springen.

Das Lupensymbol oben blendet ein Suchfeld zur Volltextsuche nach einem beliebigen Wort im ganzen Text ein – eine Funktion, die in gedruckten Büchern undenkbar ist. Die Schaltfläche neben dem Lupensymbol blendet das Inhaltsverzeichnis des Buches ein. Hier können Sie schnell direkt zu einer Überschrift springen.

In den Anzeigeoptionen über das *Aa*-Symbol können Sie die Helligkeit einstellen und zum Lesen im Dunkeln auf ein augenfreundliches Nachtlicht umschalten, bei dem je nach Umgebungshelligkeit der Blauanteil der Bildschirmbeleuchtung mehr oder weniger reduziert wird. Außerdem lassen sich hier Schriftgröße, Zeilenhöhe und Schriftart festlegen. Um nur kurz zu zoomen, ohne gleich die Schriftgröße zu verändern, tippen Sie doppelt in die Bildschirmmitte.

Halten Sie den Finger länger auf einem Wort, wird dieses markiert und es erscheint eine Symbolleiste, mit deren Hilfe Sie eine Notiz anfügen, den markierten Text übersetzen oder im Buch suchen lassen können. Steht das Wort im Wörterbuch, wird automatisch die Definition angezeigt.

Markieren Sie einen Satz oder einen Textabsatz und tippen Sie auf das Übersetzungssymbol, um diesen in eine andere Sprache zu übersetzen. Hier werden alle Sprachen des Google Übersetzers angeboten.

Eigene E-Books in der App lesen

Die App *Google Play Bücher* kann auch eigene E-Books in den Formaten EPUB und PDF darstellen, solange diese keinen Kopierschutz haben. Laden Sie Ihre E-Books vom PC über die Seite *play.google.com/books/uploads* in Ihr Google-Konto hoch. Sie können auch E-Books aus Ihrer persönlichen Google-Drive-Ablage direkt über die Google-Drive-App in Ihre E-Book-Bibliothek übernehmen. Bei E-Books im EPUB-Format stehen alle Funktionen des E-Book-Readers zur Verfügung, unter anderem die Volltextsuche, das Inhaltsverzeichnis, Notizen, die Einstellung der Schriftgröße. Im PDF-Format können Sie nur Lesezeichen setzen.

Amazon Kindle

Der Onlinebuchhändler Amazon machte mit seinem E-Book-Lesegerät Kindle das Lesen von E-Books erst richtig populär. Anstelle eines »echten« Kindle kann man auch die Kindle-App nutzen, um seine bei Amazon gekauften E-Books unterwegs zu lesen. Amazon verwendet für den Kindle ein eigenes Datenformat, das die anderen E-Book-Reader nicht lesen können. Diese App bietet natürlich auch Zugang zum Onlineshop, der innerhalb der App in einem für Smartphones optimierten Format dargestellt wird, sowie zu den kostenlosen Büchern.

Auch die kostenlosen Bücher muss man bei Amazon »kaufen«. Dazu ist ein Amazon-Kundenkonto erforderlich, das man aber auch schnell im Kindle-Shop anlegen kann, wenn man noch nie bei Amazon eingekauft hat. Nach der »Bestellung« wählt man nur noch das Gerät aus, auf dem man das Buch lesen möchte, falls man mehrere Kindle oder Geräte mit Kindle-App in Verwendung hat. Die Bücher werden automatisch über Amazons eigene Whispersync-Technologie direkt auf das Smartphone zugestellt, ohne dass Sie noch irgendetwas dazu tun müssen.

In der Kindle-App finden Sie alle gekauften sowie die kostenlos heruntergeladenen Bücher. Bei den bereits angelesenen Büchern zeigt eine kleine Prozentzahl die aktuelle Leseposition im Buch.

Beim Lesen in der Nacht schalten Sie am besten auf den augenfreundlichen Nachtmodus um, der helle Schrift auf dunklem Grund zeigt und auf diese Weise den Leser nicht so stark blendet. Außerdem können Sie je nach Lesegewohnheit die Schriftgröße auf ein angenehmes Maß einstellen.

Ein Symbol links unten blendet eine Seitenübersicht ein, um schnell eine bestimmte Seite im Buch zu finden.

Sie können jederzeit die aktuelle Position als Lesezeichen speichern, um so wichtige Textstellen schnell wiederzufinden. Tippen Sie dazu auf die Seite und dann in der rechten oberen Bildschirmecke auf das Lesezeichensymbol. Die Lesezeichen erreichen Sie später über das Notizbuchsymbol oben.

Suche, Wörterbuch, Übersetzer und Wikipedia im Kindle

Markieren Sie ein einzelnes Wort durch längeres Antippen, können Sie dieses in Wikipedia nachschlagen. Über die Symbolleiste können Sie diesen Begriff auch per Volltextsuche im Buch suchen oder über den Browser im Internet.

Amazon bietet das *Duden Universalwörterbuch* sowie verschiedene fremdsprachige Wörterbücher kostenlos für alle Kindle-Nutzer an. Beim ersten Mal müssen Sie es nur herunterladen, brauchen dazu aber Ihr gerade geöffnetes E-Book nicht zu verlassen. Schieben Sie den Wikipedia-Kasten nach links, erscheinen ein Kasten für die Übersetzung mit Bing und das Wörterbuch. Der Link *Vollständige Definition* in der Kurzbeschreibung nach dem Herunterladen des Wörterbuches blendet das *Duden Universalwörterbuch* mit der ausführlichen Begriffsbeschreibung ein. Mit der Zurück-Taste kommen Sie aus dem *Duden Universalwörterbuch* wieder zurück ins E-Book. Im Gegensatz zur Wikipedia-Suche kann das *Duden Universalwörterbuch* nach dem erstmaligen Download offline genutzt werden.

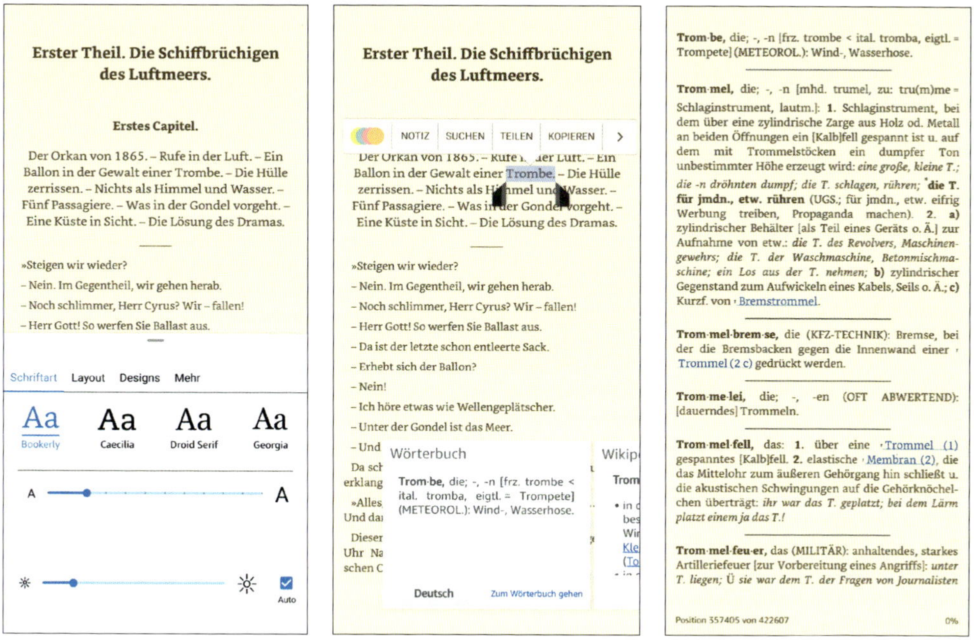

Links: Layout- und Designeinstellungen, Mitte und rechts: Wörterbuch in der Kindle-App

Gesundheit und Fitness

Ein Smartphone, das man ständig mit sich trägt, ist der ideale Fitnesscoach, zumal der Bewegungssensor die eigenen Aktivitäten automatisch erkennt.

Google Fit

Google Fit motiviert zu mehr Bewegung im Alltag. Jeden Tag kann ein Ziel in Form einer bestimmten Anzahl an Schritten oder Kardiopunkten für anstrengende Aktivitäten gesetzt werden. Im Nachhinein können Sie den täglichen Aktivitätenverlauf verfolgen. Die App eignet sich auch dazu, Radtouren oder Laufstrecken per GPS zu tracken und später auszuwerten.

Damit *Google Fit* bei aufgezeichneten Aktivitäten eine Übersichtskarte anzeigt, müssen Sie auf der Seite *Profil* über das *Einstellungen*-Symbol oben den Schalter *Standort verwenden* aktiv setzen und die Standortnutzung dauerhaft – nicht nur bei Verwendung der App – aktivieren. Dann können auch Aktivitäten jederzeit im Hintergrund erfasst werden, ohne die App aufrufen zu müssen.

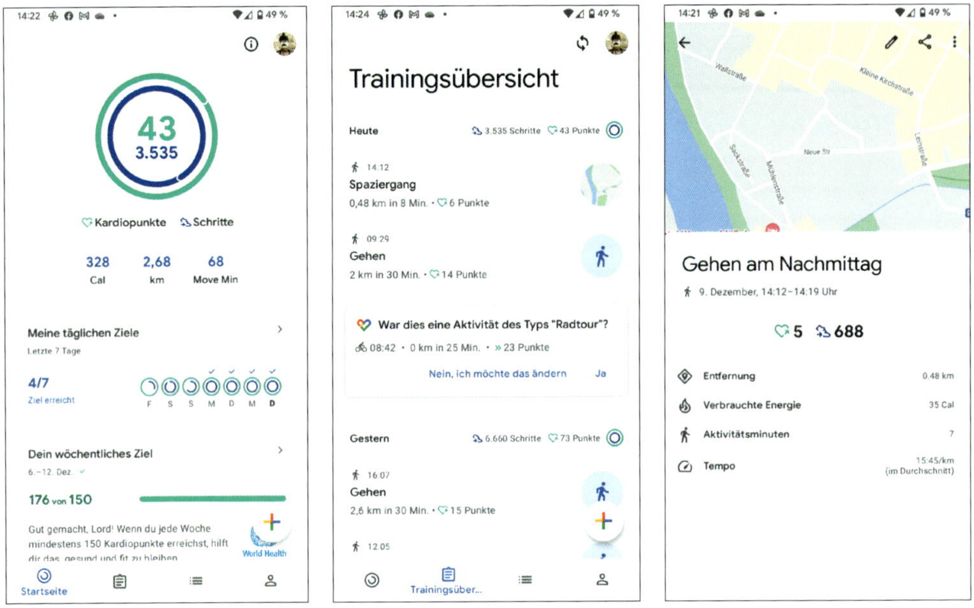

Tägliche Aktivitäten mit Google Fit

Notfallinformationen

Rettungskräfte suchen an Unfallstellen nach Smartphones, um Informationen über verletzte Personen zu erhalten und bei Bedarf Angehörige oder den jeweiligen Hausarzt zu informieren. Android 12 bietet eine einfache Möglichkeit, solche privaten Informationen zum schnellen Zugriff auf einem Smartphone anzubieten, auch wenn dieses über eine Bildschirmsperre gesichert ist.

Nach der internationalen Notrufverordnung muss jedes Smartphone auch im gesperrten Zustand die Möglichkeit bieten, einen Notruf abzusetzen. Auf diesem Notrufbildschirm, der auf dem Sperrbildschirm über die Schaltfläche *Notruf* erreichbar ist, können Sie private Notfallinformationen speichern.

1. Wählen Sie in den *Einstellungen* die Option *Über das Telefon/Notfallinformationen*. Fehlt diese Einstellung, ist die App *Notfallinformationen* bereits installiert.
2. Tragen Sie alle persönlichen Informationen ein, die Sie im Notfall Rettungskräften zur Verfügung stellen möchten.
3. Weiter unten im Bereich *Notfallkontakte* wählen Sie Kontakte aus, die im Notfall angerufen werden sollen. Beschränken Sie diese Liste auf wenige wichtige Personen, damit Helfer diese auch wirklich benachrichtigen. Diese Liste wird auch als **ICE**, die internationale Abkürzung für **I**n **C**ase of **E**mergency, bezeichnet.

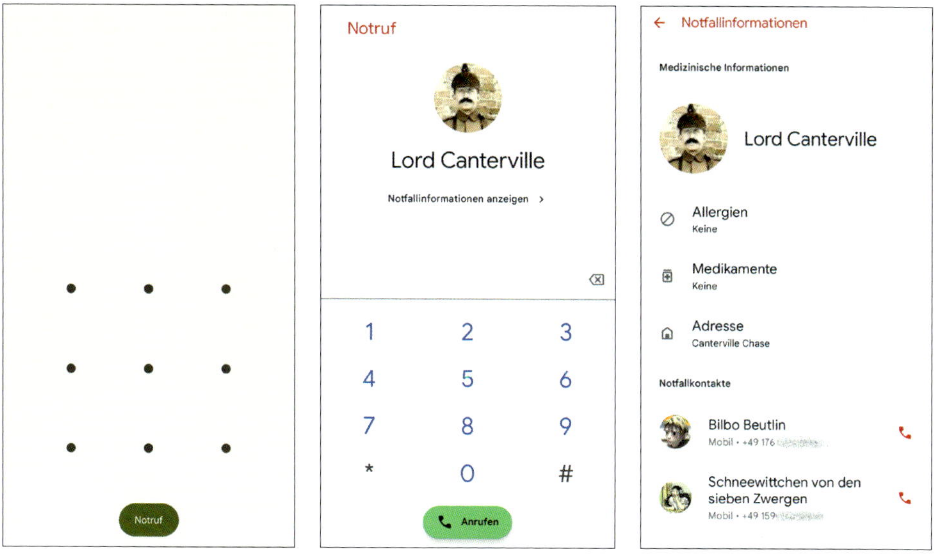

Im Notfall über den Sperrbildschirm persönliche Notfallinformationen auf einem Smartphone finden

Sollten Sie selbst an einer Unfallstelle als Ersthelfer ein Smartphone einer verletzten Person finden, tippen Sie auf dem Sperrbildschirm auf das Notrufsymbol. Hier erscheint eine Telefontastatur, um die Notrufnummer 112 zu wählen. Tippen Sie oben auf die Schaltfläche *Notfallinformationen*, werden die eingetragenen persönlichen Daten sowie die Liste der Notfallkontakte angezeigt. Auch von hier aus können Sie diese Informationen bearbeiten, allerdings nur, nachdem Sie die PIN oder das Sperrmuster eingegeben haben.

Die App *Notfallinformationen* ersetzt die Standardinformationen aus den Systemeinstellungen und bietet noch mehr Möglichkeiten. So können Sie in Notfällen ganz einfach Ihren Standort an die gespeicherten Notfallkontakte senden oder auch automatisch Katastrophenwarnungen für Ihre Region erhalten, wenn diese in Ihrem Land gesendet werden, was in fast allen Ländern der Welt außer Deutschland der Fall ist. Nach der Flutkatastrophe im Ahrtal wird auch in Deutschland das als Cell Broadcast bezeichnete Warnsystem voraussichtlich zum Jahresende 2022 eingeführt.

Der Sicherheitscheck in der App erkennt automatisch unsichere Situationen, zum Beispiel Spaziergänge in der Nacht oder längere Autofahrten. Richten Sie Sicherheitschecks ein, die in solchen Situationen nach einer bestimmten Zeit nachfragen, ob es Ihnen gut geht. Wird die Frage innerhalb eines kurzen Zeitraums nicht beantwortet, werden automatisch die gespeicherten Notfallkontakte benachrichtigt.

In einem Notfall können Sie automatisch Notfallinformationen an die gespeicherten Notfallkontakte senden, indem Sie fünfmal kurz hintereinander auf den Ein-/Ausschalter drücken. In den Sicherheitseinstellungen der App *Notfallinformationen* legen Sie fest, welche

Informationen in so einem Fall gesendet werden. Informieren Sie Ihre Notfallkontakte über die Funktion, damit sie in einem solchen Fall die richtigen Maßnahmen ergreifen können.

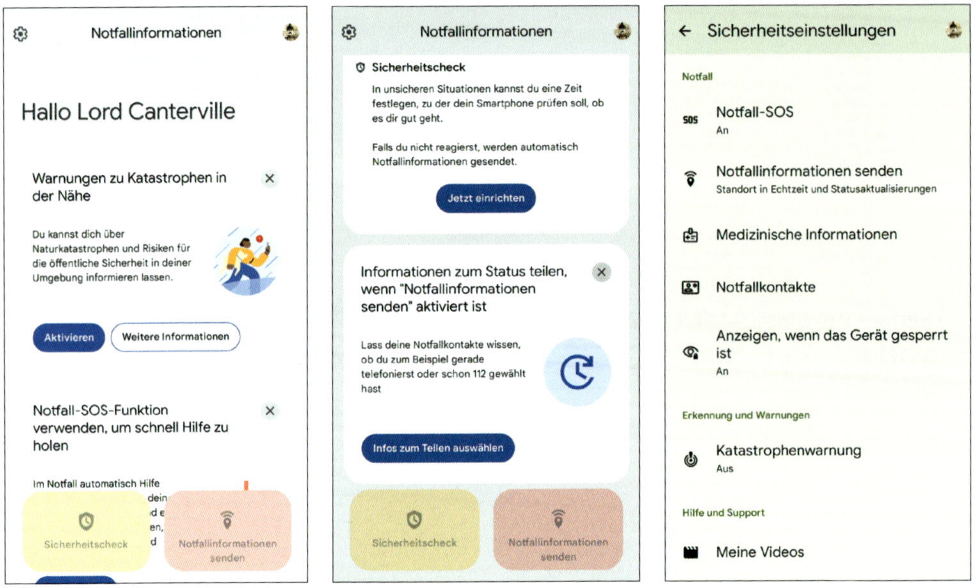

Die App Notfallinformationen läuft bis jetzt nur auf Google-Pixel-Smartphones

Spiele für Android

Spiele, die von vielen selbst ernannten Computerspezialisten als unwichtig betrachtet werden, tragen doch wesentlich zur Weiterentwicklung und Verbreitung jeder Computerplattform bei. Schnelle und intelligente Spiele für verschiedenste Systeme zu entwickeln, gilt für viele Programmierer als Herausforderung. Auch für Android-Smartphones gibt es eine große Vielfalt an Spielen.

Google Play Spiele

Google Play Spiele ist eine Plattform, auf der man Erfolge und Belohnungen aus verschiedenen unterstützten Spielen sammeln und sich mit anderen Spielern vergleichen kann. Einige Spiele sind sogar mehrspielerfähig, sodass man direkt gegeneinander antreten kann. Mit der App *Google Play Spiele*, die auf vielen Smartphones vorinstalliert ist, werden ein paar einfache Gelegenheitsspiele installiert, mit denen Sie sofort beginnen können. Haben Sie bereits auf anderen Android-Geräten über Google Play Spiele gespielt, werden Ihr Spielerprofil, zuletzt gespielte Spiele und Erfolge automatisch in der App *Google Play Spiele* angezeigt.

Kapitel 11

Insidertipps zur Bedienung

Die Bedienung eines Android-Smartphones erfolgt weitgehend intuitiv, sodass man kaum etwas falsch machen kann. Aber natürlich gibt es wie bei jedem System einige Tricks, auf die man nicht sofort kommt.

Tipps zur Bildschirmtastatur

Android-Smartphones haben üblicherweise keine wirkliche Tastatur. Beim Antippen eines Texteingabefeldes erscheint dafür automatisch eine Bildschirmtastatur, auf der Buchstaben, Ziffern und auch Sonderzeichen eingegeben werden können. Die Bedienung der Tastatur ist sehr intuitiv, die folgenden Tipps zeigen auch weniger bekannte Funktionen der Bildschirmtastatur.

- Ein angetippter Buchstabe wird vor dem Loslassen deutlich hervorgehoben, um Tippfehler zu vermeiden.
- Zur Eingabe von Großbuchstaben muss zuerst die [⇧]-Taste links unten angetippt werden, die die Bildschirmtastatur für den nächsten Buchstaben auf Großbuchstaben umschaltet. Am Satzanfang wird die Tastatur automatisch auf Großbuchstaben geschaltet.
- Tippt man zweimal auf die [⇧]-Taste, wird diese hervorgehoben und die Großschreibung festgestellt, bis man sie mit einem weiteren Antippen wieder löst. Auf dem PC bezeichnet man die gleiche Funktion als Feststelltaste oder Caps Lock.

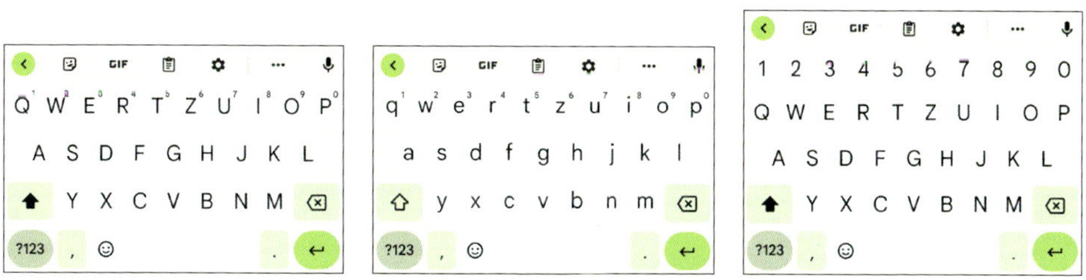

Bildschirmtastatur für Klein- und Großbuchstaben sowie zusätzliche Zeile mit Ziffertasten

- Die Tasten der oberen Reihe zeigen ganz klein in der Ecke noch eine Ziffer. Zur Eingabe dieser Ziffer wie auch für Umlaute oder Buchstaben mit Akzent halten Sie den Finger länger auf dem jeweiligen Buchstaben. Es erscheint ein Zusatzfeld mit einer Auswahl von Varianten dieses Buchstabens. Auf diese Weise finden Sie auch das **ß** auf der Taste **s**. Bei einer Auswahl von mehreren Zeichen wird das eingegeben, auf dem Sie den Finger vom Bildschirm loslassen.

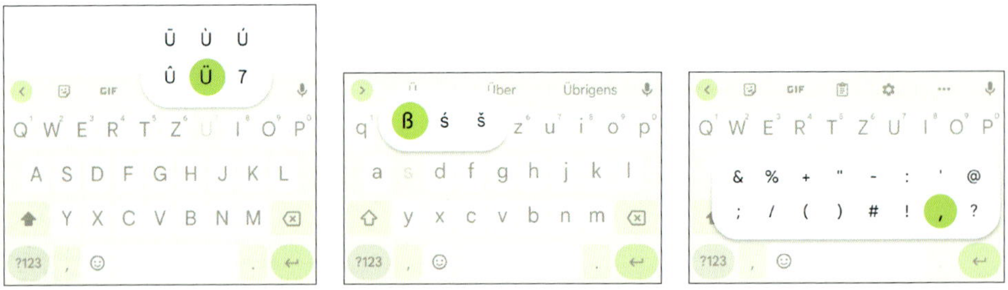

Umlaute und Sonderzeichen auf der Bildschirmtastatur eingeben

- Die Taste mit den Symbolen unten links schaltet auf ein Tastaturlayout zur Eingabe von Ziffern und mathematischen Sonderzeichen um. Dort schaltet die Taste =\< auf eine weitere Sonderzeichentastatur um. Mit der Taste *?123* kommt man zurück zur anderen Tastatur.
- Das Symbol mit den Ziffern *1234* neben der Leertaste schaltet auf eine Zifferntastatur zur schnellen Eingabe von Zahlen um.
- Mit dem Smiley-Symbol erscheinen Tastaturlayouts für grafische Emojis und die klassischen Text-Smileys. Die Text-Smileys sind nach Kategorien geordnet. Dabei sind neben den bekannten Smileys, die um 90° gedrehte Gesichter zeigen, auch die asiatischen Smileys enthalten, die aus wesentlich mehr Zeichen bestehen und nicht gedreht sind, deren Bedeutung aber hierzulande kaum jemand versteht.

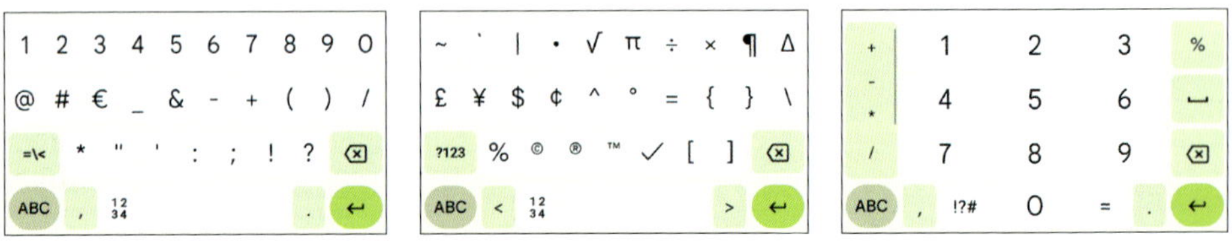

Bildschirmtastaturen für Sonderzeichen und Ziffern

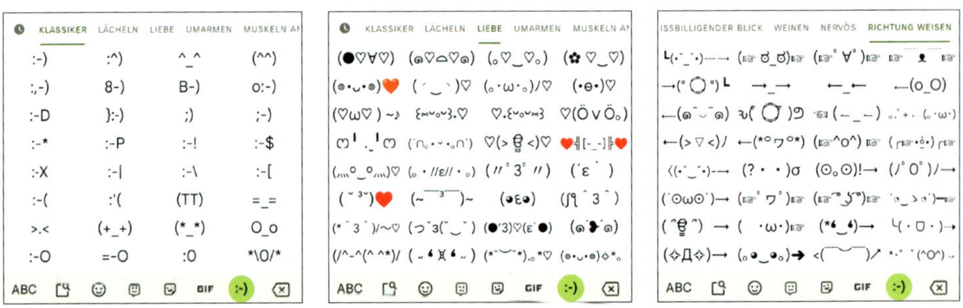

Bildschirmtastaturen für Text-Smileys

Von den Sondertastaturen kommt man mit der Taste *ABC* links unten wieder zurück zur normalen Buchstabentastatur.

Tippen Sie auf eine Stelle auf dem Bildschirm, wo keine Texteingabe möglich ist, verschwindet die Bildschirmtastatur automatisch wieder. Sie können diese auch jederzeit mit einem Druck auf das Zurück-Symbol ausblenden, wenn sie wichtige Bildschirmteile verdeckt.

Tippen im Querformat

Zum flüssigen Schreiben von Texten ist die Bildschirmtastatur sehr klein. Hinzu kommt, dass man im Hochformat kaum mit zwei Fingern gleichzeitig auf dem Smartphone tippen kann.

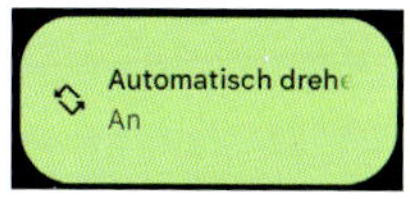

Halten Sie das Smartphone beim Schreiben quer, dreht sich der Bildschirminhalt automatisch und die Tastatur füllt die gesamte Bildschirmbreite, dafür verdeckt sie aber noch größere Teile des Bildschirms. Voraussetzung ist natürlich, dass das automatische Drehen in den Schnelleinstellungen eingeschaltet ist.

Emojis in Chat, E-Mail und Kommentaren

Emojis sind kleine Bildchen zur Darstellung von Stimmungs- und Gefühlszuständen in der schriftlichen Kommunikation. Ursprünglich waren das reine ASCII-Zeichen, etwa **:-)** für ein lächelndes Gesicht, auch als Smiley bezeichnet. Diese können über das Gesichtsymbol links unten neben der Leertaste auf der Tastatur ausgewählt werden. Das ABC-Symbol an der gleichen Stelle blendet wieder die Tastatur ein.

Welche Emojis sind die beliebtesten?

Die Seite *emojitracker.com* zeigt in Echtzeit die Verwendung von Emojis auf Twitter. Bei YouTube, Facebook, Instagram und anderen Netzwerken dürfte die Verteilung ähnlich sein. Das Tränen lachende Smiley liegt mit großem Abstand vor dem roten Herz ganz vorn in der Beliebtheitsskala.

Die Emojis sind nach Kategorien geordnet. Über eine senkrechte Wischbewegung in der neuen Version der GBoard-Tastatur, die bei Android 12 mitgeliefert wird, oder horizontalem Wischen in früheren Versionen oder bei anderen Bildschirmtastaturen tauchen weitere Emojis auf.

Bei den meisten menschlichen Figuren und Handgesten, die unten rechts mit einem kleinen Dreieck gekennzeichnet sind, lassen sich durch längeres Antippen die Hautfarbe und das Geschlecht wählen. Die Emojis für Händchen haltende Paare bieten alle denkbaren Kombinationen der Hautfarben beider Figuren.

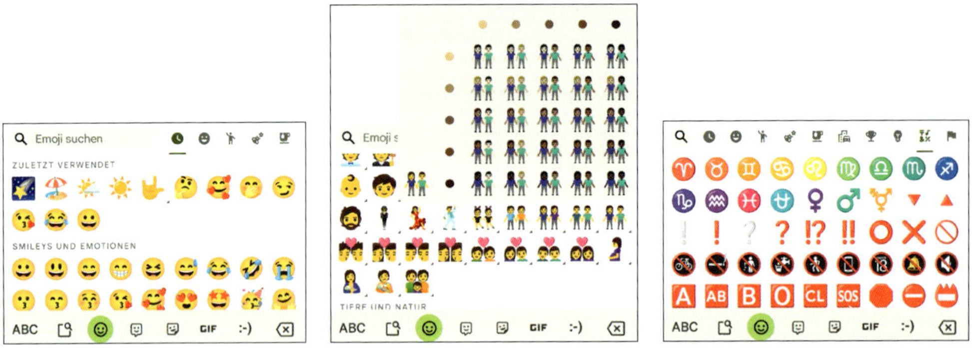

Links: Smileys und zuletzt verwendete Emojis, Mitte: Personen mit Auswahl von Geschlecht und Hautfarbe, rechts: umfangreiche Symbolpalette in Unicode 13

> **WICHTIG:** In der privaten Korrespondenz durchaus sinnvoll und lustig, sollten Emojis im offiziellen Schriftverkehr nur sparsam eingesetzt werden. Emojis sollte man nur verwenden, wenn man sicher ist, dass der Empfänger darunter das Gleiche versteht. Gleiche Emojis werden auf unterschiedlichen Systemplattformen unter Umständen grafisch unterschiedlich dargestellt.

Emojis suchen

Bei der Vielfalt der Emojis wird es immer schwieriger, das passende zu finden. Deshalb bietet Android die Möglichkeit, Emojis zu suchen. Geben Sie dazu im Suchfeld oberhalb der Emoji-Tastatur einen Begriff ein. Passende Emojis werden vorgeschlagen.

Der Emoji-Standard Unicode 13

Google und das für die Standardisierung zuständige Unicode-Konsortium entwickeln ständig neue Emojis im Trend der Zeit und nehmen sie in den Zeichensatz auf. Emojis sind technisch gesehen keine Bilder, sondern Schriftzeichen. Sie können auf jeder Geräteplattform leicht unterschiedlich aussehen und lassen sich auch in Suchanfragen nutzen.

Android 12 unterstützt den aktuellen Standard Unicode 13, in dem man weitere Alltagsgegenstände wie Bumerang, Schraubendreher, Leiter, Mausefalle, Eimer, Zahnbürste, Rollschuh, Matroschka, Knoten und neue Lebensmittel wie Heidelbeere, Paprika, Olive, Fladenbrot und Käsefondue findet. Zusätzlich zu den bereits bekannten geschlechtsneutralen Personen kommt »Mx Claus«, die geschlechtsneutrale Version des Weihnachtsmanns. Personen mit schwarzem Anzug oder Brautkleid gibt es jetzt, wie fast alle menschlichen Emojis, jeweils in drei Geschlechtern. Dabei zeigt Android bei allen Emoji-Auswahlen die orangefarbene geschlechtsneutrale Person an erster Stelle, danach die violett gekennzeichnete

Frau und zum Schluss den grünen Mann. Nachdem es in der Vorgängerversion dieses Standards zu immer wieder gern zitierten Stilblüten mit den drei Geschlechtern kam, wurden in der aktuellen Version drei Personen, die ein Baby mit der Flasche füttern, eingeführt. Die stillende Person gibt es nur noch in weiblicher Ausprägung. Die ehemalige Bezeichnung »stillender Mann« wurde in der deutschen Übersetzung für das Emoji »man feeding baby« aber beibehalten.

Neuheiten in Unicode 14

Der ganz neue Emoji-Standard Unicode 14 enthält unter anderem ein gehorsam salutierendes Smiley, neue Handgesten und eine geschlechtsneutrale Person mit Krone. Händchen haltende Paare gab es bisher nur in den Kombinationen Frau/Mann, Frau/Frau, Mann/Mann, Neutral/Neutral. Die fehlenden Kombinationen von Frauen oder Männern mit geschlechtsneutralen Personen wurden auf ein späteres Unicode-Update verschoben. Dafür liefert Unicode 14 jetzt auch einen schwangeren Mann und eine schwangere geschlechtsneutrale Person. Wer keinen schwangeren Mann kennt, wird dieses Emoji wahrscheinlich eher für gut genährte Menschen verwenden. Passend dazu bringt der topaktuelle Unicode-Standard ein heimlich lachendes Emoji, das sich die Hand vor den Mund hält.

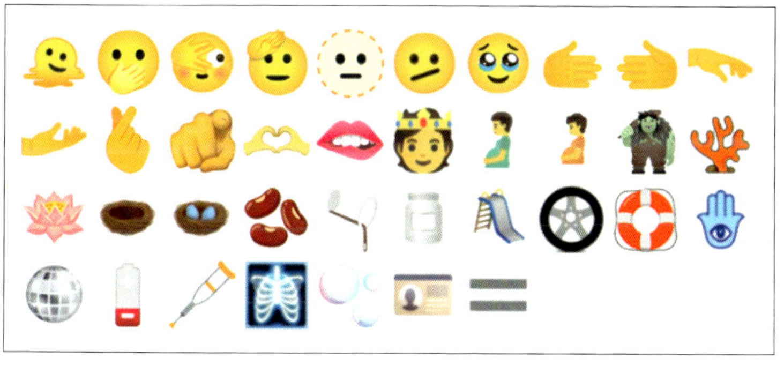

Eine Auswahl neuer Emojis aus Unicode 14

Unicode 14 wurde kurz vor Jahresende 2021 veröffentlicht und wird nach und nach von Betriebssystem- und Softwareherstellern über Updates eingeführt.

Anpassbare Symbolleiste auf der Tastatur

Oberhalb der Tastatur befindet sich eine Leiste, die anhand der eingetippten Zeichen Wörter vorschlägt, die durch einfaches Antippen übernommen werden können. Hat man sich an diese Vorschläge einmal gewöhnt, schreibt es sich deutlich schneller, da längst nicht mehr jedes Wort vollständig eingegeben werden muss. Das Symbol ganz links schaltet zwischen diesen Wortvorschlägen und einer anpassbaren Symbolleiste für besondere Tastaturen um.

Tippen Sie auf die drei Punkte ganz rechts, erscheinen weitere Symbole, die Sie in die Symbolleiste ziehen können, um sie so jederzeit zur Verfügung zu haben.

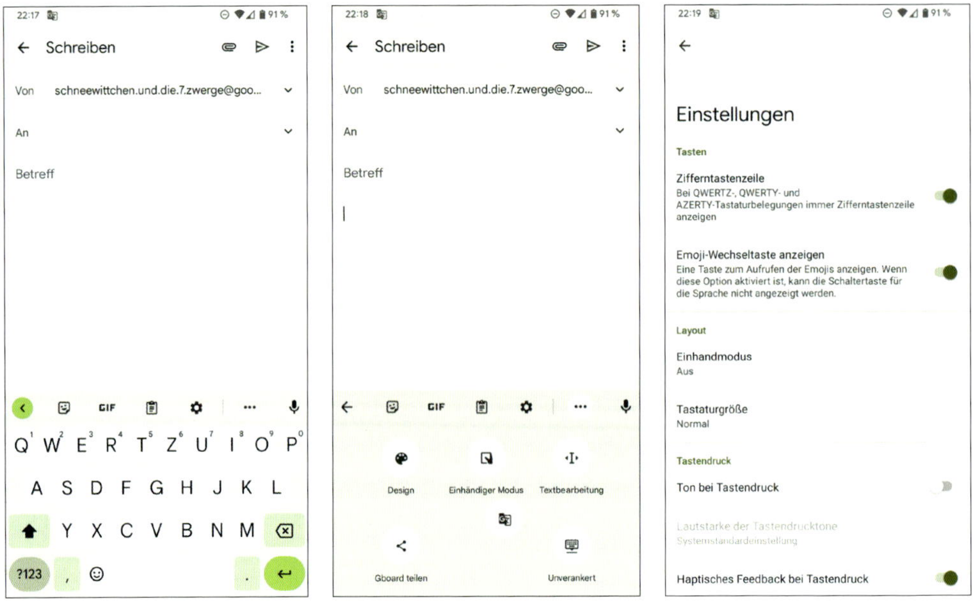

Die Symbolleiste mit weiteren Tastaturoptionen

Zifferntasten ein- oder ausblenden

In den Tastatureinstellungen unter *Einstellungen* können Sie die Zifferntasten in der obersten Zeile der Tastatur ein- oder ausschalten. Bei ausgeschalteten Zifferntasten geben Sie die Ziffern durch längeres Halten des entsprechenden Buchstabens in der obersten Buchstabenzeile ein.

Wischen statt tippen

Nach einer gewissen Eingewöhnungszeit schreibt man mit Wischbewegungen auf der Tastatur noch viel schneller, als jeden Buchstaben einzeln anzutippen.

Tippen Sie auf das Symbol *Einstellungen* in der Tastatursymbolleiste und auf dem nächsten Bildschirm auf *Glide Typing*. Aktivieren Sie hier alle Schalter.

Schreiben Sie jetzt ein Wort, indem Sie den ersten Buchstaben antippen, dann den Finger auf der Tastatur lassen und einfach von Buchstabe zu Buchstabe wischen. Die Texterkennung erkennt meist recht schnell das gewünschte Wort, selbst wenn Sie die Buchstabentasten nicht genau treffen, sodass Sie längst nicht alle Wörter zu Ende schreiben müssen.

- Zur Eingabe eines doppelten Buchstabens wischen Sie mit dem Finger auf der Taste kurz hin und her oder verlassen sich auf die Texterkennung, die viele Wörter auch erkennt, wenn doppelte Buchstaben nur einfach geschrieben werden.

- Am Ende eines Wortes wird automatisch ein Leerzeichen eingefügt.
- Zur Eingabe von Großbuchstaben am Wortanfang brauchen Sie keine ⇧-Taste mehr. Tippen Sie auf den ersten Buchstaben, wischen Sie kurz aus dem Tastaturfeld in den oberen Bildschirmbereich und dann, ohne abzusetzen, auf den nächsten Buchstaben.

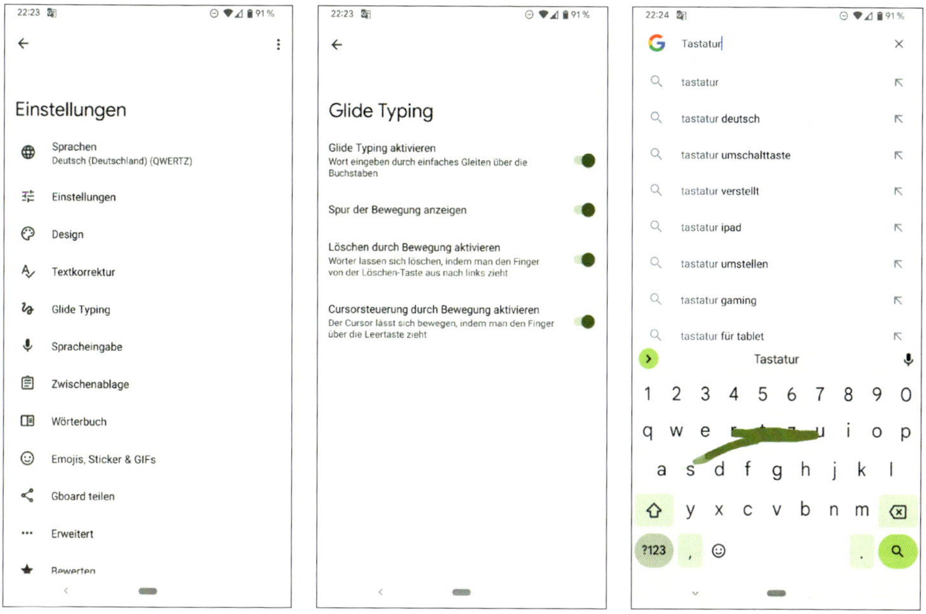

Mit Wischen schreibt es sich schneller

Einfache Cursorsteuerung zum Markieren

Oftmals ist es schwierig, den Anfangspunkt richtig zu setzen, um einen Textbereich genau zu markieren. Zu leicht trifft man mit dem Cursor daneben. Die Bildschirmtastatur hat zwar keine Cursortasten, bietet aber eine komfortable Möglichkeit, über Wischbewegungen auf der Tastatur den Cursor zu versetzen.

Schalten Sie in den Tastatureinstellungen unter *Glide Typing* die Option *Cursorsteuerung durch Bewegung aktivieren* ein. Wischen Sie dann mit dem Finger über die Leertaste, um den Cursor genau zu positionieren.

Schnellzugriff auf Tastatureinstellungen

Wenn Sie die Tastatureinstellungen oft benötigen, aktivieren Sie dort unter *Erweitert* den Schalter *App-Symbol anzeigen*. In der App-Liste auf dem Startbildschirm wird jetzt das Symbol *GBoard* angezeigt, das direkt zu den Tastatureinstellungen führt.

Einhandtastatur

Menschen mit kleinen Händen tun sich auf modernen Smartphones mit ihren immer größeren Bildschirmen oft schwer, die Tastatur noch mit einer Hand zu bedienen. Android 12 bietet alternativ noch eine kleinere und eine größenverstellbare Tastatur an.

Tippen Sie auf das Symbol *Einhändiger Modus* in der Tastatursymbolleiste. Wenn Sie es oft brauchen, können Sie dieses Symbol auch in die Symbolleiste ziehen.

Mit den Pfeilsymbolen an den Seiten lässt sich diese Tastatur auf die linke oder rechte Bildschirmseite umschalten. Das Symbol oben in der Ecke schaltet auf die Vollformattastatur zurück. Das Symbol unten in der Ecke ermöglicht es, die Tastatur an eine günstige Position zu schieben.

Frei bewegliche Tastatur

Wenn die Tastatur in bestimmten Apps wichtige Elemente verdeckt, können Sie die unverankerte Tastatur nutzen, die sich frei auf dem Bildschirm verschieben lässt. Ziehen Sie diese an den unteren Bildschirmrand, wird automatisch wieder zur normalen Tastatur gewechselt.

Tastaturdesigns

Wem das normale Tastaturdesign zu langweilig ist, der kann auf farbige Tastaturdesigns oder Hintergrundbilder auf der Tastatur umschalten. Das Symbol *Designs* in den Tastatureinstellungen bietet eine breite Auswahl an Tastaturdesigns.

Sticker und GIFs

Die beiden Symbole *Sticker* und *GIFs* in der Tastatursymbolleiste funktionieren nur in unterstützten Apps, etwa in *Gmail* und *Nachrichten*. An anderen Stellen werden sie auf der Tastatur gar nicht angeboten. Sticker sind kleine Cartoons, die aus verschiedenen Sammlungen ausgewählt werden können, GIFs sind kurze animierte Bildsequenzen. Diese werden anhand von Schlagwörtern aus dem Internet heruntergeladen. Die Dateien werden nicht wie Emojis anstelle von Buchstaben in den Text eingebaut, sondern als Anhang gesendet.

Spracheingabe über die Tastatur

Drücken Sie auf der Tastatur die Taste mit dem Mikrofonsymbol rechts neben der Leiste mit den Wortvorschlägen, startet die Google-Spracheingabe. Gesprochener Text wird automatisch in Text umgewandelt und in allen unterstützten Apps wie geschriebener Text eingefügt. Bei Eingabefeldern, die die Spracheingabe nicht unterstützen, ist das Mikrofon durchgestrichen. Bei Erkennungsfehlern können Sie den Text nachträglich korrigieren. Sollte das Mikrofon nicht angezeigt werden, müssen Sie die Spracheingabe in den Tastatureinstellungen erst einschalten.

Text per Spracheingabe übernehmen

Speicherplatz auf dem Smartphone wird knapp

Lange Zeit gingen die Entwickler des Android-Betriebssystems davon aus, dass Anwender sich für die einzelnen Dateien auf ihren Geräten nicht interessieren, früher heruntergeladene Dateien einfach wieder neu herunterladen, und wenn der Speicher voll ist, ein neues Smartphone kaufen. Allerdings werden alle Apps mit jedem Update größer, und durch das zunehmende massenhafte Teilen und Speichern von Videos wird auch der größte Speicher auf einem Smartphone irgendwann voll und das Gerät beginnt zu lahmen. Einige Apps starten möglicherweise gar nicht mehr.

Android 12 bietet deshalb verschiedene Funktionen an, freien Speicherplatz zu gewinnen. Einige Gerätehersteller liefern auch eigene Dateimanager-Apps zum Aufräumen und zur Dateiverwaltung mit.

Speicherplatz aufräumen

Die *Einstellungen* zeigen unter *Speicher* an, wie viel Gerätespeicherplatz belegt ist und welche Arten von Dateien, Apps, Bildern, Videos usw. diesen Speicherplatz belegen. Tippen Sie auf eine der Kategorien, werden alle Dateien dieses Typs angezeigt. Über das Menü oben rechts sortieren Sie die angezeigten Dateien nach der Größe, um Speicherplatzfresser schnell zu finden.

Bei Bildern gibt es noch Unterkategorien wie Kamera, Screenshots sowie Dateien beliebter Apps wie WhatsApp oder Instagram, die das Ausmisten erleichtern.

App-Cache leeren

Die meisten Apps legen neben den eigentlichen Benutzerdaten noch einen mehr oder weniger großen Cache mit temporären Dateien an, die gefahrlos gelöscht werden können. Im Bereich *Apps* der Liste unter *Speicher* finden Sie alle installierten Apps und sehen den jeweils benötigten Speicherplatz. Bei jeder App können Sie den Datenspeicher und den Cache unabhängig voneinander löschen. Beim Löschen des Speicherinhalts einer App gehen alle persönlichen Daten in dieser App verloren.

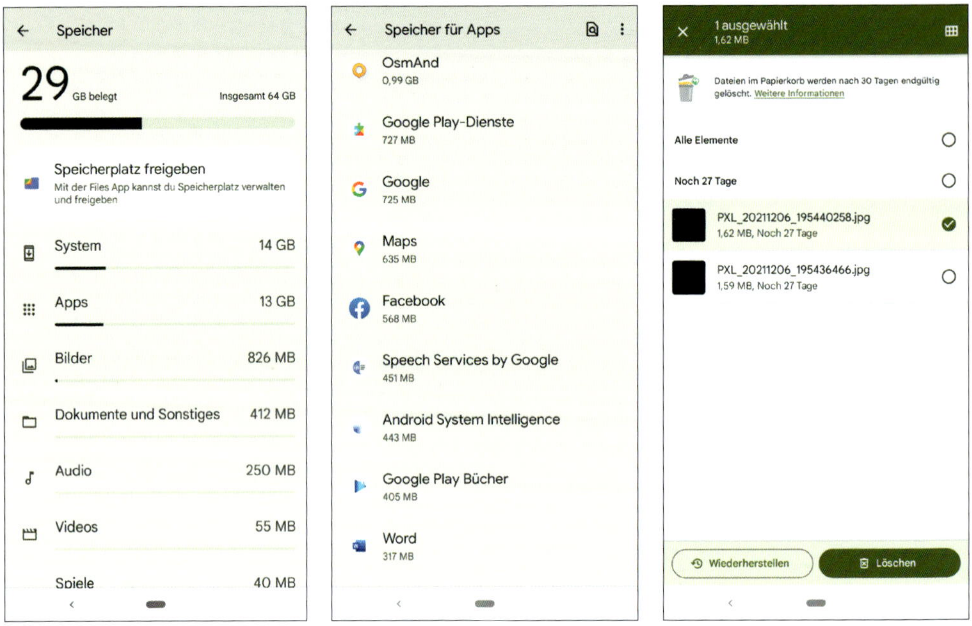

Speicheranzeige in den Einstellungen, Mitte: Übersicht der Speicherbelegung durch Apps, rechts: Papierkorb

Papierkorb leeren

Ähnlich wie Windows verfügt auch Android über einen Papierkorb, in dem gelöschte Dateien landen und bei Bedarf wiederhergestellt werden können. Auch ein voller Papierkorb belegt wertvollen Speicherplatz mit Dateien, die man voraussichtlich nie wieder braucht. Sie finden den Papierkorb ganz unten in der Liste unter *Speicher*. Hier können Sie gelöschte Dateien aus dem Papierkorb wiederherstellen oder den Papierkorb endgültig löschen.

Files

Der Dateimanager *Files*, der auf den meisten Android-12-Smartphones vorinstalliert ist, bietet einen Überblick über alle Dateien auf dem Smartphone und der Speicherkarte. Eine komfortable Suche findet jede Datei schnell wieder.

Zusätzlich gibt es Funktionen, um Datenmüll gründlich aufzuräumen und Dateien auf Google Drive zu sichern, die auf dem Smartphone lokal nicht mehr benötigt werden. Auf diese Weise haben Sie auch vom PC einfachen Zugriff auf die Daten.

Der Dateimanager *Files* kann auch über das Schnelleinstellungen-Symbol *Speicher* aufgerufen werden.

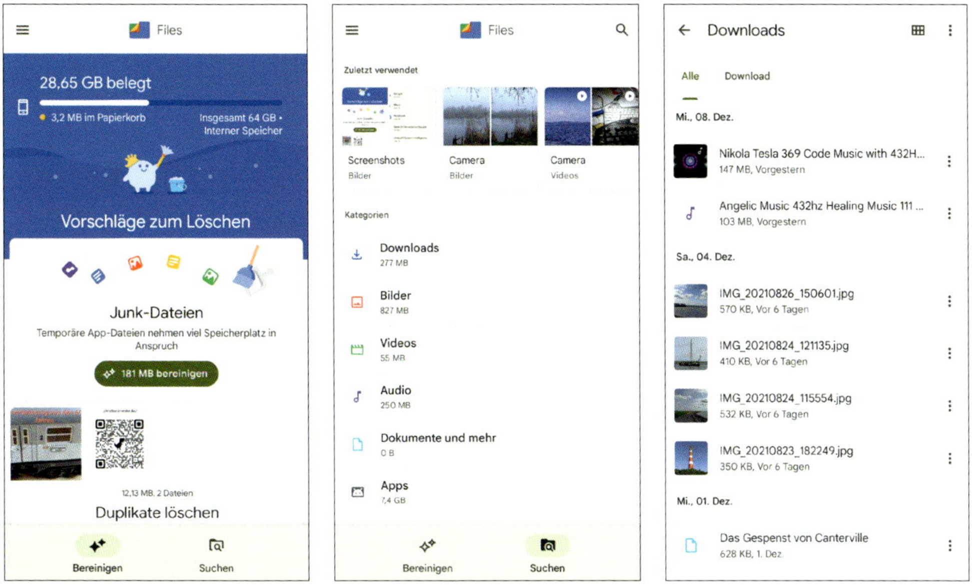

Dateimanager und Aufräum-App Files

Speicherplatz mit Files freigeben

Files bietet auf der Startseite verschiedene Tipps, um Speicherplatz zu gewinnen. Hier können Junk-Dateien, Duplikate oder besonders große Dateien gelöscht werden. Vor dem Löschen werden die Dateien noch angezeigt, und Sie haben die Möglichkeit, einzelne oder alle auszuwählen.

Der sichere Ordner

Files bietet einen sicheren Ordner an, in dem Sie Dateien ablegen können, die niemand sehen soll, der Ihr Smartphone zufällig in die Hand bekommt. Vor der ersten Verwendung des sicheren Ordners müssen Sie eine vierstellige PIN festlegen, um auf diesen Ordner zugreifen zu können. Jetzt können Sie beliebige Dateien über ihre Menüs in den sicheren Ordner verschieben. Sie erscheinen dann nicht mehr in den Dateilisten. Für jeden Zugriff auf den sicheren Ordner benötigen Sie die PIN. Aus dem sicheren Ordner können Sie Dateien auf dem gleichen Weg über das Menü der Datei wieder an ihren ursprünglichen Speicherort zurück verschieben.

Speicherplatz mit der Google-Fotos-App freigeben

Die Google-Fotos-App bietet eine einfache Möglichkeit, Speicherplatz auf dem Smartphone freizugeben. Dazu werden lokal auf dem Smartphone gespeicherte Fotos gelöscht, wenn diese bereits auf Google Fotos hochgeladen wurden. Die App zeigt die Fotos weiterhin an, allerdings müssen sie dazu automatisch heruntergeladen werden. Auch auf dem PC finden Sie die Bilder weiterhin in Google Fotos.

Tippen Sie oben rechts auf das Profilbild und dann auf *Speicherplatz freigeben*, um die lokal gespeicherten Fotos zu löschen. Dieses Menü zeigt auch die aktuelle Speicherplatzauslastung im Google-Konto an.

Wenn die Automatik versagt – Internetzugang manuell einrichten

Normalerweise erkennt das Smartphone anhand der SIM-Karte die richtigen Einstellungen für den Internetzugang über das Mobilfunknetz. In einigen Fällen klappt dies aber nicht, was daran zu erkennen ist, dass man mit dem Smartphone zwar telefonieren kann, aber ohne WLAN nicht ins Internet kommt.

Besonders beim Mobilfunkanbieter Netzclub und einigen Discountern, die das Netz von O2 Telefónica nutzen, kommt es immer wieder zu Problemen mit der automatischen Einrichtung des Internetzugangs.

1. Wählen Sie in den *Einstellungen* die Option *Netzwerk und Internet* und wählen Sie dann die SIM-Karte aus.
2. Entscheiden Sie sich unter *Bevorzugter Netztyp* für den bestmöglichen Netzwerktyp, den Ihre SIM-Karte unterstützt. Bei SIM-Karten ohne LTE-Tarif muss also *3G* ausgewählt werden, auch wenn das Smartphone standardmäßig LTE vorschlägt. Diese Einstellung ist für Deutschland nicht mehr relevant, da das 3G-Netz abgeschaltet wurde.
3. Wenn die Automatik nicht funktioniert, deaktivieren Sie den Schalter *Netz automatisch auswählen*. Jetzt wird eine Liste verfügbarer Netzwerke gesucht. Ist Ihr Anbieter dabei, tippen Sie darauf, um die Internetverbindung automatisch zu konfigurieren.
4. Auch das funktioniert nicht immer. Tippen Sie auf die Zeile *Zugangspunkte (APNs)*. Wählen Sie den eingetragenen Zugangspunkt durch Antippen aus. Sollten es mehrere sein, tippen Sie auf den markierten.
5. Tragen Sie im Feld *Name* Ihren Netzbetreiber ein. Dieses Feld dient nur dazu, Zugangspunkte zu unterscheiden, wenn mehrere eingerichtet sind.
6. Geben Sie im Feld *APN* den APN-Namen ein, den Sie von Ihrem Mobilfunkanbieter erhalten. Bei Netzclub und einigen anderen O2-Discountern lautet dieser *pinternet.interkom.de* und nicht, wie oft automatisch vorgeschlagen, *internet*.
7. Die Felder *Proxy*, *Port*, *Nutzername*, *Passwort* und *Server* müssen bei den meisten Anbietern leer bleiben.

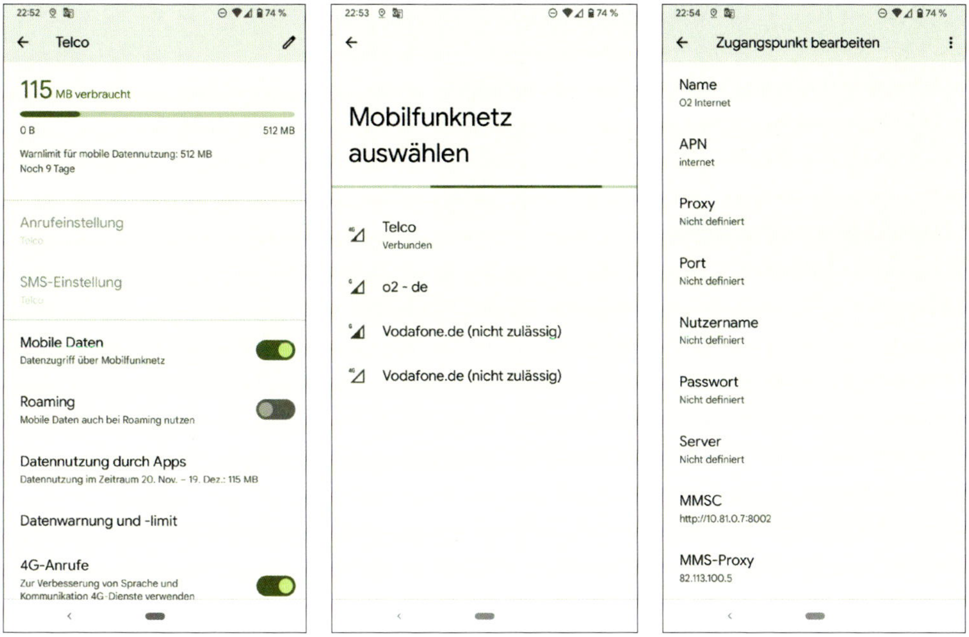

Einstellungen für Mobilfunknetze und APN-Zugangspunkt bearbeiten

Eine ausführliche Liste von APN-Einstellungen aller wichtigen deutschen Mobilfunkanbieter finden Sie unter *www.softwarehandbuch.de/apn-einstellungen*.

Erweiterte Schnelleinstellungen bearbeiten

Welche Einstellungen beim Herunterziehen der Schnelleinstellungen angezeigt werden, hängt vom jeweiligen Smartphone und dessen Hardwareausstattung ab. Tippen Sie links unterhalb der Schnelleinstellungen auf das Stiftsymbol, um die Reihenfolge der angezeigten Schnelleinstellungssymbole zu verändern. Unter den standardmäßig inaktiven Symbolen finden sich auch noch einige nützliche Schalter.

Nachtlicht

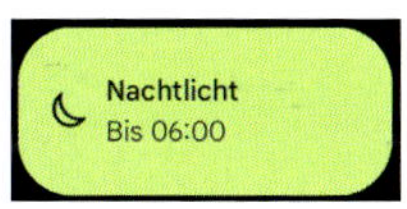

Android 12 bietet die Möglichkeit, nachts auf ein augenfreundliches Nachtlicht umzuschalten, bei dem je nach Umgebungshelligkeit der Blauanteil der Bildschirmbeleuchtung mehr oder weniger reduziert wird.

Tippen Sie länger auf dieses Symbol, können Sie das Nachtlicht automatisch nachts, abhängig vom Sonnenauf- und -untergang oder nach einem frei einstellbaren Zeitplan aktivieren. Bei aktiviertem Nachtlicht kann die Farbintensität mit einem Schieberegler eingestellt werden.

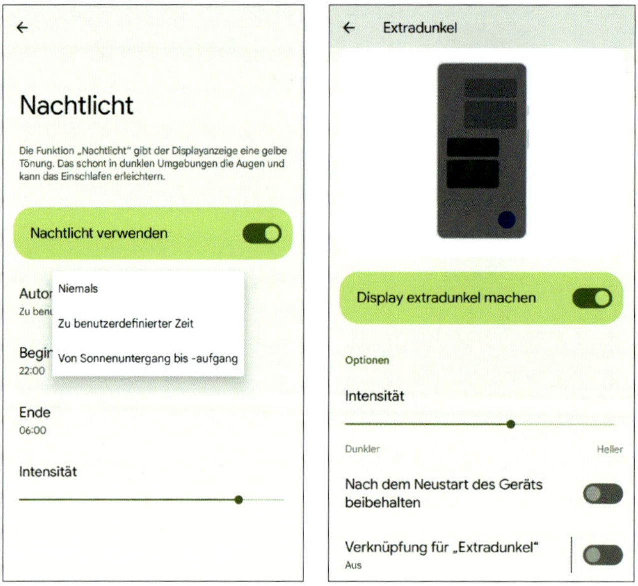

Einstellungen für das Nachtlicht und den Extradunkel-Modus

Extradunkel

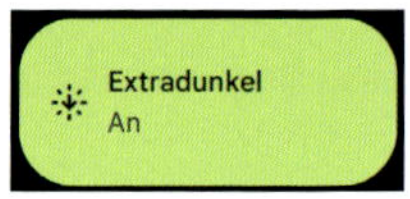

Ist bei besonders dunkler Umgebung auch die dunkelste Stufe bei der Bildschirmhelligkeit noch zu hell, können Sie mit der Schnelleinstellung *Extradunkel* den Bildschirm noch dunkler schalten, damit das Smartphone zwar weiterhin nutzbar bleibt, aber nicht blendet.

Farben umkehren

Sollten Sie Schwierigkeiten haben, bei grellem Licht den Bildschirm zu erkennen, können Sie die Farben umkehren. Dabei werden nicht alle Farben ins Negative umgekehrt, sondern nur die Schwarz-Weiß-Anteile. Das Bild sieht etwas befremdlich aus, kann aber unter bestimmten Umgebungsbedingungen besser zu erkennen sein. In den meisten Fällen ist der dunkle Modus aber die bessere Wahl.

Datensparmodus

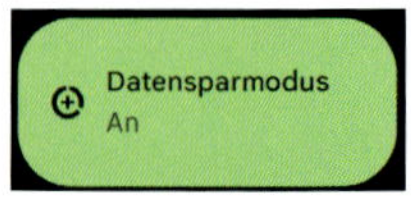

Durch Einschränkung von Apps, die im Hintergrund laufen, kann im Mobilfunknetz Datenvolumen eingespart werden.

Hotspot

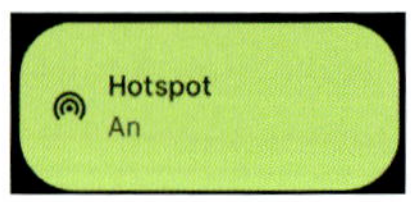

Der private WLAN-Hotspot ermöglicht es, mit einem Notebook über das Smartphone unterwegs ins Internet zu gehen.

Bildschirm übertragen

Im Modus *Bildschirm übertragen* wird der Bildschirminhalt des Smartphones drahtlos auf einen kompatiblen Monitor oder Beamer übertragen.

Gerätezugriff – der grüne Punkt in der Statusleiste

Dass beim Fotografieren die Kamera benötigt wird und beim Telefonieren das Mikrofon, ist jedem klar. Viele Apps nutzen Kamera oder Mikrofon im Hintergrund, ohne dass es sofort ersichtlich ist. Android 12 zeigt diese Gerätezugriffe mit einem kleinen grünen Punkt oben rechts in der Statusleiste an. Immer wenn dieser Punkt leuchtet, ist die Kamera oder das Mikrofon aktiv.

Möchten Sie – warum auch immer – absolut sicher sein, dass Kamera und Mikrofon ausgeschaltet sind und nichts heimlich aufzeichnen, können Sie sie mit den zwei neuen Schnelleinstellungen *Kamerazugriff* und *Mikrofonzugriff* systemweit für alle Apps abschalten.

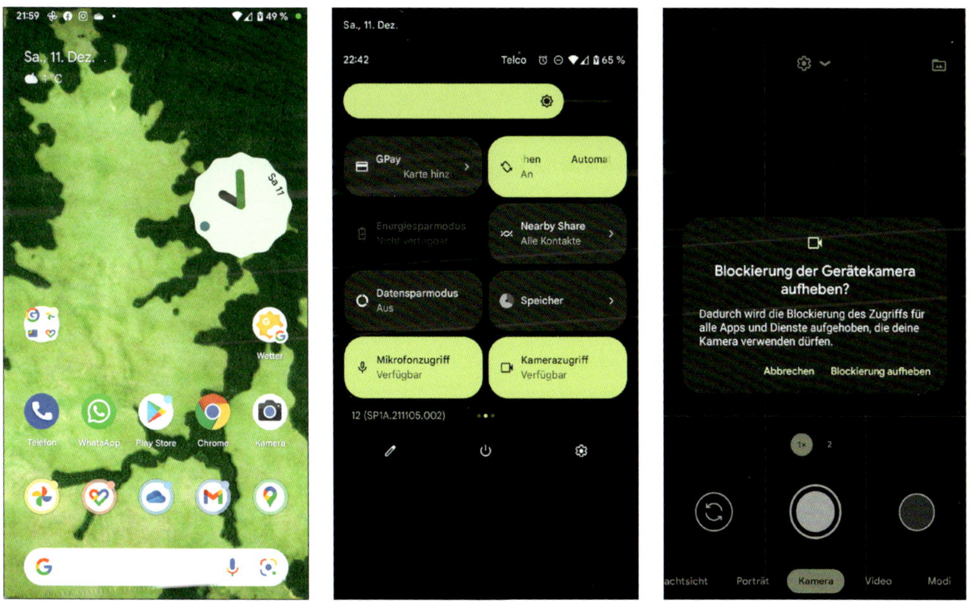

Links: grüner Punkt für Gerätezugriff, Mitte: Schnelleinstellungen für Gerätezugriff, rechts: Meldung bei blockierter Kamera

Standort

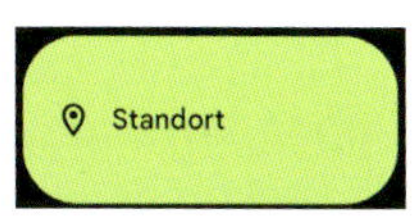

Viele Apps sind erst dann sinnvoll zu nutzen, wenn sie wissen, wo man sich gerade befindet. Dies gilt nicht nur für Navigationssysteme, auch die Suche ist mit Standortangabe deutlich hilfreicher, wenn es z. B.

darum geht, Läden, Restaurants, Haltestellen oder Geldautomaten zu finden. Foto-Apps können den Standort in Bilder eintragen, um diese etwa in Onlinegalerien auf Landkarten zu positionieren.

Allerdings verbrauchen die Standortdienste, die im Hintergrund GPS- und WLAN-Daten auswerten, auch einiges an Strom und können, wenn sie nicht benutzt werden, ausgeschaltet werden. Wird der Standortzugriff gerade genutzt, erscheint ein Standortsymbol oben rechts in der Infoleiste.

Standortdienste nur, wenn unbedingt nötig, abschalten

Einige Medien versuchen ihre Leser zu überzeugen, aus Datenschutzgründen die Standortdienste abzuschalten. Überlegen Sie sich genau, ob Sie die Standortdienste wirklich ausschalten. Neben dem Funktionsverlust in zahlreichen Apps helfen sie nämlich auch dabei, ein verlorenes oder gestohlenes Smartphone zu orten und eventuell wiederzufinden. Nähere Informationen dazu finden Sie in Kapitel 12.

Akku sparen

Wie bei jedem batteriebetriebenen Gerät ist auch bei Android-Smartphones der Akku immer viel zu schnell leer. Bei keiner anderen Zahl in den Datenblättern oder der Werbung für Smartphones beweisen Hersteller so viel Fantasie wie bei Stand-by- und Gesprächszeiten. Angaben von mehreren Hundert Stunden können nur unter extremen Laborbedingungen gelten, wenn optimaler Netzempfang besteht und keine einzige App sich im Hintergrund Daten holt. Um im Alltag Laufzeiten von mehr als einem Tag zu erreichen, ist bewusstes Akkusparen mit den richtigen Einstellungen wichtig.

Android zeigt sehr detailliert an, welche Apps oder Systemkomponenten den Akku beanspruchen. Neben den großen Stromfressern GPS, Bluetooth und WLAN sorgen auch die Hintergrundbeleuchtung sowie einige Apps mit viel Hintergrundaktivität, z. B. Live-Hintergründe, dafür, dass der Akku nicht so lange hält wie erwartet.

Sie finden diese Anzeige, indem Sie länger auf das Symbol *Energiesparmodus* in der Schnelleinstellungsleiste tippen. Kurzes Antippen aktiviert den Stromsparmodus.

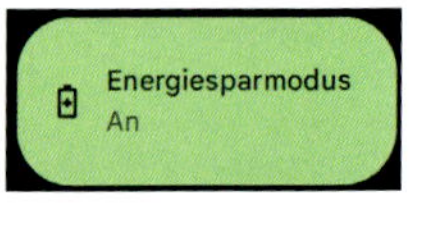

Tippen Sie auf dieser Seite auf *Akkunutzung*, erscheint eine Verlaufskurve. Hier schätzt Android, wie lange es noch dauern wird, bis der Akku bei gleichbleibendem Nutzerverhalten ganz leer ist oder voraussichtlich wieder voll aufgeladen ist, wenn das Smartphone gerade am Ladegerät hängt. In der Akkuanzeige lassen sich gezielt Stromfresser finden. Betreffende Apps sollten Sie bei Akkuknappheit nicht mehr nutzen.

Tippen Sie unten auf dieser Seite auf *Systemnutzung der letzten 24 Stunden*, werden auch Systemkomponenten und ihr Akkuverbrauch aufgelistet.

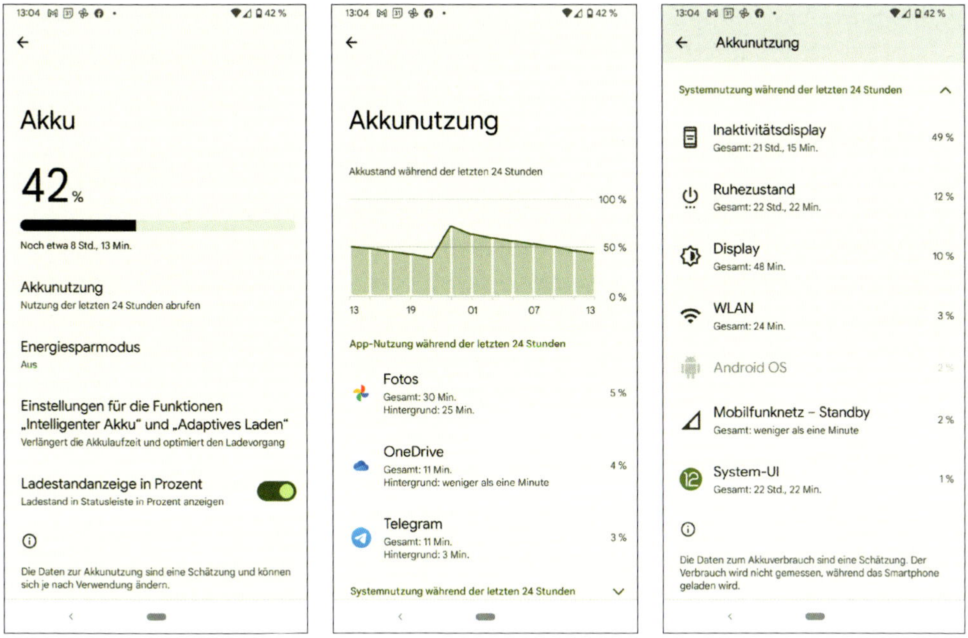

Die Akkuverbrauchsanzeige in Android 1

Tipps für sparsamen Akkuverbrauch

- Der Bildschirm ist einer der größten Stromfresser. Verringern Sie die Bildschirmhelligkeit. Ziehen Sie dazu die Benachrichtigungsleiste mit zwei Fingern herunter und schieben Sie den Helligkeitsregler ein Stück nach links.
- Bei Smartphones mit OLED-Bildschirmen sparen das dunkle Design und ein dunkles Hintergrundbild zusätzlich Strom.
- Der Akku funktioniert bei Temperaturen zwischen 10 °C und 40 °C am besten. Setzen Sie das Smartphone nach Möglichkeit nicht über längere Zeit höheren oder niedrigeren Temperaturen aus, da dies die Akkuleistung beeinträchtigt.
- Wenn Sie sich außerhalb eines WLANs befinden, schalten Sie das WLAN aus.
- Schalten Sie Bluetooth aus, wenn Sie es nicht benötigen.
- Der Flugmodus spart noch mehr Strom. Besonders, wenn Sie sich an einem Ort ohne Mobilfunkempfang aufhalten, kostet die dauernde Suche nach einem Mobilfunknetz viel Akkukapazität.
- Verzichten Sie auf Widgets und Live-Hintergründe.
- Die Bildschirmanimationen beim Öffnen und Schließen von Apps verbrauchen Strom ohne wirklichen Nutzen. Schalten Sie diese in den *Einstellungen* unter *Bedienungshilfen/Text und Anzeige/Animationen entfernen* aus.

- Deinstallieren Sie Apps, die Sie nicht benötigen und die trotzdem in der Verbrauchsanzeige viel Strom verbrauchen.
- Vermeiden Sie das Streamen von Musik und besonders von Videos, wenn Sie in absehbarer Zeit keine Lademöglichkeit haben.
- Schalten Sie die automatische Synchronisation in den Einstellungen des Google-Kontos für alle Dienste ab, die Sie nicht so oft benötigen. Dies spart Strom, allerdings zulasten des Komforts, da Sie jetzt die Datensynchronisierung manuell vornehmen müssen. Einfacher ist es, den *Datensparmodus* in den Schnelleinstellungen zu aktivieren. Auch damit wird die Synchronisierung im Hintergrund deaktiviert.
- Laden Sie größere Dateien, vor allem Systemupdates, nur herunter, wenn das Smartphone an die Stromversorgung angeschlossen ist.

Intelligenter Akku

Die Funktion *Intelligenter Akku* ersetzt die Leistungsoptimierung früherer Android-Versionen. Der Benutzer braucht sich jetzt nicht mehr selbst darum zu kümmern, welche Apps im Hinblick auf das Akkusparen optimiert werden sollen, sondern das System lernt selbstständig anhand des Nutzerverhaltens, welche Apps selten verwendet werden und daher besser in einen Sparmodus versetzt werden können.

Der Energiesparmodus

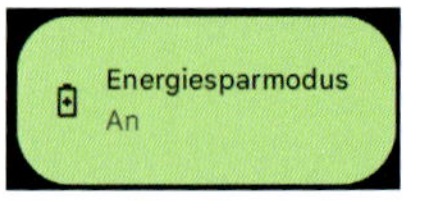

Android bietet einen Energiesparmodus an, der ganz einfach durch Antippen eines Symbols in den Schnelleinstellungen aktiviert wird. Tippen Sie länger auf diese Schnelleinstellung, können Sie festlegen, dass der Energiesparmodus bei schwacher Akkukapazität automatisch aktiviert wird.

Leider ist die deutliche Kennzeichnung des Energiesparmodus durch eine orangefarbene Benachrichtigungsleiste in Android 12 weggefallen. Der Energiesparmodus wird nur noch durch ein rotes Akkusymbol angezeigt und schaltet automatisch auf das dunkle Design um. Im Energiesparmodus werden Synchronisationsfunktionen im Hintergrund sowie die Vibrationsfunktion abgeschaltet. Das Telefon klingelt weiterhin. Apps lassen sich auch manuell synchronisieren.

Sobald das Smartphone an ein Ladegerät angeschlossen ist, wird der Energiesparmodus standardmäßig wieder deaktiviert. Dieses Verhalten kann aber auch abgeschaltet werden.

Der Extrem-Energiesparmodus

Android 12 bietet zusätzlich einen sogenannten *Extrem-Energiesparmodus* an, mit dem Sie noch einige Stunden erreichbar sind, selbst wenn der Akku schon fast leer ist. In diesem Modus werden verschiedene Hintergrundfunktionen ausgeschaltet, die erheblich zum

Stromverbrauch beitragen. Weiterhin wird die Nutzung auf wenige vorher ausgewählte Apps begrenzt, um im Hintergrund laufende Stromfresser abzuschalten.

In den Einstellungen zum *Energiesparmodus* legen Sie fest, ob automatisch oder auf Nachfrage in den *Extrem-Energiesparmodus* umgeschaltet werden soll.

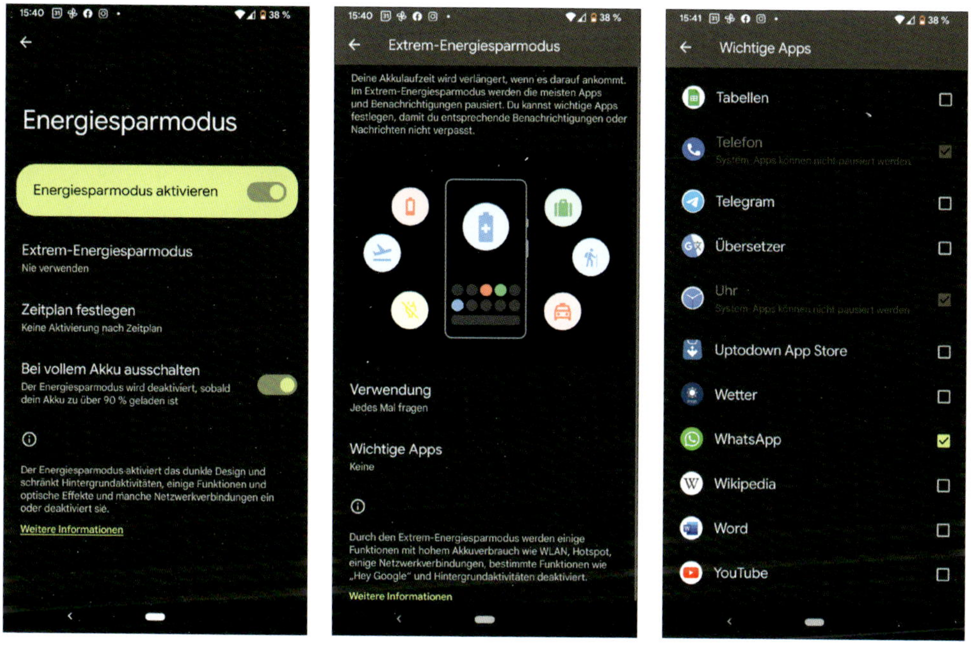

Einstellungen zum Energiesparmodus und Extrem-Stromsparmodus

Steuerung über Bewegungen

Auf einigen Smartphones können durch kurze Bewegungen nützliche Funktionen ausgelöst werden. Dies muss allerdings vom Gerät unterstützt werden, daher taucht der Menüpunkt *Gesten und Bewegungen* nicht auf allen Smartphones in den *Einstellungen* unter *System* auf.

- **Active Edge** – aktiviert den Google Assistant durch gleichzeitiges Drücken beider Seiten des Smartphones. Die Druckstärke kann eingestellt werden, damit der Google Assistant nicht jedes Mal startet, wenn man das Smartphone kräftig in die Hand nimmt.
- **Benachrichtigungen durch Wischen über Fingerabdrucksensor öffnen** – blendet die Benachrichtigungen ein, wenn man mit dem Finger von oben nach unten über den Fingerabdrucksensor streicht.
- **Kamera schnell öffnen** – startet die Kamera durch zweimaliges kurzes Drücken des Ein-/Ausschalters.

Bewegungssteuerung: Active Edge, Klingeln verhindern, Einhandmodus

- **Für Selfie-Modus Handgelenk drehen** – wechselt schnell zwischen Haupt- und Frontkamera, wenn man das Smartphone zweimal dreht, während die Kamera-App geöffnet ist.
- **Systemsteuerung** – Die Gestensteuerung bietet verschiedene Möglichkeiten zur Steuerung des Smartphones durch Wischgesten auf dem Bildschirm. Dabei wird ganz oder teilweise auf die drei klassischen Symbole Dreieck, Kreis und Quadrat am unteren Bildschirmrand verzichtet.
- **Einhandmodus** – Moderne, sehr große Smartphones sind mit einer Hand nur schwer zu bedienen. Eine Wischbewegung vom unteren Bildschirmrand nach ganz unten verschiebt den Bildschirminhalt nach unten, sodass nur noch die unteren zwei Drittel des Bildschirms genutzt werden. Alternativ kann diese Geste auch die Benachrichtigungen öffnen, die mit einer Hand am oberen Bildschirmrand sonst auch schwer erreichbar sind.
- **Durch Doppeltippen auf das Display Bildschirm aktivieren** – Liegt das Smartphone bei ausgeschaltetem Bildschirm auf dem Tisch, tippen Sie kurz doppelt auf den Bildschirm. Ein Sperrbildschirm zeigt die aktuelle Uhrzeit und die Benachrichtigungen.
- **Beim Hochheben Display aktivieren** – Stattdessen können Sie das Smartphone hochnehmen und in eine senkrechte Position bringen.
- **Ein-/Aus-Taste gedrückt halten** – Bei längerem Druck auf den Ausschalter können Kreditkarten zur Bezahlung mit G Pay und ein Notfall-Button angezeigt oder alternativ der Google Assistant aufgerufen werden.
- **Phone umdrehen, um Pssst zu aktivieren** – Klingelt das Telefon in einem unpassenden Moment, legen Sie es einfach mit dem Bildschirm nach unten auf den Tisch, um das Klingeln zu beenden, ohne den Anruf abzuweisen.

- **Klingeln verhindern** – Klingelt das Telefon in einem unpassenden Moment, drücken Sie den Ein-/Ausschalter und die Lauter-Taste gleichzeitig, um das Klingeln zu beenden, ohne den Anruf abzuweisen. In den *Einstellungen* können Sie festlegen, ob dabei auf Vibrieren umgeschaltet oder das Telefon stummgeschaltet wird.

Automatische Regeln für Einstellungen

Abhängig vom Standort oder einem angemeldeten WLAN können automatisch bestimmte Einstellungen vorgenommen werden. So können Sie zum Beispiel Ihr Smartphone auf lautlos schalten, wenn Sie im Zug sitzen, und wieder auf klingeln, wenn Sie zu Hause sind.

1. Wählen Sie in den *Einstellungen* die Option *System/Regeln*. Bei der ersten Verwendung müssen die Einstellungsupdates dauerhaft im Hintergrund zugelassen werden.
2. Tippen Sie auf *Regel hinzufügen*.
3. Wählen Sie jetzt entweder ein gespeichertes WLAN aus, oder geben Sie eine Adresse an, an der die Regel aktiviert werden soll.
4. Legen Sie dann noch fest, wie die Regel das Klingeln einstellen soll.
5. Die Option *Benachrichtigung senden, wenn die Regel wirksam wird* benachrichtigt zusätzlich jedes Mal mit einer Systembenachrichtigung, wenn die Regel verwendet wird.

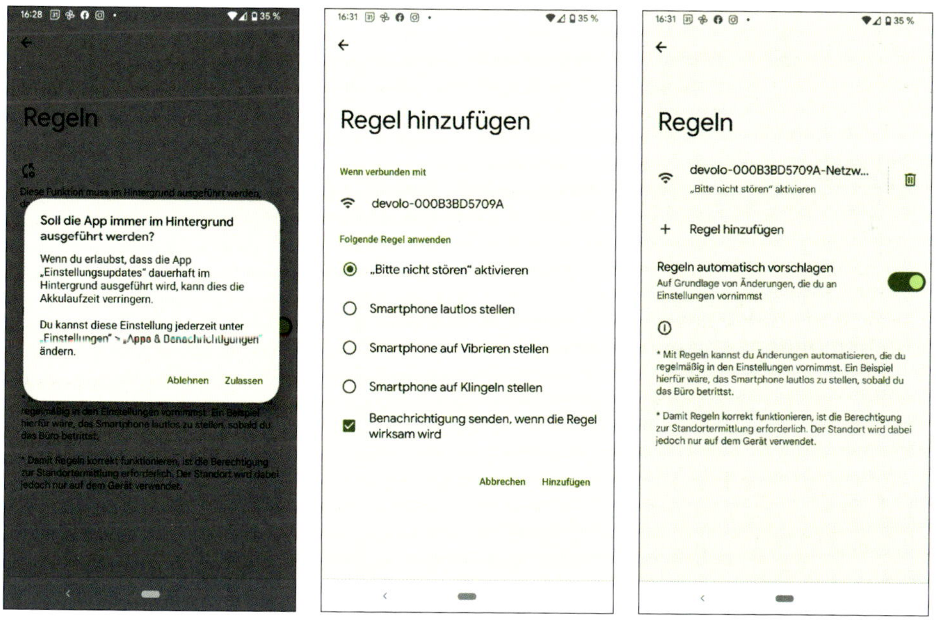

Regeln für automatische Einstellungen festlegen

Das Smartphone mit dem PC verbinden

Moderne Android-Smartphones müssen nur noch in seltenen Fällen über USB-Kabel mit dem PC verbunden werden, um Daten zu synchronisieren. Fast alle Daten lassen sich auch drahtlos über Cloud-Dienste austauschen. Es gibt aber noch Fälle, in denen eine USB-Verbindung mit einem PC durchaus nützlich sein kann, z. B. um eine größere Musiksammlung vom PC auf das Smartphone zu bringen oder umgekehrt große Mengen von Fotos in Originalauflösung vom Smartphone auf den PC zu übertragen.

Schließen Sie das Smartphone über ein USB-Kabel am PC an. Die meisten aktuellen Smartphones werden bei der Verbindung mit einem PC zunächst nur aufgeladen, ohne eine Datenverbindung herzustellen.

Ziehen Sie die Benachrichtigungsleiste herunter und tippen Sie auf die lautlose Benachrichtigung zur USB-Verbindung. Wählen Sie jetzt den Verbindungsmodus *Dateiübertragung*.

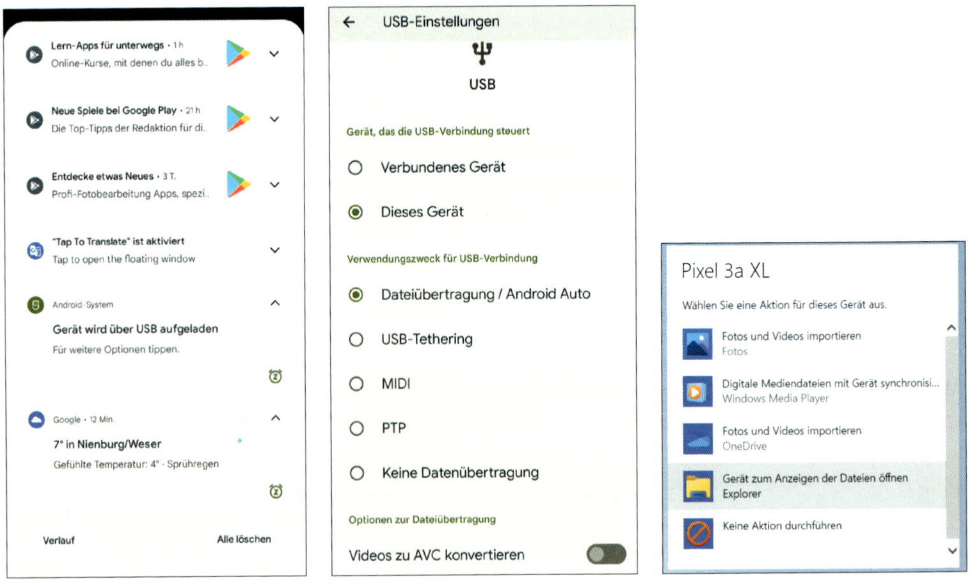

USB-Verbindung zwischen Android-Smartphone und PC, rechts: Auswahl beim Anschluss eines Smartphones an einen Windows-11-PC

Bei der ersten Verbindung mit dem PC werden bei einigen Smartphones spezielle Gerätetreiber installiert. Danach erscheint das Auswahlfenster *Wählen Sie eine Aktion für dieses Gerät aus.* Im Modus *Gerät zum Anzeigen der Dateien öffnen* erscheint das Smartphone als Laufwerk im Explorer, um Dateien zu kopieren.

Das Smartphone wird im Explorer in der Ansicht *Dieser PC* angezeigt. Klicken Sie darauf, sehen Sie den internen Speicher und – wenn vorhanden – auch die Speicherkarte als Laufwerke und können Dateien hin und her übertragen.

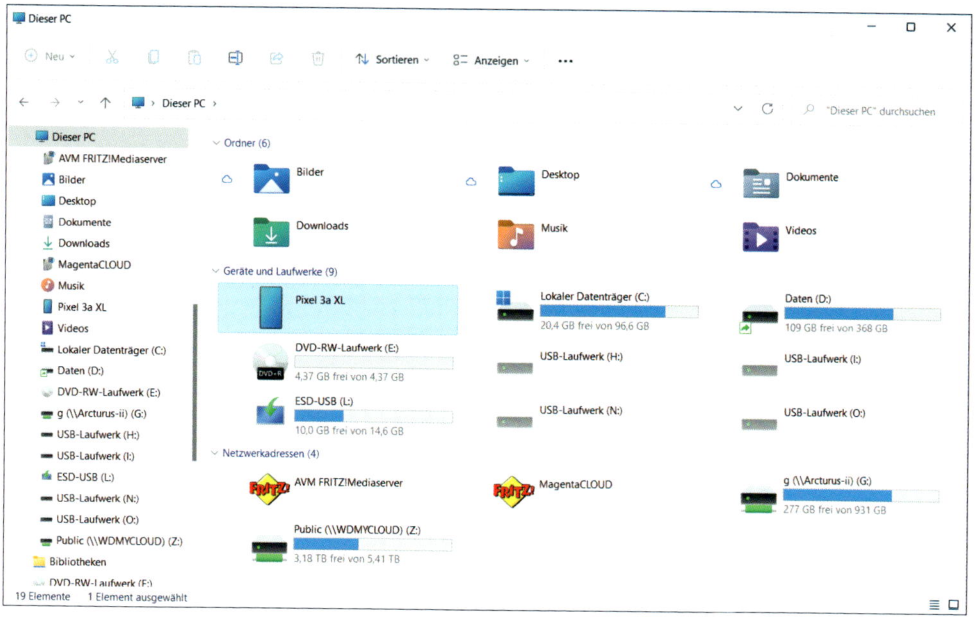

Das Smartphone als Laufwerk im Explorer von Windows 11

App »Ihr Smartphone« in Windows

Die in Windows 11 vorinstallierte App *Ihr Smartphone* zur Verbindung zwischen Smartphone und PC hat zwar noch nicht den Funktionsumfang der meisten Tools von Handyherstellern, wird aber mit jedem Update nützlicher.

Auf dem Smartphone muss die App *Begleiter für Smartphone* installiert sein und alle angefragten Berechtigungen müssen gewährt werden. Auf einigen Samsung-Smartphones ist diese App bereits vorinstalliert. Danach wird auf dem PC ein QR-Code angezeigt. Scannen Sie diesen zum Koppeln mit dem Smartphone.

Die Datenübertragung zwischen Smartphone und PC erfolgt per USB-Kabel oder WLAN. Um direkt über das Smartphone vom PC zu telefonieren, ist zusätzlich zur USB- oder WLAN-Verbindung auch eine Bluetooth-Verbindung notwendig.

Smartphone-Benachrichtigungen auf dem PC sehen

Ohne auf das Smartphone zu sehen, zeigt *Ihr Smartphone* eingehende Benachrichtigungen über das Benachrichtigungscenter von Windows an. Dabei lässt sich in den Einstellungen von *Ihr Smartphone* auf dem PC einstellen, welche Apps unter Windows benachrichtigen dürfen und welche Inhalte die Benachrichtigungen zeigen.

SMS auf dem PC

Wer noch SMS schreibt, kann dies in der App *Ihr Smartphone* auch vom PC tun. Eingehende SMS werden ebenfalls angezeigt. Messenger werden nicht unterstützt. Diese liefern aber größtenteils eigene Desktop-Apps.

Smartphone-Fotos auf dem PC betrachten und teilen

Fotos, die mit der Smartphone-Kamera aufgenommen wurden, lassen sich auf dem PC betrachten, herunterladen, teilen oder auch auf dem Smartphone löschen. Fotoordner auf dem Smartphone werden nicht unterstützt. Komfortabler ist es, das Smartphone über die OneDrive-App zu verbinden, die die Fotos automatisch im Hintergrund auf den PC überträgt.

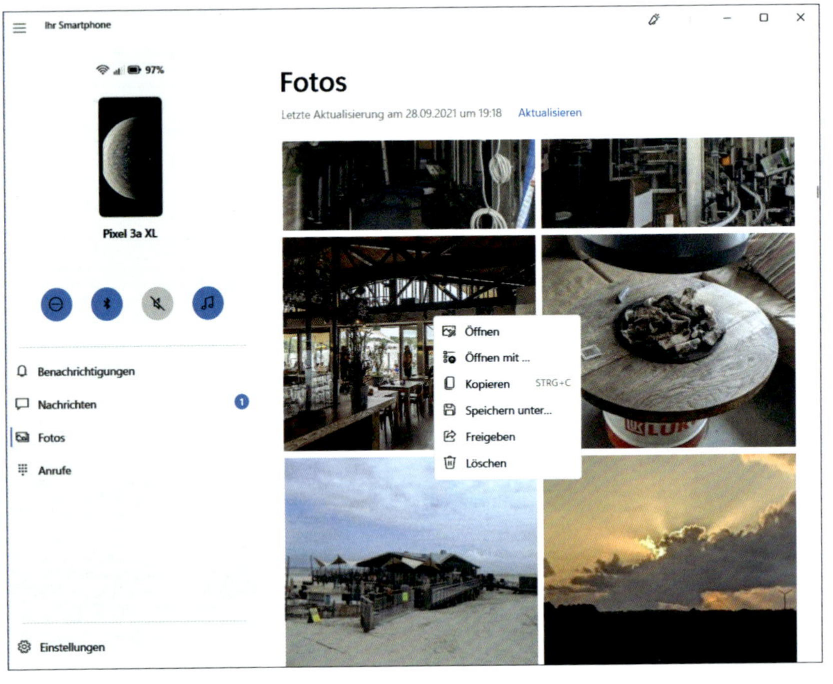

Fotos vom Smartphone auf dem PC ansehen und teilen

Mit dem Notebook über das Smartphone ins Internet

Moderne Smartphones liefern zumindest in Großstädten mit guter LTE-Versorgung Datenübertragungsraten, die mit DSL über Telefonkabel durchaus mithalten können. Da bietet es sich an, unterwegs das Smartphone als mobilen Internetzugang für das Notebook zu nutzen. Dieses Verfahren wird als Tethering bezeichnet, abgeleitet von dem englischen Wort für »anbinden«.

Tethering

Bei den meisten günstigen Flatrate-Tarifen für Smartphones wird nach einigen Hundert Megabyte oder wenigen Gigabyte – zum mobilen Surfen in einem Monat meist ausreichend – auf unattraktive GPRS-Geschwindigkeit abgebremst. Per Tethering mit dem Notebook kann man dieses Datenvolumen schon nach wenigen Stunden erreichen. Für den Rest des Monats hat man dann keinen Spaß mehr an der Flatrate. Die teureren Datenflatrates für Surfsticks beinhalten deutlich mehr Übertragungsvolumen. Natürlich spricht nichts dagegen, eine solche SIM-Karte in ein Smartphone zu stecken und dieses für das Tethering zu nutzen. Allerdings haben die typischen Notebook-Surftarife meist höchst unattraktive Preise beim Telefonieren.

Smartphone als mobiler WLAN-Hotspot

Android bietet eine Möglichkeit, einen mobilen WLAN-Hotspot einzurichten. Sie können sich dann mit anderen Geräten wie Notebooks, Tablets, Spielkonsolen, E-Book-Readern per WLAN am Smartphone anmelden und die Mobilfunkverbindung des Smartphones als Internetzugang nutzen.

1. Tippen Sie in den *Einstellungen* unter *Netzwerk und Internet* auf *Hotspot und Tethering* oder halten Sie den Finger länger auf dem Schnelleinstellungssymbol *Hotspot*.

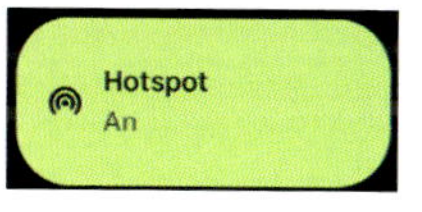

2. Schalten Sie die Option *WLAN-Hotspot* ein. Ein Symbol in der Statusleiste markiert den aktiven WLAN-Hotspot. Er wird sofort auf den anderen Geräten als verfügbar angezeigt. Bedenken Sie jedoch, dass die Reichweite bei Weitem nicht so groß ist wie die eines klassischen WLAN-Routers. Außerdem verbraucht die Nutzung als WLAN-Hotspot sehr viel Strom des Smartphone-Akkus. Schließen Sie am besten das Smartphone die ganze Zeit ans Ladegerät an und beenden Sie den WLAN-Hotspot, sobald Sie ihn nicht mehr benötigen.

3. Der Konfigurationsdialog zeigt den Namen des Hotspots sowie einen zufällig generierten Schlüssel an, der auf den Geräten eingegeben werden muss. Als Verschlüsselungsverfahren wird standardmäßig WPA2-Personal verwendet. Tippen Sie auf *Passwort des Hotspots*, um das automatisch generierte Passwort zu sehen, damit Sie es auf den anderen Geräten eingeben können. An dieser Stelle können Sie auch selbst ein Passwort festlegen und bei Bedarf das Frequenzband umstellen.

4. Tippen Sie auf das QR-Code-Symbol neben dem Namen des Hotspots. Hier erscheint ein QR-Code, den Sie mit einem anderen Smartphone oder Tablet nur noch zu scannen brauchen, um das Gerät mit diesem Hotspot zu verbinden. Alternativ können Sie den Zugang auch über **Nearby Share** teilen. Außerdem wird auf dieser Seite auch das Passwort im Klartext angezeigt.

5. Jetzt können Sie sich mit anderen Geräten an diesem WLAN-Hotspot anmelden.

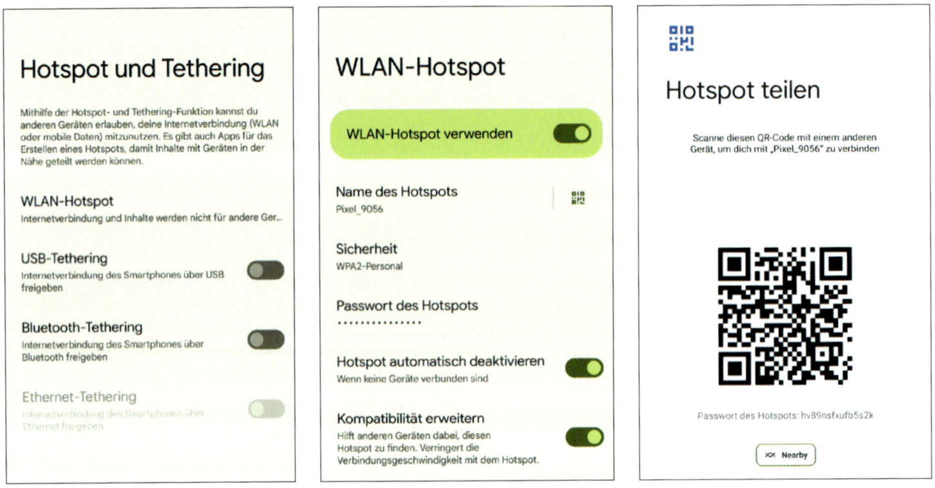

WLAN-Hotspot auf dem Smartphone einrichten

Tethering per USB-Kabel

Anstatt über WLAN können Sie ein Notebook oder einen PC auch über ein USB-Kabel mit dem Smartphone verbinden, um die Internetverbindung zu nutzen. Dies funktioniert allerdings nur mit Windows-PCs und immer nur mit einem PC gleichzeitig.

Vorher ausprobieren!

Diese Art der Verbindung sollten Sie auf jeden Fall zu Hause auf dem Notebook einrichten, bevor Sie sie unterwegs nutzen, da das Notebook oftmals eine funktionierende Internetverbindung voraussetzt, um notwendige Treiber zu installieren, bevor das USB-Tethering verwendet werden kann.

1. Verbinden Sie das Smartphone über ein USB-Kabel mit dem PC und ziehen Sie die Benachrichtigungsleiste herunter.

2. Aktivieren Sie in der Systembenachrichtigung zur USB-Verbindung die Option *USB-Tethering*.

3. In einigen Fällen erscheint auf dem PC eine Meldung, dass Gerätetreiber installiert werden. Dazu wird die vorhandene Internetverbindung des PCs genutzt.

4. Trennen Sie nun die bestehende Internetverbindung des PCs. Nach kurzer Zeit nutzt Windows automatisch die neue Netzwerkverbindung über das Smartphone. Um sie wieder zu trennen, ziehen Sie einfach das USB-Kabel heraus. Auf dem Smartphone wird dann automatisch das USB-Tethering wieder deaktiviert.

Datenübertragung per Bluetooth

Bluetooth ist eine drahtlose Übertragungstechnik mit einer Reichweite von wenigen Metern, mit der Sie Daten zwischen verschiedenen Geräten übertragen können. Fast alle Smartphones unterschiedlichster Betriebssysteme und selbst ältere Handys unterstützen Bluetooth. Per Bluetooth können Sie auch Daten auf PCs oder auf die Fotodruckautomaten in Drogerie- und Elektronikmärkten übertragen.

Daten zwischen zwei Smartphones übertragen

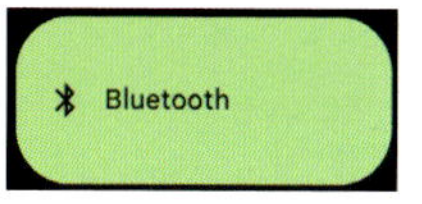

Da Bluetooth viel Strom frisst, empfiehlt es sich, es nur einzuschalten, wenn es wirklich benutzt wird. Ein Symbol in den Schnelleinstellungen ermöglicht es, Bluetooth jederzeit ein- und wieder auszuschalten. Halten Sie den Finger länger auf diesem Symbol, kommen Sie zu den Einstellungen. Bei Bluetooth verwendet jedes Gerät einen eigenen Namen, mit dem es von anderen Geräten unterschieden werden kann. Damit sich die Geräte gegenseitig finden, müssen sie sichtbar geschaltet werden. Android 12 regelt – wie alle aktuellen Android-Versionen – die Sichtbarkeit automatisch. Solange der Bildschirm mit den Bluetooth-Einstellungen geöffnet ist, ist das Smartphone für andere sichtbar.

1. Möchten Sie ein Foto oder eine andere Datei vom Smartphone per Bluetooth auf ein anderes Gerät übertragen, schalten Sie auf beiden Geräten Bluetooth ein und machen sie sichtbar.

2. Wählen Sie in der entsprechenden App das zu sendende Objekt, z. B. ein Foto, und tippen Sie auf das *Teilen*-Symbol. Wählen Sie in der Liste der Apps zum Teilen *Bluetooth*.

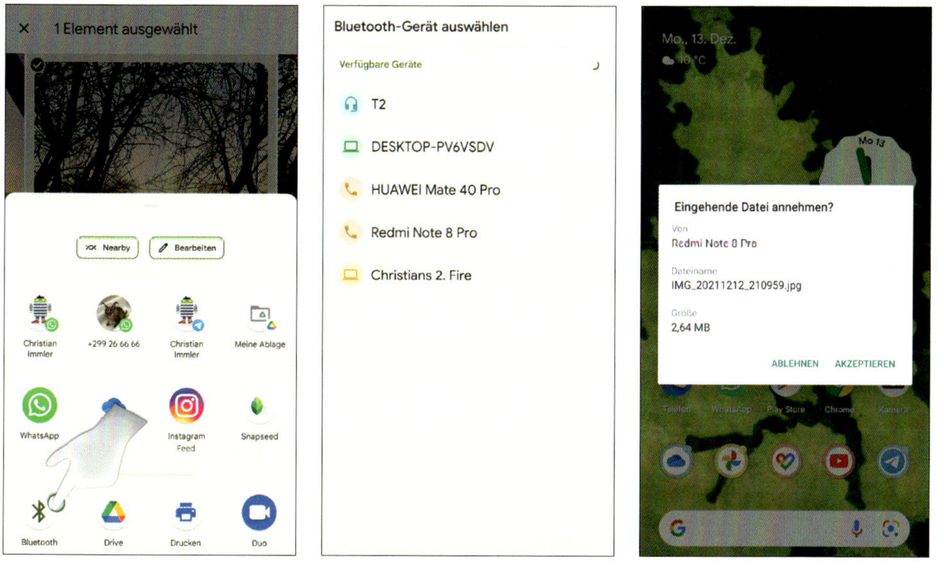

Foto per Bluetooth übertragen, rechts: eingehende Datei annehmen

3. Jetzt erscheint eine Liste der sichtbaren Geräte in der Nähe. Legen Sie hier das Gerät fest, an das das Foto gesendet werden soll. Die Liste wird ständig automatisch aktualisiert.

4. Auf dem empfangenden Gerät müssen Sie die Annahme der Datei noch bestätigen. So wird verhindert, dass jemand unbemerkt per Bluetooth auf das eigene Smartphone zugreift.

5. Nach erfolgreicher Übertragung erscheint auf dem empfangenden Gerät eine Benachrichtigung, aus der heraus Sie die Datei direkt öffnen können.

Bluetooth-Kopplung/Pairing

Nach wenigen Minuten oder beim Verlassen des Bluetooth-Einstellungen-Bildschirms werden die meisten Geräte aus Sicherheitsgründen automatisch wieder unsichtbar. Um zu verhindern, dass vertrauenswürdige Geräte vor jeder Dateiübertragung wieder sichtbar geschaltet werden müssen, tippen Sie auf dem Bildschirm *Verbundene Geräte* auf *Neues Gerät koppeln*. Wählen Sie aus der Liste das gewünschte Gerät aus und koppeln Sie es durch Antippen. Diese Kopplung, auch als Pairing bezeichnet, muss auf beiden Geräten innerhalb kurzer Zeit noch bestätigt werden. Zur Identifikation wird ein sogenannter Kopplungscode auf beiden Geräten angezeigt, der auf älteren Android-Geräten sowie auf einigen anderen Betriebssystemen noch manuell eingegeben werden muss.

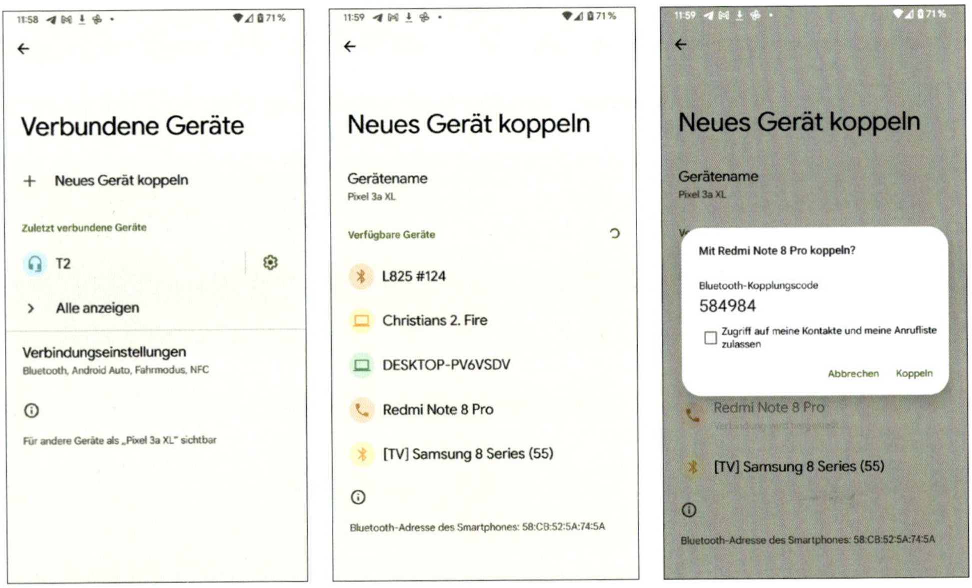

Bluetooth-Kopplung einrichten

Danach können Sie jederzeit eine Verbindung herstellen, auch wenn das andere Gerät nicht sichtbar ist. Bluetooth muss natürlich eingeschaltet sein, und der Empfang von Daten muss weiterhin bestätigt werden.

Nearby Share

Nearby Share ist der moderne Nachfolger der klassischen Bluetooth-Übertragung. In den meisten Fällen ist Nearby Share die bessere Übertragungsmethode gegenüber der klassischen Bluetooth-Verbindung. Hier werden Daten ebenfalls von einem Gerät auf ein anderes übertragen, wobei Bluetooth, WLAN oder für kleinere Dateien auch Mobilfunk verwendet werden kann. Die Verbindung zweier Geräte ist dabei deutlich komfortabler, funktioniert aber nur zwischen gespeicherten Kontakten mit Gmail-Adressen und nicht zwischen völlig fremden Geräten.

1. Wählen Sie in der entsprechenden App das zu sendende Objekt, z. B. ein Foto, und tippen Sie auf das *Teilen*-Symbol. Wählen Sie in der Liste der Apps zum Teilen *Nearby*.

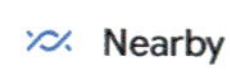

2. Tippen Sie auf dem nächsten Bildschirm unten auf *Aktivieren*, um Nearby Share zu aktivieren.
3. Wählen Sie anschließend das Gerät, auf das die Datei gesendet werden soll. Auf diesem Bildschirm können Sie mit dem *Einstellungen*-Symbol rechts oben die Einstellungen für Nearby Share öffnen.
4. Aktivieren Sie dazu auf dem anderen Gerät *Nearby Share* über das Symbol in den Schnelleinstellungen. Nur Geräte mit aktiviertem Nearby Share erscheinen als sichtbar.

5. Auf dem anderen Smartphone muss die Verbindung akzeptiert werden, um die Datei zu übertragen.

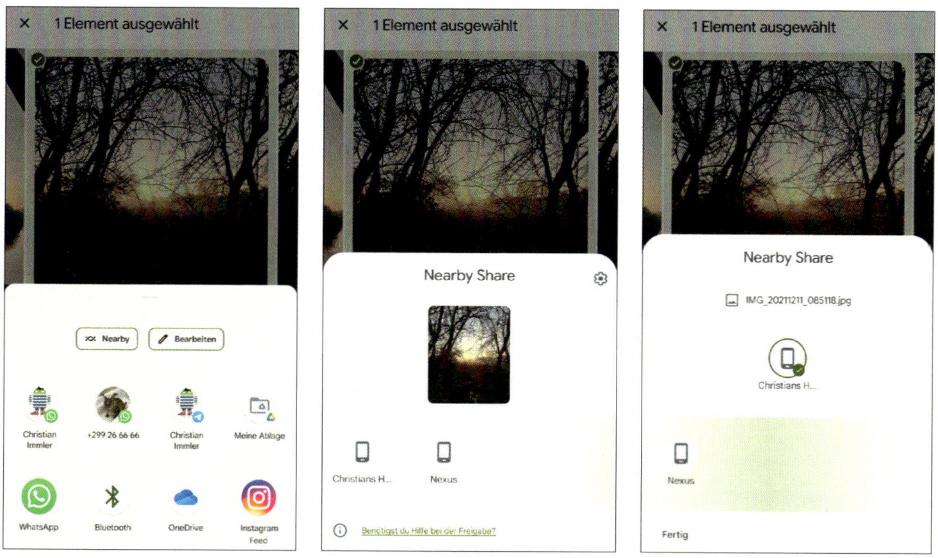

Foto über Nearby Share auf ein anderes Smartphone übertragen

In den Einstellungen von Nearby Share legen Sie einen Gerätenamen fest, unter dem das Smartphone auf anderen Geräten in Nearby Share angezeigt wird. In der Zeile *Gerätesichtbarkeit* entscheiden Sie, ob Ihr Smartphone bei allen Kontakten oder nur bei bestimmten in Nearby Share als sichtbar angezeigt wird. An Geräte, die nicht als Kontakt gespeichert sind, können per Nearby Share keine Daten versendet werden. Bestätigen Sie Ihre Telefonnummer, können Kontakte Ihr Smartphone leichter finden.

In der Zeile *Mobile Daten* können Sie wählen, ob Nearby Share zur Übertragung kleiner Dateien auch das Mobilfunknetzwerk verwenden darf. Alternativ können Sie WLAN nutzen oder Dateien nur offline über Bluetooth versenden.

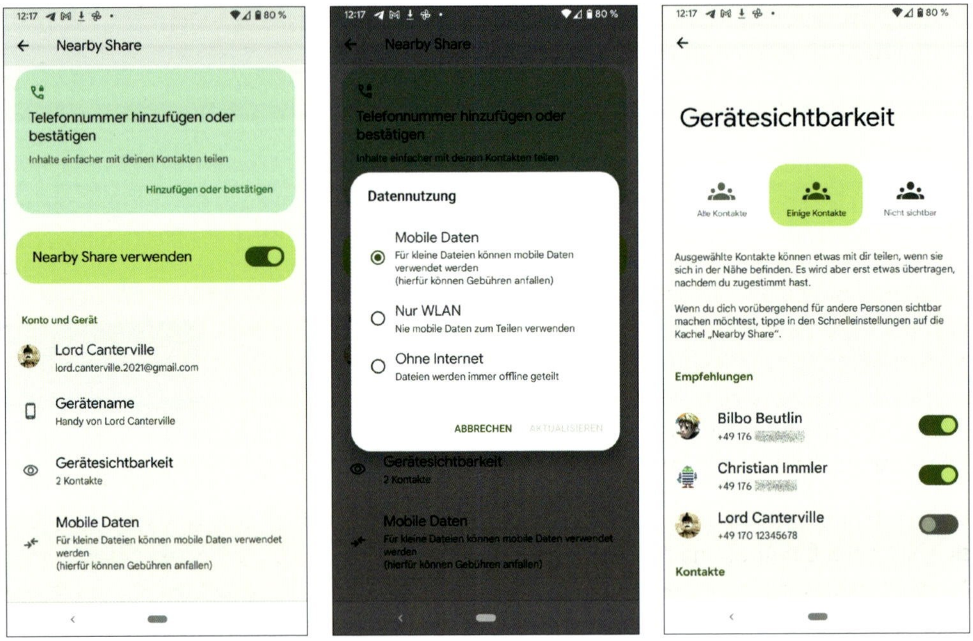

Einstellungen für Nearby Share

Dateien mit Files teilen

Was vergleichbare Apps nicht kennen: Der Dateimanager *Files* ermöglicht komfortables Teilen beliebiger Dateien an Freunde in der Nähe, ohne eine Internetverbindung zu benötigen. Dazu wird die Nearby-Share-Technik verwendet, über die Dateien in beide Richtungen per Bluetooth und WLAN übertragen werden können.

Starten Sie auf beiden Geräten im Seitenmenü von *Files* die Funktion *Offline teilen*. Tippen Sie auf dem einen Smartphone auf *Senden* und auf dem anderen auf *Empfangen*. Nachdem sich beide Smartphones verbunden haben, wählen Sie die Dateien aus und senden sie an das andere Smartphone.

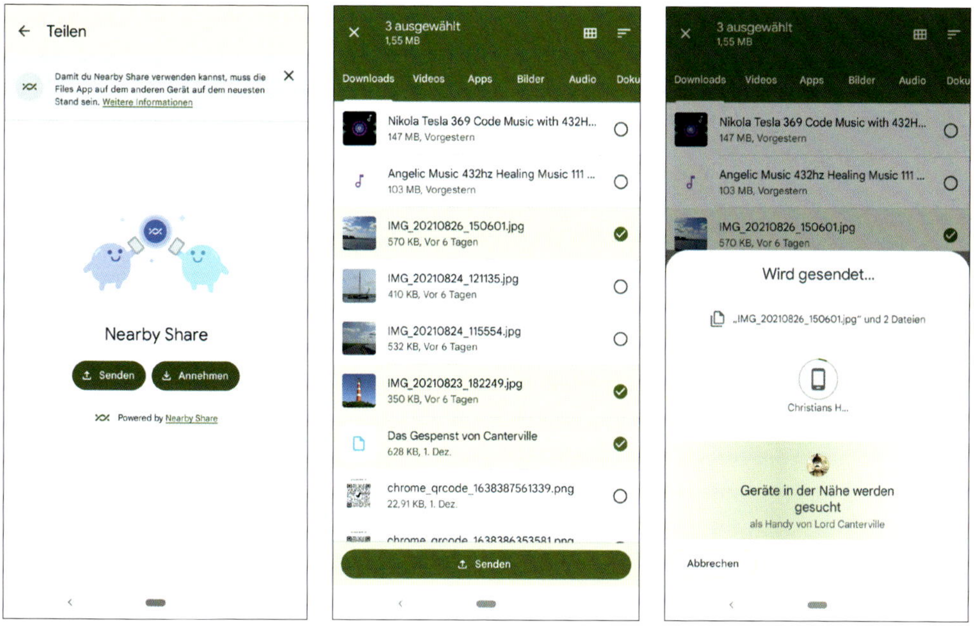

Dateien an Freunde in der Nähe senden

Daten zwischen Smartphone und PC übertragen

Auch ohne spezielle Synchronisierungssoftware können Sie per Bluetooth Daten vom Smartphone zum PC und umgekehrt übertragen.

Viele Notebooks haben bereits eine Bluetooth-Schnittstelle eingebaut. Andere PCs lassen sich leicht mit Bluetooth nachrüsten. Bluetooth-Adapter in USB-Stick-Bauart sind in großer Auswahl zu günstigen Preisen im Zubehörhandel erhältlich.

Bluetooth-Verbindungen werden nicht wie Netzwerkverbindungen von einem Gerät aus verwaltet. Hier muss an beiden beteiligten Geräten jemand sitzen. Auf dem einen Gerät wird die Datei verschickt, und auf dem anderen muss sie angenommen werden. Bluetooth-Übertragungen dauern deutlich länger als Datenübertragungen per WLAN oder Kabelverbindungen.

Bluetooth stellt eine einfache Möglichkeit dar, einzelne Fotos vom Smartphone auf fremde PCs zu senden, auf denen nicht dasselbe Google-Konto eingerichtet ist.

Bluetooth auf einem PC mit Windows 11 aktivieren

Schalten Sie über die Schnelleinstellungen von Windows 11 oder über *Bluetooth- & Geräte* in den *Einstellungen* die Option *Bluetooth* ein. Bluetooth wird damit aktiviert, der PC automatisch als sichtbar festgelegt und der Bluetooth-Gerätename angezeigt. Mit einem Rechtsklick auf das Bluetooth-Symbol im Info-Center kommen Sie auch zu den Bluetooth-Einstellungen.

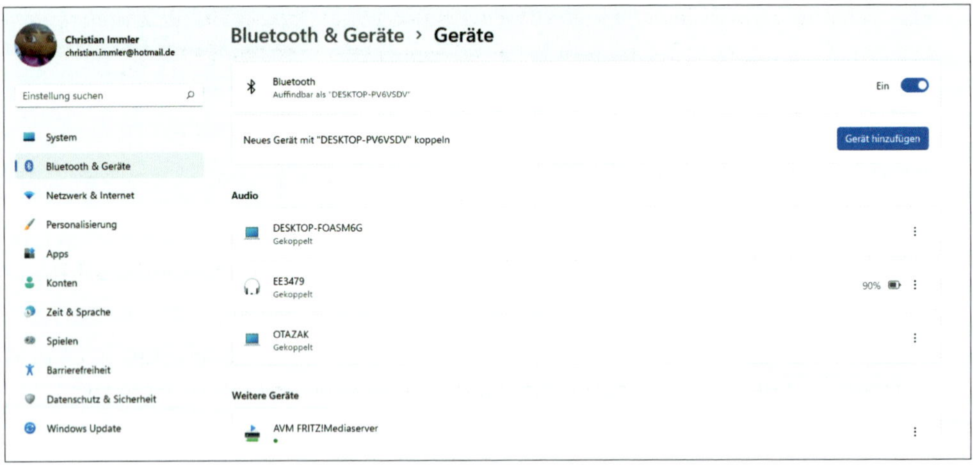

Bluetooth-Einstellungen in Windows 11

Datei vom Smartphone auf einen Windows-PC senden

1. Um vom Smartphone Dateien auf einen Windows-PC senden zu können, müssen die Geräte gekoppelt werden. Klicken Sie dazu in den Bluetooth-Einstellungen auf dem PC auf *Gerät hinzufügen* und wählen Sie im nächsten Fenster die Option *Bluetooth*.

2. Danach erscheint eine Liste sichtbarer Bluetooth-Geräte in der Umgebung. Wählen Sie das gewünschte Gerät aus.

3. Auf dem PC und auch auf dem Smartphone erscheint ein Kopplungscode. Bestätigen Sie auf beiden Geräten, dass es sich um den gleichen Code handelt.

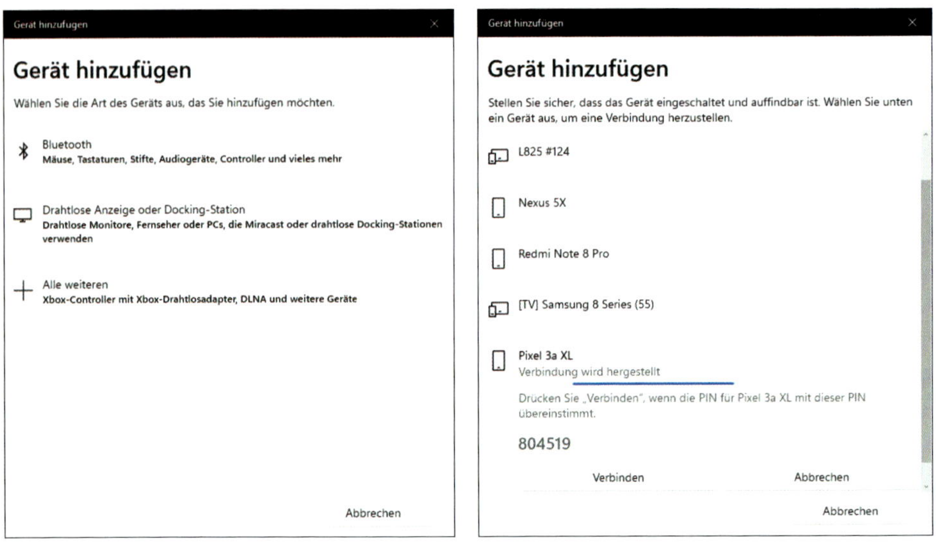

Bluetooth-Gerät koppeln

4. Klicken Sie auf dem PC in den Bluetooth-Einstellungen auf *Dateien über Bluetooth senden und empfangen*. Klicken Sie im nächsten Fenster auf *Dateien empfangen*. Jetzt wartet der PC auf eine Verbindung.

5. Starten Sie auf dem Smartphone die gewünschte App, markieren Sie die zu übertragende Datei, z. B. ein Foto, tippen Sie auf das *Teilen*-Symbol und wählen Sie in der Liste *Bluetooth*.

6. Die Suche nach Bluetooth-Geräten in der Umgebung startet automatisch. Tippen Sie hier auf den PC, an den die Datei gesendet werden soll.

7. Auf dem PC wird die Datei empfangen, ohne dass zunächst ein Ordner angegeben werden muss. Erst nach erfolgreicher Übertragung wählen Sie den Ordner, in dem die übertragene Datei auf dem PC gespeichert werden soll.

Datei vom PC auf das Smartphone senden

Umgekehrt können Sie auch Dateien vom PC auf das Smartphone übertragen. Dafür müssen die Geräte nicht gekoppelt sein. Achten Sie darauf, nur Dateitypen zu übertragen, mit denen Sie auf dem Smartphone auch etwas anfangen können, z. B. Fotos.

1. Schalten Sie auf dem Smartphone Bluetooth ein und lassen Sie den Einstellungen-Bildschirm geöffnet, damit das Smartphone sichtbar bleibt.

2. Suchen Sie auf dem PC die zu übertragende Datei im Explorer, klicken Sie mit der rechten Maustaste darauf und wählen Sie im Kontextmenü *Datei mit Bluetooth versenden*.

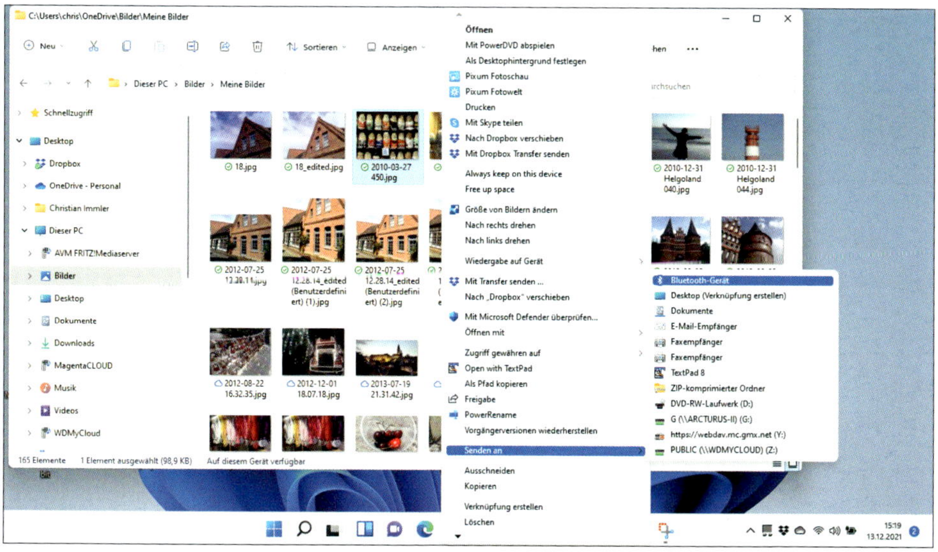

Foto aus dem Explorer an ein Bluetooth-Gerät senden

3. Wählen Sie im nächsten Dialogfeld Ihr Smartphone aus und klicken Sie auf *OK*.

4. Ist das Smartphone bereits gekoppelt, wird es im Kontextmenü angezeigt und kann direkt ausgewählt werden.

5. Auf dem Smartphone erscheint eine Benachrichtigung zur Datenübertragung, in der der Name des PCs sowie der Name der zu übertragenden Datei angezeigt werden. Tippen Sie hier auf *Akzeptieren*.

Drucken mit dem Smartphone

Die meisten WLAN-fähigen Drucker liefern bereits Apps mit, um auch vom Smartphone drahtlos drucken zu können, ohne dass ein PC laufen muss. Diese Apps erscheinen im *Teilen*-Dialog von Webbrowsern, Bildbetrachtern oder Office-Apps auf dem Smartphone.

Drucker suchen und einrichten

Jeder Druckerhersteller hat eigene Apps, die aber prinzipiell alle gleich funktionieren. Am Beispiel der App *Samsung Mobile Print* erfahren Sie, wie das Drucken vom Smartphone funktioniert.

WLAN-Drucker lassen sich mit einem Klick automatisch suchen und einrichten, wenn sie im gleichen WLAN wie das Smartphone angemeldet sind. Achten Sie darauf, auf dem Smartphone kein Gastnetzwerk, sondern das Haupt-WLAN des Routers zu verwenden.

1. Aber auch andere im Netzwerk freigegebene Drucker, die an einen Printserver oder einen PC im Netzwerk angeschlossen sind, können verwendet werden. Nutzen Sie dazu den Button *Drucker manuell hinzufügen*.

2. Wählen Sie das Netzwerkprotokoll *SMB*, um auf im Windows-Netzwerk freigegebene Drucker zugreifen zu können. Arbeitsgruppen sind in Windows-Netzwerken bei den meisten Anwendungen nicht mehr unbedingt nötig, eine Domäne braucht nur in Windows-Server-basierten Netzwerken angegeben zu werden.

SMB 1.0/CIFS-Dateifreigabe

Unter Windows 10 und Windows 11 muss, damit freigegebene Drucker von Smartphone-Apps erkannt werden, in den *Einstellungen* unter *Apps/Optionale Features/Mehr Windows-Funktionen* die Unterstützung für die SMB 1.0/CIFS-Dateifreigabe aktiviert sein.

3. Tragen Sie die IP-Adresse des PCs oder Printservers ein, an den der gewünschte Drucker angeschlossen ist. Weiterhin geben Sie Benutzernamen und Passwort ein, um auf den freigegebenen Windows-Drucker zugreifen zu können.

4. Wählen Sie den gewünschten Drucker auf dem PC oder Printserver aus, falls dort mehrere Drucker freigegeben sind, und wählen Sie noch das richtige Druckermodell.

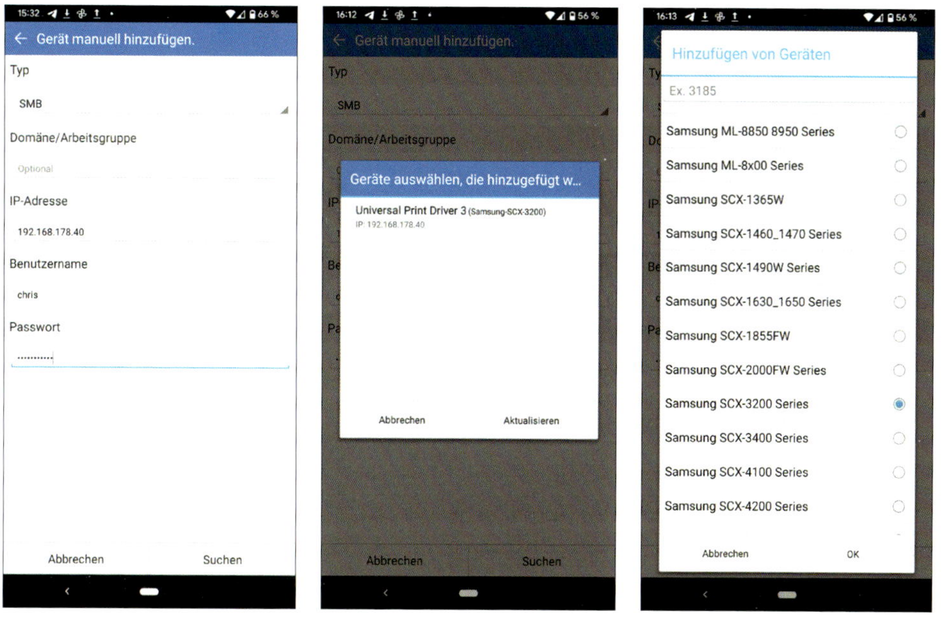

Netzwerkdrucker in der App Samsung Mobile Print einrichten

Dokumente oder Fotos drucken

Die Druck-Apps bieten Möglichkeiten, verschiedene auf Smartphones übliche Dateiformate direkt zu drucken.

1. Wählen Sie als Erstes unten den Drucker aus, falls mehrere Drucker im Netz in der App eingerichtet sind.

2. Tippen Sie auf den gewünschten Dateityp und wählen Sie dann das Dokument oder Foto zum Drucken aus.

3. Stellen Sie die gewünschte Druckgröße, das Papierformat sowie die Anzahl der Kopien ein. Bei mehrseitigen Dokumenten können Sie noch die zu druckenden Seiten auswählen.

Eine weitere Möglichkeit besteht darin, Fotos, Dokumente oder andere Daten direkt aus der jeweiligen App über das *Teilen*-Symbol zu drucken.

1. Wählen Sie auf dem *Teilen*-Bildschirm die Druck-App.

2. Jetzt erscheint eine Druckvorschau, in der Sie Papierformat und Layout einstellen können sowie bei Bedarf das Bild auf dem Papier drehen.

3. Mit den Werkzeugen der oberen Symbolleiste können Sie das Bild vor dem Drucken noch zuschneiden oder nachbearbeiten, ohne dass das Originalfoto dabei beschädigt wird. Besonders beim Schwarz-Weiß-Druck auf einem Laserdrucker kann es sinnvoll sein, zuvor noch Helligkeit und Kontrast des Fotos zu justieren.

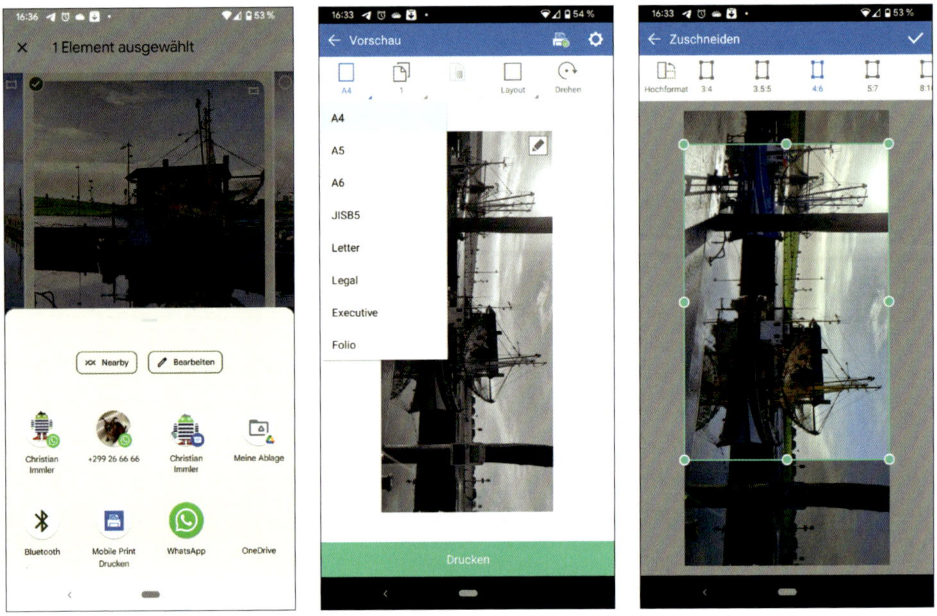

Drucken über den Teilen-Bildschirm aus einer App auf dem Smartphone

Entspannen, konzentrieren, schlafen

Besonders in den USA scheint die sogenannte Handysucht zumindest in bestimmten Bevölkerungsschichten ein ernstes Problem zu sein. Die Einstellungskategorie *Digital Wellbeing* soll Nutzer dazu bewegen, das Smartphone auch mal aus der Hand zu legen, sie ist im US-amerikanischen Android bereits standardmäßig aktiv. In Deutschland läuft sie offiziell auch in Android 12 immer noch als Beta-Programm, ist aber komplett nutzbar.

Beta

Der Übersichtsbildschirm dieses Programms zur entspannten Smartphone-Nutzung erscheint in den *Einstellungen* unter *Digital Wellbeing & Jugendschutzeinstellungen*. Dieser Bildschirm zeigt, welche App wie lange genutzt wurde. Über das Dashboard können Sie Timer einrichten, die eine App nach Überschreitung einer bestimmten Nutzungszeit bis zum Ende des Tages pausieren. Natürlich haben Sie die Möglichkeit, die App jederzeit wieder freizuschalten.

Digital Wellbeing soll nur eine Hilfestellung sein. Jeder muss selbst entscheiden, inwieweit er diese Funktion nutzen möchte.

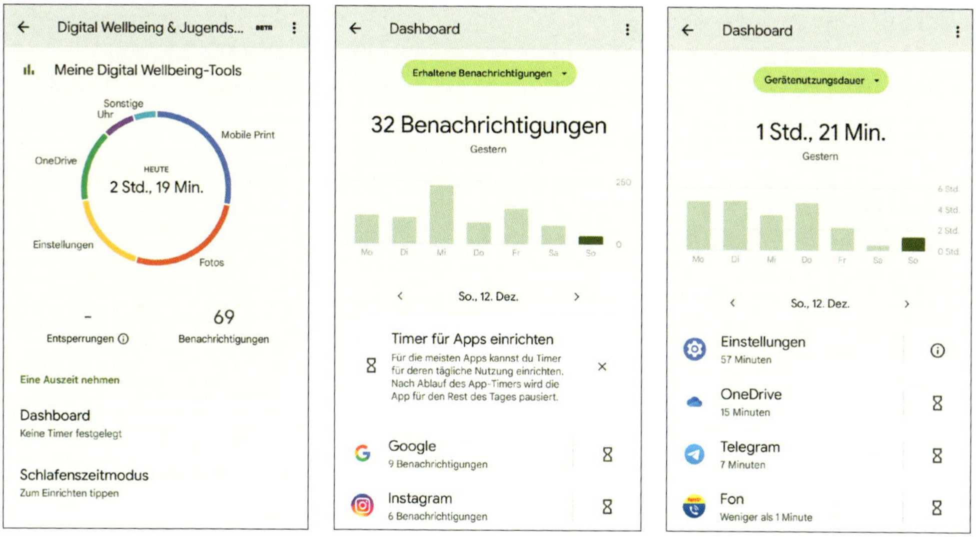

Einstellungen für Digital Wellbeing

Gesunder Schlaf

Der *Schlafenszeitmodus* schaltet den Bildschirm abends zu einer bestimmten Tageszeit auf Graustufen, was die Augen schont und den Benutzer dazu anhalten soll, das Smartphone wegzulegen und zu schlafen oder sich zumindest auszuruhen. Am nächsten Morgen schaltet sich der Graustufenmodus wieder ab.

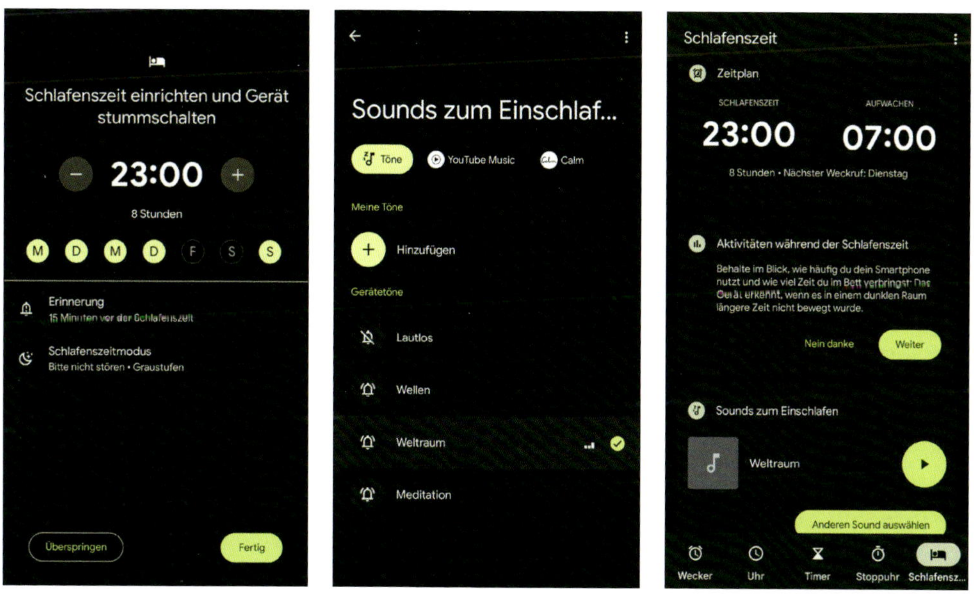

Der Schlafenszeitmodus in Digital Wellbeing

Weiterhin kann auch der Bitte-nicht-stören-Modus aktiviert werden, um den Nutzer vor Benachrichtigungen aller Art zu schützen. Dabei können Sie Kontakte festlegen, bei deren Anrufen und Nachrichten auch weiterhin Benachrichtigungen ertönen.

Nur der Wecker bleibt aktiv und darf den Nutzer aus seiner verdienten Entspannung reißen. Ein Wecker kann auch automatisch dafür sorgen, den Schlafenszeitmodus zu beenden.

Eine Benachrichtigung und ein Symbol in der Benachrichtigungsleiste informieren über den aktivierten Schlafenszeitmodus.

Zeiteinstellungen für den Schlafenszeitmodus

Zur Einstellung von Start und Ende der Schlafenszeit ruft *Digital Wellbeing* die App *Uhr* auf. Hier können Sie die Schlafenszeit direkt einstellen und auch für einzelne Wochentage komplett deaktivieren.

Zusätzlich können Sie sich eine bestimmte Zeit vor Beginn der Schlafenszeit eine Erinnerung anzeigen lassen, um rechtzeitig zur Ruhe zu kommen. Wer möchte, kann die Sensoren des Smartphones in der Schlafenszeit laufen lassen, um morgens zu sehen, ob man das Smartphone bewegt oder das Licht eingeschaltet hatte.

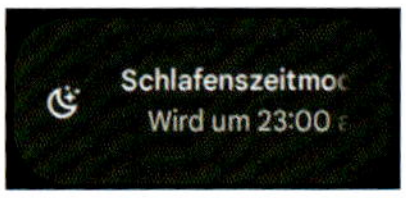

Lassen Sie zum Einschlafen eine Zeit lang eine beruhigende Musik laufen. Dazu werden einige Klänge mitgeliefert, Sie können aber auch über YouTube Music eigene Lieblingsmusik automatisch abspielen lassen. Der *Schlafenszeitmodus* kann auch jederzeit über ein Symbol in den Schnelleinstellungen aktiviert und deaktiviert werden.

Konzentrationsmodus – weniger Ablenkung durch das Smartphone

Bestimmte Apps lenken den Benutzer besonders ab und sorgen teilweise dafür, dass man kaum noch konzentriert arbeiten kann.

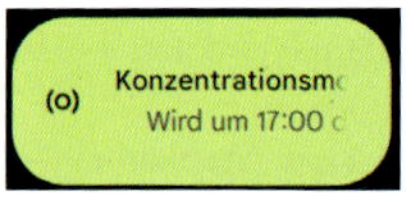

Der *Konzentrationsmodus* pausiert mit einem Fingertipp, wenn man sich konzentrieren möchte, oder nach einem frei festlegbaren Zeitplan diejenigen Apps, die besonders ablenken. Dabei werden nicht nur Benachrichtigungen unterdrückt, sondern die Apps komplett pausiert. Sie können also auch nicht manuell gestartet werden, solange man sich nicht entschließt, eine Konzentrationspause einzulegen und sich bewusst ablenken zu lassen.

Der *Konzentrationsmodus* kann dazu als Symbol in die Schnelleinstellungen gezogen werden, um ihn jederzeit leicht zu erreichen. In den *Einstellungen* legen Sie die Apps fest, die besonders für Ablenkung sorgen.

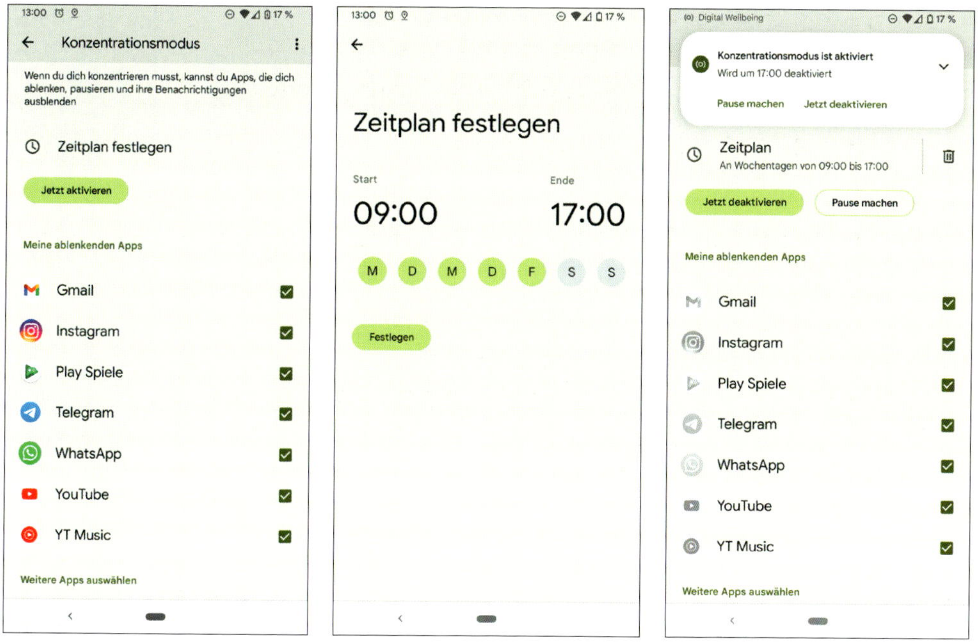

Der Konzentrationsmodus in Digital Wellbeing

Jugendschutzeinstellungen – Family Link

Mit *Google Family Link* bringt Google Jugendschutzeinstellungen, Zeit- und App-Beschränkungen auf Android-Smartphones, ähnlich wie man es von Windows kennt.

Eltern können in den *Einstellungen* unter *Digital Wellbeing & Jugendschutzeinstellungen* die Smartphones ihrer Kinder einschränken, das Nutzungsverhalten innerhalb vorgegebener Grenzen kontrollieren und die Geräte orten.

Dazu müssen auf dem Smartphone des Elternteils wie auf dem des Kindes spezielle Family-Link-Apps nachinstalliert werden. Damit ist es möglich, bestimmte Apps zu sperren sowie Tageslimits zur Gerätenutzung und Schlafenszeiten festzulegen, in denen die Nutzung des Smartphones komplett untersagt wird.

In der App *Google Family Link für Eltern* richten Sie eine Familiengruppe ein, in der jedes Kind mit seinem Google-Konto eingetragen ist. Dann können Sie von Ihrem Smartphone aus die Gerätenutzung der Kinder kontrollieren, Filter für Webseiten und YouTube setzen und auch Tageslimits und Schlafenszeiten festlegen.

Auf den Smartphones der Kinder muss die App *Google Family Link für Kinder und Teenager* installiert sein, um die Geräteverwaltung durch die Eltern zu ermöglichen. In der App haben die Kinder jederzeit einen Überblick über die ihnen noch zur Verfügung stehende Nutzungsdauer und sehen auch auf einen Blick, was die Eltern sehen können, unter anderem die Onlineaktivitäten oder den Gerätestandort.

Datensicherung

Android-Smartphones sichern App-Daten, Anruflisten und Geräteeinstellungen automatisch auf Google Drive, um sie auf einem neuen Smartphone oder bei der Neuinstallation einer App wieder zur Verfügung zu haben.

In den *Einstellungen* unter *Google/Sicherung* sehen Sie, welche Daten wann zuletzt gesichert wurden. Sollte die automatische Sicherung abgeschaltet sein, können Sie sie hier auch wieder aktivieren. Die Sicherung startet automatisch nach zwei Stunden Inaktivität, nur über WLAN und nur, wenn das Smartphone ausreichend aufgeladen wurde. Sie kann aber auch manuell angestoßen werden.

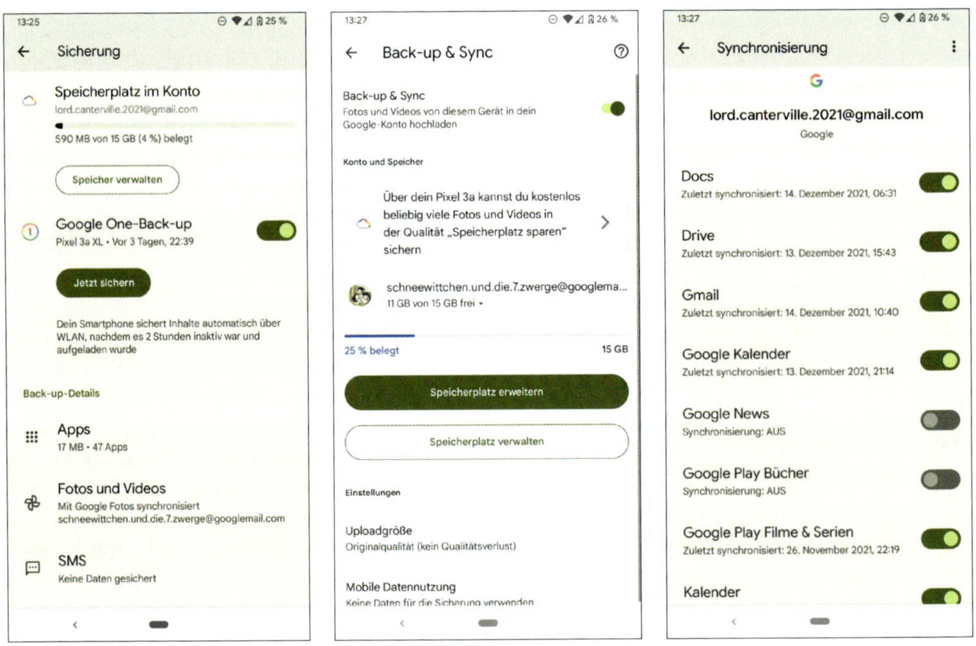

Eine Datensicherung durchführen

Eine laufende Sicherung wird in den Benachrichtigungen angezeigt. Haben Sie mehrere Google-Konten auf dem Smartphone eingerichtet, tippen Sie auf das angezeigte Konto, um ein Konto für die Sicherung auszuwählen.

Weiter unten in der Liste unter *Fotos und Videos* finden Sie die Einstellungen zur automatischen Sicherung von Fotos auf Google Fotos. Hier können Sie ein anderes Google-Konto auswählen als für die Sicherung der anderen App-Daten und Geräteeinstellungen.

Bevor Sie auf ein neues Smartphone umsteigen, tippen Sie einmal auf *Jetzt sichern*, um eine manuelle Sicherung anzustoßen. Damit können Sie sicherstellen, dass die Datensicherung auch aktuell ist. Einige Apps verwalten die Sicherung selbst. So sichert zum Beispiel WhatsApp alle Chats automatisch in regelmäßigen Abständen auf Google Drive. Die Einstellungen dazu finden Sie in den WhatsApp-Einstellungen unter *Chat/Chat-Backup*.

Alternative Benutzeroberflächen

Android bietet App-Entwicklern die Möglichkeit, komplett eigene Benutzeroberflächen – sogenannte Launcher – zu entwickeln, die den Startbildschirm mehr oder weniger stark verändern und zusätzliche Funktionen hinzufügen. Einige namhafte Smartphone-Hersteller, unter anderem Samsung und Huawei, nutzen diese Möglichkeit und liefern ihre Geräte mit eigenen Benutzeroberflächen aus, die teilweise völlig anders aussehen als der Standard-Android-Launcher.

Standard-Launcher ändern

Ist ein alternativer Launcher installiert, wird automatisch eine Auswahlliste angeboten, wenn man das nächste Mal zum Startbildschirm wechselt. Tippen Sie darunter auf *Immer*, wird von nun an immer der gewählte Launcher gestartet. Um die Einstellung zu ändern oder zurückzusetzen, wählen Sie *Einstellungen/Apps/Standard-Apps* und tippen dann auf *Start-App*. Wählen Sie hier wieder den gewünschten Standard-Launcher aus.

Ausführliche Geräteinfos

Mit den betriebssystemeigenen Funktionen ist es nicht immer möglich, technische Details über das verwendete Smartphone herauszufinden. Die App *Mein Gerät* zeigt bis ins letzte Detail Hardwareausstattung, Betriebssystem, belegten und freien Speicher, Netzwerkverbindung, verfügbare Sensoren und diverse weitere technische Daten des Smartphones an.

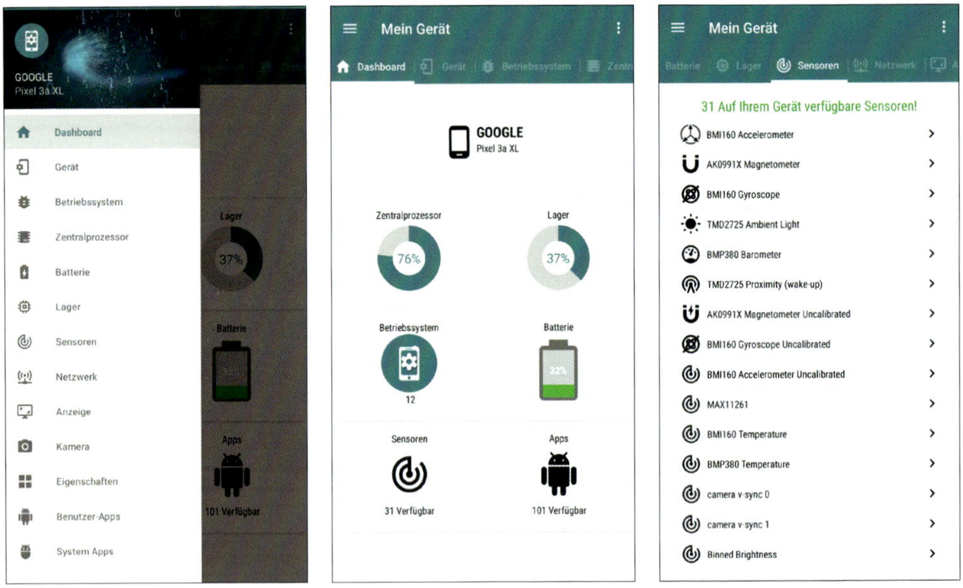

Alle technischen Daten des Smartphones in einer übersichtlichen App

Smartphone zurücksetzen

Bei manchen Problemen ist es oft die einfachste Lösung, bestimmte Funktionen des Smartphones auf die Grundeinstellung zurückzusetzen und die betreffenden Dienste und Apps wieder neu einzurichten. Android bietet in den *Einstellungen* unter *System/Optionen zum Zurücksetzen* verschiedene Möglichkeiten, einzelne Komponenten zurückzusetzen.

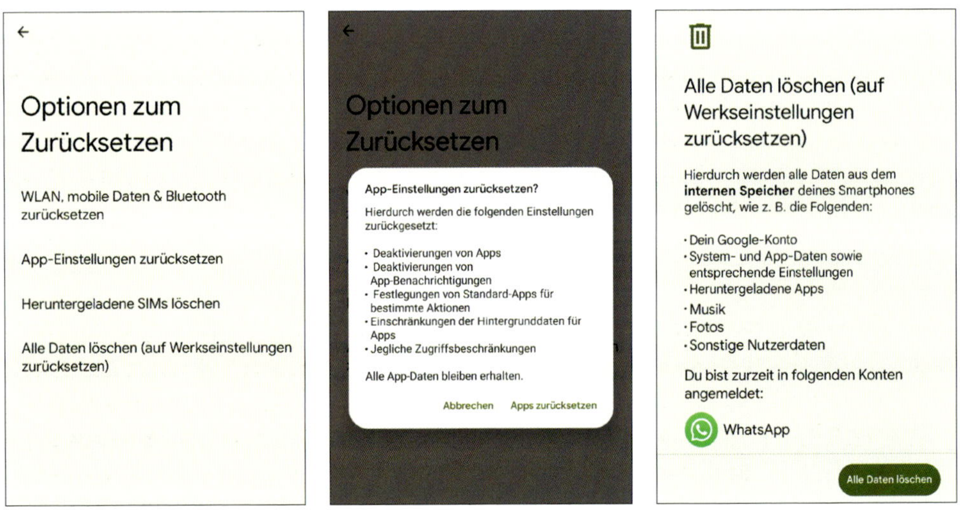

WLAN, mobile Daten, Bluetooth, App-Einstellungen oder alle Daten zurücksetzen

WLAN, mobile Daten und Bluetooth zurücksetzen

Diese Methode setzt nur alle drahtlosen Netzwerkverbindungen zurück. Das bedeutet im Einzelnen:

- Alle bekannten WLAN-Netzwerke werden »vergessen« und müssen neu erkannt werden. Gespeicherte WLAN-Schlüssel werden gelöscht.
- Einstellungen zu Mobilfunknetzwerken werden gelöscht und müssen aus der SIM-Karte neu ausgelesen werden. Telefonieren funktioniert weiterhin, aber APN und andere Einstellungen zu mobilen Datenverbindungen müssen neu konfiguriert werden.
- Alle Bluetooth-Kopplungen werden gelöscht und Bluetooth-Einstellungen zurückgesetzt. Geräte müssen neu gekoppelt werden.

App-Einstellungen zurücksetzen

Diese Methode setzt alle Einstellungen zurück, die für Apps im System vorgenommen wurden. Die Apps selbst, die gespeicherten persönlichen Daten und die Einstellungen innerhalb der Apps bleiben erhalten. Berechtigungen von Apps und Einstellungen für Standard-Apps für bestimmte Aktionen werden auf den Auslieferungszustand zurückgesetzt, Einschränkungen für App-Benachrichtigungen und Hintergrunddaten sowie Zugriffsbeschränkungen werden aufgehoben.

Heruntergeladene SIMs löschen

Diese Methode löscht heruntergeladene eSIM-Profile. Das hat keinen Einfluss auf physische SIM-Karten, die im Smartphone eingesteckt sind.

Hard-Reset – auf Werkszustand zurücksetzen

Möchten Sie das Smartphone verkaufen, sollten Sie es vorher auf die Werkseinstellungen zurücksetzen, um sicherzugehen, dass alle Daten gelöscht sind. Umgekehrt sollte man ein gebraucht gekauftes Smartphone auch als Erstes auf die Werkseinstellungen zurücksetzen, um eventuell darauf gespeicherte bösartige Software zu beseitigen. Bei einem solchen Hard-Reset werden alle Daten im internen Gerätespeicher gelöscht. Die Daten auf der Speicherkarte bleiben erhalten.

IMEI und MAC-Adresse

Wer ein Smartphone klaut, wird es natürlich auch auf die Werkseinstellungen zurücksetzen, um es dem Eigentümer schwerer zu machen, es zu orten und wiederzufinden. Über die unveränderbare IMEI und die MAC-Adresse ist es über die Mobilfunk-Netzbetreiber aber auch nach einem Hard-Reset noch auffindbar. Schreiben Sie sich deshalb rechtzeitig diese Daten auf, die in den *Einstellungen* unter *Über das Telefon* zu finden sind. Üblicherweise finden Sie diese auch auf einem Aufkleber auf der Verpackung des Smartphones.

Vor dem endgültigen Zurücksetzen sehen Sie noch einmal eine Übersicht aller Konten, bei denen Sie mit dem Smartphone angemeldet sind. Die Verbindungen zu diesen Konten werden gelöscht, die Daten der Konten selbst bleiben in der Cloud erhalten. Tippen Sie ganz unten auf *Alle Daten löschen*. Jetzt müssen Sie noch einmal das Sperrmuster oder die PIN eingeben. Erst nachdem Sie anschließend auf *Alle Daten löschen* getippt haben, wird das Smartphone tatsächlich unwiderruflich zurückgesetzt.

Kapitel 12

Die Sicherheitsproblematik bei Android

Onlinekriminelle greifen dort an, wo es sich lohnt – und das sind nicht mehr nur PCs. Daher ist es nicht verwunderlich, dass Android-Smartphones und -Tablets immer stärker in den Fokus der Malware-Autoren rücken, denn nur wenige Anwender haben eine Sicherheitslösung installiert. Das macht es den Tätern leicht, Angriffe mit relativ geringem Aufwand erfolgreich umzusetzen und persönliche Daten und wertvolle Firmeninformationen zu stehlen.

Die Angreifer setzen auf Varianten von Schadcode-Apps, die bereits in Umlauf waren, und manipulierte Kopien von eigentlich harmlosen Applikationen. Die Kriminellen versenden Kurznachrichten an teure Rufnummern und haben es auf persönliche Daten der Nutzer abgesehen, beispielsweise Kontakte und Telefonnummern, sowie das Anmelden bei kostenpflichtigen Diensten. So kann ein Angriff auf dem Smartphone sehr schnell viel teurer werden als ein Virus auf dem PC. In letzter Zeit hat sich die Anzahl gefährlicher Apps für Android nach Medienberichten um ein Vielfaches erhöht. Allerdings sind diese Berichte mit Vorsicht zu lesen, dort werden häufig schon Werbe-Apps, die Standortdaten auslesen, als gefährlich eingestuft.

Android macht es Malware-Autoren deutlich leichter als andere Plattformen, Schadcode zu verbreiten. Google bietet mit seinem Play Store zwar eine wichtige und von einem Großteil der Anwender auch vorrangig genutzte Quelle zur Installation von Apps. Hersteller können Apps aber auch über eigene Webseiten oder alternative Downloadportale anbieten. Im Gegensatz zu anderen Plattformen ist auch eine Installation von Apps über einfache Downloadlinks im Browser, E-Mail-Anhänge, Speicherkarten oder per USB-Kabel vom PC möglich. Sicherheitskritische und bösartige Anwendungen können ungehindert ihren Weg auf die Geräte finden. Keine zentrale Qualitätskontrolle kann das verhindern oder solche Apps gar nachträglich von den Geräten entfernen. Google prüft im Play Store hochgeladene Apps nicht automatisch auf technische Risiken, sondern erst dann, wenn ein konkreter Verdachtsfall vorliegt. Selbst wenn der Google Play Store eine App sperrt, heißt das noch lange nicht, dass sie damit von allen Geräten dieser Welt verschwindet.

Ein Android-Smartphone unterliegt also ähnlichen Sicherheitsrisiken wie ein PC. Da jeder Gerätehersteller selbst für die Betriebssystem-Updates verantwortlich ist, kommt es hier teilweise zu erheblichen Verzögerungen beim Schließen kritischer Sicherheitslücken. Android 12 bringt neue Einstellungen für Sicherheit und Privatsphäre.

Das neue Privatsphäredashboard

Welche Apps Kamera, Mikrofon oder den Standort nutzen, war bisher nicht ganz einfach, herauszufinden. Das neue *Privatsphäredashboard* in den *Einstellungen* unter *Datenschutz* erleichtert den Überblick.

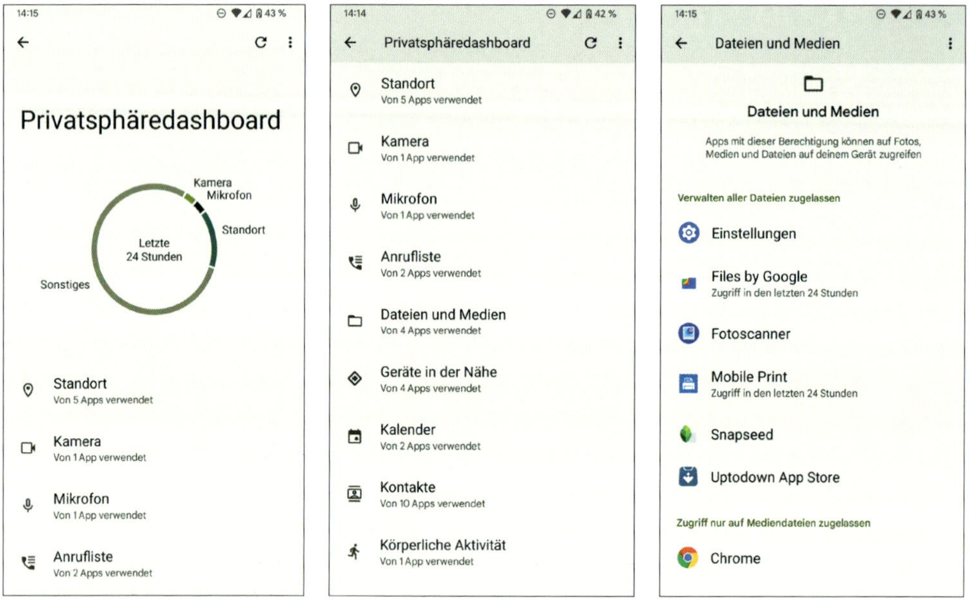

Das Privatsphäredashboard von Android 12

Berechtigungen von Apps einschränken

Apps zeigen bei der ersten Verwendung einer standardmäßig nicht gewährten Berechtigung eine Abfrage an, bei der Sie diese Berechtigung gewähren müssen, um die entsprechende Aktion der App ausführen zu können. Manche Apps fordern den Benutzer auch auf, die App-Einstellungen zu öffnen und dort die Berechtigungen einzeln zu gewähren. Ob die App ohne die jeweiligen Berechtigungen noch sinnvolle Arbeit leistet, bleibt dem Nutzer überlassen. Alle Beschreibungen in diesem Buch gehen davon aus, dass alle von Apps angeforderten Berechtigungen gewährt wurden.

Um Berechtigungen nachträglich zu verweigern, suchen Sie in den *Einstellungen* unter *Apps* die gewünschte App. Tippen Sie hier auf *Berechtigungen*. Dann werden die deaktivierbaren Berechtigungen dieser App angezeigt und können einzeln ausgeschaltet werden. Viele Apps benötigen aber den Zugriff auf Dateien und Medien oder den Standort auch dann, wenn sie nur im Hintergrund laufen, um sinnvoll zu funktionieren.

Der Menüpunkt *Alle Berechtigungen* im Menü oben rechts zeigt alle von dieser App angeforderten Berechtigungen, auch die, die sich nicht abschalten lassen.

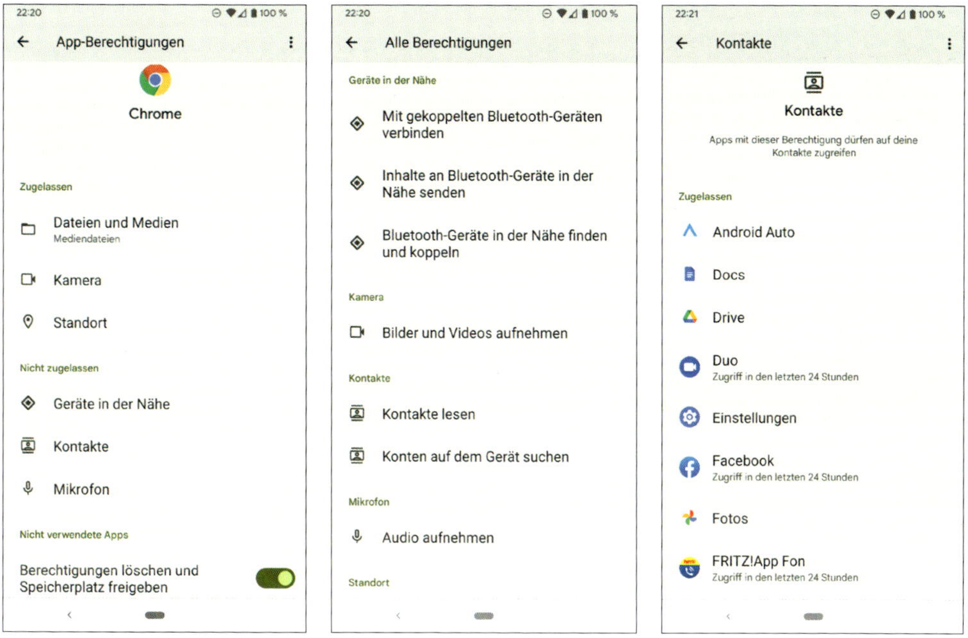

App-Berechtigungen in den App-Einstellungen anzeigen und verwalten

Tippen Sie umgekehrt in den *Einstellungen* unter *Datenschutz* auf *Berechtigungsmanager*, erhalten Sie einen Überblick, welche Berechtigungen von wie vielen installierten Apps angefordert werden. Tippen Sie auf eine angezeigte Berechtigung, werden die entsprechenden Apps aufgelistet. Hier können Sie einzelnen Apps die Berechtigung nachträglich entziehen oder auch gewähren, falls eine App nicht wie erwartet funktioniert.

Stand der Sicherheitsupdates anzeigen

Android 12 zeigt in den *Einstellungen* unter *Sicherheit* das Datum der aktuellsten Sicherheitsupdates an. Auf diese Weise lässt sich der aktuelle Update-Stand bei neu aufgetauchten Sicherheitslücken feststellen, da nicht jedes kleine Update bereits eine höhere Versionsnummer zeigt. Google stellt etwa monatlich aktuelle Sicherheitsupdates für Android zur Verfügung. Zusätzlich sehen Sie auch, wann die letzte Überprüfung der Apps durch *Google Play Protect* stattfand und ob *Mein Gerät finden* aktiviert ist, um ein verloren gegangenes Smartphone zu orten.

Google Play Protect warnt vor gefährlichen Apps

Google Play Protect untersucht das Smartphone regelmäßig auf gefährliche Apps, da selbst bei Apps aus dem Google Play Store nicht auszuschließen ist, dass sie nach einiger Zeit bösartige Daten nachträglich herunterladen und ausführen, die bei der Einstellung und Überprüfung im Google Play Store noch nicht bekannt waren. Diese Überprüfung erfolgt automatisch bei jedem Update einer App aus dem Google Play Store, aber auch im Hintergrund für Apps aus anderen Quellen.

Google Play Protect wird über das Profilbild oben rechts im Google Play Store aufgerufen. Hier sehen Sie jederzeit den aktuellen Überprüfungsstatus. Achten Sie darauf, dass die Option *Apps mit Play Protect scannen* über das *Einstellungen*-Symbol rechts oben in Google Play Protect eingeschaltet ist. Damit wird das Smartphone automatisch auf bekannte gefährliche Apps überprüft. Um auch vor bisher unbekannten Apps besser geschützt zu werden, sollten Sie die Option *Erkennung schädlicher Apps verbessern* ebenfalls aktivieren.

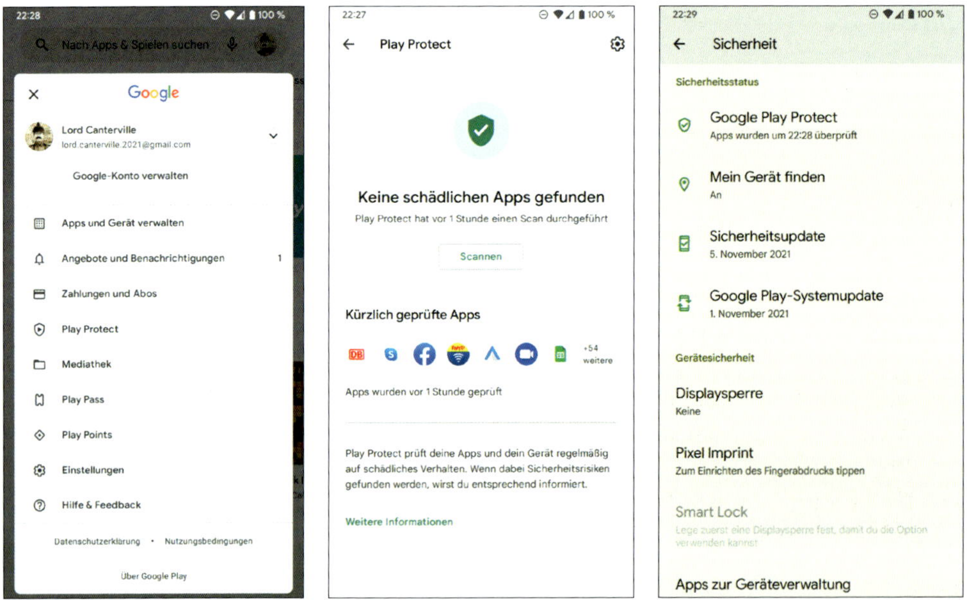

App-Überprüfung durch Google Play Protect, rechts: wichtige Sicherheitsdaten auf einen Blick in den Einstellungen

Google-Kontoschutz

Google bietet dem Inhaber des Google-Kontos eine genaue Übersicht über angemeldete Geräte und eventuelle Vorkommnisse. Hier sollten Sie von Zeit zu Zeit prüfen, ob Ihnen unbekannte Unregelmäßigkeiten auffallen.

Wählen Sie in den *Einstellungen* unter *Passwörter und Konten* Ihr Google-Konto und tippen Sie auf die Zeile *Google-Konto*. Hier sehen Sie die Übersicht über alle im Google-Konto gespeicherten Einstellungen und persönlichen Daten. Hier finden Sie auf verschiedenen Seiten übersichtlich Ihre gesamten Aktivitäten mit dem Google-Konto, angemeldete Geräte und die letzten Anmeldungen mit Ihrem Konto.

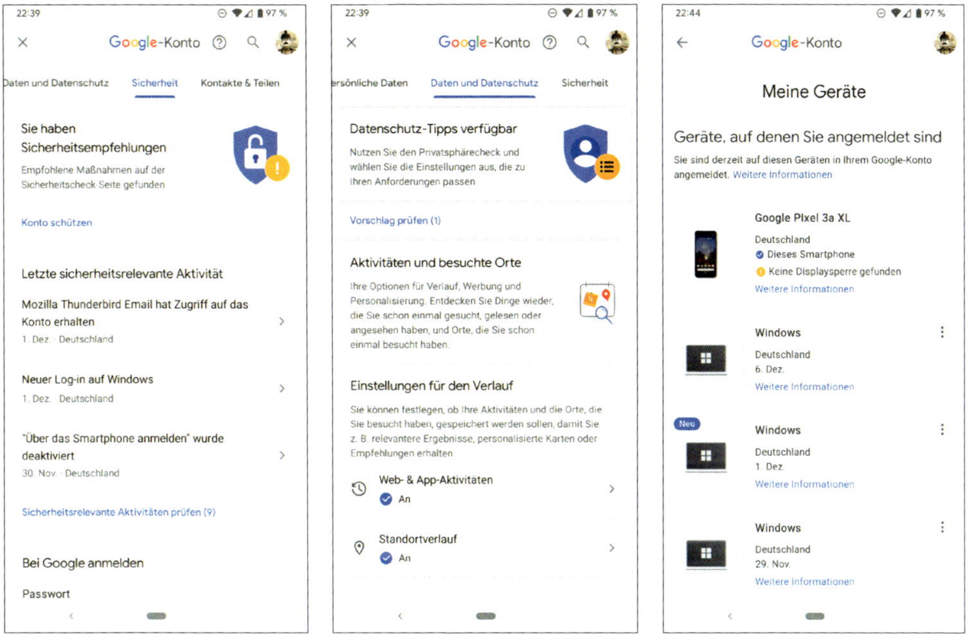

Kontoschutz und Aktivitäten bei Google

Bei dieser Gelegenheit sollten Sie auch gleich andere dort angezeigte Sicherheitsereignisse überprüfen. Entfernen Sie das Google-Konto von Geräten, die Sie nicht benutzen, zum Beispiel von Smartphones, die Sie verschenkt oder verkauft haben. Selbst wenn alle Daten auf den Geräten gelöscht wurden, sind diese Geräte im Google-Konto weiterhin eingetragen und können unter Umständen wiederhergestellt werden.

Sollten Sie für ein älteres Programm früher einmal den Zugriff durch weniger sichere Apps im Google-Konto freigeschaltet haben, prüfen Sie, ob Sie diesen Zugriff noch brauchen, und schalten Sie ihn sonst ab.

Bei der Anmeldung eines neuen Gerätes am Google-Konto benachrichtigt Google Sie per E-Mail, damit Sie einen eventuellen Missbrauch Ihres Google-Kontos sofort bemerken würden. Bestätigen Sie in dieser Mail, die auf *myaccount.google.com* verlinkt, dass Sie es waren, der sich mit dem neuen Smartphone angemeldet hat.

Die größten Sicherheitsprobleme

- Das größte Sicherheitsproblem bei Smartphones sind die Nutzer und weniger die Technik. Installieren Sie nicht, ohne nachzudenken, irgendwelche Apps. Besonders kostenlose Apps, die Funktionen versprechen, die das Smartphone technisch gar nicht leisten kann, sind extrem verdächtig.
- Auch ein zweites Problem ist eher menschlich: Phishing in E-Mails und sozialen Netzen. Auf dem Smartphone sind gefälschte Links schwerer zu erkennen als in einem E-Mail-Programm auf dem PC. Lesen Sie E-Mails noch genauer. Besonders falsche Rechtschreibung und einfältiges Deutsch deuten auf Phishing hin.
- Ein weiteres Sicherheitsrisiko ist das Rooten des Smartphones. Viele Medien versprechen unbedarften Nutzern damit Wunder. Tatsächlich öffnen Sie durch Rooten alle sicherheitskritischen Bereiche des Smartphones und machen es damit deutlich anfälliger für Malware.

Heimliche Überwachung: stille SMS

Stille SMS sind SMS, die auf dem Smartphone nicht angezeigt werden und auch keine Benachrichtigung erscheinen lassen. Diese spezielle Art von SMS wird im großen Stil von Polizei, Zoll und Verfassungsschutz eingesetzt, um die Standorte von Smartphones zu ermitteln. Obwohl sie auf den Endgeräten nicht angezeigt werden, erscheinen diese stillen SMS natürlich in den Versandprotokollen der Mobilfunk-Provider, einschließlich Angaben zur Funkzelle, in der sie an das dort eingebuchte Handy zugestellt wurden. Die Behörden lassen sich diese Protokolle aushändigen und werten die Daten ihrer versendeten SMS entsprechend aus.

Bis Anfang des Jahres 2018 veröffentlichte die Pressestelle des Bundeskriminalamtes halbjährliche Sicherheitsberichte über den Versand von mehreren Hunderttausend solcher SMS. Seit dem zweiten Halbjahr 2018 wird diese Information als geheim eingestuft und nicht mehr veröffentlicht. Da die stillen SMS direkt mit dem Mobilfunkmodul des Smartphones kommunizieren, ohne Betriebssystemfunktionen zu nutzen, lassen sie sich auch mit externen Apps nicht anzeigen oder gar blockieren.

Smartphone zur Authentifizierung bei Microsoft nutzen

Das Microsoft-Konto auf dem PC verlangt beim Zugriff auf besonders vertrauliche Daten jedes Mal einen Code, der per E-Mail oder SMS zugeschickt wird und dann manuell eingegeben werden muss. Sie können sich deutlich einfacher mit Ihrem Smartphone autorisieren.

Nach der Installation der App *Microsoft Authenticator* melden Sie sich in der App mit Ihrem Microsoft-Konto an. Bei jeder Anmeldung, die eine zusätzliche Sicherheitsautorisierung benötigt, erscheint auf dem Smartphone eine Benachrichtigung, in der Sie die Anmeldung genehmigen können. Sie brauchen dazu die App nicht zu starten.

Zur erhöhten Sicherheit lässt sich die App *Microsoft Authenticator* mit einer PIN oder einem Fingerabdruck vor unbefugter Nutzung sichern.

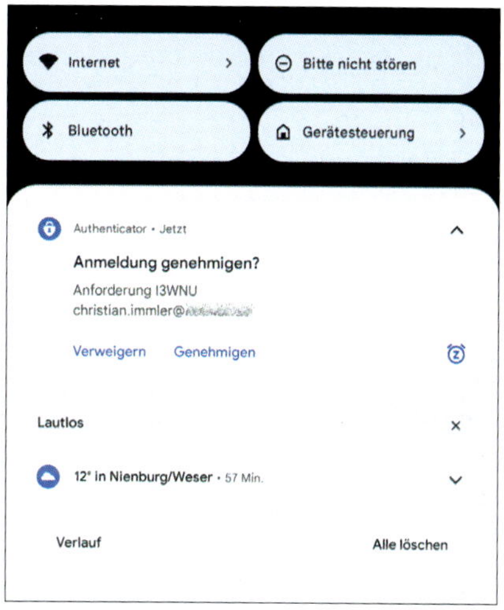

Autorisierung mit der App Microsoft Authenticator

Gestohlenes oder verlorenes Smartphone wiederfinden

Die Gefahr eines Virus ist bei Android sehr gering, wesentlich höher ist das Risiko, dass das neue Smartphone gestohlen wird oder man es einfach irgendwo liegen lässt. Sie können sich einigen Ärger sparen und die Chance erhöhen, das Gerät wiederzubekommen, wenn Sie rechtzeitig Vorsorge treffen.

- Schreiben Sie die Seriennummer und die IMEI des Smartphones auf. Diese brauchen Sie, um es im Notfall eindeutig zu identifizieren. Sie finden diese Angaben meistens auf dem Strichcode-Aufkleber auf der Schachtel sowie in den *Einstellungen* unter *Über das Telefon/IMEI*. Dual-SIM-Smartphones haben für jede SIM-Karte eine eigene IMEI.
- Schreiben Sie für ehrliche Finder Ihren Namen, die E-Mail-Adresse sowie eine Telefonnummer, unter der Sie auch ohne dieses Gerät erreichbar sind, auf den Sperrbildschirm. Android 12 bietet dazu in den *Einstellungen* unter *Display/Sperrbildschirm/Sperrbildschirmtext hinzufügen* eine Möglichkeit, einen persönlichen Text als Laufschrift auf dem

Sperrbildschirm einzublenden, auch wenn eine Bildschirmsperre aktiv ist, der Finder das Gerät also nicht in Betrieb nehmen kann.

- Aktivieren Sie in den *Einstellungen* unter *Sicherheit* den Schalter *Mein Gerät finden*, um die Ortung über Google optimal nutzen zu können. Unter *Datenschutz/Google Standortverlauf* sehen Sie auf einer Zeitachse, wann und wo Ihre Geräte zum letzten Mal die Standorte gespeichert haben.

Mit der App *Mein Gerät finden* können Sie vom Smartphone aus Ihre anderen Android-Geräte finden, die mit demselben Google-Konto angemeldet sind. Über den Gastzugang in der App können Sie Freunden helfen, ihre Geräte zu finden. Hier melden Sie sich zeitweilig mit einem anderen Google-Konto an, das nur auf diese App, nicht aber auf die anderen Daten Zugriff hat.

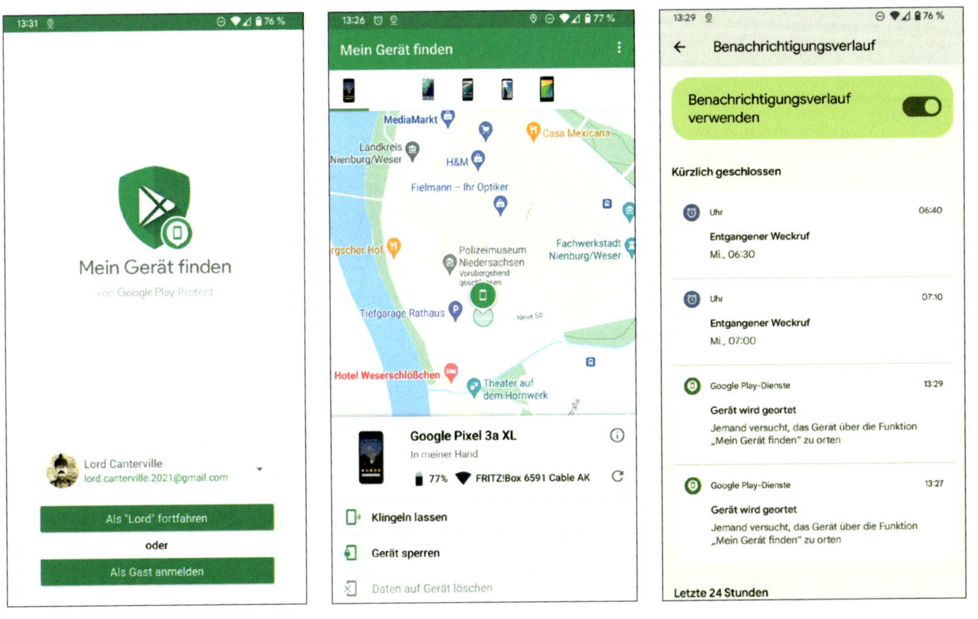

Verlorenes Smartphone suchen

Auf der Seite *android.com/find* finden Sie nach der Anmeldung mit dem persönlichen Google-Konto auf dem PC alle Android-Geräte, die in diesem Google-Konto registriert sind. Mit einem Klick auf *Klingeln lassen* können Sie das Gerät klingeln lassen, um es zu finden, wenn Sie es irgendwo in der Nähe verlegt haben. Das funktioniert auch, wenn das Smartphone lautlos gestellt ist. Voraussetzung ist natürlich, dass das Gerät eine Internetverbindung hat. War das Gerät zuletzt in einem WLAN angemeldet, wird dies ebenfalls angezeigt, was auch ein Hinweis auf den letzten Standort sein kann. Im Benachrichtigungsverlauf auf dem Smartphone erscheint ein Hinweis, dass versucht wurde, es zu orten.

Aus Sicherheitsgründen muss – auch wenn Sie am PC mit Ihrem Google-Konto angemeldet sind – das Passwort noch einmal eingegeben werden.

Möchten Sie im äußersten Notfall das Smartphone aus der Ferne auf die Werkseinstellungen zurücksetzen, wenn Sie nicht mehr davon ausgehen können, es zurückzubekommen, müssen Sie auch noch Berechtigungen zur Geräteverwaltung für die App *Mein Gerät finden* zulassen. Diese Einstellung finden Sie in den *Einstellungen* unter *Apps/Spezieller App-Zugriff/ Apps zur Geräteverwaltung*. Bedenken Sie dabei: Nach dem Zurücksetzen auf die Werkseinstellungen ist das Google-Konto auf dem Smartphone gelöscht und das Gerät kann über Google nicht mehr geortet werden.

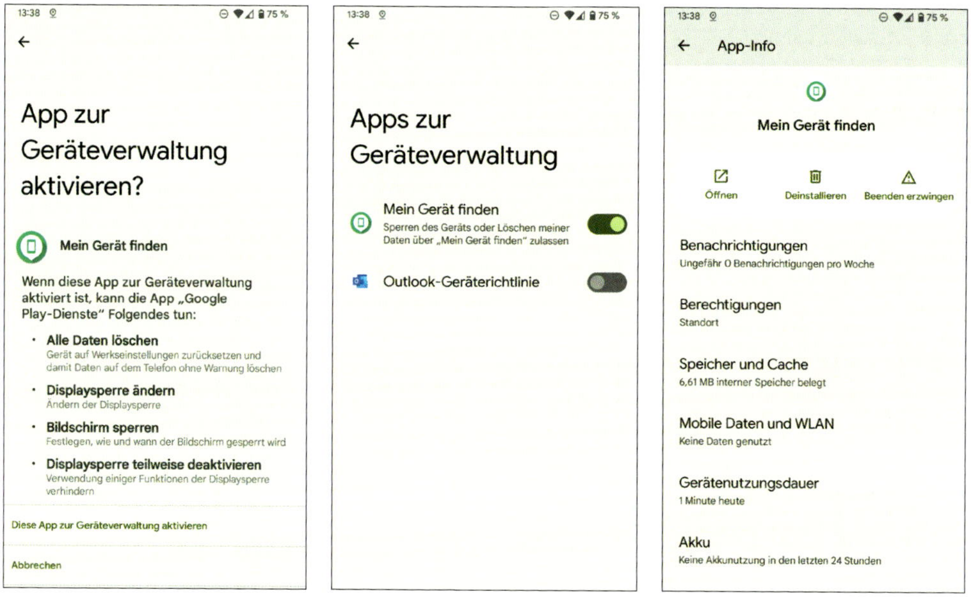

Sicherheitseinstellungen und App zur Geräteverwaltung aktivieren

Smartphone mit Smart Lock sperren

Smart Lock ist eine Methode zum sicheren Zugriff auf ein Gerät, ohne jedes Mal ein Passwort oder ein Sperrmuster einzugeben.

Zunächst muss eine PIN, ein Passwort oder ein Sperrmuster eingerichtet sein, da das Gerät sonst nicht gesperrt ist. Nur dann ist in den *Einstellungen* unter *Sicherheit* die Option *Smart Lock* aktiv.

Die Trageerkennung lässt das Smartphone automatisch entsperrt, solange es in der Hand gehalten oder in der Jacken- oder Hosentasche herumgetragen wird. Sowie Sie es aber irgendwo ablegen, wird es automatisch wieder gesperrt. Die Trageerkennung nutzt dazu die Daten der Bewegungs- und Lagesensoren. Allerdings kann die Trageerkennung nicht erkennen, wenn Sie das Gerät einer anderen Person in die Hand geben. Allerdings ist in einem solchen Fall davon auszugehen, dass die andere Person das Smartphone auch benutzen darf – warum würden Sie es sonst weitergeben?

Vertrauenswürdige Orte

In *Smart Lock* können Orte festgelegt werden, an denen das Gerät automatisch entsperrt wird. Die Positionsbestimmung innerhalb von Gebäuden ist nur auf etwa 80 m genau. Daher werden manchmal falsche Hausnummern angezeigt, was Sie aber nicht weiter zu stören braucht. Um *Smart Lock* zu aktivieren, verlassen Sie die *Einstellungen* und drücken einmal auf den Einschalter, um das Gerät zu sperren. Jedes Mal, wenn Sie an den Smart-Lock-Einstellungen etwas verändern, müssen Sie das Sperrmuster oder Passwort eingeben.

Voraussetzungen für Smart Lock

Damit *Smart Lock* funktioniert, muss in den *Einstellungen* unter *Standort* der Standortzugriff eingeschaltet sein. Weiterhin muss in den *Einstellungen* unter *Sicherheit/Trust Agents* der Schalter *Smart Lock (Google)* aktiviert sein, was normalerweise automatisch geschieht.

Sie können auch an einem vertrauenswürdigen Ort das Smartphone jederzeit sperren, sodass es nur über die Eingabe von PIN, Passwort oder Sperrmuster wieder freigeschaltet werden kann. Schalten Sie dazu den Bildschirm kurz aus und wieder ein.

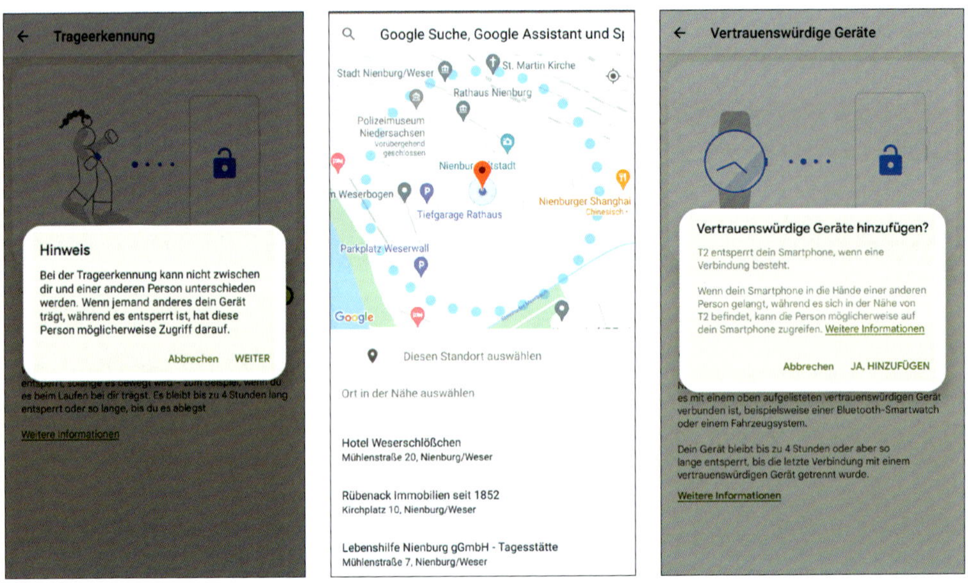

Smart-Lock-Optionen: Trageerkennung, vertrauenswürdigen Ort und Gerät hinzufügen

Vertrauenswürdige Geräte

Hier können Sie jetzt z. B. vertrauenswürdige Bluetooth-Geräte wie Smartwatches, Kopfhörer oder einen per Bluetooth gekoppelten Laptop oder Lautsprecher hinzufügen. Geeignete Geräte zeigen auch eine Benachrichtigung, dass sie für Smart Lock verwendet werden können. Wenn eines dieser Geräte in der Nähe ist, entsperrt sich das Smartphone automatisch.

Das Android 12 Easter Egg

Google versteckt in Android regelmäßig eine kleine Animation, die nicht dokumentiert wird. Da man sie suchen muss, werden solche Spaßeffekte, die es nicht nur bei Android gibt, als *Easter Egg* bezeichnet, auf Deutsch »Osterei«.

Das Easter Egg von Android 12 versteckt sich in den *Einstellungen*. Wählen Sie hier *Über das Telefon/Android-Version* und tippen Sie ein paar Mal schnell hintereinander auf die Nummer 12.

Jetzt erscheint eine große Analoguhr im Stil des Uhr-Widgets, mit dem Unterschied, dass sich die Zeiger der Uhr wie bei einer mechanischen Uhr einstellen lassen. Drehen Sie die Uhr auf 12:00, erscheint das Logo von Android 12.

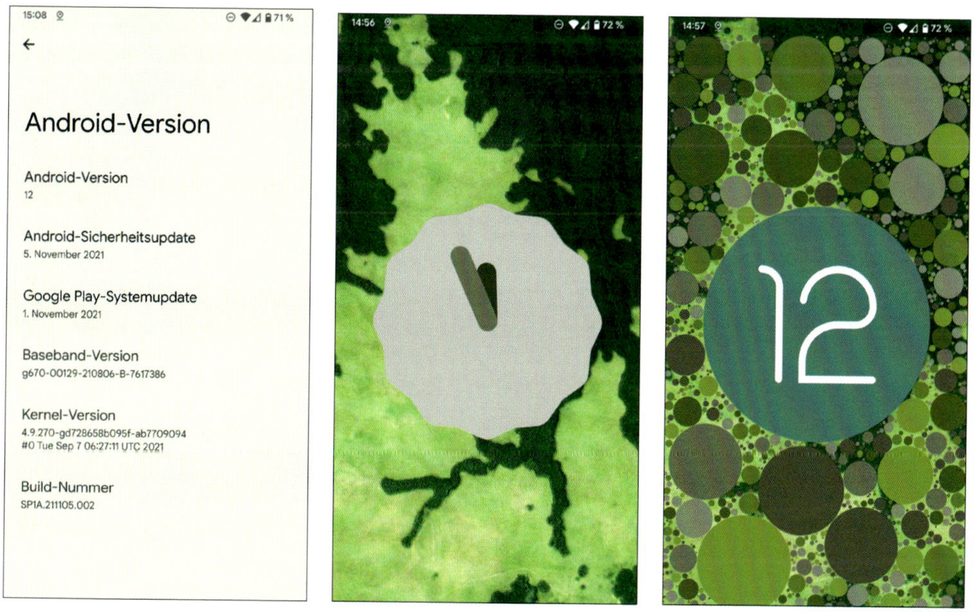

Das Android 12 Easter Egg

In diesem Sinne, viel Spaß mit Ihrem Android-Smartphone!

Christian Immler und das Markt+Technik Team

Stichwortverzeichnis

C

D

E

F

G